U0574329

教育部人文社会科学重点研究基地山东师范大学齐鲁文化研究院、齐鲁文化传承与山东文化强省建设协同创新中心资助项目

国家社科基金项目“两汉封国‘诸子’与齐鲁文化的主流化研究”（17CZS008）结项成果

山东省泰山学者工程专项经费(tsqn202312162)资助

山东省社科规划项目“汉代列侯的文化角色研究”（23CLSJ10）阶段性成果

两汉“诸子”与齐鲁文化

秦铁柱　著

Lianghan Zhuzi
Yu Qilu Wenhua

人民出版社

责任编辑：宫　共
封面设计：胡欣欣

图书在版编目（CIP）数据

两汉“诸子”与齐鲁文化 / 秦铁柱著. -- 北京 ：人民出版社，2024. 7. -- ISBN 978-7-01-026734-0

Ⅰ. K295. 2

中国国家版本馆 CIP 数据核字第 202408R6P07 号

两汉“诸子”与齐鲁文化
LIANGHAN ZHUZI YU QILU WENHUA

秦铁柱　著

人民出版社 出版发行
（100706　北京市东城区隆福寺街 99 号）

北京中科印刷有限公司印刷　新华书店经销

2024 年 7 月第 1 版　2024 年 7 月北京第 1 次印刷
开本：710 毫米×1000 毫米 1/16　印张：31. 25
字数：478 千字

ISBN 978-7-01-026734-0　定价：94. 00 元

邮购地址 100706　北京市东城区隆福寺街 99 号
人民东方图书销售中心　电话（010）65250042　65289539

序

秦铁柱博士前几日打来电话告诉我，他的又一本书稿《两汉“诸子”与齐鲁文化》就要出版了，并向我索序。从他研究著书的速度之快可见其用功之勤、治学之刻苦，这着实令我又惊又喜。由于特殊原因，我虽然没来得及把整部书稿全部看完，但还是对该书颇为欣赏，虽然我也不善于写序，但还是很愿意为这本大作写个小序，略表对他的祝贺。

齐鲁大地是一片无比神奇的土地，作为百岳之尊的泰山高耸在这里，作为中华民族母亲河的黄河在这里奔流入海，这里诞生了孔子等一大批思想巨人，这里还让秦皇汉武等无数帝王心思行往，这里孕育了对中国历史和中华文明发展有巨大影响的齐鲁文化。

齐鲁文化实则因西周分封齐国、鲁国而出现，最初是齐文化、鲁文化两种文化系统。据《史记·周本纪》记载：周灭商后，“于是封功臣谋士，而师尚父为首封。封尚父于营丘，曰齐。封弟周公旦于曲阜，曰鲁。”齐、鲁两国初封时，虽然均属于周文化之范畴，但就国之后，在将周文化与土著的东夷文化进行融合的过程中，还是体现出了不一样的特色，如太史公所说：“太公至国，修政，因其俗，简其礼”，鲁国则是“变其俗，革其礼”，在不同的改革与融合过程中，形成了各具特色的齐文化与鲁文化。齐文化“尊贤而尚功”，注重发展农工商，善于变通，讲究富国强兵，颇具开放性；鲁文化则提倡“尊尊亲亲”，以“仁”与“礼”为核心理念，讲究纲常秩序，经济以重农为特色，颇具稳定性。

春秋战国时期，礼崩乐坏，诸侯、大夫、陪臣相继执掌权力，政治结构多元化，争霸兼并战争频繁，各国统治者渴望人才，纷纷推行开明的文化政策，先秦“诸子”乘势崛起。在齐鲁两国以及周边诸国涌现出了大批思想家，鲁国孔子创建儒家学派，邾国孟子成为战国中期儒家的重要代表，长期生活于齐国的荀子成为战国后期儒家的重要代表。滕国的墨子继承修正儒家学说，创建了墨家学派。春秋时期，齐学的代表人物是管仲、晏婴。而司马穰苴、孙武、孙膑则成为春秋战国时期齐兵学的代表人物。战国时期，宋国人庄周成为道家学派的重要代表。战国时期的齐人邹衍首创五德终始学说，成为阴阳五行家的重要代表。齐桓公田午在齐国创建了稷下学宫，稷下之学显赫一时，其代表性人物为环渊、彭蒙、田骈、接子、季真、慎到、尹文等。

正是在这些先秦齐鲁“诸子”的努力下，齐文化与鲁文化相互吸纳并逐步融合，形成了一种个性鲜明的地域文化。如果说齐鲁文化的融合与先秦齐鲁“诸子”有密切的关系，那么在汉代，以儒学为核心的齐鲁文化的复兴与繁荣更是离不开两汉“诸子”的努力。正是因为两汉“诸子”对传统儒家思想进行不断的传承、修正、创新，才最终实现了齐鲁文化的主流化。

秦铁柱博士的《两汉“诸子”与齐鲁文化》一书，采取了群体研究与个案研究相结合的研究方法，选取了对于齐鲁文化主流化有重要意义的 40 余位汉代“诸子”，包括陆贾、娄敬、贾谊、枚乘、晁错、董仲舒、司马迁、公孙弘、主父偃、徐乐、倪宽、魏相、丙吉、龚遂、王吉、桓宽、萧望之、刘向、贡禹、匡衡、孔光、扬雄、刘歆、薛宣、朱博、桓谭、班彪、王充、班固、王符、何休、郑玄、应劭、徐干、荀悦、仲长统、崔寔、蔡邕、刘陶等，从德法思想、风俗思想、民族关系思想、中央与地方关系思想、经济思想、选贤思想六个方面，采取以点带面的方式，对汉代“诸子”思想进行了讨论研究。

该书结构设计合理，条理清晰，考证翔实，论证充分，新见迭出。作者通过对大量文献材料的搜集梳理，结合齐鲁文化的发展脉络，对两汉“诸子”思想作出了较为全面的呈现，动态地展现了两汉“诸子”对于先秦齐鲁文化的传承与创新，并深入剖析与总结了两汉“诸子”思想的内涵与核心特征。

对于秦铁柱博士来说，齐鲁大地是他生于斯、长于斯、学于斯的故乡，虽然有几年时间去天津南开大学攻读博士学位，但毕业后马上就又回到这里，为这片土地效力。从某种意义上说，他撰写的这本《两汉“诸子”与齐鲁文化》，也是力图为当下中国，特别是山东省的经济建设、政治建设、文化建设、社会建设、人才建设、新型民族关系建设，以及为中华优秀传统文化的创造性转化与创新性发展提供历史的借鉴。

秦铁柱博士为人低调，严于律己，踏实刻苦，潜心于学，在秦汉史与齐鲁文化史领域取得了较多的研究成果，在《两汉“诸子”与齐鲁文化》即将出版之际，再次向他表示祝贺，并希望他今后继续深化关于秦汉史与齐鲁文化史的研究，取得更为丰硕的研究成果！

是为序。

刘　敏

2024 年 4 月于南开大学西南村

目　录

绪　论

关于齐鲁文化领域的研究，学界已经在宏观与微观两个层面上进行了深入的研究，从纵横两个方面展示了秦汉时期齐鲁文化的风采。首先是关于齐鲁文化的源头东夷文化的研究。对东夷文化进行了整体性研究的专著，如隋永琦、巩升起的《海陆一体化维度上的东夷文化》[①]介绍了东夷文化的历史脉络，从后李、北辛、大汶口到龙山、岳石，提出了从泰山到胶州湾为轴心的胶州湾文化带，展现了东夷文化与中原仰韶文化、马家窑文化等的交融。逄振镐的《东夷文化研究》[②]论述了旧石器时代、新石器时代的东夷族源与东夷文化；东夷的物质文化研究，涉及东夷人的社会经济活动，东夷原始手工业，东夷人的物质生活方式；东夷精神文化研究，涉及东夷人的文化艺术生活，东夷人的习俗，东夷人的原始宗教，东夷人的科学技术；论述了史前各个阶段生产关系的发展演变；东夷史前文化与周围地区同期诸文化的关系；夏商周文化的东进与东夷古国文化的交流融合与统一；东夷文化的历史地位与海外影响。张富祥的《东夷文化通考》[③]从文化角度切入，并运用文字学、历史学、考古学、人类学的研究方法，探讨东夷文化的渊源，太昊与少昊时期的东夷文化，五帝时期的东夷文化，夏文化与东夷文化，商文化与东夷文化，西周转型时期的东夷文化。丁再献、丁蕾的《东夷文化与山东》[④]依据史前考古遗存与文献记载，论证了东夷文化是中华古文明的重

① 隋永琦、巩升起：《海陆一体化维度上的东夷文化》，文物出版社 2015 年版。

② 逄振镐：《东夷文化研究》，齐鲁书社 2007 年版。

③ 张富祥：《东夷文化通考》，上海古籍出版社 2008 年版。

④ 丁再献、丁蕾：《东夷文化与山东》，中国文史出版社 2012 年版。

要源头之一，突出了山东的重要历史地位。燕生东的《海岱考古与早期文明》① 论述了海岱地区对中华早期文明的形成与发展发挥了独特作用，分析了海岱地区史前社会文化的发展特点，东夷文化与夏商周文明的互动。关于东夷文化的起源与地位，贾文彪的《论海岱东夷文化的起源与形成》② 以考古学的视角多角度综合分析海岱东夷文化的起源与形成。李万军的《中国远古文明之东夷考略》③ 论证了东夷文化是中国远古文明的重要组成部分。葛志毅的《东夷考论》④ 论证了东夷历史在华夏族形成过程中的积极意义，论述了周汉王朝统辖东夷地区所推行的政治措施，考量了郡县制与藩属朝贡制在东夷地区推行的变化与意义，深入考察了淮泗东夷的渊源及徐偃王史迹的始末源流。关于东夷文化的海外影响，方礼刚《东夷文化视阈下朝鲜半岛疍民遗踪及文化价值初探》⑤ 以东夷文化为背景，从历史、社会、非遗、旅游、生态等多重视角开启关于朝鲜半岛疍民的研究。关于东夷科技方面，杨金萍等人的《从汉画像石“扁鹊针刺图”谈扁鹊与东夷巫医文化》⑥ 以山东出土的 10 余幅扁鹊针刺汉画像石为研究对象，揭示了东夷巫医文化促进了医学早期理论——脉学理论的形成发展。东夷文化与其他地域文化的关系，王迅的《东夷文化与淮夷文化研究》⑦ 分夏、商、周三个阶段对东夷文化、淮夷文化进行对比研究，利用考古资料来论述东夷与淮夷的源流和谱系。王少华的《吴越文化论——东夷文化之光》⑧ 对比研究了东夷文化与吴越文化。田冲、陈丽的《东夷“尊鸟”与荆楚“崇凤”比较研究》⑨ 从文献记载及考古的视角对东夷的鸟信仰和荆楚的凤崇拜进行了比较研究。李龙海的《殷商

① 燕生东：《海岱考古与早期文明》，商务印书馆 2019 年版。

② 贾文彪：《论海岱东夷文化的起源与形成》，《商丘师范学院学报》2021 年第 8 期。

③ 李万军：《中国远古文明之东夷考略》，《牡丹江大学学报》2014 年第 11 期。

④ 葛志毅：《东夷考论》，《古代文明》2012 年第 1 期。

⑤ 方礼刚：《东夷文化视阈下朝鲜半岛疍民遗踪及文化价值初探》，《延边大学学报》（社会科学版）2021 年第 3 期。

⑥ 杨金萍等：《从汉画像石“扁鹊针刺图”谈扁鹊与东夷巫医文化》，《中华医史杂志》2016 年第 1 期。

⑦ 王迅：《东夷文化与淮夷文化研究》，北京大学出版社 1994 年版。

⑧ 王少华：《吴越文化论——东夷文化之光》，南京出版社 1995 年版。

⑨ 田冲、陈丽：《东夷“尊鸟”与荆楚“崇凤”比较研究》，《三峡论坛》2011 年第 4 期。

时期东夷文化的变迁》[①]从出土文物来分析殷商文化对东夷土著文化的改变。刘爱敏的《巴蜀文化和东夷文化“尚五”观念探析》[②]从“尚五”观念出发探讨东夷文化与巴蜀文化。金荣权的《论凌家滩文化与东夷文化的关系》[③]论述了位于皖中地区的凌家滩文化与东夷文化的关系。贾文彪的《商夷早期文化关系考辨》[④]综合商夷早期活动交汇地带豫东地区先商时代的考古文化论证商夷早期的部族同出一脉，其文化同根同源。韩高年、陈凡的《马家窑彩陶鸟纹东来与东夷昊族神话西进——兼谈史前期华夏文化共同体观念的形成》[⑤]通过分析马家窑彩陶鸟纹来展现东夷文化与马家窑文化的交流图像。关于东夷的乐文化，如王云鹏、崔永胜的《舜与〈韶〉乐及与东夷文化关系浅议》[⑥]通过舜创《韶》乐论述了东夷族对史前礼乐文化的贡献。关于东夷考古的研究，如栾丰实的《东夷考古》[⑦]论述了东夷在中华古代文化中的地位、东夷族赖以生存的地理环境和东夷文化产生的历史背景，并分别从不同的方面介绍和探讨后李文化、北辛文化、大汶口文化、龙山文化和岳石文化中的东夷族考古遗址，又分区域探讨了商、周时期的东夷族遗存。关于东夷文化中的图腾崇拜，有何丹的《麟凤形象演变与东夷之关系》[⑧]、何佳娜、张烨的《东夷文化的鸟图腾崇拜初探》[⑨]、何丹的《黄帝之前华夏与东夷初民的龙凤崇拜》[⑩]、刘洪波的《浅谈东夷族的鸟图腾崇拜》[⑪]、张清俐、张杰的《探

① 李龙海：《殷商时期东夷文化的变迁》，《华夏考古》2013 年第 2 期。

② 刘爱敏：《巴蜀文化和东夷文化“尚五”观念探析》，《海岱学刊》2014 年辑。

③ 金荣权：《论凌家滩文化与东夷文化的关系》，《信阳师范学院学报》（哲学社会科学版）2016 年第 5 期。

④ 贾文彪：《商夷早期文化关系考辨》，《商丘师范学院学报》2020 年第 2 期。

⑤ 韩高年、陈凡：《马家窑彩陶鸟纹东来与东夷昊族神话西进——兼谈史前期华夏文化共同体观念的形成》，《西北民族研究》2022 年第 1 期。

⑥ 王云鹏、崔永胜：《舜与〈韶〉乐及与东夷文化关系浅议》，《潍坊教育学院学报》2012 年第 5 期。

⑦ 栾丰实：《东夷考古》，山东大学出版社 1996 年版。

⑧ 何丹：《麟凤形象演变与东夷之关系》，《民族文学研究》2022 年第 2 期。

⑨ 何佳娜、张烨：《东夷文化的鸟图腾崇拜初探》，《文物鉴定与鉴赏》2022 年第 5 期。

⑩ 何丹：《黄帝之前华夏与东夷初民的龙凤崇拜》，《新疆大学学报》（哲学·人文社会科学版）2018 年第 1 期。

⑪ 刘洪波：《浅谈东夷族的鸟图腾崇拜》，《史前研究》2013 年辑。

讨东夷人鸟图腾崇拜》[①]、雍际春的《东夷部族的太阳崇拜与嬴秦西迁》[②]、许凤英的《东夷文化的图腾崇拜与中国早期体育研究》[③]。

另外还有张富祥的《东夷古史传说》[④]以东夷的传说来展现东夷的历史。逄振镐的《东夷古国史论》[⑤]搜集了关于东夷文化的9篇论文。许汝贞的《河东与东夷文化》[⑥]以河东为中心，结合河东区史前文化遗址的考古成就，全面叙述了沂沭流域东夷文化的发展脉络和东夷文化的成就。李大新、刘真真的《基于东夷文化的中国早期体育研究》[⑦]探讨东夷体育文化的形成、发展和演变，进而总结出我国早期体育的历史脉络、形成特点和文化内涵。刘伟的《〈战国策·齐策〉蕴涵的东夷文化》[⑧]挖掘《战国策·齐策》中的东夷文化因素。王春华、于联凯的《东夷仁俗与孔子仁学——也谈孔子仁学的认识论渊源与逻辑结构》[⑨]论证了孔子“仁”的认识论根源是东夷仁俗。

学界还分别对齐文化与鲁文化进行研究。关于先齐文化的研究，逄振镐的《先齐文化源流》[⑩]探讨了先齐文化的源流与齐文化的最终形成。张光明的《齐文化的考古发现与研究》[⑪]是全面反映20世纪齐地文物考古工作及齐文化研究现状的一部专著。较为系统地研究齐文化的著作有，王志民的《齐文化概论》[⑫]论述了齐文化的产生、发展、特点等，并探讨了其中的社会政治、经济、军事、文化等因素。王志民的《齐文化论稿》[⑬]全面系统阐述

---

① 张清俐、张杰：《探讨东夷人鸟图腾崇拜》，《中国社会科学报》2018 年 1 月 19 日。

② 雍际春：《东夷部族的太阳崇拜与嬴秦西迁》，《社会科学战线》2017 年第 10 期。

③ 许凤英：《东夷文化的图腾崇拜与中国早期体育研究》，《运动》2016 年第 12 期。

④ 张富祥：《东夷古史传说》，山东文艺出版社 2004 年版。

⑤ 逄振镐：《东夷古国史论》，成都电讯工程学院出版社 1989 年版。

⑥ 许汝贞：《河东与东夷文化》，济南出版社 2018 年版。

⑦ 李大新、刘真真：《基于东夷文化的中国早期体育研究》，《北京体育大学学报》2014 年第 4 期。

⑧ 刘伟：《〈战国策·齐策〉蕴涵的东夷文化》，《管子学刊》2013 年第 4 期。

⑨ 王春华、于联凯：《东夷仁俗与孔子仁学——也谈孔子仁学的认识论渊源与逻辑结构》，《临沂大学学报》2021 年第 5 期。

⑩ 逄振镐：《先齐文化源流》，齐鲁书社 1997 年版。

⑪ 张光明：《齐文化的考古发现与研究》，齐鲁书社 2004 年版。

⑫ 王志民：《齐文化概论》，山东人民出版社 1993 年版。

⑬ 王志民：《齐文化论稿》，山东大学出版社 1995 年版。

了齐文化形成与发展的历程以及与其密切相关的《诗经·齐风》、稷下之学等问题。宣兆琦、李金海的《齐文化通论》[①]对齐文化的渊源、形成与发展历程，齐人的生存样式与社会制度，齐国的学术、科技与文艺等作了深入的研究。李玉洁的《齐国史话》[②]记述了齐国的历史，内容包括夷、夏民族的斗争和融合，太公望受封齐国，齐桓公首霸春秋，齐晋争战等。任传斗、毕雪峰的《齐文化要义》[③]重点讲述了齐国各个时期的治国方略、发展理念、人才观、法治思想、战略思想、社会治理思想、廉政思想、外交思想等。宣兆琦的《齐文化发展史》[④]主要介绍了齐文化的渊源、形成、发展，齐文化发展的高潮，齐文化的流变与融合等。王德敏、庄春波的《齐文化与中国传统文化》[⑤]论述了先齐文化、齐文化的著名代表、稷下之学、齐国的工商业文化、齐国兵学、神仙方术、《管子》精气论、阴阳五行学说、齐国科技艺术。邱文山的《齐文化与中华文明》[⑥]论述了齐文化的渊源，齐文化的初步形成，齐文化的发展、成熟、基本特征，稷下之学的设立与发展、内容与特征、文化成就，齐国兵学的理论成就，齐阴阳五行学的影响，齐国科技成就，齐文学艺术对中国古代文学艺术的重大影响，齐文化对传统儒学的改造，齐文化对秦汉社会的影响，齐文化对中华民族精神的塑造，成为齐文化研究的集大成之作。郭墨兰、吕世忠的《齐文化研究》[⑦]论述了齐文化的自然环境与文化渊源、齐文化的发展历程、稷下学宫与稷下学、齐文化的形态及其基本内容、特点、齐文化对外交流与融合、齐文化与两汉经学等。

学界亦对齐文化中的精神内涵与治国理念进行了研究，叶桂桐的《论齐文化的特质》[⑧]用比较和联系的观点把握齐文化的特质。宋玉顺的《〈群

---

① 宣兆琦、李金海：《齐文化通论》，新华出版社 2000 年版。

② 李玉洁：《齐国史话》，山东文艺出版社 2004 年版。

③ 任传斗、毕雪峰：《齐文化要义》，齐鲁书社 2020 年版。

④ 宣兆琦：《齐文化发展史》，兰州大学出版社 2002 年版。

⑤ 王德敏、庄春波：《齐文化与中国传统文化》，齐鲁书社 1997 年版。

⑥ 邱文山：《齐文化与中华文明》，齐鲁书社 2006 年版。

⑦ 郭墨兰、吕世忠：《齐文化研究》，齐鲁书社 2006 年版。

⑧ 叶桂桐：《论齐文化的特质》，《山东社会科学》2000 年第 2 期。

书治要〉反映的齐文化治国理念及其影响》[①]分析了魏征等编撰的《群书治要》中反映的齐文化治国理念，如以人为本，强国富民；尊贤任能，除奸杜佞；废私立公，赏罚公正；居安思危，节欲禁奢等。孙德菁、杜裕禄的《论齐文化的变革观及传承意义——以马克思主义唯物史观为视角》[②]以齐文化历史上的四次社会变革中的变革观为依据，以马克思主义唯物史观为指导思想，分析、研究齐文化变革观所形成发展的社会背景和所蕴含的丰富唯物史观的哲学内涵。王雁、周静的《论齐文化的尚智精神》[③]论述了齐文化的尚智精神，及其在政治、经济、军事、思想文化方面的表现。陈士果的《试论齐文化权力制衡思想》[④]挖掘、阐发齐文化的权力制衡思想，分析其对于实现中华民族伟大复兴的中国梦的现实意义。邱文山的《论齐文化的和谐价值观念》[⑤]分析了齐文化中的天人和谐、君臣和同、经济和谐、和合偕习、社会和谐等和谐价值观念。学界论述了齐文化的现代价值与积极意义，杨小芬的《论齐文化教育兴国的理论与实践》[⑥]阐述了齐文化教育兴国的理论和实践，以及对于当今教育强国的启迪意义。张爱民的《齐文化法治思想与依法治国基本方略研究》[⑦]论述了齐文化中的法治思想不但对我国古代法律思想的形成与发展具有深远的影响，而且其优秀成分对于全面落实依法治国的基本方略也具有一定的借鉴意义。于国昌的《齐文化中的生态文明建设思想研究》[⑧]从生态文明意识、生态文明制度、生态文明行为三个方面，论述了齐文化对当今的生态文明建设的启示和借鉴。宣兆琦、王雁的《试论齐文化中的生态文化》[⑨]论述了齐文化中具有深邃的生态哲学与生态美学，以及对当

---

① 宋玉顺：《〈群书治要〉反映的齐文化治国理念及其影响》，《管子学刊》2018 年第 2 期。

② 孙德菁、杜裕禄：《论齐文化的变革观及传承意义——以马克思主义唯物史观为视角》，《青岛科技大学学报》（社会科学版）2018 年第 2 期。

③ 王雁、周静：《论齐文化的尚智精神》，《邯郸学院学报》2021 年第 2 期。

④ 陈士果：《试论齐文化权力制衡思想》，《管子学刊》2016 年第 3 期。

⑤ 邱文山：《论齐文化的和谐价值观念》，《管子学刊》2013 年第 2 期。

⑥ 杨小芬：《论齐文化教育兴国的理论与实践》，《管子学刊》2009 年第 2 期。

⑦ 张爱民：《齐文化法治思想与依法治国基本方略研究》，《管子学刊》2010 年第 3 期。

⑧ 于国昌：《齐文化中的生态文明建设思想研究》，《产业与科技论坛》2013 年第 10 期。

⑨ 宣兆琦、王雁：《试论齐文化中的生态文化》，《管子学刊》2014 年第 4 期。

今的生态文明建设具有很大的启迪意义和借鉴价值。赵万里的《齐文化与“一带一路”建设》[①]论述了齐文化在“一带一路”建设中的积极意义。孙启友的《齐文化中的“义”及其在新时代社会道德建设中的价值》[②]揭示了齐文化中“义”的先进元素对当下道德建设的积极意义。

关于鲁文化的研究，杨朝明的《鲁文化史》[③]梳理了鲁文化的形成、发展、兴盛、衰落的全过程，进而分析了鲁文化的特征及其学术意义。刘宗贤的《鲁文化研究》[④]梳理了鲁文化与周文化、齐鲁文化与鲁文化、鲁文化与儒家文化，展现出了鲁文化的概貌；阐述了鲁文化的内容、特点、形成、发展等；从当代中国现代化进程，中华传统文化，及儒学的国际地位来展示鲁文化的现代价值。杨朝明的《鲁文化在中国上古区域文化中的地位》[⑤]论述了鲁文化在中国上古区域文化中的重要地位。王钧林的《鲁文化的来源与特点》[⑥]论证了鲁文化是由宗周礼乐文化、殷文化、东夷文化融合而成的，分析了鲁文化的鲜明特点。杨朝明的《邹鲁文化品格及其历史地位》[⑦]分析了邹鲁文化的特性，在中国文化史上具有不可取代的特殊位置。秦颖、王洪军的《郝鲁文化的渊源与形成》[⑧]论述了郝鲁文化在岳石文化与晚商文化、西周、春秋三个时期的形成与发展过程。陈岳的《鲁国之“法”与鲁文化》[⑨]分析了鲁文化中以周礼为核心的礼法体系与王道秩序精神。秦颖、王洪军的《论邹鲁文化的变迁与传播》[⑩]分析了邹鲁文化在海岱文化中的重要地位，是一种由民族文化的渗透融合而产生的一种新文化，以儒家思想的方式表现出

---

① 赵万里：《齐文化与“一带一路”建设》，《山东理工大学学报》（社会科学版）2016 年第 3 期。

② 孙启友：《齐文化中的“义”及其在新时代社会道德建设中的价值》，《山东理工大学学报》（社会科学版）2021 年第 5 期。

③ 杨朝明：《鲁文化史》，齐鲁书社 2001 年版。

④ 刘宗贤：《鲁文化研究》，齐鲁书社 2007 年版。

⑤ 杨朝明：《鲁文化在中国上古区域文化中的地位》，《走向世界》1998 年第 1 期。

⑥ 王钧林：《鲁文化的来源与特点》，《齐鲁文化研究》2005 年辑。

⑦ 杨朝明：《邹鲁文化品格及其历史地位》，《中原文化研究》2014 年第 6 期。

⑧ 秦颖、王洪军：《郝鲁文化的渊源与形成》，《齐鲁学刊》2016 年第 5 期。

⑨ 陈岳：《鲁国之“法”与鲁文化》，《孔子学刊》2020 年辑。

⑩ 秦颖、王洪军：《论邹鲁文化的变迁与传播》，《济宁学院学报》2018 年第 3 期。

来。张富祥的《鲁文化与孔子》[①] 从鲁文化的渊源及其发展，谈及儒家学派的形成，并进而分析孔子思想的诸多特征。刘振佳的《鲁国文化与孔子》[②] 从孔子的角度来研究鲁国的历史。

学界在对东夷文化、齐文化、鲁文化进行研究的基础上，展开了对齐鲁文化的研究，出现了一大批系统性的研究专著，如黄松的《齐鲁文化》[③] 从地域文化的视角来剖析齐鲁文化，重点阐述了先秦时期的齐鲁文化，剖析了齐鲁习俗、石刻、科技文化。郭墨兰主编的《齐鲁文化》[④] 分析了齐鲁文化的渊源与特点，齐鲁文化发展的动力，齐鲁文化的分期，齐鲁文化圈的形成，齐鲁文化的兴起，儒墨显学与鲁国文化，稷下学与齐国文化，中国大一统文化与齐鲁文化，齐鲁商业漕运，齐鲁山海文化，齐鲁科技文化，齐鲁建筑文化，齐鲁的民俗文化与宗教信仰，齐鲁文化的重要影响，齐鲁文化在世界的传播。王志民、邱文山的《齐文化与鲁文化》[⑤] 通过对比研究的方式，探讨了自然环境对齐、鲁文化生成的影响，齐文化与鲁文化的起源，齐、鲁立国与文化的形成，春秋时期的齐鲁文化，战国时期的齐鲁文化，秦代的齐鲁文化，汉代齐鲁文化的整合。王恩田的《齐鲁文化志》[⑥] 对齐鲁艺术、文学、教育、科技、学术、宗教、体育、文物、民俗、饮食等文化现象进行概括与总结。刘振清的《齐鲁文化——东方思想的摇篮》[⑦] 揭示了齐鲁思想文化在中华传统文化中的重要地位。孟祥才、胡新生的《齐鲁思想文化史：从地域文化到主流文化（先秦秦汉卷）》[⑧] 论述了史前至夏商时期的东夷文化，西周时期的齐鲁文化，战国时期的齐鲁文化，秦与西汉时期的齐鲁文化，东

---

① 张富祥：《鲁文化与孔子》，《孔子研究》1988 年第 2 期。

② 刘振佳：《鲁国文化与孔子》，山东友谊出版社 1993 年版。

③ 黄松：《齐鲁文化》，辽宁教育出版社 1991 年版。

④ 郭墨兰：《齐鲁文化》，华艺出版社 1997 年版。

⑤ 王志民、邱文山：《齐文化与鲁文化》，齐鲁书社 1997 年版。

⑥ 王恩田：《齐鲁文化志》，上海人民出版社 1998 年版。

⑦ 刘振清：《齐鲁文化——东方思想的摇篮》，上海远东出版社；商务印书馆（香港）1998 年版。

⑧ 孟祥才、胡新生：《齐鲁思想文化史（先秦秦汉史）——从地域文化到主流文化》，山东大学出版社 2002 年版。

汉时期的齐鲁文化，论述了齐鲁思想文化在先秦秦汉时期的发展规律，展现其主流化的全过程，解析其主流化的原因，全面展示此期齐鲁文化的思想、科学技术、教育、艺术、文学诸方面的主要成就，为当代的思想文化建设提供了重要的历史资鉴。王志民的《齐鲁文化概说》① 涉及齐鲁文化的界说、齐鲁文化的自然环境、齐鲁文化的渊源、齐鲁文化的特色与比较、齐鲁文化在中华早期文明中的十大贡献、齐国故都与世界足球的起源、齐鲁立国与文化创成、齐桓首霸与文化之兴、周礼在鲁与私学之兴、战国儒学的繁盛与发展、稷下之学与百家争鸣、齐鲁文化在秦代的繁荣与摧残、齐鲁之学在汉代的演进。安作璋、王志民主编的《齐鲁文化通史》② 共分 8 卷，涉及远古至西周、春秋战国、秦汉、魏晋南北朝、隋唐五代、宋元、明清、近现代 8 个历史时期，350 余万字，该书第一次系统定义了齐鲁文化，资料翔实，不仅从思想文化上，而且从政治、经济、科技、对外交流、人物、宗教、文学、考古、社会风俗等不同领域研究齐鲁文化在每一个时期的发展演变与特征，分析齐鲁文化的特点，展现其他地域文化与齐鲁文化的互动，以及世界影响，是国内第一部大型地域文化通史。高广仁、邵望平的《海岱文化与齐鲁文明》③ 利用大量考古史料，结合大量文献史料，分10章阐述海岱地区历史文化发展的基本史实。王勇、王全成的《齐鲁文化》④ 一书追溯齐鲁文化的发展脉络，深入分析了齐文化与鲁文化的渊源、衍变、交流、融合与延续，展现了齐鲁大地的文化遗迹、民俗风情、神话传说、先贤英杰、名山古寺、鲁菜美味等。杨金秀编写的《齐鲁文化》⑤ 剖析了齐鲁文化的形成、齐鲁文化的特色、齐鲁文化的贡献、齐鲁文化的地位、齐鲁文化的精神。逄振镐的《齐鲁文化研究》⑥ 通过对齐文化、鲁文化进行全面系统的对比研究，概括出了齐文化与鲁文化的特征，努力恢复各自的历史本来面目，并进行评价。邱

① 王志民：《齐鲁文化概说》，山东文艺出版社 2004 年版。
② 安作璋、王志民：《齐鲁文化通史》，中华书局 2004 年版。
③ 高广仁、邵望平：《海岱文化与齐鲁文明》，凤凰出版社 2005 年版。
④ 王勇、王全成：《齐鲁文化》，时事出版社 2008 年版。
⑤ 杨金秀：《齐鲁文化》，吉林文史出版社 2009 年版。
⑥ 逄振镐：《齐鲁文化研究》，齐鲁书社 2010 年版。

文山的《地域文化视阈下的齐文化与鲁文化》[①] 分为“齐文化与鲁文化形成的文化生态”“齐文化与鲁文化的渊源、形成与发展”“齐文化与鲁文化的交流、融汇与整合”三编，以地域文化理论，从“大文化”的背景，来论述齐文化和鲁文化的产生、发展与融汇，深入挖掘和研究齐鲁地域文化，为当代的社会主义文化建设提供借鉴，是研究齐鲁文化的又一力作。周立升、蔡德贵的《齐鲁文化通论》[②] 共分13章，包括确定齐鲁文化的定义、探索齐鲁文化的源头、分析齐鲁文化生态、探讨鲁国的仁政、齐国的霸政、探讨属于鲁文化范畴的儒墨显学，属于齐文化范畴的稷下之学，论述秦汉之后齐鲁文化的演变，以及齐鲁宗教、齐鲁文学、齐鲁艺术、齐鲁自然科学、齐鲁教育、齐鲁风俗。秦铁柱的《汉代齐鲁封国诸子传》[③] 以汉代封国“诸子”为主体来探讨齐鲁文化的发展与创新，显示出了一种不同于以往的齐鲁文化研究的新面貌。

另外学界还从政治、经济、社会、思想文化、生态五个方面总结与论述齐鲁文化对于“五位一体”总体布局建设的借鉴意义，彭耀光的《为政以德：齐鲁文化与中国政治建设》[④] 分析了齐鲁文化的核心儒家文化的“内圣外王”政治思想系统，分析了其中所包含的仁政学说、民本思想、修身为本、协和万邦、礼法合治、革故鼎新、尊贤尚功、礼乐教化等政治理念与治理措施，分析了齐鲁文化的政治理想，总结其对于当前我国政治建设的借鉴意义。李增刚的《富民之道：齐鲁文化与中国经济发展》[⑤] 在阐述文化与经济发展关系的基础上，阐释作为齐鲁文化核心的儒家文化的经济思想，从微观、宏观和国际三个层面阐明儒家文化对经济发展的重要影响，进而总结其对于当今社会主义经济建设的借鉴意义。任者春的《天下为公：齐鲁文化与中国社会理想》[⑥] 发掘先秦齐鲁文化中的社会建设思想，总结管子、晏

---

① 邱文山：《地域文化视阈下的齐文化与鲁文化》，北京燕山出版社 2013 年版。
② 周立升、蔡德贵：《齐鲁文化通论》，山东人民出版社 2015 年版。
③ 秦铁柱：《汉代齐鲁封国诸子传》，人民出版社 2022 年版。
④ 彭耀光：《为政以德：齐鲁文化与中国政治建设》，山东人民出版社 2018 年版。
⑤ 李增刚：《富民之道：齐鲁文化与中国经济发展》，山东人民出版社 2017 年版。
⑥ 任者春：《天下为公：齐鲁文化与中国社会理想》，山东人民出版社 2017 年版。

子、孔子、孟子等齐鲁思想家与政治家的社会建设理念，总结其社会建设的基本方式、基层治理、教化方略、慈善救助，以及社会建设中的重要基点，为当今的社会主义社会建设提供历史的借鉴。刘怀荣、魏学宝、李伟的《以文化人：齐鲁文化与中国人文智慧》①立足于中华传统文化的早期特点，集中探讨了齐国举贤尚功思想与鲁国修身立德思想，通过揭示齐鲁文化中的人文智慧，为树立文化自信提供历史的借鉴。吴承笃的《天人合一：齐鲁文化与中国生态哲学》②深入发掘齐鲁文化中的天人共生、天人和谐等生态理念，深入阐发其深层次的生态内涵，去粗取精，激发齐鲁生态文化的内在活力，倡导包容开放的生态理念，为建设社会主义生态文明提供思路和对策。

学界还出现了大量的关于齐鲁文化的学术论文。对于齐鲁文化进行对比研究，如李启谦的《齐鲁文化之异同论纲》③对齐、鲁两国文化的不同点、相同点和影响等问题进行探讨。李启谦的《齐鲁文化特征比较》④对于齐文化与鲁文化的特征进行了比较研究。王明的《周初齐鲁两条文化路线的发展和影响》⑤从齐、鲁立国来阐明齐鲁两条文化路线的发展以及对后世的影响。逄振镐的《关于齐鲁文化的先进性与保守性问题》⑥驳斥了“尊鲁卑齐”的传统观点。林存光、宣兆琦的《试析先秦齐鲁政治文化的差异性》⑦从特定的文化精神或旨趣，人们的惯常行为模式来探讨先秦齐、鲁政治文化的差异。张宇恕的《从宴会赋诗看春秋齐鲁文化不同质》⑧从宴会赋诗的角度来分析齐文化与鲁文化的不同属性。郭墨兰的《齐鲁文化比较论》⑨比较了

---

① 刘怀荣、魏学宝、李伟：《以文化人：齐鲁文化与中国人文智慧》，山东人民出版社 2017 年版。

② 吴承笃：《天人合一：齐鲁文化与中国生态哲学》，山东人民出版社 2017 年版。

③ 李启谦：《齐鲁文化之异同论纲》，《学术月刊》1987 年第 10 期。

④ 李启谦：《齐鲁文化特征比较》，《文史知识》1989 年第 3 期。

⑤ 王明：《周初齐鲁两条文化路线的发展和影响》，《哲学研究》1988 年第 7 期。

⑥ 逄振镐：《关于齐鲁文化的先进性与保守性问题》，《管子学刊》1992 年第 4 期。

⑦ 林存光、宣兆琦：《试析先秦齐鲁政治文化的差异性》，《管子学刊》1991 年第 2 期

⑧ 张宇恕：《从宴会赋诗看春秋齐鲁文化不同质》，《管子学刊》1994 年第 2 期。

⑨ 郭墨兰：《齐鲁文化比较论》，《齐鲁学刊》1990 年第 1 期。

齐、鲁文化的建构，比较了二者的学术思想代表。逄振镐的《齐鲁文化体系比较》[①] 利用文献资料与考古资料，对齐文化与鲁文化进行对比研究，论证它们为不同的文化体系。张富祥的《周初齐鲁两条文化路线问题》[②] 解析了西周初年齐鲁两条文化路线的形成问题。孙敬明的《齐鲁货币文化比较研究》[③] 在商、西周、春秋、战国四个时期比较齐国与鲁国的货币文化。宋艳萍的《从〈公羊传〉、〈谷梁传〉的主要区别浅探齐鲁文化的差异》[④] 从《公羊传》《谷梁传》的区别来探讨齐文化与鲁文化的区别。孟天运的《远古到周初齐鲁两地文化发展比较》[⑤] 对比分析了从远古到周初齐鲁文化的异同。杨善民、颜丙罡的《实用主义与理想主义——略论齐鲁文化的本质之别》[⑥] 指出齐文化与鲁文化的本质区别在于实用主义与理想主义的区别。孙书贤、赵奉蓉的《〈诗经〉所见齐鲁文化之差异》[⑦] 从《诗经》入手分析齐文化与鲁文化的差异。王江舟的《古代齐鲁地域的音乐特点与差异》[⑧] 对齐鲁文化中音乐文化的特点与差异进行了分析。

对齐鲁文化进行综合性的研究。张富祥的《齐鲁文化综论》[⑨] 论述了“齐鲁文化”的名称及源流，划分了齐鲁文化的发展阶段，分析了齐鲁文化的构成及其变化，分析齐鲁文化的历史特征。罗祖基的《再论齐鲁文化研究中的几个问题》[⑩] 驳斥了二者矛盾差异说，梳理了先秦秦汉时期齐鲁思想文化的发展线索，强调二者之间的融合。郭墨兰的《齐鲁文化发展论略》[⑪] 论

① 逄振镐：《齐鲁文化体系比较》，《文史哲》1994 年第 2 期。

② 张富祥：《周初齐鲁两条文化线路问题》，《山东师大学报》（社会科学版）1997 年第 2 期。

③ 孙敬明：《齐鲁货币文化比较研究》，《中国钱币》1998 年第 2 期。

④ 宋艳萍：《从〈公羊传〉、〈谷梁传〉的主要区别浅探齐鲁文化的差异》，《管子学刊》1998 年第 4 期。

⑤ 孟天运：《远古到周初齐鲁两地文化发展比较》，《史学集刊》1999 年第 2 期。

⑥ 杨善民、颜丙罡：《实用主义与理想主义——略论齐鲁文化的本质之别》，《山东社会科学》2003 年第 5 期。

⑦ 孙书贤、赵奉蓉：《〈诗经〉所见齐鲁文化之差异》，《乐山师范学院学报》2014 年第 9 期。

⑧ 王江舟：《古代齐鲁地域的音乐特点与差异》，《济南职业学院学报》2014 年第 2 期。

⑨ 张富祥：《齐鲁文化综论》，《文史哲》1988 年第 4 期。

⑩ 罗祖基：《再论齐鲁文化研究中的几个问题》，《管子学刊》1988 年第 4 期。

⑪ 郭墨兰：《齐鲁文化发展论略》，《文史哲》1995 年第 3 期。

述了西周至春秋战国时期齐鲁文化的形成及其对中国传统文化的历史功绩。周立升、蔡德贵的《齐鲁文化考辨》① 论述了齐文化、鲁文化的形成，齐文化、鲁文化的特点，齐鲁文化的融合以及在中国传统文化中的地位。马晓丽的《齐鲁文化是中国传统文化的主干和核心》② 论述了齐鲁文化在中华文明史中占有的重要地位，是中国传统文化的主干与核心。逄振镐的《关于齐、鲁文化“融合”问题》③ 对于齐、鲁文化的融合问题提出了自己的见解，西周春秋时期虽有交流，但没有融合，战国时期部分融合，二者融合于汉文化之中。郭墨兰、翁惠明的《齐鲁文化的整合与中华文化一统》④ 论述了齐鲁文化的整合成为中华文化统一的内在动力。耿天勤的《论齐鲁文化的相互交融》⑤ 论述了齐文化、鲁文化的不同特征，以及交流融合的过程。邱文山的《齐、鲁文化及其交融与整合》⑥ 对齐文化和鲁文化的形成及主要特征，齐文化和鲁文化通过交汇融合并最终走向整合进行了论述。林荣芳的《浅析齐文化与鲁文化的碰撞与融合》⑦ 分析了齐、鲁文化的特点，逐渐融合的过程，及其对我国精神文明、物质文明、法治文明的现代化提供有益的借鉴。

分析了齐鲁文化的特征与精神。李伯齐的《也谈齐鲁文化与齐鲁文化精神》⑧ 论述了齐鲁文化的形成，分析了齐鲁文化精神。魏建、贾振勇的《齐鲁文化特质及其演变复杂性的再认识》⑨ 论述了先秦至于秦汉时期，齐鲁文化特性的演变，并分析其演变的原因。孙开泰等人的《齐鲁文化特点与中华传统文化的形成》⑩ 揭示了齐鲁文化的形成过程与特点，以及对中华传统

① 周立升、蔡德贵：《齐鲁文化考辨》，《山东大学学报》（哲学社会科学版）1997 年第 1 期。

② 马晓丽：《齐鲁文化是中国传统文化的主干和核心》，《烟台大学学报》（哲学社会科学版）1998 年第 1 期。

③ 逄振镐：《关于齐、鲁文化“融合”问题》，《管子学刊》1999 年第 1 期。

④ 郭墨兰、翁惠明：《齐鲁文化的整合与中华文化一统》，《山东社会科学》2000 年第 2 期。

⑤ 耿天勤：《论齐鲁文化的相互交融》，《齐鲁文化研究》2002 年辑。

⑥ 邱文山：《齐、鲁文化及其交融与整合》，《管子学刊》2002 年第 3 期。

⑦ 林荣芳：《浅析齐文化与鲁文化的碰撞与融合》，《内蒙古民族大学学报》（社会科学版）2015 年第 3 期。

⑧ 李伯齐：《也谈齐鲁文化与齐鲁文化精神》，《管子学刊》1999 年第 4 期。

⑨ 魏建、贾振勇：《齐鲁文化特质及其演变复杂性的再认识》，《齐鲁学刊》2000 年第 3 期。

⑩ 孙开泰等：《齐鲁文化特点与中华传统文化的形成》，《齐鲁文化研究》2002 年辑。

文化形成的重要贡献。刘群章的《齐鲁文化在基本思想导向上的一致性》[①]论述了齐鲁文化内部一以贯之的基本精神，即以道德形态出现的人道主义与民本主义。王克奇的《齐鲁宗教文化述论》[②]探讨了齐宗教文化、鲁宗教文化的特点，二者一体化的过程。颜谱的《齐鲁文化的基本精神内涵》[③]概括了齐鲁文化的基本精神内涵。张达的《论齐鲁文化的形成及其根本特征》[④]讨论了齐文化的形成，鲁文化的形成，齐鲁文化的形成，进而分析齐鲁文化是以鲁文化中的儒文化为主要内容而形成的一种礼仪文化。牟钟鉴的《齐鲁文化之特色与贡献》[⑤]以宏观的视角分析了齐鲁文化的特色，以及在中华文明发展史中的重要作用。张文珍的《齐鲁文化与中华民族精神》[⑥]揭示了齐鲁文化是中国传统文化的重要源头，也是中华民族精神的重要资源和理论基础。孔润年的《齐鲁文化的伦理特征与汉民族伦理文化的价值取向》[⑦]分析了齐、鲁文化的伦理特征对汉民族伦理文化的价值取向起到的重要作用。周立升的《齐鲁文化探赜》[⑧]分析了齐文化和鲁文化的不同特点，以及交流与融合的过程。刘小文的《论齐鲁文化的历史融合性与多重思想性》[⑨]论述了齐鲁文化的多元融合特色。仝晰纲的《齐鲁文化的形成轨迹与发展走向》[⑩]分析了在西周、春秋、战国、秦汉四个时期，齐鲁文化的形成与发展轨迹。张友谊的《论齐鲁文化的基本精神》（上、下）[⑪]论述了齐鲁文化的各种精神内涵。庄仕文的《齐鲁文化的当代价值及其影响力提升探析》[⑫]挖掘齐鲁文

① 刘群章：《齐鲁文化在基本思想导向上的一致性》，《东岳论丛》2002年第4期。

② 王克奇：《齐鲁宗教文化述论》，《东岳论丛》2003年第4期。

③ 颜谱：《齐鲁文化的基本精神内涵》，《东岳论丛》2002年第6期。

④ 张达：《论齐鲁文化的形成及其根本特征》，《理论学刊》2003年第6期。

⑤ 牟钟鉴：《齐鲁文化之特色与贡献》，《文史哲》2005年第1期。

⑥ 张文珍：《齐鲁文化与中华民族精神》，《理论学刊》2005年第3期。

⑦ 孔润年：《齐鲁文化的伦理特征与汉民族伦理文化的价值取向》，《齐鲁文化研究》2005年辑。

⑧ 周立升：《齐鲁文化探赜》，《管子学刊》2014年第3期。

⑨ 刘小文：《论齐鲁文化的历史融合性与多重思想性》，《临沂大学学报》2016年第3期。

⑩ 仝晰纲：《齐鲁文化的形成轨迹与发展走向》，《海岱学刊》2016年第2期。

⑪ 张友谊：《论齐鲁文化的基本精神》（上、下），《理论学习》2016年第6、7期。

⑫ 庄仕文：《齐鲁文化的当代价值及其影响力提升探析》，《理论观察》2016年第3期。

化的核心价值，提升齐鲁文化的影响力。杨卫华、韩立云的《齐鲁学术文化精神与特色》① 论证了齐鲁学术文化是中国古代学术文化的源头与主流，分析了齐鲁学术文化多元共存、兼容并蓄的学术特色。

论述了齐鲁文化的现代价值。李善峰的《齐鲁文化与现代化进程》② 将论述的重点放在了齐鲁文化中的消极因素与消极影响。刘蔚华的《齐鲁文化在现代化建设中的价值》③ 分析了齐鲁文化的现代意义。何中华的《齐鲁文化的当代价值》④ 强调要充分发掘齐鲁文化的当代价值以为社会主义现代化建设服务。郑蕴芳的《齐鲁文化的思辩及其现实意义》⑤ 论述了齐鲁文化理论的核心理念，总结了其现实意义。蔡德贵的《有选择地开发齐鲁传统文化的现代功能》⑥ 指出开发齐文化的智力功能，以促进改革开放和社会发展；开发鲁文化的伦理功能，以保证社会的稳定与和谐。王淑霞的《试论齐鲁文化中的教育思想》⑦ 论述了管子、孔子、荀子的教育思想。宣兆琦的《论齐鲁文化与爱国主义教育》⑧ 分析了齐鲁文化中爱国主义的六种表现形式，以及对现实的爱国主义教育的重要意义。梁宗华的《齐鲁文化的主体精神及其现代价值》⑨ 分析了齐鲁文化的基本特征与主体精神，总结其现代价值。陈伯强的《道德型齐鲁文化与当代道德建设》⑩ 总结了齐鲁文化独到的特点与伦理道德观。邵先锋的《齐鲁文化与道德建设》⑪ 借鉴性地继承、发展齐鲁文化中道德之说的精华，总结其对当今的精神文明及和谐社会建设的启迪与借鉴作用。蔡德贵的《论齐鲁文化的特点及其诚信传

---

① 杨卫华、韩立云：《齐鲁学术文化精神与特色》，《管子学刊》2018 年第 2 期。

② 李善峰：《齐鲁文化与现代化进程》，《东岳论丛》1987 年第 3 期。

③ 刘蔚华：《齐鲁文化在现代化建设中的价值》，《发展论坛》1994 年第 1 期。

④ 何中华：《齐鲁文化的当代价值》，《理论学习》2000 年第 8 期。

⑤ 郑蕴芳：《齐鲁文化的思辩及其现实意义》，《发展论坛》2000 年第 9 期。

⑥ 蔡德贵：《有选择地开发齐鲁传统文化的现代功能》，《文史哲》2000 年第 5 期。

⑦ 王淑霞：《试论齐鲁文化中的教育思想》，《管子学刊》2002 年第 2 期。

⑧ 宣兆琦：《论齐鲁文化与爱国主义教育》，《山东理工大学学报》（社会科学版）2005 年第 1 期。

⑨ 梁宗华：《齐鲁文化的主体精神及其现代价值》，《齐鲁文化研究》2005 年辑。

⑩ 陈伯强：《道德型齐鲁文化与当代道德建设》，《齐鲁文化研究》2005 年辑。

⑪ 邵先锋：《齐鲁文化与道德建设》，《齐鲁文化研究》2005 年辑。

统》[1]分析了齐鲁文化的诚信传统。王克奇的《齐鲁道德文化与民族核心价值观的构建》[2]分析了齐鲁道德文化在构建中华民族现代核心价值体系中的重要意义。张斌荣的《试论齐鲁文化的创新精神及其当代价值》[3]分析了齐鲁文化的重要创新精神，及其对新阶段建设创新型国家的积极作用。孙海燕的《齐鲁文化对山东经济发展的影响》[4]分析了山东经济发展与齐鲁文化之间的密切关系。刘怀荣的《先秦儒家与民族核心价值观的确立——兼谈齐鲁文化对增强民族凝聚力的现代启示》[5]探讨了齐鲁文化对于确立民族核心价值观，增强民族凝聚力的重要意义。陈玉华、王世涛的《也论齐鲁文化的道德传统》[6]分析了齐鲁文化道德传统的精华与糟粕。王钧林的《齐鲁文化与中华民族核心价值观》[7]探讨了齐鲁文化与中华民族核心价值观的关系，以及对当代核心价值观建设的重要意义。潘鲁生的《齐鲁文化与制度建设》[8]探讨齐鲁的礼乐制度对当今制度建设的意义。张玉玲、贺建芹的《齐鲁文化视角下传统文化的传承与教育》[9]分析了如何在当前传承齐鲁文化，如何普及齐鲁文化的教育。刘淑青的《齐鲁孝文化建设述议——从〈二十四孝〉中的山东孝子孝行谈起》[10]从《二十四孝》中齐鲁之地孝子之行出发研究齐鲁传统孝文化。孙克诚的《齐鲁文化中的财富伦理思想述

① 蔡德贵：《论齐鲁文化的特点及其诚信传统》，《齐鲁学刊》2006年第5期。

② 王克奇：《齐鲁道德文化与民族核心价值观的构建》，《山东师范大学学报》（人文社会科学版）2008年第3期。

③ 张斌荣：《试论齐鲁文化的创新精神及其当代价值》，《鲁东大学学报》（哲学社会科学版）2008年第5期。

④ 孙海燕：《齐鲁文化对山东经济发展的影响》，《长江大学学报》（社会科学版）2009年第2期。

⑤ 刘怀荣：《先秦儒家与民族核心价值观的确立——兼谈齐鲁文化对增强民族凝聚力的现代启示》，《东亚文学与文化研究》2010年辑。

⑥ 陈玉华、王世涛：《也论齐鲁文化的道德传统》，《文化学刊》2010年第3期。

⑦ 王钧林：《齐鲁文化与中华民族核心价值观》，《齐鲁师范学院学报》2012年第6期。

⑧ 潘鲁生：《齐鲁文化与制度建设》，《山东社会科学》2012年第12期。

⑨ 张玉玲、贺建芹：《齐鲁文化视角下传统文化的传承与教育》，《山东科技大学学报》（社会科学版）2014年第6期。

⑩ 刘淑青：《齐鲁孝文化建设述议——从〈二十四孝〉中的山东孝子孝行谈起》，《德州学院学报》2015年第3期。

论》[①] 分析了先秦时期齐鲁“诸子”构筑了丰富的财富伦理思想体系，总结其深远的历史影响与启示意义。王凤青的《齐鲁优秀传统文化传承发展要与社会主义核心价值观培育相结合》[②] 强调宣传齐鲁优秀传统文化，为社会主义核心价值观培育提供肥沃的土壤，以社会主义核心价值观培育为契机，推动齐鲁优秀传统文化的现代转型。张文珍的《齐鲁文化：社会主义核心价值观的丰厚滋养》[③] 论证了齐鲁文化是社会主义核心价值观的重要理论源头，总结其对培育与践行社会主义核心价值观的有益借鉴。

学界从先秦“诸子”的角度来研究齐鲁文化。梁宗华的《从孟子看齐鲁文化的交融》[④] 论述了孟子在齐鲁文化融合中的重要作用。苗若素的《晏婴对齐鲁文化的杰出贡献》[⑤] 论述了晏婴对齐鲁文化的杰出贡献。于孔宝的《晏婴与齐鲁文化》[⑥] 分析了晏婴对于齐鲁文化尤其是齐文化发展的贡献。张福信的《孔子与齐鲁文化的交流》[⑦] 阐述了孔子对于齐鲁文化交流的贡献。王志民的《孟子与齐鲁文化》[⑧] 从齐鲁文化的角度探讨孟子的成长和思想的渊源、形成与发展，厘清二者的关系。刘英波的《东夷文化与齐、鲁文化及孔子之关系述略》[⑨] 论述了东夷文化与齐文化、鲁文化的关系，东夷文化对于孔子的影响。

学界关于齐鲁文化内部各家学派的研究。吴郁芳的《齐鲁文化与冬、夏季风》[⑩] 从季风的角度来论述齐鲁文化中阴阳五行学派的形成。丁原明

① 孙克诚：《齐鲁文化中的财富伦理思想述论》，《青岛科技大学学报》（社会科学版）2016年第4期。

② 王凤青：《齐鲁优秀传统文化传承发展要与社会主义核心价值观培育相结合》，《理论学习》2017年第7期。

③ 张文珍：《齐鲁文化：社会主义核心价值观的丰厚滋养》，《理论学刊》2017年第6期。

④ 梁宗华：《从孟子看齐鲁文化的交融》，《管子学刊》1989年第3期。

⑤ 苗若素：《晏婴对齐鲁文化的杰出贡献》，《东岳论丛》1994年第4期。

⑥ 于孔宝：《晏婴与齐鲁文化》，《齐鲁文化研究》2004年辑。

⑦ 张福信：《孔子与齐鲁文化的交流》，《山东工商学院学报》2009年第1期。

⑧ 王志民：《孟子与齐鲁文化》，《山东高等教育》2013年第1期。

⑨ 刘英波：《东夷文化与齐、鲁文化及孔子之关系述略》，《齐鲁师范学院学报》2012年第6期。

⑩ 吴郁芳：《齐鲁文化与冬、夏季风》，《齐鲁学刊》1991年第2期。

的《墨学与齐鲁文化》[①]分析了墨学在齐鲁文化中的地位，以及对齐文化与鲁文化的融合所起到的重要作用。王克奇的《齐鲁文化和儒道二家》[②]论述了齐文化派生出了道家学派，鲁文化派生出儒家学派。白奚的《齐鲁文化与稷下学》[③]论证了稷下学的繁荣发展与齐鲁文化有着密切的关系。武树臣的《齐鲁法文化与中华法系的精神原点》[④]论述了齐鲁文化中的法文化是中华法系的精神原点。黄朴民的《齐鲁兵学的文化特征与时代精神》[⑤]论述了先秦齐鲁兵学的文化特征与反映的时代精神。孟祥才的《先秦兵学与齐鲁文化》[⑥]分析了齐鲁兵学的重要理论与代表。闫海青的《齐鲁兵学文化的当代价值与启示》[⑦]分析了齐鲁兵学文化的文化价值、经济价值、军事价值。刘常的《齐鲁兵学文化要旨及其现世价值》[⑧]论证了齐鲁兵学融合创新、注重实效、崇尚智谋的主要旨归，总结了这些要旨在区域经济布局、推进地方文化发展、助力国防军队建设等方面具有不可忽视的现代价值。于敬民的《发挥齐鲁兵学文化对山东政治经济发展的促进作用》[⑨]论述了如何利用齐鲁兵学文化资源发展山东地区的政治经济。南兵军的《齐鲁兵学的文化地位和社会价值》[⑩]重点阐述齐鲁兵学的战略思维、哲学智慧、爱国情操、武德文化、民本思想、创新意识、务实精神、人才观念等方面的价值，引导人们增强文化自信和文化自觉。南兵军、于敬民《齐鲁兵学的概念和体系特征》[⑪]论证了齐鲁兵学是齐鲁文化的重要一脉，并对其进行了明确的分类，分析其特征。

---

① 丁原明：《墨学与齐鲁文化》，《管子学刊》1993 年第 2 期。

② 王克奇：《齐鲁文化和儒道二家》，《中国哲学史》1999 年第 3 期。

③ 白奚：《齐鲁文化与稷下学》，《齐鲁文化研究》2002 年辑。

④ 武树臣：《齐鲁法文化与中华法系的精神原点》，《法学论坛》2011 年第 6 期。

⑤ 黄朴民：《齐鲁兵学的文化特征与时代精神》，《齐鲁文化研究》2002 年辑。

⑥ 孟祥才：《先秦兵学与齐鲁文化》，《管子学刊》2005 年第 4 期。

⑦ 闫海青：《齐鲁兵学文化的当代价值与启示》，《孙子研究》2016 年第 S1 期。

⑧ 刘常：《齐鲁兵学文化要旨及其现世价值》，《孙子研究》2016 年第 S1 期。

⑨ 于敬民：《发挥齐鲁兵学文化对山东政治经济发展的促进作用》，《孙子研究》2016 年第 S1 期。

⑩ 南兵军：《齐鲁兵学的文化地位和社会价值》，《孙子研究》2017 年第 5 期。

⑪ 南兵军、于敬民：《齐鲁兵学的概念和体系特征》，《孙子研究》2018 年第 3 期。

关于齐鲁文化在汉代发展的研究。华世銧的《论齐鲁文化在西汉的地位及影响》① 论述了齐鲁文化文化重心的地位及其影响。王克奇的《齐鲁文化与秦汉的博士制度》② 论述了秦汉时期的博士制度对于齐鲁文化的发展与衰落的影响。王子今的《秦汉时期齐鲁文化的风格与儒学的西渐》③ 论述了秦汉时期儒学的西渐，以及齐鲁文化的特质与风格。梁宗华的《汉代儒学的重新兴起与齐鲁文化的一体化进程》④ 论述了汉代儒学的理论建构、政治实践、经书的搜求与传授对于齐鲁文化一体化的重要贡献。孙家洲的《论秦汉时期齐鲁文化的历史地位》⑤ 论述了秦汉时期齐鲁文化中心地位的形成与巩固。马亮宽的《略论齐鲁文化在秦汉时期的发展与传播》⑥ 论述了在秦汉时期齐鲁文化的发展与传播。梁宗华的《汉代儒学复兴与齐鲁文化的融合》⑦ 论述了汉初儒学的复兴与齐鲁文化发展之间的渊源关系。孟祥才的《从地域文化到主流文化——论齐鲁文化在先秦秦汉时期的发展》⑧ 分析了齐鲁文化的重要特征，以及由地域文化上升为主流文化的过程。仝晰纲、林吉玲的《齐鲁文化与秦汉政治文化的整合》⑨ 展现了齐鲁文化融合于中华一体文化的过程，探讨其对于秦汉政治文化的影响。王克奇的《秦汉时期齐鲁文化的发展及其特征》⑩ 分析了在秦汉时期新的历史条件下，齐鲁文化的发展表现出鲜明的阶段性和时代特征。王克奇的《齐地的方士文化与汉代的谶纬之学》⑪ 论述了齐地的方士文化成为汉代谶纬之学的重要理论源头，并对汉代政治形成了重要的影响。丁鼎的《齐鲁文化与两汉礼制及礼

① 华世銧：《论齐鲁文化在西汉的地位及影响》，《云南教育学院学报》1992 年第 5 期。

② 王克奇：《齐鲁文化与秦汉的博士制度》，《东岳论丛》1997 年第 1 期。

③ 王子今：《秦汉时期齐鲁文化的风格与儒学的西渐》，《齐鲁学刊》1998 年第 1 期。

④ 梁宗华：《汉代儒学的重新兴起与齐鲁文化的一体化进程》，《理论学习》2000 年第 1 期。

⑤ 孙家洲：《论秦汉时期齐鲁文化的历史地位》，《中国人民大学学报》2001 年第 4 期。

⑥ 马亮宽：《略论齐鲁文化在秦汉时期的发展与传播》，《孔子研究》2001 年第 5 期。

⑦ 梁宗华：《汉代儒学复兴与齐鲁文化的融合》，《齐鲁文化研究》2002 年辑。

⑧ 孟祥才：《从地域文化到主流文化——论齐鲁文化在先秦秦汉时期的发展》，《齐鲁文化研究》2002 年辑。

⑨ 仝晰纲、林吉玲：《齐鲁文化与秦汉政治文化的整合》，《齐鲁文化研究》2003 年辑。

⑩ 王克奇：《秦汉时期齐鲁文化的发展及其特征》，《齐鲁文化研究》2003 年辑。

⑪ 王克奇：《齐地的方士文化与汉代的谶纬之学》，《管子学刊》2004 年第 4 期。

学》[1]论证了两汉的相关礼制与礼学均来源于齐鲁文化。孟祥才的《齐鲁文化与秦朝政治》[2]论述了齐鲁之学中的儒、墨、黄老、阴阳五行等学说对于秦国乃至统一以后的秦朝政治产生的重要影响。韩国翰林大学金秉骏教授的《齐鲁文化文本之产生和复制——秦汉时代儒学的兴盛与齐鲁文化的产生》[3]探析与齐鲁文化的相关文本《史记》《汉书》，分析其产生的社会背景与政治背景。孙家洲的《论齐鲁文化在汉代学术复兴中的贡献》[4]分析了齐鲁文化在汉代学术复兴中承前启后、举足轻重的作用。刘瑞敏的《奇节与逸气：论建安时期齐鲁文士的人格风范》[5]分析了建安时期齐鲁文士的人格风范。陈晨捷的《西汉时期齐鲁地区社会风气的变迁》[6]强调齐鲁合流于经学改变了齐鲁之地的风俗，尤其是鲁地的风俗。朱仰东、滕桂华的《秦汉时期：儒学新变与齐鲁文化关系试论》[7]论证了秦汉时期儒学变化与齐鲁文化之间的关系。孟祥才的《论秦皇汉武的齐鲁文化情结》[8]论述了秦始皇、汉武帝与齐鲁文化之间的关系。李华、张玉婷的《娄敬与汉初齐鲁文化西渐》[9]着重讨论娄敬对齐鲁文化西渐的推动作用。

学界对于汉代之后齐鲁文化的研究。李红艳的《魏晋南北朝时期的齐鲁之学》[10]论述了魏晋南北朝时期齐鲁士人在学术创新、文化传播等方面的卓越建树。李伯齐的《关于魏晋南北朝时期齐鲁文化的思考》[11]探讨了在魏

---

① 丁鼎：《齐鲁文化与两汉礼制及礼学》，《烟台师范学院学报》（哲学社会科学版）2004年第2期。

② 孟祥才：《齐鲁文化与秦朝政治》，《齐鲁文化研究》2004年辑。

③ [韩] 金秉骏：《齐鲁文化文本之产生和复制——秦汉时代儒学的兴盛与齐鲁文化的产生》，《齐鲁文化研究》2004年辑。

④ 孙家洲：《论齐鲁文化在汉代学术复兴中的贡献》，《齐鲁文化研究》2004年辑。

⑤ 刘瑞敏：《奇节与逸气：论建安时期齐鲁文士的人格风范》，《学术交流》2009年第7期。

⑥ 陈晨捷：《西汉时期齐鲁地区社会风气的变迁》，《齐鲁学刊》2011年第3期。

⑦ 朱仰东、滕桂华：《秦汉时期：儒学新变与齐鲁文化关系试论》，《殷都学刊》2011年第2期。

⑧ 孟祥才：《论秦皇汉武的齐鲁文化情结》，《西安财经学院学报》2012年第6期。

⑨ 李华、张玉婷：《娄敬与汉初齐鲁文化西渐》，《海岱学刊》2017年第1期。

⑩ 李红艳：《魏晋南北朝时期的齐鲁之学》，《理论学刊》1999年第4期。

⑪ 李伯齐：《关于魏晋南北朝时期齐鲁文化的思考》，《齐鲁文化研究》2002年辑。

晋南北朝时期齐鲁文化的存在形态、文化载体、齐鲁世族的文化地位。邢东升的《魏晋南北朝时期齐鲁中原地区的经学发育及其演变》[①] 总结了魏晋南北朝时期经学发育的一般规律，分析其起伏升降的政治、经济、文化传统的原因。

总的来看，学界关于齐鲁文化的研究可以说已经臻于成熟。学界结合先秦史料与考古资料对齐鲁文化的重要源头东夷文化展开研究，涉及了东夷族源，东夷原始农业、手工业、商业，东夷人的文化艺术生活，东夷人的习俗，东夷人的原始宗教信仰，东夷人的科学技术，东夷文化与同期其他地域文化的对比，东夷古史传说，东夷与夏商周文明的互动，东夷乐文化，东夷文化的精神内涵。学界分别对齐文化与鲁文化进行研究，在齐文化研究领域，涉及先齐文化、齐文化的产生、发展、特征，齐文化的著名代表、稷下之学、齐国的工商业文化、齐国兵学、神仙方术、阴阳五行学说、齐国科技艺术，齐文化的精神内涵与治国思想、法律思想、外交思想、生态思想，齐文化的现代价值。在鲁文化研究领域，涉及了鲁文化的形成、发展、衰落，鲁文化的形态与特征，鲁文化中的法律思想，鲁文化的现代价值，孔子与鲁文化。在以上研究的基础上，学界对齐鲁文化进行了系统的研究，涵盖了齐鲁文化的渊源与特点，齐鲁文化的兴起，齐鲁文化发展的动力，齐鲁文化的分期，齐鲁文化圈的形成，儒墨之学与稷下学派，齐鲁文化与中国大一统文化的形成，齐鲁商业文化，齐鲁建筑文化，齐鲁科技文化，齐鲁文学，齐鲁的民俗文化与宗教信仰，齐鲁文化在世界的传播，齐鲁文化的政治思想、文化思想、社会管理思想、经济思想、生态思想，齐鲁文化的现代价值，齐鲁“诸子”。

虽然学界对于齐鲁文化进行了较为成熟的研究，几乎涵盖了关于齐鲁文化的方方面面，但是学界多侧重于对齐鲁文化中先秦部分的研究，对于汉代齐鲁文化的研究较为薄弱，仅涉及齐鲁文化在西汉的地位，汉代齐鲁文化的融合与一体化，汉代齐鲁文化的主流化，秦汉齐鲁文化的特征，秦汉儒学的复兴。但是对于齐鲁文化主流化的内在动力研究不足，对于汉代“诸子”

---

① 邢东升：《魏晋南北朝时期齐鲁中原地区的经学发育及其演变》，《孔子研究》2009 年第 5 期。

的研究也仅限于叔孙通、董仲舒、公孙弘、郑玄等，且学界对于齐鲁文化学术思想的研究相对来说更偏重于先秦齐鲁文化，儒家孔、孟、荀思想，墨家思想，管子思想，稷下之学，对于两汉齐鲁文化的核心儒家学术思想的研究并不完善，仅仅局限于董仲舒、郑玄等人的理论，并未将其他大量的汉代“诸子”纳入到齐鲁文化的研究范畴中来。两汉时期是齐鲁文化由地域文化走向主流文化的重要时期，在走向主流化的过程中，汉代“诸子”对于儒家思想的传承与创新是其主流化的内在动力。

齐鲁文化的概念因西周分封齐国、鲁国而出现；因此最初应该称为齐文化、鲁文化，其产生之初便有了封国文化的色彩。据《史记·周本纪》，周武王灭商，分封功臣，“于是封功臣谋士，而师尚父为首封。封尚父于营丘，曰齐。封弟周公旦于曲阜，曰鲁。”① 西周文化承袭夏商文化而来，“子曰：‘殷因于夏礼，所损益，可知也。周因于殷礼，所损益，可知也。’”② 西周建立后，西周文化成为贵族文化、官方文化，而海岱地区原有的东夷文化则成为土著文化。齐、鲁国君初封就国时，是带着王官文化而来的，“是故成王之于周公也，度百里之限，越九锡之检，开七百里之宇，兼商、奄之民，赐以附庸殷民六族，大路大旗，封父之繁弱，夏后之璜，祝宗卜史，备物典策，官司彝器，白牡之牲，郊望之礼。”③ 就国之后，又自觉将官方文化与东夷土著文化相互结合，“太公至国，修政，因其俗，简其礼”④，“变其俗，革其礼”⑤。在传承中寻求创新，在创新中求得发展，最终形成了新的齐文化与鲁文化。齐文化“尊贤而尚功”，强调农工商三业共同发展，注重变通、变革，讲究国富兵强、开发经济、吸引人才、广开言路，具有变革性、开放性的特征；鲁文化“尊尊亲亲”，注重发展农业经济，“仁”“礼”为其核心理念，讲究宗法人伦，颇具保守性、稳定性。

齐、鲁两国为齐鲁文化的发展提供了深厚的社会政治土壤。春秋战国

① （西汉）司马迁：《史记》卷四，中华书局 1959 年版，第 127 页。
② 程树德：《论语集释》，中华书局 1990 年版，第 127 页。
③ （东汉）班固：《汉书》卷九九上，中华书局 1962 年版，第 4062 页。
④ （西汉）司马迁：《史记》卷三二，第 1480 页。
⑤ （西汉）司马迁：《史记》卷三三，第 1524 页。

时期，礼乐征伐自诸侯出、大夫出、陪臣出，各国争雄，相互兼并，战争频繁，各国君主、大夫迫切需要文武人才为其出谋划策、斩将搴旗，在多元政治结构的基础上，开始实行开明的文化政策，为“诸子”思想的兴起提供了宽松的政治环境。这种多元的政治结构，打破了“学在官府”的学术格局，学术下移，私学兴起，“诸子”培育了大量的人才，士人阶层最终形成，诸国林立，人才自由流动与交流，为齐鲁文化的发展提供了人才基础。在齐鲁两国以及周边诸国涌现出了大量“诸子”，鲁国孔子创建儒家学派，而后孔门弟子将其发扬光大，邾国孟子成为战国中期儒家的重要代表人物，三为齐国稷下祭酒的荀子成为战国后期儒家的代表人物。滕国的墨子继承儒家学说创建了墨家学派，成为战国显学。春秋时期，齐学的代表人物是管仲，“真正将吕尚的学说推向中原各国、使齐学产生‘国际’影响的人物是春秋时代的管仲”①。春秋末期，齐学的代表人物是晏婴，以其外交活动传播了齐文化。春秋后期，齐人司马穰苴与孙武是齐国兵学的重要代表，战国时期齐鲁兵学的重要代表则是齐人孙膑，卫人吴起。战国时期，宋国人庄周成为道家学派的重要代表，以其极富思辨性的学说使得道家思想再现辉煌。战国时期的齐人邹衍首创五德终始说，成为阴阳五行家的重要代表，将五行附会于政治，对后世古代社会产生了深远的影响。齐桓公田午创建了稷下学宫，成为战国百家争鸣的中心，其最具代表性的学派则是稷下黄老之学，其代表性人物为环渊、彭蒙、田骈、接子、季真、慎到、尹文。正是在这些先秦齐鲁“诸子”的努力下，才使得齐文化与鲁文化逐步交流与融合，最终形成了一种个性鲜明的地域文化——齐鲁文化。

魏建认为，在春秋战国时期，齐鲁文化无疑是一种独立形态的区域文化。汉代以后，作为地域文化的齐鲁文化逐渐融入中华主流文化的核心部分，并且在外土广泛传播，形成其他地域文化无法比拟的覆盖面和渗透力。② 孟祥才指出：“在这些地域文化中，只有齐鲁文化经过先秦两汉时期

---

① 孟祥才、胡新生：《齐鲁思想文化史（先秦秦汉卷）——从地域文化到主流文化》，山东大学出版社 2002 年版，第 93 页。

② 魏建：《齐鲁文化精神传统在近现代山东的历史转换》，《山东社会科学》2004 年第 2 期。

的发展，完成了由地域文化向主流文化的转变。其他地域文化只是作为文化的因子融入了主流文化。”[①] 笔者受到孟先生的启发，认为齐鲁文化的主流化与诸多汉代“诸子”密不可分，当然，笔者所指的“诸子”既包括籍贯位于齐鲁封国的“诸子”，又包括与齐鲁文化的发展有密切关系的“诸子”。

秦在“百家争鸣”中选择法家，最终以铁血手段消灭六国并诸侯，统一天下。为了维护大一统的局面，秦始皇、李斯继续强化法家的地位，将其推向极致，酿成了“焚书坑儒”，齐鲁文化中除了神仙道之外，均受打击。秦的种种严酷措施最终使之成为短命王朝。

汉高祖刘邦吸取秦二世而亡的教训，推行郡国并行制，封建同姓九国于关东，以为皇室藩辅，“汉兴之初，海内新定，同姓寡少，惩戒亡秦孤立之败，于是剖裂疆土，立二等之爵。功臣侯者百有余邑，尊王子弟，大启九国。自雁门以东，尽辽阳，为燕、代。常山以南，太行左转，度河、济，渐于海，为齐、赵。谷、泗以往，奄有龟、蒙，为梁、楚。东带江、湖，薄会稽，为荆吴。北界淮濒，略庐、衡，为淮南。波汉之阳，亘九嶷，为长沙。诸侯比境，周匝三垂，外接胡越。天子自有三河、东郡、颍川、南阳，自江陵以西至巴蜀，北自云中至陇西，与京师内史凡十五郡，公主、列侯颇邑其中。”[②] 自此，终两汉之世，齐鲁之地成为封国重镇。

如果说齐鲁文化的产生融合与先秦齐鲁“诸子”有密切的关系，那么在两汉时期，以儒学为核心的齐鲁文化的复兴与繁荣更是离不开两汉“诸子”的努力。虽然汉高祖刘邦完成了统一，由于郡国并行制的推行，“宫室百官同制京师”，在关东之地，尤其是在齐鲁之地，出现了与春秋战国时期极为相似的多元政治格局。西汉初年，百废待兴，各国的政治环境与文化氛围颇为宽松，各国诸侯王为了迅速恢复发展经济，不断以优厚的待遇延揽人才，聚集与产生了大量的封国“诸子”，造成了齐鲁诸国文化繁荣的局面，他们为齐鲁文化的继承、发展与创新作出了重要的贡献。

“汉兴，接秦之弊，丈夫从军旅，老弱转粮饷，作业剧而财匮，自天子

① 孟祥才、胡新生：《齐鲁思想文化史（先秦秦汉卷）——从地域文化到主流文化》序言，山东大学出版社 2002 年版，第 1 页。

② （东汉）班固：《汉书》卷一四，第 393—394 页。

不能具钧驷，而将相或乘牛车，齐民无藏盖。”[1]统治者们以秦为鉴，直面严峻的社会危机，约法省禁，与民休息，其宽松的政治社会环境促进了思想文化的发展，“三月甲子，皇帝冠，赦天下。省法令妨吏民者；除挟书律。”[2]黄老思想适应了统治者的需求，平阳侯曹参是首次使齐鲁文化成为统治思想的关键人物，“很少有人把将黄老思想与黄老政治从齐国一隅推向全国的关键人物曹参视为一流政治家，更多的人将他看作刘邦那个布衣将相群中的一介武夫。其实，曹参不仅是一位智勇兼备的统帅，更是一位大智若愚的大政治家。他在汉初政坛上的地位和作用是别人无法替代的”[3]。平阳侯曹参为汉王朝的建立立下了汗马功劳，在天下统一之后，亦独创黄老治国之道。齐王刘肥年少，齐相曹参治国，他“重质少文”，无治国经验，于是将齐国各家“诸子”召集于临淄，“问所以安集百姓。而齐故诸儒以百数，言人人殊，参未知所定。闻胶西有盖公，善治黄老言，使人厚币请之。既见盖公，盖公为言治道贵清静而民自定，推此类具言之。”[4]胶西盖公根据黄老家的“因循”“虚无”观念提出了清静无为、与民休息的治民思想，既适应了齐国残破的现实，又便于曹参操作与执行，他最终选择了黄老思想。曹参“清静”而治，轻徭薄赋，各行各业迅速恢复发展，百姓富足，齐国强大。萧何死后，曹参继任汉相，将黄老无为思想带至汉中央，继续无为而治，减少各级政府的职能，固守萧何制定的各项法令，使汉王朝进入到了稳定发展的轨道。他实行长者治理模式，多任用“谨厚长者”，打击用法苛酷的人。曹参终日饮酒，不处理政事，以至与醉酒属吏相对饮酒，歌呼相应，“至者，参辄饮以醇酒，度之欲有言，复饮酒，醉而后去，终莫得开说，以为常。相舍后园近吏舍，吏舍日饮歌呼。从吏患之，无如何，乃请参游后园。闻吏醉歌呼，从吏幸相国召按之。乃反取酒张坐饮，大歌呼与相和”[5]。

曹参虽无黄老理论上的创新，亦无著作传世，但他顺应时势，在操作

① （西汉）司马迁：《史记》卷三〇，第1417页。

② （东汉）班固：《汉书》卷二，第90页。

③ 孟祥才：《曹参治齐与汉初统治思想与统治政策的选择》，《管子学刊》1998年第4期。

④ （东汉）班固：《汉书》卷三九，第2018页。

⑤ （东汉）班固：《汉书》卷三九，第2019—2020页。

层面上将现实政治与黄老之学相结合，无为而治，约法省禁，轻徭薄赋，与民休息，经济得以恢复与发展，拉开了“文景之治”的序幕。对于曹参的功勋，司马迁赞美道：“曹相国参攻城野战之功所以能多若此者，以与淮阴侯俱。及信已灭，而列侯成功，唯独参擅其名。参为汉相国，清静极言合道。然百姓离秦之酷后，参与休息无为，故天下俱称其美矣。”①

但是黄老思想仅仅适应了汉初这个特殊的历史时期，它使得汉王朝的经济得到了迅速的恢复与发展，但同时社会矛盾和问题也不断积累。地方基层社会豪强问题，随着社会经济的恢复和发展，豪强集团崛起，他们横行乡里，控制地方政权，“网疏而民富，役财骄溢，或至兼并豪党之徒，以武断于乡曲。”② 诸侯王坐大，汉初推行郡国并行制，诸侯王操控王国的政治、经济、军事、治民大权，取得了王国的实际控制权，在黄老无为的国策之下，诸侯王国的军政实力得到极大的增强，对汉中央造成了极大的威胁，“缓则骄奢易为淫乱，急则阻其强而合从以逆京师。”③ 匈奴骑兵的入侵问题，白登之围后，由于国力衰微，在黄老思想的指导下，汉初的统治者便与匈奴实行和亲政策，试图通过经济赠予与宗法血缘关系以缓解匈奴的入侵。但和亲并未阻止匈奴的入侵，不时侵犯汉朝边郡，孝文十四年，一度深入到了关中腹地甘泉，“孝文十四年，匈奴单于十四万骑入朝那萧关，杀北都尉卬，虏人民畜产甚多，遂至彭阳。使骑兵入烧回中宫，候骑至雍甘泉。”④ 文帝先是慌忙调集了 10 万军队屯守长安，“于是文帝以中尉周舍、郎中令张武为将军，发车千乘，十万骑，军长安旁以备胡寇。”⑤ 又调集五路大军出击匈奴，“而拜昌侯卢卿为上郡将军，宁侯魏遬为北地将军，隆虑侯周灶为陇西将军，东阳侯张相如为大将军，成侯董赤为将军，大发车骑往击胡。”⑥ 但并未对匈奴主力造成损失。汉武帝即位时，这些问题已经迫在眉睫，统治者急于寻求新

① （西汉）司马迁：《史记》卷五四，第 2031 页。
② （西汉）司马迁：《史记》卷三〇，第 1420 页。
③ （东汉）班固：《汉书》卷六四上，第 2802 页。
④ （东汉）班固：《汉书》卷九四上，第 3761 页。
⑤ （东汉）班固：《汉书》卷九四上，第 3761 页。
⑥ （东汉）班固：《汉书》卷九四上，第 3761—3762 页。

的统治思想来替代黄老思想。

秦始皇“焚书坑儒”，大量文献典籍被付之一炬，儒学遭到沉重打击，但至武帝时，儒学却一跃成为独尊的官方思想，其中原因值得探讨。“从秦代尚法到汉初重‘黄老之术’，再到汉中期儒学独尊，既是时势使然，也与汉儒对儒学的适时改良分不开。”[①] 旧儒学注重人文理性，强调“法先王”，“焚书坑儒”则宣布其失败。儒学要在大一统的国家形态下生存与发展，必须与现实政治相结合。而促进这一结合的第一位“诸子”就是叔孙通。叔孙通，薛县人，晋灼曰：“《楚汉春秋》名何。”[②] 薛县，颜师古曰：“薛，县名，属鲁国。”[③] 叔孙通是秦末汉初齐鲁文化的重要代表人物，他为力促政治与儒学的结合，为齐鲁文化的主流化作出了重要的贡献。

叔孙通认识到要复兴儒学，必须要凭借政治权力的支持。先秦儒家所主张的是一种民贵君轻、道重于君的君臣关系。叔孙通则强调士人对于政治的依附，儒家道德观念的政治化。叔孙通自彭城之战后归顺刘邦，他善于揣摩刘邦的心思，在服饰等细节上极力迎合刘邦，“通儒服，汉王憎之，乃变其服，服短衣，楚制”[④]。叔孙通适时向刘邦推荐武将，“通之降汉，从弟子百余人，然无所进，专言诸故群盗壮士进之。”[⑤] 其弟子极为不满：“事先生数年，幸得从降汉，今不进臣等，专言大猾，何也?”[⑥] 叔孙通安抚道：“汉王方蒙矢石争天下，诸生宁能斗乎？故先言斩将搴旗之士。诸生且待我，我不忘矣。”[⑦] 叔孙通最终被刘邦重用，“汉王拜通为博士，号稷嗣君”[⑧]。为其日后参与西汉的政治制度、思想文化建设打下了坚实的基础。

垓下之战后，刘邦称帝，叔孙通制定了仪式与尊号，“汉王已并天下，

---

① 陈乾康：《叔孙通与汉初儒学的复兴和改良》，《文史杂志》1997 年第 2 期。
② （东汉）班固：《汉书》卷四三，第 2124 页。
③ （东汉）班固：《汉书》卷四三，第 2124 页。
④ （东汉）班固：《汉书》卷四三，第 2125 页。
⑤ （东汉）班固：《汉书》卷四三，第 2125 页。
⑥ （东汉）班固：《汉书》卷四三，第 2125 页。
⑦ （东汉）班固：《汉书》卷四三，第 2125 页。
⑧ （东汉）班固：《汉书》卷四三，第 2125 页。

诸侯共尊为皇帝于定陶，通就其仪号”[①]。叔孙通深谙封建等级礼制对于稳固统治的重要意义，与其弟子考察先秦儒家古礼，结合秦朝旧仪，制定出了新的朝仪，“遂与所征三十人西，及上左右为学者与其弟子百余人为绵蕞野外。习之月余，通曰：‘上可试观。’上使行礼，曰：‘吾能为此。’乃令群臣习肄，会十月。”[②]

高帝七年（前200年）十月，新朝仪在长乐宫朝贺活动中施行，“汉七年，长乐宫成，诸侯群臣朝十月。仪：先平明，谒者治礼，引以次入殿门，廷中陈车骑戍卒卫官，设兵，张旗志。传曰‘趋’。殿下郎中侠陛，陛数百人。功臣列侯诸将军军吏以次陈西方，东乡；文官丞相以下陈东方，西乡。大行设九宾，胪句传。于是皇帝辇出房，百官执戟传警，引诸侯王以下至吏六百石以次奉贺。自诸侯王以下莫不震恐肃敬。至礼毕，尽伏，置法酒。诸侍坐殿上皆伏抑首，以尊卑次起上寿。觞九行，谒者言‘罢酒’。御史执法举不如仪者辄引去。竟朝置酒，无敢欢哗失礼者。”[③]刘邦“拜通为奉常，赐金五百斤”[④]。叔孙通的弟子亦被任命为郎官，为“布衣集团”注入了新鲜血液。

叔孙通又纳礼入法，以负责“执法”监督朝仪的进行，并将礼仪与律令相结合，“所撰礼仪，与律令同录，藏于理官”[⑤]。在叔孙通的努力下，刘邦晚年改变了对儒家的态度，高帝十二年，“过鲁，以太牢祠孔子”[⑥]，成为中国古代历史上第一个以太牢之礼祭祀孔子的帝王。

惠帝即位后，叔孙送又制定了汉王朝的宗庙礼制以及其他礼仪法令，不断以儒家思想影响惠帝，惠帝修建了未央宫与长乐宫之间的复道，叔孙通认为此复道与抬衣冠出游至高祖庙之路重合，为不孝之举，建议在渭水北岸再修建一座高祖庙，每月至此庙行衣冠礼，“惠帝为东朝长乐宫，及间往，数跸烦民，作复道，方筑武库南，通奏事，因请间，曰：‘陛下何自筑复道

---

① （东汉）班固：《汉书》卷四三，第2126页。

② （东汉）班固：《汉书》卷四三，第2127页。

③ （东汉）班固：《汉书》卷四三，第2127—2128页。

④ （东汉）班固：《汉书》卷四三，第2128页。

⑤ （东汉）班固：《汉书》卷二二，第1035页。

⑥ （东汉）班固：《汉书》卷一下，第76页。

高帝寝，衣冠月出游高庙？子孙奈何乘宗庙道上行哉！’惠帝惧，曰：‘急坏之。’通曰：‘人主无过举。今已作，百姓皆知之矣。愿陛下为原庙渭北，衣冠月出游之，益广宗庙，大孝之本。’上乃诏有司立原庙”①。

叔孙通以“羞以含桃，先荐寝庙”②之义，建议惠帝将樱桃献于高庙，彰显孝行，“惠帝常出游离宫，通曰：‘古者有春尝果，方今樱桃熟，可献，愿陛下出，因取樱桃献宗庙。’上许之。诸果献由此兴。”③

叔孙通将“明于时变”的精神注入传统儒学中，儒生彻底臣服于皇权，“从狭义上讲，是叔孙通将改造后的儒家礼制成功地运用于汉王朝的政治生活中；从广义上讲，则是开了学术和秩禄结合的先河”④。此后，儒学逐步走向复兴，司马迁称赞：“叔孙通希世度务，制礼进退，与时变化，卒为汉家儒宗。”⑤

叔孙通之后，齐鲁“诸子”开始复兴儒学经典，田生恢复发展了《易》，伏生恢复发展了《尚书》，申培公、辕固生恢复发展了《诗》，高堂生恢复发展了《礼》，胡母生恢复发展了《春秋》，“汉兴，言《易》自淄川田生；言《书》自济南伏生；言《诗》，于鲁则申培公，于齐则辕固生，燕则韩太傅；言《礼》，则鲁高堂生；言《春秋》，于齐则胡毋生，于赵则董仲舒。及窦太后崩，武安君田蚡为丞相，黜黄老、刑名百家之言，延文学儒者以百数，而公孙弘以治《春秋》为丞相封侯，天下学士靡然乡风矣。”⑥

田何，齐国人，西汉今文《易》的开创者。《易》的传承体系较为明确，孔子教授鲁国商瞿，商瞿教授鲁国桥庇，桥庇教授江东馯臂，馯臂教授燕周丑，周丑教授东武孙虞，孙虞教授齐田何。秦焚书时，因《易》亦用为筮卜之书，并未遭到焚毁。汉王朝建立后，洛阳周王孙、丁宽、东武王同、齐服生为其弟子，均著数篇《易传》。王同教授广川孟但，官至太子门大夫，齐

---

① （东汉）班固：《汉书》卷四三，第2129—2130页。

② 李学勤主编：《礼记正义》，北京大学出版社1999年版，第504页。

③ （东汉）班固：《汉书》卷四三，第2131页。

④ 王继训：《也评叔孙通其人其学》，《齐鲁学刊》1996年第5期。

⑤ （西汉）司马迁：《史记》卷九九，第2726页。

⑥ （东汉）班固：《汉书》卷八八，第3593页。

即墨成，官至城阳相，淄川杨何，官至太中大夫。临淄主父偃、莒衡胡、鲁周霸皆以通晓《易》而做官，均本于田何。

伏生，名胜，齐国济南郡人，曾为秦博士，后教授于齐鲁之间。“焚书令”下，伏生在逃亡之前，将《尚书》藏到墙壁中。汉王朝建立后，伏生寻得所藏《尚书》，只有29篇存世，教授门生。文帝派太常掌故晁朝到90多岁的伏生处学习《尚书》，颜师古曰：“卫宏《定古文尚书序》云：‘伏生老，不能正言，言不可晓也，使其女传言教错。齐人语多与颍川异，错所不知者凡十二三，略以其意属读而已。’”① 伏氏《尚书》自此由齐鲁地区传播至全国各地。

申公，即申培，鲁国人，与穆生、白生、刘交学《诗》于齐人浮丘伯门下，浮丘伯则是荀子的学生。汉王朝建立，刘交受封楚王，穆生、白生、申公均在楚国担任中大夫。申公在楚国取得了突出的学术成就，完成《鲁诗》。吕后时，申公与刘交太子刘郢客到长安求学于浮丘伯。文帝时，申公来到长安担任博士，后又回到了楚国，继续担任中大夫，负责教导刘郢客太子刘戊。刘戊即位之后，因景帝“削藩”，密谋叛乱。刘戊将屡次劝谏的申公、白生处以胥靡之刑，颜师古曰：“联系使相随而服役之，故谓之胥靡，犹今之役囚徒以锁联缀耳。”② 申公逃回鲁地，教授弟子，“弟子自远方至受业者千余人”③。武帝即位之后，其弟子兰陵王臧、代郡赵绾倍受重用，王臧官至郎中令，赵绾担任御史大夫。王臧、赵绾在修建明堂的过程中，难以明确明堂礼仪与形制，上书请求武帝派遣使者迎接申公至长安，“绾、臧请立明堂以朝诸侯，不能就其事，乃言师申公。于是上使使束帛加璧，安车以蒲裹轮，驾驷迎申公，弟子二人乘轺传从”④。到达长安后，武帝召见了80多岁的申公，向他请教治国之道，申公仅说了一句：“为治者不在多言，顾力行何如耳。”⑤ 武帝仅任命其为太中大夫，讨论建立明堂事宜。

---

① （东汉）班固：《汉书》卷八八，第3603页。
② （东汉）班固：《汉书》卷三六，第1924页。
③ （东汉）班固：《汉书》卷八八，第3608页。
④ （东汉）班固：《汉书》卷八八，第3608页。
⑤ （东汉）班固：《汉书》卷八八，第3608页。

至武帝即位之初，王臧、赵绾得到重用充分说明了儒家与政治已经实现了初步的结合，儒家势力开始抬头。但此时黄老思想依然是统治思想，黄老集团依然控制汉中央。以赵绾、王臧为代表的儒生势力已经不满足于制礼作乐，试图取代黄老集团，遂颁行了一系列政策，打击旧势力，“令列侯就国”，“除关”，“举谪诸窦宗室无行者，除其属藉”。[①] 建元二年（前139年），赵绾、王臧直接将矛头对准黄老集团的领袖窦太后，“御史大夫赵绾请毋奏事东宫”[②]。窦太后下令抓捕了赵绾、王臧，迫其自杀，申公以病免官，又回到了鲁国，终老于家，儒家势力受到暂时的打击。虽然王臧、赵绾的努力失败了，但申公在鲁国致力于教授弟子，取得了很大的成就，其弟子中较为著名的有周霸，官至胶西内史；孔安国，官至临淮太守；夏宽，官至城阳内史；缪生，官至长沙内史；阙门庆忌，官至胶东内史；鲁赐，官至东海太守；徐偃，官至胶西中尉。另外，还有几百弟子担任大夫、郎、掌故等官职。他们行教化之政，教授门生，成为传播儒家思想的重要主体。

辕固生，齐国人，开齐《诗》一派，景帝时担任博士。辕固生试图挑战黄老权威，在一次廷议中，针对“汤武受命”，与黄老学派的代表人物黄生展开论辩，黄生认为汤武有失臣道，不受天命，辕固生认为汤武虽为臣下，但顺应民心，诛灭暴虐的桀纣，必受天命，“与黄生争论于上前。黄生曰：‘汤武非受命，乃杀也。’固曰：‘不然。夫桀纣荒乱，天下之心皆归汤武，汤武因天下之心而诛桀纣，桀纣之民弗为使而归汤武，汤武不得已而立，非受命为何？’黄生曰：‘冠虽敝必加于首，履虽新必贯于足。何者？上下之分也。今桀纣虽失道，然君上也；汤武虽圣，臣下也。夫主有失行，臣不正言匡过以尊天子，反因过而诛之，代立南面，非杀而何？’”[③] 辕固生竟将话题引入到了“以汉代秦”上，景帝不得不终止了此次论辩，“食肉毋食马肝，未为不知味也；言学者毋言汤武受命，不为愚。”[④]

---

① （东汉）班固：《汉书》卷五二，第2379页。
② （东汉）班固：《汉书》卷五二，第2379页。
③ （东汉）班固：《汉书》卷八八，第3612页。
④ （东汉）班固：《汉书》卷八八，第3612页。

窦太后召问辕固生谈论黄老之书，辕固生竟说：“此家人言矣。”[①] 将黄老之书称之为民间之书。窦太后大怒，派人将辕固生投入到野猪圈中，幸得景帝护佑，侥幸得以逃脱。景帝后任命他为清河太傅，后因病免官。武帝即位初期，90 多岁的辕固生再次被起用，后因遭排挤而被迫离开长安。夏侯始昌为其最为知名的弟子。辕固生曾嘱托公孙弘：“公孙子，务正学以言，无曲学以阿世！”[②] 其门生徒孙多以《齐诗》而显贵。

高堂生，鲁国人，秦焚书，《礼》颇散亡，汉王朝建立后，高堂生传《士礼》17 篇，即今文《仪礼》。其弟子萧奋官至淮阳太守。萧奋弟子东海人孟卿，教授后仓、闾丘卿。后仓进一步将《士礼》阐发至数万言，号为《后氏曲台记》，教授庆普、戴德、戴圣、闻人通汉。庆普官至东平太傅。戴德，即大戴，官至信都太傅。戴圣，即小戴，官至九江太守，曾参加石渠阁会议。于是高堂生之《礼》分为大戴、小戴、庆氏三个学派。大戴之学后又衍生出了徐氏之学，小戴之学又有杨氏、桥氏之学。

胡母生，字子都，齐国人。研习《公羊春秋》，景帝任命其为博士。与董仲舒同时，其德行深得董仲舒的赞赏。回到齐国后，齐国《公羊春秋》诸儒皆以其为宗师，公孙弘亦随之求学。其弟子中最知名的为嬴公、褚大、吕步舒、段仲。嬴公更好地继承了胡母生的学说，曾担任谏大夫，教授眭孟、孟卿。

眭孟弟子中较为知名的有东海严彭祖，鲁国颜安乐。眭孟叹道：“《春秋》之意，在二子矣！”[③] 眭孟死后，《公羊春秋》有了颜、严两个学派。严彭祖官至太子太傅，廉洁正直不曲事权贵，严彭祖曾说：“凡通经术，固当修行先王之道，何可委曲从俗，苟求富贵乎！”[④] 颜安乐字公孙，鲁国薛人，眭孟的外甥。家贫，努力于学业，官至齐郡太守丞。淮阳泠丰、淄川任公、琅邪筦路、泰山冥都为其较为知名的弟子。颜氏一学又衍生出了泠、任、筦、冥四个学派。

---

① （东汉）班固：《汉书》卷八八，第 3612 页。
② （东汉）班固：《汉书》卷八八，第 3612 页。
③ （东汉）班固：《汉书》卷八八，第 3616 页。
④ （东汉）班固：《汉书》卷八八，第 3616 页。

田生、伏生、申公、辕固生、高堂生、胡母生是汉初齐鲁“诸子”的重要代表，他们在汉初以今文经的形式重新恢复儒家经典，并进行微言大义式的阐发，开创了西汉今文经诸学。他们与先秦传统儒生不同，选择与统治者合作，担任汉王朝的各级官吏，教授大量的生徒，拉开了儒学复兴以及齐鲁文化主流化的序幕。在他们的努力下，个别儒生比如赵绾、王臧还取得了很高的政治地位，并试图挑战黄老集团的权威。但此时儒生在庞大的官僚群体中仅占很小的比例，难以抗衡强大的黄老集团。所以要想取代黄老思想，必须要进行理论创新，获得统治者的青睐，这一历史重任就需要大儒董仲舒来完成了。

董仲舒，广川人（今河北枣强），《公羊春秋》大师，史书并没有记载董仲舒的师承关系。虽然其籍贯并非齐鲁之地，但广川南与齐鲁接壤，故很有可能求学于齐鲁之地。从董仲舒与胡母生“同业”来看，他应当是师承于齐鲁“诸子”，董仲舒又担任过胶西国相，与齐鲁之地以及齐鲁文化存在密切的关系。景帝时曾担任博士，在汉武帝建元初年对策之后，其学说得到武帝赏识，而后成为官方思想。“儒家文化从鲁、邹的区域文化到影响整个中华文明的主流文化，有一个重要的节点不能忽视，这就是董仲舒。董仲舒是儒家文化的一位极其重要的思想集成者和传播者。儒家文化经过他的整合、发挥与再造，成为一个具有完整世界观体系的文化系统，并经过他向汉武帝的积极推荐，借助于政治的力量，上升为汉帝国的国家意识形态，由此影响了整整两千多年，形成了中国文化的具有支柱性的民族文化传统。”①

“新儒学思想的‘醇正’绝不是对于原始儒学的简单重复或者回归，而是建立在各家思想融合的背景与基础之上的。”② 董仲舒针对黄老思想缺乏理论体系的缺陷，汲取汉初儒家“诸子”失败的教训，创造性地吸收了法家、墨家、阴阳五行、黄老家、名家的思想与方法，创新性地构建了“新儒家”思想体系，为解决当时的诸多社会政治问题提供了理论指导。“董仲舒以与

① 季桂起：《历史大转折中的文化调试——论董仲舒对儒家文化的整合与发展》，《山东师范大学学报》（人文社会科学版）2015 年第 3 期。

② 徐广东：《论陆贾的新儒学思想及其价值》，《学术交流》2013 年第 10 期。

时俱进的改革精神，实现了传统儒学的创造性转化与创新性发展。”[①] 董仲舒的学说获得了汉武帝的青睐，“罢黜百家，独尊儒术”，齐鲁文化逐步成为主流文化。

董仲舒主张在长安设立太学，作为讲授传播“六经”的权威机构，培养大量经学人才，“故养士之大者，莫大乎太学；太学者，贤士之所关也，教化之本原也。今以一郡一国之众，对亡应书者，是王道往往而绝也。臣愿陛下兴太学，置明师，以养天下之士，数考问以尽其材，则英俊宜可得矣。今之郡守、县令，民之师帅，所使承流而宣化也；故师帅不贤，则主德不宣，恩泽不流。今吏既亡教训于下，或不承用主上之法，暴虐百姓，与奸为市，贫穷孤弱，冤苦失职，甚不称陛下之意。是以阴阳错缪，氛气充塞，群生寡遂，黎民未济，皆长吏不明，使至于此也”[②]。武帝于建元五年（前136年）接受董仲舒的建议设立太学，设置五经博士，五经之学大体源于齐鲁“诸子”之学，五经之学自此从齐鲁“诸子”之学成为官方之学、宫廷文化，其传承与创新的主体则由齐鲁“诸子”扩展至于全国各地的“诸子”。齐鲁文化便成为统治思想，但是成为统治思想并不意味着主流化的完成。

齐鲁文化在两汉时期的发展经历了西汉初、西汉中后期、东汉初、东汉中后期四个阶段。“诸子”结合现实的社会政治问题不断对传统儒家思想进行传承、修正、创新，最终实现了齐鲁文化的主流化。

笔者采取了群体研究与个案研究相结合的研究方法，采取以点带面的方式，对汉代“诸子”思想进行研究。笔者选取了40余位对于齐鲁文化主流化有重要意义的“诸子”，从德法思想、风俗思想、民族关系思想、中央与地方关系思想、经济思想、选贤思想6个方面对“诸子”思想进行研究，并结合其社会政治实践，探析其对于传统儒家思想的继承与创新，为社会主义经济建设、政治建设、文化建设、社会建设、人才建设、新型民族关系建设，以及为中华优秀传统文化的创造性转化、创新性发展提供历史借鉴。

---

① 秦铁柱：《汉代齐鲁封国诸子传》，人民出版社2022年版，第85页。

② （东汉）班固：《汉书》卷五六，第2512页。

第一章　两汉“诸子”传

第一节　西汉“诸子”传

陆贾，汉初楚国人，其祖上或为齐国人，“《陆氏谱》云：‘齐宣公支子达食菜于陆。达生发，发生皋，适楚。贾其孙也。’”① 儒生出身，对于其师承关系史无明载，余嘉锡认为陆贾之学出于荀子弟子浮邱伯。② 他对于西汉初年齐鲁文化的发展与创新作出了重要的贡献，清代学者唐晏指出：“汉代重儒，开自陆生也。”③ “以客从高祖定天下，名为有口辩士，居左右，常使诸侯。”④ 刘邦建立汉王朝之后，派陆贾出使南越，利用外交手段，迫使南越王赵佗臣服，“陆生卒拜尉他为南越王，令称臣奉汉约。归报，高祖大悦，拜贾为太中大夫。”⑤ 陆贾以儒家经典《诗》《书》来劝说高帝推行仁政，并受高帝委托撰写《新语》一书来总结先秦以及秦兴亡的历史教训，“陆生时时前说称《诗》《书》。高帝骂之曰：‘乃公居马上而得之，安事《诗》《书》！’陆生曰：‘居马上得之，宁可以马上治之乎？且汤武逆取而以顺守之，文武并用，长久之术也。昔者吴王夫差、智伯极武而亡；秦任刑法不变，卒灭赵氏。乡使秦已并天下，行仁义，法先圣，陛下安得而有之？’高帝不怿而有惭色，乃谓陆生曰：‘试为我著秦所以失天下，吾所以得之者何，及古成败

① （西汉）司马迁：《史记》卷九七，第 2697 页。

② 王利器：《新语校注》，中华书局 1986 年版，第 201 页。

③ 王利器：《新语校注》，第 223 页。

④ （西汉）司马迁：《史记》卷九七，第 2697 页。

⑤ （西汉）司马迁：《史记》卷九七，第 2698 页。

之国。’陆生乃粗述存亡之征，凡著十二篇。每奏一篇，高帝未赏不称善，左右呼万岁，号其书曰‘新语’。”[①] 他同叔孙通共开汉代崇儒之先河，力促西汉初年由“法治”到“德治”的治国原则的转变，“陆贾在促成这一思想转换时，有一与后儒大不相同的思想，即尊儒术而不黜百家。”[②] 叔孙通是从外在的等级礼制来服务于统治者，陆贾则是积极地对传统儒家思想进行创新，使其从理论上与政治结合。他以儒家思想为框架，选择性地吸收了法家、道家、阴阳家思想的相关内容，调整传统的儒家思想，展现出了汉初儒家兼容并包的特性，使得刘邦从理论的层面上感觉到了儒家思想的价值，为儒家思想走向汉王朝的统治上层作出了重要的贡献。“总之，陆贾冲破汉初轻儒风气的笼罩，为儒学呐喊，使儒学逐渐被官方所认可，进而成为官方的主流意识形态。在这一儒学发展进程中，陆贾功不可没。”[③]

贾谊，洛阳（今河南洛阳）人，才识过人。冯友兰称贾谊是“汉朝初年最大的哲学家、思想家和杰出的政论家。”[④] 徐复观称贾谊的哲学思想“是前无所承，而后无所继的”[⑤]。曾师事荀子弟子吴公，又师事北平侯张苍。唐人陆德明《经典释文序录》认为《左传》的传授是：“左丘明作《传》以授曾申。申传卫人吴起。起传其子期。期传楚人铎椒。椒传赵人虞卿。卿传同郡荀卿名况。况传武威张苍。苍传洛阳贾谊。”[⑥] 他博览百家，以儒为重，政治眼光深邃，深得文帝赏识。贾谊以儒家思想为基础，吸收法家、阴阳家的相关理论，实现统治思想的转变，终因功臣列侯的强烈反对，被排挤出汉中央，担任长沙王太傅，“以为汉兴二十余年，天下和洽，宜当改正朔，易服色制度，定官名，兴礼乐。乃草具其仪法，色上黄，数用五，为官名悉更，奏之。文帝谦让未皇也。然诸法令所更定，及列侯就国，其说皆谊发之。于是天子议以谊任公卿之位。绛、灌、东阳侯、冯敬之属尽害之，乃毁谊曰：

---

① （西汉）司马迁：《史记》卷九七，第2699页。

② 李存山：《秦后第一儒——陆贾》，《孔子研究》1992年第3期。

③ 项永琴：《试论陆贾在学术、思想领域的创造性贡献》，《烟台师范学院学报》（哲学社会科学版）2004年第1期。

④ 冯友兰：《中国哲学史新编》（第三册）修订版，长春出版社2017年版，第15页。

⑤ 徐复观：《两汉思想史》（第二卷），九州出版社2014年版，第142页。

⑥ 吴承仕：《经典释文序录疏证》，中华书局1984年版，第121页。

‘洛阳之人年少初学，专欲擅权，纷乱诸事。’于是天子后亦疏之，不用其议，以谊为长沙王太傅。”① 后又担任梁怀王太傅，因梁怀王堕马而亡，贾谊悲愤而死。贾谊的思想是由汉初“诸子争鸣”向“儒术独尊”过渡的重要环节，他以儒家为重心糅合诸家思想的努力，为董仲舒创建“新儒家”指引了方向，为齐鲁文化的主流化作出了重要的理论贡献。“贾谊对于经历秦灭后的儒学之振兴，作出了不朽贡献，可以说他的思想是董仲舒‘独尊儒术’思想的先导，同时对以后历代道德建设，也产生了十分深刻的影响。”②

晁错，颍川人，与贾谊年齿相当，年少时跟随张恢学习“申商刑名”之学，后担任太常掌故，“为人峭直刻深”，未能得到文帝赏识，后担任太子家令，成为太子刘启的“智囊”。文帝时期接连上书，《汉书》中记载了其《上书言兵事》《复言募民徙塞下》《贤良文学对策》等5篇奏疏，欲图在政治上有所作为。景帝即位后，担任御史大夫，力主以法“削藩”，“请诸侯之罪过，削其支郡。奏上，上令公卿列侯宗室杂议，莫敢难，独窦婴争之，由此与错有隙。错所更令三十章，诸侯欢哗。”③ 最终引发“吴楚七国之乱”，成为众矢之的，为平息诸侯的怨恨，景帝将其诛杀。晁错为西汉“新法家”的代表性人物④，这似乎已成为学界定论，但他对儒学的发展以及齐鲁文化的传播作出了重要的贡献。文帝时，长安无治《尚书》之博士，欲图任命伏生为博士，伏生年老，难以成行，故派晁错至伏生处受今文《尚书》，后将《尚书》带至长安，终成宫廷之学，“孝文时，天下亡治《尚书》者，独闻齐有伏生，故秦博士，治《尚书》，年九十余，老不可征。乃诏太常，使人受之。太常遣错受《尚书》伏生所，还，因上书称说。诏以为太子舍人，门大夫，迁博士。”⑤

董仲舒，广川（今河北枣强）人，年少时刻苦努力，研习经学，终成汉初大儒，“盖三年不窥园，其精如此。进退容止，非礼不行，学士皆师尊

① （东汉）班固：《汉书》卷四八，第2222页。
② 黄钊：《贾谊的道德学说探析》，《湘潭大学学报》（哲学社会科学版）2004年第5期。
③ （东汉）班固：《汉书》卷四九，第2300页。
④ 龚留柱：《论晁错及汉初“新法家”》，《中国史研究》2016年第1期。
⑤ （东汉）班固：《汉书》卷四九，第2277页。

之。”① 汉景帝时担任博士，汉武帝建元初被举为贤良文学，其《天人三策》颇受武帝重视，后官至胶西王相、江都王相。董仲舒一生著述颇丰，“仲舒所著，皆明经术之意，及上疏条教，凡百二十三篇。而说《春秋》事得失，《闻举》《玉杯》《蕃露》《清明》《竹林》之属，复数十篇，十余万言，皆传于后世。掇其切当世施朝廷者著于篇。”② 其存世之作为《春秋繁露》。董仲舒身处的时代，黄老思想陈陈相因，儒家思想经过汉初儒家“诸子”的恢复与发展，已经开始崛起，功臣侯集团业已衰落，诸侯王集团在“吴楚七国之乱”后走向衰落，汉初“三足鼎立”的政治格局发生了重大变化，皇权独大，武帝即位之后急需在政治、经济、军事上加强皇权，开疆拓土。董仲舒集先秦汉初儒家“诸子”之大成，以儒家思想作为主干，吸收阴阳五行家、法家、墨家、黄老家、名家等思想，创建了“新儒学”。“新儒学”主张君权神授，强调思想文化与政治上的大一统，获得了武帝的青睐，“罢黜百家，独尊儒术”，齐鲁文化也真正进入到了主流化的进程之中。刘歆赞扬董仲舒：“伊吕乃圣人之耦，王者不得则不兴。故颜渊死，孔子曰‘噫！天丧余。’唯此一人为能当之，自宰我、子赣、子游、子夏不与焉。仲舒遭汉承秦灭学之后，《六经》离析，下帷发愤，潜心大业，令后学者有所统壹，为群儒首，然考其师友渊源所渐，犹未及乎游夏，而曰管晏弗及，伊吕不加，过矣。’至向曾孙龚，笃论君子也，以歆之言为然。”③

公孙弘，淄川薛县（今山东滕州）人，年轻时担任狱吏，后被因罪免官，因家贫以在海边放猪为生。40 多岁时，开始抓住儒学崛起的契机，研习《公羊春秋》之说，最终成为当地较为著名的儒者。武帝即位时，被淄川国举为贤良文学，被武帝任命为博士，后因出使匈奴，奏对未得武帝之意，被免官。元光五年（前 130 年），再次被淄川国举为贤良文学，其对策深得武帝之意，被任命为博士。之后颇得武帝信任，最终官至丞相，成为两汉历史上第一位以儒生身份封侯拜相的人。他在儒学理论上的贡献较少，难以与董仲舒等大儒相比肩，《汉书·艺文志》记载公孙弘的作品只有《公孙弘》

---

① （东汉）班固：《汉书》卷五六，第 2495 页。

② （东汉）班固：《汉书》卷五六，第 2525—2526 页。

③ （东汉）班固：《汉书》卷五六，第 2526 页。

10卷，早已散佚。他在《汉书·公孙弘传》中的贤良文学对策大多是对传统儒家观点的重复，难有创新。但他在两汉儒学发展史上有着独特的地位，“他以法吏起家，四十岁以后才学‘《春秋》杂说’，自然是将其实用的法吏经验与儒家要义相结合，追求的是为现实的政治服务，而不是儒家道统的建设。”① 他以儒生登位三公，以为天下儒生之榜样，本身就促进了儒家思想的推广。他践行儒家理念，蔬食布被，极为节俭，事母至孝。担任三公期间，他利用自己手中的政治权力大力发展儒学，如设立博士弟子制度，拓宽儒生的“利禄之路”，将“《春秋》决狱”落实到司法领域，是从制度上促进齐鲁文化主流化的重要人物。

主父偃，齐国临淄（今山东临淄）人。出身贫寒，早年学纵横长短之术，后学《春秋》《易》。在齐、燕、赵、中山等国未受重用。元光元年（前134年），到达长安，直接上书汉武帝，当天就被召见，“所言九事，其八事为律令”②，深得武帝信任，一年之内四次升迁，郎中、谒者、中郎、中大夫。后向武帝上奏“推恩令”“迁豪”，建议建立朔方郡，修建朔方城，为汉武帝收回齐国、燕国，成为汉武帝加强中央集权的一把利剑，后因收受贿赂而被族灭。主父偃以纵横家的视野将儒家思想服务于现实政治，促进了齐鲁文化与政治的结合。

司马迁，字子长，左冯翊夏阳（今陕西韩城）人，西汉著名的史学家，太史令司马谈之子。自幼好学，10岁时就能背诵古文，20岁时游览全国各地，“南游江、淮，上会稽，探禹穴，窥九疑，浮于沅、湘；北涉汶、泗，讲业齐、鲁之都，观孔子之遗风，乡射邹、峄；厄困鄱、薛、彭城，过梁、楚以归。”③ 师从于孔安国、董仲舒，后继承父业，担任太史令，并继承父志，撰写《史记》，欲图“究天人之际，通古今之变，成一家之言”④。但遭遇李陵之祸，被处以宫刑，后担任中书令，以极大的毅力完成了《史记》的

① 唐国军：《公孙弘与汉代国家政权模式的转换——兼论其为学与从政的儒者角色变化》，《学术交流》2011年第11期。

② （东汉）班固：《汉书》卷六四上，第2798页。

③ （西汉）司马迁：《史记》卷一三〇，第3293页。

④ （东汉）班固：《汉书》卷六二，第2735页。

创作，创立了纪传体通史，成为二十四史之首。深受黄老道家的影响，司马迁在《史记》中明确提出了自己的德法思想、民族关系思想、经济思想、人才思想、风俗思想、中央与地方关系思想，在理论创新方面虽不及其师，但其思想之兼容并包则过之。

倪宽，千乘（今山东高青）人，儒生出身，跟随欧阳生研习《尚书》。后被郡守选中到太学跟随孔安国学习。因家贫，经常为别人佣作，常带着锄头在田间休息时学习，极为勤奋。后以优异的成绩担任廷尉文学卒史。倪宽为人温和善良，虽然善写文章，但口才较差，难以得到廷尉张汤的重用。后善于“以古法义决疑狱”，儒法结合，获得武帝赏识，相继担任侍御史、中大夫、左内史、御史大夫。在左内史任内，推行仁政，颇得人心，“宽既治民，劝农业，缓刑罚，理狱讼，卑体下士，务在于得人心”①。倪宽在促进儒学与政治的结合上作出了重要的贡献。

魏相，字弱翁，济阴定陶（今山东菏泽市定陶区）人，后来迁徙至平陵。年少时学习《易》，担任郡卒史，后被举贤良，因对策优异，被任命为茂陵令，颇有政绩。后担任河南太守、扬州刺史、谏议大夫，宣帝即位之后，任命其为大司农、御史大夫，霍光死后担任丞相，助宣帝铲除霍氏集团。魏相担任丞相之后，继续秉持霍光执政时期的休养生息国策，轻徭薄赋，节俭省刑，为“昭宣中兴”的出现作出了重要的贡献。他在经学理论上也颇有创新，将“天人感应”之说贯彻到《易经》中，并善于总结奉行汉家旧制，发掘旧臣奏疏的价值，将儒家与政治进一步结合。其为政颇有法家风范，儒法结合，迎合了汉宣帝“霸王道杂之”的治国思想。

丙吉，字少卿，鲁国（治今山东曲阜）人。年少时学习律令，担任鲁国狱史。因功劳担任廷尉右监。后因过免官，担任州从事。武帝末，因巫蛊之祸，丙吉被征至长安负责管理郡邸狱。对尚在襁褓之中的皇曾孙有养护之恩。后得到大将军霍光的重用，相继担任车骑将军市令、大将军长史、光禄大夫给事中，昌邑王刘贺被废之后，丙吉大力推荐皇曾孙，后即位为汉宣帝。宣帝重用丙吉，相继担任太子太傅、御史大夫、丞相。丙吉儒法结合，

① （东汉）班固：《汉书》卷五八，第2630页。

“吉本起狱法小吏，后学《诗》《礼》，皆通大义。及居相位，上宽大，好礼让。”① 并将儒家的仁义理念推广到治民之中，“丙吉问牛”成为千古美谈。

龚遂，字少卿，山阳郡南平阳县（今山东邹城）人，后担任昌邑国郎中令。刘贺即位后，龚遂又多次规劝刘贺，27天之后，终因与霍光争权而被废黜。昌邑集团200余人被杀，只有龚遂与王吉因多次进谏被宽宥。宣帝即位后，龚遂担任渤海太守，在任上以德主刑辅治郡，平定盗贼、鼓励农桑，颇有政绩，后担任水衡都尉，最终卒于任上。

王吉，字子阳，琅邪郡皋虞县（今山东青岛市即墨区）人。通明经学，后以郡吏被举孝廉为郎，后担任若卢右丞，升为云阳令。后举贤良担任昌邑中尉，王吉多次劝谏刘贺“好游猎，驱驰国中，动作亡节”的行为，颇得刘贺礼敬。刘贺即位之后，王吉数次劝谏刘贺不要与霍光争权。刘贺被废之后，王吉因劝谏而幸免于难。后被宣帝任命为益州刺史、博士谏大夫，后以病辞官归郡。王吉精通五经，儒学修养极高，“初，吉兼通《五经》，能为驺氏《春秋》，以《诗》《论语》教授，好梁丘贺说《易》，令子骏受焉。”②

刘向，字子政，沛郡丰邑（今江苏丰县）人，汉朝宗室大臣，经学家、目录学家，楚元王刘交的玄孙，阳城侯刘德之子，其子为著名的经学家刘歆。12岁时以宗室俊才被宣帝任命为辇郎，后升任谏大夫、给事中。汉元帝即位后，担任宗正卿。后与萧望之、周堪联合，反对宦官弘恭、石显，被免为庶人。汉成帝即位后，出任光禄大夫，后至中垒校尉，因反对王氏外戚专权而未得重用，终老于任上。他主持了中国古代历史上第一次大规模的文献整理活动，“至成帝时，以书颇散亡，使谒者陈农求遗书于天下。诏光禄大夫刘向校经传诸子诗赋，步兵校尉任宏校兵书，太史令尹咸校数术，侍医李柱国校方技。每一书已，向辄条其篇目，撮其指意，录而奏之。”③ 其儒学修养极高，通习五经，尤善《谷梁春秋》，参加过著名的“石渠阁会议”，力促《谷梁春秋》立于学官，提升了儒学内部鲁学的地位，所撰《别录》，是我国最早的目录学著作。今存其著作《新序》《说苑》《列女传》《五经通义》。

---

①（东汉）班固：《汉书》卷七四，第3145页。

②（东汉）班固：《汉书》卷七二，第3066页。

③（东汉）班固：《汉书》卷三〇，第1701页。

他为促进儒学内部齐学与鲁学的争鸣与融合，为齐鲁文化的主流化作出了重要的贡献。

扬雄，字子云，蜀郡成都（今四川成都）人。西汉著名的思想家、辞赋家，其高祖为庐江太守扬季，其家并非蜀中豪强。扬雄年少好学，博览群书，但并不愿做寻章摘句的学问，虽学富五车，但口吃，好学深思，清静无为。40岁时游历长安，得到大司马王音的赏识，被任命为门下史。因上奏《羽猎赋》，被成帝任命为给事黄门郎，与王莽、刘歆并列，哀帝时，又与董贤同列，后王莽、刘歆、董贤位列三公，但扬雄依然担任黄门侍郎，王莽代汉后，因其年老，任命其为大夫，恬淡于权势。西汉末年以及新莽时期，政治昏暗，土地兼并以及农民的奴隶化问题严重，阶级矛盾、民族矛盾极为尖锐，儒家思想难以独立解决这些社会政治问题。扬雄糅合儒、道、法，打破“师法”“家法”的界限，撰写《法言》一书，以“玄”为最高哲学范畴，构筑宇宙生成图式，为儒家思想的发展注入了新的动力，实现了对儒家思想的创新。天凤五年（18年），去世，时年71岁。“（扬雄）深受两汉时期的主流学术经学思潮的影响，是两汉思潮前后转变的重要承接者与见证者。”①“扬雄在这一学术转折之际，其思想不可能纯属古文经学家或今文经学家，较为合理地判别其所属经学阵营，他应为处在今古文之间的学者型经学家。”②

王莽，字巨君，魏郡元城县（今河北大名）人，汉元帝皇后王政君之侄。成帝时，初任黄门郎，后迁射声校尉。汉成帝永始元年（前16年）被封新都侯，迁骑都尉、光禄大夫、给事中，参与枢机，绥和元年（前8年）任大司马。汉哀帝时，与丁、傅外戚争权，被贬回封国。哀帝死后，再任大司马，立汉平帝，封安汉公。元始五年（5年），平帝死后，立两岁的孺子婴为帝，自称“假皇帝”。初始元年（8年），自立为帝，改国号为“新”。王莽即位后，托古改制，更名天下田为“王田”，奴婢为“私属”，禁止买卖；设立五均赊贷和六管；屡次改革币制，最终皆以失败告终。加上连年灾

① 郭海涛：《模仿与超越：扬雄经学思想论析——以〈法言〉为中心》，《社科纵横》2022年第1期。

② 解丽霞：《“今古转型”中的扬雄经学观》，《中华文化论坛》2007年第3期。

荒，又主动挑起了对周边少数民族政权的战争，致使社会危机进一步加深，终于爆发赤眉、绿林农民大起义。地皇四年（23 年）九月，绿林军攻至长安，王莽被杀，新朝灭亡。王莽执政期间，重用古文经大儒刘歆，“太后留歆为右曹太中大夫，迁中垒校尉，羲和，京兆尹，使治明堂辟雍，封红休侯。典儒林史卜之官，考定律历，著《三统历谱》。”① 属于鲁学范畴的古文经学被立为学官，“平帝时，又立《左氏春秋》《毛诗》、逸《礼》、古文《尚书》，所以网罗遗失，兼而存之，是在其中矣。”② 王莽兼采今文经、古文经进行改革，将经学与政治紧密结合，促进了今文经与古文经的争鸣与交流，为儒学注入了新鲜的血液。

第二节　东汉“诸子”传

桓谭，字君山，东汉哲学家、经学家。沛国相（今安徽淮北相山区）人。其父为成帝时期的太乐令，后担任郎官，他喜好音律，善于鼓琴，博学多才，遍习《五经》，通于大义，不好章句之学，“能文章，尤好古学，数从刘歆、杨雄辩析疑异”③。因其性格恬淡于权势，始终不受重用，王莽时担任掌乐大夫，更始任命其为太中大夫，光武帝时，任议郎给事中。因高举唯物主义大旗，坚决反对谶纬神学，“极言谶之非经”，触怒光武帝，险遭处斩，后被贬为六安郡丞，于途中病死，其作品为《新论》。“桓谭在继承前人朴素唯物主义思想的基础上，首次在无神论思想史上提出了以烛火比喻精神的‘精神居形体’的新命题，把无神论思想向前推进了一步，在思想史上起了承前启后的作用。”④

班固，字孟坚，扶风安陵（今陕西咸阳）人。东汉著名的史学家，与司马迁齐名。其父班彪，弟班超，妹班昭。班固 9 岁即能作文赋，16 岁入

---

① （东汉）班固：《汉书》卷三六，第 1972 页。

② （东汉）班固：《汉书》卷八八，第 3621 页。

③ （南朝宋）范晔：《后汉书》卷二八上，中华书局 1965 年版，第 955 页。

④ 周琼：《试论桓谭、王充和范缜无神论思想的相承与发展》，《楚雄师专学报》（社会科学版）1993 年第 1 期。

洛阳太学，“遂博贯载籍，九流百家之言，无不穷究”①，但不做章句之学。班彪去世后，班固遂继承父志，以其父所撰写的《史记后传》为蓝本，最终撰写完成了《汉书》，开创了纪传体断代史体裁，成为历朝历代官修史书的主要体裁。后被明帝任命为兰台令史，撰写《世祖本纪》以及大量的列传、载记，又命其继续撰写前作，“与前睢阳令陈宗、长陵令尹敏、司隶从事孟异共成《世祖本纪》。迁为郎，典校秘书。固又撰功臣、平林、新市、公孙述事，作列传、载记二十八篇，奏之。帝乃复使终成前所著书。”②后因党于外戚窦宪，死于狱中。班固在《汉书》中宣扬儒家思想的正统地位。建初四年（79年），章帝召集诸儒在白虎观讲论五经异同，命其记录会议内容，撰成《白虎通义》，糅合今文经、古文经、谶纬之学于一体，为儒学的整合与统一作出了重要的贡献。

王充，字仲任，出生于会稽上虞（今浙江绍兴）。东汉著名的思想家，出身“细族孤门”，自幼丧父，事母至孝，自小聪慧好学，博览群书，后到太学学习，师从班彪。因家贫，常到洛阳市肆读书，过目不忘，不做章句之学。在政治上郁郁不得志，只是做过郡功曹、州从事等地方官员。后辞官回乡，专心著述，20余年终于完成了《论衡》一书，“充好论说，始若诡异，终有理实。以为俗儒守文，多失其真，乃闭门潜思，绝庆吊之礼，户牖墙壁各置刀笔。著《论衡》八十五篇，二十余万言”③。汉和帝永元年间，病死家中。王充是继桓谭之后的唯物主义思想家，他博通“五经”，不做章句之学，又精通“诸子百家”之学，故其思想颇为庞杂，大体上是以儒家思想为纲，融合了道、法二家思想，以气吞山河之势挑战官方儒学。他创立了以“气”为基础的宇宙生成模式，反对谶纬神学，对社会的各个领域进行了猛烈的批判，为儒学的发展注入了新的活力。

王符，字节信，安定临泾（今甘肃镇原）人，东汉著名的思想家。王符年少好学，有大志，与马融、窦章、张衡、崔瑗为好友，自号为“潜夫”，一生潜心著述，其以积极入世的实践精神抨击时政，开东汉中后期社会批判

① （南朝宋）范晔：《后汉书》卷四〇上，第1330页。

② （南朝宋）范晔：《后汉书》卷四〇上，第1334页。

③ （南朝宋）范晔：《后汉书》卷四九，第1629页。

思潮之先河。其代表作为《潜夫论》，“其指讦时短，讨谪物情，足以观见当时风政”①。力倡儒法结合，为儒学注入制度理性的因素，以挽救东汉王朝的危机。

崔寔，字子真，冀州安平县（今河北安平）人。东汉思想家、农学家，文学家崔骃之孙，书法家崔瑗之子。侍父极孝，“父卒，隐居墓侧。服竟，三公并辟，皆不就”②。桓帝初，被任命为郎官，历任议郎、大将军司马、五原太守、辽东太守，累迁尚书，建宁三年（170 年）去世。虽然历任封疆大吏，但极为简朴，“历位边郡，而愈贫薄。建宁中病卒。家徒四壁立，无以殡敛，光禄勋杨赐、太仆袁逢、少府段颎为备棺椁葬具，大鸿胪袁隗树碑颂德。”③ 崔寔遍通“五经”，受桓帝命与博士诸儒共同统一“五经”之说，著有《政论》《四民月令》。《政论》切中时弊，为时人所称道，仲长统曰：“凡为人主，宜写一通，置之坐侧。”④ 他力主儒法结合，以图挽救社会危机。

何休，字邵公，任城樊（今山东兖州）人，东汉末年著名的今文经学大师。其父何豹曾担任过少府，何休为人质朴多智，不善辩论，遍通群经，世儒难以企及。后来以九卿子担任郎中，因不合其本志，后以病辞官。太傅陈蕃再次起用他。党锢之祸发生后，陈蕃被杀，何休遭到禁锢，这却为他潜心学问提供了大量的时间。他闭门 17 年，心无旁骛，研习不倦，力图振兴业已衰落的《公羊春秋》，创作了《春秋公羊传解诂》，成为今文经学的集大成之作，试图以《公羊春秋》中的微言大义来挽救风雨飘摇中的东汉王朝，“又注训《孝经》《论语》、风角七分，皆经纬典谟，不与守文同说。又以《春秋》驳汉事六百余条，妙得《公羊》本意。休善历算，与其师博士羊弼，追述李育意以难二传，作《公羊墨守》《左氏膏肓》《谷梁废疾》。”⑤ “东汉末年这一古文盛行、今文衰落的局面，便形成了一层历史的雾障，长期掩

① （南朝宋）范晔：《后汉书》卷四九，第 1630 页。
② （南朝宋）范晔：《后汉书》卷五二，第 1725 页。
③ （南朝宋）范晔：《后汉书》卷五二，第 1731 页。
④ （南朝宋）范晔：《后汉书》卷五二，第 1725 页。
⑤ （南朝宋）范晔：《后汉书》卷七九下，第 2583 页。

盖了何休这位东汉末年思想家对于儒学发展的贡献。”① 在何休的公羊学思想体系中，尤其是“大一统”与民族关系思想颇有进步意义。何休为今文经学注入了新鲜的血液，延迟了其衰亡进程，其思想影响之深远，以至于在清末还成为思想家们倡导变革的思想资料。

郑玄，字康成，东汉末年经学大师，北海郡高密县（今山东高密）人。其八世祖郑崇，在哀帝时期曾担任过尚书仆射。年轻时曾担任乡啬夫，后辞官至太学跟随第五元先学习，研习《京氏易》《公羊春秋》《三统历》《九章算术》，又从张恭祖学习《古文尚书》《周礼》《左传》《韩诗》。“以山东无足问者，乃西入关，因涿郡卢植，事扶风马融”②，深得马融的赏识。后回到高密，又到东莱，聚徒讲学，弟子达千余人，成为当世大儒。党锢之祸时，遭到禁锢，潜心著述。后被大将军何进辟为属吏，又相继被任命为侍中、赵相、左中郎将、大司农。因其儒学造诣，颇得袁绍等军阀赏识，但大多是短暂出仕。郑玄治学以古文经学为主，兼采今文经学，正是因为他的努力使得古文经学取得了对今文经学的绝对优势，“时任城何休《公羊》学，遂著《公羊墨守》《左氏膏肓》《谷梁废疾》；玄乃发《墨守》，针《膏肓》，起《废疾》。休见而叹曰：‘康成入吾室，操吾矛，以伐我乎！’初，中兴之后，范升、陈元、李育、贾逵之徒争论古今学，后马融答北地太守刘瑰及玄答何休，义据通深，由是古学遂明。”③ 他以遍注儒家经典的方式，完成了今古文经的统一，使经学进入到了“郑学”时代，齐鲁文化内部也实现了真正意义上的统一。他一生著述颇丰，“凡玄所注《周易》《尚书》《毛诗》《仪礼》《礼记》《论语》《孝经》《尚书大传》《中候》《乾象历》，又著《天文七政论》《鲁礼禘祫义》《六艺论》《毛诗谱》《驳许慎五经异义》《答临孝存周礼难》，凡百余万言。”④ “从整个汉代的经学历史来看，今、古文经学的转型是一个漫长而复杂的过程，真正的今、古文经学转型是发生在东汉 200 多年学术发展的进程中，是在更加剧烈的冲突下演变而来，直到‘郑学’出现，转型才算

① 陈其泰：《论何休对儒学发展的贡献》，《东岳论丛》1995 年第 6 期。

② （南朝宋）范晔：《后汉书》卷三五，第 1207 页。

③ （南朝宋）范晔：《后汉书》卷三五，第 1207—1208 页。

④ （南朝宋）范晔：《后汉书》卷三五，第 1212 页。

成熟。”[①] 官渡之战发生时，袁绍为了扩大政治影响力，命其子袁谭逼迫郑玄随军效力。行至元城时，因病去世，年 74。

荀悦，字仲豫，颍川颍阴（今河南许昌）人。东汉著名的史学家、思想家。名士荀淑之孙，司空荀爽之侄，12 岁便研习《春秋》，记忆力极强，过目不忘，“性沈静，美姿容，尤好著述”[②]。因外戚宦官专权，荀悦隐居不出。献帝时，在其堂弟荀彧的举荐之下，被曹操任命为黄门侍郎，以其学识深得献帝的信任，“献帝颇好文学，悦与彧及少府孔融侍讲禁中，旦夕谈论”[③]，累迁至秘书监、侍中。后奉汉献帝命以《左传》体裁作《汉纪》30 篇，此开辟了我国编年体断代史书的先河。另著有《申鉴》5 篇，反对土地兼并，抨击谶纬符瑞，提出了改革政治的纲领，力主儒法结合，为齐鲁文化提供了新的动力，“兴农桑以养其生，审好恶以正其俗，宣文教以章其化，立武备以秉其威，明赏罚以统其法。”[④] 成为汉末批判思潮的重要代表性人物。建安十四年（209 年）去世，年 62。

蔡邕，字伯喈，陈留郡圉县（今河南尉氏）人。东汉著名的文学家、书法家、思想家，侍母至孝，极为博学，“少博学，师事太傅胡广。好辞章、数术、天文，妙操音律。”[⑤] 蔡邕早年拒不出仕，后被征辟为司徒掾属，任河平长、郎中、议郎等职，未受重用，后避难江南 12 年。董卓专权后，为了扩展自己的政治影响，重用蔡邕，“三日之间，周历三台。”[⑥] 后升任巴郡太守、侍中、左中郎将，终封高阳乡侯。董卓被诛杀后，蔡邕因叹息而被下狱，不久便死于狱中，年 61。曾参与续写《东观汉记》及刻写熹平石经，为统一诸经，正定诸经文字作出了重要的贡献，为齐鲁文化内部的整合作出了重要的贡献。一生著述颇丰，“适作《灵纪》及十意，又补诸列传四十二篇，因李傕之乱，湮没多不存。所著诗、赋、碑、诔、铭、赞、连珠、箴、

---

① 郭海涛：《模仿与超越：扬雄经学思想论析——以〈法言〉为中心》，《社科纵横》2022 年第 1 期。

② （南朝宋）范晔：《后汉书》卷六二，第 2058 页。

③ （南朝宋）范晔：《后汉书》卷六二，第 2058 页。

④ （南朝宋）范晔：《后汉书》卷六二，第 2059 页。

⑤ （南朝宋）范晔：《后汉书》卷六〇下，第 1980 页。

⑥ （南朝宋）范晔：《后汉书》卷六〇下，第 2005 页。

吊、论议、《独断》、《劝学》、《释诲》、《叙乐》、《女训》、《篆势》、祝文、章表、书记，凡百四篇，传于世。”①

徐干，北海剧县（今山东昌乐）人，东汉末年杰出文学家、思想家。自幼勤奋好学，其少年时正值汉灵帝末年，宦官专权，政治腐败，而徐干隐居乡里，专志于学。曹操“挟天子以令诸侯”，统一北方，士人们看到了中兴汉室的希望，徐干欣然出仕，相继担任司空军谋祭酒掾属、五官中郎将文学，与曹丕建立了深厚的友谊，“始文帝为五官将，及平原侯植皆好文学。粲与北海徐干字伟长、广陵陈琳字孔璋、陈留阮瑀字元瑜、汝南应玚字德琏、东平刘桢字公干并见友善”②。徐干一生潜心著述，淡泊功名，完成《中论》，他以儒家的“中庸”为原则，尊奉儒家思想，同时吸收法家、道家的某些思想，从理论上丰富了齐鲁文化，但颇为谨慎，缺乏批判性。曹丕对他的评价为：“而伟长独怀文抱质，恬淡寡欲，有箕山之志，可谓彬彬君子矣。著《中论》二十余篇，辞义典雅，足传于后。”③

仲长统，字公理，山阳高平（今山东邹城）人，东汉末年的政论家。仲长统自幼聪颖好学，博览群书，善写文章。年轻时便游学青、徐、并、冀州之间，以知人著称于世。因汉末政治昏暗，拒不出仕。仲长统颇有道家风骨，快情洒脱，优游岁月。后尚书令荀彧举荐他为尚书郎，参谋军事，但没有得到曹操的重用，却为其潜心著述提供了大量的时间，完成《昌言》一书。《昌言》共34篇，除了《群书治要》《后汉书·仲长统传》中的余篇，其余均已散佚，书中力倡儒法结合，解决汉末的社会政治问题，为齐鲁文化注入了新的活力。

应劭，字仲远，汝南郡南顿县（今河南省项城）人。东汉末年著名学者，司隶校尉应奉之子，年少好学，博学多闻，汉灵帝时被郡举孝廉为郎，后担任车骑将军何苗的属官，相继担任萧令、营陵令、泰山太守。后因未能及时派兵接应曹操父曹嵩、弟曹德而结怨于曹操，遂弃官投奔了冀州牧袁绍，担任袁绍的军谋校尉。建安初年，删定律令作《汉仪》，最后在邺城病

① （南朝宋）范晔：《后汉书》卷六〇下，第2007页。

② （晋）陈寿：《三国志·魏书·王卫二刘傅传》，中华书局1959年版，第599页。

③ （晋）陈寿：《三国志·魏书·王卫二刘傅传》，第602页。

逝。应劭明习于汉家旧制，一生著述颇丰，“著《汉官礼仪故事》，凡朝廷制度，百官典式，多劭所立。初，父奉为司隶时，并下诸官府郡国，各上前人像赞，劭乃连缀其名，录为《状人纪》。又论当时行事，著《中汉辑序》。撰《风俗通》，以辩物类名号，释时俗嫌疑。文虽不典，后世服其洽闻。凡所著述百三十六篇。”① 其《风俗通义》批判了东汉末年社会政治领域出现的各种鄙风陋俗。

① （南朝宋）范晔：《后汉书》卷四八，第1614页。

第二章　两汉“诸子”的德法思想

“以德治国与依法治国是现代中国所采取的治国方略，二者的有机结合是现代政治、经济体制顺利运转的重要前提。在今天，德治主要侧重于家庭道德、职业道德和社会公德等的建构与实施；法治主要侧重于宪法及一般性法律、法规的制定与实施。”① 当然，先秦秦汉时期齐鲁文化领域内的德治与法治的内容与今天颇不相同，却能够对今天的以德治国与依法治国提供历史的借鉴。德治与法治的选择即是治国方略的选择，两汉“诸子”纷纷阐述自己的德法思想，成为其思想体系的重要组成部分。笔者力图于本章动态地阐明汉代“诸子”德法思想内容、特征，以及发展规律。

第一节　先秦齐鲁“诸子”的德法思想

“在古代，德治多指仁政教化，法治多指严刑峻法。”② 在先秦典籍中很早就出现了德治与法治的内容，将其作为重要的治国手段加以论述。在传说中的黄帝时代就已经有了德治与法治的雏形，设立“九德之臣”以教化百姓，设立“六禁重”监督惩治臣民。进入奴隶社会之后，德治、法治正式成为政治思想的重要组成部分，并逐步成为重要的治国手段。在夏、商时期，天命具有绝对的权威与最高的地位，成为统治者施行德治、法治的权力来源。《尚书·甘誓》中提到：“大战于甘，乃召六卿。王曰：‘嗟，六事之

---

① 陈新岗：《两汉诸子治国思想研究》，山东文艺出版社 2009 年版，第 29 页。

② 陈新岗：《两汉诸子治国思想研究》，山东文艺出版社 2009 年版，第 29 页。

人，予誓告汝：有扈氏威侮五行，怠弃三正，天用剿绝其命。今予惟恭行天之罚。左不攻于左，汝不恭命。右不攻于右，汝不恭命。御非其马之正，汝不恭命。用命，赏于祖；弗用命，戮于社，予则孥戮汝。'”① 商汤发布誓词：“格尔众庶，悉听朕言。非台小子敢行称乱，有夏多罪，天命殛之。今尔有众，汝曰：‘我后不恤我众，舍我穑事而割正夏。’予惟闻汝众言，夏氏有罪。予畏上帝，不敢不正。今汝其曰：‘夏罪，其如台？’夏王率遏众力，率割夏邑。有众率怠弗协。曰：‘时日曷丧？予及汝皆亡！’夏德若兹，今朕必往。尔尚辅予一人致天之罚。予其大赉汝。尔无不信，朕不食言。尔不从誓言，予则孥戮汝，罔有攸赦。”②

德法思想成为先秦齐鲁“诸子”论述的重点。周灭商而立，使人感觉到“天命靡常”，统治者的德行对于天命的维护至关重要，天命的至尊地位与绝对权威开始动摇，人的因素开始得到重视，颇具人文色彩的德治、法治受到重视。鲁国开创者周公提出了“明德慎罚”，《尚书·康诰》：“王若曰：‘孟侯，朕其弟，小子封！惟乃丕显考文王，克明德慎罚，不敢侮鳏寡，庸庸，祗祗，威威，显民。用肇造我区夏，越我一二邦，以修我西土。惟时怙冒，闻于上帝，帝休。天乃大命文王，殪戎殷，诞受天命，越厥邦厥民，惟时叙。乃寡兄勖，肆汝小子封，在兹东土。'”③“明德”，对殷之余民推行教化之政；“慎罚”，统治者要慎用刑罚，但一定要严惩违背礼制，破坏统治秩序的人。看得出，周公强调德主刑辅，德为施政之重心，周公的治国思想成为先秦齐鲁“诸子”治国思想之源头，对后世产生了深远的影响。

春秋战国时期，周天子地位动摇，强大的诸侯、大夫纷纷崛起，出现了多元的政治格局，齐鲁“诸子”纷纷提出了自己的治国思想，成为“百家争鸣”的重要内容。儒家明确主张以德治国，孔子明确指出：“德不孤，必有邻。”④“求！君子疾夫舍曰欲之而必为之辞。丘也闻有国有家者，不患寡而患不均，不患贫而患不安。盖均无贫，和无寡，安无倾。夫如是，故远人

① （清）孙星衍：《尚书今古文注疏》，中华书局1986年版，第208—213页。

② （清）孙星衍：《尚书今古文注疏》，第216—219页。

③ （清）孙星衍：《尚书今古文注疏》，第358—361页。

④ 程树德：《论语集释》，第279页。

不服，则修文德以来之。既来之，则安之。”① “为政以德，譬如北辰居其所而众星共之。”② “道之以政，齐之以刑，民免而无耻。道之以德，齐之以礼，有耻且格。”③ “君子怀德，小人怀土。君子怀刑，小人怀惠。”④ 但孔子也注意到了刑罚的作用，“仲尼曰：‘善哉，政宽则民慢，慢则纠之以猛。猛则民残，残则施之以宽。宽以济猛，猛以济宽，政是以和。”⑤

孟子在继承孔子以德治国思想的前提下，不断充实德治思想，他认为以德治国是天下有道的表现，“天下有道，小德役大德，小贤役大贤；天下无道，小役大，弱役强：斯二者，天也。”⑥ 主张推行以德为内容的王道政治，“以力假仁者霸，霸必有大国。以德行仁者王，王不待大，汤以七十里，文王以百里。以力服人者，非心服也，力不赡也。以德服人者，中心悦而诚服也。”⑦ 孟子抨击了法家的霸道政治，抨击春秋五霸、当世之诸侯的背德行为，他认为五霸不如三王，诸侯不如五霸，大夫不如诸侯。三王时期，天子诸侯相安无事，民乐安其业，春耕秋敛，尊老敬贤，秩序井然，“五霸者，三王之罪人也。今之诸侯，五霸之罪人也。今之大夫，今之诸侯之罪人也。天子适诸侯曰巡狩，诸侯朝于天子曰述职。春省耕而补不足，秋省敛而助不给，入其疆，土地辟，田野治，养老尊贤，俊杰在位，则有庆，庆以地。入其疆，土地荒芜，遗老失贤，掊克在位，则有让。一不朝则贬其爵，再不朝则削其地，三不朝则六师移之。是故天子讨而不伐，诸侯伐而不讨。”⑧ 而五霸则是联合一部分诸侯打击另外一部分诸侯，这是对于三王时期秩序的破坏，但五霸在联盟内部尚有规则，孟子援引齐桓公在葵丘会盟时制定的盟书，其中规定了“五命”，涉及同盟内部要维护宗法制度，尊贤育才，敬老慈幼，任贤使能，以及在经济上相互扶助，“五霸者，搂诸侯以伐诸侯者也。

① 程树德：《论语集释》，第 1137 页。
② 程树德：《论语集释》，第 61 页。
③ 程树德：《论语集释》，第 68 页。
④ 程树德：《论语集释》，第 250 页。
⑤ （晋）杜预：《春秋左传集解》，上海人民出版社 1977 年版，第 1467 页。
⑥ （清）焦循：《孟子正义》，中华书局 1987 年版，第 495 页。
⑦ （清）焦循：《孟子正义》，第 221 页。
⑧ （清）焦循：《孟子正义》，第 841 页。

故曰五霸者，三王之罪人也。五霸桓公为盛，葵丘之会诸侯，束牲载书而不歃血。初命曰：‘诛不孝无易树子，无以妾为妻。’再命曰：‘尊贤育才，以彰有德。’三命曰：‘敬老慈幼，无忘宾旅。’四命曰：‘士无世官，官事无摄；取士必得，无专杀大夫。’五命曰：‘无曲防，无遏籴，无有封而不告。’曰：‘凡我同盟之人，既盟之后，言归于好。’”① 但是现在的诸侯却违反了这“五命”，成为五霸的罪人；而现在的大夫专门逢迎诸侯的罪行，助长君主之恶，成为诸侯的罪人。“今之诸侯，皆犯此五禁，故曰今之诸侯，五霸之罪人也。长君之恶其罪小，逢君之恶其罪大。今之大夫皆逢君之恶，故曰今之大夫，今之诸侯之罪人也。”②

孟子又将德治进一步政治化、具体化为仁政，孟子在与弟子公孙丑的对话中指出商汤至武丁行仁政而国家兴旺，但由于纣王中断仁政而导致国家衰落，文王以仁政崛起于百里之间，此时的齐国拥地千里，极为富庶，人口众多，皆渴望齐国统治者推行仁政，所以齐国拥有推行仁政的条件与时机，一旦推行仁政，则必会无敌于天下，“文王何可当也。由汤至于武丁，贤圣之君六七作，天下归殷久矣，久则难变也。武丁朝诸侯，有天下，犹运之掌也。纣之去武丁，未久也。其故家遗俗，流风善政，犹有存者。又有微子、微仲、王子比干、箕子、胶鬲，皆贤人也。相与辅相之，故久而后失之也。尺地莫非其有也，一民莫非其臣也，然而文王犹方百里起，是以难也。齐人有言曰：‘虽有智慧，不如乘势；虽有镃基，不如待时。’今时则易然也。夏后殷周之盛，地未有过千里者也，而齐有其地矣。鸡鸣狗吠相闻，而达乎四境，而齐有其民矣。地不改辟矣，民不改聚矣，行仁政而王，莫之能御也。且王者之不作，未有疏于此时者也。民之憔悴于虐政，未有甚于此时者也。饥者易为食，渴者易为饮”③。“标志着儒学‘德治’思想在新的形势下内容有所充实，境界得以提升。”④ 当然孟子在提倡德治仁政的同时，也注意到了刑罚的作用，“仁则荣，不仁则辱。今恶辱而居不仁，是犹恶湿而居下也。

---

① （清）焦循：《孟子正义》，第 841—843 页。

② （清）焦循：《孟子正义》，第 843—849 页。

③ （清）焦循：《孟子正义》，第 177—185 页。

④ 陈新岗：《两汉诸子治国思想研究》，山东文艺出版社 2009 年版，第 31 页。

如恶之，莫如贵德而尊士，贤者在位，能者在职，国家闲暇，及是时明其政刑，虽大国必畏之矣。《诗》云：‘迨天之未阴雨，彻彼桑土，绸缪牖户。今此下民，或敢侮予？’孔子曰：‘为此诗者，其知道乎？能治其国家，谁敢侮之。’”①

荀子继承了孔孟德治的主张，但极大地提高了法治的地位，认为德治、法治缺一不可，并创新性地提出了“调齐”之论。他认为德治、法治不可偏任，只推行刑罚诛杀，只能使得法网渐密，奸邪频出；只推行道德教化，有过不罚，有功不赏，则会导致奸民得不到惩处，勤民得不到奖励，推行“调齐”，兼顾德法，如此方能政令统一，枝本相类，“故不教而诛，则刑繁而邪不胜；教而不诛，则奸民不惩；诛而不赏，则勤属之民不劝；诛赏而不类，则下疑俗俭而百姓不一。故先王明礼义以一之，致忠信以爱之，尚贤使能以次之，爵服庆赏以申重之，时其事、轻其任以调齐之，潢然兼覆之，养长之，如保赤子。若是，故奸邪不作，盗贼不起，而化善者劝勉矣。是何邪？则其道易，其塞固，其政令一，其防表明。故曰：上一则下一矣，上二则下二矣，辟之若草木，枝叶必类本。此之谓也。”②德法“调齐”有利于中央集权的建立。荀子还提出了“调齐”的具体方略，“修礼正法”，“修礼”来整合凝聚朝廷内部，“正法”以整齐百官，进而齐平万民，如此则天下一心，国富兵强，无敌于天下，“必将修礼以齐朝，正法以齐官，平政以齐民，然后节奏齐于朝，百事齐于官，众庶齐于下。如是，则近者竞亲，远方致愿，上下一心，三军同力，名声足以暴炙之，威强足以捶笞之，拱揖指挥，而强暴之国莫不趋使，譬之是犹乌获与焦侥搏也。故曰：事强暴之国难，使强暴之国事我易。此之谓也。”③当然，其“调齐”之论并不意味着二者取得了平等的地位，荀子强调以礼德为本，以法治为辅，德礼是法的基本原则，“礼者，政之挽也。为政不以礼，政不行矣。”④“礼者，治辨之极也，强国之本也，威行之道也，功名之总也。王公由之，所以得天下也；不由，所以陨社

① （清）焦循：《孟子正义》，第223—224页。

② （清）王先谦：《荀子集解》，中华书局1988年版，第191—192页。

③ （清）王先谦：《荀子集解》，第201页。

④ （清）王先谦：《荀子集解》，第492页。

稷也。故坚甲利兵不足以为胜，高城深池不足以为固，严令繁刑不足以为威，由其道则行，不由其道则废。”① “《礼》者，法之大分，类之纲纪也。”②荀子在治国思想上的创新在于使法治成为辅助德治之必须，成为治理国家的必要手段，其治国思想兼具道德与理性，对后世治国思想影响深远。

齐法家则主张以法治国。管子认为法、律、令是君主治理国家的重要工具，“夫法者，所以兴功惧暴也。律者，所以定分止争也。令者，所以令人知事也。法律政令者，吏民规矩绳墨也。夫矩不正，不可以求方。绳不信，不可以求直。法令者，君臣之所共立也。权势者，人主之所独守也。故人主失守则危，臣吏失守则乱。罪决于吏则治，权断于主则威，民信其法则亲。是故明王审法慎权，上下有分。”③ “法”是激励臣民为国家建功立业并防止犯罪；“律”是确定臣民的角色职分来制止纷争；“令”是颁布命令并使臣民知晓践行。同秦法家强调君主对于法、术、势的绝对控制不同，管子更强调君臣之间的协作，共同制定法令，在法令的实施方面，君主仅需掌握权势，宏观掌控，大臣则是法令赏罚的直接实施者。管子强调要确立法令至高无上的地位，拥有绝对的权威，即使是君主也要遵守法令，各阶层的人都要对法令保持敬畏，“有生法，有守法，有法于法。夫生法者，君也。守法者，臣也。法于法者，民也。君臣上下贵贱皆从法，此谓为大治。”④必须要保证法令得到公平有效的实施，君主在实施“公法”时必须要做到“无私”，即“无私视”“无私听”“无私虑”，如此，群臣百姓则皆遵“公法”，“以法制行之，如天地之无私也，是以官无私论，士无私议，民无私说，皆虚其匈以听其上。上以公正论，以法制断，故任天下而不重也。今乱君则不然。有私视也，故有不见也。有私听也，故有不闻也。有私虑也，故有不知也。夫私者，壅蔽失位之道也。上舍公法而听私说，故群臣百姓皆设私立方以教于国。”⑤

① （清）王先谦：《荀子集解》，第 281 页。
② （清）王先谦：《荀子集解》，第 12 页。
③ 黎翔凤：《管子校注》，中华书局 2004 年版，第 998—999 页。
④ 黎翔凤：《管子校注》，第 906 页。
⑤ 黎翔凤：《管子校注》，第 911 页。

管子还强调要因时立法，要根据天地的位置，四时的运行来立法、执法，“版法者，法天地之位，象四时之行，以治天下。四时之行，有寒有暑，圣人法之，故有文有武。天地之位，有前有后，有左有右，圣人法之，以建经纪。春生于左，秋杀于右，夏长于前，冬藏于后。生长之事，文也。收藏之事，武也。是故文事在左，武事在右。圣人法之，以行法令，以治事理。”① 同时强调立法与执法要顺应民心，“夫民必得其所欲，然后听上，听上然后政可善为也。”② 管子在重视法令的前提下，还注意到了“四维”即礼义廉耻的重要作用，将礼义道德放到了国家存亡的高度，“国有四维。一维绝则倾，二维绝则危，三维绝则覆，四维绝则灭。倾可正也，危可安也，覆可起也，灭不可复错也。何谓四维？一曰礼，二曰义，三曰廉，四曰耻。礼不踰节，义不自进，廉不蔽恶，耻不从枉。故不踰节则上位安，不自进则民无巧诈；不蔽恶则行自全，不从枉则邪事不生。”③

墨家代表的是“农与工肆之人”的利益，反对儒家的礼治，法家的刑治。墨家主张的是贤人政治，实施贤人政治的基础与手段则是“道德”，在这一点上与儒家颇有相似之处，“况又有贤良之士，厚乎德行，辩乎言谈，博乎道术者乎，此固国家之珍，而社稷之佐也。亦必且富之贵之，敬之誉之，然后国之良士亦将可得而众也。”④ 墨家提出了比儒家更高的道德标准，强调不分等级、远近、亲疏的兼爱。不相爱是世间一切祸乱的根源，只要做到了兼爱，诸侯之间则无战争，卿大夫之间则无争斗，人与人之间则无伤害，“以不相爱生。今诸侯独知爱其国，不爱人之国，是以不惮举其国以攻人之国；今家主独知爱其家，而不爱人之家，是以不惮举其家以篡人之家；今人独知爱其身，不爱人之身，是以不惮举其身以贼人之身。是故诸侯不相爱，则必野战。家主不相爱，则必相篡。人与人不相爱，则必相贼。君臣不相爱，则不惠忠。父子不相爱，则不慈孝。兄弟不相爱，则不和调。天下之人皆不相爱，强必执弱，众必劫寡，富必侮贫，贵必敖贱，诈必欺愚。凡天

① 黎翔凤：《管子校注》，第 1196 页。

② 黎翔凤：《管子校注》，第 195 页。

③ 黎翔凤：《管子校注》，第 11 页。

④ 吴毓江：《墨子校注》，中华书局 1993 年版，第 66 页。

下祸篡怨恨，其所以起者，以不相爱生也。是以仁者非之。”①

在庄子看来，道德、教化、法令、礼乐均处于“末”的位置，“本在于上，末在于下；要在于主，详在于臣。三军五兵之运，德之末也；赏罚利害，五刑之辟，教之末也；礼法度数，形名比详，治之末也；钟鼓之音，羽旄之容，乐之末也；哭泣衰绖，隆杀之服，哀之末也。此五末者，须精神之运，心术之动，然后从之者也。”② 但落实到现实的政治实践之中，主张先德而后刑，德治之地位要远居于法令赏罚之上，“是故古之明大道者，先明天而道德次之，道德已明而仁义次之，仁义已明而分守次之，分守已明而形名次之，形名已明而因任次之，因任已明而原省次之，原省已明而是非次之，是非已明而赏罚次之。赏罚已明而愚知处宜，贵贱履位；仁贤不肖袭情，必分其能，必由其名。”③

先秦齐鲁“诸子”纷纷提出了自己的治国思想，儒家强调以德治国，法家强调以法治国，墨家强调以贤治国，道家主张无为治国，相互争鸣，界限较为分明，尚未融合，且依然处于理论争辩的层面。到了秦汉时期，关于治国思想的争鸣便进入到了社会政治实践的层面上，法治与德治理论逐步被秦汉王朝所践行。秦国秉承着法治传统，最终实现了六国的统一，建立了秦王朝，并且首次在中国历史上以法家思想作为统一王朝的治国思想，但是秦始皇、秦二世将法治极端化为刑治，最终灭亡。汉王朝建立后，汲取秦纯以法治而灭亡的教训，加之面临着社会经济即将崩溃的危机，黄老道家成为统治思想，汉初“诸子”力主德治，社会经济得以迅速恢复与发展，但是摈斥法治却造成了诸多的社会、政治、军事问题，如豪强势力增强，诸侯王尾大不掉，匈奴骑兵频繁入侵。武帝时期，“诸子”的治国思想逐步系统化与理性化，德法兼容正式形成，并逐步成为两汉王朝治国思想的常态，“汉家自有制度，本以霸王道杂之”④，进而成为中国古代两千多年治国思想之源头。

---

① 吴毓江：《墨子校注》，第 158—159 页。

② （清）郭庆藩：《庄子集释》，中华书局 1961 年版，第 467—468 页。

③ （清）郭庆藩：《庄子集释》，第 471 页。

④ （东汉）班固：《汉书》卷九，第 277 页。

第二节 西汉“诸子”的德法思想

“秦以刑罚为治。汉承秦后，因而未改。其刑法的残酷，略见于《史记·酷吏列传》及《汉书·刑法志》。所以两汉，尤其是西汉的知识分子，都想扭转这一以刑罚为主的政治方向，于是德治的观念特为显著。”[①] 汉承秦制，西汉朝野上下形成了一股反思秦亡教训的思潮。经过秦末农民起义、楚汉战争，汉初的社会经济到达了崩溃的边缘，“汉兴，接秦之敝，诸侯并起，民失作业，而大饥馑。凡米石五千，人相食，死者过半。高祖乃令民得卖子，就食蜀汉。天下既定，民亡盖藏，自天子不能具醇驷，而将相或乘牛车。”[②] 在这一严峻的政治经济形势下，汉初“诸子”纷纷主张以德治国、清静无为、休养生息，陆贾首开其端绪，其思想被赋予了更强的时代感和历史感，体现了对先秦儒家思想的继承与超越。

一、陆贾的德法思想

学界多认为陆贾是德法兼治，先德后法。金春峰认为：“陆贾并不完全否定法治的作用。但认为法治只能作为仁义的调剂和补充。这种融合了法治或法家思想的德治思想，陆贾称之为‘中和’。”[③] 其实不然，陆贾针对汉初严峻的社会经济形势，以更加理性务实的态度提出了重德去法的思想，对于德法之间的态度并不暧昧，他明确指出德法不能并存，有德则无法，有法则无德，“夫进取者不可不顾难，谋事者不可不尽忠；故刑立则德散，佞用则忠亡。《诗》云：‘式讹尔心，以蓄万邦。’言一心化天下，而□□国治，此之谓也。”[④] 陆贾极力反对法治，德盛者必成功，尚刑者必失败，“夫谋事不并仁义者后必败，殖不固本而立高基者后必崩。故圣人防乱以经艺，工正曲以准绳。德盛者威广，力盛者骄众。齐桓公尚德以霸，秦二世尚刑而

---

① 徐复观：《中国思想史论集》，九州出版社 2020 年版，第 327 页。

② （东汉）班固：《汉书》卷二四上，第 1127 页。

③ 金春峰：《汉代思想史》，中国社会科学出版社 1987 年版，第 85—86 页。

④ 王利器：《新语校注》，中华书局 1986 年版，第 47—48 页。

亡。”[①] 陆贾总结历史经验，尧舜以德流传后世，功垂万世，秦以刑罚二世败亡，“夫居高者自处不可以不安，履危者任杖不可以不固。自处不安则坠，任杖不固则仆。是以圣人居高处上，则以仁义为巢，乘危履倾，则以圣贤为杖，故高而不坠，危而不仆。昔者，尧以仁义为巢，舜以稷、契为杖，故高而益安，动而益固。处宴安之台，承克让之涂，德配天地，光被八极，功垂于无穷，名传于不朽，盖自处得其巢，任杖得其人也。秦以刑罚为巢，故有覆巢破卵之患以李斯、赵高为杖，故有顿仆跌伤之祸，何者？所任者非也。”[②] 只有以仁义治国才能长久，用刑罚治国只会速亡。

陆贾的《新语》以《道基》开篇，构筑了天地人“三位一体”的宇宙空间，“传曰：‘天生万物，以地养之，圣人成之。’功德参合，而道术生焉。”[③] 天的功用在于生万物，“张日月，列星辰，序四时，调阴阳，布气治性，次置五行，春生夏长，秋收冬藏，阳生雷电，阴成霜雪，养育群生，一茂一亡，润之以风雨，曝之以日光，温之以节气，降之以殒霜，位之以众星，制之以斗衡，苞之以六合，罗之以纪纲，改之以灾变，告之以祯祥，动之以生杀，悟之以文章。”[④] 地的功用在于养万物，“故地封五岳，画四渎，规洿泽，通水泉，树物养类，苞植万根，暴形养精，以立群生，不违天时，不夺物性，不藏其情，不匿其诈。”[⑤] 圣人的功用在于根据天地万物之情以确立治理天下的原则，确立国家统治秩序，即“王道”，“故知天者仰观天文，知地者俯察地理。跂行喘息，蜎飞蠕动之类，水生陆行，根著叶长之属，为宁其心而安其性，盖天地相承，气感相应而成者也。于是先圣乃仰观天文，俯察地理，图画乾坤，以定人道，民始开悟，知有父子之亲，君臣之义，夫妇之别，长幼之序。于是百官立，王道乃生。”[⑥] 天道成为地道、人道之本源，陆贾的宇宙观为董仲舒构筑“天人感应”的宇宙观提供了样本，开启两汉儒

① 王利器：《新语校注》，第 29 页。
② 王利器：《新语校注》，第 50—51 页。
③ 王利器：《新语校注》，第 1 页。
④ 王利器：《新语校注》，第 2 页。
⑤ 王利器：《新语校注》，第 6 页。
⑥ 王利器：《新语校注》，第 7—9 页。

学神学化的先河。

陆贾初创的这一宇宙观，“旨在为刘邦集团获得政权、治理天下提供一种天道依据：一方面让‘无法无天’以武力自诩的刘邦有所敬畏，明了王道的依据在天道，不能任意作为；另一方面也为刘邦集团获得政权、治理天下提供天道的支撑。”① 陆贾的宇宙观为其治国思想提供了重要的哲学基础，其阐述的重德去法思想正是其“天道”思想的重要体现，仁义道德具有了永恒的神圣性。“陆贾认为仁义为道术的根本”②，陆贾将仁义道德放到了天道的范畴，采纳阴阳五行家的思想，创新性地将仁义道德与阴阳相结合，“阳气以仁生，阴节以义降”③。他极力强调仁义道德是治理国家的绝佳手段，只要君臣行德义，则必然国泰民安，“君明于德，可以及于远；臣笃于义，可以至于大。何以言之？昔汤以七十里之封，升帝王之位；周公自立三公之官，比德于五帝三王；斯乃口出善言，身行善道之所致也。故安危之要，吉凶之符，一出于身；存亡之道，成败之事，一起于善行；尧、舜不易日月而兴，桀、纣不易星辰而亡，天道不改而人道易也。”④ 对于统治者而言，以德致福为万世不易之法，“怀德者应以福，挟恶者报以凶，德薄者位危，去道者身亡，万世不易法，古今同纪纲。”⑤ 政治与儒学的关系被拉近了。

陆贾认为道德是社会历史发展的根本法则，是处理君民、君臣、父子、夫妇、朋友关系的重要准则，有了道德方能建立一个秩序稳定的社会，“故虐行则怨积，德布则功兴，百姓以德附，骨肉以仁亲，夫妇以义合，朋友以义信，君臣以义序，百官以义承，曾、闵以仁成大孝，伯姬以义建至贞，守国者以仁坚固，佐君者以义不倾，君以仁治，臣以义平，乡党以仁恂恂，朝廷以义便便，美女以贞显其行，烈士以义彰其名，阳气以仁生，阴节以义降，鹿鸣以仁求其群，关雎以义鸣其雄，《春秋》以仁义贬绝，《诗》以仁义

① 姜喜任：《论陆贾〈新语〉的治理思想》，《衡阳师范学院学报》（社会科学版）2020 年第 4 期。

② 徐广东：《论陆贾的新儒学思想及其价值》，《学术交流》2013 年第 10 期。

③ 王利器：《新语校注》，第 30 页。

④ 王利器：《新语校注》，第 152 页。

⑤ 王利器：《新语校注》，第 43 页。

存亡，《乾》《坤》以仁和合，《八卦》以义相承，《书》以仁叙九族，君臣以义制忠，《礼》以仁尽节，乐以礼升降。”① 君主治理天下需以道德仁义为本，“治以道德为上，行以仁义为本。故尊于位而无德者黜，富于财而无义者刑，贱而好德者尊，贫而有义者荣。”②

“‘君主’与个人道德修养纯粹的‘圣人’人格相统一，才是汉代帝国长治久安的法理保障及论政原则。”③ 故陆贾多次在刘邦面前称赞《诗》《书》，建议其学习儒家经典，提高道德修养，“贾时时前说称《诗》《书》。高帝骂之曰：‘乃公居马上得之，安事《诗》《书》！’贾曰：‘马上得之，宁可以马上治乎？且汤武逆取而以顺守之，文武并用，长久之术也。昔者吴王夫差、智伯极武而亡；秦任刑法不变，卒灭赵氏。乡使秦以并天下，行仁义，法先圣，陛下安得而有之？’”④ 陆贾认为只要君主具有了较高的道德修养，根据阴阳二气“以气相感”“以类相从”的原则，君王行仁义道德，则百姓必然躬行之，“故性藏于人，则气达于天，纤微浩大，下学上达，事以类相从，声以音相应，道唱而德和，仁立而义兴，王者行之于朝廷，匹夫行之于田，治末者调其本，端其影者正其形，养其根者则枝叶茂，志气调者即道冲。故求远者不可失于近，治影者不可忘其容，上明而下清，君圣而臣忠。”⑤ 仁义的君主在位则必能招徕仁义之士，“故仁者在位而仁人来，义者在朝而义士至。是以墨子之门多勇士，仲尼之门多道德，文王之朝多贤良，秦王之庭多不祥。故善者必有所主而至，恶者必有所因而来。夫善恶不空作，祸福不滥生，唯心之所向，志之所行而已矣。”⑥

“在贾谊的德性政治哲学中，‘德’是指事物存在的依据，而不是一般意义上的伦理道德，因此贾谊的德性政治哲学并非主张为政者要以具有导向性的道德规范力去行政。恰恰相反，而是主张因循势导的原则，这是汉初黄

① 王利器：《新语校注》，第 30 页。

② 王利器：《新语校注》，第 142 页。

③ 李禹阶、刘力：《陆贾与汉代经学》，《四川师范大学学报》（社会科学版）2009 年第 1 期。

④ （东汉）班固：《汉书》卷四三，第 2113 页。

⑤ 王利器：《新语校注》，第 47 页。

⑥ 王利器：《新语校注》，第 173 页。

老无为而治的一种延续。”[①] 同样，陆贾并没有纸上谈兵，停留在治国理念的探讨上，他顺应黄老思想崛起的趋势，将仁义道德与无为理念相结合，提出了以德治国的具体策略，无为而治，以仁义道德为贵，轻珍宝宫殿，劝课农桑，轻徭薄赋，“故圣人卑宫室而高道德，恶衣服而勤仁义，不损其行，以好其容，不亏其德，以饰其身，国不兴不事之功，家不藏不用之器，所以稀力役而省贡献也。璧玉珠玑，不御于上，则玩好之物弃于下；雕琢刻画之类，不纳于君，则淫伎曲巧绝于下。夫释农桑之事，入山海，采珠玑，捕豹翠，消筋力，散布泉，以极耳目之好，快淫侈之心，岂不谬哉？”[②]

陆贾还描绘了一幅无为而治之下的盛世画面，其中官府清静无为，轻徭薄赋，约法省禁，百姓安心于生产，忠君孝亲，整个社会秩序井然，“夫形重者则心烦，事众者则身劳；心烦者则刑罚纵横而无所立，身劳者则百端回邪而无所就。是以君子之为治也，块然若无事，寂然若无声，官府若无吏，亭落若无民，闾里不讼于巷，老幼不愁于庭，近者无所议，远者无所听，邮无夜行之卒，乡无夜召之征，犬不夜吠，鸡不夜鸣，耆老甘味于堂，丁男耕耘于野，在朝者忠于君，在家者孝于亲；于是赏善罚恶而润色之，兴辟雍庠序而教诲之，然后贤愚异议，廉鄙异科，长幼异节，上下有差，强弱相扶，大小相怀，尊卑相承，雁行相随，不言而信，不怒而威，岂待坚甲利兵、深牢刻令、朝夕切切而后行哉？”[③]

陆贾还揭示若统治者一味追求利、力，轻视道德仁义，必然失败，“故察于利而惛于道者，众之所谋也；果于力而寡于义者，兵之所图也。君子笃于义而薄于利，敏于行而慎于言，所□□□广功德也。故曰：‘不义而富且贵，于我如浮云。’”[④] “然功不能自存，而威不能自守，非贫弱也，乃道德不存乎身，仁义不加于下也。”[⑤] 他列举了楚灵王、鲁庄公好利尚力而亡的历

① 王汐朋、赵庆灿：《道载于德——贾谊的德性政治哲学》，《辽宁工业大学学报》（社会科学版）2017 年第 5 期。

② 王利器：《新语校注》，第 148—149 页。

③ 王利器：《新语校注》，第 118 页。

④ 王利器：《新语校注》，第 147—148 页。

⑤ 王利器：《新语校注》，第 146 页。

史教训，“楚灵王居千里之地，享百邑之国，不先仁义而尚道德，怀奇伎，□□□，□阴阳，合物怪，作乾溪之台，立百仞之高，欲登浮云，窥天文，然身死于弃疾之手。鲁庄公据中土之地，承圣人之后，不修周公之业，继先人之体，尚权杖威，有万人之力，怀兼人之强，不能存立子纠，国侵地夺，以洙、泗为境。”①

陆贾还将其德法思想落实于义利观之中，若欲图成就圣王之业，必须重义而轻利，“仁者道之纪，义者圣之学。学之者明，失之者昏，背之者亡。陈力就列，以义建功，师旅行阵，德仁为固，仗义而强，调气养性，仁者寿长，美才次德，义者行方。君子以义相褒，小人以利相欺，愚者以力相乱，贤者以义相治。《谷梁传》曰：‘仁者以治亲，义者以利尊。万世不乱，仁义之所治也。’”②

二、贾谊的德法思想

“作为西汉中前期‘有为’理念探索的重要代表人物，贾谊一方面承陆贾未竟之业，进一步推动儒学的复兴；另一方面，继续探索儒学理论与现实需求的深度结合，引领了‘有为’思想振兴的先声。”③贾谊继承并阐发了陆贾的德治思想，提出了重德轻刑的思想，更富有哲理性与思辨性。贾谊融合儒道思想形成了唯心主义哲学体系，“德”成为其理论体系的核心概念。贾谊构建了“六理”的哲学架构，德有“六理”，“六理”生阴阳天地人，并存于其中，成为其运行的准则，所以阴阳有六月之节，天地有六合之事，人有六行，人之六行与阴阳天地共生，是一种永恒的存在，德具有了本体论的意义，“德有六理，何谓六理？道、德、性、神、明、命，此六者德之理也。六理无不生也，已生而六理存乎所生之内。是以阴阳、天地、人尽以六理为内度，内度成业，故谓之六法。六法藏内，变流而外遂，外遂六术，故谓之六行。是以阴阳各有六月之节，而天地有六合之事，人有仁、义、礼、智、

---

① 王利器：《新语校注》，第 134 页。

② 王利器：《新语校注》，第 34 页。

③ 袁宝龙：《西汉中前期学术思潮的嬗变及其与边疆经略的互动》，《社会科学论坛》2019 年第 4 期。

信之行，行和则乐与，乐与则六，此之谓六行。阴阳、天地之动也，不失六律，故能合六法；人谨修六行，则亦可以合六法矣。”①

人们如何获得德？贾谊认为可以通过研习《诗》《书》《礼》《易》《乐》《春秋》等儒家经典中的经义，认识到德之理，并将其内化为仁义礼智信等德性，“《书》者，著德之理于书帛而陈之令人观焉……《诗》者，志德之理而明其指，令人缘之以自成也……《易》者，察人之循德之理与弗循而占其吉凶……《春秋》者，守往事之合德之理与不合而纪其成败，以为来事师法……《礼》者，体德理而为之节文，成人事……《乐》者，《书》《诗》《易》《春秋》《礼》五者之道备，则合于德矣。”②“经学是儒家一套慎选出来的教材，藉由政治、教育、典礼、乐舞等多样的方式灌输给国人，它可以产生正面积极的功能，同时也具有防患未然的效果。”③

“国家的治理必须要树立道德的标杆和示范，再以之引导普通百姓返归于正（政）。”④贾谊认为道德教化的最佳标杆则是统治者，统治者践行仁义德化，以身作则，不需赏罚，自然化及百姓与异域之民，天下大治，“帝尧曰：‘吾存心于先古，加志于穷民，痛万姓之罹罪，忧众生之不遂也。故一民或饥，曰此我饥之也；一民或寒，曰此我寒之也；一民有罪，曰此我陷之也。’仁行而义立，德博而化富。故不赏而民劝，不罚而民治，先恕而后行，是故德音远也。是故尧教化及雕题、蜀、越，抚交趾，身涉流沙，地封独山，西见王母，训及大夏、渠叟，北中幽都，及狗国与人身，而鸟面及焦侥，好贤而隐不还，强于行而菑于志，率以仁而恕，至此而已矣。”⑤君臣以仁爱治民，则刑罚自废，“圣王在上，则君积于仁，而吏积于爱，而民积于顺，则刑罚废矣。而民无夭遏之诛。”⑥

---

① （西汉）贾谊撰，阎振益、钟夏校注：《新书校注》，中华书局 2000 年版，第 316 页。

② （西汉）贾谊撰，阎振益、钟夏校注：《新书校注》，第 327 页。

③ 林叶连：《刘向的“守经”与“权变”思想》，《江苏师范大学学报》（哲学社会科学版）2018 年第 6 期。

④ 王进、李建军：《贾谊〈治安策〉与儒家政治秩序的重建》，《云南大学学报》（社会科学版）2018 年第 4 期。

⑤ （西汉）贾谊撰，阎振益、钟夏校注：《新书校注》，第 360 页。

⑥ （西汉）贾谊撰，阎振益、钟夏校注：《新书校注》，第 373 页。

“故而其‘礼’更注重外在仪制，与先秦儒家之孔孟、荀子就内在的人性论礼相比，贾谊的思想深度要逊色得多，贾谊论礼，没有内在人性学说的理论支撑。”① 贾谊继承并发展了荀子的“隆礼”思想，其礼制学说并非仅仅是外在的仪制，他认为没有礼制规范的道德是空洞的，礼是推广道德、稳固统治秩序的最重要手段，“昔周文王使太公望傅太子发，太子嗜鲍鱼，而太公弗与，太公曰：‘礼，鲍鱼不登于俎，岂有非礼而可以养太子哉？’寻常之室无奥剽之位，则父子不别；六尺之舆无左右之义，则君臣不明。寻常之室、六尺之舆，处无礼，即上下踳逆，父子悖乱，而况其大者乎！故道德仁义，非礼不成；教训正俗，非礼不备；分争辩讼，非礼不决；君臣、上下、父子、兄弟，非礼不定；宦学事师，非礼不亲；班朝治军，莅官行法，非礼威严不行；祷祠祭祀，供给鬼神，非礼不诚不庄。是以君子恭敬、撙节、退让以明礼。”② 在贾谊这里，礼具有了社会道德规范的性质，“贾谊是将政治的‘礼’建立在‘亲亲’的伦理基础之上的，人们只有遵守‘忠、孝、敬、柔、慈’这些伦理上的规范，社会才可以和谐运作，政治目的才可以达到。”③

文帝时，在黄老无为政策之下，社会经济得到了较快的恢复与发展，但是这一时期亦出现了诸多的政治军事问题。伴随着经济的恢复与发展，诸侯王逐步强大，觊觎皇权。公元前 177 年，济北王刘兴居趁匈奴入侵发动叛乱，虽然很快被平定，但开启了王国公开武装对抗中央的先例，而后吴王刘濞逐渐显露出不臣之心，“会孝惠、高后时天下初定，郡国诸侯各务自拊循其民。吴有豫章郡铜山，即招致天下亡命者盗铸钱，东煮海水为盐，以故无赋，国用饶足。……吴王由是怨望，稍失藩臣礼，称疾不朝。京师知其以子故，验问实不病，诸吴使来，辄系责治之。吴王恐，所谋滋甚。及后使人为秋请，上复责问吴使者。……于是天子皆赦吴使者归之，而赐吴王几杖，老，不朝。吴得释，其谋亦益解。”④ 虽然文帝继承了高帝时期的和亲政策，但并未能够防止匈奴骑兵的入侵，“至孝文即位，复修和亲。其三年夏，匈奴右

① 方红姣：《贾谊论礼与法的关系》，《人文杂志》2015 年第 8 期。

② （西汉）贾谊撰，阎振益、钟夏校注：《新书校注》，第 214 页。

③ 崔波、张研：《试论贾谊的哲学思想》，《河南科技大学学报》（社会科学版）2008 年第 6 期。

④ （东汉）班固：《汉书》卷三五，第 1904—1905 页。

贤王入居河南地为寇”① “孝文十四年，匈奴单于十四万骑入朝那萧关，杀北都尉印，虏人民畜产甚多，遂至彭阳。”② “匈奴日以骄，岁入边，杀略人民甚众，云中、辽东最甚，郡万余人。”③

贾谊隐约地认识到只靠德治难以解决这些问题，开始关注法治。君王的治理天下之术有仁、义、礼、信、公、法，前五项为道德之术，其效果亦为和、理、肃、贞、服等道德效果，最后一项则是以法令强制臣民服从，“曰：‘请问术之接物何如？’对曰：‘人主仁而境内和矣，故其士民莫弗亲也；人主义而境内理矣，故其士民莫弗顺也；人主有礼而境内肃矣，故其士民莫弗敬也；人主有信而境内贞矣，故其士民莫弗信也；人主公而境内服矣，故其士民莫弗戴也；人主法而境内轨矣，故其士民莫弗辅也。举贤则民化善，使能则官职治；英俊在位则主尊，羽翼胜任则民显；操德而固则威立，教顺而必则令行；周听则不蔽，稽验则不惶，明好恶则民心化，密事端则人主神。术者，接物之队。凡权重者必谨于事，令行者必谨于言，则过败鲜矣。此术之接物之道也者。其为原无屈，其应变无极，故圣人尊之。夫道之详，不可胜术也。’”④ 针对诸侯王的坐大，贾谊强调不能再以仁义道德加以宽容，需以法治之。他以解剖牛为喻，将仁义手段比喻为轻薄的刀锋，将法令赏罚比喻为厚重的斧头，切割牛肉时，用刀锋沿纹理切割即可，遇到牛胯骨、大腿骨时，只能用斧头砍砸，而诸侯王问题就像牛胯骨、大腿骨一样，仁义难以使其臣服，只能以法治之，“屠牛坦一朝解十二牛，而芒刃不顿者，所排击，所剥割，皆象理也。然至髋髀之所，非斤则斧矣。仁义恩厚者，此人主之芒刃也；权势法制，此人主之斤斧也。势已定，权已足矣，乃以仁义恩厚因而泽之，故德布而天下有慕志。今诸侯王皆众髋髀也，释斤斧之制，而欲婴以芒刃，臣以为刃不折则缺耳。胡不用之淮南、济北？势不可也。”⑤

德与法成为傅师教导太子的重要内容，惠施、长复、度量、等级、恭

---

① （东汉）班固：《汉书》卷九四上，第 3756 页。

② （东汉）班固：《汉书》卷九四上，第 3761 页。

③ （东汉）班固：《汉书》卷九四上，第 3762 页。

④ （西汉）贾谊撰，阎振益、钟夏校注：《新书校注》，第 302—303 页。

⑤ （西汉）贾谊撰，阎振益、钟夏校注：《新书校注》，第 71 页。

俭、敬戒、慈爱、倜雅、正德、齐肃均为道德教育的范畴，除害、精直则为法治教育的范畴，“或明惠施以道之忠，明长复以道之信，明度量以道之义，明等级以道之礼，明恭俭以道之孝，明敬戒以道之事，明慈爱以道之仁，明倜雅以道之文，明除害以道之武，明精直以道之伐，明正德以道之赏，明齐肃以道之敬，此所谓教太子也。”① 太傅的职责在于教授天子恩、惠、礼、忠、经、哀、敬、信、诚、赏、罚、强的内容，大致可划分为德与法两个范畴，“天子不恩于亲戚，不惠于庶民，无礼于大臣，不中于刑狱，无经于百官，不哀于丧，不敬于祭，不直于戎事，不信于诸侯，不诚于赏罚，不厚于德，不强于行，赐予侈于左右近臣，吝授于疏远卑贱，不能惩忿忘欲，大行、大礼、大义、大道，不从太师之教，凡此其属，太傅之任也。古者鲁周公职之。”② 贾谊在《新书·辅佐》中讨论中央的权力架构时，突出了调讯一职，其职责为执掌刑狱赏罚，谏正群臣之过，“调讯典博闻，以掌驷乘，领时从，此贤能，天子出则为车右，坐立则为位，承圣帝之德，畜民之道，礼乐之正，应事之理，则职以箴；刑狱之衷，赏罚之诚，已诺之信，百官之经，丧祭之共，戎事之诫，身行之强，则职以谂；遇大臣之敬，遇小臣之惠，坐立之端，言默之序，音声之适，揖让之容，俯仰之节，立事之色，则职以证；出入不从礼，衣服不从制，御器不以度，迎送非其章，忿说忘其义，取予失其节，安易而乐湛，则职以谏。故善不彻，过不闻，侍从不谏，则调讯之任也。”③ 贾谊从职官设置上对法治还是较为重视的。

学界普遍认为贾谊将德与法在形而上方面放到了同等的地位之上，“贾谊对孔子礼教思想进一步发展，在强调礼治的同时，主张用‘权势法制’治国，认为礼与法都是治理国家的方式，二者作用不同”④。“‘仁’‘义’和‘公’‘法’被置于相同的位置，赋予同等的价值。”⑤ 其实不然，笔者比较赞

① （西汉）贾谊撰，阎振益、钟夏校注：《新书校注》，第172页。

② （西汉）贾谊撰，阎振益、钟夏校注：《新书校注》，第173页。

③ （西汉）贾谊撰，阎振益、钟夏校注：《新书校注》，第205—206页。

④ 余永霞：《贾谊对孔子礼教思想的因循与发展》，《史学月刊》2020年第8期。

⑤ ［日］工藤卓司、张莉：《〈贾谊新书〉对“秦”的受容——贾谊〈过秦〉与〈道术〉之思想关联》，《汉籍与汉学》2020年第1期。

同袁野、杜琦的观点，“贾谊回归传统礼制的治国理念，在其思想认识中，礼与法在治国手段上互为表里，在治国方略上甚为推崇礼的教化作用”①，“贾谊的哲学思想虽然是吸收了道、儒、法三家思想，但他的思想是以儒家思想为主的。贾谊把‘道’作为儒家思想的载体，主要充实的是儒家思想的内容。而法家思想只是儒家思想的一个补充”②。贾谊仅仅是在“术”的层面上关注法治，限于解决诸侯王、地方豪强的问题，以及培育统治者的基本素养，但并未将其提高到治国方略的高度。

贾谊将德治与法治进行对比，德治是在罪恶还未发生之前，以道德教化和礼仪规范来加以引导，法治则是在罪恶发生之后，以法令刑罚来加以惩治，推行德治能够使民众自觉远离罪恶，若一味推行法治，必会遭到百姓的背弃。贾谊将秦与殷、周二代做对比，汤、武以礼义道德治国，各自享国六七百年之久，秦以刑罚治国，弃绝仁义，仅十余年便败亡，德治明显优于法治，“凡人之智，能见已然，不能见将然。夫礼者禁于将然之前，而法者禁于已然之后，是故法之所用易见，而礼之所为生难知也。若夫庆赏以劝善，刑罚以惩恶，先王执此之政，坚如金石，行此之令，信如四时，据此之公，无私如天地耳，岂顾不用哉？然而曰礼云礼云者，贵绝恶于未萌，而起教于微渺，使民日迁善远罪而不自知也。孔子曰：‘听讼，吾犹人也，必也使毋讼乎！’为人主计者，莫如先审取舍；取舍之极定于内，而安危之萌应于外矣。安者非一日而安也，危者非一日而危也，皆以积渐然，不可不察也。人主之所积，在其取舍。以礼义治之者，积礼义；以刑罚治之者，积刑罚。刑罚积而民怨背，礼义积而民和亲。故世主欲民之善同，而所以使民善者或异。或道之以德教，或欧之以法令。道之以德教者，德教洽而民气乐；欧之以法令者，法令极而民风哀。哀乐之感，祸福之应也。秦王之欲尊宗庙而安子孙，与汤武同，然而汤武广大其德行，六七百岁而弗失，秦王治天下，十余岁则大败。此亡它故矣，汤武之定取舍审而秦王之定取舍不审矣。夫天下，大器也。今人之置器，置诸安处则安，置诸危处则危。天下之

① 袁野：《论贾谊的法律思想及其当代启示》，《西南政法大学学报》2015年第3期。

② 杜琦：《浅论贾谊的哲学思想》，《长春工业大学学报》（社会科学版）2013年第2期。

情与器亡以异，在天子之所置之。汤武置天下于仁义礼乐，而德泽洽，禽兽草木广裕，德被蛮貊四夷，累子孙数十世，此天下所共闻也。秦王置天下于法令刑罚，德泽亡一有，而怨毒盈于世，下憎恶之如仇仇，祸几及身，子孙诛绝，此天下之所共见也。是非其明效大验邪！人之言曰：‘听言之道，必以其事观之，则言者莫敢妄言。’今或言礼谊之不如法令，教化之不如刑罚，人主胡不引殷、周、秦事以观之也?”[①]这些都表明了贾谊更加重视充满柔性特征的德治手段。不过在贾谊的思想中，法治思想开始抬头，成为董仲舒德主刑辅思想的雏形，“贾谊的贡献是在汉初黄老之学盛行的时势中迈出重建儒家礼义之治的第一步，并对法家之法有一定的吸收”[②]。

三、董仲舒的德法思想

汉武帝时期，西汉王朝进入了鼎盛期，黄老无为虽然对于社会经济的恢复与发展起到了重要的作用，但它成为统治思想充满了偶然性，且存在重要的理论缺陷，局限于“术”层面的应用，缺乏深层次的理论建设，过于强调德治、无为，排斥法治。武帝即位后，黄老思想终于走到了尽头。经过汉初诸儒及董仲舒改造的“新儒家”获得了武帝的青睐，“罢黜百家，独尊儒术”。针对现实中的社会政治问题，董仲舒改造了传统儒家的德治思想，提出德主刑辅[③]，倡导德化为本，刑罚为辅，与贾谊仅仅用法治来解决一些具体社会问题不同，董仲舒并不空泛地反对法治，注重汲取法家思想中的积极因素来辅佐德治。

与其他汉初“诸子”不同的是董仲舒为德主刑辅思想做了充分的哲学论证。董仲舒提出了“性三品”说，为德主刑辅思想奠定了重要的人性论基础，“圣人之性不可以名性，斗筲之性又不可以名性，名性者，中民之

---

① （东汉）班固：《汉书》卷四八，第2252—2253页。

② 方红姣：《贾谊论礼与法的关系》，《人文杂志》2015年第8期。

③ 李德嘉亦提出了“德本刑用”之说：“德在董仲舒的政治哲学体系中居于‘本’的地位，董仲舒的‘复古更化’之核心就在于恢复西周以来的德治传统，可以说‘德’规定了政治性质和根本。而刑在社会治理的体系中则居于‘用’的层面，是说在社会管理中刑政的手段不可或缺。”（见李德嘉《“德主刑辅”说之驳正：董仲舒德刑关系思想新诠》，《衡水学院学报》2017年第2期）

性。中民之性如茧如卵。卵待覆二十日而后能为雏，茧待缫以涫汤而后能为丝，性待渐于教训而后能为善。善，教训之所然也，非质朴之所能至也，故不谓性。性者宜知名矣，无所待而起，生而所自有也。善所自有，则教训已非性也。是以米出于粟，而粟不可谓米；玉出于璞，而璞不可谓玉；善出于性，而性不可谓善。其比多在物者为然，在性者以为不然，何不通于类也？卵之性未能作雏也，茧之性未能作丝也，麻之性未能为缕也，粟之性未能为米也。《春秋》别物之理以正其名，名物必各因其真。真其义也，真其情也，乃以为名。名陨石则后其五，退飞则先其六，此皆其真也。圣人于言无所苟而已矣。性者，天质之朴也；善者，王教之化也。无其质，则王教不能化；无其王教，则质朴不能善。质而不以善性，其名不正，故不受也。”①“圣人之性”，圣人天生就具有道德善性，不需进行教化；“斗筲之性”，“斗筲”天生具有恶性，难以教化，只能以刑罚治之；“中民之性”，董仲舒认为中民即大多数人“性有善质而未能善也”，可善可恶，对其进行道德教化必会促其为善。

“董仲舒为了劝说汉武帝施行‘德教’，从‘天命’那里为其‘德主刑辅’的主张找到了理论依据，企图利用当时的统治者畏惧天命的心理，以‘天命’来迫使他们实行‘德主刑辅’。”②董仲舒以天道观论证德主刑辅思想，论证其权威性与永恒性。他首先论证了德治与法治的不可或缺，天意是通过君主来展现的，君主必须依天而行。天与人之间有着密切的关联，人是天的副本。董仲舒强调圣人配天，统治者的治国方略亦需要配合天的四季运行，春夏秋冬四季，应对着天的和、德、平、威的四种品格，即和谐、德义、公平、刑威，统治者的德治、法治，亦需要配合上天四季之运行，依时而动，夏行德义，冬行刑威，天不能寒暑不时，统治者不能德法不时，法治在董仲舒的思想中具有了一定的地位，“天有和有德，有平有威，有相受之意，有为政之理，不可不审也。春者，天之和也；夏者，天之德也；秋者，天之平也；冬者，天之威也。天之序，必先和然后发德，必先平然后发

① 苏舆：《春秋繁露义证》，中华书局1992年版，第311—313页。

② 王占通、栗劲：《董仲舒“德主刑辅”的法律思想体系》，《河北学刊》1983年第3期。

威。此可以见不和不可以发庆赏之德，不平不可以发刑罚之威。又可见德生于和，威生于平也。不和无德，不平无威，天之道也，达者以此见之矣。我虽有所愉而喜，必先和心以求其当，然后发庆赏以立其德。虽有所忿而怒，必先平心以求其政，然后发刑罚以立其威。能常若是者谓之天德，行天德者谓之圣人。为人主者，居至德之位，操杀生之势，以变化民。民之从主也，如草木之应四时也。喜怒当寒暑，威德当冬夏。冬夏者，威德之合也；寒暑者，喜怒之偶也。喜怒之有时而当发，寒暑亦有时而当出，其理一也。当喜而不喜，犹当暑而不暑；当怒而不怒，犹当寒而不寒也；当德而不德，犹当夏而不夏也；当威而不威，犹当冬而不冬也。喜怒威德之不可以不直处而发也，如寒暑冬夏之不可不当其时而出也。故谨善恶之端。何以效其然也？《春秋》采善不遗小，掇恶不遗大，讳而不隐，罪而不忽，以是非，正理以褒贬，喜怒之发，威德之处，无不皆中其应，可以参寒暑冬夏之不失其时已。故曰圣人配天。”[①] 在这里，董仲舒将法治提高到了治国方略的高度。

如果君主要严格按照天之四时来施行德法，那在春夏时发生的恶行需要等到秋冬才能处置，秋冬发生的善行则要等到春夏才能表彰。董仲舒对此也进行了补充说明，天地阴阳的运行是有自己的规律的，在春夏秋冬的运行过程中一旦出现了不合时宜之事，不需“郁滞”至其他季节，可立即进行处理，以实现天地阴阳四时的顺利运行，即实行“中”的策略，德法结合，春夏求善行德之时，见恶必以法除，秋冬行法之时，见善必行德政，颇具灵活性，“阴阳之气，在上天，亦在人。在人者为好恶喜怒，在天者为暖清寒暑。出入上下、左右、前后，平行而不止，未尝有所稽留滞郁也。其在人者，亦宜行而无留，若四时之条条然也。夫喜怒哀乐之止动也，此天之所为人性命者。临其时而欲发其应，亦天应也，与暖清寒暑之至其时而欲发无异。若留德而待春夏，留刑而待秋冬也，此有顺四时之名，实逆于天地之经。在人者亦天也，奈何其久留天气，使之郁滞，不得以其正周行也。是故天行谷朽寅，而秋生麦，告除秽而继乏也。所以成功继乏，以赡人也。天之生有大经也，而所周行者，又有害功也，除而杀殛者，行急皆不待时也，天之志也，

① 苏舆：《春秋繁露义证》，第462—463页。

而圣人承之以治。是故春修仁而求善，秋修义而求恶，冬修刑而致清，夏修德而致宽。此所以顺天地，体阴阳。然而方求善之时，见恶而不释；方求恶之时，见善亦立行；方致清之时，见大善亦立举之；方致宽之时，见大恶亦立去之。以效天地之方生之时有杀也，方杀之时有生也。是故志意随天地，缓急仿阴阳。然而人事之宜行者，无所郁滞，且恕于人，顺于天，天人之道兼举，此谓执其中。天非以春生人，以秋杀人也。当生者曰生，当死者曰死，非杀物之义待四时也。而人之所治也，安取久留当行之理，而必待四时也。此之谓壅，非其中也。人有喜怒哀乐，犹天之有春夏秋冬也。喜怒哀乐之至其时而欲发也，若春夏秋冬之至其时而欲出也，皆天气之然也。其宜直行而无郁滞，一也。天终岁乃一遍此四者，而人主终日不知过此四之数，其理故不可以相待。且天之欲利人，非直其欲利谷也。除秽不待时，况秽人乎！”①

“强调‘和’作为自然与社会存在的理想状态的本体性和根本性”②。董仲舒试图将法治纳入到德治的范畴，他认为德是协调天人关系的重要手段，五行如果发生变化，必须以德政救之，并列举出了应对五行变化的各种德政措施，其中就包括行法令，诛有罪，“五行变至，当救之以德，施之天下，则咎除。不救以德，不出三年，天当雨石。木有变，春凋秋荣。秋木冰，春多雨。此徭役众，赋敛重，百姓贫穷叛去，道多饥人。救之者，省徭役，薄赋敛，出仓谷，振困穷矣。火有变，冬温夏寒。此王者不明，善者不赏，恶者不绌，不肖在位，贤者伏匿，则寒暑失序，而民疾疫。救之者，举贤良，赏有功，封有德。土有变，大风至，五谷伤。此不信仁贤，不敬父兄，淫泆无度，宫室荣。救之者，省宫室，去雕文，举孝悌，恤黎元。金有变，毕昴为回，三覆有武，多兵，多盗寇。此弃义贪财，轻民命，重货赂，百姓趣利，多奸轨。救之者，举廉洁，立正直，隐武行文，束甲械。水有变，冬湿多雾，春夏雨雹。此法令缓，刑罚不行。救之者，忧囹圄，案奸宄，诛有罪，蓃五日。”③

① 苏舆：《春秋繁露义证》，第463—465页。

② 肖群忠、霍艳云：《董仲舒“德莫大于和”思想探析》，《伦理学研究》2017年第4期。

③ 苏舆：《春秋繁露义证》，第385—386页。

虽然董仲舒将法治提高到了治国方略的高度，并试图将法治纳入到德治的范畴，但二者地位仍不能等同，他依然强调德治的主导与核心地位，法治仅仅是处于辅助的次要的地位。“天亦有喜怒之气、哀乐之心，与人相副。以类合之，天人一也。”①为了进一步论证德主刑辅思想，董仲舒将德主刑辅与阳尊阴卑思想相结合，使其思想更具权威性与说服力。国家的德刑与天地之阴阳相符，天地在运行的过程中任阳不任阴，统治者治理天下则任德不任刑，阴阳运行中往往是阳在前而阴在后，人间往往是尊德而卑刑，“天出阳，为暖以生之；地出阴，为清以成之。不暖不生，不清不成。然而计其多少之分，则暖暑居百而清寒居一。德教之与刑罚犹此也。故圣人多其爱而少其严，厚其德而简其刑，以此配天。天之大数必有十旬。旬，天地之数，十而毕举，旬，生长之功，十而毕成。天之气徐，乍寒乍暑。故寒不冻，暑不暍，以其有余徐来，不暴卒也。《易》曰‘履霜坚在’，盖言逊也。然则上坚不逾等，果是天之所为，弗作而成也。人之所为，亦当弗作而极也。凡有兴者，稍稍上之以逊顺往，使人心说而安之，无使人心恐。故曰：君子以人治人，慬能愿。此之谓也。圣人之道，同诸天地，荡诸四海，变易习俗。”②

董仲舒进一步阐释，阴阳的运行各有方向，各自的属性不同，阳对应着暖、予、仁、宽、爱、生；阴对应着寒、夺、戾、急、恶、杀，阳对应于德，阴对应于法，天贵阳而贱阴，近阳而远阴，故大德小刑，务德不务刑，极力反对纯用法治，“阳为德，阴为刑。刑反德而顺于德，亦权之类也。虽曰权，皆在权成。是故阳行于顺，阴行于逆。逆行而顺，顺行而逆者，阴也。是故天以阴为权，以阳为经。阳出而南，阴出而北。经用于盛，权用于末。以此见天之显经隐权，前德而后刑也。故曰：阳天之德，阴天之刑也。阳气暖而阴气寒，阳气予而阴气夺，阳气仁而阴气戾，阳气宽而阴气急，阳气爱而阴气恶，阳气生而阴气杀。是故阳常居实位而行于盛，阴常居空位而行于末。天之好仁而近，恶戾之变而远，大德而小刑之意也。先经而后权，贵阳而贱阴也。故阴，夏入居下，不得任岁事，冬出居上，置之空处也。养

① 苏舆：《春秋繁露义证》，第 341 页。

② 苏舆：《春秋繁露义证》，第 351—352 页。

长之时伏于下，远去之，弗使得为阳也。无事之时起之空处，使之备次陈，守闭塞也。此皆天之近阳而远阴，大德而小刑也。是故人主近天之所近，远天之所远；大天之所大，小天之所小。是故天数右阳而不右阴，务德而不务刑。刑之不可任以成世也，犹阴之不可任以成岁也。为政而任刑，谓之逆天，非王道也。”①

他公然批评汉武帝的法治政策，汉兴70余年，面临的社会问题愈来愈多，导致法网渐密，法治盛行，董仲舒认为这只能是“以汤止沸”，导致奸邪日增，甚至一年内的各种案件达万件之多，希望武帝“更化”，推行德治，“今废先王之德教，独用执法之吏治民，而欲德化被四海，故难成也。是故古之王者莫不以教化为大务，立大学以教于国，设庠序以化于邑。教化已明，习俗以成，天下尝无一人之狱矣。至周末世，大为无道，以失天下。秦继其后，又益甚之。自古以来，未尝以乱济乱，大败天下如秦者也。习俗薄恶，民人抵冒。今汉继秦之后，虽欲治之，无可奈何。法出而奸生，令下而诈起，一岁之狱以万千数，如以汤止沸，沸俞甚而无益。辟之琴瑟不调，甚者必解而更张之，乃可鼓也。为政而不行，甚者必变而更化之，乃可理也。故汉得天下以来，常欲善治，而至今不能胜残去杀者，失之当更化而不能更化也。古人有言：‘临渊羡鱼，不如归而结网。’今临政而愿治七十余岁矣，不如退而更化。更化则可善治，而灾害日去，福禄日来矣。”②

在确立德主刑辅的方针后，他制定了推行德治的基本措施。董仲舒认为君主在治理国家时必须要以德示民，教化百姓，化以为民俗，“先王显德以示民，民乐而歌之以为诗，说而化之以为俗。故不令而自行，不禁而自止，从上之意，不待使之，若自然矣。故曰：圣人天地动、四时化者，非有他也，其见义大故能动，动故能化，化故能大行，化大行故法不犯，法不犯故刑不用，刑不用则尧舜之功德。此大治之道也，先圣传授而复也。故孔子曰：‘谁能出不由户，何莫由斯道也。’今不示显德行，民暗于义，不能炤，迷于道不能解，因欲大严惨以必正之，直残贼天民而薄主德耳，其势不行。

① 苏舆：《春秋繁露义证》，第326—328页。

② （东汉）班固：《汉书》卷二二，第1032页。

仲尼曰：‘国有道，虽加刑，无刑也。国无道，虽杀之，不可胜也。’其所谓有道无道者，示之以显德行与不示尔。”①

董仲舒认为要推行道德教化，化民成俗，必须要设立各级官学，作为传播道德的重要基地，“今陛下贵为天子，富有四海，居得致之位，操可致之势，又有能致之资，行高而恩厚，知明而意美，爱民而好士，可谓谊主矣。然而天地未应而美祥莫至者，何也？凡以教化不立而万民不正也。夫万民之从利也，如水之走下，不以教化堤防之，不能止也。是故教化立而奸邪皆止者，其堤防完也；教化废而奸邪并出，刑罚不能胜者，其堤防坏也。古之王者明于此，是故南面而治天下，莫不以教化为大务。立大学以教于国，设庠序以化于邑，渐民以仁，摩民以义，节民以礼，故其刑罚甚轻而禁不犯者，教化行而习俗美也。”②

“儒家在汉代被奉为独尊，在权力的支持下，儒家具有强制性和排他性的能力是经过了一个过程的，首先有制度的儒家化，即社会政治架构和具体的政治法律制度处处依照儒家的设计并体现着儒家的理想，之后才有儒家的制度化。”③董仲舒首倡以“《春秋》决狱”，以经术缘饰司法，以儒家思想渗透司法制度，成为贯彻德主刑辅思想的一个重要措施。董仲舒指出“《春秋》决狱”的原则即“原心定罪”，以人动机的善恶作为定罪与量刑的首要条件，以增加法律的温度，协调情与理，“《春秋》之听狱也，必本其事而原其志。志邪者不待成，首恶者罪特重，本直者其论轻。是故逄丑父当斫，而辕涛涂不宜执，鲁季子追庆父，而吴季子释阖庐。此四者罪同异论，其本殊也。俱欺三军，或死或不死；俱弑君，或诛或不诛。听讼折狱，可无审耶！故折狱而是也，理益明，教益行。折狱而非也，暗理迷众，与教相妨。教，政之本也。狱，政之末也。其事异域，其用一也，不可不以相顺，故君子重之也。”④并将其思想与狱案相结合创作了《春秋决狱》一书，进而使儒家思想法律化、制度化，“故胶西相董仲舒老病致仕，朝廷每有政议，数遣廷尉

① 苏舆：《春秋繁露义证》，第265—266页。

② （东汉）班固：《汉书》卷五六，第2503—2504页。

③ 崔波、张研：《试论贾谊的哲学思想》，《河南科技大学学报》（社会科学版）2008年第6期。

④ 苏舆：《春秋繁露义证》，第92—94页。

张汤亲至陋巷，问其得失。于是作《春秋决狱》二百三十二事，动以经对，言之详矣。”①

《春秋决狱》即《汉书·艺文志》所载的《公羊董仲舒治狱》。“董仲舒的‘德主刑辅’思想，与其说表现了儒法的融合，不如说表现了董仲舒试图以儒家思想来改变当时在司法领域中仍占统治地位的法家学说这样一种倾向。”②“《春秋》决狱”极大地改变了汉代的司法格局，“重刑”之风得到改善，司法渐趋“仁厚”，社会矛盾得以缓和，从此奠定了汉武帝时期“外儒内法”的政治格局。

四、公孙弘的德法思想

武帝时期的丞相公孙弘亦主张德主刑辅，德法结合的思想。他在元光五年（前130年）的贤良文学对策中提出了八项治民措施，贯穿以赏罚顺礼义的原则，“臣闻上古尧舜之时，不贵爵赏而民劝善，不重刑罚而民不犯，躬率以正而遇民信也；末世贵爵厚赏而民不劝，深刑重罚而奸不止，其上不正，遇民不信也。夫厚赏重刑未足以劝善而禁非，必信而已矣。是故因能任官，则分职治；去无用之言，则事情得；不作无用之器，即赋敛省；不夺民时，不妨民力，则百姓富；有德者进，无德者退，则朝廷尊；有功者上，无功者下，则群臣逡；罚当罪，则奸邪止；赏当贤，则臣下劝：凡此八者，治民之本也。故民者，业之即不争，理得则不怨，有礼则不暴，爱之则亲上，此有天下之急者也。故法不远义，则民服而不离；和不远礼，则民亲而不暴。故法之所罚，义之所去也；和之所赏，礼之所取也。礼义者，民之所服也，而赏罚顺之，则民不犯禁矣。故画衣冠，异章服，而民不犯者，此道素行也。”③

公孙弘是狱吏出身，明习律令，后习《公羊春秋》，具有了儒法两家的知识背景，进入中央后，历任三公要职，努力将《公羊春秋》深入到司法领域，“每朝会议，开陈其端，使人主自择，不肯面折庭争。于是上察其行

① （南朝宋）范晔：《后汉书》卷四八，第1612页。

② 高恒、蔚智前：《董仲舒“德主刑辅”思想略论》，《东岳论丛》1987年第5期。

③ （东汉）班固：《汉书》卷五八，第2615页。

慎厚，辩论有余，习文法吏事，缘饰以儒术，上说之。”[①] 此举深得武帝的赏识，廷尉张汤便以公孙弘为师。“通过引经决狱，经学刑德观进一步法律化，成为定罪量刑的根据。它使法律规范和经学思想相统一，引礼入法，礼法结合，这样就使儒家礼所规范指导下的宗法伦理观念取得法律上的承认。礼之内容在法律上的集中体现，德主刑辅逐渐成为后世封建立法的指导思想，它对后世封建法律制度的制定，缓和社会矛盾，维系社会稳定都产生了深远的影响。”[②] 公孙弘的德主刑辅、德法结合的思想正是体现了武帝“外儒内法”的政治思想。

五、倪宽的德法思想

武帝时期的倪宽进一步发展了“引经决狱”的思想，他在担任廷尉掾时，以古经义来解决疑难案件，深得武帝的赏识，“宽为人温良，有廉知自将，善属文，然懦于武，口弗能发明也。时张汤为廷尉，廷尉府尽用文史法律之吏，而宽以儒生在其间，见谓不习事，不署曹，除为从史，之北地视畜数年。还至府，上畜簿，会廷尉时有疑奏，已再见却矣，掾史莫知所为。宽为言其意，掾史因使宽为奏。奏成，读之皆服，以白廷尉汤。汤大惊，召宽与语，乃奇其材，以为掾。上宽所作奏，即时得可。异日，汤见上。问曰：‘前奏非俗吏所及，谁为之者？’汤言兒宽。上曰：‘吾固闻之久矣。’汤由是乡学，以宽为奏谳掾，以古法义决疑狱，甚重之。及汤为御史大夫，以宽为掾，举侍御史。见上，语经学。上说之，从问《尚书》一篇。擢为中大夫，迁左内史。”[③]

他在担任左内史时期践行“德主刑辅”的儒家理念，大行德政，深得民心，取得了突出的政绩，“宽既治民，劝农业，缓刑罚，理狱讼，卑体下士，务在于得人心；择用仁厚士，推情与下，不求名声，吏民大信爱之。宽表奏开六辅渠，定水令以广溉田。收租税，时裁阔狭，与民相假贷，以故租多不入。后有军发，左内史以负租课殿，当免。民闻当免，皆恐失之，大家

---

① （东汉）班固：《汉书》卷五八，第 2618 页。

② 汪荣：《汉代司法中的经义决狱新论》，《求索》2009 年第 6 期。

③ （东汉）班固：《汉书》卷五八，第 2628—2629 页。

牛车，小家担负，输租襁属不绝，课更以最。上由此愈奇宽。”①

六、贤良文学的德法思想

汉昭帝始元六年（前81年），霍光组织了60多位贤良文学与御史大夫桑弘羊等人就诸多经济、政治、民族问题展开了激烈的争论，这次会议就是著名的盐铁会议，“盐铁论辩能够得以进行，实有明暗两条线索主导：与民休息、转变战时政策是明线，隐然其后的则是昭帝时以霍光、桑弘羊为代表的内外朝主政大臣的权力之争。”② 后来桓宽根据会议记录，以及与会儒生朱子伯的回忆整理成《盐铁论》一书，关于德法问题的争论成为会议的重要内容。贤良文学有鲁万生、茂陵唐生、中山刘子雍、汝南朱子伯、九江祝生等共60余人。

针对御史大夫桑弘羊坚持以法令刑罚作为治理国家的基本手段，“夫治民者，若大匠之斫，斧斤而行之，中绳则止。杜大夫、王中尉之等，绳之以法，断之以刑，然后寇止奸禁。故射者因臬，治者因法。虞、夏以文，殷、周以武，异时各有所施。今欲以敦朴之时，治抏弊之民，是犹迁延而拯溺，揖让而救火也。”③ 代表儒家的贤良文学则抨击了桑弘羊的重法之论，以上古“三代”为参照，以儒家道德为纲，汲取法家思想的合理成分，倡导德主刑辅的治国思想。贤良文学“继承汉初到董仲舒秦政反思的成果，否定当时有所抬头的刑名之治现实，全面肯定和维护了‘德主刑辅’的德治统治合法性。”④

“对于贤良、文学与御史、大夫的刑、德之争，其焦点应该是以德为本还是以‘法’、‘术’为本的问题。”⑤ 贤良文学强调德治“本”的地位，他们在会议中列举了桀、纣、吴、楚、晋、齐、秦穷兵败德以灭亡的历史教训，

---

① （东汉）班固：《汉书》卷五八，第2630页。

② 梁宗华：《尚仁义与务权利之争——〈盐铁论〉的儒学价值观及其学术意义》，《东岳论丛》2015年第12期。

③ 王利器：《盐铁论校注》，第603—604页。

④ 吴龙灿：《〈盐铁论〉哲学思想发微》，《德州学院学报》2017年第5期。

⑤ 付春、汪荣：《浅析西汉中期盐铁会议中的“刑德”之争》，《福建论坛》（人文社会科学版）2009年第2期。

指出修德治国的重要性，“地利不如人和，武力不如文德。周之致远，不以地利，以人和也。百世不夺，非以险，以德也。吴有三江、五湖之难，而兼于越。楚有汝渊、两堂之固，而灭于秦。秦有陇阺、崤塞，而亡于诸侯。晋有河、华、九阿，而夺于六卿。齐有泰山、巨海，而胁于田常。桀、纣有天下，兼于滈亳。秦王以六合困于陈涉。非地利不固，无术以守之也。释迩忧远，犹吴不内定其国，而西绝淮水与齐、晋争强也；越因其罢，击其虚。使吴王用申胥，修德，无恃极其众，则句践不免为藩臣海崖，何谋之敢虑也？”①

贤良文学认为御史大夫加强军备的主张是浅见陋识，真正的坚甲利兵是仁义道德，“楚、郑之棠溪、墨阳，非不利也，犀胄兕甲，非不坚也，然而不能存者，利不足恃也。秦兼六国之师，据崤、函而御宇内，金石之固，莫耶之利也。然陈胜无士民之资，甲兵之用，锄耰棘橿，以破冲隆。武昭不击，乌号不发。所谓金城者，非谓筑壤而高土，凿地而深池也。所谓利兵者，非谓吴、越之铤，干将之剑也。言以道德为城，以仁义为郭，莫之敢攻，莫之敢入。文王是也。以道德为胄，以仁义为剑，莫之敢当，莫之敢御，汤、武是也。今不建不可攻之城，不可当之兵，而欲任匹夫之役，而行三尺之刃，亦细矣！”②

贤良文学认为秦以武立国，以法治国，二世而亡，强调以修义来建立国家，以修德来守卫并治理国家，才能长治久安，“舜执干戚而有苗服，文王底德而怀四夷。《诗》云：‘镐京辟雍，自西自东，自南自北，无思不服。’普天之下，惟人面之伦，莫不引领而归其义。故画地为境，人莫之犯。子曰：‘白刃可冒，中庸不可入。’至德之谓也。故善攻不待坚甲而克，善守不待渠梁而固。武王之伐殷也，执黄钺，誓牧之野，天下之士莫不愿为之用。既而偃兵，搢笏而朝，天下之民莫不愿为之臣。既以义取之，以德守之。秦以力取之，以法守之，本末不得，故亡。夫文犹可长用，而武难久行也。”③

贤良文学将德治教化看成了百代不变的“道”，是治理国家的最佳手

---

① 王利器：《盐铁论校注》，第525—526页。

② 王利器：《盐铁论校注》，第536—537页。

③ 王利器：《盐铁论校注》，第519—520页。

段，“师旷之调五音，不失宫商。圣王之治世，不离仁义。故有改制之名，无变道之实。上自黄帝，下及三王，莫不明德教，谨庠序，崇仁义，立教化。此百世不易之道也。殷、周因循而昌，秦王变法而亡。”①

贤良文学极力反对严刑峻法，纯行法治是末世灭国的标志，“兵者，凶器也。甲坚兵利，为天下殃。以母制子，故能久长。圣人法之，厌而不阳。《诗》云：‘载戢干戈，载櫜弓矢，我求懿德，肆于时夏。’衰世不然。逆天道以快暴心，僵尸血流，以争壤土。牢人之君，灭人之祀，杀人之子，若绝草木，刑者肩靡于道。以己之所恶而施于人。是以国家破灭，身受其殃，秦王是也。”②

贤良文学痛斥法治，他们认为商鞅废德任法，虽以功获封，无异于食毒自饱，“君子进必以道，退不失义，高而勿矜，劳而不伐，位尊而行恭，功大而理顺；故俗不疾其能，而世不妒其业。今商鞅弃道而用权，废德而任力，峭法盛刑，以虐戾为俗，欺旧交以为功，刑公族以立威，无恩于百姓，无信于诸侯，人与之为怨，家与之为仇，虽以获功见封，犹食毒肉愉饱而罹其咎也。苏秦合纵连横，统理六国，业非不大也；桀、纣与尧、舜并称，至今不亡，名非不长也；然非者不足贵。故事不苟多，名不苟传也。”③

贤良文学以扁鹊诊脉医病来作比，认为武帝时期的严刑峻法并不是治理当世的良药，“扁鹊抚息脉而知疾所由生，阳气盛，则损之而调阴，寒气盛，则损之而调阳，是以气脉调和，而邪气无所留矣。夫拙医不知脉理之腠，血气之分，妄刺而无益于疾，伤肌肤而已矣。今欲损有余，补不足，富者愈富，贫者愈贫矣。严法任刑，欲以禁暴止奸，而奸犹不止，意者非扁鹊之用针石，故众人未得其职也。”④

贤良文学力主德治也不排斥法治，他们以法治为治国之术而非治国之本，制法的目的在于警示众人，而并非苛杀百姓，而官吏们利用严苛的法令，随意罗织罪名，任意牵连，以术为本，违背了制法本意，难以解决现实

① 王利器：《盐铁论校注》，第 292 页。

② 王利器：《盐铁论校注》，第 557 页。

③ 王利器：《盐铁论校注》，第 96 页。

④ 王利器：《盐铁论校注》，第 179 页。

的社会政治问题，只能加剧社会矛盾，“法能刑人而不能使人廉，能杀人而不能使人仁。所贵良医者，贵其审消息而退邪气也，非贵其下针石而钻肌肤也。所贵良吏者，贵其绝恶于未萌，使之不为，非贵其拘之囹圄而刑杀之也。今之所谓良吏者，文察则以祸其民，强力则以厉其下，不本法之所由生，而专己之残心，文诛假法，以陷不辜，累无罪，以子及父，以弟及兄，一人有罪，州里惊骇，十家奔亡，若痈疽之相泞，色淫之相连，一节动而百枝摇。《诗》云：‘舍彼有罪，沦胥以铺。’痛伤无罪而累也。非患铫耨之不利，患其舍草而芸苗也。非患无准平，患其舍枉而绳直也。故亲近为过不必诛，是锄不用也；疏远有功不必赏，是苗不养也。故世不患无法，而患无必行之法也。”[①] 批判了当时统治者重用文法吏的现象，国家治乱不在于民众，而在于官吏，现在朝廷多任用刀笔法吏，难以致治，“文王兴而民好善，幽、厉兴而民好暴，非性之殊，风俗使然也。故商、周之所以昌，桀、纣之所以亡也……故治乱不在于民。孔子曰：‘听讼吾犹人也，必也使无讼乎！’无讼者难，讼而听之易。夫不治其本而事其末，古之所谓愚，今之所谓智。以棰楚正乱，以刀笔正文，古之所谓贼，今之所谓贤也。”[②]

贤良文学承认法令是重要的治国之“术”，如同驭马之辔衔、舟船之轴，但需要以富有道德的贤人持之，方能有治国之效，“辔衔者，御之具也，得良工而调。法势者，治之具也，得贤人而化。执辔非其人，则马奔驰。执轴非其人，则船覆伤。昔吴使宰嚭持轴而破其船，秦使赵高执辔而覆其车。今废仁义之术，而任刑名之徒，则复吴、秦之事也。夫为君者法三王，为相者法周公，为术者法孔子，此百世不易之道也。韩非非先王而不遵，舍正令而不从，卒蹈陷阱，身幽囚，客死于秦。夫不通大道而小辩，斯足以害其身而已。”[③]

贤良文学认为奉法抚民是官吏的一项重要职责，狱讼公平，刑罚适度则是协调阴阳的重要手段，“古者，行役不逾时，春行秋反，秋行春来，寒暑未变，衣服不易，固已还矣。夫妇不失时，人安和如适。狱讼平，刑罚

① 王利器：《盐铁论校注》，第 580 页。

② 王利器：《盐铁论校注》，第 604 页。

③ 王利器：《盐铁论校注》，第 568 页。

得，则阴阳调，风雨时。上不苛扰，下不烦劳，各修其业，安其性，则螟螣不生，而水旱不起。赋敛省而农不失时，则百姓足，而流人归其田里。上清静而不欲，则下廉而不贪。若今则徭役极远，尽寒苦之地，危难之处，涉胡、越之域，今兹往而来岁旋，父母延颈而西望，男女怨旷而相思，身在东楚，志在西河，故一人行而乡曲恨，一人死而万人悲。《诗》云：‘王事靡盬，不能艺稷黍，父母何怙？’‘念彼恭人，涕零如雨。岂不怀归？畏此罪罟。’吏不奉法以存抚，倍公任私，各以其权充其嗜欲，人愁苦而怨思，上不恤理，则恶政行而邪气作；邪气作，则虫螟生而水旱起。若此，虽祷祀雩祝，用事百神无时，岂能调阴阳而息盗贼矣？”①

贤良文学通过总结先秦时期的历史经验，汤、武以德主刑辅而享国数百年，而秦纯行法治，二世而亡，“春夏生长，圣人象而为令。秋冬杀藏，圣人则而为法。故令者教也，所以导民人；法者刑罚也，所以禁强暴也。二者，治乱之具，存亡之效也，在上所任。汤、武经礼义，明好恶，以道其民，刑罪未有所加，而民自行义，殷、周所以治也。上无德教，下无法则，任刑必诛，劓鼻盈蔂，断足盈车，举河以西，不足以受天下之徒，终而以亡者，秦王也。非二尺四寸之律异，所行反古而悖民心也。”②并提出了德主刑辅治国思想的具体原则，即“礼义行而刑罚中”，推行礼义，使法治适中，警惕最高统治者，严刑峻法必然亡国，“古者，明其仁义之誓，使民不逾；不教而杀，是虐民也。与其刑不可逾，不若义之不可踰也。闻礼义行而刑罚中，未闻刑罚行而孝悌兴也。高墙狭基，不可立也。严刑峻法，不可久也。二世信赵高之计，渫笃责而任诛断，刑者半道，死者日积。杀民多者为忠，厉民悉者为能。百姓不胜其求，黔首不胜其刑，海内同忧而俱不聊生。故过任之事，父不得于子；无已之求，君不得于臣。死不再生，穷鼠啮狸，匹夫奔万乘，舍人折弓，陈胜、吴广是也。当此之时，天下俱起，四面而攻秦，闻不一期而社稷为墟，恶在其能长制群下，而久守其国也？”③

---

① 王利器：《盐铁论校注》，第455—456页。

② 王利器：《盐铁论校注》，第595—596页。

③ 王利器：《盐铁论校注》，第595页。

为了进一步论证德主刑辅的权威性与永恒性，贤良文学继承了董仲舒的德法思想，认为德法与天道相适应，天道申阳屈阴，背阴向阳，故先德后刑，反对纯以法治，强调君主治世必须德主刑辅，“天道好生恶杀，好赏恶罪。故使阳居于实而宣德施，阴藏于虚而为阳佐辅。阳刚阴柔，季不能加孟。此天贱冬而贵春，申阳屈阴。故王者南面而听天下，背阴向阳，前德而后刑也。霜雪晚至，五谷犹成。雹雾夏陨，万物皆伤。由此观之：严刑以治国，犹任秋冬以成谷也。故法令者，治恶之具也，而非至治之风也。是以古者，明王茂其德教，而缓其刑罚也。网漏吞舟之鱼，而刑审于绳墨之外，及臻其末，而民莫犯禁也。”①

盐铁会议是汉中央组织的一场高层政策咨询与辩论会议，是“在昭帝时期关于经学义理在国家大政方针中的应用实践的一次大型学术会议”②，也就注定了贤良文学必须要提出切实可行的建议，供统治者参考。贤良文学提出了推行德主刑辅的具体措施，首先强调统治者对于德治的决定性作用，统治者自身要修养德行，继而推行德化善政，则自然能够解决因阴阳不调而造成的灾异，祥瑞自来，获得上天的护佑，“始江都相董生推言阴阳，四时相继，父生之，子养之，母成之，子藏之。故春生，仁；夏长，德；秋成，义；冬藏，礼。此四时之序，圣人之所则也。刑不可任以成化，故广德教。……天灾之证，祯祥之应，犹施与之望报，各以其类及。故好行善者，天助以福，符瑞是也。《易》曰：‘自天祐之，吉无不利。’好行恶者，天报以祸，妖灾是也。《春秋》曰：‘应是而有天灾。’周文、武尊贤受谏，敬戒不殆，纯德上休，神祇相况。《诗》云：‘降福穰穰，降福简简。’日者阳，阳道明；月者阴，阴道冥；君尊臣卑之义。故阳光盛于上，众阴之类消于下；月望于天，蚌蛤盛于渊。故臣不臣，则阴阳不调，日月有变；政教不均，则水旱不时，螟螣生。此灾异之应也。四时代叙，而人则其功，星列于天，而人象其行。常星犹公卿也，众星犹万民也。列星正则众星齐，常星乱则众星坠矣。”③

① 王利器：《盐铁论校注》，第557—558页。

② 吴龙灿：《〈盐铁论〉哲学思想发微》，《德州学院学报》2017年第5期。

③ 王利器：《盐铁论校注》，第556—557页。

其次，贤良文学的德治主张并不是空洞的，强调道德教化要建立在坚实的物质基础之上，“周公之相成王也，百姓饶乐，国无穷人，非代之耕织也。易其田畴，薄其税敛，则民富矣。上以奉君亲，下无饥寒之忧，则教可成也。《语》曰：‘既富矣，又何加焉？曰，教之。’教之以德，齐之以礼，则民徙义而从善，莫不入孝出悌，夫何奢侈暴慢之有；管子曰：‘仓廪实而知礼节，百姓足而知荣辱。’故富民易与适礼。”① 如何建立一个稳固的物质基础，贤良文学也给出了明确的答案，即罢黜盐铁官营、酒榷，授民以田，劝课农桑，竭尽地力，大力发展小农经济，“礼义者，国之基也，而权利者，政之残也。孔子曰：‘能以礼让为国乎？何有。’伊尹、太公以百里兴其君，管仲专于桓公，以千乘之齐，而不能至于王，其所务非也。故功名隳坏而道不济。当此之时，诸侯莫能以德，而争于公利，故以权相倾。今天下合为一家，利末恶欲行？淫巧恶欲施？大夫君以心计策国用，构诸侯，参以酒榷，咸阳、孔仅增以盐、铁，江充、杨可之等，各以锋锐，言利末之事析秋毫，可为无间矣。非特管仲设九府，徼山海也。然而国家衰耗，城郭空虚。故非特崇仁义无以化民，非力本农无以富邦也。”② “古者，政有德，则阴阳调，星辰理，风雨时。故行修于内，声闻于外，为善于下，福应于天。……方今之务，在除饥寒之患，罢盐、铁，退权利，分土地，趣本业，养桑麻，尽地力也。寡功节用，则民自富。如是，则水旱不能忧，凶年不能累也。”③

再次，贤良文学反对当世法令的严密，强调法令的制定需要简明，以遏民为恶于未萌，“道径众，人不知所由；法令众，民不知所辟。故王者之制法，昭乎如日月，故民不迷；旷乎若大路，故民不惑。幽隐远方，折乎知之，室女童妇，咸知所避。是以法令不犯，而狱犴不用也。昔秦法繁于秋荼，而网密于凝脂。然而上下相遁，奸伪萌生，有司治之，若救烂扑焦，而不能禁；非网疏而罪漏，礼义废而刑罚任也。方今律令百有余篇，文章繁，罪名重，郡国用之疑惑，或浅或深，自吏明习者，不知所处，而况愚民！律令尘蠹于栈阁，吏不能遍睹，而况于愚民乎！此断狱所以滋众，而民犯禁滋

① 王利器：《盐铁论校注》，423页。

② 王利器：《盐铁论校注》，178—179页。

③ 王利器：《盐铁论校注》，428—429页。

多也。‘宜犴宜狱，握粟出卜，自何能谷？’刺刑法繁也。亲服之属甚众，上杀下杀，而服不过五。五刑之属三千，上附下附，而罪不过五。故治民之道，务笃其教而已。”①

贤良文学继而强调法治贵在于清静，而不能以严刑峻法过多干预百姓的生产与生活，否则，适得其反，“民之仰法，犹鱼之仰水，水清则静，浊则扰；扰则不安其居，静则乐其业；乐其业则富，富则仁生，赡则争止。是以成、康之世，赏无所施，法无所加。非可刑而不刑，民莫犯禁也；非可赏而不赏，民莫不仁也。若斯，则吏何事而理？今之治民者，若拙御之御马也，行则顿之，止则击之。身创于棰，吻伤于衔，求其无失，何可得乎？乾溪之役土崩，梁氏内溃，严刑不能禁，峻法不能止。故罢马不畏鞭棰，罢民不畏刑法。虽曾而累之，其亡益乎？”②

再次，至于如何做到德主刑辅的“中”，贤良文学认为推行德主刑辅的程序是先推行德教，不从，则继之以刑罚，如此，则刑罚廉平适中，百姓不怨，“古者，周其礼而明其教，礼周教明，不从者然后等之以刑，刑罚中，民不怨。故舜施四罪而天下咸服，诛不仁也。轻重各服其诛，刑必加而无赦，赦惟疑者。若此，则世安得不轨之人而罪之？……今废其德教，而责之以礼义，是虐民也。《春秋传》曰：‘子有罪，执其父。臣有罪，执其君，听失之大者也。’今以子诛父，以弟诛兄，亲戚相坐，什伍相连，若引根本之及华叶，伤小指之累四体也。如此，则以有罪反诛无罪，无罪者寡矣。……自首匿相坐之法立，骨肉之恩废，而刑罪多矣。父母之于子，虽有罪犹匿之，其不欲服罪尔。闻子为父隐，父为子隐，未闻父子之相坐也。闻兄弟缓追以免贼，未闻兄弟之相坐也。闻恶恶止其人，疾始而诛首恶，未闻什伍而相坐也。老子曰：‘上无欲而民朴，上无事而民自富。’君君臣臣，父父子子。比地何伍，而执政何责也？”③

最后，贤良文学痛斥当时法治的严苛，百姓摇手触禁，将儒家的“论心定罪”原则贯彻到法治中，以《公羊春秋》等经典中的经义作为定罪的依

① 王利器：《盐铁论校注》，第565—566页。

② 王利器：《盐铁论校注》，第594页。

③ 王利器：《盐铁论校注》，第584—585页。

据，犯罪者个人动机的善恶成为定罪的重要标准，若动机为善，则可以减免刑责，若动机为恶，则应予严惩，“《诗》云：‘周道如砥，其直如矢。’言其易也。‘君子所履，小人所视。’言其明也。故德明而易从，法约而易行今驰道经营陵陆，纡周天下，是以万里为民阱也。罻罗张而县其谷，辟陷设而当其蹊，矰弋饰而加其上，能勿离乎？聚其所欲，开其所利，仁义陵迟，能勿逾乎？故其末途，至于攻城入邑，损府库之金，盗宗庙之器，岂特千仞之高、千钧之重哉！管子曰：‘四维不张，虽皋陶不能为士。’故德教废而诈伪行，礼义坏而奸邪兴，言无仁义也。仁者，爱之效也；义者，事之宜也。故君子爱仁以及物，治近以及远。《传》曰：‘凡生之物，莫贵于人；人主之所贵，莫重于人。’故天之生万物以奉人也，主爱人以顺天也。闻以六畜禽兽养人，未闻以所养害人者也。鲁厩焚，孔子罢朝，问人不问马，贱畜而重人也。今盗马者罪死，盗牛者加。乘骑车马行驰道中，吏举苛而不止，以为盗马，而罪亦死。今伤人持其刀剑而亡，亦可谓盗武库兵而杀之乎？人主立法而民犯之，亦可以为逆而轻主约乎？深之可以死，轻之可以免，非法禁之意也。法者，缘人情而制，非设罪以陷人也。故《春秋》之治狱，论心定罪。志善而违于法者免，志恶而合于法者诛。今伤人未有所害，志不甚恶而合于法者，谓盗而伤人者耶？将执法者过耶？何于人心不厌也！古者，伤人有创者刑，盗有赃者罚，杀人者死。今取人兵刃以伤人，罪与杀人同，得无非其至意与？”① 在“论心定罪”之下，“亲亲得相首匿”成为重要的司法原则，这一原则是“孝”在司法领域的重要体现，“成为可以与‘株连’‘相坐’等残酷刑罚相对抗的刑罚原则，缓冲了封建社会法制的严酷性。”②

七、魏相、丙吉、龚遂、王吉的德法思想与实践

宣帝丞相高平侯魏相践行儒家德治理念，认为教化奉法是丞相的重要职责，当务之急在于使民以时，劝课农桑，轻徭薄赋，赈济灾民，“臣闻明主在上，贤辅在下，则君安虞而民和睦。臣相幸得备位，不能奉明法，广教

---

① 王利器：《盐铁论校注》，第566—567页。

② 靳森：《〈盐铁论〉刑德思想研究》，硕士学位论文，重庆大学，2014年，第10页。

化，理四方，以宣圣德。民多背本趋末，或有饥寒之色，为陛下之忧，臣相罪当万死。臣相知能浅薄，不明国家大体，时用之宜，惟民终始，未得所由。窃伏观先帝圣德仁恩之厚，勤劳天下，垂意黎庶，忧水旱之灾，为民贫穷发仓廪，振乏餧；遣谏大夫博士巡行天下，察风俗，举贤良，平冤狱，冠盖交道；省诸用，宽租赋，弛山泽波池，禁秣马酤酒贮积：所以周急继困，慰安元元，便利百姓之道甚备。臣相不能悉陈，昧死奏故事诏书凡二十三事。臣谨案王法必本于农而务积聚，量入制用以备凶灾，亡六年之畜，尚谓之急。元鼎二年，平原、勃海、太山、东郡溥被灾害，民饿死于道路。二千石不豫虑其难，使至于此，赖明诏振救，乃得蒙更生。今岁不登，谷暴腾踊，临秋收敛犹有乏者，至春恐甚，亡以相恤。西羌未平，师旅在外，兵革相乘，臣窃寒心，宜蚤图其备。唯陛下留神元元，帅由先帝盛德以抚海内。”①

丙吉为狱吏出身，后习《诗》《礼》，在丞相任上践行儒家的德主刑辅理念，宽大好礼，约法省禁，以至于主动放弃了丞相的司法权，“吉本起狱法小吏，后学《诗》《礼》，皆通大义。及居相位，上宽大，好礼让。掾史有罪臧，不称职，辄予长休告，终无所案验。客或谓吉曰：‘君侯为汉相，奸吏成其私，然无所惩艾。’吉曰：‘夫以三公之府有案吏之名，吾窃陋焉。’后人代吉，因以为故事，公府不案吏，自吉始。”② 丙吉以宽仁对待自己的下属，“于官属掾史，务掩过扬善。吉驭吏嗜酒，数逋荡，尝从吉出，醉欧丞相车上。西曹主吏白欲斥之，吉曰：‘以醉饱之失去士，使此人将复何所容？西曹地忍之，此不过污丞相车茵耳。’遂不去也。”③

昭宣时期的龚遂担任渤海太守时期，停止武力讨伐农民起义军，以恩义相招抚，在郡中重德轻法，赈济贫民，选用良吏，一郡大治，“宣帝即位，久之，渤海左右郡岁饥，盗贼并起，二千石不能擒制。上选能治者，丞相御史举遂可用，上以为渤海太守。时遂年七十余，召见，形貌短小，宣帝望见，不副所闻，心内轻焉，谓遂曰：‘渤海废乱，朕甚忧之。君欲何以息其

① （东汉）班固：《汉书》卷七四，第3137—3138页。

② （东汉）班固：《汉书》卷七四，第3145页。

③ （东汉）班固：《汉书》卷七四，第3146页。

盗贼，以称朕意?’遂对曰：‘海濒遐远，不沾圣化，其民困于饥寒而吏不恤，故使陛下赤子盗弄陛下之兵于潢池中耳。今欲使臣胜之邪，将安之也?’上闻遂对，甚说，答曰：‘选用贤良，固欲安之也。’遂曰：‘臣闻治乱民犹治乱绳，不可急也；唯缓之，然后可治。臣愿丞相御史且无拘臣以文法，得一切便宜从事。’上许焉，加赐黄金，赠遣乘传。至渤海界，郡闻新太守至，发兵以迎，遂皆遣还，移书敕属县悉罢逐捕盗贼吏。诸持锄钩田器者皆为良民，吏无得问，持兵者乃为盗贼。遂单车独行至府，郡中翕然，盗贼亦皆罢。渤海又多劫略相随，闻遂教令，即时解散，弃其兵弩而持钩锄。盗贼于是悉平，民安土乐业。遂乃开仓廪假贫民，选用良吏，尉安牧养焉。”①

宣帝时期的博士、谏大夫王吉针对宣帝效法武帝，欲有作为，提出劝谏，建议宣帝力行德化，重德轻刑，“陛下躬圣质，总万方，帝王图籍日陈于前，惟思世务，将兴太平。诏书每下，民欣然若更生。臣伏而思之，可谓至恩，未可谓本务也。欲治之主不世出，公卿幸得遭遇其时，言听谏从，然未有建万世之长策，举明主于三代之隆者也。其务在于期会簿书，断狱听讼而已，此非太平之基也。臣闻圣王宣德流化，必自近始。朝廷不备，难以言治；左右不正，难以化远。民者，弱而不可胜，愚而不可欺也。圣主独行于深宫，得则天下称诵之，失则天下咸言之。行发于近，必见于远，故谨选左右，审择所使；左右所以正身也，所使所以宣德也。《诗》云：‘济济多士，文王以宁。’此其本也。”②

八、刘向的德法思想

西汉王朝后期，元、成、哀、平四帝，皆成长于深宫，无雄才大略，难以解决当时纷繁复杂的社会矛盾。土地兼并盛行，农民奴隶化严重，政治腐败，农民起义频发。刘向、扬雄等“诸子”针对当时的社会危机，提出了德法结合、先德后法的思想，法治思想开始崛起。

刘向糅合先秦至汉初的一些史事、传说，以文学化的方式呈现出来，

---

① （东汉）班固：《汉书》卷八九，第3639页。

② （东汉）班固：《汉书》卷七二，第3062—3063页。

加之以评论，撰写而成《说苑》《新序》，具有较浓厚的文学色彩，“向睹俗弥奢淫，而赵、卫之属起微贱，踰礼制。向以为王教由内及外，自近者始。故采取《诗》《书》所载贤妃贞妇，兴国显家可法则，及孽嬖乱亡者，序次为《列女传》，凡八篇，以戒天子。及采传记行事，著《新序》《说苑》凡五十篇奏之。”① 《说苑》《新序》是刘向各种思想的集中表达，表现出他的国家责任感与经世致用精神，“《新序》《说苑》是‘采传记行事’，这是直接受到韩婴《诗传》的影响；但在传记行事之外，必加入有他自己的意见，甚至是以自己的意见为主导地去采传记行事，始可谓之著。”② “通过这两本书中历史人物、诸子百家的言行活动，刘向表达了他本人的社会、哲学思想和当时一部分士人、官僚的思想情绪。”③

《说苑》一书集中体现了其德法结合，先德后法的思想，“如果说在《新序》中，作者还是以‘杂事’的体例来编撰，主题还不够集中，到了《说苑》，作者的意图则在体例中得到了清晰的体现”④。由于《说苑》颇具文学性，与汉初“诸子”不同的是，其德法思想更具通俗性。刘向继承了贾谊、董仲舒的道德本体论思想，认为道德仁义是万事万物之本，“万物得其本者生，百事得其道者成。道之所在，天下归之；德之所在，天下贵之；仁之所在，天下爱之；义之所在，天下畏之。屋漏者，民去之；水浅者，鱼逃之；树高者，鸟宿之；德厚者，士趋之；有礼者，民畏之；忠信者，士死之。衣虽弊，行必修；头虽乱，言必治。时在应之，为在因之。所伐而当，其福五之；所伐不当，其祸十之。”⑤

刘向继承了董仲舒的“天人感应”思想，提出统治者推行德政是应对天灾迎接祥瑞的重要手段，德治成为协调天人的重要途径，“孔子曰：‘存亡祸福皆在己而已，天灾地妖，亦不能杀也。昔者殷王帝辛之时，雀生乌于城之隅。工人占之曰：凡小以生巨，国家必祉，王名必倍。帝辛喜雀之德，不

---

① （东汉）班固：《汉书》卷三六，第 1957—1958 页。

② 徐复观：《两汉思想史（第三卷）》，九州出版社 2014 年版，第 60 页。

③ 祝瑞开：《两汉思想史》，上海古籍出版社 1989 年版，第 233—234 页。

④ 蒋原伦：《〈新序〉〈说苑〉及刘向的施政理念》，《文史知识》2021 年第 3 期。

⑤ （西汉）刘向撰，向宗鲁校证：《说苑校证》，中华书局 1987 年版，第 388 页。

治国家，亢暴无极，外寇乃至，遂亡殷国。此逆天之时，诡福反为祸也。殷王武丁之时，先王道缺，刑法弛，桑谷俱生于朝，七月而大拱，工人占之曰：桑谷者，野物也。野物生于朝，意朝亡乎？武丁恐骇，侧身修行，思昔先王之政，兴灭国，继绝世，举逸民，明养老之道。三年之后，远方之君重译而朝者六国。此迎天时，得祸反为福也。故妖孽者，天所以警天子诸侯也；恶梦者，所以警士大夫也。故妖孽不胜善政，恶梦不胜善行也。至治之极，祸反为福。故太甲曰：天作孽，犹可违；自作孽，不可逭。’”①

受传统儒家思想的影响，刘向崇尚德治。他赞同河间献王尊崇尧道，推行德化的主张，以之为最佳的治国方略，“河间献王曰：‘尧存心于天下，加志于穷民，痛万姓之罹罪，忧众生之不遂也。有一民饥，则曰：此我饥之也。有一人寒，则曰：此我寒之也。一民有罪，则曰：此我陷之也。仁昭而义立，德博而化广，故不赏而民劝，不罚而民治。先恕而后教，是尧道也。’”②

刘向引吴起之语，强调金城之固不如修养道德，“魏武侯浮西河而下，中流，顾谓吴起曰：‘美哉乎河山之固也，此魏国之宝也！’吴起对曰：‘在德不在险。昔三苗氏左洞庭而右彭蠡，德义不修，而禹灭之。夏桀之居，左河、济而右太华，伊阙在其南，羊肠在其北，修政不仁，而汤放之。殷纣之国，左孟门而右太行，常山在其北，大河经其南，修政不德，武王伐之。由此观之，在德不在险。若君不修德，船中之人尽敌国也。’武侯曰：‘善。’”③

如何推行德治？刘向首先强调统治者必须要向臣民显示自己的德行，“认为执政者若能谨守道、德、仁、义，人民就会有极强的向心力，并且产生敬畏心，好比鱼逃离浅水，鸟筑巢在高树一般地合乎自然之理。”④刘向引季文子之语强调统治者显德以兴国，统治者必须要承担一个全国最高道德榜样的角色，“季文子相鲁，妾不衣帛，马不食粟。仲孙它谏曰：‘子为鲁上卿，

① （西汉）刘向撰，向宗鲁校证：《说苑校证》，第247—248页。

② （西汉）刘向撰，向宗鲁校证：《说苑校证》，第5页。

③ （西汉）刘向撰，向宗鲁校证：《说苑校证》，第97—98页。

④ 林叶连：《刘向的“守经”与“权变”思想》，《江苏师范大学学报》（哲学社会科学版）2018年第6期。

妾不食帛，马不食粟，人其以子为爱，且不华国也。’文子曰：‘然乎？吾观国人之父母衣粗食蔬，吾是以不敢。且吾闻君子以德华国，不闻以妾与马。夫德者，得于我，又得于彼，故可行。若淫于奢侈，沉于文章，不能自反，何以守国？’仲孙它惭而退。”①

至于统治者所要修养的德行是什么？刘向借周公之口提出统治者治理天下要具备恭、俭、卑、畏、愚、浅六种谦德，如此，大则可以守天下，小则可以守其身，“昔成王封周公，周公辞不受，乃封周公子伯禽于鲁。将辞去，周公戒之曰：‘去矣，子其无以鲁国骄士矣！我，文王之子也，武王之弟也，今王之叔父也，又相天子，吾于天下亦不轻矣。然尝一沐三握发，一食而三吐哺，犹恐失天下之士。吾闻之曰：德行广大而守以恭者荣，土地博裕而守以俭者安，禄位尊盛而守以卑者贵，人众兵强而守以畏者胜，聪明睿智而守以愚者益，博闻多记而守以浅者广。此六守者，皆谦德也。夫贵为天子，富有四海，不谦者，先天下，亡其身，桀、纣是也。可不慎乎？故《易》曰：有一道，大足以守天下，中足以守国家，小足以守其身，谦之谓也。夫天道毁满而益谦，地道变满而流谦，鬼神害满而福谦，人道恶满而好谦。是以衣成则缺衽，宫成则缺隅，屋成则加错，示不成者，天道然也。《易》曰：谦，亨，君子有终，吉。《诗》曰：汤降不迟，圣敬日跻。其戒之哉，子其无以鲁国骄士矣！’”②

刘向认为统治者修养德行是基础，更为重要的是将自身的德行转化为德政，推广至社会政治领域。至于德政的内容，刘向引叔向之语强调重德缓刑，推行仁政，重视民时，轻徭薄赋，“晋平公春筑台，叔向曰：‘不可。古者圣王贵德而务施，缓刑辟而趋民时。今春筑台，是夺民时也。夫德不施则民不归，刑不缓则百姓愁，使不归之民，役愁怨之百姓，而又夺其时，是重竭也。夫牧百姓，养育之而重竭之，岂所以安命安存，而称为人君于后世哉？’平公曰：‘善！’乃罢台役。”③

作为一个务实的思想家，刘向还提出了推广德政的具体方略。刘向引

---

① （西汉）刘向撰，向宗鲁校证：《说苑校证》，第524—525页。

② （西汉）刘向撰，向宗鲁校证：《说苑校证》，第240—241页。

③ （西汉）刘向撰，向宗鲁校证：《说苑校证》，第105页。

用枚乘劝谏吴王书，强调要稳定地、持久地推广德政，要像水滴石穿、绳锯木断一样来推广德政，保证实施德政的连续性，量变必然引起质变，国家必然能够长治久安，“孝景皇帝时，吴王濞反，梁孝王中郎枚乘字叔闻之，为书谏王，其辞曰：‘君王之外臣乘，窃闻得全者全昌，失全者全亡。舜无立锥之地，以有天下，禹无十户之聚，以王诸侯。汤、武之地，方不过百里，上不绝三光之明，下不伤百姓之心者，有王术也。……泰山之溜穿石，引绳久之，乃以挈木。木非石之钻，绳非木之锯也，而渐靡使之然。夫铢铢而称之，至石必差，寸寸而度之，至丈必过，石称丈量，径而寡失。大十围之木，始生于蘖，可引而绝，可擢而拔，据其未生，先其未形。磨砻砥砺，不见其损，有时而尽；种树畜长，不见其益，有时而大；积德修行，不知其善，有时而用；行恶为非，弃义背理，不知其恶，有时而亡。臣诚愿大王孰计而身行之，此百王不易之道也。’吴王不听，卒死丹徒。”①

刘向借晏婴之口提出统治者推广德政要有大的格局，着眼于天下的民众，而不是某个官僚贵族或是某个政治集权，“齐景公尝赏赐及后宫，文绣被台榭，菽粟食凫雁。出而见殣，谓晏子曰：‘此何为而死?’晏子对曰：‘此馁而死。’公曰：‘嘻！寡人之无德也何甚矣。’晏子对曰：‘君之德著而彰，何为无德也。’景公曰：‘何谓也?’对曰：‘君之德及后宫与台榭；君之玩物，衣以文绣；君之凫雁，食以菽粟；君之营内自乐，延及后宫之族：何为其无德也！顾臣愿有请于君：由君之意，自乐之心，推而与百姓同之，则何殣之有？君不推此，而苟营内好私，使财货偏有所聚，菽粟币帛，腐于囷府，惠不遍加于百姓，公心不周乎万国，则桀、纣之所以亡也。夫士民之所以叛，由偏之也。君如察臣婴之言，推君之盛德，公布之于天下，则汤、武可为之，一殣何足恤哉！’”② 在这里，刘向是借晏婴之口劝谏成帝抑制王氏外戚，改革汉末黑暗的政治。

当然德政的推广并不是没有规则的，刘向建议统治者以由近及远的方式推广德政，由“小仁”而推广至“大仁”，当“大仁”与“小仁”发生矛

① （西汉）刘向撰，向宗鲁校证：《说苑校证》，第 234—237 页。

② （西汉）刘向撰，向宗鲁校证：《说苑校证》，第 348 页。

盾时，必舍“小仁”而成就“大仁”，刘向特意指出“小仁”为“止于妻子”之仁，即暗讽王氏外戚，为汉王朝的长远利益考虑，必要制约王氏外戚，“孔子曰：‘里仁为美，择不处仁，焉得智？’夫仁者，必恕然后行，行一不义，杀一无罪，虽以得高官大位，仁者不为也。夫大仁者爱近以及远，及其有所不谐，则亏小仁以就大仁。大仁者恩及四海，小仁者止于妻子。妻子者，以其知营利，以妇人之恩抚之，饰其内情，雕画其伪，孰知其非真。虽当时蒙荣，然士君子以为大辱。故共工、欢兜、符里、邓析，其智非无所识也，然而为圣王所诛者，以无德而苟利也。竖刀、易牙，毁体杀子以干利，卒为贼于齐。故人臣不仁，篡弑之乱生；人臣而仁，国治主荣；明主察焉，宗庙大宁。夫人臣犹贵仁，况于人主乎？故桀、纣以不仁失天下，汤、武以积德有海土，是以圣王贵德而务行之。《孟子》曰：‘推恩足以及四海；不推恩不足以保妻子，古人所以大过人者无他焉，善推其所有而已。’”①

与汉初其他“诸子”不同的是，刘向不仅强调君主的道德修养，亦强调大臣的德行修养，他借伊尹之口指出三公、九卿、大夫、列士对应之道、德、仁、义四种品德，强调各级大臣只要是按照相应的品德行事，则天下必然大正，“汤问伊尹曰：‘三公、九卿、大夫、列士，其相去何如？’伊尹对曰：‘三公者，知通于大道，应变而不穷，辩于万物之情，通于天道者也，其言足以调阴阳，正四时，节风雨，如是者举以为三公，故三公之事，常在于道也。九卿者，不失四时，通沟渠。修堤防，树五谷。通于地理者也，能通不能通，能利不能利，如此者，举以为九卿，故九卿之事，常在于德也。大夫者，出入与民同众，取去与民同利，通于人事，行犹举绳，不伤于言，言足法于世，不害于身，通于关梁，实于府库，如是者，举以为大夫，故大夫之事，常在于仁也。列士者，知义而不失其心，事功而不独专其赏，忠政强谏，而无有奸诈，去私立公，而言有法度，如是者，举以为列士，故列士之事，常在于义也。故道德仁义定，而天下正，凡此四者，明王臣而不臣。’汤曰：‘何谓臣而不臣？’伊尹对曰：‘君之所不名臣者四：诸父臣而不名，诸兄臣而不名，先王之臣臣而不名，盛德之士臣而不名，是谓大

① （西汉）刘向撰，向宗鲁校证：《说苑校证》，第99—100页。

顺也。’”①

与先秦“诸子”德治思想不同的是，刘向注重提倡乐教，认为乐是修养德行，推广教化的重要手段，建立了“乐和—心和—人和—政和—天和”的教化框架，“乐之可密者，琴最宜焉。君子以其可修德，故近之。凡音之起，由人心生也。人心之动，物使之然也。感于物而后动，故形于声。声相应，故生变。变成方，谓之音。比音而乐之，及干戚羽旄，谓之乐。乐者，音之所由生也。其本在人心之感于物。是故其哀声感者，其声噍以杀；其乐心感者，其声啴以缓；其喜心感者，其声发以散；其怒心感者，其声壮以厉；其敬心感者，其声直以廉；其爱心感者，其声和以调。人之善恶，非性也，感于物而后动，是故先王慎所以感之。故礼以定其意，乐以和其性，政以一其行，刑以防其奸。礼乐刑政，其极一也。所以同民心而立治道也。”②“乐不再是从属于礼的、反映着礼的价值内涵的附属品；乐教具有了不低于礼教的、无可替代的地位与作用，从而促进了儒家乐教思想在汉代的发展。”③

刘向主张设立各级学校作为推行德化的基地，“天下有道，则礼乐征伐自天子出。夫功成制礼，治定作乐。礼乐者，行化之大者也。孔子曰：‘移风易俗，莫善于乐；安上治民，莫善于礼。’是故圣王修礼文，设庠序，陈钟鼓。天子辟雍，诸侯泮宫，所以行德化。《诗》云：‘镐京辟雍，自西自东。自南自北，无思不服。’此之谓也。”④

纯以儒家德治难以解决汉末的社会危机，法家思想开始抬头，刘向在《说苑》中亦提出了自己对于法治的观点。刘向借姜太公之口说出君主治理国家，既要推行德教，又要遵行公法，法治的地位得到了较大的提高，似乎取得了治国方略的地位，“武王问于太公曰：‘贤君治国何如?’对曰：‘贤君之治国，其政平，其吏不苛，其赋敛节，其自奉薄，不以私善害公法，赏赐不加于无功，刑罚不施于无罪，不因喜以赏，不因怒以诛，害民者有罪，进

① （西汉）刘向撰，向宗鲁校证：《说苑校证》，第36—37页。

② （西汉）刘向撰，向宗鲁校证：《说苑校证》，第506—507页。

③ 左康华：《刘向对儒家乐教思想的继承和发展》，《现代哲学》2016年第1期。

④ （西汉）刘向撰，向宗鲁校证：《说苑校证》，第476页。

贤举过者有赏，后宫不荒，女谒不听，上无淫慝，下不阴害，不幸宫室以费财，不多观游台池以罢民，不雕文刻镂以逞耳目，宫无腐蠹之藏，国无流饿之民，此贤君之治国也。’武王曰：‘善哉。’”①

刘向引司城子罕之例，宋相司城子罕上书宋公将刑赏之权分开，宋公掌赏赐之权，司城子罕掌刑罚之权，久而久之，子罕专宋国政。强调法治之权必须掌握在君主手中，否则必然导致君权旁落，“司城子罕相宋。谓宋君曰：‘国家之危定，百姓之治乱，在君之行赏罚也。赏当则贤人劝，罚得则奸人止，赏罚不当，则贤人不劝，奸人不止，奸邪比周，欺上蔽主，以争爵禄，不可不慎也。夫赏赐让与者，人之所好也，君自行之；刑罚杀戮者，人之所恶也，臣请当之。’君曰：‘善，子主其恶，寡人行其善，吾知不为诸侯笑矣。’于是宋君行赏赐，而与子罕刑罚。国人知刑戮之威，专在子罕也，大臣亲之，百姓附之，居期年，子罕逐其君而尊其政。故曰：‘无弱君无强大夫。’《老子》曰：‘鱼不可脱于渊，国之利器不可以借人。’此之谓也。”②

刘向借姜太公之口指出君主不能够因为自己的私人爱好数次更改法令，否则只能够使得国家更加混乱，形成一种恶性循环，法令的制定与执行必须要有一定的稳定性，“武王问于太公曰：‘为国而数更法令者，何也？’太公曰：‘为国而数更法令者，不法法，以其所善为法者也，故令出而乱，乱则更为法，是以其法令数更也。’”③

刘向引楚令尹子文之例，令尹子文不徇私情，亲自将犯法的族人交予掌管刑罚的廷理。强调执法者必须要执法公允，统治者更是要以身作则，不能干预公法的执行，“楚令尹子文之族，有干法者，廷理拘之，闻其令尹之族也，而释之。子文召廷理而责之曰：‘凡立廷理者，将以司犯王令，而察触国法也。夫直士持法，柔而不挠，刚而不折。今弃法而背令，而释犯法者，是为理不端，怀心不公也。岂吾有营私之意也？何廷理之驳于法也？吾在上位，以率士民，士民或怨，而吾不能免之于法。今吾族犯法甚明，而使廷理因缘吾心而释之，是吾不公之心，明著于国也。执一国之柄，而以私

① （西汉）刘向撰，向宗鲁校证：《说苑校证》，第151—152页。

② （西汉）刘向撰，向宗鲁校证：《说苑校证》，第32—33页。

③ （西汉）刘向撰，向宗鲁校证：《说苑校证》，第152页。

闻，与吾生不以义，不若吾死也。’遂致其族人于廷理曰。曰：‘不是刑也，吾将死。’廷理惧，遂刑其族人。成王闻之，不及履而至于子文之室，曰：‘寡人幼少，置理失其人，以违夫子之意。’于是黜廷理而尊子文，使及内政。国人闻之曰：‘若令尹之公也，吾党何忧乎？’乃相与作歌曰：‘子文之族，犯国法程。廷理释之，子文不听。恤顾怨萌，方正公平。’”①

刘向赞扬了楚成王捍卫法令的行为。为了保卫宫禁，防止弑君事件的重演，楚国有《茅门法》，楚国权贵的车马不能跨过茅门，否则，宫卫有权力砍断车辕，斩杀车夫与马匹。楚成王太子的车驾因进入茅门，车夫与马匹被杀，太子向成王哭诉，要求惩处此次事件的廷理，楚成王拒绝了太子的请求，肯定了廷理奉行法令的行为，这是尊宗庙、敬社稷之举，“楚庄王有茅门者，法曰：‘群臣大夫、诸公子、入朝，马蹄蹂霤者，斩其辀而戮其御。’太子入朝，马蹄蹂霤，廷理斩其辀而戮其御。太子大怒，入为王泣曰：‘为我诛廷理。’王曰：‘法者，所以敬宗庙、尊社稷。故能立法从令，尊敬社稷者，社稷之臣也。安可以加诛？夫犯法废令，不尊敬社稷，是臣弃君、下陵上也。臣弃君则主威失，下陵上则上位危。社稷不守，吾何以遗子？’太子乃还走避舍，再拜请死。”②

刘向认为孔子的弟子子羔是公正执法的典范。子羔在刖人之足时，虽然因内心的仁爱表现出了强烈的不忍，甚至感动到了被刑之人，但依然秉公执法，“子羔为卫政，刖人之足。卫之君臣乱，子羔走郭门，郭门闭，刖者守门，曰：‘于彼有缺！’子羔曰：‘君子不逾。’曰：‘于彼有窦。’子羔曰：‘君子不遂。’曰：‘于此有室。’子羔入，追者罢。子羔将去，谓刖者曰：‘吾不能亏损主之法令，而亲刖子之足。吾在难中，此乃子之报怨时也，何故逃我？’刖者曰：‘断足固我罪也，无可奈何。君之治臣也，倾侧法令，先后臣以法，欲臣之免于法也，臣知之。狱决罪定，临当论刑，君愀然不乐，见于颜色，臣又知之。君岂私臣哉，天生仁人之心，其固然也。此臣之所以脱君也。’孔子闻之曰：‘善为吏者树德，不善为吏者树怨。公行之也，其子羔之

① （西汉）刘向撰，向宗鲁校证：《说苑校证》，第359—360页。

② （西汉）刘向撰，向宗鲁校证：《说苑校证》，第360页。

谓欤？’”①

刘向赞扬了汉昭帝时期的北军尉胡建依照军法斩杀了擅自于军中经营商业的监御史，“孝昭皇帝时，北军监御史为奸，穿北门垣以为贾区。胡建守北军尉，贫无车马，常步与走卒起居，所以慰爱走卒甚厚。建欲诛监御史，乃约其走卒曰：‘我欲与公有所诛，吾言取之则取之，斩之则斩之。’于是当选士马日，护军诸校列坐堂皇上，监御史亦坐，建从走卒趋至堂下拜谒，因上堂，走卒皆上，建跪指监御史曰：‘取彼。’走卒前拽下堂。建曰：‘斩之。’遂斩监御史。护军及诸校皆愕惊，不知所以。建亦已有成奏在其怀，遂上奏以闻曰：‘臣闻军法，立武以威众，诛恶以禁邪。今北军监御史，公穿军垣以求贾利，买卖以与士市，不立刚武之心，勇猛之意，以率先士大夫，尤失理不公。臣闻黄帝《理法》曰：垒壁已具，行不由路，谓之奸人，奸人者杀。臣谨以斩之，昧死以闻。’制曰：‘《司马法》曰：国容不入军，军容不入国也。建有何疑焉！’建由是名兴。后至渭城令死，至今渭城有其祠也。”②

刘向极力反对法治过严，他引宣帝时期的廷尉路温舒的上书，反对宣帝时期的重法政策：

> 孝宣皇帝初即位，守廷尉史路温舒上书言尚德缓刑，其词曰：“陛下初即至尊，与天合符，宜改前世之失，正始受之统，涤烦文，除民疾，存亡继绝，以应天德，天下幸甚。臣闻往者秦有十失。其一尚存，治狱吏是也。昔秦之时，灭文学，好武勇。贱仁义之士，贵治狱之吏，正言谓之诽谤，谒过谓之妖言；故盛服先生，不用于世，忠良切言，皆郁于胸，誉谀之声，日满于耳，虚美熏心，实祸蔽塞，此乃秦之所以亡天下也。方今海内赖陛下厚恩，无金革之危，饥寒之患，父子夫妇，戮力安家，天下幸甚。然太平之未洽者，狱乱之也。夫狱，天下之命，死者不可生，断者不可属。《书》曰：‘与其杀不辜，宁失不经。’今治

① （西汉）刘向撰，向宗鲁校证：《说苑校证》，第362—363页。

② （西汉）刘向撰，向宗鲁校证：《说苑校证》，第373—374页。

狱吏则不然，上下相驱，以刻为明，深者获公名，平者多后患，故治狱吏，皆欲人死，非憎人也，自安之道，在人之死。是以死人之血，流离于市，被刑之徒，比肩而立，大辟之计，岁以万数，此圣人所以伤，太平之未洽，凡以是也。人情安则乐生，痛则思死，捶楚之下，何求而不得。故囚人不胜痛，则饰诬词以示之；吏治者利其然，则指道以明之；上奏恐却，则锻炼而周内之；盖奏当之成，虽皋陶听之，犹以为死有余罪。何则？成炼之者众，而文致之罪明也。是以狱吏专为深刻残贼而无理，偷为一切，不顾国患，此世之大贼也。故俗语云：‘画地作狱，议不可入；刻本为吏，期不可对。’此皆疾吏之风，悲痛之辞也。故天下之患，莫深于狱；败法乱政，离亲塞道，莫甚乎治狱之吏。此臣所谓一尚存也。臣闻乌鷇之卵不毁，而后凤皇集，诽谤之罪不诛，而后良言进。故《传》曰：‘山薮藏矣，川泽纳污，国君含垢，天之道也。’臣昧死上闻，愿陛下察诽谤，听切言，开天下之口，广箴谏之路，改亡秦之一失，遵文、武之嘉德，省法制，宽刑罚，以废烦狱，则太平之风，可兴于世，福履和乐，与天地无极，天下幸甚。”书奏，皇帝善之。后卒于临淮太守。①

但刘向力主诛杀破坏封建统治秩序的人，借孔子之口还提出了需以法诛杀的五类人，即“心辨而险”“言伪而辩”“行辟而坚”“志愚而博”“顺非而泽”，此五类人皆是倾覆国家的人，“孔子为鲁司寇，七日而诛少正卯于东观之下。门人闻之，趋而进至者，不言其意皆一也。子贡后至，趋而进曰：‘夫少正卯者，鲁国之闻人矣，夫子始为政，何以先诛之？’孔子曰：‘赐也，非尔所及也。夫王者之诛有五，而盗窃不与焉：一曰心辩而险，二曰言伪而辩，三曰行辟而坚，四曰志愚而博，五曰顺非而泽。此五者，皆有辨知聪达之名，而非其真也，苟行以伪，则其智足以移众，强足以独立，此奸人之雄也，不可不诛。夫有五者之一则不免于诛，今少正卯兼之，是以先诛之也。昔者，汤诛蠋沐，太公诛潘阯，管仲诛史附里，子产诛邓析，此五子未有不

① （西汉）刘向撰，向宗鲁校证：《说苑校证》，第102—105页。

诛也。所谓诛之者，非谓其昼则攻盗，暮则穿窬也，皆倾覆之徒也。此固君子之所疑，愚者之所惑也。《诗》云：忧心悄悄，愠于群小。此之谓矣！’”①

“刘向融合儒、道两家的治国理念，向往‘无为而治’的境界”，“刘向关心治国大计……但他论及执政的高妙境界，却是垂拱鸣琴，无为而治”。②其实不然，在王氏外戚专权下，政治黑暗，刘向更加偏重于儒法结合、先德后刑。在以上论述的基础上，刘向认为世上有三种政治，王者之政、霸者之政、强者之政，“政有三品：王者之政化之，霸者之政威之，强者之政胁之。夫此三者各有所施，而化之为贵矣。夫化之不变，而后威之，威之不变，而后胁之，胁之不变，而后刑之。夫至于刑者，则非王者之所贵也。是以圣王先德教而后刑罚，立荣耻而明防禁，崇礼义之节以示之，贱货利之弊以变之，修近理内，政橛机之礼，壹妃匹之际，则下莫不慕义礼之荣，而恶贪乱之耻，其所由致之者，化使然也。”③“王者之政”的治国策略为“化”，为德治；“霸者之政”的治国策略为“威”，“强者之政”的治国策略为“胁”，二者均为法治，但是轻重颇为不同，他承认了德法是基本的治国方略。

刘向继而细化了在不同的政治形态中德法的不同地位，以“中”的原则来处理德法关系，使其充满了弹性，王者之政是先德后刑，霸者之政是刑德并用，强国之政是先刑后德，“季孙问于孔子曰：‘如杀无道以就有道，何如？’孔子曰：‘子为政，焉用杀！子欲善而民善矣。君子之德风也，小人之德草也，草上之风必偃。’言明其化而已也。治国有二机，刑德是也，王者尚其德而希其刑，霸者刑德并凑，强国先其刑而后德。夫刑德者，化之所由兴也，德者，养善而进阙者也，刑者，惩恶而禁后者也，故德化之崇者至于赏，刑罚之甚者至于诛。夫诛赏者，所以别贤不肖而列有功与无功也，故诛赏不可以缪，诛赏缪则善恶乱矣。夫有功而不赏，则善不劝，有过而不诛，则恶不惧，善不劝，恶不惧，而能以行化乎天下者，未尝闻也。《书》曰：

① （西汉）刘向撰，向宗鲁校证：《说苑校证》，第380—381页。

② 林叶连：《刘向的“守经”与“权变”思想》，《江苏师范大学学报》（哲学社会科学版）2018年第6期。

③ （西汉）刘向撰，向宗鲁校证：《说苑校证》，第143页。

‘毕力赏罚。’此之谓也。”[①] 他指出德是以赏养善，刑是以诛惩恶，二者虽各有分野，但要教化天下，必须要德刑结合，“毕力赏罚”。这样来看，虽然王者之政最为理想，在汉末特殊的背景之下，刘向却更加欣赏霸者之政，这是一种兼顾现实与理想的治国方略，“社会的浩然正气的确立，必然来自上层的为政者和他们的后备队伍，来自他们内在的道德律令”[②]。

“刑德并凑”并不意味着德与刑是完全平等的，“法治”的地位虽然提高到了近乎治国方略的高度，但德治依然是第一位的。刘向强调先德后法，先以德化之，若冥顽不化，则必须以法诛之，“圣人之治天下也，先文德而后武力。凡武之兴，为不服也，文化不改，然后加诛。夫下愚不移，纯德之所不能化，而后武力加焉。”[③] 即使是古代的圣帝明王虽是以德教化为主，对于不从德化之人，亦需以法诛之，尧诛四凶、周公诛管蔡、子产诛邓析、孔子诛少正卯，“昔尧诛四凶以惩恶，周公杀管蔡以弭乱，子产杀邓析以威侈，孔子斩少正卯以变众，佞贼之人而不诛，乱之道也。《易》曰：‘不威小，不惩大，此小人之福也。’”[④]“由于吸收儒家重视道德教化的合理因素，他的‘刑’不同于法家的那种严刑酷法，显得比较温和。”[⑤]

如何实现霸者之政的“刑德并凑”？刘向试图将德法进行结合，纳法入德，如刘向“还对执行德教刑罚的吏之品格作出了不同于法家的新的解读。”[⑥]“《说苑》以儒家仁爱精神为基础的德治主义思想中，这种‘仁人之心’与法是可以统一起来的。”[⑦] 刘向列举出了官吏的“六正”“六邪”，行“六正”则长保富贵，行“六邪”则身死国亡，“六正”体现出“孝”“义”“忠”“智”“贞”“直”六种品德。“守文奉法”成为“贞”的重要内容，在

---

① （西汉）刘向撰，向宗鲁校证：《说苑校证》，第143—144页。

② 蒋原伦：《〈新序〉〈说苑〉及刘向的施政理念》，《文史知识》2021年第3期。

③ （西汉）刘向撰，向宗鲁校证：《说苑校证》，第380页。

④ （西汉）刘向撰，向宗鲁校证：《说苑校证》，第380页。

⑤ 张斌妮：《刘向〈说苑〉研究》，硕士学位论文，陕西师范大学，2011年，第13页。

⑥ 高立梅：《〈说苑〉儒法结合的德刑观》，《湘潭师范学院学报》（社会科学版）2008年第4期。

⑦ 高立梅：《〈说苑〉儒法结合的德刑观》，《湘潭师范学院学报》（社会科学版）2008年第4期。

刘向看来，遵守履行法令也是官吏的一种德，“人臣之术，顺从而复命，无所敢专，义不苟合，位不苟尊，必有益于国，必有补于君，故其身尊而子孙保之。故人臣之行有六正六邪，行六正则荣，犯六邪则辱。夫荣辱者，祸福之门也。何谓六正六邪？六正者：一曰萌芽未动，形兆未见，昭然独见存亡之几，得失之要，预禁乎未然之前，使主超然立乎显荣之处，天下称孝焉，如此者，圣臣也；二曰虚心白意，进善通道，勉主以礼谊，谕主以长策，将顺其美，匡救其恶，功成事立，归善于君，不敢独伐其劳，如此者，良臣也；三曰卑身贱体，夙兴夜寐，进贤不解，数称于往古之行事，以厉主意，庶几有益，以安国家社稷宗庙，如此者，忠臣也；四曰明察幽，见成败，早防而救之，引而复之，塞其间，绝其源，转祸以为福，使君终以无忧，如此者，智臣也；五曰守文奉法，任官职事，辞禄让赐，不受赠遗，衣服端齐，饮食节俭，如此者，贞臣也；六曰国家昏乱，所为不道，然而敢犯主之严颜，面言主之过失，不辞其诛，身死国安，不悔所行，如此者，直臣也；是为六正也。”①

在“霸者之政”的政治框架内，刘向主张统治者要以法令奖励尊崇行德义之民，以此来推广教化，“古者必有命民。命民能敬长怜孤，取舍好让，居事力者，命于其君。命然后得乘饰舆骈马。未得命者不得乘，乘者皆有罚。故其民虽有余财侈物，而无仁义功德，则无所用其余财侈物。故其民皆兴仁义而贱财利。贱财利则不争；不争则强不凌弱，众不暴寡。是唐虞所以兴象刑而民莫敢犯法，而乱斯止矣。《诗》云：‘告尔民人，谨尔侯度，用戒不虞。’此之谓也。”②

刘向特别强调法令对于德化的重要意义，认为孔子之所以未能像五帝三王那样以仁义变天下，是因为他没有掌握赏罚的权势，在刘向看来，先德教而辅之以法治，方能改变天下，“五帝三王教以仁义，而天下变也，孔子亦教以仁义，而天下不从者，何也？昔明王有绂冕以尊贤，有斧钺以诛恶，故其赏至重而刑至深，而天下变；孔子贤颜渊无以赏之，贱孺悲无以罚之，

① （西汉）刘向撰，向宗鲁校证：《说苑校证》，第34—36页。
② （西汉）刘向撰，向宗鲁校证：《说苑校证》，第487—488页。

故天下不从。是故道非权不立，非势不行，是道尊然后行。”[①]

在风俗领域，刘向在批判社会上盛行的迷信之风时，敬法令施仁义成为移风易俗的重要手段，“信鬼神者失谋，信日者失时。何以知其然？夫贤圣周知，能不时日而事利。敬法令，贵功劳，不卜筮而身吉。谨仁义，顺道理，不祷祠而福。故卜数择日，洁斋戒，肥牺牲，饰圭璧，精祠祀，而终不能除悖逆之祸。以神明有知而事之，乃欲背道妄行，而以祠祀求福，神明必违之矣。天子祭天地、五岳、四渎，诸侯祭社稷，大夫祭五祀，士祭门户，庶人祭其先祖。圣王承天心，制礼分也。凡古之卜日者，将以辅道稽疑，示有所先，而不敢自专也。非欲以颠倒之恶，而幸安之全。孔子曰：‘非其鬼而祭之谄也。’是以泰山终不享季氏之旅。《易》称‘东邻杀牛，不如西邻之礿祭’，盖重礼不贵牲也。敬实而不贵华。诚有其德而推之，则安往而不可。是以圣人见人之文，必考其实。”[②]

九、扬雄的德法思想

“扬雄在著作里援道入经和批评谶纬的思想十分明显，虽然因此受到当时与后来部分学者的严厉指责，但也正显出他的经学新思维。”[③]扬雄的新思维亦体现在了其德法思想之中，他继承了刘向的德法思想，提出了德法结合，德主刑辅的思想。扬雄首先依据孟子的“性善论”，荀子的“性恶论”，创新性地提出了“人性善恶混”的人性论，“人之性也，善恶混。修其善则为善人，修其恶则为恶人。气也者，所以适善恶之马也与？”[④]善以德化，恶以刑罚，为其德法结合，德主刑辅思想提供了人性论基础。

扬雄在《法言》中吸收了一些道家的观念，力图将道德阐释为天地万物运行的根本原则。他认为德无始无终，是一种永恒的存在，“或问：‘德有始而无终，与有终而无始也，孰宁？’曰：‘宁先病而后瘳乎？宁先瘳而后病

① （西汉）刘向撰，向宗鲁校证：《说苑校证》，第380页。

② （西汉）刘向撰，向宗鲁校证：《说苑校证》，第511—512页。

③ 郭海涛：《模仿与超越：扬雄经学思想论析——以〈法言〉为中心》，《社科纵横》2022年第1期。

④ 汪荣宝：《法言义疏》，中华书局1987年版，第85页。

乎？’”[①] 扬雄认为德是贯通天道、地道、人道的一条主线，“或问：‘邹、庄有取乎？’曰：‘德则取，愆则否。’‘何谓德、愆？’曰：‘言天、地、人经，德也；否，愆也。愆语，君子不出诸口。’”[②] 扬雄“在继承前贤‘五常’思想的基础上又有所创新，发展出了‘道、德、仁、义、礼’五德观念。”[③] 扬雄吸收道家“道德”之说，创立了“五德”说，即道、德、仁、义、礼。并认为这是人的天性，如同人之五体，缺一不可，道德具有了主体性的特征，这是对儒家伦理道德理念的重要创新，“道、德、仁、义、礼，譬诸身乎？夫道以导之，德以得之，仁以人之，义以宜之，礼以体之，天也。合则浑，离则散，一人而兼统四体者，其身全乎！”[④] “五德”不仅仅是人的天性，更是蕴含于万事万物之中，“神心忽恍，经纬万方，事系诸道、德、仁、义、礼”[⑤]。

德是人们所孜孜追求的重要理念，“为之而行，动之而光者，其德乎！或曰：‘知德者鲜，何其光？’曰：‘我知，为之；不我知，亦为之，厥光大矣。必我知而为之，光亦小矣。’”[⑥] 扬雄认为统治者平日主动修养自己的德行为本，见灾异而修德为末，本末不修则身死国灭，“或曰：‘圣人事异乎？’曰：‘圣人德之为事，异亚之。故常修德者，本也；见异而修德者，末也。本末不修而存者，未之有也。’”[⑦] 行德可以增加寿命，以获不朽之名，“或问：‘寿可益乎？’曰：‘德。’曰：‘回、牛之行德矣，曷寿之不益也？’曰：‘德，故尔。如回之残，牛之贼也，焉得尔？’曰：‘残、贼或寿。’曰：‘彼妄也，君子不妄。’”[⑧] 针对天现异象的情况，扬雄认为统治者应该修德以迎之，“或问：‘星有甘、石，何如？’曰：‘在德不在星。德隆则晷星，星隆则晷德也。’”[⑨]

---

① 汪荣宝：《法言义疏》，第 541 页。
② 汪荣宝：《法言义疏》，第 177 页。
③ 吴龙灿、苗泽辉：《扬雄对蜀学传统的继承与发展》，《天府新论》2021 年第 4 期。
④ 汪荣宝：《法言义疏》，第 111 页。
⑤ 汪荣宝：《法言义疏》，第 569 页。
⑥ 汪荣宝：《法言义疏》，第 172 页。
⑦ 汪荣宝：《法言义疏》，第 538 页。
⑧ 汪荣宝：《法言义疏》，第 520 页。
⑨ 汪荣宝：《法言义疏》，第 265 页。

对于如何推行德教，扬雄提出了自己的观点。首先，扬雄认为治理国家的根本在于君主修德，“或问：‘何以治国？’曰：‘立政。’曰：‘何以立政？’曰：‘政之本，身也。身立则政立矣。’”① “为政日新。或人：‘敢问日新。’曰：‘使之利其仁，乐其义。厉之以名，引之以美，使之陶陶然之谓日新。’”② 其次，鼓励普通士人修养德行，扬雄反对一般士人以急功近利的态度进行学习，认为士人要以学习道德为己任，“或曰：‘书与经同，而世不尚，治之可乎？’曰：‘可。’或人哑尔笑曰：‘须以发策决科。’曰：‘大人之学也，为道；小人之学也，为利。子为道乎？为利乎？’或曰：‘耕不获，猎不飨，耕猎乎？’曰：‘耕道而得道，猎德而得德，是获飨已，吾不睹参、辰之相比也。’是以君子贵迁善。迁善者，圣人之徒与！百川学海，而至于海；丘陵学山，不至于山，是故恶夫画也。”③ 再次，扬雄眼中的德教不是空洞的，推行井田制是一项重要的德教措施，“井田之田，田也；肉刑之刑，刑也。田也者，与众田之；刑也者，与众弃之。”④ 只有先使百姓富裕了，才能对其进行教化，“君人者，务在殷民阜财，明道信义，致帝者之用，成天地之化，使粒食之民粲也，晏也。享于鬼神，不亦飨乎？”⑤ 最后，扬雄认为礼乐德教如同渡船之桨，为治国之关键，“灏灏之海济，楼航之力也。航人无楫，如航何？”⑥

对于法治，扬雄也提出了自己的观点，他极力反对申、韩纯以法令治国，认为其是以人为砥，不仁之至，“申、韩之术，不仁之至矣，若何牛羊之用人也？若牛羊用人，则狐狸、蝼螾不膢腊也与？或曰：‘刀不利，笔不铦，而独加诸砥，不亦可乎？’曰：‘人砥，则秦尚矣。’”⑦ 他也极力反对纯以秦法治理国家，即使是圣人也难以用秦法而致太平，“或曰：‘因秦之法，清而行之，亦可以致平乎？’曰：‘譬诸琴瑟郑、卫调，俾夔因之，亦不可以

① 汪荣宝：《法言义疏》，第 286 页。

② 汪荣宝：《法言义疏》，第 290 页。

③ 汪荣宝：《法言义疏》，第 31 页。

④ 汪荣宝：《法言义疏》，第 306 页。

⑤ 汪荣宝：《法言义疏》，第 557 页。

⑥ 汪荣宝：《法言义疏》，第 238 页。

⑦ 汪荣宝：《法言义疏》，第 130 页。

致《箫韶》矣。’”[①] 秦法违背了圣人之法，违背了天地之道，“秦之有司负秦之法度，秦之法度负圣人之法度，秦弘违天地之道，而天地违秦亦弘矣。”[②] 过度推广法治容易导致礼制的衰落，奢侈之风的盛行，“法无限，则庶人田侯田，处侯宅，食侯食，服侯服，人亦多不足矣。”[③]“民可使觌德，不可使觌刑，觌德则纯，觌刑则乱。”[④]

“他虽然谴责法家的政令太过严苛，却不可避免地吸收了其中的合理因素，以此来构建其政治理论。”[⑤] 但面对严峻的社会政治问题，扬雄注意到了法治的作用，他认为法治是治国的必要手段，“为国不迪其法，而望其效，譬诸算乎？”[⑥] 他反对的是申、韩、秦之法，但并不反对先王之法，扬雄认为统治者实行的法应是柔和的先王之法，“或问：‘公孙龙诡辞数万以为法，法与？’曰：‘断木为棋，捖革为鞠，亦皆有法焉。不合乎先王之法者，君子不法也。’”[⑦] 先王之法指的是尧舜西周时期的法令，“或曰：‘申、韩之法非法与？’曰：‘法者，谓唐、虞、成周之法也。如申、韩！如申、韩！’”[⑧]

扬雄面对西汉末年昏暗的政治，总结了先秦的历史经验，认为统治者的治国方略要随着时势的变化而变化，尧、舜、禹、汤、武的治国方略各不相同，或德或法，或文或武，但都天下大治，不能总是拘泥于儒家的德治，应该适时而动，加以调和，“或曰：‘以往圣人之法治将来，譬犹胶柱而调瑟，有诸？’曰：‘有之。’曰：‘圣君少而庸君多，如独守仲尼之道，是漆也。’曰：‘圣人之法，未尝不关盛衰焉。昔者尧有天下，举大纲，命舜、禹；夏、殷、周属其子，不胶者卓矣！唐、虞象刑惟明，夏后肉辟三千，不胶者卓矣！尧亲九族，协和万国；汤、武桓桓，征伐四克。由是言之，不胶

① 汪荣宝：《法言义疏》，第 243 页。
② 汪荣宝：《法言义疏》，第 245 页。
③ 汪荣宝：《法言义疏》，第 308 页。
④ 汪荣宝：《法言义疏》，第 300 页。
⑤ 王月：《论扬雄“尚智”的理性精神——以〈法言〉为中心》，《岭南师范学院学报》2019 年第 6 期。
⑥ 汪荣宝：《法言义疏》，第 308 页。
⑦ 汪荣宝：《法言义疏》，第 63 页。
⑧ 汪荣宝：《法言义疏》，第 134 页。

者卓矣！礼乐征伐自天子所出，春秋之时，齐、晋实与，不胶者卓矣！’”①

“杨雄的中和思想和儒家的传统思想有一脉相承之处。其中和思想是《法言》中的基本原则。”②扬雄还继承了董仲舒、刘歆“中”的为政思想，明确提出了行“中和之政”，“立政鼓众，动化天下，莫尚于中和。中和之发，在于哲民情”③。其“中和之政”是依据民情而定的，抛弃了儒学的神学色彩，是一种人文精神的回归，其颇具理性色彩的德法思想正是“中和之政”的体现。在阶级矛盾、民族矛盾异常尖锐的西汉末年，纯以德治已经不能有效地解决这些矛盾，扬雄提倡德法结合，虞、夏承袭彰显尧的法度礼乐而天下大治，而桀、纣废法度礼乐而身死国亡，治理国家需要德法结合，“或问‘无为’。曰：‘奚为哉？在昔虞、夏袭尧之爵，行尧之道，法度彰，礼乐著，垂拱而视天下民之阜也，无为矣。绍桀之后，纂纣之余，法度废，礼乐亏，安坐而视天下民之死，无为乎？’”④扬雄将王莽控制下的西汉王朝比拟为唐虞盛世，正是因为德刑并用的治国方略才造就了这一盛世，“汉兴二百一十载而中天，其庶矣乎！辟雍以本之，校学以教之，礼乐以容之，舆服以表之，服其井、刑，勉人役，唐矣夫！”⑤

当然，德与法在地位上不是等同的，杨雄依然是主张德主刑辅，“或曰：‘人君不可不学《律》《令》。’曰：‘君子为国，张其纲纪，谨其教化。导之以仁，则下不相贼；莅之以廉，则下不相盗；临之以正，则下不相诈；修之以礼义，则下多德让。此君子所当学也。如有犯法，则司狱在。’”⑥为了论证其德法思想的权威性，他引入道家的“自然”说，认为刑名与礼乐道德均出于自然，皆为道之体现，不过礼乐道德为治理国家的大道，而刑名则是解决一些具体问题的小道，“或曰：‘刑名非道邪？何自然也？’曰：‘何必刑名？围棋、击剑、反目、眩形，亦皆自然也。由其大也，作正道；由其小者，作

① 汪荣宝：《法言义疏》，第 292 页。

② 宋冬梅：《杨雄对孟子思想的继承与发展——以〈法言〉为中心》，《衡水学院学报》2017 年第 6 期。

③ 汪荣宝：《法言义疏》，第 571 页。

④ 汪荣宝：《法言义疏》，第 125 页。

⑤ 汪荣宝：《法言义疏》，第 562 页。

⑥ 汪荣宝：《法言义疏》，第 295—296 页。

奸道。’”[①]扬雄认为如同天之先春后秋的顺序一样，要先德后法，“或曰：‘为政先杀后教。’曰：‘于乎！天先秋而后春乎？将先春而后秋乎？’”[②]

十、薛宣、朱博的德法思想与实践

西汉中后期纷繁错杂的社会矛盾，法家思想开始受到重视，在政治上的表现就是法家人物的崛起。成帝时的重臣薛宣，起家为法吏，明习法令，面对当时黑暗的政治，萧条的经济，尖锐的阶级矛盾，力主以法令整顿地方，上疏成帝：“陛下至德仁厚，哀闵元元，躬有日仄之劳，而亡佚豫之乐，允执圣道，刑罚惟中，然而嘉气尚凝，阴阳不和，是臣下未称，而圣化独有不洽者也。臣窃伏思其一端，殆吏多苛政，政教烦碎，大率咎在部刺史，或不循守条职，举错各以其意，多与郡县事，至开私门，听谗佞，以求吏民过失，谴呵及细微，责义不量力。郡县相迫促，亦内相刻，流至众庶。是故乡党阙于嘉宾之欢，九族忘其亲亲之恩，饮食周急之厚弥衰，送往劳来之礼不行。夫人道不通，则阴阳否鬲，和气不兴，未必不由此也。《诗》云：‘民之失德，乾糇以愆。’鄙语曰：‘苛政不亲，烦苦伤恩。’方刺史奏事时，宜明申敕，使昭然知本朝之要务。臣愚不知治道，唯明主察焉。”[③]深得成帝的赏识，相继担任临淮太守、陈留太守、左冯翊、少府、御史大夫、丞相，封高阳侯。

朱博，出身于法吏，以敢于诛杀打击豪强，善于治理地方而著称，其治理地方最重要的特点是以豪强打击豪强，“博治郡，常令属县各用其豪杰以为大吏，文武从宜。县有剧贼及它非常，博辄移书以诡责之。其尽力有效，必加厚赏；怀诈不称，诛罚辄行。以是豪强慹服。姑幕县有群辈八人报仇廷中，皆不得。长吏自系书言府，贼曹掾史自白请至姑幕。事留不出。功曹诸掾即皆自白，复不出。于是府丞诣阁，博乃见丞掾曰：‘以为县自有长吏，府未尝与也，丞掾谓府当与之邪？’阁下书佐入，博口占檄文曰：‘府告姑幕令丞：言贼发不得，有书。檄到，令丞就职，游徼王卿力有余，如律

---

① 汪荣宝：《法言义疏》，第132页。

② 汪荣宝：《法言义疏》，第299页。

③ （东汉）班固：《汉书》卷八三，3386页。

令！’王卿得敕惶怖，亲属失色，昼夜驰骛，十余日间捕得五人。博复移书曰：‘王卿忧公甚效！檄到，赍伐阅诣府。部掾以下亦可用，渐尽其余矣。’其操持下，皆此类也。”① 后历任中央与地方的军政要职，公元前5年，朱博弹劾丞相孔光，继任丞相，封阳乡侯。

自西汉中期始，伴随着政治的昏暗，社会矛盾日趋激化，统治集团以及“诸子”开始把德治、法治作为治国的两种基本方略，并对二者进行有机的结合。“德主刑辅”成为正统思想，德为本，刑为辅，法治思想逐步得到重视。

第三节　东汉“诸子”的德法思想

东汉王朝建立初期，光武帝拨乱反正，重德轻刑，力行休养生息政策，约法省禁，轻徭薄赋，因而社会生产获得了较快的恢复与发展。“初，光武长于民间，颇达情伪，见稼穑艰难，百姓病害，至天下已定，务用安静，解王莽之繁密，还汉世之轻法。身衣大练，色无重彩，耳不听郑卫之音，手不持珠玉之玩，宫房无私爱，左右无偏恩。建武十三年，异国有献名马者，日行千里，又进宝剑，贾兼百金，诏以马驾鼓车，剑赐骑士。损上林池籞之官，废骋望弋猎之事。其以手迹赐方国者，皆一札十行，细书成文。勤约之风，行于上下。数引公卿郎将，列于禁坐。广求民瘼，观纳风谣。故能内外匪懈，百姓宽息。”② 但东汉王朝是在豪强地主的支持下建立起来的，“今光武政权之建立既颇有赖于士族大姓的助力，自不能再继续西汉初期那种抑制强宗豪族发展的政策。”③ 因而豪强地主势力不断发展，光武帝的“度田”政策因触犯了豪强的利益，招致了各地豪强的反叛，光武帝不得不进行妥协，停止“度田”：“秋九月，河南尹张伋及诸郡守十余人，坐度田不实，皆下狱死。郡国大姓及兵长、群盗处处并起，攻劫在所，害杀长吏。郡县追讨，到则解散，去复屯结。青、徐、幽、冀四州尤甚。冬十月，遣使者下郡国，听

① （东汉）班固：《汉书》卷八三，第3401页。

② （南朝宋）范晔：《后汉书》卷七六，第2457页。

③ 余英时：《士与中国文化》，上海人民出版社2003年版，第233页。

群盗自相纠擿，五人共斩一人者，除其罪。吏虽逗留回避故纵者，皆勿问，听以擒讨为效。其牧守令长坐界内盗贼而不收捕者，又以畏愞捐城委守者，皆不以为负，但取获贼多少为殿最，唯蔽匿者乃罪之。于是更相追捕，贼并解散。徙其魁帅于它郡，赋田受禀，使安生业。自是牛马放牧，邑门不闭。”[①] 在这一背景下，具有深远政治眼光的“诸子”已经认识到了豪强终会成为东汉王朝的隐患，力图以法治加以制约。

一、桓谭的德法思想

今文经学的盛行与发展，逐步与谶纬相结合，走向神学化。两汉之际，谶纬神学极为流行，甚至成为哀帝解决社会危机的重要手段。东汉建立后，广大儒生竞相学习图谶，谶纬甚至成为东汉初年政治的重要指导思想，“国家官书，则仍守谶纬，东京大事，无不援五行灾异之说以解决之”[②]。光武帝为了渲染君权神授，甚至“宣布图谶于天下”，东汉的政治走向了神学化。

桓谭举起了东汉初唯物主义的大旗，以唯物主义的视角批判了楚灵王、王莽整日虔诚侍奉鬼神，却最终走向灭亡：“昔楚灵王骄逸轻下，简贤务鬼，信巫祝之道，斋戒洁鲜，以祀上帝、礼群神，躬执羽绂，起舞坛前。吴人来攻，其国人告急，而灵王鼓舞自若，顾应之曰：‘寡人方祭上帝，乐明神，当蒙福祐焉，不敢赴救。’而吴兵遂至，俘获其太子及后姬以下，甚可伤。王翁好卜筮，信时日，而笃于事鬼神，多作庙兆，洁斋祀祭。牺牲殽膳之费，吏卒办治之苦，不可称道。为政不善，见叛天下。及难作兵起，无权策以自救解，乃驰之南郊告祷，心言冤，号兴流涕，叩头请命，幸天哀助之也。当兵入宫日，矢射交集，燔火大起，逃渐台下，尚抱其符命书及所作威斗，可谓蔽惑至甚矣！”[③]

桓谭提出了“烛火形神”之喻，有蜡烛才能燃火，有了形体才能有精神，蜡烛烧完火就熄灭，同样人体死亡精神也就随之消失，“以烛火喻形神，

---

① （南朝宋）范晔：《后汉书》卷一下，第 66—67 页。

② 夏曾佑：《中国古代史》，河北教育出版社 2000 年版，第 364 页。

③ （东汉）桓谭：《新论》，上海人民出版社 1977 年版，第 14 页。

恐似而非焉。今人之肌肤，时剥伤而自愈者，血气通行也。彼蒸烛缺伤，虽有火居之，不能复全。是以神气而生长，如火烛不能自补完，盖其所以为异也，而何欲同之？应曰：‘火则从一端起，而人神气则于体，当从内稍出合于外，若由外腠达于内，固未必由端往也。譬犹炭火之燃赤，如水过渡之，亦小灭，然复生焉；此与人血气生长肌肉等，顾其终极，或为灸，或为灺耳。曷为不可以喻哉！’”[①] 他对形神关系问题的新阐释，成为抨击谶纬迷信的重要理论武器。“这种对鬼神的怀疑和面对死亡的坦然，体现了一种积极乐观向上的人生态度。这种人生精神所给予桓谭的信心与勇气不仅体现在其思想学术上，也体现在他的政治主张上。”[②]

桓谭继承与发展了刘向、扬雄的德法思想，在唯物主义的立场上，以求真务实的态度提出了德法兼施的治国思想，力图将东汉初年的治国思想纳入到人文理性的轨道。统治者要重视推行德教以治理国家，而不是沉迷于谶纬祭祀，面对灾异，统治者需要修养德行，推广德政来消灾迎福。“夫异变怪者，天下所常有，无世而不然。逢明主贤臣智士仁人，则修德善政、省职慎行以应之，故咎殃消亡而祸转为福焉。昔大戊遭桑谷生朝之怪，获中宗之号。武丁有雊雉升鼎之异，身享百年之寿。周成王遇雷风折木之变，而获反风岁熟之报。宋景公有荧惑守心之忧，星为徙三舍。由是观之，则莫善于以德义精诚报塞之矣。故《周书》曰：‘天子见怪则修德，诸侯见怪则修政，大夫见怪则修职，士庶见怪则修身，神不能伤道，妖亦不能害德。’”[③]

桓谭作为新莽覆灭的见证者，对法治提出了自己的观点。桓谭并不反对法治，他反对的是深刻的法治，并分析了法治逐步深刻的原因，欲图迎合人主，求得功绩，强调执法者执法应该如同丹青之色一样始终如一，力图做到客观公允：“国家设理官，制刑辟，所以定奸邪，又内量中丞、御史，以正齐毂下。故常用明习者，始于欲分正法，而终乎侵轻深刻，皆务酷虐过度。欲见未尽力，而求获功赏，或著能立事，而恶劣弱之谤，是以役以棰楚，舞文成恶，及事成狱毕，虽使皋陶听之，犹不能闻也。至以言语小故，

① （东汉）桓谭：《新论》，第 32 页。

② 余洁平：《经验与理性的双重变奏——桓谭述论》，《徐州师范学院学报》1999 年第 3 期。

③ （东汉）桓谭：《新论》，第 22 页。

陷致人于族灭，事诚可悼痛焉。渐至乎朝廷，时有忿悁，闻恶弗原，故令天下相放，俱成惑讥。有司之行深刻，云‘下尚执重，而令上得施恩泽’，此言甚非也。夫贤吏正士，为上处事，持法宜如丹青矣。是故言之当必可行也，罪之当必可刑也，如何苟欲阿指乎？”①

桓谭认为王莽根据古代制度来更改汉家法令，身死国亡，强调要根据时势来制定更改法令：“高帝怀大智略，能自揆度，群臣制事定法，常谓曰：‘庳而勿高也，度吾所能行为之。’宪度内疏，政合于时，故民臣乐悦，为世所思，此知大体者也。王翁嘉慕前圣之治，而简薄汉家法令，故多所变更，欲事事效古。美先圣制度，而不知己之不能行其事。释近趋远，所尚非务，故以高义，退致废乱，此不知大体者也。”②

“但他仍然和其他以往的儒家学者一样，比较向往上古三代的道德教化，反对制令刑罚。通过对三皇五帝和三王五霸之治的对比，区分了王道与霸道的区别。”③这依然是以传统儒家的观点来看待桓谭的德法思想。“桓谭曾被认为是法家的代表人物，但本质上是深受法家思想影响的儒家学者，其思想中的儒家‘德治仁政’理念非常鲜明。”④其治国思想的核心是王霸并用，即德法兼施，“夫上古称三皇、五帝，而次有三王、五霸，此皆天下君之冠首也。故言三皇以道治，而五帝用德化；三王由仁义，五霸用权智。其说之曰：无制令刑罚，谓之皇；有制令而无刑罚，谓之帝；赏善诛恶，诸侯朝事，谓之王；兴兵众，约盟誓，以信义矫世，谓之霸。王者，往也，言其惠泽优游，天下归往也。五帝以上久远，经传无事，唯王霸二盛之美，以定古今之理焉。夫王道之治，先除人害，而足其衣食，然后教以礼仪，而威以刑诛，使知好恶去就，是故大化四凑，天下安乐，此王者之术。霸功之大者，尊君卑臣，权统由一，政不二门，赏罚必信，法令著明，百官修理，威令必行，此霸者之术。王道纯粹，其德如彼；霸道驳杂，其功如此；俱有天下，而君

① （东汉）桓谭：《新论》，第24页。

② （东汉）桓谭：《新论》，第12页。

③ 杨胜利：《桓谭〈新论〉的思想特征》，《长春教育学院学报》2013年第17期。

④ 刘峨：《桓谭及其思想的当代价值与研究路径》，《常州大学学报》（社会科学版）2014年第1期。

万民，垂统子孙，其实一也。”① 他认为治国之道分为皇道、帝道、王道、霸道，皇道与帝道是纯以德治，这只存在于传说中的三皇五帝时期。王道、霸道则更具现实意义，王道，为德治，但并非纯以德治，先德后法，以道德为主要手段来治理天下，法与刑为辅助手段。霸道，即法治，以法术势作为治理国家的重要手段。更难能可贵的是，桓谭将王道与霸道放到了近乎对等的地位，王霸并用，德法并施。“桓谭并不袭用儒家传统观点，褒王道而贬霸功。指出，王、霸二者同样可以取得成功。……这是考察了战国、秦汉以来社会历史演变之后得出的结论，而不囿于儒家一偏之见。”②

二、《白虎通义》中的德法思想

东汉建初四年（79 年），汉章帝举行了一场声势浩大的学术会议，即白虎观会议，其目的是融合今文经、古文经、谶纬以正定五经异同，班固将会议达成的结论进行整理，撰写成了《白虎通义》一书。《白虎通义》涉及的内容极为广泛，“《白虎通》是一部涵盖国家制度、人文典制和精神范畴的大制作。可谓囊括天地日月人文，包举国家基本制度、社会生活和精神范畴，从中体现了汉章帝亲临御制、指导博学鸿儒打造文化盛典的政治魄力。”③

清人庄述祖在《白虎通义考 · 序》中谈道：“《论语》《孝经》、六艺并录，傅以谶记，援《纬》证《经》。自光武以《赤伏符》即位，其后灵台郊祀，皆以谶决之，风尚所趋然也。故是书之论郊祀、社稷、灵台、明堂、封禅，悉隐括纬候，兼综图书，附世主之好，以绲道真，违失六艺之本，视石渠为驳矣。”④ 从一定程度上来说，《白虎通义》确是谶纬神学的产物，学界以往的研究多强调该书的宗教神学性，强调其消极意义。但落实到德法思想

① （东汉）桓谭：《新论》，第 2 页。

② 郭茵：《桓谭及其〈新论〉考辨》，《淮阴师专学报》1996 年第 3 期。

③ 王健：《论〈白虎通〉对制度伦理的阐发及其历史定位》，《山东师范大学学报》（社会科学版）2021 年第 4 期。

④ 庄述祖：《白虎通义考 · 序》，见（清）陈立《白虎通疏证》下册附录之二，中华书局 1994 年版，第 609 页。

上，其继承了董仲舒的德法思想，提出了德主刑辅的思想[①]，虽有谶纬神学的色彩，却兼具伦理性与制度性，当然与桓谭的德法兼施思想相比要保守许多。《白虎通义》的目的是建构一个以君主为核心的制度伦理世界，其德主刑辅思想则是这一世界的核心内容。

《白虎通义》在叙述上古历史时将五帝描述成了圣德之君，“黄帝始作制度，得其中和，万世常存。故称黄帝也。谓之颛顼何？颛者，专也。顼者，正也。能专正天人之道，故谓之颛顼也。谓之帝喾者何也？喾者，极也。言其能施行穷极道德也。谓之尧者何？尧犹峣峣也。至高之貌。清妙高远，优游博衍，众圣之主，百王之长也。谓之舜者何？舜犹舛舛也。言能推信尧道而行之。”[②] 五帝的名号具有了道德的内涵。进而强调要想重现上古盛世，君主必须要修养至高的德行，自上而下地显德以化民，“教者，何谓也？教者，效也。上为之，下效之。民有质朴，不教而成。故《孝经》曰：‘先王见教之可以化民。’《论语》曰：‘不教民战，是谓弃之。’《尚书》曰：‘以教祗德。’《诗》云：‘尔之教矣，欲民斯效。’”[③] 此与纬书《乐稽耀嘉》说“德象天地为帝，仁义所生为王”[④] 极为相似。

《白虎通义》强调不仅君主要显德以示民，还要主动地培养民众的德行，并以“五经”作为教材，“经所以有五何？经，常也。有五常之道，故曰《五经》。《乐》仁、《书》义、《礼》礼、《易》智、《诗》信也。人情有五性，怀五常不能自成，是以圣人象天五常之道而明之，以教人成其德也。”[⑤] “《五经》何谓？《易》《尚书》《诗》《礼》《春秋》也？《礼经解》曰：‘温柔

---

① 学界多认为《白虎通义》的德法思想是王霸并用、德法兼顾，如朱汉民认为：“《白虎通义》通过对先秦时期的‘三王’‘五霸’的诠释，为汉代国家治理确立了王道和霸道并用的治理原则。所以，在《白虎通义》的政典中，既贯穿了王道政治‘以德治国’治理原则和‘以德服人’治理方法，同时也贯穿了霸道政治‘以刑治国’的治理原则和‘以力制人’的治理方法。”（朱汉民《〈白虎通义〉：帝国政典和儒家经典的结合》，《北京大学学报》（哲学社会科学版）2017 年第 4 期）

② （清）陈立：《白虎通疏证》，第 53—54 页。

③ （清）陈立：《白虎通疏证》，第 371 页。

④ ［日］安居香山、［日］中村璋八：《纬书集成》（中），河北人民出版社 1994 年版，第 546 页。

⑤ （清）陈立：《白虎通疏证》，第 447 页。

宽厚，《诗》教也。疏通知远，《书》教也。广博易良，《乐》教也。洁静精微，《易》教也。恭俭庄敬，《礼》教也。属词比事，《春秋》教也。’”①

在董仲舒提出的“三纲五常”的基础上，提出了“三纲六纪”，“这个规范是在继承董仲舒伦理体系的过程中推出的提法”②，它以一种宗法血缘关系与拟宗法血缘关系来整合各种社会关系，进而形成一种“家国一体”的政治秩序，“三纲六纪”成为德治的核心内容，“三纲者，何谓也？谓君臣、父子、夫妇也。六纪者，谓诸父、兄弟、族人、诸舅、师长、朋友也。故《含文嘉》曰：‘君为臣纲，父为子纲，夫为妻纲。’又曰：‘敬诸父兄，六纪道行，诸舅有义，族人有序，昆弟有亲，师长有尊，朋友有旧。’何谓纲纪？纲者，张也。纪者，理也。大者为纲，小者为纪。所以张理上下，整齐人道也。”③

“《白虎通》天道观对天道本体、天王秩序、人道秩序作出了全面、系统的规定，为汉代政治统治的秩序性建构寻求天道的合理性支撑。”④《白虎通义》在董仲舒“天人感应”的框架之下，从姓氏的角度论述了天是“任德远刑”，并引用纬书《尚书·刑德放》中的“尧知命，表稷、契，赐姓子、姬。皋陶典刑，不表姓，言天任德远刑”⑤来加以论证，“所以有氏者何？所以贵功德，贱伎力。或氏其官，或氏其事，闻其氏即可知其德，所以勉人为善也。或氏王父字者何？所以别诸侯之后，为兴灭国，继绝世也。王者之子称王子，王者之孙称王孙，诸侯之子称公子，公子之子称公孙，公孙之子，各以其王父字为氏。故《春秋》有王子瑕。《论语》有王孙贾，又有卫公子荆、公孙朝，鲁有仲孙、叔孙、季孙，楚有昭、屈、景，齐有高、国、崔。以知其为子孙也。王者之后，亦称王子，兄弟立而皆封也。或曰：王者之孙，亦称王孙也。……禹姓姒氏，祖昌意以薏苡生。殷姓子氏，祖以玄鸟子

① （清）陈立：《白虎通疏证》，第448页。

② 王健：《论〈白虎通〉对制度伦理的阐发及其历史定位》，《山东师范大学学报》（社会科学版）2021年第4期。

③ （清）陈立：《白虎通疏证》，第373—374页。

④ 冷兰兰、冉英：《论〈白虎通〉天道观的秩序性规定》，《湖南工业大学学报》（社会科学版）2020年第5期。

⑤ （清）陈立：《白虎通疏证》，第404—405页。

生也。周姓姬氏，祖以履大人迹生也。”①《白虎通义》亦强调“天人同质”，文王推演周易的目的就是要努力建构一个与自然秩序相类的道德秩序，“文王所以演《易》何？商王受不率仁义之道，失为人法矣。已之调和阴阳尚微，故演《易》，使我得卒至于太平日月之光明，则如《易》矣。”②

《白虎通义》并不否定法令，法令是佐助德教的重要手段，顺应于天的运行，而且五刑应对于五行，法令科条三千对应于天地人，“圣人治天下，必有刑罚何？所以佐德助治，顺天之度也。故悬爵赏者，示有所劝也。设刑罚者，明有所惧也。《传》曰：‘三皇无文，五帝画象。三王明刑，应世以五。’五刑者，五常之鞭策也。刑所以五何？法五行也。大辟法水之灭火，宫者法土之壅水，膑者法金之刻木，劓者法木之穿土，墨者法火之胜金。……科条三千者，应天地人情也。五刑之属三千，大辟之属二百，宫辟之属三百，腓辟之属五百，劓、墨辟之属各千，张布罗众，非五刑不见。劓、墨何其下刑者也。墨者，墨其额也。劓者，劓其鼻也。腓者，脱其膑也。宫者，女子淫，执置宫中，不得出也。丈夫淫，割去其势也。大辟者，谓死也。”③

《白虎通义》在德法思想上的创新之处在于，在总的方略上主张德主刑辅，但在具体的治国措施上明确强调统治者要依据不同的“风”而施行不同的治国措施，德法并用，“故曰：条风至地暖。明庶风至万物产。清明风至物形乾。景风至棘造实。凉风至黍禾乾。昌盍风至生荠麦。不周风至蛰虫匿。广莫风至，则万物伏。是以王者承顺之。条风至，则出轻刑，解稽留。明庶风至，则修封疆，埋田畴。清明风至，出币帛，使诸侯。景风至，则爵有德、封有功。凉风至，则报土功，祀四乡。昌盍风至，则申象刑，饰囷仓。不周风至，则筑宫室，修城郭。广莫风至，则断大辟，行刑狱。”④

① （清）陈立：《白虎通疏证》，第402—405页。

② （清）陈立：《白虎通疏证》，第446页。

③ （清）陈立：《白虎通疏证》，第437—441页。

④ （清）陈立：《白虎通疏证》，第343—346页。

三、王充的德法思想

王充力图澄清弥漫在东汉政治领域里的谶纬迷信之风，针对谶纬迷信之重要源头“天人感应”进行了批判，并重新解释天人关系。官方儒学认为“天”是至高无上的，是万事万物的源头，天与人相互感应，能够对人间赏善罚恶。他首先对“天”进行了唯物主义的解释，创新性地提出了“天体”的概念，以“体”来解释“天”，“夫天者，体也，与地同”①，使得天有了一个客观载体。天为何与地相同能够成为一个客观实体？是因为气，“元气，天地之精微也”②。并引入了道家的“自然无为”来解释“气”的属性，“天动不欲以生物，而物自生，此则自然也。施气不欲为物，而物自为，此则无为也。”③那么“天”也就成为一个“自然无为”的客观存在，与人事没有任何的关系，“人不能以行感天，天亦不随行而应人。”④从根本上动摇了谶纬神学的根基。

王充以此为基础，批判了当时盛行的灾异与祥瑞思想。灾异纯属是一种自然现象，就像人因血脉不调身体会生病一样，“身中病，犹天有灾异也。血脉不调，人生疾病；风气不和，岁生灾异。灾异谓天谴告国政，疾病天复谴告人乎？”⑤并具体分析了“雷为天怒”“天雨谷”等所谓的灾异现象不过是阴阳不和而造成的自然现象。王充也认为历史上出现的诸多“祥瑞”现象，如凤凰、麒麟、嘉禾、醴泉、甘露、蓂荚不过是对自然现象的虚拟解读，“不过是由于人们少见多怪而胡乱猜测产物，‘外若有为，内实自然。’(《自然篇》)”⑥。王充在对“天人感应”、灾异、祥瑞进行批判的过程中，其论证并非完美无瑕，但从理论上抨击了谶纬神学，成功地还原了诸多自然现象的本来面貌。在唯物主义哲学论的基础上，王充摒弃了儒家思想中的神学色彩，吸收法家、道家的合理因素，提出了德法结合的治国思想。

---

① 黄晖：《论衡校释》，中华书局 1990 年版，第 1047 页。

② 黄晖：《论衡校释》，第 975 页。

③ 黄晖：《论衡校释》，第 776 页。

④ 黄晖：《论衡校释》，第 665 页。

⑤ 黄晖：《论衡校释》，第 635 页。

⑥ 龙倩：《王充对“天”的解构》，《阳明学刊》2016 年辑。

王充吸收了传统儒家的德治思想，并进一步进行充实。他继承与创新了儒家传统的“性三品说”，提出了新“性三品说”，“论人之性，定有善有恶。其善者，固自善矣；其恶者，故可教告率勉，使之为善。”① 董仲舒“性三品”为“圣人之性”“中民之性”“斗筲之性”，“圣人之性”“斗筲之性”均不需要德化，只有“中民”才有德化的必要。而王充将德化的范围进一步扩大，“性恶”之民亦可能接受德化，转而为善，这为其德法思想的提出奠定了人性论基础。王充虽反对官方经学的研究传承方式，但对于德化的重视则与经学家无异，强调以德治国，反对纯任法治，“治国犹治身也。治一身，省恩德之行，多伤害之操，则交党疏绝，耻辱至身。推治身以况治国，治国之道，当任德也。韩子任刑，独以治世，是则治身之人，任伤害也。”② 王充认为礼义是治国之本，统治者需重礼爱义以教化民众，“国之所以存者，礼义也。民无礼义，倾国危主。今儒者之操，重礼爱义，率无礼之士，激无义之人，人民为善，爱其主上，此亦有益也。闻伯夷风者，贪夫廉，懦夫有立志；闻柳下惠风者，薄夫敦，鄙夫宽。此上化也，非人所见。”③ 王充强调仁义之力，“孔子能举北门之关，不以力自章，知夫筋骨之力，不如仁义之力荣也。”④ “君主作为王朝的最高统治者，拥有无上的地位和权力，同时也被视为道德至善至美的化身。”⑤ 王充强调统治者修已行善必然能获得天命，“若此者，谓本无命于天，修已行善，善行闻天，天乃授以帝王之命也，故雀与鱼乌，天使为王之命也，王所奉以行诛者也。如实论之，非命也。命，谓初所禀得而生也。人生受性，则受命矣。性命俱禀，同时并得，非先禀性，后乃受命也。何以明之？”⑥

王充认为君主不仅要修养德行，更重要的是推行善政，面对异象灾异，君主只有推行善政才能消除灾异，如殷高宗、宋景公，“人君有善言善行，

① 黄晖：《论衡校释》，第 68 页。

② 黄晖：《论衡校释》，第 441 页。

③ 黄晖：《论衡校释》，第 434 页。

④ 黄晖：《论衡校释》，第 588—589 页。

⑤ 高恒天：《〈论衡〉中的君臣民政治伦理关系探析》，《船山学刊》2020 年第 4 期。

⑥ 黄晖：《论衡校释》，第 125 页。

善行动于心，善言出于意，同由共本，一气不异。宋景公出三善言，则其先三善言之前，必有善行也。有善行，必有善政。政善，则嘉瑞臻，福祥至，荧惑之星，无为守心也。使景公有失误之行，以致恶政，恶政发，则妖异见，荧惑之守心，□桑谷之生朝。高宗消桑谷之变，以政不以言；景公却荧惑之异，亦宜以行。景公有恶行，故荧惑守心。不改政修行，坐出三善言，安能动天？天安肯应？何以效之？使景公出三恶言，能使荧惑守心乎？夫三恶言不能使荧惑守心，三善言安能使荧惑退徙三舍？以三善言获二十一年，如有百善言，得千岁之寿乎？非天祐善之意，应诚为福之实也。”①

在无法满足民众温饱需求的前提下，道德也无法约束民众，王充强调的德教并不是空洞的，它的推行需要坚实的物质基础，鼓励和发展农业生产，在青黄不接时开仓赈济是统治者的重要政务，是推行德治的重要基础，“夫世之所以为乱者，不以贼盗众多，兵革并起，民弃礼义，负叛其上乎？若此者，由谷食乏绝，不能忍饥寒。夫饥寒并至而能无为非者寡，然则温饱并至而能不为善者希。传曰：‘仓廪实，民知礼节；衣食足，民知荣辱。’让生于有余，争起于不足。谷足食多，礼义之心生；礼丰义重，平安之基立矣。故饥岁之春，不食亲戚；穰岁之秋，召及四邻。不食亲戚，恶行也；召及四邻，善义也。为善恶之行，不在人质性，在于岁之饥穰。由此言之，礼义之行，在谷足也。”②

胡适认为“他不但在破坏的方面打倒迷信的儒教，扫除西汉的乌烟瘴气，替东汉以后的思想打开一条大路；并且在建设的方面，提倡自然主义，恢复西汉初期的道家哲学，替后来魏晋的自然派哲学打下一个伟大的新基础。”③ 但在政治思想领域，王充却以极强的入世进取精神，大力汲取法家思想中的有益成分，补充官方儒学以德化民的薄弱环节，增强其治国思想的实践性与可行性。王充认为儒家所说的“尧、舜之德，至优至大，天下太平，一人不刑”④ 颇为夸张，他认为即使是尧、舜、文、武这样的圣王亦不能置

① 黄晖：《论衡校释》，第 205 页。

② 黄晖：《论衡校释》，第 771—772 页。

③ 胡适：《胡适全集》卷八，安徽教育出版社 2003 年版，第 60 页。

④ 黄晖：《论衡校释》，第 359 页。

刑兵不用，刑与兵如同是人之足，鸟之翼，不可缺少，“夫为言不益，则美不足称；为文不渥，则事不足褒。尧、舜虽优，不能使一人不刑；文、武虽盛，不能使刑不用。言其犯刑者少，用刑希疏，可也；言其一人不刑，刑错不用，增之也。夫能使一人不刑，则能使一国不伐；能使刑错不用，则能使兵寝不施。案尧伐丹水，舜征有苗，四子服罪，刑兵设用。成王之时，四国篡叛，淮夷、徐戎，并为患害。夫刑人用刀，伐人用兵，罪人用法，诛人用武。武、法不殊，兵、刀不异，巧论之人，不能别也。夫德劣故用兵，犯法故施刑。刑与兵，犹足与翼也。走用足，飞用翼，形体虽异，其行身同。刑之与兵，全众禁邪，其实一也。不称兵之不用，言刑之不施，是犹人耳缺目完，以目完称人体全，不可从也。人桀于刺虎，怯于击人，而以刺虎称，谓之勇，不可听也。身无败缺，勇无不进，乃为全耳。今称‘一人不刑’，不言一兵不用；褒‘刑错不用’，不言一人不叛，未得为优，未可谓盛也。”①

王充甚至将法治作为天道，“人道善善恶恶，施善以赏，加恶以罪，天道宜然。”② 但他以唯物主义的观点，对“天人感应”学说进行批判，认为刑赏虽与四时寒温无关，却为治国之必需，“夫比寒温于风云，齐喜怒于龙虎，同气共类，动相招致，可矣。虎啸之时，风从谷中起；龙兴之时，云起百里内。他谷异境，无有风云。今寒温之变，并时皆然。百里用刑，千里皆寒，殆非其验。齐、鲁接境，赏罚同时，设齐赏鲁罚，所致宜殊，当时可齐国温、鲁地寒乎?”③

王充认为统治者要做到法令明确，有足够的威吓力，使百姓知而不犯，“法明，民不敢犯也。设明法于邦，有盗贼之心，不敢犯矣；不测之者，不敢发矣。奸心藏于胸中，不敢以犯罪法，罪法恐之也。明法恐之，则不须考奸求邪于下矣。”④ 法令如同驾驭良马的衔，“夫法度明，虽不闻奸，奸无由生；法度不明，虽日求奸，决其源，鄣之以掌也。御者无衔，见马且奔，无

① 黄晖：《论衡校释》，第 359—361 页。

② 黄晖：《论衡校释》，第 643—644 页。

③ 黄晖：《论衡校释》，第 627—628 页。

④ 黄晖：《论衡校释》，第 448 页。

以制也。使王良持辔，马无欲奔之心，御之有数也。”①

王充强调法令的执行要做到客观公正，有善必赏赐，有恶必严惩。“夫韩子所尚者，法度也。人为善，法度赏之；恶，法度罚之。虽不闻善恶于外，善恶有所制矣。夫闻恶不可以行罚，犹闻善不可以行赏也。非人不举奸者，非韩子之术也。使韩子闻善，必将试之，试之有功，乃肯赏之。夫闻善不辄加赏，虚言未必可信也。若此，闻善与不闻，无以异也。夫闻善不辄赏，则闻恶不辄罚矣。闻善必试之，闻恶必考之，试有功乃加赏，考有验乃加罚。虚闻空见，实试未立，赏罚未加。赏罚未加，善恶未定。未定之事，须术乃立，则欲耳闻之，非也。”②

楚惠王在用餐时吃到了一只水蛭，按照法令，庖厨以及监食均应被诛杀，惠王不忍心，就吞下了这只水蛭，王充认为他是施小惠而忽视了国家法令，“案惠王之吞蛭，不肖之主也。有不肖之行，天不佑也。何则？惠王不忍谴蛭，恐庖厨监食法皆诛也。一国之君，专擅赏罚；而赦，人君所为也。惠王通谴菹中何故有蛭，庖厨监食皆当伏法，然能终不以饮食行诛于人，赦而不罪，惠莫大焉。庖厨罪觉而不诛，自新而改后；惠王赦细而活微，身安不病。今则不然，强食害己之物，使监食之臣不闻其过，失御下之威，无御非之心，不肖一也。使庖厨监食失甘苦之和，若尘土落于菹中，大如虮虱，非意所能览，非目所能见，原心定罪，不明其过，可谓惠矣。今蛭广有分数，长有寸度，在寒菹中，眇目之人，犹将见之。臣不畏敬，择濯不谨，罪过至重，惠王不谴，不肖二也。菹中不当有蛭，不食投地；如恐左右之见，怀屏隐匿之处，足以使蛭不见，何必食之？如不可食之物，误在菹中，可复隐匿而强食之？不肖三也。有不肖之行，而天祐之，是天报祐不肖人也。”③

“王充继承道家自然主义思想……甚至连谈论政治，也提倡‘无为而治’，道家将‘无为’视为为政的方法，王充则将之看成为政的最高原则，认为最好的政治范式是统治者可以‘不求功’‘不求名’。”④作为朴素唯物主

① 黄晖：《论衡校释》，第446—447页。

② 黄晖：《论衡校释》，第444页。

③ 黄晖：《论衡校释》，第262—263页。

④ 颜莉：《王充与先秦道家》，《商丘师范学院学报》2020年第1期。

义思想家的王充，在治理国家上是积极有为的，并不主张道家的无为而治，但他汲取了道家的“因循”原则，强调因时而治，动态地选择适合当时形势的治国思想：“夫圣贤之治世也有术，得其术则功成，失其术则事废。譬犹医之治病也，有方，笃剧犹治；无方，才微不愈。夫方犹术，病犹乱，医犹吏，药犹教也。方施而药行，术设而教从，教从而乱止，药行而病愈。治病之医，未必惠于不为医者。然而治国之吏，未必贤于不能治国者，偶得其方，遭晓其术也。治国须术以立功，亦有时当自乱，虽用术，功终不立者；亦有时当自安，虽无术，功犹成者。故夫治国之人，或得时而功成，或失时而无效。术人能因时以立功，不能逆时以致安。”①

在王充眼中，最佳的治国方略为德法结合，强调综合运用德与法，二者相辅相成，相得益彰，以实现国家的长治久安，“治国之道，所养有二：一曰养德，二曰养力。养德者，养名高之人，以示能敬贤；养力者，养气力之士，以明能用兵。此所谓文武张设，德力具足者也。事或可以德怀，或可以力摧。外以德自立，内以力自备，慕德者不战而服，犯德者畏兵而却。徐偃王修行仁义，陆地朝者三十二国，强楚闻之，举兵而灭之。此有德守，无力备者也。夫德不可独任以治国，力不可直任以御敌也。韩子之术不养德，偃王之操不任力，二者偏驳，各有不足。偃王有无力之祸，知韩子必有无德之患。”② 在王充的治国思想中，法治与德治具有了近乎平等的地位，在官方儒家“以德化民”思想占据主导地位的时代，其思想具有积极的现实意义。

王充认为虽然抬高了法治的地位，但强调即使是身处乱世亦不能忘却德教，“韩子岂不知任德之为善哉？以为世衰事变，民心靡薄，故作法术，专意于刑也。夫世不乏于德，犹岁不绝于春也。谓世衰难以德治，可谓岁乱不可以春生乎？人君治一国，犹天地生万物。天地不为乱岁去春，人君不以衰世屏德。孔子曰：‘斯民也，三代所以直道而行也。’周穆王之世，可谓衰矣，任刑治政，乱而无功。甫侯谏之，穆王存德，享国久长，功传于世。夫穆王之治，初乱终治，非知昏于前，才妙于后也，前任蚩尤之刑，后用甫侯

---

① 黄晖：《论衡校释》，第 1107 页。

② 黄晖：《论衡校释》，第 438 页。

之言也。夫治人不能舍恩，治国不能废德，治物不能去春，韩子欲独任刑用诛，如何？”①

王充还试图将德法进行融合，在推行德教方面，他提出进行学校教育与设立法令两种方法，促进礼义教化，“有痴狂之疾，歌啼于路，不晓东西，不睹燥湿，不觉疾病，不知饥饱，性已毁伤，不可如何，前无所观，却无所畏也。是故王法不废学校之官，不除狱理之吏，欲令凡众见礼义之教。学校勉其前，法禁防其后，使丹朱之志，亦将可勉。何以验之？三军之士，非能制也，勇将率勉，视死如归。且阖庐尝试其士于五湖之侧，皆加刃于肩，血流至地。句践亦试其士于寝宫之庭，赴火死者，不可胜数。夫刃、火，非人性之所贪也，二主激率，念不顾生。是故军之法轻刺血，孟贲勇也，闻军令惧。是故叔孙通制定礼仪，拔剑争功之臣，奉礼拜伏，初骄倨而后逊顺，圣教威德，变易性也。不患性恶，患其不服圣教，自遇而以生祸也。”②

四、王符的德法思想

东汉前期，“诸子”以西汉为鉴，大多主张德法结合。东汉中期以降，社会危机加剧，外戚与宦官交替专权，引起清流士大夫的不满，引发统治危机；土地兼并浪潮席卷全国，全国各地都爆发了农民起义。东汉中后期的“诸子”面对严峻的社会现实，一改传统的迂腐的德教之论，大都主张德法结合，以法为重，强调法治的经世致用。

王符提出了德法并治，以法为先的治国思想。在人性论上，王符继承了董仲舒的“性三品说”，将人划分为“上智”“中庸”和“下愚”三类。“《诗》云：‘民之秉夷，好是懿德。’故民有心也，犹为种之有园也。遭和气则秀茂而成实，遇水旱则枯槁而生孽。民蒙善化，则人有士君子之心；被恶政，则人有怀奸乱之虑。故善者之养天民也，犹良工之为曲豉也。起居以其时，寒温得其适，则一荫之曲豉尽美而多量。其遇拙工，则一荫之曲豉皆

---

① 黄晖：《论衡校释》，第441—443页。

② 黄晖：《论衡校释》，第79—80页。

臭败而弃捐。今六合亦由一荫也，黔首之属犹豆麦也，变化云为，在将者尔。遭良吏则皆怀忠信而履仁厚，遇恶吏则皆怀奸邪而行浅薄。忠厚积则致太平，奸薄积则致危亡。是以圣帝明王，皆敦德化而薄威刑。德者所以修己也，威者所以治人也。上智与下愚之民少，而中庸之民多。中民之生世也，犹铄金之在炉也，从笃变化，惟冶所为，方圆薄厚，随镕制尔。”① “上智”天生善性，“下愚”天生邪恶，冥顽不灵，此二者不必教化；“中庸之民”，人数最多，可善可恶，是进行道德教化的主要对象。

“王符正是在批判继承前人的成果基础上，提出了一个更加完整的元气本源论，把两汉元气论提高到了一个新的水平。”② “王符的元气论虽然成书于汉代，借鉴了纬书中的内容，但与谶纬神学有明显的不同。”③ 王符描绘出了一幅较为完整的宇宙生成图式：元气—清浊—阴阳—两仪—天、地、万物、人，并认为元气“自化”了这一过程，体现出了浓厚的唯物主义特色，“王符对于‘天道’的看法在本质上与官方正统神学的目的论划清了界限”④。王符在人性论与元气本源论的基础上来探索治国思想。王符认为道德是“原”“本”，为气的根源，“道德之用，莫大于气。道者，气之根也。气者，道之使也。”⑤ 所以治理国家的最佳方式还是德化，德以正其心，心正则行正，“人君之治，莫大于道，莫盛于德，莫美于教，莫神于化。道者所以持之也，德者所以苞之也，教者所以知之也，化者所以致之也。民有性，有情，有化，有俗。情性者，心也，本也。化俗者，行也，末也。末生于本，行起于心。是以上君抚世，先其本而后其末，顺其心而理其行。心精苟正，则奸匿无所生，邪意无所载矣。”⑥ “王符吸收了《老子》关于道德的思想，将其与儒家的德政论结合起来，把具有哲学本体论意味的道德落实到政治层

① （东汉）王符撰，（清）汪继培笺，彭铎校正：《潜夫论笺校正》，中华书局 1985 年版，第 377—378 页。

② 方军：《天道与元气：王符政治哲学思想的形而上依据》，《江苏大学学报》（社会科学版）2011 年第 1 期。

③ 李香玉：《王符〈潜夫论〉之元气论探析》，《兰州教育学院学报》2020 年第 2 期。

④ 聂勇：《王符〈潜夫论〉德育思想探究》，《文化学刊》2021 年第 4 期。

⑤ （东汉）王符撰，（清）汪继培笺，彭铎校正：《潜夫论笺校正》，第 367 页。

⑥ （东汉）王符撰，（清）汪继培笺，彭铎校正：《潜夫论笺校正》，第 371—372 页。

面，成为君主治国的根本原则。”①

如何以德化民？王符认为以德气化民是最佳的德化方式，五帝三王正己德而使天地万物充满着德气，浸染至民胎中，民生而践履德仁：“以此观之，气运感动，亦诚大矣。变化之为，何物不能？所变也神，气之所动也。当此之时，正气所加，非唯于人，百谷草木，禽兽鱼鳖，皆口养其气。声入于耳，以感于心，男女听，以施精神。资和以兆胚，民之胎，含嘉以成体。及其生也，和以养性，美在其中，而畅于四肌，实于血脉，是以心性志意，耳目精欲，无不贞廉絜怀履行者。此五帝三王所以能画法像而民不违，正己德而世自化也。”②“圣深知之，皆务正己以为表，明礼义以为教，和德气于未生之前，正表仪于咳笑之后。民之胎也，合中和以成；其生也，立方正以长。是以为仁义之心，廉耻之志，骨著脉通，与体俱生，而无粗秽之气，无邪淫之欲。虽放之大荒之外，措之幽冥之内，终无违礼之行；投之危亡之地，纳之锋镠之间，终无苟全之心。举世之人，行皆若此，则又乌所得亡夫奸乱之民而加辟哉？上天之载，无声无臭，仪形文王，万邦作孚。此姬氏所以崇美于前，而致刑措于后也。”③

“君主的修身是王符最为重视和特别强调的，他把这作为国治民化的根本。”④除了以德气化民之外，王符总结了历史上君主的个人道德修养与国家治乱的因果关系，强调统治者修养自己的德行，提高道德境界，继而推行德政，必然能正百官化万民。“夫化变民心也，犹政变民体也。德政加于民，则多涤畅姣好坚强考寿；恶政加于民，则多罢癃尪病夭昏札瘥。故《尚书》美‘考终命’，而恶‘凶短折’。国有伤明之政，则民多病目；有伤聪之政，则民多病耳；有伤贤之政，则贤多横夭。夫形体骨干为坚强也，然犹随政变易，又况乎心气精微不可养哉？《诗》云：‘敦彼行苇，羊牛勿践履。方苞方体，惟叶柅柅。’又曰：‘鸢飞厉天，鱼跃于渊。恺悌君子，胡不作人？’公刘厚德，恩及草木，羊牛六畜，且犹感德，仁不忍践履生草，则又况于民萌

① 于欣：《王符德论研究》，《聊城大学学报》（社会科学版）2003年第5期。

② （东汉）王符撰，（清）汪继培笺，彭铎校正：《潜夫论笺校正》，第369页。

③ （东汉）王符撰，（清）汪继培笺，彭铎校正：《潜夫论笺校正》，第375页。

④ 庄庭兰：《论荀子对王符政治思想的影响》，《齐鲁学刊》2012年第5期。

而有不化者乎？君子修其乐易之德，上及飞鸟，下及渊鱼，无不欢忻悦豫，则又况于士庶而有不仁者乎？”[①] 不仅君主要修养德行，王符还强调百官亦需修养德行以教化百姓，“是以官长正而百姓化，邪心黜而奸匿绝，然后乃能协和气而致太平也。”[②]

统治者及其臣民如何提高自己的德行呢？王符认为《六经》凝聚了圣贤的智慧与道德，通过学习《六经》，便能明断是非，提高自己的道德境界：“先圣之智，心达神明，性直道德，又造经典以遗后人。试使贤人君子，释于学问，抱质而行，必弗具也；及使从师就学，按经而行，聪达之明，德义之理，亦庶矣。是故圣人以其心来造经典，后人以经典往合圣心也，故修经之贤，德近于圣矣。”[③] 王符不仅局限于道德的说教，更注重知行合一，除了修养德行之外，更要践行这些道德，否则道德只会流于空虚：“教训者，以道义为本，以巧辩为末；辞语者，以信顺为本，以诡丽为末；列士者以孝悌为本，以交游为末；孝悌者，以致养为本，以华观为末；人臣者，以忠正为本，以媚爱为末：五者守本离末则仁义兴，离本守末则道德崩。”[④] 这一点在虚伪浮华之风盛行的东汉中后期，更显难能可贵。

“汉代的儒者也多主张道德教化，但大多数把道德教化同物质生活割裂开来，使教化完全变成一种空洞的说教。”[⑤] “教化和富民措施是成就太平盛世的两块基石，犹如车之两轮、鸟之两翼缺一不可。”[⑥] 王符所强调的德化并不是空洞的，要建立在一定的物质基础上才行，推行教化必须要推行富民政策：“凡为治之大体，莫善于抑末而务本，莫不善于离本而饰末。夫为国者以富民为本，以正学为□。民富乃可教，学正乃得义，民贫则背善，学淫则诈伪，入学则不乱，得义则忠孝。故明君之法，务此二者，以为成太平之

① （东汉）王符撰，（清）汪继培笺，彭铎校正：《潜夫论笺校正》，第 372—373 页。

② （东汉）王符撰，（清）汪继培笺，彭铎校正：《潜夫论笺校正》，第 172 页。

③ （东汉）王符撰，（清）汪继培笺，彭铎校正：《潜夫论笺校正》，第 13 页。

④ （东汉）王符撰，（清）汪继培笺，彭铎校正：《潜夫论笺校正》，第 16 页。

⑤ 潘祥辉：《“潜夫”之论：东汉王符的政治传播思想研究》，《湖南师范大学社会科学学报》2020 年第 3 期。

⑥ 廖小波、兰翠娥：《王符的社会批判性治国思想》，《重庆师范大学学报》（哲学社会科学版）2008 年第 6 期。

基，致休征之祥。”[①] 如何推行富民政策？王符提出了敬授民时的主张：“《诗》云：‘王事靡盬，不遑将父。’言在古闲暇而得行孝，今迫促不得养也。孔子称庶则富之，既富则教之。是故礼义生于富足，盗窃起于贫穷，富足生于宽暇，贫穷起于无日。圣人深知，力者乃民之本也，而国之基，故务省役而为民爱日。是以尧敕羲和，钦若昊天，敬授民时；邵伯讼不忍烦民，听断棠下，能兴时雍而致刑错。”[②]

“荀子礼法并重的主张被王符继承和发挥了，主张强制性的刑罚和教化性的礼教。他和董仲舒一样，道德教化原则上被放在第一的地位，但比董仲舒更多地吸收了法家的思想。”[③]“王符是在自觉地运用韩非子的思想来分析东汉中后期的社会问题的。”[④] 王符作为“在野”士人的代表，勇于突破官方儒学的局限，大力汲取法家思想，以增强其治国思想的制度理性特色，为解决现实问题提供指导。王符认为要以“变通”的观点来选择治国方略，不能总是拘泥于传统的德教，亦需要重视法治的作用，即使是尧、舜、文、武这样的盛德之世也离不开法令刑罚：“议者必将以为刑杀当不用，而德化可独任。此非变通者之论也，非叔世者之言也。夫上圣不过尧、舜，而放四子，盛德不过文、武，而赫斯怒。《诗》云：‘君子如怒，乱庶遄沮；君子如祉，乱庶遄已。’是故君子之有喜怒也，盖以止乱也。故有以诛止杀，以刑御残。”[⑤] 他为德治法治划定了范围，人情不可以控制的则以德礼治之，人情可以控制的则以法治之：“先王因人情喜怒之所不能已者，则为之立礼制而崇德让；人所可已者，则为之设法禁而明赏罚。”[⑥]

纯以德治只存在于上古三皇五帝的时代，在当世社会，必须要重视法令的作用：“太古之民，淳厚敦朴，上圣抚之，恬澹无为，体道履德，简刑薄威，不杀不诛，而民自化，此德之上也。德稍弊薄，邪心孳生，次圣继

① （东汉）王符撰，（清）汪继培笺，彭铎校正：《潜夫论笺校正》，第 14 页。
② （东汉）王符撰，（清）汪继培笺，彭铎校正：《潜夫论笺校正》，第 213 页。
③ 赵瑜、郝建平：《浅析王符的赏罚思想》，《黑龙江史志》2011 年第 5 期。
④ 宋洪兵：《王符〈潜夫论〉的思想特色》，《儒道研究》2017 年辑。
⑤ （东汉）王符撰，（清）汪继培笺，彭铎校正：《潜夫论笺校正》，第 242 页。
⑥ （东汉）王符撰，（清）汪继培笺，彭铎校正：《潜夫论笺校正》，第 235 页。

之，观民设教，作为诛赏，以威劝之，既作五兵，又为之宪，以正厉之。《诗》云：‘修尔舆马，弓矢戈兵，用戒作则，用逖蛮方。’故曰：兵之设也久矣。涉历五代，以迄于今，国未尝不以德昌而以兵强也。”[①] 法令是关系国家治乱的重要手段，君主又是制定与执行法令的关键之所在，“且夫国无常治，又无常乱，法令行则国治，法令弛则国乱；法无常行，亦无常弛，君敬法则法行，君慢法则法弛。”[②]

王符阐述了制法的目的在于惩奸除恶，“夫养稊稗者伤禾稼，惠奸宄者贼良民。《书》曰：‘文王作罚，刑兹无赦。’是故先王之制刑法也，非好伤人肌肤，断人寿命者也，乃以威奸惩恶除民害也。天下本以民不能相治，故为立王者以统治之。天子在于奉天威命，共行赏罚。故经称‘天命有德，五服五章；天罚有罪，五刑五用。’《诗》刺‘彼宜有罪，汝反脱之。’”[③] 尤其惩处这些“极恶之人”，“今夫性恶之人，居家不孝悌，出入不恭敬，轻薄慢傲，凶悍无辨，明以威侮侵利为行，以贼残酷虐为贤，故数陷王法者，此乃民之贼，下愚极恶之人也。虽脱桎梏而出囹圄，终无改悔之心，自诗以羸敖头，出狱踧踖，复犯法者何不然。”[④] 以法令之重利、威严来诱驱臣民，“夫帝王者，其利重矣，其威大矣。徒悬重利，足以劝善；徒设严威，可以惩奸。乃张重利以诱民，操大威以驱之，则举世之人，可令冒白刃而不恨，赴汤火而不难，岂云但率之以共治而不宜哉？若鹰，野鸟也，然猎夫御之，犹使终日奋击而不敢怠，岂有人臣而不可使尽力者乎？”[⑤]

王符强调需要根据时势的变化来制定与推行法令，“五代不同礼，三家不同教，非其苟相反也，盖世推移而俗化异也。俗化异则乱原殊，故三家符世，皆革定法。高祖制三章之约，孝文除克肤之刑，是故自非杀伤盗赃，文罪之法，轻重无常，各随时宜，要取足用劝善消恶而已。”[⑥] 王符强调法令需

① （东汉）王符撰，（清）汪继培笺，彭铎校正：《潜夫论笺校正》，第 244 页。
② （东汉）王符撰，（清）汪继培笺，彭铎校正：《潜夫论笺校正》，第 190 页。
③ （东汉）王符撰，（清）汪继培笺，彭铎校正：《潜夫论笺校正》，第 180 页。
④ （东汉）王符撰，（清）汪继培笺，彭铎校正：《潜夫论笺校正》，第 182 页。
⑤ （东汉）王符撰，（清）汪继培笺，彭铎校正：《潜夫论笺校正》，第 359 页。
⑥ （东汉）王符撰，（清）汪继培笺，彭铎校正：《潜夫论笺校正》，第 224 页。

针对奸宄之源头而制定：“夫制法之意，若为藩篱沟堑以有防矣，择禽兽之尤可数犯者，而加深厚焉。今奸宄虽众，然其原少；君事虽繁，然其守约。知其原少奸易塞，见其守约政易持。塞其原则奸宄绝，施其术则远近治。”①王符十分赞赏文帝免陈信之侯国，武帝免田彭祖之侯国，斩黎阳侯邵延，以法令杜绝欺诈之端：“《春秋》之义，责知诛率。孝文皇帝至寡动，欲任德，然河阳侯陈信坐负六月免国。孝武仁明，周阳侯田彭祖坐当轵侯宅而不与免国，黎阳侯邵延坐不出持马，身斩国除。二帝岂乐以钱财之故而伤大臣哉？乃欲绝诈欺之端，必国家之法，防祸乱之原，以利民也。故一人伏正罪而万家蒙乎福者，圣主行之不疑。永平时，诸侯负责，辄有削黜之罚。此其后皆不敢负民，而世自节俭，辞讼自消矣。”②

王符特别强调法令是君主统治国家的重要工具，必须为君主所独有，不能假手于人，否则必会造成权臣独大。“夫法令者，人君之衔辔棰策也，而民者，君之舆马也。若使人臣废君法禁而施己政令，则是夺君之辔策，而己独御之也。愚君暗主托坐于左，而奸臣逆道执辔于右，此齐驺马繻所以沉胡公于具水，宋羊叔牂所以弊华元于郑师，而莫之能御也。是故陈恒执简公于徐州，李兑害主父于沙丘，皆以其毒素夺君之辔策也。《文言》故曰：‘臣弑其君，子弑其父，非一朝一夕之故也，其所由来者渐矣，由变之不早变也。’是故妄违法之吏，妄造令之臣，不可不诛也。”③

统治者一定要明确法令，赏罚必行，如此形成“治势”，君王大可无为而治：“为人上，法术明而赏罚必者，虽无言语而势自治。治势一成，君自不能乱也，况臣下乎？法术不明而赏罚不必者，虽日号令，然势自乱。乱势一成，君自不能治也，况臣下乎？是故势治者，虽委之不乱；势乱者，虽勤之不治也。尧、舜恭己无为而有余，势治也；胡亥、王莽驰骛而不足，势乱也。故曰：善者求之于势，弗责于人。是以明王审法度而布教令，不行私以欺法，不黩教以辱命，故臣下敬其言而奉其禁，竭其心而称其职。此由法术

① （东汉）王符撰，（清）汪继培笺，彭铎校正：《潜夫论笺校正》，第225—226页。

② （东汉）王符撰，（清）汪继培笺，彭铎校正：《潜夫论笺校正》，第229页。

③ （东汉）王符撰，（清）汪继培笺，彭铎校正：《潜夫论笺校正》，第240—241页。

明而威权任也。”[①] 王符还深刻剖析了公法未得施行的原因，即佞臣为了私利不断干扰公法的执行，“夫国君之所以致治者公也，公法行则轨乱绝。佞臣之所以便身者私也，私术用则公法夺。列士之所以建节者义也，正节立则丑类代。此奸臣乱吏无法之徒，所为日夜杜塞贤君义士之间，咸使不相得者也。”[②]

王符指出德治与法治并不矛盾，法治是以威刑奸恶的方式来劝人向善，为德教注入了刚性的因素，法治亦被注入了柔性的因素，进而获得了更大范围的肯定，“是故上圣不务治民事而务治民心，故曰：‘听讼，吾犹人也。必也使无讼乎！’导之以德，齐之以礼，务厚其情而明则务义，民亲爱则无相害伤之意，动思义则无奸邪之心。夫若此者，非法律之所使也，非威刑之所强也，此乃教化之所致也。圣人甚尊德礼而卑刑罚，故舜先敕契以敬敷五教，而后命皋陶以五刑三居。是故凡立法者，非以司民短而诛过误，乃以防奸恶而救祸败，检淫邪而内正道尔。”[③] “夫立法之大要，必令善人劝其德而乐其政，邪人痛其祸而悔其行。诸一女许数家，虽生十子，更百赦，勿令得蒙一还私家，则此奸绝矣。不则髡其夫妻，徙千里外剧县，乃可以毒其心而绝其后，奸乱绝则太平兴矣。”[④]

学界多认为王符的治国思想为德主刑辅，“应该说，王符并不反对德教，他只是反对那种只任德教而不用刑罚的政治见解，而且他实际上也是将刑罚的地位界定为辅助德教。”[⑤] “显然，王符认为法治仅是权宜之计，是治理当今社会的手段，以此为基础和条件，施德化以归真返朴，才是根本大略。”[⑥] 但对其治国思想的总结并不十分到位，王符主张德法并治的思想，却对法治更加青睐，成为其治国重心，法在德先，这是王符创新于其他两汉“诸子”的地方。王符提出了尧舜之世、文武之世、中兴之世、幽厉之世的四种治国

---

① （东汉）王符撰，（清）汪继培笺，彭铎校正：《潜夫论笺校正》，第 363 页。

② （东汉）王符撰，（清）汪继培笺，彭铎校正：《潜夫论笺校正》，第 97 页。

③ （东汉）王符撰，（清）汪继培笺，彭铎校正：《潜夫论笺校正》，第 376 页。

④ （东汉）王符撰，（清）汪继培笺，彭铎校正：《潜夫论笺校正》，第 236 页。

⑤ 崔永东：《王符的司法思想》，《江苏警官学院学报》2012 年第 1 期。

⑥ 庄庭兰：《论荀子对王符政治思想的影响》，《齐鲁学刊》2012 年第 5 期。

方略，“上圣和德气以化民心，正表仪以率群下，故能使民比屋可封，尧、舜是也。其次躬道德而敦慈爱，美教训而崇礼让，故能使民无争心而致刑错，文、武是也。其次明好恶而显法禁，平赏罚而无阿私，故能使民辟奸邪而趋公正，理弱乱以致治强，中兴是也。治天下，身处污而放情，怠民事而急酒乐，近顽童而远贤才，亲谄谀而疏正直，重赋税以赏无功，妄加喜怒以伤无辜，故能乱其政以败其民，弊其身以丧其国者，幽、厉是也。”① 尧舜之世是以德气化民，文武之世是以道德教训而化民，中兴之世则是以法治民，幽厉之世则是乱政害民。在王符看来，在东汉中后期严峻的社会政治形势下，要达到尧舜之政、文武之政已经是不可能了，中兴汉室尚存可能，以法治国成为最为实际的治国方略。

王符又在《衰制》中将以上四种治国方略引申为三皇之政、五帝之政、三王之政、治国之政、乱国之政、亡国之政，“无慢制而成天下者，三皇也；画则象而化四表者，五帝也；明法禁而和海内者，三王也。行赏罚而齐万民者，治国也；君立法而下不行者，乱国也；臣作政而君不制者，亡国也。”② 治理国家要从低到高，由治国之政到三王之政，由三王之政到五帝之政，由五帝之政到三皇之政，“且夫治世者若登丘矣，必先蹑其卑者，然后乃得履其高。是故先致治国，然后三王之政乃可施也；道齐三王，然后五帝之化乃可行也；道齐五帝，然后三皇之道乃可从也。”③ 在王符看来，现在统治者需要努力做到的是以赏罚齐万民的治国之政。“这种对德化的崇高礼赞，也仅仅是王符的理想追求而已，并不代表他任何现实的政治主张”④，法治才是当时的最佳选择。

五、崔寔的德法思想

对于崔寔的德法思想，学界多认为是德法结合，德本刑用，如秦进才认为：“崔寔针对现实需要、结合历史经验所开出的补天救世的药方——立

---

① （东汉）王符撰，（清）汪继培笺，彭铎校正：《潜夫论笺校正》，第 380 页。

② （东汉）王符撰，（清）汪继培笺，彭铎校正：《潜夫论笺校正》，第 238 页。

③ （东汉）王符撰，（清）汪继培笺，彭铎校正：《潜夫论笺校正》，第 243 页。

④ 宋洪兵：《王符〈潜夫论〉的思想特色》，《儒道研究》2017 年辑。

足王道，参以霸政，明著法术，遭时定制，中兴改革，济时拯世。”① 陈启云认为：“崔寔主张的实现其社会理想的手段，更近似于儒家德主刑辅的政治理论。崔寔的政治思想在很大程度上保留了儒家政治思想的本色，我们不能仅仅以‘严刑峻法’四个字就错划了崔寔政治思想的范畴。”② 武帝之后，儒学逐步成为统治思想，儒家的王道思想成为儒生追求的理想政治模式，反映到治国思想层面，则是德主刑辅成为主流治国思想，无论是今文经学家还是古文经学家很难突破这一框架。阎步克指出：“对于那些以儒为本或以‘礼’为宗者，他们对于现实中的专制官僚政治制度，如果不是仅仅置身其外做纯粹的局外人或批评家，而是投注其中、设身处地地来具体规划这一体制的架构与运作的话，那么，他们几乎就不能不在阐发‘王政’和制度之时，生发出近乎于法家的议论或倾向来。”③ 绝大多数的士人纠结于德法之间，造成一种认知的模糊，“接受儒家经典教育的士人如果把法家观念纳入自己的视野，会造成什么样的认知不协调。而随着主体个人情况的不同，这种不协调会带来的紧张感强度也会大小不一。”④ 而崔寔由于其丰富的政治实践经验，以及对社会现实的清醒认识，未被德主刑辅这一传统框架所牵制，他继承了王符的先法后德思想，提出了以法为重的治国思想，这是其重要的创新。

崔寔强调因时而变，统治者要善于根据形势的变化及时调整治国方略，如果因循守旧，试图以旧的治国思想来解决新的问题，最终会走向败亡。他以乘车比喻治理国家，必须要不断保养修补方能使这辆马车性能如初，目前只有法治才能修补好东汉王朝这辆破败不堪的马车，“且守文之君，继陵迟之绪，譬诸乘弊车矣。当求巧工使辑治之，折则接之，缓则楔之，补琢换易，可复为新，新新不已，用之无穷。若遂不治，因而乘之，摧拉捌裂，亦无可奈何矣。”⑤ 崔寔生活于东汉的桓灵时期，此时东汉王朝已有土崩之势。

① 秦进才：《崔寔法律思想述论》，《燕山大学学报》（哲学社会科学版）2010 年第 2 期。
② 陈启云、张睿：《崔寔政治思想渊源新论》，《史学月刊》2012 年第 6 期。
③ 阎步克：《士大夫政治演生史稿》，北京大学出版社 1996 年版，第 209 页。
④ 徐芬：《法家取向如何进入汉末士人视野——以崔寔为个案》，《晋阳学刊》2008 年第 1 期。
⑤ 孙启治译注：《政论》，中华书局 2014 年版，第 15 页。

崔寔作为统治阶级中的一员，着眼于统治阶级的长远利益，关注到了高效率的法家政治，提出了以法为重的治国思想，以挽救东汉王朝，“政因时变的观念反映了崔寔对当时缺乏生机活力的政治统治强烈不满，要求实现政治改革的创新精神”①。

崔寔亦以先秦历史为鉴，强调因时而变，为法治的推行提供充分的历史依据，“昔孔子作《春秋》，褒齐桓，懿晋文，叹管仲之功。夫岂不美文、武之道哉？诚达权救敝之理也。”② 春秋时期，周天子衰落，戎狄与荆楚侵逼中原诸国，齐桓公、晋文公乘势崛起，他们通达权变，举起“尊王攘夷”大旗，行霸道，为历代法家所推崇，崔寔以汉末比春秋，急需像齐桓公、晋文公、管仲这些行霸道法治以拯救汉王朝的诸侯贤臣，“由于崔寔所要挑战的观念，是西汉以来就已经形成的以王道为正统的普遍信仰，那么，这就使其需要借助孔子的‘圣贤’功用，来为己张目”③。

崔寔提出了“人性多欲”的人性论，他认为人天生就有很多欲望，并会把这些欲望转化为具体的行为，若不加以限制，人们为了抢夺利益，必会破坏社会秩序，必须以法令制民欲，为其法治思想奠定了人性论基础：“夫人之情，莫不乐富贵荣华，美服丽饰，铿锵眩耀，芬芳嘉味者也。昼则思之，夜则梦焉，唯斯之务，无须臾不存于心，犹急水之归下，下川之赴壑。不厚为之制度，则皆侯服王食，僭至尊，逾天制矣。是故先王之御世也，必明法度以闭民欲，崇堤防以御水害。法度替而民散乱，堤防堕而水泛溢。顷者，法度颇不稽古，而旧号‘网漏吞舟’。故庸夫设藻棁之饰，匹竖享方丈之馔，下僭其上，尊卑无别，如使鸡鹜蛇颈龟身，五色纷丽，亦可贵于凤乎？礼坏而莫救，法堕而不恒，斯盖有识之士所为于邑而增叹者也。律令虽有舆服制度，然断之不自其源，禁之又不密，而欲绝之为实？璘玑玩饰匿于怀袖，文绣弊于帘帏也。今使列肆卖侈功，商贾鬻僭服，百工作淫器，民见可欲，不能不买。贾人之列，户蹈僭侈矣。故王政一倾，普天率土莫不奢僭

---

① 杜洪义：《崔寔政治思想述论》，《辽宁师范大学学报》（社会科学版）2001 年第 6 期。

② （南朝宋）范晔：《后汉书》卷五二，第 1727—1728 页。

③ 把梦阳：《王霸政治的历史经验与现实参照——崔寔政治思想再探》，《北京师范大学学报》（社会科学版）2019 年第 5 期。

者。非家至人告，乃时势驱之使然。”[1]

崔寔总结了两汉时期的治国经验，认为即使是在文帝时期，依然奉行法治而天下太平：“昔高祖令萧何作九章之律，有夷三族之令，黥、劓、斩趾、断舌、枭首，故谓之具五刑。文帝虽除肉刑，当劓者笞三百，当斩左趾者笞五百，当斩右趾者弃市。右趾者既损其命，鞭笞者往往至死，虽有轻刑之名，其实杀也。当此之时，民皆思复肉刑。至景帝元年，乃下诏曰：‘加笞与重罪无异，幸而不死，不可为人。’乃定减笞轻捶。自是之后，笞者得全。以此言之，文帝乃重刑，非轻之也；以严致平，非以宽致平也。”[2] 为了“以严致平”，并针对东汉时期的轻刑政策，崔寔力主恢复肉刑，成为东汉末年恢复肉刑的首倡者。

崔寔认为奉行“外儒内法”的宣帝行严刑峻法而天下大治，元帝纯行德政而国家衰落，此时的东汉王朝已经病入膏肓，即将崩溃，推行德治只能使局势更糟，推行法治可能会拯救这个国家，“故宜量力度德，《春秋》之义。今既不能纯法八代，故宜参以霸政，则宜重赏深罚以御之，明著法术以检之。自非上德，严之则理，宽之则乱。何以明其然也？近孝宣皇帝明于君人之道，审于为政之理，故严刑峻法，破奸轨之胆，海内清肃，天下密如。荐勋祖庙，享号中宗。算计见效，优于孝文。及元帝即位，多行宽政，卒以堕损，威权始夺，遂为汉室基祸之主。政道得失，于斯可监。昔孔子作《春秋》，褒齐桓，懿晋文，叹管仲之功。夫岂不美文、武之道哉？诚达权救敝之理也。故圣人能与世推移，而俗士苦不知变，以为结绳之约，可复理乱秦之绪，《干戚》之舞，足以解平城之围。夫熊经鸟伸，虽延历之术，非伤寒之理；呼吸吐纳，虽度纪之道，非续骨之膏。盖为国之法，有似理身，平则致养，疾则攻焉。夫刑罚者，治乱之药石也；德教者，兴平之粱肉也。夫以德教除残，是以粱肉理疾也；以刑罚理平，是以药石供养也。方今承百王之敝，值厄运之会。”[3] 陈启云认为崔寔只是将法治限定在解决社会问题的权宜策略的高度上，“法家所讲之法是治理国家的最高纲领和根本信念，而崔寔

---

① 孙启治译注：《政论》，第44—46页。

② 孙启治译注：《政论》，第38页。

③ （南朝宋）范晔：《后汉书》卷五二，第1727—1728页。

所讲之法只是用以解决社会问题的临时策略。”[①] 但通过分析以上材料，在东汉中后期的社会政治环境中，崔寔虽然将德教与刑罚并列，法治才是最佳的治国方略，而不是权宜“之术”。

崔寔针对逾越礼制之风、重利之风、奢靡之风的盛行，倡导有针对性地厉行法令，杜绝祸乱之源，重建国家秩序结构：“昔圣王远虑深思，患民情之难防，忧奢淫之害政，乃塞其源以绝其末，深其刑而重其罚。夫善堙川者必杜其源，善防奸者必绝其萌。昔子产相郑，殊尊卑，异章服，而国用治。岂大汉之明主，曾不如小藩之陪臣？在修之与不耳。”[②]

崔寔的法治思想还体现在他对赦免的态度上，他认为大赦是古代圣王在讨伐叛乱者时所用的重要手段，赦免胁从者以获得民心，到了战国时期，赦免也仅仅是一种招徕敌国臣民的手段。西汉初年赦免依然很少，而后赦免增加，东汉末期，赦免愈加频繁，几乎是每年一赦，甚至于一年两赦，毫无节制的赦免极大地减弱了律法的权威性与约束力，社会秩序遭到破坏，严重破坏了制法以防未然的本意，“大赦之造，乃圣王受命而兴，讨乱除残，诛其鲸鲵，赦其臣民，渐染化者耳。及战国之时，犯罪者辄亡奔邻国，遂赦之以诱还其逋逃之民。汉承秦制，遵而不越。孝文皇帝即位二十三年乃赦，示不废旧章而已。近永平、建初之际，亦六七年乃壹赦。亡命之子皆老于草野，穷困惩艾，比之于死。顷间以来，岁且壹赦，百姓忸忕，轻为奸非。每迫春节侥幸之会，犯恶尤多。近前年一期之中，大小四赦，谚曰：‘一岁再赦，奴儿喑恶’况不轨之民，孰不肆意？遂以赦为常俗，初切望之，过期不至，亡命蓄积，群辈屯聚，为朝廷忧。如是则劫，不得不赦。赦以趣奸，奸以趣赦，转相驱踧，两不得息，虽日赦之，乱甫繁耳。由坐饮多发消渴，而水更不得去口，其归亦无终矣。又践祚改元际，未尝不赦，每其令曰‘荡涤旧恶，将与士大夫更始’，是褒己薄先，且违‘无改’之义，非所以明孝抑邪之道也。昔管子有云：‘赦者奔马之委辔，不赦者痤疽之砭石。’及匡衡、吴汉，将相之俊，而皆建言不当数赦。今如欲尊先王之制，宜旷然更下大赦

① 陈启云、张睿：《崔寔政治思想渊源新论》，《史学月刊》2012 年第 6 期。

② 孙启治译注：《政论》，第 55—56 页。

令，因明谕使知永不复赦，则群下震栗，莫轻犯罪。纵不能然，宜十岁以上乃时壹赦。”① “崔寔对赦免行为的观察与效果的分析，对现代犯罪心理学的研究也有启发性作用”②

“崔寔在强调以法治国的同时，又主张贤人政治”③，推行法治，只是制定严密的法令是不够的，更需要廉洁高效的官吏队伍去执行，否则只是沦为一纸空文。“崔寔深入研究了消费需求与吏治善恶的关系”④，要使他们力行法治，必须要有一定的物质基础，增加他们的俸禄，改善官吏待遇，“昔明王之统黎元，盖济其欲而为之节度者也。凡人情之所通好，则恕己而足之。因民有乐生之性，故分禄以颐其士，制庐井以养其萌，然后上下交足，厥心乃静。人非食不活，衣食足，然后可教以礼义，威以刑罚。苟其不足，慈亲不能畜其子，况君能捡其臣乎？故古记曰：‘仓廪实而知礼节，衣食足而知荣辱。’今所使分威权、御民人、理讼狱、干府库者，皆群臣之所为，而其俸禄甚薄，仰不足以养父母，俯不足以活妻子。父母者，性所爱也；妻子者，性所亲也。所爱所亲方将冻馁，虽冒刃求利，尚犹不避，况可令临财御众乎？是所谓渴马守水，饿犬护肉，欲其不侵，亦不几矣。”⑤

六、何休的德法思想

“‘大一统’是《公羊春秋》之最胜义，何休据此多有发挥，遂构成其政治理论的核心内容。”⑥《公羊传》提出了“大一统”的思想，隐公元年经文：“元年，春，王正月。元年者何？君之始年也。春者何？岁之始也。王者孰谓？谓文王也。曷为先言王而后言正月？王正月也。何言乎王正月？大一统也。”⑦ 但其阐释还是比较简略的。在此基础上，何休以“五始”理论进一步发展了“大一统”思想，《文谥例》云：“五始者，元年、春、王、正

① 孙启治译注：《政论》，第104—110页。

② 秦进才：《崔寔法律思想述论》，《燕山大学学报》（哲学社会科学版）2010年第2期。

③ 刘建清：《崔寔政治法律思想探微》，《法学评论》1986年第6期。

④ 孙家洲：《东汉政论家崔寔的“增俸养廉”论》，《文史天地》2021年第5期。

⑤ 孙启治译注：《政论》，第93—95页。

⑥ 黄朴民：《论何休学说的历史影响》，《东岳论丛》1999年第4期。

⑦ 李学勤主编：《春秋公羊传注疏》，北京大学出版社1999年版，第5—10页。

月、公即位是也。”① 颜师古对其“五始”进行了更为明确的解释：“元者气之始，春者四时之始，王者受命之始，正月者政教之始，公即位者一国之始。”②“元”是天地万物的本源，但在何休看来，由于“元”是虚拟的，万物统一于“元”是不现实的，“王”是大一统真正的承担者，所有的一切必须要统一于王，王具有了本体论的意义，“以元之气，正天之端；以天之端，正王之政；以王之政，正诸侯之即位；以诸侯之即位，正境内之治。”③ 何休认为“大一统”的达成不是一蹴而就的，他提出了“三世说”，即衰乱世—升平世—太平世，随着“三世”递进，“大一统”逐步形成与发展，“所见者，谓昭、定、哀，己与父时事也；所闻者，谓文、宣、成、襄，王父时事也；所传闻者，谓隐、桓、庄、闵、僖，高祖曾祖时事也。……于所传闻之世，见治起于衰乱之中，用心尚粗粗，故内其国而外诸夏……于所闻之世，见治升平，内诸夏而外夷狄……至所见之世，著治太平，夷狄进至于爵，天下远近大小若一”④。而“三世”的逐步推进，“大一统”的完成与维护，与其德法思想是分不开的。

何休提出了先德后法，重德轻法的思想。何休明确提出了“贵教化而贱刑罚”的主张：“异者，所以为人戒也。重异不重灾，君子所以贵教化而贱刑罚也。周十日，夏八月，微霜用事，未可杀菽。菽者，少类，为稼强，季氏象也。是时定公喜于得位，而不念父黜逐之耻，反为淫祀立炀宫，故天示以当早诛季氏。”⑤

“寓政治于经学确实成了当时的潮流”⑥，《春秋公羊解诂》中处处体现着儒家的这种“德治”思想。“王道社会的实现过程也就是仁义和德政不断推展的过程，帝王自然是推展主导”⑦，何休极为强调统治者的道德修养，强调

---

① 李学勤主编：《春秋公羊传注疏》，第 5 页。

② （东汉）班固：《汉书》卷六四下，第 2824 页。

③ 李学勤主编：《春秋公羊传注疏》，第 10 页。

④ 李学勤主编：《春秋公羊传注疏》，第 25—26 页。

⑤ 李学勤主编：《春秋公羊传注疏》，第 551 页。

⑥ 章权才：《何休〈公羊解诂〉研究》，《广东社会科学》1984 年第 1 期。

⑦ 刘家和、李景明、蒋重跃：《论何休〈公羊解诂〉的历史哲学》，《江海学刊》2005 年第 3 期。

统治者要贵德、贵臣、贵老、敬长，“贵有德，为其近于道也；贵臣，为其近于君也；贵老，为其近于父也；敬长，为其近于兄也；慈幼，为其近于子弟也。”[①]

统治者要躬行孝道以为天下先，“礼，天子亲耕，东田千亩，诸侯百亩。后夫人亲西郊采桑，以共粢盛祭服，躬行孝道以先天下”[②]。何休在解释“秋，武氏子来求赙。武氏子者何？天子之大夫也。其称武氏子何？讥。何讥尔？父卒，子未命也”[③]时，批判武氏子父刚死去，便自称为大夫，违背孝道，“时虽世大夫，缘孝子之心，不忍便当父位，故顺古先试一年，乃命于宗庙。武氏子父新死，未命而便为大夫，薄父子之恩，故称氏言子，见未命以讥之。”[④]更是批评其主动求赙的行为，这更不符合孝道，“礼本为有财者制，有则送之，无则致哀而已，不当求，求则皇皇无孝子之心”[⑤]。

何休强调王者以至廉示天下，“王者千里，畿内租税，足以共费；四方各以其职来贡，足以尊荣，当以至廉无为率先天下，不当求。求则诸侯贪，大夫鄙，士庶盗窃。求例时，此月者，桓行恶不能诛，反从求之，故独月。”[⑥]

至于修养道德的方式，何休强调以礼乐养德，礼从外部成其德，而乐从内部以养其德，宫、商、角、徵、羽五音对应于温雅、方正、仁、礼、施五种品德，使人浸染于音乐之中，必能贯通其血脉精神，成就其高尚之品德，“夫乐本起于和顺，和顺积于中，然后荣华发于外，是故八音者，德之华也；歌者，德之言也；舞者，德之容也，故听其音可以知其德，察其诗可以达其意，论其数可以正其容，荐之宗庙足以享鬼神，用之朝廷足以序群臣，立之学宫足以协万民。凡人之从上教也，皆始于音，音正则行正，故闻宫声，则使人温雅而广大；闻商声，则使人方正而好义；闻角声，则使人恻

① 李学勤主编：《春秋公羊传注疏》，第 81 页。
② 李学勤主编：《春秋公羊传注疏》，第 103 页。
③ 李学勤主编：《春秋公羊传注疏》，第 38 页。
④ 李学勤主编：《春秋公羊传注疏》，第 38 页。
⑤ 李学勤主编：《春秋公羊传注疏》，第 39 页。
⑥ 李学勤主编：《春秋公羊传注疏》，第 104 页。

隐而好仁；闻徵声，则使人整齐而好礼；闻羽声，则使人乐养而好施，所以感荡血脉，通流精神，存宁正性，故乐从中出，礼从外作也。礼乐接于身，望其容而民不敢慢，观其色而民不敢争，故礼乐者，君子之深教也，不可须臾离也。君子须臾离礼，则暴慢袭之；须臾离乐，则奸邪入之，是以古者天子诸侯，雅乐钟磬未曾离于庭，卿大夫御琴瑟未曾离于前，所以养仁义而除淫辟也。”①

只是君主的道德榜样作用对于推行德治来说是远远不够的，必须要推行德政，以深入到社会政治领域，“在何休那里，君主所要专注的主要就是‘德治’。强调君德的最终目的就是要落实到社会政治上。”② 推行德政，首先要重视“民食”，“民食”是安定国家的重要基础，“民以食为本也。夫饥寒并至，虽尧、舜躬化，不能使野无寇盗。”③ 君主要保证农时，教民因地而耕，促进农业生产的发展，大力增加国家以及民众家庭的粮食储备，“当奉顺四时之正”，“地势各有所生，原宜粟，隰宜麦，当教民所宜，因以制贡赋”④，“三年耕余一年之畜，九年耕余三年之积，三十年耕有十年之储，虽遇唐尧之水，殷汤之旱，民无近忧，四海之内莫不乐其业，故曰颂声作矣”⑤。何休还建议统治者“薄赋敛”，批判鲁哀公“空尽国储，故复用田赋，过什一”⑥，“赋者，敛取其财物也。言用田赋者，若今汉家敛民钱，以田为率矣。”⑦ 借以讽刺东汉末年赋税过重的情况。

在外交领域，何休强调统治者要修文德以来远人，在解释“夏，公会齐侯、宋公、陈侯、卫侯、曹伯伐郑，围新城。邑不言围，此其言围何？强也”⑧ 时，坚决抨击了齐桓公以武力讨伐郑国的行为，“恶桓公行霸，强而无

① 李学勤主编：《春秋公羊传注疏》，第 50 页。

② 郑任钊：《何休〈公羊解诂〉的君主论思想》，《湖南大学学报》（社会科学版）2014 年第 6 期。

③ 李学勤主编：《春秋公羊传注疏》，第 360 页。

④ 李学勤主编：《春秋公羊传注疏》，第 476 页。

⑤ 李学勤主编：《春秋公羊传注疏》，第 361 页。

⑥ 李学勤主编：《春秋公羊传注疏》，第 612 页。

⑦ 李学勤主编：《春秋公羊传注疏》，第 612 页。

⑧ 李学勤主编：《春秋公羊传注疏》，第 219 页。

义也。郑背叛，本由桓公过陈不以道理，当先修文德以来之，而便伐之，强非所以附疏。”[①] 亦抨击了晋文公武力讨伐许国的行为，鲁僖公二十八年，“遂会诸侯围许”[②]，“霸兵不月者，刺文公不偃武修文以附疏，仓卒欲服许，卒不能降，威信自是衰，故不成其善。”[③]

何休还提出了自己的法治观点。何休认为彗星于天亮时出现，这是天子衰微，诸侯坐大，天子法治废弃的表现，亦强调天子要恢复法治，“房心，天子明堂布政之庭，于此旦见，与日争明者，诸侯代王治，典法灭绝之象，是后周室遂微，诸侯相兼，为秦所灭，燔书道绝。”[④] 他将法令严惩的对象限制在反叛君主，非议圣人，违背孝道的人，“无尊上，非圣人，不孝者，斩首枭之”[⑤]。南宫万弑杀宋闵公，何休认为应立即诛杀，“犹乳犬攫虎，伏鸡搏狸，精诚之至也。争博弑君而以当国言之者，重录强御之贼，祸不可测，明当防其重者，急诛之。”[⑥] “宋华亥、向宁、华定自宋南里出奔楚。”何休认为应当诛杀专权冒犯宋君的华亥、向宁、华定三位大夫，“前出奔已绝贱，复录者，以故大夫专势入南里，犯君而出，当诛也。”[⑦] 何休强调君主要以鲁国季氏专权为鉴紧紧掌握法令赏罚之权，“季氏专赏罚，得民众之心久矣，民顺从之，犹牛马之于委食己者。”[⑧]

但其法治思想却有着浓厚的亲亲、等级色彩，何休主张以亲亲原则来进行赏罚，在治理乱世时，要施以重赏，在太平之时，则罚以轻刑：“明当以亲亲原而与之，于治乱当赏疑从重，于平世当罚疑从轻。”[⑨] 何休主张在司法中奉行父子相隐的原则，如鲁文公十五年十二月，“齐人来归子叔姬。其言来何？闵之也。此有罪，何闵尔？父母之于子，虽有罪，犹若其不欲服罪

① 李学勤主编：《春秋公羊传注疏》，第 219 页。
② 李学勤主编：《春秋公羊传注疏》，第 262 页。
③ 李学勤主编：《春秋公羊传注疏》，第 262 页。
④ 李学勤主编：《春秋公羊传注疏》，第 617 页。
⑤ 李学勤主编：《春秋公羊传注疏》，第 315 页。
⑥ 李学勤主编：《春秋公羊传注疏》，第 149 页。
⑦ 李学勤主编：《春秋公羊传注疏》，第 513 页。
⑧ 李学勤主编：《春秋公羊传注疏》，第 525 页。
⑨ 李学勤主编：《春秋公羊传注疏》，第 187 页。

然。”[①]何休解诂：“孔子曰：‘父为子隐，子为父隐，直在其中矣。’所以崇父子之亲也。言齐人不以弃归为文者，令与敖同文相发明。叔姬于文公为姊妹，言父母者，时文公母在，明孝子当申母恩也。月者，闵录之，从无罪例。”[②]何休赞成季友以亲亲之义放过了兄长庆父，“论季子当从议亲之辟，犹律亲亲得相首匿，当与叔孙得臣有差。”[③]何休力主刑不上大夫，使得其法治思想大打折扣：“古者刑不上大夫，盖以为摘巢毁卵，则凤凰不翔；刳胎焚夭，则麒麟不至。刑之则恐误刑贤者，死者不可复生，刑者不可复属，故有罪放之而已，所以尊贤者之类也。”[④]

何休反对推行严刑峻法，梁国君主因推行严刑峻法，最终民叛国亡，“梁君隆刑峻法，一家犯罪，四家坐之，一国之中，无不被刑者。百姓一旦相率俱去，状若鱼烂。”[⑤]如果单纯依靠刑罚，那就会陷入一个刑罚愈多而天下愈乱的死循环，“古者肉刑：墨、劓、膑、宫，与大辟而五。孔子曰：‘三皇设言民不违，五帝画象世顺机，三王肉刑揆渐加，应世黠巧奸伪多。’”[⑥]

何休强调德与刑是天子考核诸侯的重要方面，是诸侯治理封国的重要手段，“古者诸侯将朝天子，必先会间隙之地，考德行，一刑法，讲礼义，正文章，习事天子之仪，尊京师，重法度，恐过误。”[⑦]但何休强调先德后法，重德轻法，“齐桓既没，诸侯背叛，无道者非一。晋与曹同姓，恩惠当先施，刑罚当后加，起而征之，嫌其失义，故著其甚恶者可知也。”[⑧]“异者，所以为人戒也。重异不重灾，君子所以贵教化而贱刑罚也。”[⑨]

“作为汉代经学研究方法之一，以律注经最具代表性者有二：一为何休注《春秋公羊传》，即以汉律之内容规定注释《公羊传》；一为郑玄注‘三

① 李学勤主编：《春秋公羊传注疏》，第 312 页。
② 李学勤主编：《春秋公羊传注疏》，第 312 页。
③ 李学勤主编：《春秋公羊传注疏》，第 190 页。
④ 李学勤主编：《春秋公羊传注疏》，第 320 页。
⑤ 李学勤主编：《春秋公羊传注疏》，第 241 页。
⑥ 李学勤主编：《春秋公羊传注疏》，第 462 页。
⑦ 李学勤主编：《春秋公羊传注疏》，第 584 页。
⑧ 李学勤主编：《春秋公羊传注疏》，第 256—257 页。
⑨ 李学勤主编：《春秋公羊传注疏》，第 551 页。

礼’，即以汉代诸种国家礼仪制度注释《周礼》《礼记》《仪礼》。如果从最狭义的‘律’（仅指汉律条文本身而不包括以此为基础所建立的庞大的国家制度）的角度出发，何休的《公羊注》显然更具有典型意义。”[①] 何休通过以律注经的方式力促儒法结合，用汉律条文注解《公羊传》中的相关内容，为其注入了刚性因素。鲁桓公六年，“蔡人杀陈佗。陈佗者何？陈君也。陈君，则曷为谓之陈佗？绝也。曷为绝之？贱也。其贱奈何？外淫也。恶乎淫？淫于蔡，蔡人杀之。”[②] 何休解释为：“贱而去其爵者，起其见卑贱，犹律文立子奸母，见乃得杀之也。”[③]《春秋》直呼陈国国君为陈佗，以其淫于蔡国而被杀，拒称其爵号。何休以汉律中的“立子奸母”来加以说明，强调对于此种罪名，“见乃得杀之”。庄公十年，“二月，公侵宋。曷为或言侵，或言伐？粗者曰侵，战不言伐，围不言战，入不言围，灭不言入，书其重者也。”[④] 何休在解释“书其重者”，援引汉律“明当以重者罪之，犹律一人有数罪，以重者论之”[⑤]。鲁宣公元年，“六月，齐人取济西田。外取邑不书，此何以书？所以赂齐也。曷为赂齐？为弑子赤之赂也。”[⑥] 鲁宣公杀掉齐君外孙子赤，为了获得齐国支持，以济西田向齐行贿，何休援引汉律中的受贿罪来阐发自己的观点：“子赤，齐外孙，宣公篡，弑之。恐为齐所诛，为是赂之，故讳使若齐自取之者，亦因恶齐取篡者赂，当坐取邑。未之齐坐者，由律行言许受赂也。”[⑦]

但是也不能过高地评价何休融合儒法的程度，他仅以汉律条文来说明《公羊传》中的记载，使得士人们能够更直观地了解其中的微言大义，并未做到真正深层次的融合。在何休眼中，“经”为主，“律”为辅，“律”服务于“经”，法家思想依附于儒家思想，虽然“使儒学由‘圣人之学’变成统

① 林丛：《论汉代的以律注经与法律儒家化——以〈公羊传〉何休注为切入点》，《孔子研究》2016 年第 2 期。

② 李学勤主编：《春秋公羊传注疏》，第 86—87 页。

③ 李学勤主编：《春秋公羊传注疏》，第 87 页。

④ 李学勤主编：《春秋公羊传注疏》，第 141—142 页。

⑤ 李学勤主编：《春秋公羊传注疏》，第 142 页。

⑥ 李学勤主编：《春秋公羊传注疏》，第 322 页。

⑦ 李学勤主编：《春秋公羊传注疏》，第 322 页。

治者的学说，使儒家的思想体系更具有实用性”①，其思想解决现实社会政治问题的能力大打折扣。

何休认为先德后法、重德轻法的推行必须要有一定的物质基础，力倡恢复井田制，“颂声者，太平歌颂之声，帝王之高致也。《春秋》经传数万，指意无穷，状相须而举，相待而成，至此独言颂声作者，民以食为本也。夫饥寒并至，虽尧、舜躬化，不能使野无寇盗；贫富兼并，虽皋陶制法，不能使强不凌弱，是故圣人制井田之法而口分之：一夫一妇受田百亩，以养父母妻子，五口为一家，公田十亩，即所谓十一而税也。庐舍二亩半，凡为田一顷十二亩半，八家而九顷，共为一井，故曰井田。……井田之义：一曰无泄地气，二曰无费一家，三曰同风俗，四曰合巧拙，五曰通财货。……种谷不得种一谷，以备灾害。田中不得有树，以妨五谷。还庐舍桑荻杂菜，畜五母鸡两母豕，瓜果种疆畔，女上蚕织，老者得衣帛焉，得食肉焉，死者得葬焉。……三年耕余一年之畜，九年耕余三年之积，三十年耕有十年之储，虽遇唐尧之水，殷汤之旱，民无近忧，四海之内莫不乐其业，故曰颂声作矣。”②

总的来说，何休的重德轻法，先德后法思想，虽然意识到了法治的重要作用，亦不乏创新之处，比如关于井田制与德法思想关系的论述。但其法治思想以亲亲、等级为原则，没有超出传统儒家重德轻法的框架，其德法思想无法解决当时的诸多社会问题，在当时难以产生广泛的影响。

七、郑玄的德法思想

在郑玄看来，“儒学不是表现为服务于现实政治的礼乐形式及相应的意识形态粉饰，而是独立的儒者阶层为后王制定的一套严明的政治制度与价值规范。”③古文经大师郑玄提出的德法结合思想正是他所力图构建的这一套政治制度与价值规范的灵魂。其德治思想与传统儒学是一脉相承的，他注重

---

① 汪荣：《经学刑德观与汉代法律研究》，博士学位论文，西南政法大学，2008年，176页。

② 李学勤主编：《春秋公羊传疏》，第360—361页。

③ 郑伟、杨彩丹：《郑玄经学的问题意识与思想宗旨——对郑玄经学的一种症候式解读》，《晋阳学刊》2019年第5期。

德义教化，认为仁德是治理国家的重要手段，“《甫刑》曰：‘德威惟威，德明惟明。’非虞帝，其孰能如此乎？”郑玄注：“德所威则人皆畏之，言服罪也。德所明则人皆尊宠之，言得人也。”①强调统治者要仁义并重，“厚于仁者薄于义，亲而不尊。厚于义者薄于仁，尊而不亲。”郑玄注：“言仁义并行者也。仁多则人亲之，义多则人尊之。”②郑玄强调孝是一切道德与行为的根本，《孝经·开明宗义》：“夫孝，德之本也。”郑玄注：“人之行莫大于孝，故为德本。”③进而移孝做忠，孝子必为忠臣，《孝经·士章》：“故以孝事君则忠，以敬事长则顺。”郑玄注：“移事父孝以事于君，则为忠矣”；“移事兄敬以事于长，则为顺矣。”④

郑玄强调对公卿大夫子弟要进行德行教育，由内而外，先培育其内心的至德、敏德、孝德，继而培育其外在的孝行、友行、顺行。“以三德教国子：一曰至德，以为道本；二曰敏德，以为行本；三曰孝德，以知逆恶。教三行：一曰孝行，以亲父母；二曰友行，以尊贤良；三曰顺行，以事师长。”郑玄注：“德行，内外之称。在心为德，施之为行。至德，中和之德，覆焘持载含容者也。孔子曰：‘中庸之为德，其至矣乎。’敏德，仁义顺时者也。《说命》曰：‘敬孙务时繁，厥修乃来。’孝德，尊祖爱亲，守其所以生者也。孔子曰：‘武王、周公，其达孝矣乎。夫孝者，善继人之志，善述人之事者也。’孝在三德之下、三行之上，德有广于孝，而行莫尊焉。国子，公卿大夫之子弟，师氏教之，而世子亦齿焉，学君臣、父子、长幼之道。”⑤

“礼乐与德性有着来自造化的根源性根基，有着人之直下置身宇宙阴阳消息律动生化场的生命生存语境，王者立王道兴礼乐育民德，最终要启迪万民的礼乐与德性的根源性自觉。”⑥郑玄认为统治者成就自己的德行之后，更要以六德、六行来教化百姓，启迪其道德善性，“以乡三物教万民而宾兴

---

① 李学勤主编：《礼记正义》，北京大学出版社 1999 年版，第 1487 页。
② 李学勤主编：《礼记正义》，第 1472 页。
③ 李学勤主编：《孝经注疏》，北京大学出版社 1999 年版，第 3 页。
④ 李学勤主编：《孝经注疏》，第 14 页。
⑤ 李学勤主编：《周礼注疏》，北京大学出版社 1999 年版，第 348 页。
⑥ 王新春、温磊：《郑玄的〈周易〉象视域诠释与王道重建》，《周易研究》2020 年第 5 期。

之：一曰六德，知、仁、圣、义、忠、和；二曰六行，孝、友、睦、姻、任、恤”。郑玄注：“知，明于事。仁，爱人以及物。圣，通而先识。义，能断时宜。忠，言以中心。和，不刚不柔。善于父母为孝，善于兄弟为友。睦，亲于九族。姻，亲于外亲。任，信于友道。恤，振忧贫者。”[①]针对《周易·同人》卦辞“同人于野亨”，郑玄注曰：“乾为天。离为火。卦体有巽。巽为风。天在上。火炎上而从之。是其性。同于天也。火得风。然后炎上益炽。是犹人君在上施政教。使天下之人和同而事之。以是为人和同者。君之所为也。故谓之同人。风行无所不遍。遍则会通之德大行。故曰同人于野。亨。”[②]君王应该像风助火势一样推行德教，感化天下万民，进而形成一个以君主为核心的颇具向心力的国家。

“‘德’是真正的‘正始之道，王化之基’；而后逐步彰显由德性出发所施及的事功层面”[③]。在推行道德教化的基础上，郑玄还强调要对百姓施行仁政，即保息、慈幼、养老、振穷、恤贫、宽疾、安富六政，“以保息六养万民：一曰慈幼，二曰养老，三曰振穷，四曰恤贫，五曰宽疾，六曰安富。”郑玄注：“保息，谓安之使蕃息也。慈幼谓爱幼少也。产子三人与之母，二人与之饩，十四以下不从征。养老，七十养于乡，五十异粻之属。振穷，拯救天民之穷者也。穷者有四，曰矜、曰寡、曰孤、曰独。恤贫，贫无财业禀贷之。宽疾，若今癃不可事不算卒，可事者半之也。安富，平其繇役，不专取。”[④]

“如果我们联系汉末新法家思想的抬头，诸子们常常反对侈谈古圣人之道，而将推行法治或霸政当作挽救汉家危亡的权宜之计来看的话，则郑玄的观点异乎潮流之外。他显然对汉家天下不抱有任何挽救的希望，而要在一片新的地块上描绘一幅前所未有的政治图景。不过这一切都要等到后王来实现了。”[⑤]郑玄顺应法家复兴的潮流，为了挽救濒临灭亡的东汉王朝，亦提出了

---

① 李学勤主编：《周礼注疏》，第 266 页。

② 郑玄著，王应麟辑：《郑氏周易注》，商务印书馆 1939 年版，第 10 页。

③ 黄若舜：《“德化”与“礼制”——郑玄〈诗〉学对于〈诗序〉“正变”论的因革》，《学术研究》2017 年第 6 期。

④ 李学勤主编：《周礼注疏》，第 261 页。

⑤ 郑伟、杨彩丹：《郑玄经学的问题意识与思想宗旨——对郑玄经学的一种症候式解读》，《晋阳学刊》2019 年第 5 期。

自己的法治思想。郑玄强调法令的制定与施行要因时因地而变化，不能一味宽仁，亦不能一味苛酷。《周礼·秋官·大司寇》：“一曰刑新国用轻典，二曰刑平国用中典，三曰刑乱国用重典。”郑玄注：“新国者，新辟地立君之国。用轻法者，为其民未习于教”；“平国，承平守成之国也。用中典者，常行之法”；“乱国，篡弑叛逆之国。用重典者，以其化恶伐灭之。”[①] 当然在郑玄看来，当时立国已近200年的东汉早已不是“新国”“平国”，而是“乱国”，此时更需要“重典”。

郑玄面对东汉王朝的土崩瓦解之势，力主因时制法，恢复肉刑。《周礼·秋官·司刑》：“掌五刑之法，以丽万民之罪。墨罪五百，劓罪五百，宫罪五百，刖罪五百，杀罪五百。”郑玄注：“墨，黥也，先刻其面，以墨窒之。劓，截其鼻也。今东西夷或以墨劓为俗，古刑人亡逃者之世类与？宫者，丈夫则割其势，女子闭于宫中，若今宦男女也。刖，断足也。周改膑作刖。杀，死刑也。《书传》曰：‘决关梁、逾城郭而略盗者，其刑膑。男女不以义交者，其刑宫。触易君命，革舆服制度，奸轨盗攘伤人者，其刑劓。非事而事之，出入不以道义，而诵不详之辞者，其刑墨。降叛、寇贼、劫略、夺攘、矫虔者，其刑死。’此二千五百罪之目略也，其刑书则亡。夏刑大辟二百，膑辟三百，宫辟五百，劓墨各千，周则变焉，所谓刑罚世轻世重者也。”[②] 郑玄主张免去赦法，《礼记·王制》：“凡作刑罚，轻无赦。”郑玄注：“法虽轻，不赦之，为人易犯。”[③]

对于破坏大一统政治，破坏统治秩序的行为要严加惩处。“十年冬，行幸甘泉。将军薄昭死。”郑玄注：“昭杀汉使者，文帝不忍加诛，使公卿从之饮酒，欲令自引分。昭不肯，使群臣丧服往哭之，乃自杀。有罪，故言死。”[④]“设附益之法”，张晏曰：“律郑氏说，封诸侯过限曰附益。或曰阿媚王侯，有重法也。”[⑤]

---

① 李学勤主编：《周礼注疏》，第903页。

② 李学勤主编：《周礼注疏》，第944页。

③ 李学勤主编：《礼记正义》，第412页。

④（东汉）班固：《汉书》卷四，第123页。

⑤（东汉）班固：《汉书》卷一四，第396页。

尽管郑玄从内心主张用法治来挽救这个濒临灭亡的王朝，但他一直受到官方儒家思想的影响，纠结于儒法之间，难以像王符、崔寔那样突破传统儒家的框架。郑玄强调制定法令要区分过失与故意，“其有过失者，三让而罚，三罚而归于圜土。”对于过失犯罪，郑玄强调宽于惩罚，“圜土，狱城也。过失近罪，昼日任之以事而收之，夜藏于狱，亦如明刑以耻之。不使坐嘉石，其罪已著，未忍刑之。”[①] 郑玄认为《春秋》主张妻子可以杀掉不孝的丈夫，颇为残酷，应更宽仁一些，改为殴打，“乙虽不孝，但欧之耳，杀之太甚。”[②]

郑玄还强调法令的施行要注重灵活性，当国家出现灾荒、丧事、战争时，要注意减免法令。《周礼·秋官·朝士》：“若邦凶荒、札丧、寇戎之故，则令邦国、都家、县鄙虑刑贬。”郑玄注：“虑，谋也。贬犹减也。谓当图谋缓刑，且减国用，为民困也。所贬视时为多少之法。”[③] 在执行法令上，郑玄强调以儒家礼制为原则宽待贵族官员。《周礼·秋官·小司寇》：“以八辟丽邦法，附刑罚：一曰议亲之辟，二曰议故之辟，三曰议贤之辟，四曰议能之辟，五曰议功之辟，六曰议贵之辟，七曰议勤之辟，八曰议宾之辟。”[④] 郑玄注“议亲”，“若今时宗室有罪，先请是也”；“议故”，“故谓旧知也。郑司农云：‘故旧不遗，则民不偷’”；“议贤”，“郑司农云：‘若今时廉吏有罪，先请是也。’”“议能”，“能谓有道艺者。”“议功”，“谓有大勋力立功者。”“议贵”，“郑司农云：‘若今时吏墨绶有罪，先请是也。’”“议勤”，“谓憔悴以事国”；“议宾”，“谓所不臣者，三恪二代之后与？”[⑤] 郑玄主张用法要适应时节，反对断狱于孟夏之月，“《祭统》曰‘草艾则墨’，谓立秋后也。刑无轻于墨者，今以纯阳之月，断刑决罪，与毋有坏堕自相违，似非。”[⑥]

郑玄强调君主不能以个人爱憎来处理案件，需要征求大臣、百姓的意

---

① 李学勤主编：《周礼注疏》，第 357 页。
② 李学勤主编：《礼记正义》，第 318 页。
③ 李学勤主编：《周礼注疏》，第 942 页。
④ 李学勤主编：《周礼注疏》，第 915—917 页。
⑤ 李学勤主编：《周礼注疏》，第 915—917 页。
⑥ 李学勤主编：《礼记正义》，第 494 页。

见，以作出公平的裁决。《周礼・秋官・小司寇》：“以五声听狱讼，求民情。一曰辞听，二曰色听，三曰气听，四曰耳听，五曰目听。”郑玄注“辞听”，“观其出言，不直则烦”；“色听”，“观其颜色，不直则赧然”；“气听”，“观其气息，不直则喘”；“耳听”，“观其听聆，不直则惑”；“目听”，“观其牟子视，不直则眊然”。[①]《周礼・秋官・小司寇》：“以三刺断庶民狱讼之中：一曰讯群臣，二曰讯群吏，三曰讯万民。”郑玄注：“刺，杀也，三讯罪定则杀之。”“民言杀，杀之。言宽，宽之。”[②]《礼记・王制》“邮罚丽于事”，郑玄注：“邮，过也。丽，附也。过人、罚人，当各附于其事，不可假他以喜怒。”[③]

“郑玄虽继承了西汉的思想，但现实已不容许他施展经学的政教理想。”[④]在东汉王朝分崩离析的情况下，郑玄还是尽最大努力地协调德法之间的关系，强调德法结合，在传统德化的框架下，发展了法治思想，并行道德教化与法令赏罚，力图解决当时的诸多社会问题。郑玄在分析太宰的职责时，强调治理国家需要治典、教典、礼典、政典、刑典、事典，礼教与政刑成为治理国家的重要制度。“郑司农云：‘治典，冢宰之职，故立其官，曰使帅其属而掌邦治，以佐王均邦国；教典，司徒之职，故立其官，曰使帅其属而掌邦教，以佐王安扰邦国；礼典，宗伯之职，故立其官，曰使帅其属而掌邦礼，以佐王和邦国；政典，司马之职，故立其官，曰使帅其属而掌邦政，以佐王平邦国；刑典，司寇之职，故立其官，曰使帅其属而掌邦禁，以佐王刑辅国。’”[⑤]廉洁为官府行政之本，守法为其重要的职责，“以听官府之六计，弊群吏之治：一曰廉善，二曰廉能，三曰廉敬，四曰廉正，五曰廉法，六曰廉辨。”“听，平治也。平治官府之计有六事。弊，断也。既断以六事，又以廉为本。善，善其事，有辞誉也。能，政令行也。敬，不解于位也。正，行无倾邪也。法，守法不失也。辨，辨然不疑惑也。”[⑥]

---

① 李学勤主编：《周礼注疏》，第 914—915 页。

② 李学勤主编：《周礼注疏》，第 917 页。

③ 李学勤主编：《礼记正义》，第 412 页。

④ 谷继明：《郑玄易学中的天道与政教》，《哲学研究》2020 年第 11 期。

⑤ 李学勤主编：《周礼注疏》，第 24 页。

⑥ 李学勤主编：《周礼注疏》，第 60 页。

何休重在以律注经，郑玄不仅以律注经，还以经注律，其代表作为数十万字的《律学章句》。此著虽已散佚，但是从零星的记载中，我们还能够看到这部巨著在当时的权威性以及深远影响。至曹魏时，有十几家律法章句，断狱难以取舍，魏明帝下诏以郑玄的《律学章句》作为断狱根据，成为律学权威：“后人生意，各为章句。叔孙宣、郭令卿、马融、郑玄诸儒章句十有余家，家数十万言。凡断罪所当由用者，合二万六千二百七十二条，七百七十三万二千二百余言，言数益繁，览者益难。天子于是下诏，但用郑氏章句，不得杂用余家。”①

在注经的过程中，郑玄亦用律法来解释经义，同样是其法律思想的重要组成部分，“由此，郑玄构建了一个经律同相、礼法双修的儒学体系”②。郑玄在注解《礼记·王制》“执左道以乱政，杀”时，“左道，若巫蛊及俗禁”。③《汉书·诸侯王表序》中有“附益之法”，张晏曰：“律郑氏说，封诸侯过限曰附益。”④在解释《周礼·秋官·司刺》中的“壹宥曰不识”时，郑玄注：“过失，若今律过失杀人不坐死。”⑤对于“阴讼”制度，郑玄在注释《周礼·地官·媒氏》“凡男女之阴讼，听之于胜国之社”时，“阴讼，争中构之事以触法者。胜国，亡国也。亡国之社，奄其上而栈其下，使无所通。就之以听阴讼之情，明不当宣露。”⑥“郑玄的法律思想，尤其是他对某些法律原则、制度和概念的阐述，对我国后世法律的发展产生了众多积极的影响。晋代张斐、杜预注律，以及唐代孔颖达疏律等，都在形式上继承了郑玄的传统。”⑦何休注重以律注经，以汉律条文注解经书，“经”主“律”辅，实用性较弱，故影响较小。与何休不同，郑玄是从较深层次上去融合儒法，不仅是以律注经，亦以经注律，创《律学章句》，其治国思想具有了一定的

① （唐）房玄龄等：《晋书》卷三〇，中华书局1974年版，第923页。

② 李若晖：《〈诗·商颂·那〉礼制与郑玄更礼》，《北京师范大学学报》（社会科学版）2021年第1期。

③ 李学勤主编：《礼记正义》，第412页。

④ （东汉）班固：《汉书》卷一四，第396页。

⑤ 李学勤主编：《周礼注疏》，第946页。

⑥ 李学勤主编：《周礼注疏》，第366页。

⑦ 吴存浩：《简论郑玄在法律学上的成就》，《昌潍师专学报》2000年第1期。

实用性与弹性，但相较于王符、崔寔的治国思想而言，依然显得保守。

其德法结合的治国思想在当时产生了重要的影响，“《华阳国志》曰：丞相亮时，有言公惜赦者，亮答曰：‘治世以大德，不以小惠，故匡衡、吴汉不愿为赦。先帝亦言吾周旋陈元方、郑康成间，每见启告，治乱之道悉矣，曾不语赦也。若刘景升、季玉父子，岁岁赦宥，何益于治！’”①

八、荀悦的德法思想

荀悦提出了“变通”的哲学方法论，“圣人之道，必则天地，制之以五行，以通其变”②。以“变通”而掌握“道”，“通于天人之理，达于变化之数，故能达于道”③，“监前之弊，变而通之”④。落实到现实的社会政治领域，则强调根据形势的变化而改变制度政策，“古今异制，损益随时”⑤。那么需要关注形势哪些指标的变化呢？荀悦总结为“形”“势”“情”，“夫立策决胜之术，其要有三：一曰形，二曰势，三曰情。形者，言其大体得失之数也；势者，言其临时之宜也、进退之机也；情者，言其心志可否之实也”⑥。“通变思想也就渗透进各个具体的政治实施过程，始终贯穿于政治行为之中，起着指导作用。”⑦落实到东汉的社会政治中，荀悦认为统治者要体察“九风”，即：治、衰、弱、乖、乱、荒、叛、危、亡9个指标的变化来制定与修正制度政策，“惟察九风以定国常。一曰治。二曰衰。三曰弱。四曰乖。五曰乱。六曰荒。七曰叛。八曰危。九曰亡。君臣亲而有礼。百僚和而不同。让而不争。勤而不怨。无事惟职是司。此治国之风也。礼俗不一。位职不重。小臣谗嫉。庶人作议。此衰国之风也。君好让。臣好逸。士好游。民好流。此弱国之风也。君臣争明。朝廷争功。士大夫争名。庶人争利。此乖国之风也。上多欲。下多端。法不定。政多门。此乱国之风也。以侈为博。以伉为高。以滥

① （晋）陈寿：《三国志・蜀志・后主传》，第903页。
② （东汉）荀悦撰，张烈点校：《两汉纪・汉纪》，中华书局2002年版，第407页。
③ （东汉）荀悦撰，张烈点校：《两汉纪・汉纪》，第408页。
④ （东汉）荀悦撰，张烈点校：《两汉纪・汉纪》，第73页。
⑤ （东汉）荀悦撰，张烈点校：《两汉纪・汉纪》，第115页。
⑥ （北宋）司马光：《资治通鉴》卷一〇，中华书局1956年版，第333页。
⑦ 夏增民：《荀悦政治思想简论》，《华中理工大学学报》（社会科学版）2000年第2期。

为通。遵礼谓之劬。守法谓之固。此荒国之风也。以苛为密。以利为公。以割下为能。以附上为忠。此叛国之风也。上下相疏。内外相蒙。小臣争宠。大臣争权。此危国之风也。上不访。下不谏。妇言用。私政行。此亡国之风也。故上必察乎国风也。”①

“荀悦治民理论的出发点是其人性学说”②。荀悦继承了刘向“性情相应”的人性论，“荀悦认为性和情不能截然分开，性是情的根本，情是性的外在表现”③，提倡“性情相应”，“性”是“里”，“情”是“表”，二者是一致的，“命相近也。事相远也。则吉凶殊也。故曰。穷理尽性。以至于命。孟子称性善。荀卿称性恶。公孙子曰性无善恶。扬雄曰人之性善恶浑。刘向曰性情相应。性不独善。情不独恶。曰。问其理。曰。性善则无四凶。性恶则无三仁。人无善恶。文王之教一也。则无周公管蔡。性善情恶。是桀纣无性。而尧舜无情也。性善恶皆浑。是上智怀惠。而下愚挟善也。理也。未究矣。惟向言为然。”④他又继承了董仲舒的“性三品”说，把人性分为“君子”“中人”和“小人”之性，教化以成其善性，法令以除其恶性，德教与法治的结合就会使民性趋向于善，“或曰。善恶皆性也。则法教何施。曰。性虽善。待教而成。性虽恶。待法而消。唯上智下愚不移。其次善恶交争。于是教扶其善。法抑其恶。得施之九品。从教者半。畏刑者四分之三。其不移。大数九分之一也。一分之中。又有微移者矣。然则法教之于化民也。几尽之矣。及法教之失也。其为乱亦如之。”⑤“君子”“小人”之性是难以改变的，而“中人”之性的变化空间极大，既可以上升为“君子”，亦可以下降为“小人”。因此，他主张根据性情的善恶，采取不同的统治方法，“由于人性可以改变，因而以‘法教’对人性进行改造就是十分必要和可能的。”⑥荀悦强调

① （东汉）荀悦：《申鉴》，上海古籍出版社1990年版，第7页。

② 杜洪义：《荀悦的人性学说与治国理论》，《辽宁师范大学学报》（社会科学版）2002年第5期。

③ 庄庭兰：《荀悦思想综论——以〈申鉴〉为中心》，《东岳论丛》2012年第12期。

④ （东汉）荀悦：《申鉴》，第32页。

⑤ （东汉）荀悦：《申鉴》，第33—34页。

⑥ 杜洪义：《荀悦的人性学说与治国理论》，《辽宁师范大学学报》（社会科学版）2002年第5期。

以文德教化施于“中人”以上，以法令刑罚施于“小人”，“君子以情用，小人以刑用。荣辱者，赏罚之精华也。故礼教荣辱，以加君子，化其情也；桎梏鞭扑，以加小人，化其刑也。君子不犯辱，况于刑乎！小人不忌刑，况于辱乎！若教化之废，推中人而坠于小人之域；教化之行，引中人而纳于君子之途。是谓章化。小人之情，缓则骄，骄则恣，恣则怨，怨则叛，危则谋乱，安则思欲，非威强无以惩之。故在上者，必有武备，以戒不虞，以遏寇虐。安居则寄之内政，有事则用之军旅。是谓秉威。”①

在“变通”的哲学方法论以及“性三品”说人性论的基础上，荀悦提出了德刑并用的治国思想，并将德刑与阴阳相附会，使其获得了永恒的意义，“故凡政之大经。法教而已。教者。阳之化也。法者。阴之符也”②。难能可贵的是，他突破了传统儒家的德主刑辅框架，是德先，还是刑先，并没有固定的模式，需要根据实际情况而定，在社会稳定时期，应当先德化而后刑罚，而在乱世，则应当先刑罚而后德化，“或先教化，或先刑法，所遇然也。拨乱抑强则先刑法，扶弱绥新则先教化，安平之世则刑教并用”③。

荀悦一再强调德教与法令的施行与否关系到天下的治乱，“或曰。法教得则治。法教失则乱。若无得无失。纵民之情。则治乱其中乎。曰。凡阳性升。阴性降。升难而降易。善。阳也。恶。阴也。故善难而恶易。纵民之情。使自由之。则降于下者多矣。曰。中焉枉。曰。法教不纯。有得有失。则治乱其中矣。纯德无慝。其上善也。伏而不动。其次也。动而不行。行而不远。远而能复。又其次也。其下者。远而不近也。凡此皆人性也。制之者则心也。动而抑之。行而止之。与上同性也。行而弗止。远而弗近。与下同终也。”④

荀悦提出要循序渐进地推行德法并用思想，考察“时”“势”“民情”的变化来制定德教与法令，由简略到繁密，从而做到“教备”“刑密”，切忌求全责备，必须保持施行二者的稳定性，“问德刑并用。常典也。或先或后时

① （南朝宋）范晔：《后汉书》卷六二，第2060页。

② （东汉）荀悦：《申鉴》，第4页。

③ （东汉）荀悦撰，张烈点校：《两汉纪·汉纪》，第407—408页。

④ （东汉）荀悦：《申鉴》，第34页。

宜。刑教不行。势极也。教初必简。刑始必略。事渐也。教化之隆。莫不兴行。然后责备。刑法之定。莫不避罪。然后求密。未可以备。谓之虚教。未可以密。谓之峻刑。虚教伤化。峻刑害民。君子弗由也。设必违之教。不量民力之未能。是招民于恶也。故谓之伤化。设必犯之法。不度民情之不堪。是陷民于罪也。故谓之害民。莫不兴行。则一毫之善。可得而劝也。然后教备。莫不避罪。则纤介之恶。可得而禁也。然后刑密。”①“荀悦在立法问题上既考虑人民的接受程度，又能按照循序渐进的原则推行制度，既体现出荀悦在立法上的步骤性和策略性，又体现出荀悦思想中‘以民为本’的儒家思想。”②

面对导致政治败坏的“四患”，荀悦提出了改革政治的“五政”，文德教化与法令赏罚成为“五政”的核心内容。当然这有一个前提，首先要解决百姓的温饱生活，“致政之术，先屏四患，乃崇五政。一曰伪，二曰私，三曰放，四曰奢。伪乱俗，私坏法，放越轨，奢败制。四者不除，则政末由行矣。夫俗乱则道荒，虽天地不得保其性矣；法坏则世倾，虽人主不得守其度矣；轨越则礼亡，虽圣人不得全其道矣；制败则欲肆，虽四表不得充其求矣。是谓四患。兴农桑以养其生，审好恶以正其俗，宣文教以章其化，立武备以秉其威，明赏罚以统其法。是谓五政。”③只要以“五政”除“四患”，君王就会垂手而治。

面对东汉末年群雄割据的现实，荀悦将法令赏罚放到了“先”的位置上，强调法令赏罚是治国的重要手段，在立法方面，设立“国法”，赏善罚恶，统治者不能妄行赏罚，确保执法的公正客观，使国家法令真正能起到惩恶劝善的作用。“赏罚，政之柄也。明赏必罚，审信慎令，赏以劝善，罚以惩恶。人主不妄赏，非徒爱其财也，赏妄行则善不劝矣。不妄罚，非矜其人也，罚妄行则恶不惩矣。赏不劝谓之止善，罚不惩谓之纵恶。在上者能不止下为善，不纵下为恶，则国法立矣。是谓统法。”④面对东汉末年赦令滥行

① （东汉）荀悦：《申鉴》，第14页。

② 张建会：《荀悦法家思想探析》，《昭通学院学报》2015年第6期。

③ （南朝宋）范晔：《后汉书》卷六二，第2059页。

④ （南朝宋）范晔：《后汉书》卷六二，第2061页。

的社会现状，荀悦强调要禁止频繁颁布赦令，以保证实施法治的效果，维护法律的尊严，提高法律的威慑力：“赦令权也。或曰。有制乎。曰。权无制。制其义。不制其事。巽以行权。义制也。权者反经。无事也。问其象。曰。无妄之灾。大过凶其象矣。不得已而行之。禁其屡也。曰。绝之乎。曰。权。曰。宜弗之绝也。”[①] 提出了大赦的具体范围和准则：“惟稽五赦。以绥民中。一曰原心。二曰明德，三曰劝功。四曰褒化。五曰权计。凡先王之攸赦。必是族也。非是族焉。刑兹无赦。”[②] 荀悦力主在东汉末年严峻的形势下恢复肉刑以完善刑律体系：“肉刑古也。或曰。复之乎。曰。古者人民盛焉。今也至寡。整众以威。抚寡以宽。道也。复刑。非务必也。生刑而极死者。复之可也。自古肉刑之除也。斩右趾者死也。惟复肉刑。是谓生死而息民。”[③] 君主与大臣作为法令的制定者与实施者，更应遵守法令：“善禁者。先禁其身而后人。不善禁者。先禁人而后身。善禁之。至于不禁。令亦如之。若乃肆情于身。而绳欲于众。行诈于官。而矜实于民。求己之所有余。夺下之所不足。舍己之所易。责人之所难。怨之本也。谓理之源斯绝矣。”[④]

九、徐干的德法思想

徐干提出了德法结合的思想，“在他看来，儒法不同的赏罚主张，对于统治人民都需要而又各有缺陷，解决的办法在于调节适‘中’，使之恰到好处。”[⑤] 徐干认为学习会养成高尚的道德与卓越的品行——“六德”“六行”，“六德”即智、仁、圣、义、中、和六种优秀的品德；“六行”即孝、友、睦、姻、任、恤六种优秀的行为。“六行”是“六德”的外在体现，“昔之君子成德立行，身没而名不朽，其故何哉？学也。学也者，所以疏神达思，怡情理性，圣人之上务也。民之初载，其蒙未知。譬如宝在于玄室，有所求而

① （东汉）荀悦：《申鉴》，第 18 页。
② （东汉）荀悦：《申鉴》，第 8 页。
③ （东汉）荀悦：《申鉴》，第 13—14 页。
④ （东汉）荀悦：《申鉴》，第 9 页。
⑤ 祝瑞开：《徐干的社会政治主张和朴素的唯物辩证法思想》，《西北大学学报》（哲学社会科学版）1987 年第 1 期。

不见。白日照焉，则群物斯辩矣。学者，心之白日也。故先王立教官，掌教国子，教以六德，曰：智仁圣义忠和；教以六行，曰孝友睦姻任恤；教以六艺，曰礼乐射御书数；三教备而人道毕矣。学犹饰也，器不饰则无以为美观，人不学则无以有懿德。有懿德，故可以经人伦；为美观，故可以供神明。故《书》曰：‘若作梓材，既勤朴斫，惟其涂丹雘。’”① 徐干强调学习的内容则为“六籍”，即《诗》《书》《乐》《易》《礼》《春秋》，他认为“六籍”是“六德”“六行”的渊源与载体，并强调士人务必要做“大义”之学，而非寻章摘句的“章句”之学：“故六籍者，群圣相因之书也。其人虽亡，其道犹存。今之学者勤心以取之，亦足以到昭明而成博达矣。凡学者，大义为先，物名为后，大义举而物名从之。然鄙儒之博学也，务于物名，详于器械，矜于诂训，摘其章句，而不能统其大义之所极，以获先王之心。此无异乎女史诵诗、内竖传令也。故使学者劳思虑而不知道，费日月而无成功。故君子必择师焉。”②

“但是到了汉末，社会秩序法度坠毁，纲纪不整。故徐干以法家思想复兴亦是必然结果。”③ 徐干强调法令赏罚是君主治国的重要手段：“政之大纲有二，二者何也？赏罚之谓也。人君明乎赏罚之道，则治不难矣。夫赏罚者不在乎必重，而在于必行。必行则虽不重而民肃，不行则虽重而民怠，故先王务赏罚之必行也。《书》曰：‘尔无不信，朕不食言。尔不从誓言，予则孥戮汝，罔有攸赦。’”④ 强调赏罚必行，赏罚及时，否则法令空设，难以起到劝善消恶的作用：“天生烝民，其性一也。刻肌亏体，所同恶也；被文垂藻，所同好也。此二者常存，而民不治其身，有由然也。当赏者不赏，当罚者不罚。夫当赏者不赏，则为善者失其本望，而疑其所行。当罚者不罚，则为恶者轻其国法，而怙其所守。苟如是也，虽日用斧钺于市，而民不去恶矣；日锡爵禄于朝，而民不兴善矣。是以圣人不敢以亲戚之恩而废刑罚，不敢以怨

① 孙启治：《中论解诂》，中华书局 2014 年版，第 1 页。

② 孙启治：《中论解诂》，第 14—15 页。

③ 姜文明：《论徐干务本求实政治思想》，《青海师范大学学报》（哲学社会科学版）2015 年第 2 期。

④ 孙启治：《中论解诂》，第 357 页。

仇之忿而废庆赏。夫何故哉？将以有救也。故《司马法》曰：‘赏罚不逾时，欲使民速见善恶之报也。’逾时且犹不可，而况废之者乎？”① 强调赏罚中平适度，赏罚轻，则人们会不劝、不畏，赏罚重，则人们陷于侥幸无奈之中，“赏罚不可以疏，亦不可以数：数则所及者多，疏则所漏者多。赏罚不可以重，亦不可以轻。赏轻则民不劝，罚轻则民亡惧；赏重则民侥幸，罚重则民无聊。故先王明恕以听之，思中以平之，而不失其节也。故《书》曰：‘罔非在中，察辞于差。’夫赏罚之于万民，犹辔策之于驷马也。辔策不调，非徒迟速之分也，至于覆车而摧辕；赏罚之不明也，则非徒治乱之分也，至于灭国而丧身，可不慎乎！可不慎乎！故《诗》云：‘执辔如组，两骖如舞。’言善御之可以为国也。”② “法家讲赏罚，而徐幹把‘德’、‘中’‘平’等儒家观念与赏罚结合起来，并把赏罚提到关系到国之兴亡，民之安危的高度，体现了儒法结合的特点。”③

东汉末年，军阀割据混战，豪强兼并土地与人口，城邑乡村极为萧条，土地荒无，人口稀少，户籍制度有名无实。徐干强调要施行法治，抑制豪强势力，重建小农经济，充实国库，富国强兵，必须要重新恢复户籍制度，“是以先王制六乡、六遂之法，所以维持其民而为之纲目也。使其邻比相保相爱，刑罚庆赏相延相及。故出入存亡、臧否顺逆可得而知矣。如是，奸无所窜，罪人斯得。迨及乱君之为政也，户口漏于国版，夫家脱于联伍，避役者有之，弃捐者有之，浮食者有之，于是奸心竞生，伪端并作矣。小则盗窃，大则攻劫，严刑峻法不能救也。故民数者，庶事之所自出也，莫不取正焉。以分田里，以令贡赋，以造器用，以制禄食，以起田役，以作军旅。国以之建典，家以之立度，五礼用修，九刑用措者，其惟审民数乎！”④ “未能提出一套明确之办法，清查户口，周知民数，此种思想直到隋代才得以确实施行。”⑤

① 孙启治：《中论解诂》，第 357 页。

② 孙启治：《中论解诂》，第 357—358 页。

③ 梁满仓：《徐幹及其〈中论〉》，《湖北文理学院学报》2014 年第 6 期。

④ 孙启治：《中论解诂》，第 366—367 页。

⑤ 李文献：《徐干思想研究》，文津出版社 1992 年版，第 218 页。

十、仲长统的德法思想

仲长统力图摆脱谶纬神学的影响，继承了荀子“天人相分”的朴素唯物主义思想，提出了“人事为本，天道为末”的思想。他认为国家的治乱不在于“天道”，而在于“人事”，统治者必须要重“人事”方能国泰民安，“和神气，惩思虑，避风湿，节饮食，适嗜欲，此寿考之方也。不幸而有疾，则针石汤药之所去也。肃礼容，居中正，康道德，履仁义，敬天地，恪宗庙，此吉祥之术也。不幸而有灾，则克己责躬之所复也。然而有祷祈之礼、史巫之事者，尽中正，竭精诚也。下世其本，而为奸邪之阶，于是淫厉乱神之礼兴焉，侜张变怪之言起焉，丹书厌胜之物作焉，故常俗忌讳可笑事，时世之所遂往，而通人所深疾也。且夫掘地九仞以取水，凿山百步以攻金，入林伐木不卜日，适野刈草不择时，及其构而居之，制而用之，则疑其吉凶，不亦迷乎？简郊社，慢祖祢，逆时令，背大顺，而反求福祐于不祥之物，取信诚于愚惑之人，不亦误乎？”① 这是继王充、王符之后对谶纬迷信、天人感应之说的进一步批判，显示了仲长统的现实主义态度，其哲学思想进一步回归人文与理性，为其治国思想的提出奠定了哲学基础，仲长统也被称为“汉代正统思想的最后清算者”②。

仲长统在“人事为本，天道为末”哲学思想的基础上，总结先秦秦汉的兴衰历史及规律。在《理乱篇》中，仲长统将王朝的治乱兴衰分为三个阶段：

> 豪杰之当天命者，未始有天下之分者也。无天下之分，故战争者竞起焉。于斯之时，并伪假天威，矫据方国，拥甲兵与我角才智，程勇力与我竞雌雄，不知去就，疑误天下，盖不可数也。角知者皆穷，角力者皆负，形不堪复伉，势不足复校，乃始羁首系颈，就我之衔绁耳。夫或曾为我之尊长矣，或曾与我为等侪矣，或曾臣虏我矣，或曾执囚我矣。彼之蔚蔚，皆匈詈腹诅，幸我之不成，而以奋其前志，讵

① 孙启治译注：《昌言》，中华书局 2014 年版，第 235—238 页。

② 侯外庐等：《中国思想通史》（第二卷），人民出版社 1957 年版，第 442 页。

肯用此为终死之分邪？

及继体之时，民心定矣。普天之下，赖我而得生育，由我而得富贵，安居乐业，长养子孙，天下晏然，皆归心于我矣。豪杰之心既绝，士民之志已定，贵有常家，尊在一人。当此之时，虽下愚之才居之，犹能使恩同天地，威侔鬼神，暴风疾霆不足以方其怒；阳春时雨不足以喻其泽，周、孔数千，无所复角其圣；贲、育百万，无所复奋其勇矣。

彼后嗣之愚主，见天下莫敢与之违，自谓若天地之不可亡也，乃奔其私嗜，骋其邪欲，君臣宣淫，上下同恶。目极角抵之观，耳穷郑、卫之声。入则耽于妇人而不反，出则驰于田猎而不还。荒废庶政，弃亡人物，澶漫弥流，无所底极。信任亲爱者，尽佞谄容说之人也；宠贵隆丰者，尽后妃姬妾之家也。使饿狼守庖厨，饥虎牧牢豚，遂至熬天下之脂膏，斫生人之骨髓。怨毒无聊，祸乱并起，中国扰攘，四夷侵叛，土崩瓦解，一朝而去。昔之为我哺乳之子孙者，今尽是我饮血之寇仇也。至于运徙势去，犹不觉悟者，岂非富贵生不仁，沉溺致愚疾邪？存亡以之迭代，治乱从此周复，天道常然之大数也。①

第一阶段是诸侯割据混战，征伐四方，完成统一的时期；第二阶段是统一之后的恢复发展时期；第三阶段是王朝土崩瓦解的时期。“仲长统基于自己治乱因循的历史观，最后陷入了历史的悲观主义。”② 仲长统认为此时的东汉王朝已经进入到了土崩瓦解时期，但是并非不能挽救，急需一场全方位的变革。“在《损益篇》中，仲长统重点提出了‘损益兼行’的社会变革思路。”③ 仲长统以“因时而动”作为社会变革的总原则，针对当时出现的各种问题，或损或益，“作有利于时、制有便于物者，可为也。事有乖于数、法有玩于时者，可改也。故行于古有其迹，用于今无其功者，不可不变；变而

---

① 孙启治译注：《昌言》，第 141—145 页。

② 崔振：《论仲长统的“狂生”人格——兼谈仲长统的社会批判思想》，《上饶师范学院学报》2019 年第 1 期。

③ 钮则圳：《论汉儒仲长统的救世主张及其思想转变》，《阴山学刊》2020 年第 1 期。

不如前，易而多所败者，亦不可不复也。”①

“纵观仲长统的思想，可用儒道互补以概之。”② 但在治国思想上，仲长统根据“损益兼行”的原则提出了德法结合，以法为主的治国思想。仲长统提出了“情欲无止”的人性论，成为其治国思想的基础，“情无所止，礼为之俭；欲无所齐，法为之防。越礼宜贬，逾法宜刑，先王之所以纪纲人物也。若不制此二者，人情之纵横驰骋，谁能度其所极者哉?”③ 人的情欲是所有邪恶的根源，必须要加以限制，而德教与刑罚正是控制情欲的两种重要手段，以德礼制情，以法制欲。

“关于德教与刑罚的关系，他认为两者不可偏废，相互补充。在一般情况下是德教为主，刑罚为辅。”④ “西汉儒法合流的思潮之后，儒家德刑并用、德主刑辅的思想便成为主流，仲长统也接续此思路，主张以德为主，重视道德教化的功用。”⑤ 仲长统还是突破了传统的德主刑辅框架，认为要依据时势的不同选择治国方略，太平之世则以德治国，衰落之世则以法治国，“德教者，人君之常任也，而刑罚为之佐助焉。古之圣帝明王所以能亲百姓、训五品，和万邦，蕃黎民，召天地之嘉应，降鬼神之吉灵者，实德是为，而非刑之攸致也。至于革命之期运，非征伐用兵则不能定其业；奸宄之成群，非严刑峻法则不能破其党。时势不同，所用之数亦宜异也。教化以礼义为宗，礼义以典籍为本。常道行于百世，权宜用于一时……故制不足，则引之无所至；礼无等，则用之不可依；法无常，则网罗当道路；教不明，则士民无所信。引之无所至，则难以致治，用之不可依，则无所取正，罗网当道路，则不可得而避，士民无所信，则其志不知所定，非治理之道也。”⑥

仲长统针对东汉末年众多的社会矛盾，提出了改革政治的十六条方针，法治与德教成为重要的改革措施，法治甚至位于德教之前，足见其对于法治

① 孙启治译注：《昌言》，第 160 页。

② 孟祥才：《儒道互补仲长统》，《烟台大学学报》（哲学社会科学版）2000 年第 1 期。

③ 孙启治译注：《昌言》，第 238 页。

④ 杜洪义：《论仲长统的治国思想》，《辽宁师范大学学报》（社科版）1993 年第 1 期。

⑤ 钮则圳：《论汉儒仲长统的救世主张及其思想转变》，《阴山学刊》2020 年第 1 期。

⑥ 孙启治译注：《昌言》，第 208 页。

的重视，“明版籍以相数阅，审什伍以相连持，限夫田以断并兼，定五刑以救死亡，益君长以兴政理，急农桑以丰委积，去末作以一本业，敦教学以移情性，表德行以厉风俗，核才艺以叙官宜，简精悍以习师田，修武器以存守战，严禁令以防僭差，信赏罚以验惩劝，纠游戏以杜奸邪，察苛刻以绝烦暴。审此十六者以为政务，操之有常，课之有限，安宁勿懈堕，有事不迫遽，圣人复起，不能易也。”①

他还特别提出要完善刑律，主张恢复“肉刑”。他认为自汉初废除肉刑之后便缺乏“中刑”，导致量刑方面出现了问题，或量刑过重，或量刑过轻，为使刑律更加完备，惩奸除恶，有法可依，必须恢复“肉刑”，“肉刑之废，轻重无品，下死则得髡钳，下髡钳则得鞭笞。死者不可复生，而髡者无伤于人。髡、笞不足以惩中罪，安得不至于死哉！夫鸡狗之攘窃、男女之淫奔、酒醴之赂遗、谬误之伤害，皆非值于死者也。杀之则甚重，髡之则甚轻，不制中刑以称其罪，则法令安得不参差，杀生安得不过谬乎？今患刑轻之不足以惩恶，则假臧货以成罪，托疾病以讳杀。科条无所准，名实不相应，恐非帝王之通法，圣人之良制也。或曰：过刑恶人，可也；过刑善人，岂可复哉？曰：若前政以来，未曾枉害善人者，则有罪不死也，是为忍于杀人，而不忍于刑人也。今令五刑有品、轻重有数、科条有序、名实有正，非杀人、逆乱、鸟兽之行甚重者，皆勿杀。嗣周氏之秘典，续吕侯之祥刑，此又宜复之善者也。”②

第四节　两汉“诸子”德法思想辨析

两汉“诸子”在传承与创新先秦齐鲁“诸子”治国思想的过程中，展现出了自己的现实关怀与创新精神，他们不是一味遵循传统儒家的重德轻法思想，而是从汉王朝的长远利益出发，以因时制宜为原则，糅合各家治国思想，力图以最佳的德法组合来应对形势的变化，以达到最佳的治理效果。统

① 孙启治译注：《昌言》，第 171—172 页。
② 孙启治译注：《昌言》，第 167—168 页。

一之初，国家残破，一般推行重德轻法，为休养生息，恢复发展经济提供理论指导；国家进入繁荣阶段，一般推行德主刑辅，德法并重，以巩固皇权，加强中央集权，解决诸多社会问题；国家进入衰落之时，诸多矛盾不断激化，则重法轻德，以图挽狂澜于既倒。

总的来看，两汉“诸子”的德法思想具有如下特点。首先，顺应专制皇权崛起的趋势，不论何种治国思想，在两汉“诸子”的眼中，君主是其治国思想的核心。在推行德治方面，君主是德化的起点，君主应该加强自身的道德建设，以上化下。《新书·大政上》：“君能为善，则吏必能为善矣；吏能为善，则民必能为善矣。故民之不善也，吏之罪也；吏之不善也，君之过也。”① 《春秋繁露·身之养重于义》：“先王显德以示民，民乐而歌之以为诗，说而化之以为俗。故不令而自行，不禁而自止，从上之意，不待使之，若自然矣。”② 在推行法治方面，君主则是制定法令、执行法令的关键所在。《说苑卷一》：“司城子罕相宋。谓宋君曰：‘国家之危定，百姓之治乱，在君之行赏罚也。赏当则贤人劝，罚得则奸人止，赏罚不当，则贤人不劝，奸人不止，奸邪比周，欺上蔽主，以争爵禄，不可不慎也。夫赏赐让与者，人之所好也，君自行之；刑罚杀戮者，人之所恶也，臣请当之。’”③ 《潜夫论·衰制》：“夫法令者，人君之衔辔棰策也，而民者，君之舆马也。若使人臣废君法禁而施己政令，则是夺君之辔策，而己独御之也。”④

其次，两汉“诸子”多强调德法思想的物质基础，这是对于人文理性的回归。《盐铁论·授时》：“周公之相成王也，百姓饶乐，国无穷人，非代之耕织也。易其田畴，薄其税敛，则民富矣。上以奉君亲，下无饥寒之忧，则教可成也。《语》曰：‘既富矣，又何加焉？曰，教之。’教之以德，齐之以礼，则民徙义而从善，莫不入孝出悌，夫何奢侈暴慢之有；管子曰：‘仓廪实而知礼节，百姓足而知荣辱。’故富民易与适礼。”⑤ 《论衡·治期》：“传

① （西汉）贾谊撰，阎振益、钟夏校注：《新书校注》，第341页。
② 苏舆：《春秋繁露义证》，第265页。
③ （西汉）刘向撰，向宗鲁校证：《说苑校证》，第32—33页。
④ （东汉）王符撰，（清）汪继培笺，彭铎校正：《潜夫论笺校正》，第240页。
⑤ 王利器：《盐铁论校注》，第423页。

曰：‘仓廪实，民知礼节；衣食足，民知荣辱。’让生于有余，争起于不足。谷足食多，礼义之心生；礼丰义重，平安之基立矣。故饥岁之春，不食亲戚；穰岁之秋，召及四邻。不食亲戚，恶行也；召及四邻，善义也。为善恶之行，不在人质性，在于岁之饥穰。由此言之，礼义之行，在谷足也。”①

再次，两汉“诸子”的治国思想更富有哲学性、思辨性。“诸子”论证了其天道观与人性论，作为其治国思想的哲学基础。董仲舒提出了“天人感应”思想，以论证其德主刑辅思想，将德法与天地阴阳四季变化相对应，论证其权威性与永恒性。刘向继承了董仲舒的“天人感应”思想，提出统治者推行德政是应对天灾迎接祥瑞的重要手段，德治成为协调天人的重要途径。扬雄在《法言》中吸收了道家的思想方法，力图将这些伦理道德阐释为自然运行的根本原则，是一种永恒的存在。随着谶纬迷信之风的盛行，经学走向谶纬化、神学化，桓谭、王充、王符等“诸子”摆脱了“天人感应”的框架，站在反神学迷信的立场上，高举唯物主义大旗，构筑并不断完善以“气”为核心的宇宙论，试图将东汉初年的政治从谶纬神学之中解放出来。董仲舒提出了“性三品”说，“圣人之性”“斗筲之性”“中民之性”，以论证对大多数“中人”进行道德教化的必要性。扬雄创新性地提出了“人性善恶混”的人性论，《法言·修身》：“人之性也，善恶混。修其善则为善人，修其恶则为恶人。气也者，所以适善恶之马也与?”② 王充在董仲舒“性三品说”的基础上，提出了新“性三品说”。《论衡·率性》：“论人之性，定有善有恶。其善者，固自善矣；其恶者，故可教告率勉，使之为善。”③ 王充将德化的范围进一步扩大，“性恶”之民亦可能接受德化，进而为善。王符继承了董仲舒的“性三品说”，将人划分为“上智”“中庸”和“下愚”三类。崔寔提出了“人性多欲”的人性论，必须以法令制民欲。他继承了董仲舒的“性三品”说，把人性分为“君子”“中人”和“小人”之性，以文德教化施于“中人”以上，以法令赏罚施于“小人”。

最后，两汉“诸子”以“中”的方法来解决“德”与“法”的矛盾。

---

① 黄晖：《论衡校释》，第 772 页。

② 汪荣宝：《法言义疏》，第 85 页。

③ 黄晖：《论衡校释》，第 68 页。

贤良文学提出了“礼义行而刑罚中”的原则，德法结合，法治适中，他们警惕最高统治者，严刑峻法必然亡国。《盐铁论·诏圣》：“古者，明其仁义之誓，使民不逾；不教而杀，是虐民也。与其刑不可逾，不若义之不可逾也。闻礼义行而刑罚中，未闻刑罚行而孝悌兴也。”① 刘向继而细化了在不同的政治形态中德法的不同地位，以“中”的原则来处理德法关系，使其充满了弹性，“王者之政”是先德后刑，“霸者之政”是刑德并用，“强国之政”是先刑后德。扬雄继承了前人“中”的原则，明确提出了行“中和之政”，“立政鼓众，动化天下，莫尚于中和。中和之发，在于哲民情。”② 其“中和之政”依据民情而定，并尽量抛弃董仲舒的神学色彩，更加富有理性与实践的色彩。徐干认为儒法在治民方面各有优缺点，需以“中”来进行调和，使之恰到好处。仲长统根据前人“中”的思想，又衍生出了“损益兼行”的原则来指导儒法的结合，进而提出德法结合，以法为主的治国思想。

两汉“诸子”的德法思想，对后世产生了深远的影响，内化为了中华传统文化的重要内容。三国时期的诸葛亮主张先教后诛，“身不正则令不从，令不从则生变乱。故为君之道，以教令为先，诛罚为后，不教而战，是谓弃之。”③ 西晋的傅玄论述了威与德之间相辅相成的关系，切忌不可独任，“治国有二柄。一曰赏。二曰罚。赏者政之大德也。罚者政之大威也。人所以畏天地者。以其能生而杀之也。为治审持二柄。能使生杀不妄。则威德与天地并矣。”④ 东晋袁宏力主先德后刑以治民，“夫民心乐全而不能常全，盖利用之物悬于外，而嗜欲之情动于内也。于是有进取贪竞之行，希求放肆之事。进取不已，不能充其嗜欲，则苟且侥幸之所生也；希求无厌，无以惬其欲，则奸伪忿怒之所兴也。先王知其如此，而欲救其弊，或先德化以陶其心；其心不化，然后加以刑辟。”⑤ 魏征力主德主刑辅的治国思想，“故圣哲君临，移风易俗，不资严刑峻法，在仁义而已。故非仁无以广施，非义无以正身。

① 王利器：《盐铁论校注》，第 595 页。

② 汪荣宝：《法言义疏》，第 571 页。

③ （三国）诸葛亮：《诸葛亮集》，中华书局 1960 年版，第 72 页。

④ （晋）傅玄：《傅子》，上海古籍出版社 1990 年版，第 12 页。

⑤ （晋）陈寿：《三国志·魏志·钟繇传》，第 398 页。

惠下以仁，正身以义，则其政不严而理，其教不肃而成矣。然则仁义，理之本也；刑罚，理之末也。为理之有刑罚，犹执御之有鞭策也，人皆从化，而刑罚无所施；马尽其力，则有鞭策无所用。由此言之，刑罚不可致理，亦已明矣。”① 宋代朱熹认为治理国家要德刑兼用，先德后刑，“问‘道之以德，齐之以礼’。曰：‘这德字只是适来说底德，以身率人。人之气质有浅深厚薄之不同，故感者不能齐一，必有礼以齐之。……齐之不从，则刑不可废。’”② 曾布认为仁义为刑罚之本，《宋史·刑法志》：“先王之制刑罚，未尝不本于仁，然而有断肢体、刻肌肤以至于杀戮，非得已也。”③ 明太祖朱元璋认为德教与刑罚各有分野，须相辅相成，不可偏废一方，“上谕之曰膏粱所以充饥药石所以疗病使无病之人舍膏粱而饵药石适足以害身仁义者养民之膏粱也刑罚者惩恶之药石也故为政者若舍仁义而专务刑罚是以药石毒民非善治之道也。”④ 顾炎武强调法令是治国的重要手段，但其最终的目的还是正人心，劝人向善，“法制禁令，王者之所不废，而非所以为治也。其本在正人心，厚风俗而已。故曰：‘居敬而行简，以临其民。’周公作《立政》之书曰：‘文王罔攸，兼于庶言、庶狱、庶慎。’又曰：‘庶狱、庶慎，文王罔敢知于兹。’其丁宁后人之意可谓至矣。”⑤ 《清圣祖实录卷三〇〇》：“敬天法祖之实在柔远能迩。休养苍生。公四海之利为利。一天下之心为心。保邦于未危。致治于未乱。夙夜孜孜。寤寐不遑。为久远之国计。”⑥ 可以说两汉“诸子”的德法思想为中国古代治国思想之重要源头，成为中华传统文化的重要内容，道德与法律相互补充、不可分离，此可谓中国传统法律文化的基本特性，也是其不同于西方法律文化的一个重要特性。

两汉“诸子”的德法思想是根基于两千多年之前中国古代社会的思想结晶，有许多闪光之处，亦有糟粕之处，尤其是“诸子”将德教、法治的

① （唐）吴兢：《贞观政要》，上海古籍出版社 1978 年版，第 171 页。

② （南宋）黎靖德编，王星贤点校：《朱子语类》，中华书局 2020 年版，第 671 页。

③ （元）脱脱等：《宋史》卷二〇一，中华书局 1977 年版，第 5008 页。

④ 线装书局：《钞本明实录·明太祖实录卷六一》，线装书局 2005 年版，第 318 页。

⑤ （清）顾炎武著，（清）黄汝成集释：《日知录集释》，岳麓书社 1994 年版，第 294 页。

⑥ 中华书局：《清实录·圣祖实录》，中华书局 1985 年版，第 902 页。

推行寄托于专制君主，试图将君主塑造成一个完美的道德典范。《春秋繁露·身之养重于义》：“先王显德以示民，民乐而歌之以为诗，说而化之以为俗。故不令而自行，不禁而自止，从上之意，不待使之，若自然矣。”[①] 并且认为只要是君主养成道德自然能够自上化下，这颇有一厢情愿之感。“诸子”往往将德法思想建立在人性论的基础上，一般将人分为上、中、下三等，这是一种封建等级人性论。为了更好地论证其德法思想，“诸子”往往以天道观作为其哲学基础，将德教、法治与天地、阴阳、五行相附会，并且逐步谶纬化、神学化，弱化了其人文理性色彩。两汉“诸子”多努力于德与法的结合，但总的来看，德与法缺乏深层次的融合，片面性较强，未能做到协调共进，且忽视制度建设。虽提出了一些民本思想，但多是以统治阶级的长远利益为本旨进行论述，忽视了民众作为个体追求物质利益的合理性。虽然两汉“诸子”的德法思想对于两汉的社会政治产生了潜移默化的影响，但是由于大部分“诸子”并未掌握政治权力，加之政治的昏暗，他们的德法思想未能转化成为现实的制度。

“在现代，人们提出了一种把传统当作社会进步发展之累赘的学说，这是一种具有重大历史意义的错误。”[②] 两汉时期是中华优秀传统文化发展的重要时期，我们必须要对两汉“诸子”的传统德法关系思想进行辨析，既吸取它正确的、合理的内容，又要抛弃其封建的、糟粕的内容，为新时代我国的“依法治国”建设与“以德治国”建设提供历史的借鉴。

---

① 苏舆：《春秋繁露义证》，第 265 页。

② ［美］爱德华·希尔斯：《论传统》，傅铿、吕乐译，上海人民出版社 2009 年版，第 355 页。

第二章　两汉“诸子”的风俗思想

第一节　先秦齐鲁“诸子”的风俗思想

“鲁公伯禽之初受封之鲁，三年而后报政周公。周公曰：‘何迟也？’伯禽曰：‘变其俗，革其礼，丧三年然后除之，故迟。’太公亦封于齐，五月而报政周公。周公曰：‘何疾也？’曰：‘吾简其君臣礼，从其俗为也。’及后闻伯禽报政迟，乃叹曰：‘呜呼，鲁后世其北面事齐矣！夫政不简不易，民不有近；平易近民，民必归之。’”① 早在齐鲁立国之初，就已经形成了各自的风俗思想。鲁国是“变其俗，革其礼”，伯禽就国之初，以军事征服为基础，以西周礼乐大力改革鲁国东夷旧俗，使鲁国变成了西周在东方的文化样板。齐国是“因其俗，简其礼”，姜尚在立国之初，对于东夷旧俗较为宽容，因顺其俗，并损益西周礼乐，大获成功，且周公已经初步认识到了风俗与政治的关系。自此，在齐鲁文化内部形成了两种移风易俗思想。

春秋战国时期，先秦齐鲁“诸子”开始关注风俗与政治的密切关系。孔子提倡礼乐道德易俗，“道之以政，齐之以刑，民免而无耻。道之以德，齐之以礼，有耻且格”②。只有以道德教化百姓才能使其有羞耻心而不做犯罪之事，而刑罚只能使百姓因害怕不做犯罪之事。孔子在与季康子谈论为政之道时强调统治者的礼乐道德对于民间风俗的移易，“季康子问政于孔子曰：‘如杀无道，以就有道，何如？’孔子对曰：‘子为政，焉用杀？子欲善而民

---

① （西汉）司马迁：《史记》卷三三，第1524页。

② 程树德：《论语集释》，第68页。

善矣。君子之德风，小人之德草。草上之风，必偃。’”[①] 他将乐引入到移风易俗领域，“移风易俗，莫善于乐”[②]，“行夏之时，乘殷之辂，服周之冕，乐则《韶》《舞》”[③]。

孟子则继承了孔子的风俗思想，在先秦“诸子”中首先提出了风俗的好坏关系到了国家的存亡，“由汤至于武丁，贤圣之君六七作，天下归殷久矣，久则难变也。武丁朝诸侯，有天下，犹运之掌也。纣之去武丁，未久也。其故家遗俗，流风善政，犹有存者。又有微子、微仲、王子比干、箕子、胶鬲，皆贤人也。相与辅相之，故久而后失之也。”[④] 他提倡统治者由上而下的教化，“天下大悦而将归己，视天下悦而归己犹草芥也，惟舜为然。不得乎亲，不可以为人。不顺乎亲，不可以为子。舜尽事亲之道而瞽瞍厎豫，瞽瞍厎豫而天下化，瞽瞍厎豫而天下之为父子者定，此之谓大孝。”[⑤]

荀子在继承孔孟风俗思想的基础上，从政治的角度看待风俗，探讨风俗好坏与政治兴衰之关系，“无国而不有美俗，无国而不有恶俗。两者并行而国在，上偏而国安，在下偏而国危”[⑥]。风俗会随着环境的变化而变化，“居楚而楚，居越而越，居夏而夏，是非天性也，积靡使然也。”[⑦] 进而首次提出了“移风易俗”的命题，“乐者，圣人之所乐也，而可以善民心，其感人深，其移风易俗，故先王导之以礼乐而民和睦。”[⑧] “‘移风易俗’是荀子为先秦礼乐政教传统确立的理论归结点。”[⑨]

他主张统治者亲身示范以易风俗，“故上好礼义，尚贤使能，无贪利之心，则下亦将綦辞让、致忠信而谨于臣子矣。如是则虽在小民，不待合符节、别契券而信，不待探筹、投钩而公，不待衡石、称县而平，不待斗、

---

① 程树德：《论语集释》，第 866 页。
② 李学勤主编：《孝经注疏》，第 42 页。
③ 程树德：《论语集释》，第 1077—1085 页。
④ （清）焦循：《孟子正义》，第 177—179 页。
⑤ （清）焦循：《孟子正义》，第 535 页。
⑥ （清）王先谦：《荀子集解》，219 页。
⑦ （清）王先谦：《荀子集解》，第 144 页。
⑧ （清）王先谦：《荀子集解》，第 381 页。
⑨ 党超：《两汉风俗观念与社会软控制研究》，社会科学文献出版社 2018 年版，第 39 页。

斛、敦、概而啧。”[①] 主张统治者根据风俗制定礼法，并加以推广，以达移风易俗之效，“明礼义以化之，起法正以治之，重刑罚以禁之，使天下皆出于治，合于善也。”[②] 荀子重视音乐的移风易俗作用，这是礼法所不能替代的，“君子以钟鼓道志，以琴瑟乐心，动以干戚，饰以羽旄，从以磬管。故其清明象天，其广大象地，其俯仰周旋有似于四时。故乐行而志清，礼修而行成，耳目聪明，血气和平，移风易俗，天下皆宁，美善相乐。”[③] 荀子的风俗思想对两汉“诸子”的风俗思想影响最深，“秦汉数百年的移风易俗实践，在此基础上形成了系统的移风易俗理论，大大深化了荀子的移风易俗思想。”[④]

管仲亦提出了自己的风俗思想，管仲认为风俗与政治有着密切的关系，风俗的好坏是国家治乱的风向标，“入州里，观习俗，听民之所以化其上，而治乱之国可知也。”[⑤] 管仲强调根据社会风俗来制定法令以移风易俗，“古之欲正世调天下者，必先观国政，料事务，察民俗，本治乱之所生，知得失之所在，然后从事。故法可立而治可行。”[⑥] 法令是移风易俗的关键手段，必须保证法令实施的公平、公正性，保证法令的绝对权威，“法制不议，则民不相私；刑杀毋赦，则民不偷于为善；爵禄毋假，则下不乱其上。三者藏于官则为法，施于国则成俗，其余不强而治矣。君壹置则仪，则百官守其法；上明陈其制，则下皆会其度矣。”[⑦] 即使是君主也必须要遵循法令，由上至下，层层尊法出令，必然能够化民成俗，“君据法而出令，有司奉命而行事，百姓顺上而成俗，著久而为常，犯俗离教者，众共奸之，则为上者佚矣。天子出令于天下，诸侯受令于天子，大夫受令于君，子受令于父母，下听其上，弟听其兄，此至顺矣。”[⑧] 管仲在强调法令的同时，并不忽视教化的

① （清）王先谦：《荀子集解》，第 232 页。

② （清）王先谦：《荀子集解》，第 440 页。

③ （清）王先谦：《荀子集解》，第 381—382 页。

④ 牛嗣修：《荀子移风易俗思想研究新论》，《孔子研究》2019 年第 4 期。

⑤ 黎翔凤：《管子校注》，第 266 页。

⑥ 黎翔凤：《管子校注》，第 919 页。

⑦ 黎翔凤：《管子校注》，第 273 页。

⑧ 黎翔凤：《管子校注》，第 559 页。

移风易俗功能，“不然，则上之教训习俗慈爱之于民也厚，无所往而得之。”① 甚至将教化与法令放到了并列的位置，“不明于法，而欲治民一众，犹左书而右息之。不明于化，而欲变俗易教，犹朝揉轮而夕欲乘车。”② 难能可贵的是，管仲强调发展农业生产作为移风易俗的物质基础，“所谓兴利者，利农事也。所谓除害者，禁害农事也。农事胜则入粟多，入粟多则国富，国富则安乡重家。安乡重家，则虽变俗易习，欧众移民，至于杀之而民不恶也。此务粟之功也。”③

庄子亦坚持自然人性论，“彼民有常性，织而衣，耕而食，是谓同德；一而不党，命曰天放。”④ 礼乐教化的出现反而破坏了淳朴的民性。庄子还初步阐释了风俗的定义，揭示其具有群体性特征与个体性特征，“丘里者，合十姓百名而以为风俗也，合异以为同，散同以为异。”⑤

墨子提倡统治者以“节用”来改善风俗，“今王公大人之为葬埋，则异于此。必大棺中棺，革阓三操，璧玉即具，戈剑鼎鼓壶滥，文绣素练，大鞅万领，舆马女乐皆具，曰必捶除差通，垄虽兄山陵。此为辍民之事，靡民之财，不可胜计也。其为毋用若此矣。”⑥ 以“兼爱”来改良风俗，“是故约食、焚身、苴服，此天下之至难为也，然后为而上说之，未逾于世而民可移也。何故也？即求以乡其上也。今若夫兼相爱、交相利，此其有利且易为也，不可胜计也。我以为则无有上说之者而已矣”⑦。

先秦齐鲁“诸子”的风俗思想，不论是儒家、道家、法家、墨家都十分注重风俗的作用，论证风俗与政治之间的密切关系，并初步提出了“移风易俗”的主张，虽然此时他们的风俗思想大都是零星的、片面的，但是为两汉“诸子”风俗思想的发展奠定了重要的基础，并成为中国古代风俗理论的源头。

---

① 黎翔凤：《管子校注》，第 898 页。
② 黎翔凤：《管子校注》，第 107 页。
③ 黎翔凤：《管子校注》，第 926—927 页。
④ （清）郭庆藩：《庄子集释》，第 334 页。
⑤ （清）郭庆藩：《庄子集释》，第 909 页。
⑥ 吴毓江：《墨子校注》，第 267 页。
⑦ 吴毓江：《墨子校注》，第 180 页。

第二节 西汉“诸子”的风俗思想

秦王朝统一后，“以法为教”，以严刑峻法来统一各地风俗，“今法律令已布，闻吏民犯法为间私者不止，私好、乡俗之心不变，自从令、丞以下智而弗举论，是即明避主之明法殹，而养匿邪避之民。”① 却最终二世而亡，两汉时期，才真正开始探索与总结风俗现象，进而形成了系统的移风易俗思想体系，“我说中国文化的化民成俗，是在两汉完成的”②。

汉王朝建立之初，社会经济十分萧条，濒临崩溃，“民亡盖藏，自天子不能具醇驷，而将相或乘牛车”③。“汉承秦之败俗，废礼义，捐廉耻，今其甚者杀父兄，盗者取庙器，而大臣特以簿书不报期会为故，至于风俗流溢，恬而不怪，以为是适然耳。”④“汉承秦制”，汉王朝不仅承袭了秦的制度文化，亦承袭了其衰落之风俗，“西汉初年的民风以崇靡、尚法等为主要特征”⑤。汉初“诸子”在先秦“诸子”风俗思想的基础上，以批评秦风俗为逻辑起点，探讨政治与风俗的密切关系，并主张移风易俗。龚鹏程在谈到汉代风俗与政治的关系时说：“风俗论乃是汉代政治思想及行为的核心部分，也是社会生活的形塑者，不了解这套讲法，即不能了解这段历史，不能了解那个社会的基本理则。”⑥

一、陆贾的风俗思想

“汉王朝建立后，要求转变统治思想，更换统治方式，重塑治国理念，

---

① 睡虎地秦墓竹简整理小组编：《睡虎地秦墓竹简·语书》，文物出版社 1990 年版，“图版”第 11 页，“释文注释”第 13 页。

② 徐复观：《中国知识分子的历史性格及其历史的命运》，黄克剑、林少敏编《徐复观集》，群言出版社 1993 年版，第 146 页。

③ （东汉）班固：《汉书》卷二四上，第 1127 页。

④ （东汉）班固：《汉书》卷二二，第 1030 页。

⑤ 陈新岗：《两汉诸子治国思想研究》，山东文艺出版社 2009 年版，第 370 页。

⑥ 龚鹏程：《汉代思潮》，商务印书馆 2005 年版，第 47 页。

明确提出以仁义道德来美化社会风俗的第一人。”[①] 陆贾提出了“无为而治”的风俗观。陆贾生活于秦汉之际，亲历了秦末汉初这一历史时期，对秦二世而亡的历史教训进行了深刻的总结，对秦王朝的残暴、奢侈之风有着深刻的体会，“秦始皇设刑罚，为车裂之诛，以敛奸邪，筑长城于戎境，以备胡、越，征大吞小，威震天下，将帅横行，以服外国，蒙恬讨乱于外，李斯治法于内，事逾烦天下逾乱，法逾滋而天下逾炽，兵马益设而敌人逾多。秦非不欲治也，然失之者，乃举措太众、刑罚太极故也。”[②] “秦始皇骄奢靡丽，好作高台榭，广宫室，则天下豪富制屋宅者，莫不仿之，设房闼，备厩车，缮雕琢刻画之好，博玄黄琦玮之色，以乱制度。”[③] 如何改变亡秦所造成的暴虐、奢靡之风，陆贾提出了一套以黄老无为思想为指导的移风易俗思想。“从而批评秦王朝的腐败和堕落就成为汉儒抨击现状、提倡‘礼乐教化’的一个基本话语方式。”[④]

陆贾以自然的天道观为指导，形成了“无为而治”的政治思想，“道莫大于无为，行莫大于谨敬。何以言之？昔舜治天下也，弹五弦之琴，歌《南风》之诗，寂若无治国之意，漠若无忧天下之心，然而天下大治。周公制作礼乐，郊天地，望山川，师旅不设，刑格法悬，而四海之内，奉供来臻，越裳之君，重译来朝。故无为者乃有为也。”[⑤] 力主统治者顺应自然、天道、人道进行统治。君主、官吏要以“中和”“宽舒”的状态治民易俗，“是以君子尚宽舒以褒其身，行身中和以致疏远；民畏其威而从其化，怀其德而归其境，美其治而不敢违其政。民不罚而畏，不赏而劝，渐渍于道德，而被服于中和之所致也。”[⑥] 其“中和”的概念颇有德主刑辅的意味。

陆贾亦十分注重仁义道德在美善风俗方面的作用，“居马上得之，宁可以马上治之乎？且汤武逆取而以顺守之，文武并用，长久之术也。昔者吴

① 党超：《论陆贾的风俗观》，《秦汉研究》2014 年辑。

② 王利器：《新语校注》，第 62 页。

③ 王利器：《新语校注》，第 67 页。

④ 向晋卫：《〈白虎通义〉思想的历史研究》，人民出版社 2007 年版，第 206 页。

⑤ 王利器：《新语校注》，第 59 页。

⑥ 王利器：《新语校注》，第 64 页。

王夫差、智伯极武而亡；秦任刑法不变，卒灭赵氏。乡使秦已并天下，行仁义，法先圣，陛下安得而有之？”[①] 陆贾认为只要将仁义作为处理君臣、夫妇、父子、朋友等各种政治关系、社会关系的道德规范，道德秩序得以构建，风俗自然美化，“故虐行则怨积，德布则功兴，百姓以德附，骨肉以仁亲，夫妇以义合，朋友以义信，君臣以义序，百官以义承，曾、闵以仁成大孝，伯姬以义建至贞，守国者以仁坚固，佐君者以义不倾，君以仁治，臣以义平，乡党以仁恂恂，朝廷以义便便，美女以贞显其行，烈士以义彰其名，阳气以仁生，阴节以义降，鹿鸣以仁求其群，关雎以义鸣其雄，《春秋》以仁义贬绝，《诗》以仁义存亡，《乾》《坤》以仁和合，《八卦》以义相承，《书》以仁叙九族，君臣以义制忠，《礼》以仁尽节，乐以礼升降。”[②]

陆贾提出了以礼乐教化的方法来移风易俗，“民知畏法，而无礼义；于是中圣乃设辟雍庠序之教，以正上下之仪，明父子之礼，君臣之义，使强不凌弱，众不暴寡，弃贪鄙之心，兴清洁之行。”[③] “礼义不行，纲纪不立，后世衰废；于是后圣乃定《五经》，明《六艺》，承天统地，穷事察微，原情立本，以绪人伦，宗诸天地，纂修篇章，垂诸来世，被诸鸟兽，以匡衰乱，天人合策，原道悉备，智者达其心，百工穷其巧，乃调之以管弦丝竹之音，设钟鼓歌舞之乐，以节奢侈，正风俗，通文雅。”[④] 在这一礼乐秩序之中，社会的道德规范内化为百姓的内心自律，风俗必然美化。

礼乐道德教化是移风易俗的重要手段，但是移风易俗的关键则在于君主，“‘取之于身’的教化是移风易俗的主张手段”[⑤]。陆贾认为君主的好恶决定了社会风俗的走向，周襄王、楚平王、齐桓公、秦始皇因为不孝、不仁、淫逸、暴虐、奢侈而导致社会风俗的败坏，“夫王者之都，南面之君，乃百姓之所取法则者也，举措动作，不可以失法度。昔者，周襄王不能事后母，出居于郑，而下多叛其亲。秦始皇骄奢靡丽，好作高台榭，广宫室，则天下

① （西汉）司马迁：《史记》卷九七，第 2699 页。

② 王利器：《新语校注》，第 30 页。

③ 王利器：《新语校注》，第 17 页。

④ 王利器：《新语校注》，第 18 页。

⑤ 党超：《两汉风俗观念与社会软控制研究》，社会科学文献出版社 2018 年版，第 71 页。

豪富制屋宅者，莫不仿之，设房闼，备厩库，缮雕琢刻画之好，博玄黄琦玮之色，以乱制度。齐桓公好妇人之色，妻姑姊妹，而国中多淫于骨肉。楚平王奢侈纵恣，不能制下，检民以德，增驾百马而行，欲令天下人饶财富利，明不可及，于是楚国逾奢，君臣无别。故上之化下，犹风之靡草也。王者尚武于朝，则农夫缮甲兵于田。故君子之御下也，民奢应之以俭，骄淫者统之以理；未有上仁而下贼，让行而争路者也。故孔子曰：‘移风易俗。’岂家令人视之哉？亦取之于身而已矣。”①

面对社会上的奢侈之风、重利之风、迷信之风，陆贾加以抨击，主张统治者崇尚节俭，以身作则，以上化下，“故圣人卑宫室而高道德，恶衣服而勤仁义，不损其行，以好其容，不亏其德，以饰其身，国不兴不事之功，家不藏不用之器，所以稀力役而省贡献也。璧玉珠玑，不御于上，则玩好之物弃于下；雕琢刻画之类，不纳于君，则淫伎曲巧绝于下。夫释农桑之事，入山海，采珠玑，捕豹翠，消筋力，散布泉，以极耳目之好，快淫侈之心，岂不谬哉？”②“故安危之要，吉凶之符，一出于身；存亡之道，成败之事，一起于善行；尧、舜不易日月而兴，桀、纣不易星辰而亡，天道不改而人道易也。”③

陆贾意图通过统治者的努力，达到一种理想社会，“是以君子之为治也，块然若无事，寂然若无声，官府若无吏，亭落若无民，闾里不讼于巷，老幼不愁于庭，近者无所议，远者无所听，邮无夜行之卒，乡无夜召之征，犬不夜吠，鸡不夜鸣，耆老甘味于堂，丁男耕耘于野，在朝者忠于君，在家者孝于亲；于是赏善罚恶而润色之，兴辟雍庠序而教诲之，然后贤愚异议，廉鄙异科，长幼异节，上下有差，强弱相扶，大小相怀，尊卑相承，雁行相随，不言而信，不怒而威，岂待坚甲利兵、深牢刻令、朝夕切切而后行哉？”④在这一理想社会中的“无所议”“无吏”“无声”“无吏”“不愁”“不讼”“无民”“无所听”等风俗现象，是陆贾所渴望的理想风俗，“这就是陆贾之所以大力

① 王利器：《新语校注》，第67页。

② 王利器：《新语校注》，第148—149页。

③ 王利器：《新语校注》，第152页。

④ 王利器：《新语校注》，第118页。

倡导教化的最终目的。”①

二、贾谊的风俗思想

“他的风俗教化观是对先秦时期萌芽的风俗观念的继承和发扬，代表了中国古代传统社会风俗观的发展方向。”② 贾谊洞悉西汉初年的社会风俗问题，强调风俗是关系国家治乱的根本问题，提出了礼乐化俗的思想。同其他汉初“诸子”相同，贾谊以批判秦风俗入手，认为风俗的败坏是秦灭亡的重要原因，“秦国失理，天下大败。众掎寡，知欺愚，勇劫惧，壮凌衰，攻击奋者为贤，贵人善突盗者为忻，诸侯设谄而相饖，饰诈而相绍者为知，天下乱至矣！是以大贤起之，威振海内，德从天下。”③ 汉承秦制，亦承袭了秦的鄙风陋俗，“曩之为秦者，今转而为汉矣。然其遗风余俗，犹尚未改。”④ 重利之风盛行，“今者何如，进取之时去矣，并兼之势过矣。胡以孝悌循顺为？善书而为吏耳。胡以行义礼节为？家富而出官耳。骄耻偏而为吏祭尊，黥劓者攘臂而为祭政。行为狗彘也，苟家富财足，隐机盱视而为天子耳。唯告罪昆弟，欺突伯父，逆于父母乎，然钱财多也，衣服修也，我何妨为世之基公。唯爱季母、妻公之接女乎，车马严也，走犬良也。……欲交，吾择贵宠者而交之；欲势，择吏权者而使之。取妇嫁子，非有权势，吾不与婚姻；非贵有戚，不与兄弟；非富大家，不与出入。因何也？今俗侈靡，以出伦逾等相骄，以富过其事相竞。今世贵空爵而贱良，俗靡而尊奸；富民不为奸而贫为里侮也，廉吏释官而归为邑笑；居官敢行奸而富为贤吏，家处者犯法为利为材士。故兄劝其弟，父劝其子，则俗之邪至于此矣。”⑤ 僭越之风盛行，“世之俗侈相耀，人慕其所不如，悚迫于俗，愿其所未至，以相竞高，而上非有制度也。今唯刑余鬻妾下贱，衣服得过诸侯、拟天子，是使天下公得冒主而

① 朱海龙、黄明喜：《陆贾教化思想探析》，《华南师范大学学报》（社会科学版）2004 年第 3 期。

② 党超：《两汉风俗观念与社会软控制研究》，社会科学文献出版社 2018 年版，第 74 页。

③ （西汉）贾谊撰，阎振益、钟夏校注：《新书校注》，第 96 页。

④ （东汉）班固：《汉书》卷四八，第 2244 页。

⑤ （西汉）贾谊撰，阎振益、钟夏校注：《新书校注》，第 97 页。

夫人务侈也。冒主务侈，则天下寒而衣服不足矣。故以文绣衣民而民愈寒；以褫民，民必暖而有余布帛之饶矣。”① 奢靡之风盛行，“民卖产子，得为之绣衣、编经履、偏诸缘，入之闲中，是古者天子后之服也，后之所以庙而不以燕也，而众庶得以衣孽妾。白縠之表，薄纨之里，缉以偏诸，美者黼绣，是古者天子之服也，今贵富人大贾者丧资，若兄弟召客者得以被墙。古者以天下奉一帝一后而节适，今贵人大贾屋壁得为帝服，贾妇优倡下贱产子得为后饰，然而天下不屈者，殆未有也。且主帝之身，自衣皂绨，而靡贾侈贵，墙得被绣；帝以衣其贱，后以缘其领，孽妾以缘其履，此臣之所谓踳也。”②

贾谊深刻分析了这些鄙风陋俗对于统治秩序的威胁，奢靡之风、重利之风的盛行浪费了大量的社会财富，严重破坏了西汉王朝的经济基础小农经济，直接影响了社会治安，破坏了统治秩序，“且试观事理，夫百人作之，不能衣一人也，欲天下之无寒，胡可得也？一人耕之，十人聚而食之，欲天下之无饥，胡可得也？饥寒切于民之肌肤，欲其无为奸邪盗贼，不可得也。国已素屈矣，奸邪盗贼特须时尔，岁适不为，如云而起耳。若夫不为见，室满胡可胜抚也？夫镎此而有安上者，殆未有也。”③

贾谊反对陆贾的“无为”易俗政策，强调统治者必须要主动易俗，“今也平居则无玼施，不敬而素宽，有故必困，然而献计者类曰：‘无动为大’耳。夫无动而可以振天下之败者，何等也？曰：为大夫治，可也；若为大乱，岂若其小？悲夫！俗至不敬也，至无等也，至冒其上也，进计者，犹曰‘无为’，可为长大息者此也。”④ “夫移风易俗，使天下回心而乡道。”⑤

贾谊提出了“广教化，修礼乐，以美风俗”⑥ 的移风易俗主张。首先是教化，“今或言礼义之不如法令，教化之不如刑罚，人主胡不引殷、周、秦事以观之也？”⑦ 贾谊主张培养人们的学习习惯，将学习当作自觉行为，通过

① （西汉）贾谊撰，阎振益、钟夏校注：《新书校注》，第 103 页。
② （西汉）贾谊撰，阎振益、钟夏校注：《新书校注》，第 107 页。
③ （西汉）贾谊撰，阎振益、钟夏校注：《新书校注》，第 107—108 页。
④ （西汉）贾谊撰，阎振益、钟夏校注：《新书校注》，第 108 页。
⑤ （东汉）班固：《汉书》卷四八，第 2245 页。
⑥ （西汉）贾谊撰，阎振益、钟夏校注：《新书校注》，第 204—205 页。
⑦ （东汉）班固：《汉书》卷四八，第 2253 页。

后天的学习提高自己的道德修养，“习与正人居之，不能无正也，犹生长于楚，不能不楚言也。故择其所嗜，必先受业，乃得尝之；择其所乐，必先有习，乃得为之。孔子曰：‘少成若天性，习惯如自然。’是殷周之所以长有道也。”① 由于后天学习的重要性，贾谊强调建立完善的教育体系来教育百姓，“古者年九岁入就小学，蹍小节焉，业小道焉；束发就大学，蹍大节焉，业大道焉。是以邪放非辟，无因入之焉。谚曰：‘君子重袭，小人无由入；正人十倍，邪辟无由来。’古之人其谨于所近乎！《诗》曰：‘芃芃棫朴，薪之槱之；济济辟王，左右趋之。’此言左右日以善趋也。”②

贾谊还进一步将教化看作是稳固统治，国富民强的根本所在，“夫民者，诸侯之本也。教者，政之本也；道者，教之本也。有道，然后教也；有教，然后政治也；政治，然后民劝之；民劝之，然后国丰富也。故国丰且富，然后君乐也。忠，臣之功也；臣之忠者，君之明也。臣忠君明，此之谓政之纲也。”③

在贾谊看来，道德教化不是空洞的，需要建立外在的礼乐制度以促教化，“昔周文王使太公望傅太子发，太子嗜鲍鱼，而太公弗与，太公曰：‘礼，鲍鱼不登于俎，岂有非礼而可以养太子哉？’寻常之室无奥剽之位，则父子不别；六尺之舆无左右之义，则君臣不明。寻常之室、六尺之舆，处无礼，即上下踳逆，父子悖乱，而况其大者乎！故道德仁义，非礼不成；教训正俗，非礼不备；分争辨讼，非礼不决；君臣、上下、父子、兄弟，非礼不定；宦学事师，非礼不亲；班朝治军、莅官行法，非礼威严不行；祷祠祭祀，供给鬼神，非礼不诚不庄。是以君子恭敬、撙节、退让以明礼。”④

贾谊所主张的礼乐制度使得君臣、父子、六亲各有其位，“经制”一定，风俗必然美化，风俗秩序得以建立，“夫立君臣等上下，使父子有礼，六亲有纪，此非天所设也。夫人之所设，弗为持此则僵，不循则坏。……岂如今定经制，令主主臣臣，上下有差，父子六亲各得其宜，奸人无所冀幸，群众

① （西汉）贾谊撰，阎振益、钟夏校注：《新书校注》，第 184 页。

② （西汉）贾谊撰，阎振益、钟夏校注：《新书校注》，第 229 页。

③ （西汉）贾谊撰，阎振益、钟夏校注：《新书校注》，第 349 页。

④ （西汉）贾谊撰，阎振益、钟夏校注：《新书校注》，第 214 页。

信上而不疑惑哉。此业一定，世世常安，而后有所持循矣。若夫经制不定，是犹渡江河无维楫，中流而遇风波也，船必覆败矣。悲夫，备不豫具之也，可不察乎?”① 这一风俗秩序，“把民众的观念意识逐渐纳入统治阶层的伦理道德轨道，自觉地按照社会传统伦理道德准则去行动。”②

在贾谊看来，如何处理君臣关系成为移风易俗的重要层面，若以道德来处理君臣关系，则能够为教化易俗提供一个重要的样本，“遇之有礼，故群臣自喜；厉以廉耻，故人务节行。上设廉耻礼义以遇其臣，而群臣不以节行而报其上者，即非人类也。故化成俗定，则为人臣者，主丑亡身，国丑亡家，公丑忘私，利不苟就，害不苟去，唯义所在，主上之化也。故父兄之臣诚死宗庙，法度之臣诚死社稷，辅翼之臣诚死君上，守卫捍敌之臣诚死城廓封境。故曰‘圣人有金城’者，此物比志也。彼且为我死，故吾得与之俱生；彼且为我亡，故吾得与之俱存；夫将为我危，故吾得与之皆安。顾行而忘利，守节而服义，故可以托不御之权，可以托五尺之孤。此厉廉耻、行礼义之所致也，主上何丧焉？此之不为，而顾彼之行，故曰可为长太息者也。”③

贾谊站在汉王朝长治久安的高度，主张以明君贤臣为主体，道德教化为内容，礼乐制度为手段，进行移风易俗，对文帝产生了重要的影响，“追观孝文玄默躬行以移风俗，谊之所陈略施行矣”④。他在汉代风俗思想发展史上具有承前启后的重要地位，董仲舒、贤良文学、刘向等都继承与发展了其风俗思想。

西汉初年的统治者针对政治经济危机，以黄老思想为统治思想，无为而治，休养生息，“汉初几十年，承秦而来的法治传统是朝廷政策的主流，黄老无为之术则被用来抵消或缓解其负面影响。”⑤ 黄老无为政治的缺点日益显现，社会风俗日益败坏，奢侈、僭越之风盛行，“至今上即位数岁，汉兴

① （西汉）贾谊撰，阎振益、钟夏校注：《新书校注》，第 92 页。

② 党超：《两汉风俗观念与社会软控制研究》，社会科学文献出版社 2018 年版，第 80 页。

③ （西汉）贾谊撰，阎振益、钟夏校注：《新书校注》，第 82 页。

④ （东汉）班固：《汉书》卷四八，第 2265 页。

⑤ 陈苏镇：《汉代政治与〈春秋〉学》引言，中国广播电视出版社 2001 年版，第 3 页。

七十余年之间，国家无事，非遇水旱之灾，民则人给家足，都鄙廪庾皆满，而府库余货财。京师之钱累巨万，贯朽而不可校。大仓之粟陈陈相因，充溢露积于外，至腐败不可食。众庶街巷有马，阡陌之间成群，而乘字牝者傧而不得聚会。守闾阎者食粱肉，为吏者长子孙，居官者以为姓号。故人人自爱而重犯法，先行义而后黜耻辱焉。当此之时，网疏而民富，役财骄溢，或至兼并豪党之徒，以武断于乡曲。宗室有土公卿大夫以下，争于奢侈，室庐舆服僭于上，无限度。物盛而衰，固其变也。”[①] 面对这种风俗日坏的局面，汉武帝需要一种新的风俗思想来拯救风俗，儒家的礼乐道德化民成俗的功能得到进一步的重视与强化，武帝时期至于东汉初期，统治者主导下的教化易俗思想成为风俗思想的主流。

三、董仲舒的风俗思想

“在两汉士人的著作言论中，以董仲舒对教化的论述最为显著。”[②] 董仲舒提出了教化易俗的思想。董仲舒认为教化与治民、政治密不可分，“孔子曰：‘凤鸟不至，河不出图，吾已矣夫！’自悲可致此物，而身卑贱不得致也。今陛下贵为天子，富有四海，居得致之位，操可致之势，又有能致之资，行高而恩厚，知明而意美，爱民而好士，可谓义主矣。然而天地未应而美祥莫至者，何也？凡以教化不立而万民不正也。夫万民之从利也，如水之走下，不以教化堤防之，不能止也。是故教化立而奸邪皆止者，其堤防完也；教化废而奸邪并出，刑罚不能胜者，其堤防坏也。古之王者明于此，是故南面而治天下，莫不以教化为大务。”[③]

“圣人之性不可以名性，斗筲之性又不可以名性，名性者，中民之性。中民之性如茧如卵。卵待覆二十日而后能为雏，茧待缫以涫汤而后能为丝，性待渐于教训而后能为善。善，教训之所然也，非质朴之所能至也，故不谓性。性者宜知名矣，无所待而起，生而所自有也。善所自有，则教训已非性也。是以米出于粟，而粟不可谓米；玉出于璞，而璞不可谓玉；善出于

① （西汉）司马迁：《史记》卷三〇，第1420页。

② 党超：《两汉风俗观念与社会软控制研究》，社会科学文献出版社2018年版，第101页。

③ （西汉）司马迁：《汉书》卷五六，第2503页。

性，而性不可谓善。其比多在物者为然，在性者以为不然，何不通于类也？卵之性未能作雏也，茧之性未能作丝也，麻之性未能为缕也，粟之性未能为米也。《春秋》别物之理以正其名，名物必各因其真。真其义也，真其情也，乃以为名。名陨石则后其五，退飞则先其六，此皆其真也。圣人于言无所苟而已矣。性者，天质之朴也；善者，王教之化也。无其质，则王教不能化；无其王教，则质朴不能善。质而不以善性，其名不正，故不受也。”[①]董仲舒提出了“性三品”说，“圣人之性”“中民之性”“斗筲之性”，“圣人”与“斗筲”是不能够教化的，“中民”可善可恶，董仲舒由此而提出了教化的必要性，只有通过教化才能改变民性，这为教化易俗的推行奠定了人性论基础。

在董仲舒的“天人感应”思想中，天具有了神圣的权威，天道任德不任刑，天便成了道德教化的理论源头，“臣谨案《春秋》之文，求王道之端，得之于正。正次王，王次春。春者，天之所为也；正者，王之所为也。其意曰，上承天之所为，而下以正其所为，正王道之端云尔。然则王者欲有所为，宜求其端于天。天道之大者在阴阳。阳为德，阴为刑；刑主杀而德主生。是故阳常居大夏，而以生育养长为事；阴常居大冬，而积于空虚不用之处。以此见天之任德不任刑也。天使阳出布施于上而主岁功，使阴入伏于下而时出佐阳；阳不得阴之助，亦不能独成岁。终阳以成岁为名，此天意也。”[②]这为教化易俗提供了宇宙观的基础，“董仲舒以阴阳五行言灾异……导致移风易俗命题神学化，使统治者得以借助神学迷信的力量统一意识形态。”[③]

董仲舒认为教化的重要内容为仁、义、孝、悌，“政有三端：父子不亲，则致其爱慈；大臣不和，则敬顺其礼；百姓不安，则力其孝悌。孝悌者，所以安百姓也。力者，勉行之身以化之。天地之数，不能独以寒暑成岁，必有春夏秋冬。圣人之道，不能独以威势成政，必有教化。故曰：先之以博爱，教以仁也；难得者，君子不贵，教以义也。虽天子必有尊也，教以孝也；必

---

① 苏舆：《春秋繁露义证》，第311—313页。
② （东汉）班固：《汉书》卷五六，第2501—2502页。
③ 陈新岗：《两汉诸子治国思想研究》，山东文艺出版社2009年版，第374页。

有先也，教以悌也。此威势之不足独恃，而教化之功不大乎?”① 只要统治者大力推行，必能成就教化之功。

董仲舒极力倡导用礼乐教化来移风易俗，礼乐同仁义一样是道的重要体现，尤其注重乐在教化民俗方面的功用，乐本于人之性情，其影响可由人之肌肤深入骨髓，“道者，所由适于治之路也，仁义礼乐皆其具也。故圣王已没，而子孙长久安宁数百岁，此皆礼乐教化之功也。王者未作乐之时，乃用先王之乐宜于世者，而以深入教化于民。教化之情不得，雅颂之乐不成，故王者功成作乐，乐其德也。乐者，所以变民风，化民俗也；其变民也易，其化人也著。故声发于和而本于情，接于肌肤，藏于骨髓。故王道虽微缺，而管弦之声未衰也。夫虞氏之不为政久矣，然而乐颂遗风犹有存者，是以孔子在齐而闻《韶》也。”②

董仲舒认为要进行教化易俗，必须要培养大量的人才作为教化的主体，主张设立太学，成为培养人才的重要基地，“陛下亲耕藉田以为农先，夙寤晨兴，忧劳万民，思惟往古，而务以求贤，此亦尧舜之用心也，然而未云获者，士素不厉也。夫不素养士而欲求贤，譬犹不琢玉而求文采也。故养士之大者，莫大乎太学；太学者，贤士之所关也，教化之本原也。今以一郡一国之众，对亡应书者，是王道往往而绝也。臣愿陛下兴太学，置明师，以养天下之士，数考问以尽其材，则英俊宜可得矣。”③“古之王者明于此，是故南面而治天下，莫不以教化为大务。立大学以教于国，设庠序以化于邑，渐民以仁，摩民以义，节民以礼，故其刑罚甚轻而禁不犯者，教化行而习俗美也。”④ 太学的设立使得汉中央掌握了教化易俗的主导权。

董仲舒主张统治者率民以德，以上化下，以成民俗，如此，刑法措而不用，这是天下有道的重要表现，“先王显德以示民，民乐而歌之以为诗，说而化之以为俗。故不令而自行，不禁而自止，从上之意，不待使之，若自然矣。故曰：圣人天地动、四时化者，非有他也，其见义大故能动，动故能

① 苏舆：《春秋繁露义证》，第 319—320 页。

② （东汉）班固：《汉书》卷五六，第 2499 页。

③ （东汉）班固：《汉书》卷五六，第 2512 页。

④ （东汉）班固：《汉书》卷五六，第 2503 页。

化，化故能大行，化大行故法不犯，法不犯故刑不用，刑不用则尧舜之功德。此大治之道也，先圣传授而复也。故孔子曰：‘谁能出不由户，何莫由斯道也。’今不示显德行，民暗于义，不能照；迷于道不能解，因欲大严惨以必正之，直残贼天民而薄主德耳，其势不行。仲尼曰：‘国有道，虽加刑，无刑也。国无道，虽杀之，不可胜也。’其所谓有道无道者，示之以显德行与不示尔。”①

当然道德表率不仅仅局限于君主，董仲舒主张层层表率，君主正百官，百官正万民，万民正四方，“臣谨案《春秋》谓一元之意，一者万物之所从始也，元者辞之所谓大也。谓一为元者，视大始而欲正本也。《春秋》深探其本，而反自贵者始。故为人君者，正心以正朝廷，正朝廷以正百官，正百官以正万民，正万民以正四方。四方正，远近莫敢不壹于正，而亡有邪气奸其间者。是以阴阳调而风雨时，群生和而万民殖，五谷熟而草木茂，天地之间被润泽而大丰美，四海之内闻盛德而皆徕臣，诸福之物，可致之祥，莫不毕至，而王道终矣。”②

董仲舒强调教化是移风易俗的根本手段，论述了教化与政治之间的密切关系，将教化分为道德教化、礼乐教化，道德教化的内容为仁、义、孝、悌，太学成为推广教化的重要基地，统治者及各级官吏的表率作用是推行教化的关键所在，伴随“罢黜百家，独尊儒术”的推行，教化易俗成为两汉主流的移风易俗思想。“也正是这番教化理论确立了儒学在汉代的特殊地位，它所表达的政治理想成为众多儒家士大夫自觉躬行践履的政治主张和文化目标。”③

四、司马迁的风俗思想

“司马迁论俗，将事与论相结合，由事而生论，又由论而析事。以陈述体夹叙夹议，观点溶于事，事中有观点。”④司马迁年少时便壮游全国各地，

---

① 苏舆：《春秋繁露义证》，第 265—266 页。

② （东汉）班固：《汉书》卷五六，第 2502—2503 页。

③ 党超：《两汉风俗观念与社会软控制研究》，社会科学文献出版社 2018 年版，第 103 页。

④ 张紫晨：《中国民俗学史》，吉林文史出版社 1993 年版，第 91 页。

十分了解各地的风俗，积累了大量的风俗资料，在叙述史事时体现出自己对风俗的新认知。司马迁主张顺应民俗、因俗而治，他论述了姜太公治齐与伯禽治鲁方略的差异，“周公卒，子伯禽固已前受封，是为鲁公。鲁公伯禽之初受封之鲁，三年而后报政周公。周公曰：‘何迟也？’伯禽曰：‘变其俗，革其礼，丧三年然后除之，故迟。’太公亦封于齐，五月而报政周公。周公曰：‘何疾也？’曰：‘吾简其君臣礼，从其俗为也。’及后闻伯禽报政迟，乃叹曰：‘呜呼，鲁后世其北面事齐矣！夫政不简不易，民不有近；平易近民，民必归之。’”[①] 姜太公主张因循其旧俗简化其旧礼，伯禽主张变化其旧俗改革其旧礼。姜太公因循齐国民俗，发展工商鱼盐之利，齐国大治，成为强国；伯禽改变商奄旧俗，推行周礼乐，成为西周礼乐在东方的样板。司马迁认为齐鲁两国立国之初对当地风俗的不同态度造成了两国不同的盛衰命运，极为赞赏姜太公因俗而治的政策。

司马迁强调统治者需要根据时势来进行移风易俗，“与时迁移，应物变化，立俗施事，无所不宜”[②]。他在《史记·赵世家》中记述赵武灵王推行“胡服骑射”时，借赵武灵王之口表达了自己因时易俗的风俗观：“夫服者，所以便用也；礼者，所以便事也。圣人观乡而顺宜，因事而制礼，所以利其民而厚其国也。夫剪发文身，错臂左衽，瓯越之民也。黑齿雕题，却冠秫绌，大吴之国也。故礼服莫同，其便一也。乡异而用变，事异而礼易。是以圣人果可以利其国，不一其用；果可以便其事，不同其礼。儒者一师而俗异，中国同礼而教离，况于山谷之便乎？故去就之变，智者不能一；远近之服，贤圣不能同。穷乡多异，曲学多辩。不知而不疑，异于己而不非者，公焉而众求尽善也。今叔之所言者俗也；吾所言者所以制俗也。吾国东有河、薄洛之水，与齐、中山同之，无舟楫之用。自常山以至代、上党，东有燕、东胡之境，而西有楼烦、秦、韩之边，今无骑射之备。故寡人无舟楫之用，夹水居之民，将何以守河、薄洛之水；变服骑射，以备燕、三胡、秦、韩之边。且昔者简主不塞晋阳以及上党，而襄主并戎取代以攘诸胡，此愚智所明

① （西汉）司马迁：《史记》卷三三，第1524页。

② （西汉）司马迁：《史记》卷一三〇，第3289页。

也。先时中山负齐之强兵，侵暴吾地，系累吾民，引水围鄗，微社稷之神灵，则鄗几于不守也。先王丑之，而怨未能报也。今骑射之备，近可以便上党之形，而远可以报中山之怨。而叔顺中国之俗以逆简、襄之意，恶变服之名以忘鄗事之丑，非寡人之所望也。”[①] 强调只要对国家、百姓有利，需根据军事政治形势的变化，勇于改革中原旧俗，移风易俗，学习胡服骑射，以富国强兵。

司马迁还分析了礼乐的文化特性，强调以礼乐易俗，礼以别异，乐以统合，通过礼乐将天子、百官、百姓相连通，构筑起一个风俗秩序：“乐也者，情之不可变者也；礼也者，理之不可易者也。乐统同，礼别异，礼乐之说贯乎人情矣。穷本知变，乐之情也；著诚去伪，礼之经也。礼乐顺天地之诚，达神明之德，降兴上下之神，而凝是精粗之体，领父子君臣之节。”[②] 司马迁尤其重视“乐”的移风易俗作用：“乐者，所以移风易俗也。自《雅》《颂》声兴，则已好《郑》《卫》之音，《郑》《卫》之音所从来久矣。人情之所感，远俗则怀。”[③]

“以司马迁撰写《史记·货殖列传》为发端，开始出现专门论述风俗的篇章。”[④] 司马迁在《史记·货殖列传》中将全国划分为四大风俗区：山西、山东、江南、北方，并将每个风俗区进行细化，强调风俗的地域性特征，并创新性地将风俗的形成与自然环境、经济发展联系起来，如三河之地，地窄民多，民俗俭约；种、代之地，与胡族接壤，民风尚武；中山之地，土地贫瘠，农业落后，其俗多重利，“夫三河在天下之中，若鼎足，王者所更居也，建国各数百千岁，土地小狭，民人众，都国诸侯所聚会，故其俗纤俭习事。杨、平阳陈西贾秦、翟，北贾种、代。种、代，石北也，地边胡，数被寇。人民矜懻忮，好气，任侠为奸，不事农商。然迫近北夷，师旅亟往，中国委输时有奇羡。其民羯羠不均，自全晋之时固已患其剽悍，而武灵王益厉之，其谣俗犹有赵之风也。故杨、平阳陈掾其间，得所欲。温、轵西贾上

① （西汉）司马迁：《史记》卷四三，第1808—1809页。

② （西汉）司马迁：《史记》卷二四，第1202页。

③ （西汉）司马迁：《史记》卷一三〇，第3305页。

④ 党超：《论两汉风俗观念的政治文化特性》，《史学月刊》2012年第5期。

党，北贾赵、中山。中山地薄人众，犹有沙丘纣淫地余民，民俗懁急，仰机利而食。丈夫相聚游戏，悲歌慷慨，起则相随椎剽，休则掘冢作巧奸冶，多美物，为倡优。女子则鼓鸣瑟，跕屣，游媚贵富，入后宫，遍诸侯。”[①]“《史记》的问世，是中国风俗文化史上一个划时代的标志。”[②]“开辟了中国古代经济民俗学的先河”[③]。

司马迁所处的时代，虽然儒学开始居于独尊地位，但并未完全居于主导地位，虽为董仲舒的弟子，但他的风俗思想依然具有明显的黄老道家色彩，拥有一种兼容百家的气魄与独立思考的精神，其风俗思想对后世风俗观产生了深远的影响。

五、贤良文学的风俗思想

西汉王朝经过汉初 60 多年的休养生息，至武帝时国力达到了顶峰，汉武帝从政治、经济、军事、思想文化、军事等方面加强了中央集权。鼎盛的背后，是长期的穷兵黩武，风俗败坏，以至于武帝末年，阶级矛盾激化，农民起义频发。汉武帝晚年颁布了“轮台诏”，提出了“止擅赋，力本农”的政策，实现由对外征伐到休养生息国策的转变。昭帝即位后，霍光辅政，为了进一步拨乱反正，稳固休养生息的国策，举行盐铁会议，使国家指导思想重回儒家德治轨道。其主要围绕着德法问题、匈奴和战问题、盐铁官营问题展开讨论，而风俗批判则是贯彻其中的一条重要主线。“‘德化’论伴随着儒学地位的上升，被儒生们所普遍吹捧、宣传，并不断试图将它与现实政治实践挂钩。”[④]西汉前期“诸子”多将教化易俗放置于理想之中，盐铁会议上贤良文学所主张的教化易俗思想从内容上继承了西汉前期“诸子”，他们的创新之处在于，第一次将教化易俗从理想搬到了现实，用作解决现实风俗问题的指导思想。

---

① （西汉）司马迁：《史记》卷一二九，第 3262—3263 页。

② 韩养民：《中国风俗文化研究三千年》，《民俗研究》1999 年第 2 期。

③ 陈勤建：《中国民俗》，中国民间文艺出版社 1989 年版，第 224 页。

④ 杨勇：《历史视野中盐铁会议贤良文学的“德化”观》，《郑州大学学报》（哲学社会科学版）2014 年第 3 期。

贤良文学在《盐铁论》中阐述了教化易俗的风俗思想。贤良文学首先批判了自武帝末年盛行的鄙风陋俗，首先是迷信之风的盛行，人们纷纷怠于仁义礼乐而笃于祭祀，“古者，德行求福，故祭祀而宽。仁义求吉，故卜筮而希。今世俗宽于行而求于鬼，怠于礼而笃于祭，嫚亲而贵势，至妄而信日，听訑言而幸得，出实物而享虚福。”① 在迷信之风的盛行下，人们纷纷放弃本业争相从事巫卜之业，“古者，君子夙夜孳孳思其德；小人晨昏孜孜思其力。故君子不素餐，小人不空食。今世俗饰伪行诈，为民巫祝，以取厘谢，坚额健舌，或以成业致富，故惮事之人，释本相学。是以街巷有巫，闾里有祝。”②

贤良文学批判了当时社会上的奢侈之风，“古者，采椽不斫，茅茨不剪，衣布褐，饭土硎，铸金为锄，埏埴为器，工不造奇巧，世不宝不可衣食之物，各安其居，乐其俗，甘其食，便其器。是以远方之物不交，而昆山之玉不至。今世俗坏而竞于淫靡，女极纤微，工极技巧，雕素朴而尚珍怪，钻山石而求金银，没深渊求珠玑，设机陷求犀象，张网罗求翡翠，求蛮、貉之物以眩中国，徙邛、筰之货，致之东海，交万里之财，旷日费功，无益于用。是以褐夫匹妇，劳罢力屈，而衣食不足也。故王者禁溢利，节漏费。溢利禁则反本，漏费节则民用给。是以生无乏资，死无转尸也。”③

贤良文学批判了当时社会上盛行的重末轻本之风，“孟子云：‘不违农时，谷不可胜食。蚕麻以时，布帛不可胜衣也。斧斤以时，材木不可胜用。田渔以时，鱼肉不可胜食。’若则饰宫室，增台榭，梓匠斫巨为小，以圆为方，上成云气，下成山林，则材木不足用也。男子去本为末，雕文刻镂，以象禽兽，穷物究变，则谷不足食也。妇女饰微治细，以成文章，极伎尽巧，则丝布不足衣也。庖宰烹杀胎卵，煎炙齐和，穷极五味，则鱼肉不足食也。当今世，非患禽兽不损，材木不胜，患僭侈之无穷也；非患无旃罽橘柚，患无狭庐糠糟也。”④

---

① 王利器：《盐铁论校注》，第352页。

② 王利器：《盐铁论校注》，第352页。

③ 王利器：《盐铁论校注》，第42—43页。

④ 王利器：《盐铁论校注》，第43—44页。

为了改变以上的鄙陋风俗，必须要移风易俗，贤良文学抨击了商鞅所创制的秦制，废除礼乐道德推行法令易俗必然会导致灭亡，“国有贤士而不用，非士之过，有国者之耻。孔子大圣也，诸侯莫能用，当小位于鲁，三月，不令而行，不禁而止，沛若时雨之灌万物，莫不兴起也。况乎位天下之本朝，而施圣主之德音教泽乎？今公卿处尊位，执天下之要，十有余年，功德不施于天下，而勤劳于百姓，百姓贫陋困穷，而私家累万金。此君子所耻，而《伐檀》所刺也。昔者，商鞅相秦，后礼让，先贪鄙，尚首功，务进取，无德厚于民，而严刑罚于国，俗日坏而民滋怨，故惠王烹菹其身，以谢天下。当此之时，亦不能论事矣。今执政患儒贫贱而多言，儒亦忧执事富贵而多患也。”① 借以讽刺了当朝的公卿大臣们居于尊位，却重功利，尚法令，成为扰乱风俗的重要根源。

贤良文学继而将移风易俗思想纳入到了本末的范畴，教化易俗为本，法令易俗为末，必须要重本抑末，“文王兴而民好善，幽、厉兴而民好暴，非性之殊，风俗使然也。故商、周之所以昌，桀、纣之所以亡也……故治乱不在于民。孔子曰：‘听讼吾犹人也，必也使无讼乎！’无讼者难，讼而听之易。夫不治其本而事其末，古之所谓愚，今之所谓智。以棰楚正乱，以刀笔正文，古之所谓贼，今之所谓贤也。”② 仁义教化成为万世之法则，“师旷之调五音，不失宫商。圣王之治世，不离仁义。故有改制之名，无变道之实。上自黄帝，下及三王，莫不明德教，谨庠序，崇仁义，立教化。此百世不易之道也。殷、周因循而昌，秦王变法而亡。《诗》云：‘虽无老成人，尚有典刑。’言法教也。故没而存之，举而贯之，贯而行之，何更为哉？”③

贤良文学强调礼乐易俗是教化易俗的一个重要方面，礼乐是防备欲望泛滥的堤防，礼乐易俗是治世的一个重要表现，“礼所以防淫，乐所以移风，礼兴乐正则刑罚中。故堤防成而民无水灾，礼义立而民无乱患。故礼义坏，堤防决，所以治者，未之有也。孔子曰：‘礼与其奢也宁俭，丧与其易也宁戚。’故礼之所为作，非以害生伤业也，威仪节文，非以乱化伤俗也。治国

① 王利器：《盐铁论校注》，第 332 页。

② 王利器：《盐铁论校注》，第 604 页。

③ 王利器：《盐铁论校注》，第 292 页。

谨其礼，危国谨其法。昔秦以武力吞天下，而斯、高以妖孽累其祸，废古术，隳旧礼，专任刑法，而儒、墨既丧焉。塞士之途，壅人之口，道谀日进而上不闻其过，此秦所以失天下而殒社稷也。故圣人为政，必先诛之，伪巧言以辅非而倾覆国家也。今子安取亡国之语而来乎？夫公卿处其位，不正其道，而以意阿邑顺风，疾小人浅浅面从，以成人之过也。故知言之死，不忍从苟合之徒，是以不免于缧绁。悲夫！”①抨击了公卿大臣们专任法吏，不用富有礼乐的儒生，长此以往，恐怕会重蹈亡秦的覆辙。

贤良文学直指这些鄙风陋俗的始作俑者是统治阶层，“国有沃野之饶而民不足于食者，工商盛而本业荒也；有山海之货而民不足于财者，不务民用而淫巧众也。故川源不能实漏卮，山海不能赡溪壑。是以盘庚萃居，舜藏黄金，高帝禁商贾不得仕宦，所以遏贪鄙之俗，而醇至诚之风也。排困市井，防塞利门，而民犹为非也，况上之为利乎？《传》曰：‘诸侯好利则大夫鄙，大夫鄙则士贪，士贪则庶人盗。’是开利孔为民罪梯也。”②正是由于各级统治阶层的好利、奢侈、僭越，使得整个社会自上而下弥漫着各种衰败的风俗。贤良文学一直强调君主的垂范作用，“尚德崇义是贤良文学的核心价值观念，会议上他们对诸如本末、王霸、匈奴和战等具体问题的辩论皆祖于此。”③而君主的倾向则至关重要。贤良文学认为统治者对德与利的选择会关系到风俗的好坏，君主好德，则民风淳厚，君主好利，则民风衰颓，“夫导民以德，则民归厚；示民以利，则民俗薄。俗薄则背义而趋利，趋利则百姓交于道而接于市。老子曰：‘贫国若有余，非多财也，嗜欲众而民躁也。’是以王者崇本退末，以礼义防民欲，实菽粟货财。市，商不通无用之物，工不作无用之器。故商所以通郁滞，工所以备器械，非治国之本务也。”④

要想做到移风易俗，统治者必须要贵德贱利、重义轻财，“古者，贵德而贱利，重义而轻财。三王之时，迭盛迭衰。衰则扶之，倾则定之。是以夏

① 王利器：《盐铁论校注》，第 299 页。

② 王利器：《盐铁论校注》，第 4 页。

③ 刘鹏、罗启龙：《浅析西汉盐铁会议上的贤良文学》，《淮北职业技术学院学报》2016 年第 2 期。

④ 王利器：《盐铁论校注》，第 3 页。

忠、殷敬、周文，庠序之教，恭让之礼，粲然可得而观也。及其后，礼义弛崩，风俗灭息，故自食禄之君子，违于义而竞于财，大小相吞，激转相倾。此所以或储百年之余，或无以充虚蔽形也。古之仕者不穑，田者不渔，抱关击柝，皆有常秩，不得兼利尽物。如此，则愚智同功，不相倾也。《诗》云：‘彼有遗秉，此有滞穗，伊寡妇之利。’言不尽物也。”①

在这一思想的主导下，贤良文学力主取消盐、铁、酒榷、均输，只有取消官营工商业政策，方能使民间风俗回归淳朴，“窃闻治人之道，防淫佚之原，广道德之端，抑末利而开仁义，毋示以利，然后教化可兴，而风俗可移也。今郡国有盐、铁、酒榷，均输，与民争利。散敦厚之朴，成贪鄙之化。是以百姓就本者寡，趋末者众。夫文繁则质衰，末盛则本亏。末修则民淫，本修则民悫。民悫则财用足，民侈则饥寒生。愿罢盐、铁、酒榷、均输，所以进本退末，广利农业，便也。”②

当然教化易俗的推行并不是空洞的，贤良文学指出教化的推行离不开农业生产的发展，只有雄厚的物质基础方能使得民风美善，“三代之盛无乱萌，教也；夏、商之季世无顺民，俗也。是以王者设庠序，明教化，以防道其民，及政教之洽，性仁而喻善。故礼义立，则耕者让于野；礼义坏，则君子争于朝。人争则乱，乱则天下不均，故或贫或富。富则仁生，赡则争止。昏暮叩人门户，求水火，贪夫不吝，何则？所饶也。夫为政而使菽粟如水火，民安有不仁者乎！”③“只有重视农业才是本业，王者崇本退末，这样就可以通过礼义规范社会秩序，而且同时‘实菽粟货财’，实现良序和富足两者兼顾的社会发展目标。”④

为了发展农业生产，取消国家出租山泽园田的“郭假”制度，主张将三辅地区广大的苑囿、公田、池泽直接授予农民，利归于民，解决三辅地区人多地少的矛盾，“夫男耕女绩，天下之大业也。故古者分地而处之，制田亩而事之。是以业无不食之地，国无乏作之民。今县官之多张苑囿、公田、

① 王利器：《盐铁论校注》，第56页。

② 王利器：《盐铁论校注》，第1页。

③ 王利器：《盐铁论校注》，第422页。

④ 吴龙灿：《〈盐铁论〉哲学思想发微》，《德州学院学报》2017年第5期。

池泽，公家有鄣假之名，而利归权家。三辅迫近于山、河，地狭人众，四方并凑，粟米薪菜，不能相赡。公田转假，桑榆菜果不殖，地力不尽。愚以为非。先帝之开苑囿、池籞，可赋归之于民，县官租税而已。假税殊名，其实一也。夫如是，匹夫之力，尽于南亩，匹妇之力，尽于麻枲。田野辟，麻枲治，则上下俱衍，何困乏之有矣？”①

贤良文学批判了当时的迷信之风、奢侈之风、重本轻末之风，提出了教化易俗的思想，并将移风易俗纳入到了本末范畴中，教化易俗为本，法令易俗为末，要想移风易俗必然要重本抑末。在这一思想的指导下，贤良文学力主取消盐、铁、酒榷、均输，大力发展农业生产，主张将三辅地区广大的苑囿、公田、池泽直接授予农民，解决三辅地区人多地少的矛盾。当然由于儒家思想是根植于传统农业社会的思想，贤良文学重本轻末，偏执否定官营工商业富国强兵的重要作用，确为迂腐之见，但是他们认识到了物质基础尤其是农业生产对于移风易俗的意义，这是对两汉风俗理论的重要创新。

六、刘向的风俗思想

刘向生活的元成年代，西汉王朝开始走下坡路，土地兼并愈演愈烈，王氏外戚专权，政治黑暗，风俗日坏，刘向作为宗室大臣，以振兴汉家天下为己任，在《说苑》中论述了自己的风俗思想，力图通过教化的手段来扭转政风、民风，维护与巩固刘氏天下，“这些论述多是对社会政治风气的关注，体现出刘向对风俗与政治之间关系的深刻认识”②。

刘向沿袭了西汉批判秦政的传统，批判了秦王朝纯行法治，导致风俗败坏，“是故始皇因四塞之固，据崤函之阻，跨陇蜀之饶，听众人之策，乘六世之烈，以蚕食六国，兼诸侯，并有天下，杖于谋诈之弊，终于信笃之诚，无道德之教，仁义之化，以缀天下之心，任刑罚以为治，信小术以为道，遂燔烧《诗》《书》，坑杀儒士，上小尧舜，下邈三王，二世愈甚，惠不下施，情不上达，君臣相疑，骨肉相疏，化道浅薄，纲纪坏败，民不见义，

① 王利器：《盐铁论校注》，第 172 页。

② 党超：《两汉风俗观念与社会软控制研究》，社会科学文献出版社 2018 年版，第 129 页。

而悬于不宁，抚天下十四岁，天下大溃，诈伪之弊也。”①

刘向以发展的眼光看待风俗，风俗是随着时势的变化而变化的，强调根据风俗的变化而制定教化政策，“今夫世异则事变，事变则时移，时移则俗易。是以君子先相其土地而裁其器，观其俗而和其风，总众议而定其教。”②刘向继承了董仲舒的教化易俗思想，倡导以礼乐教化移风易俗，以作为救世之方，“天下有道，则礼乐征伐自天子出。夫功成制礼，治定作乐。礼乐者，行化之大者也。孔子曰：‘移风易俗，莫善于乐；安上治民，莫善于礼。’是故圣王修礼文，设庠序，陈钟鼓。天子辟雍，诸侯泮宫，所以行德化。《诗》云：‘镐京辟雍，自西自东。自南自北，无思不服。’此之谓也。”③“在继承以上乐教思想的基础之上，刘向重新定义了礼、乐的功能及乐教的目的。”④刘向尤其注重音乐的教化易俗功能，外有礼教之约束，内有乐教之和乐，以声感人，以情正性，感化人心，改易风俗，“凡从外入者，莫深于声音。变人最极。故圣人因而成之以德，曰乐。乐者，德之风。《诗》曰：‘威仪抑抑，德音秩秩。’谓礼乐也。故君子以礼正外，以乐正内。内须臾离乐，则邪气生矣。外须臾离礼，则慢行起矣。故古者天子诸侯听钟声未尝离于庭，卿大夫听琴瑟未尝离于前；所以养正心而灭淫气也。乐之动于内，使人易道而好良；乐之动于外，使人温恭而文雅。雅颂之声动人，而正气应之；和成容好之声动人，而和气应之；粗厉猛贲之声动人，而怒气应之；郑卫之声动人，而淫气应之。是以君子慎其所以动人也。”⑤

刘向认为礼乐教化是移风易俗的根本，而君主成为推行礼乐教化的关键。刘向借泄冶之口分析了君主对于百姓的引导与表率意义，君主室内之言行必然能动及千里之外，“陈灵公行僻而言失，泄冶曰：‘陈其亡矣！吾骤谏君，君不吾听，而愈失威仪。夫上之化下，犹风靡草，东风则草靡而西，西风则草靡而东，在风所由，而草为之靡。是故人君之动，不可不慎也。夫树

---

① （清）严可均辑：《全汉文》，商务印书馆1999年版，第380页。

② （西汉）刘向撰，向宗鲁校证：《说苑校证》，第418页。

③ （西汉）刘向撰，向宗鲁校证：《说苑校证》，第476页。

④ 左康华：《刘向对儒家乐教思想的继承和发展》，《现代哲学》2016年第1期。

⑤ （西汉）刘向撰，向宗鲁校证：《说苑校证》，第508页。

曲木者，恶得直影；人君不直其行，不敬其言者，未有能保帝王之号，垂显令之名者也。《易》曰：夫君子居其室，出其言，善，则千里之外应之，况其迩者乎？居其室，出其言，不善，则千里之外违之，况其迩者乎？言出于身，加于民，行发乎迩，见乎远。言行，君子之枢机。枢机之发，荣辱之主，君子之所以动天地，可不慎乎？天地动而万物变化。《诗》曰：慎尔出话，敬尔威仪，无不柔嘉。此之谓也。今君不是之慎，而纵恣焉，不亡必弑。’灵公闻之，以泄冶为妖言而杀之，后果弑于征舒。”① 陈灵公最终因言行失当而被杀。

君主要正身以化下，修德以率下。刘向赞同孔子之语，统治者以德化民，“季孙问于孔子曰：‘如杀无道以就有道，何如？’孔子曰：‘子为政，焉用杀！子欲善而民善矣。君子之德风也，小人之德草也，草上之风必偃。’”② 君主贵德贱利层层引导臣民，必然能够破除好利之风，社会风俗必然美善，“凡人之性，莫不欲善其德，然而不能为善德者，利败之也。故君子羞言利名。言利名尚羞之，况居而求利者也？周天子使家父毛伯求赙金于诸侯，《春秋》讥之。故天子好利则诸侯贪，诸侯贪则大夫鄙，大夫鄙则庶人盗。上之变下，犹风之靡草也。故为人君者，明贵德而贱利，以道下，下之为恶尚不可止，今隐公贪利而身自渔济上，而行八佾，以此化于国人，国人安得不解于义？解于义而纵其欲，则灾害起而臣下僻矣！故其元年始书螟，言灾将起，国家将乱云尔。”③

刘向在现实政治中尖锐批评了汉成帝大兴陵墓之举，劝谏成帝躬行节俭，施行薄葬，缩减陵墓规模，改善厚葬之风，“陛下即位，躬亲节俭，始营初陵，其制约小，天下莫不称贤明。及徙昌陵，增卑为高，积土为山，发民坟墓，积以万数，营起邑居，期日迫卒，功费大万百余。死者恨于下，生者愁于上，怨气感动阴阳，因之以饥馑，物故流离以十万数，臣甚惽焉。以死者为有知，发人之墓，其害多矣；若其无知，又安用大？谋之贤知则不说，以示众庶则苦之；若苟以说愚夫淫侈之人，又何为哉！陛下慈仁笃美甚

① （西汉）刘向撰，向宗鲁校证：《说苑校证》，第 3—4 页。

② （西汉）刘向撰，向宗鲁校证：《说苑校证》，第 143—144 页。

③ （西汉）刘向撰，向宗鲁校证：《说苑校证》，第 110—111 页。

厚，聪明疏达盖世，宜弘汉家之德，崇刘氏之美，光昭五帝、三王，而顾与暴秦乱君竞为奢侈，比方丘陇，说愚夫之目，隆一时之观，违贤知之心，亡万世之安，臣窃为陛下羞之。唯陛下上览明圣黄帝、尧、舜、禹、汤、文、武、周公、仲尼之制，下观贤知穆公、延陵、樗里、张释之之意。孝文皇帝去坟薄葬，以俭安神，可以为则；秦昭、始皇增山厚藏，以侈生害，足以为戒。初陵之模，宜从公卿大臣之议，以息众庶。”①

刘向揭示了只有民众富足，才能够推行教化易俗思想，“河间献王曰：‘《管子》称：仓廪实，知礼节；衣食足，知荣辱。夫谷者，国家所以昌炽，士女所以姣好，礼义所以行，而人心所以安也。《尚书》五福，以富为始，子贡问为政，孔子曰：富之。既富，乃教之也，此治国之本也。’”②

第三节　东汉“诸子”的风俗思想

一、桓谭的风俗思想

西汉末年以及新莽时期，外戚专权，土地兼并严重，政治昏暗，阶级矛盾尖锐，农民起义风起云涌，统治阶级腐朽奢侈，谶纬神学盛行，社会风俗衰败。桓谭继承了刘向的风俗思想，根据风俗的变化而施行教化，其创新之处在于打破了教化易俗的传统，将法治引入到移风易俗领域，强调德法迭用，“臣闻国之废兴，在于政事；政事得失，由乎辅佐。辅佐贤明，则俊士充朝，而理合世务；辅佐不明，则论失时宜，而举多过事。夫有国之君，俱欲兴化建善，然而政道未理者，其所谓贤者异也。昔楚庄王问孙叔敖曰：‘寡人未得所以为国是也。’叔敖曰：‘国之有是，众所恶也，恐王不能定也。’王曰：‘不定独在君，亦在臣乎？’对曰：‘君骄士，曰士非我无从富贵；士骄君，曰君非士无从安存。人君或至失国而不悟，士或至饥寒而不进。君臣不合，则国是无从定矣。’庄王曰：‘善。愿相国与诸大夫共定国是也。’盖善政者，视俗而施教，察失而立防，威德更兴，文武迭用，然后政

① （东汉）班固：《汉书》卷三六，第1956—1957页。

② （西汉）刘向撰，向宗鲁校证：《说苑校证》，第73页。

调于时，而躁人可定。昔董仲舒言‘理国譬若琴瑟，其不调者则解而更张’。夫更张难行，而拂众者亡，是故贾谊以才逐，而晁错以智死。世虽有殊能而终莫敢谈者，惧于前事也。”①

桓谭批判了当时官场中的求虚誉之风，“官吏二千石，布襦羊裘，以白木杯饮食，饰虚伪，欲以求名干欲”②。批判了当时的政治腐败之风，“及衰世薄俗，君臣多淫骄失政，士庶多邪心恶行，是以数有灾异变怪；又不能内自省视，畏天戒而反，外考谤议，求问厥故，惑于佞愚，而以自诖误，而令患祸得就，皆违天逆道者也。”③

二、班固的风俗思想

班固相较于司马迁来说，较为系统地论述了风俗，形成了一些影响深远的风俗观点。“班固是第一个对风俗概念作出较科学解释的学者。”④班固在《汉书·地理志》中对风俗的概念作出了明确的阐释：“凡民函五常之性，而其刚柔缓急，音声不同，系水土之风气，故谓之风；好恶取舍，动静亡常，随君上之情欲，故谓之俗。孔子曰：‘移风易俗，莫善于乐。’言圣王在上，统理人伦，必移其本，而易其末，此混同天下一之乎中和，然后王教成也。汉承百王之末，国土变改，民人迁徙，成帝时刘向略言其地分，丞相张禹使属颍川朱赣条其风俗，犹未宣究，故辑而论之，终其本末著于篇。”⑤“风”为物产、水土等自然地理情况；“俗”为历史、社会层面上的特点，风俗具有了自然与社会两个层面的意义，并企图以“中和”的手段将自然性的“风”和社会性的“俗”统一起来。“班固在《汉书·地理志》中谈论风俗成因时，尽管也无法避谈自然环境，但他却把重心放在历史沿革以及当代政教对于风俗的影响上。”⑥“汉人自述当时风俗，以《史记·货殖传》为最确。

① （南朝宋）范晔：《后汉书》卷二八上，第957页。
② （清）严可均辑：《全后汉文》，商务印书馆1999年版，第114页。
③ （东汉）桓谭：《新论》，第22—23页。
④ 陈新岗：《两汉诸子治国思想研究》，山东文艺出版社2009年版，第383页。
⑤ （东汉）班固：《汉书》卷二八下，第1640页。
⑥ 曲宁宁、陈晨捷：《儒家政教与汉代风俗理论的演变》，《民俗研究》2018年第3期。

《汉书·地理志》微有增益，然究不离《史记》范围。”① 班固在《史记·货殖列传》的基础上将全国划分为了13个风俗区域，秦、魏、周、韩、赵、燕、齐、鲁、宋、卫、楚、吴、粤。这13个区域，由于自然环境、政治、经济、历史传统的差异，形成了差异较大的风俗，而每个风俗区内部亦形成了大大小小的亚风俗区。如天水、陇西、安定、北地、上郡、西河6郡，与少数民族地区接壤，战争频发，故民风剽悍，多习射猎，“天水、陇西，山多林木，民以板为室屋。及安定、北地、上郡、西河，皆迫近戎狄，修习战备，高上气力，以射猎为先。”② 巴、蜀、广汉之地土地肥沃，鱼米之乡，无灾害之忧，故其民俗恣意游乐，心胸见识多不宽广，“巴、蜀、广汉本南夷，秦并以为郡，土地肥美，有江水沃野，山林竹木疏食果实之饶。南贾滇、僰僮，西近邛、莋马旄牛。民食稻鱼，亡凶年忧，俗不愁苦，而轻易淫泆，柔弱褊厄。”③ 颍川、南阳2郡为夏朝故地，民风忠朴，秦统一后实行了迁豪政策，大量豪民的加入改变了这一地区的风俗，其风俗变得奢侈、尚武、重利，“颍川、南阳，本夏禹之国。夏人上忠，其敝鄙朴。韩自武子后七世称侯，六世称王，五世而为秦所灭。秦既灭韩，徙天下不轨之民于南阳，故其俗夸奢，上气力，好商贾渔猎，藏匿难制御也。”④ 钟、代、石、北地靠匈奴，民风剽悍，“钟、代、石、北，迫近胡寇，民俗懻忮，好气为奸，不事农商，自全晋时，已患其剽悍”⑤。邹鲁为周公圣人之乡，其民好学，地狭民多，农业发达，故民俗俭啬，又经营商贾之业，“今去圣久远，周公遗化销微，孔氏庠序衰坏，地狭民众，颇有桑麻之业，亡林泽之饶。俗俭啬爱财，趋商贾，好訾毁，多巧伪，丧祭之礼文备实寡，然其好学犹愈于它俗。”⑥ 楚地资源丰富，鱼米之乡，民无饥困之忧，故其民俗重祭祀，信巫鬼，“楚有江汉川泽山林之饶；江南地广，或火耕水耨。民食鱼稻，以渔猎山伐为业，

① 张亮采：《中国风俗史》，东方出版社1996年版，第42页。

② （东汉）班固：《汉书》卷二八下，第1644页。

③ （东汉）班固：《汉书》卷二八下，第1645页。

④ （东汉）班固：《汉书》卷二八下，第1654页。

⑤ （东汉）班固：《汉书》卷二八下，第1656页。

⑥ （东汉）班固：《汉书》卷二八下，第1663页。

果蓏蠃蛤，食物常足。故呰窳偷生，而亡积聚，饮食还给，不忧冻饿，亦亡千金之家。信巫鬼，重淫祀。”① “这不仅扩大了我国民俗记述方面的范围，积累和保存了丰富的民俗史料。而且，他们对民俗记述的评注，在加深对民俗的理解和认识的同时，很大程度上也推动了我国民俗理论的发展。”②

班固亦强调统治者的示范与引导对于移风易俗的关键作用。姜太公“尊贤尚功”的治齐风格影响到了日后齐国的“好功足智”的习俗，“初太公治齐，修道术，尊贤智，赏有功，故至今其土多好经术，矜功名，舒缓阔达而足智。”③ 尧、舜、汤均曾生活于宋国故地，故宋国民俗多有先王遗风，“昔尧作游成阳，舜渔雷泽，汤止于亳，故其民犹有先王遗风，重厚多君子，好稼穑，恶衣食，以致畜藏。”④ 齐襄公淫乱导致齐国民间有“巫儿”习俗，“始桓公兄襄公淫乱，姑姊妹不嫁，于是令国中民家长女不得嫁，名曰‘巫儿’，为家主祠，嫁者不利其家，民至今以为俗。痛乎，道民之道，可不慎哉！”⑤ 他极为赞赏文帝、景帝躬行节俭为天下表率，终使民风醇厚，“赞曰：孔子称‘斯民，三代之所以直道而行也’，信哉！周秦之敝，罔密文峻，而奸轨不胜。汉兴，扫除烦苛，与民休息。至于孝文，加之以恭俭，孝景遵业，五六十载之间，至于移风易俗，黎民醇厚。周云成康，汉言文景，美矣！”⑥

班固继承了司马迁关于经济与风俗关系的观点，并详细阐述了经济发展、物质基础对于移风易俗的重要作用。“此先王制土处民富而教之之大略也。故孔子曰：‘道千乘之国，敬事而信，节用而爱人，使民以时。’故民皆劝功乐业，先公而后私。其《诗》曰：‘有渰凄凄，兴云祁祁，雨我公田，遂及我私。’民三年耕，则余一年之畜。衣食足而知荣辱，廉让生而争讼息，故三载考绩。孔子曰‘苟有用我者，期月而已可也，三年有成’，成此

① （东汉）班固：《汉书》卷二八下，第 1666 页。

② 李国江：《司马迁与班固的民俗观比较——从〈史记〉、〈汉书〉的史俗记载切入》，《江南大学学报》（人文社会科学版）2013 年第 5 期。

③ （东汉）班固：《汉书》卷二八下，第 1661 页。

④ （东汉）班固：《汉书》卷二八下，第 1664 页。

⑤ （东汉）班固：《汉书》卷二八下，第 1661 页。

⑥ （东汉）班固：《汉书》卷五，第 153 页。

功也。”[①] 并明确提出了“食足货通而教化成”的移风易俗思想，“食”为农业，“货”为工商业，将工商业作为重要的求富手段：“《洪范》八政，一曰食，二曰货。食谓农殖嘉谷可食之物，货谓布帛可衣，及金刀龟贝，所以分财布利通有无者也。二者，生民之本，兴自神农之世。‘斫木为耜，煣木为耒，耒耨之利以教天下’，而食足；‘日中为市，致天下之民，聚天下之货，交易而退，各得其所’，而货通。食足货通，然后国实民富，而教化成。”[②] 这在儒家正统思想已经完全确立的东汉前期是难能可贵的。当然班固反对无节制的求利活动，认为这只能助长人们的欲望，必须要以礼乐道德来加以限制，使风俗与经济协调发展，“是以欲寡而事节，财足而不争。于是在民上者，道之以德，齐之以礼，故民有耻而且敬，贵义而贱利。此三代之所以直道而行，不严而治之大略也。”[③]

三、《白虎通义》中的风俗思想

《白虎通义》以谶纬决定经义，调和古文经今文经，挽救日益衰落的经学，将董仲舒创立的“新儒家”理论化、神学化，标志着儒家思想的“法典化”与“国教化”，礼乐教化成为官方的移风易俗思想。

“《白虎通·礼乐》同样深刻地揭示了礼乐的教化和治世作用。”[④] 礼与地、阴相对应，乐与天、阳相对应，礼来防止淫逸之行，乐来防止邪恶之行，更加突出乐的移风易俗作用，礼乐可以陶冶情操，养成道德自觉，促成情感共鸣，形成一种长幼有序、贵贱有等的社会风俗：

> 礼乐者，何谓也？礼之为言履也。可履践而行。乐者，乐也。君子乐得其道，小人乐得其欲。王者所以盛礼乐何？节文之喜怒。乐以象天，礼以法地。人无不含天地之气，有五常之性者。故乐所以荡涤，

---

① （东汉）班固：《汉书》卷二四上，第1123页。

② （东汉）班固：《汉书》卷二四上，第1117页。

③ （东汉）班固：《汉书》卷九一，第3680页。

④ 张勃：《风俗与善治：中国古代的移风易俗思想》，《广西民族大学学报》（哲学社会科学版）2015年第5期。

反其邪恶也。礼所以防淫泆，节其侈靡也。故《孝经》曰：“安上治民，莫善于礼。”“移风易俗，莫善于乐。”子曰：“乐在宗庙之中，君臣上下同听之，则莫不和敬。在族长乡里之中，长幼同听之，则莫不和顺。在闺门之内，父子兄弟同听之，则莫不和亲。故乐者，所以崇和顺，比物饰节，节奏合以成文，所以合和父子君臣，附亲万民也。是先王立乐之方也。故听其雅颂之声，志意得广焉。执干戚，习俯仰屈伸，容貌得庄焉。行其缀兆，要其节奏，行列得正焉，进退得齐焉。故乐者，天地之命，中和之纪，人情之所不能免焉也。故乐者，先王之所以饰喜也。军旅铁钺，先王之所以饰怒也。故先王之喜怒，皆得其齐焉。喜则天下和之，怒则暴乱者畏之。先王之道，礼乐可谓盛矣。”闻角声，莫不恻隐而慈者；闻徵声，莫不喜养好施者；闻商声，莫不刚断而立事者；闻羽声，莫不深思而远虑者；闻宫声，莫不温润而宽和者也。礼所揖让何？所以尊人自损也。揖让则不争。《论语》曰：“揖让而升，下而饮，其争也君子。”故“君使臣以礼，臣事君以忠。”“谦谦君子，利涉大川。”以贵下贱，大得民也。屈己敬人，君子之心。故孔子曰：“为礼不敬，吾何以观之哉？”夫礼者，阴阳之际也，百事之会也，所以尊天地，傧鬼神，序上下，正人道也。乐所以必歌者何？夫歌者，口言之也。中心喜乐，口欲歌之，手欲舞之，足欲蹈之。故《尚书》曰：“前歌后舞，假于上下。”礼贵忠何？礼者，盛不足，节有余。使丰年不奢，凶年不俭，贫富不相悬也。乐尚雅何？雅者，古正也。所以远郑声也。孔子曰：“郑声淫何？郑国土地民人，山居谷浴，男女错杂，为郑声以相诱悦怿，故邪僻声，声皆淫色之声也。”

太平乃制礼作乐何？夫礼乐所以防奢淫。天下人民饥寒，何乐之乎？功成作乐，治定制礼。乐言作、礼言制何？乐者，阳也。动作倡始，故言作。礼者，阴也。系制于阳，故言制。乐象阳也，礼法阴也。①

① （清）陈立：《白虎通疏证》，第93—99页。

《白虎通义》既强调承袭先王礼乐，又要根据时势的变化来制定礼乐，以移风易俗：“王者始起，何用正民。以为且用先代之礼乐，天下太平，乃更制作焉。《书》曰：‘肇称殷礼，祀新邑。’此言太平去殷礼。《春秋传》曰：‘曷为不修乎近而修乎远？同己也。可因先以太平也。’”①

《白虎通义》在继承董仲舒“三纲五常”思想的基础上，提出了“三纲六纪”的思想，作为礼乐教化的原则。三纲：君臣、父子、兄弟；六纪：诸父、兄弟、族人、诸舅、师长、朋友，并与阴阳秩序相结合而成为永恒，“三纲者，何谓也？谓君臣、父子、夫妇也。六纪者，谓诸父、兄弟、族人、诸舅、师长、朋友也。故《含文嘉》曰：‘君为臣纲，父为子纲，夫为妻纲。’又曰：‘敬诸父兄，六纪道行，诸舅有义，族人有序，昆弟有亲，师长有尊，朋友有旧。’何谓纲纪？纲者，张也。纪者，理也。大者为纲，小者为纪。所以张理上下，整齐人道也。人皆怀五常之性，有亲爱之心，是以纲纪为化，若罗网之有纪纲而万目张也。《诗》云：‘亹亹我王，纲纪四方。’君臣，父子，夫妇，六人也，所以称三纲何？一阴一阳谓之道，阳得阴而成，阴得阳而序，刚柔相配，故六人为三纲。三纲法天地人，六纪法六合。君臣法天，取象日月屈信，归功天也。父子法地，取象五行转相生也。夫妇法人，取象人合阴阳，有施化端也。六纪者，为三纲之纪者也。师长，君臣之纪也，以其皆成己也。诸父、兄弟，父子之纪也，以其有亲恩连也。诸舅、朋友，夫妇之纪也，以其皆有同志为己助也。”②

四、王充的风俗思想

东汉初年，由于谶纬神学的盛行，迷信虚妄之风充斥于整个社会，王充举起了唯物主义的大旗，进行了猛烈的风俗批判，其撰写《论衡》的目的正是在于“正时俗嫌疑”，“以为俗儒守文，多失其真，乃闭门潜思，绝庆吊之礼，户牖墙壁各置刀笔。著《论衡》八十五篇，二十余万言，释物类同异，正时俗嫌疑。”③“其本皆起人间有非，故尽思极心，以讥世俗，明辨然

① （清）陈立：《白虎通疏证》，第99—100页。

② （清）陈立：《白虎通疏证》，第373—375页。

③ （南朝宋）范晔：《后汉书》卷四九，第1629页。

否，冀悟迷惑之心，使知虚实之分。虚实之分定，而后华伪之文灭，华伪之文灭，则纯诚之化日孳。《九虚》《三增》，所以使俗务实诚。《论死》《订鬼》《死伪》，所以使俗薄丧葬。”① 冯友兰认为，“在中国历史中，汉人最富于科学底精神。”② 王充正是这一科学精神的弘扬者。

王充将传统儒家的“性三品”说进行了改造，性“有善有恶”，其善恶之性在后天的环境里可以相互转化，随着后天的教化而为善，如同染丝练纱，入黑为黑，入白为白，“论人之性，定有善有恶。其善者，固自善矣；其恶者，故可教告率勉，使之为善。凡人君父审观臣子之性，善则养育劝率，无令近恶；近恶则辅保禁防，令渐于善。善渐于恶，恶化于善，成为性行。召公戒成王曰：‘今王初服厥命，于戏！若生子，罔不在厥初生。’‘生子’谓十五生子，初生意于善，终以善；初生意于恶，终以恶。《诗》曰：‘彼姝者子，何以与之?’传言：‘譬犹练丝，染之蓝则青，染之丹则赤。’十五之子，其犹丝也。其有所渐化为善恶，犹蓝丹之染练丝，使之为青赤也。青赤一成，真色无异。是故杨子哭歧道，墨子哭练丝也，盖伤离本，不可复变也。人之性，善可变为恶，恶可变为善，犹此类也。蓬生麻间，不扶自直；白纱入缁，不练自黑。彼蓬之性不直，纱之质不黑，麻扶缁染，使之直黑。夫人之性犹蓬纱也，在所渐染而善恶变矣。”③ 所以在王充看来，教化劝善成为必然，他以非常形象的比喻来阐明后天教化的重要性，土地的肥瘠为天性，深耕细锄，则贫地转而为肥地，肥地则更为肥沃，“夫肥沃硗确，土地之本性也。肥而沃者性美，树稼丰茂；硗而确者性恶，深耕细锄，厚加粪壤，勉致人功，以助地力，其树稼与彼肥沃者相似类也。地之高下，亦如此焉。以锸凿地，以卑增下，则其下与高者齐。如复增锸，则夫下者不徒齐者也，反更为高，而其高者反为下。使人之性有善有恶，彼地有高有下，勉致其教令，之善则将与善者同之矣。善以化渥，酿其教令，变更为善，善则且更宜反过于往善。犹下地增加锸，更崇于高地也。”④

---

① 黄晖：《论衡校释·刘盼遂集解自序》，第1页。

② 冯友兰：《三松堂全集》（第四卷），河南人民出版社2000年版，第199页。

③ 黄晖：《论衡校释》，第68—71页。

④ 黄晖：《论衡校释》，第73—74页。

既然人性是可以改变的，那么通过教化来移风易俗也是可以实现的。“凡含血气者，教之所以异化也。三苗之民，或贤或不肖，尧、舜齐之，恩教加也。楚、越之人，处庄、岳之间，经历岁月，变为舒缓，风俗移也。故曰：‘齐舒缓，秦慢易，楚促急，燕戆投。’以庄、岳言之，四国之民，更相出入，久居单处，性必变易。夫性恶者，心比木石，木石犹为人用，况非木石！在君子之迹，庶几可见。”[①] 南越王赵佗本为中原人，受南越之风的影响转为夷性，后在陆贾的劝教下又幡然改悔：“人间之水污浊，在野外者清洁。俱为一水，源从天涯，或浊或清，所在之势使之然也。南越王赵他，本汉贤人也，化南夷之俗，背叛王制，椎髻箕坐，好之若性。陆贾说以汉德，惧以圣威，蹶然起坐，心觉改悔，奉制称蕃，其于椎髻箕坐也，恶之若性。前则若彼，后则若此。由此言之，亦在于教，不独在性也。”[②]

“（王充）以理智的求实精神来看待各种迷信风俗和虚妄之言，对各种风俗现象和迷信观念进行概括、分析，以求‘匡济薄俗’。”[③] 王充对当时社会上的鄙风陋俗进行了猛烈的批判，从根本上否定了“天人感应”学说：

批判了信灾异之风。“儒者之说又言：‘人君失政，天为异；不改，灾其人民；不改，乃灾其身也。先异后灾，先教后诛之义也。’曰：此复疑也。以夏树物，物枯不生；以秋收谷，谷弃不藏。夫为政教，犹树物收谷也。顾可言政治失时，气物为灾；乃言天为异以谴告之，不改，为灾以诛伐之乎！儒者之说，俗人言也。盛夏阳气炽烈，阴气干之，激射裓裂，中杀人物，谓天罚阴过。外闻若是，内实不然。夫谓灾异为谴告诛伐，犹为雷杀人罚阴过也。非谓之言，不然之说也。”[④]“（王充）在学理层面消解了‘天’对汉代帝王的监督与制约，撇清了‘灾异’与最高统治者的关联。”[⑤]

批判了迷信祥瑞之风。“俗好褒远称古，讲瑞上世为美，论治则古王为

---

① 黄晖：《论衡校释》，第78—79页。

② 黄晖：《论衡校释》，第82—83页。

③ 党超：《两汉风俗观念与社会软控制研究》，社会科学文献出版社2018年版，第153页。

④ 黄晖：《论衡校释》，第645页。

⑤ 李浩：《汉章帝朝自然灾害与王充对“灾异谴告”学说的重构》，《学术交流》2021年第12期。

贤，睹奇于今，终不信然。使尧、舜更生，恐无圣名。猎者获禽，观者乐猎，不见渔者，之心不顾也。是故观于齐不虞鲁，游于楚不欢宋。唐、虞、夏、殷，同载在二尺四寸，儒者推读，朝夕讲习，不见汉书，谓汉劣不若。亦观猎不见渔，游齐、楚不愿宋、鲁也。使汉有弘文之人，经传汉事，则《尚书》《春秋》也。儒者宗之，学者习之，将袭旧六为七，今上上王至高祖，皆为圣帝矣。观杜抚、班固等所上《汉颂》，颂功德符瑞，汪涉深广，滂沛无量，逾唐、虞，入皇域。”① 批判了信祸祟之风，“世俗信祸祟，以为人之疾病死亡，及更患被罪，戮辱欢笑，皆有所犯。起功、移徙、祭祀、丧葬、行作、入官、嫁娶，不择吉日，不避岁、月，触鬼逢神，忌时相害。故发病生祸，绊法入罪，至于死亡，殚家灭门，皆不重慎，犯触忌讳之所致也。如实论之，乃妄言也。”②

批判了当时的“日禁”迷信。“世俗既信岁时，而又信日。举事若病、死、灾、患，大则谓之犯触岁、月，小则谓之不避日禁。岁、月之传既用，日禁之书亦行。世俗之人，委心信之；辩论之士，亦不能定。是以世人举事，不考于心而合于日，不参于义而致于时。时日之书，众多非一，略举较著，明其是非，使信天时之人，将一疑而倍之。夫祸福随盛衰而至，代谢而然。举事曰凶，人畏凶有效；曰吉，人冀吉有验。祸福自至，则述前之吉凶，以相戒惧。此日禁所以累世不疑，惑者所以连年不悟也。”③

批判了当时的卜筮之风。“俗信卜筮，谓卜者问天，筮者问地，蓍神龟灵，兆数报应，故舍人议而就卜筮，违可否而信吉凶。其意谓天地审告报，蓍龟真神灵也。如实论之，卜筮不问天地，蓍龟未必神灵。有神灵，问天地，俗儒所言也。何以明之？”④

批判了社会上大肆泛滥的四种忌讳。“俗有大讳四：一曰讳西益宅。西益宅谓之不祥，不祥必有死亡。相惧以此，故世莫敢西益宅。”⑤ “二曰讳被

① 黄晖：《论衡校释》，第 821—822。
② 黄晖：《论衡校释》，第 1008 页。
③ 黄晖：《论衡校释》，第 989 页。
④ 黄晖：《论衡校释》，第 998 页。
⑤ 黄晖：《论衡校释》，第 968 页。

刑为徒，不上丘墓。但知不可，不能知其不可之意。问其禁之者，不能知其讳；受禁行者，亦不要其忌。连相放效，至或于被刑，父母死，不送葬；若至墓侧，不敢临葬；甚失至于不行吊伤，见佗人之柩。”① “三曰讳妇人乳子，以为不吉。将举吉事，入山林，远行，度川泽者，皆不与之交通。乳子之家，亦忌恶之，丘墓庐道畔，逾月乃入，恶之甚也。暂卒见若为不吉，极原其事，何以为恶？”② “四曰讳举正月、五月子。以为正月、五月子杀父与母，不得举也。已举之，父母祸死，则信而谓之真矣。”③

批判了厚葬之风。“贤圣之业，皆以薄葬省用为务。然而世尚厚葬，有奢泰之失者，儒家论不明，墨家议之非故也。墨家之议右鬼，以为人死辄为神鬼而有知，能形而害人，故引杜伯之类以为效验。儒家不从，以为死人无知，不能为鬼，然而赙祭备物者，示不负死以观生也。陆贾依儒家而说，故其立语，不肯明处。刘子政举薄葬之奏，务欲省用，不能极论。是以世俗内持狐疑之议，外闻杜伯之类，又见病且终者，墓中死人来与相见，故遂信是，谓死如生。闵死独葬，魂孤无副，丘墓闭藏，谷物乏匮，故作偶人以侍尸柩，多藏食物以歆精魂。积浸流至，或破家尽业，以充死棺；杀人以殉葬，以快生意。非知其内无益，而奢侈之心外相慕也。”④

批判了政治腐败之风。“操行有常贤，仕宦无常遇。贤不贤，才也；遇不遇，时也。才高行洁，不可保以必尊贵；能薄操浊，不可保以必卑贱。或高才洁行，不遇，退在下流；薄能浊操，遇，在众上。世各自有以取士，士亦各自得以进。进在遇，退在不遇。处尊居显，未必贤，遇也；位卑在下，未必愚，不遇也。故遇，或抱污行，尊于桀之朝：不遇，或持洁节，卑于尧之廷。所以遇不遇非一也：或时贤而辅恶；或以大才从于小才；或俱大才，道有清浊；或无道德，而以技合；或无技能，而以色幸。”⑤

批判了虚言之俗。表现出了求真求实的理性主义精神，“是故《论衡》

---

① 黄晖：《论衡校释》，第 970 页。

② 黄晖：《论衡校释》，第 975 页。

③ 黄晖：《论衡校释》，第 977 页。

④ 黄晖：《论衡校释》，第 961 页。

⑤ 黄晖：《论衡校释》，第 1 页。

之造也，起众书并失实，虚妄之言胜真美也。故虚妄之语不黜，则华文不见息；华文放流，则实事不见用。故《论衡》者，所以铨轻重之言，立真伪之平，非苟调文饰辞，为奇伟之观也。其本皆起人间有非，故尽思极心，以机世俗。世俗之性，好奇怪之语，说虚妄之文。何则？实事不能快意，而华虚惊耳动心也。是故才能之士，好谈论者，增益实事，为美盛之语；用笔墨者，造生空文，为虚妄之传。听者以为真然，说而不舍；览者以为实事，传而不绝。”①

批判了虚美之风。“夫儒者之言，有溢美过实。瑞应之物，或有或无。夫言凤凰、麒麟之属，大瑞较然，不得增饰；其小瑞征应，恐多非是。夫风气雨露，本当和适，言其风翔甘露，风不鸣条，雨不破块，可也；言其五日一风，十日一雨，褒之也。风雨虽适，不能五日十日正如其数。言男女不相干，市价不相欺，可也；言其异路，无二价，褒之也。太平之时，岂更为男女各作道哉？不更作道，一路而行，安得异乎？太平之时，无商人则可，如有，必求便利以为业，买物安肯不求贱？卖货安肯不求贵？有求贵贱之心，必有二价之语。此皆有其事，而褒增过其实也。”② 批判了好古非今之风，“或问曰：‘贤圣不空生，必有以用其心。上自孔、墨之党，下至荀、孟之徒，教训必作垂文，何也？’对曰：圣人作经，艺者传记，匡济薄俗，驱民使之归实诚也。案《六略》之书，万三千篇，增善消恶，割截横拓，驱役游慢，期便道善，归正道焉。孔子作《春秋》，周民弊也。故采求毫毛之善，贬纤介之恶，拨乱世，反诸正，人道浃，王道备，所以检柙靡薄之俗者，悉具密致。夫防决不备，有水溢之害；网解不结，有兽失之患。是故周道不弊，则民不文薄；民不文薄，《春秋》不作。”③

“他撇开了比喻或类推过程是否得当的问题，想从经验出发尽可能合理地、理性地去理解事物。王充的这种态度在汉代思想史上是非常特出的。”④

---

① 黄晖：《论衡校释》，第 1179 页。

② 黄晖：《论衡校释》，第 753—754 页。

③ 黄晖：《论衡校释》，第 1177 页。

④ ［韩］金钟美：《天、人和王充文学思想——以王充文学思想同天人关系思想的联系为中心》，社会科学文献出版社 1994 年版，第 93 页。

“老子气论对王充的影响非常大，可以说，王充气论是在老子气论的基础上进行的发展与创新。”① 王充以“元气说”来批判鬼神迷信，人的形体是由元气凝聚而成，亦成为元气寄托之处，人之精神是由元气主导而产生的，一旦人的形体死亡腐朽，附着其中的元气消散，精神亦随之消亡，故人死不为鬼，“天地之性，能更生火，不能使灭火复燃；能更生人，不能令死人复见。不能使灭灰更为燃火，吾乃颇疑死人能复为形。案火灭不能复燃以况之，死人不能复为鬼，明矣。夫为鬼者，人谓死人之精神。如审鬼者死人之精神，则人见之，宜徒见裸袒之形，无为见衣带被服也。何则？衣服无精神，人死，与形体俱朽，何以得贯穿之乎？精神本以血气为主，血气常附形体。形体虽朽，精神尚在，能为鬼可也。今衣服，丝絮布帛也，生时血气不附着，而亦自无血气，败朽遂已，与形体等，安能自若为衣服之形？由此言之，见鬼衣服象之，则形体亦象之矣。象之，则知非死人之精神也。夫死人不能为鬼，则亦无所知矣。何以验之？以未生之时无所知也。人未生，在元气之中；既死，复归元气。元气荒忽，人气在其中。人未生无所知，其死归无知之本，何能有知乎？人之所以聪明智惠者，以含五常之气也；五常之气所以在人者，以五藏在形中也。五藏不伤，则人智惠；五藏有病，则人荒忽，荒忽则愚痴矣。人死，五藏腐朽，腐朽则五常无所托矣，所用藏智者已败矣，所用为智者已去矣。形须气而成，气须形而知。天下无独燃之火，世间安得有无体独知之精？”② “中国气论嬗演至此，达到了它的第一个高峰期。”③

王充继而分析到鬼的存在是病重之人产生的幻觉：“凡天地之间有鬼，非人死精神为之也，皆人思念存想之所致也。致之何由？由于疾病。人病则忧惧，忧惧则鬼出。凡人不病则不畏惧。故得病寝衽，畏惧鬼至。畏惧则存想，存想则目虚见。何以效之？传曰：‘伯乐学相马，顾玩所见，无非马者。宋之庖丁学解牛，三年不见生牛，所见皆死牛也。’”④

王充进而将鬼神迷信导致的厚葬之风提高到了国家存亡的高度：“救漏

① 颜莉：《王充与先秦道家》，《商丘师范学院学报》2020 年第 1 期。

② 黄晖：《论衡校释》，第 874—875 页。

③ 曾振宇：《中国气论哲学研究》，山东大学出版社 2001 年版，第 99 页。

④ 黄晖：《论衡校释》，第 931 页。

防者，悉塞其穴，则水泄绝。穴不悉塞，水有所漏，漏则水为患害。论死不悉，则奢礼不绝，不绝则丧物索用。用索物丧，民贫耗之至，危亡之道也。苏秦为燕，使齐国之民高大丘冢，多藏财物，苏秦身弗以劝勉之。财尽民贫，国空兵弱，燕军卒至，无以自卫，国破城亡，主出民散。今不明死之无知，使民自竭以厚葬亲，与苏秦奸计同一败。”①

王充强调改善迷信之风、厚葬之风的最重要的手段在于道德教化：“夫论解除，解除无益；论祭祀，祭祀无补；论巫祝，巫祝无力。竟在人不在鬼，在德不在祀，明矣哉！”②而推广道德教化的重要手段在于鼓励学习，只有学习才能造就富有礼义、博达疏通的贤人，他们书写文章以推广教化易俗，“人有知学，则有力矣。文吏以理事为力，而儒生以学问为力。或问杨子云曰：‘力能扛鸿鼎、揭华旗，知德亦有之乎？’答曰：‘百人矣。’夫知德百人者，与彼扛鸿鼎、揭华旗者为料敌也。夫壮士力多者，扛鼎揭旗；儒生力多者，博达疏通。故博达疏通，儒生之力也；举重拔坚，壮士之力也。《梓材》曰：‘强人有王开贤，厥率化民。’此言贤人亦壮强于礼义，故能开贤，其率化民。化民须礼义，礼义须文章。‘行有余力，则以学文。’能学文，有力之验也。”③将文化创造与移风易俗联系起来，显示出王充认识到了文章与政治兴衰之间的密切关系，“王充十分看重文人的创作能力，高度肯定‘立言’的重要性，对‘鸿儒’能够将知识运用到著述作文实践中的超众之处倍加赞赏。”④

上至统治者下至普通百姓要注重修养德行以破除迷信之风，最好的驱鬼逐疫的方法不在于祭祀仪式，而是在于修德以去之，“解逐之法，缘古逐疫之礼也。昔颛顼氏有子三人，生而皆亡，一居江水为虐鬼，一居若水为魍魉，一居欧隅之间，主疫病人。故岁终事毕，驱逐疫鬼，因以送陈、迎新、内吉也。世相仿效，故有解除。夫逐疫之法，亦礼之失也。行尧、舜之德，天下太平，百灾消灭，虽不逐疫，疫鬼不往；行桀、纣之行，海内扰乱，百

① 黄晖：《论衡校释》，第 966 页。

② 黄晖：《论衡校释》，第 1046 页。

③ 黄晖：《论衡校释》，第 579—580 页。

④ 杨来来：《王充论儒的理想性特征及其人格理想》，《淮北师范大学学报》（哲学社会科学版）2019 年第 5 期。

祸并起，虽日逐疫，疫鬼犹来。衰世好信鬼，愚人好求福。周之季世，信鬼修祀，以求福助。愚主心惑，不顾自行，功犹不立，治犹不定。故在人不在鬼，在德不在祀。国期有远近，人命有长短。如祭祀可以得福，解除可以去凶，则王者可竭天下之财，以兴延期之祀；富家翁妪，可求解除之福，以取逾世之寿。案天下人民，夭寿贵贱，皆有禄命；操行吉凶，皆有衰盛。祭祀不为福，福不由祭祀，世信鬼神，故好祭祀。祭祀无鬼神，故通人不务焉。祭祀，厚事鬼神之道也，犹无吉福之验，况盛力用威，驱逐鬼神，其何利哉?”①

当然教化易俗的关键在于统治者以身率下，“韩子非儒，谓之无益有损，盖谓俗儒无行操，举措不重礼，以儒名而俗行，以实学而伪说，贪官尊荣，故不足贵。夫志洁行显，不徇爵禄，去卿相之位若脱躧者，居位治职，功虽不立，此礼义为业者也。国之所以存者，礼义也。民无礼义，倾国危主。今儒者之操，重礼爱义，率无礼之士，激无义之人，人民为善，爱其主上，此亦有益也。闻伯夷风者，贪夫廉，懦夫有立志；闻柳下惠风者，薄夫敦，鄙夫宽。此上化也，非人所见。”②

章太炎这样评价王充：“作为《论衡》，趣以正虚妄，审乡背。怀疑之论，分析百端。有所发擿，不避上圣。汉得一人焉，足以振耻。”③ 王充风俗思想中的精华在于对诸多风俗事象的关注以及对重利之风、迷信之风、厚葬之风等的批判，但在移风易俗领域内依然是奉行传统儒家的教化易俗思想，并未有所突破，“《论衡》一书，对于当时迷信之空气，有摧陷廓清之功；但其书中所说，多攻击破坏，而少建树，故其书之价值，实不如近人所想象之大也。”④ 其风俗思想成为东汉中后期风俗批判之滥觞，在中国古代风俗思想史上写下了光彩的一页，“他不但在破坏的方面打倒迷信的儒教，扫除西汉的乌烟瘴气，替东汉以后的思想打开一条大路”⑤。

---

① 黄晖：《论衡校释》，第 1043—1044 页。

② 黄晖：《论衡校释》，第 434 页。

③ 章太炎：《章太炎全集》（三），上海人民出版社 1984 年版，第 444 页。

④ 冯友兰：《中国哲学史》（下）修订本，长春出版社 2017 年版，第 64 页。

⑤ 胡适：《王充的论衡》，收入黄晖《论衡校释》，第 1284 页。

五、王符的风俗思想

王符将批判的矛头指向骄奢浮华之风、政治腐败之风、舍本逐末之风、畸形交际之俗、虚妄迷信之风、厚葬之俗，针砭时弊，指讦时短，直接开启了东汉中后期的社会风俗批判思潮。王符不仅勇于揭露与批判各种鄙风陋俗，还以其辨析求实的理性精神提出了移风易俗的方案，进而挽救当下之“衰世”，形成了颇具平民特色的风俗思想。

学界从宏观与微观两个层面对王符及其《潜夫论》进行了研究，涉及了王符的贤才思想、治道思想、本末思想、考功思想、教育思想、民本思想、法治思想、边防思想，以及展开了对《潜夫论》的文学艺术研究。但学界对于王符风俗思想的研究确是鲜有涉及，大都零星地包含于研究王符思想的宏观著作中。学界多认为王符的移风易俗思想为德主刑辅，并未超越儒家传统的教化模式。刘泽华认为：“王符的法治与德政相辅而行，是在强调德政的前提下倡导法治的，总的关系是以德为主，以法为辅。从思想渊源看，王符没有超出儒家的思想模式。”① 周桂钿认为：“王符认为应该‘敦德化而薄威刑’（《德化篇》），即以德治教化为主，以怀柔教育为主。这是封建统治者长期奉行的治国方针。”② 党超认为：“在王符看来，道德教化是最佳的治国方略。”③ 但笔者认为王符在风俗思想上突破了传统的德主刑辅的教化模式，在继承先秦两汉儒家以德化民思想的基础上，针对东汉中后期严峻的社会政治危机，提出了“先法后德”的移风易俗思想，开启了东汉中后期以法治俗的先河，使得移风易俗的内容更加具体化、多样化，具有“不朽”的价值和意义。

汉代是中国古代风俗思想的形成与完善时期，“诸子”从国家的视角来审视风俗，将风俗与政治作为重要的命题进行探讨。“独尊儒术”之后，“以德化俗”思想成为主流的风俗思想，他们以礼义道德教化为本，而法令赏罚为辅，“教化，所恃以为治也，刑法所以助治也”④。但“以德化俗”难以解

① 刘泽华：《中国政治思想史·秦汉魏晋南北朝卷》，浙江人民出版社 1996 年版，第 392 页。
② 周桂钿：《秦汉思想史》，河北人民出版社 1999 年，第 425 页。
③ 党超：《两汉风俗观念与社会软控制研究》，社会科学文献出版社 2018 年版，第 169 页。
④ （东汉）班固：《汉书》卷二二，第 1034 页。

决“理想性”与“现实性”之间的矛盾，具有明显的局限性，“这些儒者们，对政治社会有强烈的责任感，但对具体的问题，很少能提出切中时弊的洞见；他们心灵活动的层面，与所关注的世界之间，有很大的差距。”[①] 儒学独尊之后，其他各家思想成为“潜流”，但在一些时候依然会崛起，在风俗衰败的王朝中后期，法家在移风易俗方面反而更具效果。

自和帝始，外戚宦官交替专权，皇位更迭频繁，皇权微弱，政治腐败，贿赂公行，横征暴敛，法令废弛，统治阶级奢侈腐化，危机的加深又导致了经学的衰落，经学家们努力构筑的风俗秩序濒临崩溃。“东汉末年社会政治的巨变与分裂为思想文化的变动提供了一个转型的时代大背景”[②]，原来的“以德化俗”已难以解决当时诸多的社会风俗问题，为调和移风易俗的“理想性”与“现实性”之间的矛盾，王符突破“以德化俗”的旧框架，引入法治因素，使其具有了制度理性的根基，“王氏精习经术……其学折中孔子，而复涉猎于申、商刑名，韩子杂说，未为醇儒”[③]。“先法后德”思想，是以法治为主线，从以法治俗、以德化俗、以贤易俗三个方面解决东汉的风俗问题，重建风俗秩序，进而重塑皇权，挽救当时的社会政治危机。王符的创新之处在于通过“和谐”的方式而不是非此即彼的方式来解决“德”与“法”之间的对立，成为其思想当中的精华。

（一）以法治俗

“王符认为，法令刑赏并不是万能的，不是能解决一切问题的。他说：‘法令刑赏者，乃所以治民事而致整理尔，未足以兴大化而升太平也。’(《本训篇》）更重要的是道德教化，‘人君之治，莫大于道，莫盛于德，莫美于教，莫神于化。’(《德化篇》)”[④] 学界多认为王符是强调德主刑辅的，法令只不过是保障德化的手段而已。其实不然，王符在《潜夫论·衰制》中以“时有推移”的历史观提出了六种治理国家的模式，三皇之政、五帝之政、三王之政、治国之政、乱国之政、亡国之政，三皇、五帝之政是教化之政，三

① 韦政通：《中国思想史》（上），上海书店出版社 2003 年版，第 397—398 页。

② 党超：《两汉风俗观念与社会软控制研究》，社会科学文献出版社 2018 年版，第 186 页。

③（东汉）王符撰，（清）汪继培笺，彭铎校正：《潜夫论笺校正》，第 487 页。

④ 周桂钿：《秦汉思想史》，河北人民出版社 1999 年，第 424 页。

王、治国之政则是法治之政，不行法治，则必然酿成乱国、亡国之政，“无慢制而成天下者，三皇也；画则象而化四表者，五帝也；明法禁而和海内者，三王也。行赏罚而齐万民者，治国也；君立法而下不行者，乱国也；臣作政而君不制者，亡国也”①。在此基础上，王符针对东汉中后期特殊的社会政治局势，以及社会风俗的衰落，明确指出治理国家犹如登山，由低谷而至高峰，先行法治以达治国之政，继而再行道德教化，以达三皇五帝之政，“且夫治世者若登丘矣，必先蹑其卑者，然后乃得履其高。是故先致治国，然后三王之政乃可施也；道齐三王，然后五帝之化乃可行也；道齐五帝，然后三皇之道乃可从也。”② 在王符看来，“德化”是最理想的移风易俗方略，“法治”则是最现实的移风易俗方略。他坚持“各随时宜”的现实理性态度，驳斥了道德教化万能说，认为即使是尧舜文武亦以刑杀制止暴虐，“夫上圣不过尧、舜，而放四子，盛德不过文、武，而赫斯怒。《诗》云：‘君子如怒，乱庶遄沮；君子如祉，乱庶遄已。’是故君子之有喜怒也，盖以止乱也。故有以诛止杀，以刑御残”③。在风俗凋敝的东汉中后期，法令刑杀更具现实意义，法治成为王符移风易俗思想的重心所在。

王符吸取了先秦法家的风俗思想，首先阐释了法治中的“法”与“令”，“且夫法也者，先王之政也；令也者，己之命也。先王之政所以与众共也，己之命所以独制人也，君诚能授法而时贷之，布令而必行之，则群臣百吏莫敢不悉心从己令矣。己令无违，则法禁必行矣。故政令必行，宪禁必从，而国不治者，未尝有也。此一弛一张，以今行古，以轻重尊卑之术也。”④“法”是先君治国的制度内容，其传承与执行是相对稳定的，包括当世君主在内的统治阶级所有成员以及广大民众均需共同遵守；而“令”则是君主针对形势的变化适时发布的命令，两者相辅相成，成为移风易俗的重要凭借。

王符在《潜夫论》中极力阐明法治对于君主、风俗、国家的重要意义，

---

① （东汉）王符撰，（清）汪继培笺，彭铎校正：《潜夫论笺校正》，第 238 页。

② （东汉）王符撰，（清）汪继培笺，彭铎校正：《潜夫论笺校正》，第 243 页。

③ （东汉）王符撰，（清）汪继培笺，彭铎校正：《潜夫论笺校正》，第 242 页。

④ （东汉）王符撰，（清）汪继培笺，彭铎校正：《潜夫论笺校正》，第 243 页。

认为法令是国家治乱的关键，而君主则是法令贯彻与否的关键，“且夫国无常治，又无常乱，法令行则国治，法令弛则国乱”[①]。法令是君主驾驭群臣百姓的“嚼子”“缰绳”“鞭子”，强调君主对于法令的权威性与独占性，拥有最高的立法权与司法权，切不可假手于人，“夫法令者，人君之衔辔棰策也，而民者，君之舆马也。若使人臣废君法禁而施己政令，则是夺君之辔策，而己独御之也”[②]。君主依靠法术赏罚来治理国家，一旦形成一种大势，则风俗必然纯美，国家自然得到治理，“凡为人上，法术明而赏罚必者，虽无言语而势自治。治势一成，君自不能乱也，况臣下乎？……是以明王审法度而布教令，不行私以欺法，不黩教以辱命，故臣下敬其言而奉其禁，竭其心而称其职。此由法术明而威权任也”[③]。

王符主张君主需根据风俗的变化来制定法令，执权达变，劝善消恶，以改风俗，“五代不同礼，三家不同教，非其苟相反也，盖世推移而俗化异也。俗化异则乱原殊，故三家符世，皆革定法”[④]。君主尤其需针对“奸宄”之源而制法，即王符所批判的各种陋风恶俗，厉行法令，赏善罚恶，以雷霆手段清除恶俗、纠肃民风，“夫制法之意，若为藩篱沟堑以有防矣，择禽兽之尤可数犯者，而加深厚焉。今奸宄虽众，然其原少；君事虽繁，然其守约。知其原少奸易塞，见其守约政易持。塞其原则奸宄绝，施其术则远近治”[⑤]。

为移风易俗，王符构想出了一套涉及君、臣、民的法治架构，层层以法治之，施行法治时，要注重“显行赏罚以明善恶”[⑥]，公开透明地执行赏罚，这样便于在社会上形成有利于法治的舆论。还要注重“审名实而取赏罚”[⑦]，“罚赏之实，不以虚名”[⑧]，法令赏罚必须要排除君主、大臣个人的好

① （东汉）王符撰，（清）汪继培笺，彭铎校正：《潜夫论笺校正》，第190页。
② （东汉）王符撰，（清）汪继培笺，彭铎校正：《潜夫论笺校正》，第240页。
③ （东汉）王符撰，（清）汪继培笺，彭铎校正：《潜夫论笺校正》，第363页。
④ （东汉）王符撰，（清）汪继培笺，彭铎校正：《潜夫论笺校正》，第224页。
⑤ （东汉）王符撰，（清）汪继培笺，彭铎校正：《潜夫论笺校正》，第225—226页。
⑥ （东汉）王符撰，（清）汪继培笺，彭铎校正：《潜夫论笺校正》，第191页。
⑦ （东汉）王符撰，（清）汪继培笺，彭铎校正：《潜夫论笺校正》，第71页。
⑧ （东汉）王符撰，（清）汪继培笺，彭铎校正：《潜夫论笺校正》，第469页。

恶，以事实作为赏罚的依据。“积怠之俗，赏不隆则善不劝，罚不重则恶不惩”①，“赏重而信，罚痛而必，群臣畏劝，竞思其职”②，强调顺应人趋利避害的本性，加大赏罚的力度，使臣民劝善畏恶，风俗必然大化。

王符于两汉“诸子”中首倡以法易俗，将法治作为移风易俗的重心，在《潜夫论》中分析了法治对君主、国家以及移风易俗的重要意义，阐明了君主制法行法的原则，并针对东汉社会中存在的恶风陋俗，提出具体的以法易俗措施，“企望把治道基于信仰的依托之上，转换为筑建于理性的依托之上”③，风俗思想中增加了制度理性的因素，这是王符对于汉代风俗理论的重要发展。王符虽然强调以法易俗，但依然贯彻“先法后德”的移风易俗方针，并不否定道德在移风易俗中的重要作用。

（二）以德化俗

“然由于儒家思想传统的束缚，他又不能摆脱官方正统思想的影响。”④东汉中后期，各种鄙风陋俗已破坏了儒家的传统道德理念，儒家纲常伦理的约束力逐步弱化。为了重塑儒家的纲常秩序，王符始终重视道德，将其作为移风易俗的核心内容，提出了以德化俗的思想。但王符的德化思想是经过损益法家思想而来的，他以制度理性的视角来重新审视儒家传统的以德化俗。王符认为空论道德，难以移风易俗，必须要将法治因素融入其中，作为以德化俗的重要凭借，只有这样做才能将道德推广到每一个人身上。

“上智与下愚之民少，而中庸之民多。中民之生世也，犹铄金之在炉也，从笃变化，惟冶所为，方圆薄厚，随镕制尔。”⑤王符在继承董仲舒“性三品”说的基础上，把人性分为“上智”“中庸”和“下愚”三个等级，“上智之性”是圣人之性，“下愚之性”是恶人之性，王符认为两者均没有讨论的必要，他以“中民之性”作为讨论的重点，中庸之民的品性都会随着后天的教育环境可善可恶，这就为以德化民提供了存在的必要空间和理论前提。

① （东汉）王符撰，（清）汪继培笺，彭铎校正：《潜夫论笺校正》，第 209 页。

② （东汉）王符撰，（清）汪继培笺，彭铎校正：《潜夫论笺校正》，第 207 页。

③ 方军：《王符治道思想研究》，安徽大学出版社 2011 年版，第 39 页。

④ 刘文英：《王符评传》，南京大学出版社 1993 年版，第 34 页。

⑤ （东汉）王符撰，（清）汪继培笺，彭铎校正：《潜夫论笺校正》，第 378 页。

在儒家看来，作为最高统治者的君主，自然也应该是最高的道德典范，以崇高的道德品行教化臣民。王符强调“移风易俗”的关键在于君主，“移风易俗之本，乃在开其心而正其精。今民生不见正道，而长于邪淫诳惑之中，其信之也，难卒解也。惟王者能变之。”[①]“是故世之善否，俗之薄厚，皆在于君”[②]。君主为何能够成为最高的道德典范？在于君主的至尊地位，君主至尊地位的确立则在于掌握法家所提倡的权、术、势，“夫术之为道也，精微而神，言之不足，而行有余；有余，故能兼四海而照幽冥。权之为势也，健悍以大，不待贵贱，操之者重；重，故能夺主威而顺当世。是以明君未尝示人术而借下权也”[③]。其与法家的渊源脉络非常清晰。

“夫国君之所以致治者公也，公法行则轨乱绝。佞臣之所以便身者私也，私术用则公法夺。”[④]“是故世主诚能使六合之内，举世之人，咸怀方厚之情，而无浅薄之恶，各奉公正之心，而无奸险之虑，则羲、农之俗，复见于兹，麟龙鸾凤，复畜于郊矣。”[⑤]“《书》称‘天工人其代之’，王者法天而建官，自公卿以下，至于小司，辄非天官也？是故明主不敢以私爱，忠臣不敢以诬能。夫窃人之财，犹谓之盗，况偷天官以私己乎？以罪犯人，必加诛罚，况乃犯天，得无咎乎？”[⑥]“平赏罚而无阿私，故能使民辟奸邪而趋公正。”[⑦]“是以明王审法度而布教令，不行私以欺法，不黩教以辱命。”[⑧]王符在以上材料中所强调的“公”是指东汉王朝统治阶层的整体利益与长远利益，以及由这种利益升华的道德理念，“公法”则是保护以上“公”利益以及道德的法令制度。“私”是指为个人或集团私利破坏“公”利益与道德的行为。王符以“公法”诠释德义，以“公法”作为推广道德的重要动力，道德便具有了由上至下层层渗透的能力，以德化俗便具有了制度理性的色彩，更具可

① （东汉）王符撰，（清）汪继培笺，彭铎校正：《潜夫论笺校正》，第 301 页。
② （东汉）王符撰，（清）汪继培笺，彭铎校正：《潜夫论笺校正》，第 380 页。
③ （东汉）王符撰，（清）汪继培笺，彭铎校正：《潜夫论笺校正》，第 364 页。
④ （东汉）王符撰，（清）汪继培笺，彭铎校正：《潜夫论笺校正》，第 97 页。
⑤ （东汉）王符撰，（清）汪继培笺，彭铎校正：《潜夫论笺校正》，第 381 页。
⑥ （东汉）王符撰，（清）汪继培笺，彭铎校正：《潜夫论笺校正》，第 108 页。
⑦ （东汉）王符撰，（清）汪继培笺，彭铎校正：《潜夫论笺校正》，第 380 页。
⑧ （东汉）王符撰，（清）汪继培笺，彭铎校正：《潜夫论笺校正》，第 363 页。

操作性，“德”与“法”之间的对立得到了最大程度的缓解。

王符采用的是以君主为核心，自上而下辐射型的德化模式，在推行德化的过程中离不开“公法”的保障。王符认为君主必须要提高自身的道德修养，以为天下表尚，“圣深知之，皆务正己以为表，明礼义以为教。”[①] 王符认为“义”是君主保持至高无上地位所必需的德目，“君之所以位尊者，身有义也”[②]，而重义必轻利，“蔑有好利而不亡者，好义而不彰者也”[③]。君主以“义”化臣民，进而移风易俗。义的推广离不开“公法”的保障，“民富乃可教，学正乃得义，民贫则背善，学淫则诈伪，入学则不乱，得义则忠孝。故明君之法，务此二者，以为成太平之基，致休征之祥”[④]。君主只有做到了厉行“公法”诛除暴乱，方能推行道德教化之功，“天之立君，非私此人也，以役民，盖以诛暴除害利黎元也”[⑤]。

王符认为贵族官员们也应当修德行法，协助君主教化万民，以理风俗，得以长保富贵。“吏之所以无奸者，官有法”[⑥]，王符强调君主要以“公法”来制裁贵族官员们以权谋私的不义行为。王符在《潜夫论·遏利》中首先讽刺了无德却富贵的外戚权贵们，将他们比作“盗天”之徒，违背天心民意，必须以国法严惩之，“且夫利物莫不天之财也。天之制此财也，犹国君之有府库也。赋赏夺与，各有众寡，民岂得强取多哉？故人有无德而富贵，是凶民之窃官位盗府库者也，终必觉，觉必诛矣。盗人必诛，况乃盗天乎？”[⑦] 王符认为当今统治者应当以孝文、孝武二帝为榜样，对于违背德义的贵族官员，以法治之，轻则免官夺爵，重则诛杀，“孝文皇帝至寡动，欲任德，然河阳侯陈信坐负六月免国。孝武仁明，周阳侯田彭祖坐当轵侯宅而不与免国，黎阳侯邵延坐不出持马，身斩国除”[⑧]。

---

① （东汉）王符撰，（清）汪继培笺，彭铎校正：《潜夫论笺校正》，第 375 页。
② （东汉）王符撰，（清）汪继培笺，彭铎校正：《潜夫论笺校正》，第 239 页。
③ （东汉）王符撰，（清）汪继培笺，彭铎校正：《潜夫论笺校正》，第 26 页。
④ （东汉）王符撰，（清）汪继培笺，彭铎校正：《潜夫论笺校正》，第 14 页。
⑤ （东汉）王符撰，（清）汪继培笺，彭铎校正：《潜夫论笺校正》，第 162 页。
⑥ （东汉）王符撰，（清）汪继培笺，彭铎校正：《潜夫论笺校正》，第 239 页。
⑦ （东汉）王符撰，（清）汪继培笺，彭铎校正：《潜夫论笺校正》，第 26 页。
⑧ （东汉）王符撰，（清）汪继培笺，彭铎校正：《潜夫论笺校正》，第 229 页。

汉代“诸子”多过分强调君主在移风易俗中的道德榜样效应，忽略了民众的风俗主体地位。王符在抨击风俗时，强调“民为国基”。王符认为，君主不仅仅是最高的道德榜样，其更重要的职责在于教化万民。他提出了著名的“心本俗末”说，化万民之心而易天下之俗，通过德化民心，使得仁义道德内化为民众的行为规范，从而变风改俗。“人君之治，莫大于道，莫盛于德，莫美于教，莫神于化。道者所以持之也，德者所以苞之也，教者所以知之也，化者所以致之也。民有性，有情，有化，有俗。情性者，心也，本也。化俗者，行也，末也。末生于本，行起于心。是以上君抚世，先其本而后其末，顺其心而理其行。心精苟正，则奸慝无所生，邪意无所载矣。”[①] 但必须以“公法”来消除“奸慝”“邪意”，严惩利欲熏心的“奸民”，并免除朝廷频频发布赦令的惯例，“论者多曰：‘久不赦则奸宄炽，而吏不制，故赦赎以解之。’此乃招乱之本原，不察祸福之所生者之言也。凡民之所以轻为盗贼，吏之所以易作奸匿者，以赦赎数而有侥望也。若使犯罪之人终身被命，得而必刑，则计奸之谋破，而虑恶之心绝矣”[②]。一些地方出现了以婚姻诈骗钱财的现象，王符主张厉行法治，施以髡徙之刑，以杜绝奸源，“诸一女许数家，虽生十子，更百赦，勿令得蒙一还私家，则此奸绝矣。不则髡其夫妻，徙千里外剧县，乃可以毒其心而绝其后，奸乱绝则太平兴矣”[③]。

王符认为君主、贵族官僚、民众的修德过程不可一蹴而就，“有布衣积善不怠，必致颜、闵之贤，积恶不休，必致桀、跖之名。非独布衣也，人臣亦然，积正不倦，必生节义之志，积邪不止，必生暴弑之心。非独人臣也，国君亦然，政教积德，必致安泰之福，举错数失，必致危亡之祸。”[④] 无论是皇帝还是编户齐民，都要有长期积善修德的准备。王符的德化易俗思想极为巧妙地调和了德化与法治的关系。

（三）以贤易俗

王符认为要“变风易俗”仅仅依靠君主的力量是不够的，“先法后德”

---

① （东汉）王符撰，（清）汪继培笺，彭铎校正：《潜夫论笺校正》，第 371—372 页。

② （东汉）王符撰，（清）汪继培笺，彭铎校正：《潜夫论笺校正》，第 187 页。

③ （东汉）王符撰，（清）汪继培笺，彭铎校正：《潜夫论笺校正》，第 236 页。

④ （东汉）王符撰，（清）汪继培笺，彭铎校正：《潜夫论笺校正》，第 143 页。

的推行，风俗的改易更需“贤人”的参与。王符在《潜叹》《贤难》《考绩》《实贡》《忠贵》《明忠》《论荣》诸篇中一直强调“国以贤兴”的治国理念，“国之所以存者治也，其所以亡者乱也”①，“国以贤兴，以谄衰，君以忠安，以忌危”②，“何以知国之将乱也？以其不嗜贤也”③，“国以贤兴……此古今之常论，而世所共知也”④，“夫治世不得真贤，譬犹治疾不得真药也”⑤。在王符看来，贤人必然成为移风易俗的重要参与者与执行者，“贤人易俗”则成为王符建立新风俗秩序的重要途径，在“先法后德”的原则下，“贤人易俗”具有了浓厚的法家色彩。

王符慨叹偌大的朝堂上尽是无德无才的窃禄、奸佞之辈，竟没有贤人可以委用。“夫十步之间，必有茂草，十室之邑，必有俊士。贤材之生，日月相属，未尝乏绝。是故乱殷有三仁，小卫多君子。以汉之广博，士民之众多，朝廷之清明，上下之修治，而官无直吏，位无良臣。此非今世之无贤也，乃贤者废锢而不得达于圣主之朝尔。”⑥王符认为首先是因为“妒贤”之风的盛行，导致大量贤才罹于祸难，“世之所以不治者，由贤难也。所谓贤难者，非直体聪明服德义之谓也。此则求贤之难得尔，非贤者之所难也。故所谓贤难者，乃将言乎循善则见妒，行贤则见嫉，而必遇患难者也”⑦。由于东汉王朝以社会舆论选官，互相标榜品题的“浮华交会”之风盛行，人们为求富贵多攀附于权贵，贫寒贤士多埋没于民间，名实相淆，真伪不辨。“浮华交会”之风极大地破坏了东汉的察举制度，王符痛批道：“群僚举士者，或以顽鲁应茂才，以桀逆应至孝，以贪饕应廉吏，以狡猾应方正，以谀谄应直言，以轻薄应敦厚，以空虚应有道，以嚚暗应明经，以残酷应宽博，以怯弱应武猛，以愚顽应治剧，名实不相副，求贡不相称。富者乘其材力，贵者

① （东汉）王符撰，（清）汪继培笺，彭铎校正：《潜夫论笺校正》，第 74 页。
② （东汉）王符撰，（清）汪继培笺，彭铎校正：《潜夫论笺校正》，第 151 页。
③ （东汉）王符撰，（清）汪继培笺，彭铎校正：《潜夫论笺校正》，第 76 页。
④ （东汉）王符撰，（清）汪继培笺，彭铎校正：《潜夫论笺校正》，第 151 页。
⑤ （东汉）王符撰，（清）汪继培笺，彭铎校正：《潜夫论笺校正》，第 79 页。
⑥ （东汉）王符撰，（清）汪继培笺，彭铎校正：《潜夫论笺校正》，第 151 页。
⑦ （东汉）王符撰，（清）汪继培笺，彭铎校正：《潜夫论笺校正》，第 39 页。

阻其势要。”[①]此种情状最终酿成了“以族举德，以位命贤”之恶俗世风。

基于上述现实情形，王符提出了“明选”的人才诉求。王符认为统治者明选贤人以易俗的重要前提就是要掌握法、术、权，以树立君主的至高权威，进而万贤归心，“要在于明操法术，自握权秉而已矣。所谓术者，使下不得欺也；所谓权者，使势不得乱也。术诚明，则虽万里之外，幽冥之内，不得不求效；权诚用，则远近亲疏，贵贱贤愚，无不归心矣”[②]。在此基础上，王符提出了“奉法选贤”的主张，将选举“法令化”，使察举进一步制度化。在他看来，这才是选举制度的最高原则，是移风易俗的良方，“以选为本，选举实则忠贤进，选虚伪则邪党贡。选以法令为本，法令正则选举实，法令诈则选虚伪”[③]。对于所有“蔽贤”“妒贤”等有害国家选举的行为，必须以国法治之。

“夫修身慎行，敦方正直，清廉洁白，恬淡无为，化之本也。忧君哀民，独睹乱原，好善嫉恶，赏罚严明，治之材也。明君兼善而两纳之，恶行之器也，为金玉宝政之材刚铁用。”[④]王符认为选举贤才的标准为“材”与“德”。刘文英认为：“‘明主兼善而两纳之’说得好，德行和才能两个方面应该兼顾。”[⑤]但王符在选举人才上反对尽善尽美，“量其材而授之官”[⑥]，“依其质干，准其材行”[⑦]，特别强调人的“材行”与“质干”。在选举贤才时，王符重视人的道德修养，但通晓律法、果决善断的“治之材”，才是治理国家与移风易俗所迫切需要的。王符强调在选举人才时要打破纯以德选的风气，突出“治之材”在治国理俗中的重要意义。王符在确定了选举人才的标准之后，便将选举纳入到法治的轨道之中，以此来抵御“浮华交会”之风、“妒贤”之风的干扰，“夫明君之诏也若声，忠臣之和也当如响应，长短大小，清浊疾徐，必相和也。是故求马问马，求驴问驴，求鹰问鹰，求骕问骕。由

① （东汉）王符撰，（清）汪继培笺，彭铎校正：《潜夫论笺校正》，第68页。

② （东汉）王符撰，（清）汪继培笺，彭铎校正：《潜夫论笺校正》，第357页。

③ （东汉）王符撰，（清）汪继培笺，彭铎校正：《潜夫论笺校正》，第88页。

④ （东汉）王符撰，（清）汪继培笺，彭铎校正：《潜夫论笺校正》，第157页。

⑤ 刘文英：《王符评传》，南京大学出版社1993年，第113页。

⑥ （东汉）王符撰，（清）汪继培笺，彭铎校正：《潜夫论笺校正》，第85页。

⑦ （东汉）王符撰，（清）汪继培笺，彭铎校正：《潜夫论笺校正》，第152页。

此教令，则赏罚必也”①。

王符为了将选举活动进一步规范化、制度化，他试图将选举制度建立在以考绩为内容的法制之上，这一理论创新在汉末选举废弛、风俗衰弊之际，尤其有着重要的现实意义。和帝之后，政治腐败，外戚宦官交替专权，官吏考绩制度渐趋废弛，王符提出了“科察考功”之法，“凡南面之大务，莫急于知贤；知贤之近途，莫急于考功。功诚考则治乱暴而明，善恶信则直贤不得见障蔽，而佞巧不得窜其奸矣”②。王符将三公、九卿、州牧、刺史、守相、令长的考功职责范围一一列出，至于考核的具体办法，王符受西汉大儒京房的影响，“先师京君，科察考功，以遗贤俊，太平之基，必自此始”③,“有号者必称于典，名理者必效于实”④。强调各级官吏都必须履行国家法典规定的职责，坚持法家“循名责实”“名实相符”的原则。针对考绩结果，王符主张厉行法令，赏贤罚佞，以得移风易俗之良臣，“圣主诚肯明察群臣，竭精称职有功效者，无爱金帛封侯之费；其怀奸藏恶别无状者，图铁锧钺之决。然则良臣如王成、黄霸、龚遂、邵信臣之徒，可比郡而得也；神明瑞应，可期年而致也”⑤。

王符所汲汲渴望的贤人，即是在汉代历史上出现的循吏。司马迁对循吏的定义是：“奉法循理之吏，不伐功矜能，百姓无称，亦无过行。”⑥循吏的最基本特征是“奉法循理”，即依奉法令，依循情理，以化民成俗。他们奉行“先法后德”的风俗理念，以法令赏罚助道德教化，在各地移风易俗，如循吏颍川太守黄霸，“然后为条教，置父老师帅伍长，班行之于民间，劝以为善防奸之意，及务耕桑，节用殖财，种树畜养，去食谷马。米盐靡密，初若烦碎，然霸精力能推行之”⑦。通过循吏的努力，从而实现全国风俗的移易与统一。

---

① （东汉）王符撰，（清）汪继培笺，彭铎校正：《潜夫论笺校正》，第156页。
② （东汉）王符撰，（清）汪继培笺，彭铎校正：《潜夫论笺校正》，第62页。
③ （东汉）王符撰，（清）汪继培笺，彭铎校正：《潜夫论笺校正》，第72页。
④ （东汉）王符撰，（清）汪继培笺，彭铎校正：《潜夫论笺校正》，第65页。
⑤ （东汉）王符撰，（清）汪继培笺，彭铎校正：《潜夫论笺校正》，第209—210页。
⑥ （西汉）司马迁：《史记》卷一三〇，第3317页。
⑦ （东汉）班固：《汉书》卷八九，第3629—3630页。

总而言之，王符认为要移风易俗，建立新的风俗秩序，统治者必须要采用法家“唯贤是用”的人才观，突破传统道德的限制，突出人的才能，“是故贤愚在心，不在贵贱；信欺在性，不在亲疏。二世所以共亡天下者，丞相、御史也。高祖所以共取天下者，缯肆、狗屠也；骊山之徒，巨野之盗，皆为名将。由此观之，苟得其人，不患贫贱；苟得其材，不嫌名迹”①。并通过法令制度将贤人的选举和考核制度化，试图为当时的风俗秩序与政治秩序的调和提供制度化的保证。这种努力都是符合时代要求的，使王符的人才思想与移风易俗思想达到了新的高度，为汉末曹操“唯才是举”的用人思想提供了重要借鉴。

“儒家之政治思想，态度本为乐观……至桓谭、王符、崔寔、荀悦诸人始渐露悲观之意，不复坚持圣君贤相，归仁化义之崇高理想，而欲以任刑参霸之术为补裰治标之方。”② 王符的理论贡献就在于，汲取先秦两汉“诸子”的风俗思想，突破传统的教化易俗思想，首开“先法后德”这一崭新的风俗命题，试图借助法家之手段来纠风正俗，将风俗秩序纳入到制度理性的范畴，为东汉统治者提供了一套崭新的移风易俗方略，此确为“盐铁会议”以来法家思想之再次崛起，德化秩序与法治秩序在王符的“先法后德”思想中得以协调。王符的“先法后德”思想，以法治为主线，包括“以法治俗”“以德化俗”“以贤易俗”三个层面，涉及皇权、贤臣、民众三个主体，突显出皇权的一元地位，贤臣、民众在移风易俗中的作用得到显现，法治被落实到了社会风俗实践的层面。王符的移风易俗思想开启了一股颇具时代特色的法治思潮，章太炎曾论及其在中国古代思想史上的地位，“东京之末，刑赏无章也。儒不可任，而发愤者变之以法家。王符之为《潜夫论》也，仲长统之造《昌言》也，崔寔之述《政论》也……上视杨雄诸家，牵制儒术，奢阔无施，而三子闳远矣。名法之教，任贤考功，期于九列皆得其人，人有其第，官有其位”③。在这一风潮的影响下，曹操实施风俗改革，于建安十年（205 年）发布了著名的《整齐风俗令》：“阿党比周，先圣所疾也。闻冀州

① （东汉）王符撰，（清）汪继培笺，彭铎校正：《潜夫论笺校正》，第 91 页。

② 萧公权：《中国政治思想史》，辽宁教育出版社 1998 年版，第 303—304 页。

③ 章太炎：《章太炎全集（三）》，上海人民出版社 1984 年，第 444—445 页。

俗，父子异部，更相毁誉。昔直不疑无兄，世人谓之盗嫂；弟五伯鱼三娶孤女，谓之挝妇翁；王凤擅权，谷永比之申伯；王商忠议，张匡谓之左道：此皆以白为黑，欺天罔君者也。吾欲整齐风俗，四者不除，吾以为羞。”① 在移风易俗上取得了重大的成效。

王符寄希望于明君贤臣来改变风俗，是不现实的，始终没能跳出唯心史观的窠臼。王符极力强调臣民对于法令无条件遵守，至于君主对于法令的遵守，除了依靠天的权威外，则只能依靠君主个人的德行修养了，“是故民之所以不乱者，上有吏；吏之所以无奸者，官有法；法之所以顺行者，国有君也；君之所以位尊者，身有义也。义者君之政也，法者君之命也。人君思正以出令，而贵贱贤愚莫得违也，则君位于上，而民氓治于下矣”②。王符的风俗思想陷入了二律背反定律之中，而恰恰是被王符寄予厚望的君主大臣们正是汉末腐朽风俗的始作俑者，“（灵帝）又造万金堂于西园，引司农金钱缯帛，仞积其中。又还河间买田宅，起第观”③。他们贪婪腐朽的本性，注定了难以奉行“先法后德”的方针，世风日下，已无可挽回，要移风易俗只有依靠改朝换代了。

六、崔寔的风俗思想

崔寔生活的年代，宦官与外戚交替专权，政治极为昏暗，党锢之祸发生，社会矛盾极为尖锐，风俗败坏，引起了崔寔对于现实政治风俗问题的强烈关注。他认为风俗是国家的命脉所在，将风俗与政治的密切关系提高到了一个新的高度，“风俗者，国之脉诊也。年谷如其肥肤，肥肤虽和，而脉诊不和，诚未足为休。”④ 崔寔剖析了政治与风俗的作用与反作用。崔寔认为风俗败坏的根本原因还是在于政治的腐败，君主的昏聩导致风俗的衰败，“自尧、舜之帝，汤、武之王，皆赖明哲之佐，博物之臣。故皋陶陈谟而唐、虞以兴，伊、箕作训而殷、周用隆。及继体之君，欲立中兴之功者，曷尝不赖

---

① （晋）陈寿：《三国志·魏志·武帝纪》，第 27 页。

② （东汉）王符撰，（清）汪继培笺，彭铎校正：《潜夫论笺校正》，第 239 页。

③ （南朝宋）范晔：《后汉书》卷七八，第 2536 页。

④ （清）严可均辑：《全后汉文》，第 462 页。

贤哲之谋乎？凡天下之所以不治者，常由世主承平日久，俗渐弊而不悟，政浸衰而不改，习乱安危，逸不自睹。或荒耽嗜欲，不恤万机；或耳蔽箴诲，厌伪忽真；或犹豫歧路，莫适所从；或见信之佐，括囊守禄；或疏远之臣，言以贱废。是以王纲纵弛于上，智士郁伊于下，悲夫！”[①]官吏的腐败亦导致了风俗的败坏，“是以百姓创艾，咸以官为忌讳，遁逃鼠窜，莫肯应募。因乃捕之，劫以威势，心苟不乐，则器械行沽，虚费财用，不周于事。故曰：‘上为下效，然后谓之教。’上下相效殆如此，将何以防之？罚则不恕，不罚则不治，是以风移于诈，俗易于欺，狱讼繁多，民好残伪。为政如此，未睹其利。斯皆起于典藏之吏不明为国之体，苟割胫以肥头，不知胫弱亦将颠仆也。《礼》讥‘聚敛之臣’，《诗》曰‘贪人败类’，盖伤之也。”[②]

崔寔剖析了风俗对于政治的反作用，批判了东汉后期的各种鄙陋风俗，并深入剖析了其对社会政治的危害。他批判了奢侈之风，奢侈之风的盛行导致僭越之风、好利之风的盛行，势必严重破坏礼乐制度，危及统治秩序，“夫人之情，莫不乐富贵荣华，美服丽饰，铿锵眩耀，芬芳嘉味者也。昼则思之，夜则梦焉，唯斯之务，无须臾不存于心，犹急水之归下，下川之赴壑。不厚为之制度，则皆侯服王食，僭至尊，逾天制矣。是故先王之御世也，必明法度以闭民欲，崇堤防以御水害。法度替而民散乱，堤防堕而水泛溢。顷者，法度颇不稽古，而旧号‘网漏吞舟’。故庸夫设藻棁之饰，匹竖享方丈之馔，下僭其上，尊卑无别，如使鸡鹜蛇颈龟身，五色纷丽，亦可贵于风乎？礼坏而莫救，法堕而不恒。斯盖有识之士所为于邑而增叹者也。律令虽有舆服制度，然断之不自其源，禁之又不密，今使列肆卖侈功，商贾鬻僭服，百工作淫器，民见可欲，不能不买。贾人之列，户蹈僭侈矣。故王政一倾，普天率土莫不奢僭者。非家至人告，乃时势驱之使然。此则天下之患一也。”[③]

批判了重利之风。重末轻本严重破坏了小农经济，破坏了国家的经济基础，危及国家的统治秩序，“且世奢服僭，则无用之器贵，本务之业贱矣。

① 孙启治译注：《政论》，第12页。

② 孙启治译注：《政论》，第59页。

③ 孙启治译注：《政论》，第44—46页。

农桑勤而利薄，工商逸而入厚，故农夫辍耒而雕镂，工女投杼而刺绣。躬耕者少，末作者众，生土虽皆垦乂，故地功不致，苟无力穑，焉得有年？财郁蓄而不尽出，百姓穷匮而为奸寇，是以仓廪空而囹圄实。一谷不登，则饥馁流死，上下俱匮，无以相济。国以民为根，民以谷为命。命尽则根拔，根拔则本颠，此最国家之毒忧，可为热心者也。斯则天下之患二也。”①

批判了当时社会上的厚葬之风。厚葬之风致使百姓耗费了大量的钱财，必然导致抢劫事件的频繁发生，危及社会治安，“法度既堕，舆服无限，婢妾皆戴瑱揥之饰而披织文之衣。乃送终之家亦大无法度。至用辒梓黄肠，多藏宝货，飨牛作倡，高坟大寝。是可忍也，孰不可忍！而俗人多之，咸曰‘健子’！天下跂慕，耻不相逮。念亲将终，无以奉遣，乃约其供养，豫修亡殁之备，老亲之饥寒，以事淫汰之华称，竭家尽业，甘心而不恨。穷厄既迫，起为盗贼，拘执陷罪，为世大戮。痛乎，此俗之刑陷愚民也。且橘、柚之贡，尧、舜所不常御；山龙华虫，帝王不以为亵服。今之臣妾，皆余黄甘而厌文绣者，盖以万数矣。其余称此，不可胜记。古者墓而不坟，文、武之兆与平地齐，今豪民之坟已千坊矣。欲民不匮，诚亦难矣。是以天戚戚，人汲汲，外溺奢风，内忧穷竭。故在位者则犯王法以聚敛，愚民则冒罪戮以为健。俗之败坏乃至于斯，此天下之患三也。”②

正如龚鹏程所说：“但无论如何，辩风正俗、移风易俗仍是风俗论的目的。纠正当世之疵谬，指出向上一路，是所有风俗批评的共同特点。”③崔寔进行风俗批判的目的则是移风易俗，他继承并发展了王符的“变风易俗”思想，明确提出“德法治俗”思想，强调在不同的治乱时代，交替采用不同的治俗方法，在太平之世以德治俗，在乱世则以法治俗，“夫熊经鸟伸，虽延历之术，非伤寒之理；呼吸吐纳，虽度纪之道，非续骨之膏。盖为国之法，有似理身，平则致养，疾则攻焉。夫刑罚者，治乱之药石也；德教者，兴平之粱肉也。夫以德教除残，是以粱肉理疾也；以刑罚理平，是以药石供养也。方今承百王之敝，值厄运之会。自数世以来，政多恩贷，驭委其辔，马

① 孙启治译注：《政论》，第 49 页。

② 孙启治译注：《政论》，第 51—52 页。

③ 龚鹏程：《汉代思潮》，商务印书馆 2005 年版，第 44 页。

骀其衔，四牡横奔，皇路险倾。方将柑勒鞬辀以救之，岂暇鸣和銮，请节奏哉？昔高祖令萧何作九章之律，有夷三族之令，黥、劓、斩趾、断舌、枭首，故谓之具五刑。文帝虽除肉刑，当劓者笞三百，当斩左趾者笞五百，当斩右趾者弃市。右趾者既殒其命，笞挞者往往至死，虽有轻刑之名，其实杀也。当此之时，民皆思复肉刑。至景帝元年，乃下诏曰：‘加笞与重罪无异，幸而不死，不可为民。’乃定律，减笞轻捶。自是之后，笞者得全。以此言之，文帝乃重刑，非轻之也；以严致平，非以宽致平也。必欲行若言，当大定其本，使从人主师五帝而式三王。荡亡秦之俗，遵先圣之风，弃苟全之政，蹈稽古之踪，复五等之爵，立井田之制。然后选稷契为佐，伊吕为辅，乐作而凤皇仪，击石而百兽舞。若不然，则多为累而已。”① 显然东汉末年已到乱世，在崔寔看来，只有法治这一“药石”才能改变风俗衰败的情况，挽狂澜于既倒。

崔寔强调君主是移风易俗的主导，必须要由上而下地进行移风易俗，“承三患之弊，继荒顿之绪，而徒欲修旧修故，而无匡改，虽唐、虞复存，无益于治乱也。昔圣王远虑深思，患民情之难防，忧奢淫之害政，乃塞其源以绝其末，深其刑而重其罚。夫善堙川者必杜其源，善防奸者必绝其萌。昔子产相郑，殊尊卑，异章服，而国用治。岂大汉之明主，曾不如小藩之陪臣？在修之与不耳。”②

七、荀悦的风俗思想

荀悦也提出了德法结合、先刑后德的移风易俗思想。荀悦亦批判了东汉末年奢侈、虚伪、僭越的社会风俗。他指出东汉末年的社会上存在着“伪”“私”“放”“奢”四种风俗，即“四患”，导致了政治的败坏。他提出了“兴农桑”“审好恶”“宣文章”“立五备”“明赏罚”五种方略以纠正“四患”，德化与法令成为移风易俗的重要手段，“先屏四患。乃崇五政。一曰伪。二曰私。三曰放。四曰奢。伪乱俗。私坏法。放越轨。奢败制。四者不

---

① （南朝宋）范晔：《后汉书》卷五二，第 1728—1729 页。

② 孙启治译注：《政论》，第 55—56 页。

除。则政末由行矣。俗乱则道荒。虽天地不得保其性矣。法坏则世倾。虽人主不得守其度矣。轨越则礼亡。虽圣人不得全其道矣。制败则欲肆。虽四表不能充其求矣。是谓四患。兴农桑以养其生。审好恶以正其俗。宣文教以章其化。立武备以秉其威。明赏罚以统其法。是谓五政。”① 陈新岗认为：“荀悦主张通过法度移风易俗。他提出了‘四患’、‘五政’理论。”② 其实荀悦并未完全放弃德教易俗。

荀悦认为教为阳，法为阴，道德教化与法令赏罚与阴阳同在。“教者。阳之化也。法者。阴之符也。”③ 德化与法治均是移风易俗的重要手段，二者缺一不可。荀悦强调要根据时代的不同而采取不同的移风易俗方略，在太平之世则先德化后刑罚，乱世则先刑罚后德化，“或先教化，或先刑法，所遇然也。拨乱抑强则先刑法，扶弱绥新则先教化，安平之世则刑教并用。大乱无教，大治无刑。乱之无教，势不行也；治之无刑，时不用也”④。在如何处理德化易俗与以法治俗上，荀悦进一步引申出了“中”的策略：“或曰。法教得则治。法教失则乱。若无得无失。纵民之情。则治乱其中乎。曰。凡阳性升。阴性降。升难而降易。善。阳也。恶。阴也。故善难而恶易。纵民之情。使自由之。则降于下者多矣。曰。中焉在。曰。法教不纯。有得有失。则治乱其中矣。纯德无慝。其上善也。伏而不动。其次也。动而不行。行而不远。远而能复。又其次也。其下者。远而不近也。凡此皆人性也。制之者则心也。动而抑之。行而止之。与上同性也。行而弗止。远而弗近。与下同终也。”⑤

八、应劭的风俗思想

“在应劭众多著述中，有一部把关注目光深入到下层社会，集中反映普通民众风俗的著作——《风俗通义》。这是一部关于社会风俗的文化巨著，

① （东汉）荀悦：《申鉴》，第4—5页。

② 陈新岗：《两汉诸子治国思想研究》，山东文艺出版社2009年版，第389页。

③ （东汉）荀悦：《申鉴》，第4页。

④ （东汉）荀悦撰，张烈点校：《两汉纪·汉纪》，第407—408页。

⑤ （东汉）荀悦：《申鉴》，第34页。

展现了当时的社会生活状况和思想文化面貌，是了解汉末社会风俗的重要资料。”① 应劭继承了班固的风俗思想，界定了风俗的定义，“风”是因自然条件而形成的风气，“俗”是因社会生活而形成的风习，并未超出班固风俗概念的范畴，“风者，天气有寒暖，地形有险易，水泉有美恶，草木有刚柔也。俗者，含血之类，像之而生，故言语歌讴异声，鼓舞动作殊形，或直或邪，或善或淫也。圣人作而均齐之，咸归于正；圣人废，则还其本俗。《尚书》：‘天子巡守，至于岱宗，觐诸侯，见百年，命大师陈诗，以观民风俗。’《孝经》曰：‘移风易俗，莫善于乐。’传曰：‘百里不同风，千里不同俗，户异政，人殊服。’由此言之：为政之要，辩风正俗，最其上也。”② 应劭强调君主是移风易俗的关键，并首次提出了“为政之要，辩风正俗，最其上也。”“辩风正俗”成为政治的关键内容，使得政治与风俗的结合到达了一个新的高度。相较于班固、王符，应劭更为全面强调下层民众的风俗事象，使得虚拟化的风俗概念变得具体化，在此基础上，“追本溯源”，对这些风俗事象进行考辨，进而匡风正俗。“《风俗通义》的风俗视野有三个明显的注重点：一是着眼当代现实，二是着眼恶风谬俗，三是着眼深层意识，具有浓厚的现实性、政治性、心理性。”③

“应劭的风俗批评体现在书中的各个层面的风俗辨析中，有对民间俗语的纠谬，有对地方风俗的批评，也有对士风、士俗的讨论。”④ “应劭关注更多的是当下或在当下社会影响较为深远的一些风俗。”⑤ 应劭在《风俗通义》中对当时的诸多不良风俗进行了猛烈的批判。东汉末年，社会上巫卜迷信祭祀盛行，“《礼》：‘天子祭天地山川，岁遍。’《春秋国语》：‘凡禘郊宗祖报，此五者，国之典礼；加之以社稷山川之神，皆有功烈于民者也；及前哲令德之人，所以为质者也；及天之三辰，所昭仰也；地之五行，所生殖也；九州

---

① 党超：《两汉风俗观念与社会软控制研究》，社会科学文献出版社 2018 年版，第 179—180 页。

② （东汉）应劭撰，王利器校注：《风俗通义校注》，中华书局 1981 年版，第 8 页。

③ 张汉东：《〈风俗通义〉的民俗学价值》，《民俗研究》2000 年第 2 期。

④ 袁济喜、宋亚莉：《从风俗批评到审美批评——应劭〈风俗通义〉新探》，《学术研究》2011 年第 12 期。

⑤ 党超：《“辩风正俗”：应劭对风俗与政治关系的新思考》，《民俗研究》2015 年第 3 期。

名山川泽，所出财用也：非是族也，不在祀典。’礼矣。《论语》：‘非其鬼而祭之，谄也。’又曰：‘淫祀无福。’是以泰山不享季氏之旅，而《易》美西邻之礿祭，盖重祀而不贵牲，敬宝而不求华也。自高祖受命，郊祀祈望，世有所增，武帝尤敬鬼神，于时盛矣。至平帝时，天地六宗已下，及诸小神，凡千七百所。今营夷寓泯，宰器阙亡，盖物盛则衰，自然之道，天其或者，欲反本也，故记叙神物曰《祀典》也。”① 徐干通过具体的事例来论述巫卜祭祀的危害，在《城阳景王祠》中讲到民间对于城阳景王刘章的过度祭祀，郡、县、乡邑皆立祭祠，祭祀又耗费了大量的民间钱财，且耽误农时，赞扬了陈蕃、曹操以法令禁止民间乱祭的行为，“谨按：《汉书》：‘朱虚侯刘章，齐悼惠王子，高祖孙也。宿卫长安，年二十，有气力。高后摄政，诸吕擅恣，章私忿之。尝入侍宴饮，章为酒吏，自请曰：臣将种也，请得军法行酒。有诏可。酒酣，章进歌舞，已而复曰：请为太后《耕田歌》。太后笑曰：顾汝父知田耳，若生而为王者子，安知田乎？曰：臣知之。深耕广种，立苗欲疏，非其种者，锄而去之。太后默然。顷之，诸吕有亡酒者，章拔剑追斩之，而还报曰：有亡酒一人，臣谨行军法斩之。太后左右大惊，业许之矣，无以罪也。自是诸吕畏惮，虽大臣亦皆依之。’高后崩，诸吕作乱，欲危社稷，章与周勃共诛灭之，尊立文帝，封城阳王，赐黄金千斤，立二年薨。城阳今莒县是也。自琅琊、青州六郡，乃渤海都邑乡亭聚落，皆为立祠，造饰五二千石车，商人次第为之，立服带绶，备置官属，烹杀讴歌，纷籍连日，转相诳曜，言有神明，其谴问祸福立应，历载弥久，莫之匡纠，唯乐安太守陈蕃、济南相曹操，一切禁绝，肃然政清。陈、曹之后，稍复如故，安有鬼神，能为病者哉？”②

应劭担任营陵令时，鉴于民间乱祭城阳景王的现象，制定法令条教，强调要由官府主持，正常祭祀城阳景王，节省民财，保证民时，“予为营陵令，以为章本封朱虚，并食此县，《春秋国语》：‘以劳定国，能御大灾。’凡在于他，尚列祀典。章亲高祖之孙，进说耕田，军法行酒，时固有大志矣。

① （东汉）应劭撰，王利器校注：《风俗通义校注》，第 350 页。

② （东汉）应劭撰，王利器校注：《风俗通义校注》，第 394—395 页。

及诛诸吕，尊立太宗，功冠天下，社稷已宁，同姓如此，功烈如彼，余郡禁之可也，朱虚与莒，宜常血食。于是乃移书曰：‘到闻此俗，旧多淫祀，糜财妨农，长乱积惑，其侈可忿，其愚可愍。昔仲尼不许子路之祷，晋悼不解桑林之祟，死生有命，吉凶由人，哀我黔黎，渐染迷谬，岂乐也哉？莫之征耳。今条下禁，申约吏民，为陈利害，其有犯者，便收朝廷；若私遗脱，弥弥不绝，主者髡截，叹无及已。城阳景王，县甚尊之。惟王弱冠，内侍帷幄，吕氏恣睢，将危汉室，独先见识，权发酒令，抑邪扶正，忠义洪毅，其歆禋祀，礼亦宜之；于驾乘烹杀，倡优男女杂错，是何谓也？三边纷拏，师老器弊，朝廷旰食，百姓嚣然。礼兴在有，年饥则损。自今听岁再祀，备物而已，不得杀牛，远近他倡，赋会宗落，造设纷华，方廉察之，明为身计，而复僭失，罚与上同。明除见处，勿后中觉。’”①

九江郡有巫为山神献公、妪，后其不能再娶、嫁，宋均担任九江太守后，诛杀众巫，民俗大变。“九江逡遒有唐、居二山，名有神，众巫共为取公妪，岁易，男不得复娶，女不得复嫁，百姓苦之。谨按：时太守宋均到官，主者白出钱，给聘男女，均曰：‘众巫与神合契，知其旨欲，卒取小民不相当。’于是敕条巫家男女以备公妪，巫扣头服罪，乃杀之，是后遂绝。”②

会稽郡多淫祀，百姓皆以牛祭祀，民财耗尽。“会稽俗多淫祀，好卜筮，民一以牛祭，巫祝赋敛受谢，民畏其口，惧被祟，不敢拒逆；是以财尽于鬼神，产匮于祭祀。或贫家不能以时祀，至竟言不敢食牛肉，或发病且死，先为牛鸣，其畏惧如此。”③第五伦担任会稽太守后，制定法令条教，禁绝淫祀，凡敢杀牛祭祀者，一律严惩，保障了农业生产。“谨按：时太守司空第五伦到官，先禁绝之，掾吏皆谏，伦曰：‘夫建功立事在敢断，为政当信《经》义，《经》言：淫祀无福，非其鬼而祭之，谄也。《律》不得屠杀少齿。令鬼神有知，不妄饮食民间；使其无知，又何能祸人。’遂移书属县，晓谕百姓：‘民不得有出门之祀，督课部吏，张设罪罚，犯，尉以下坐，祀

① （东汉）应劭撰，王利器校注：《风俗通义校注》，第395页。

② （东汉）应劭撰，王利器校注：《风俗通义校注》，第400页。

③ （东汉）应劭撰，王利器校注：《风俗通义校注》，第401页。

依托鬼神，恐怖愚民，皆按论之。有屠牛，辄行罚。’民初恐怖，颇摇动不安，或接祝妄言，伦敕之愈急，后遂断，无复有祸祟矣。”①

应劭批判了当时社会上的沽名钓誉之风。“南阳张伯大，邓子敬小伯大三年，以兄礼事之。伯卧床上，敬寝下小榻，言：‘常恐清旦朝拜。’俱去乡里，居缑氏城中，亦教授，坐养声价，伯大为议郎、益州太守，子敬辟司徒，公车征。谨按：《礼记》：‘十年兄事之，五年肩随之。’《诗》云：‘如切如磋，如琢如磨。’朋友衎衎訚訚，各长其仪也。凡兄弟相爱，尚同舆而出，同床而寝；今相校三年耳，幸无骨肉之属，坐作鬼怪，旦朝言恐。《论语》：‘恭而无礼则劳。’且晏平仲称善与人交，岂徒拜伏而已哉？《易》设四科，出处语默。《传》曰：‘朝廷之人，入而不能出；山林之民，往而不能反。’二者各有所长。而弃圣绝知，遁世保真，当窜深山，乐天知命。今居缑氏，息偃城郭，往来帝都，招延宾客，无益诲人，拱默而已，饰虚矜伪，诳世耀名，辞细即巨，终为利动。《春秋》讥宋伯姬女而不妇。今二子屑屑，远大失矣。”②

批判了社会上的背弃礼制之风。“河南尹太山羊翩祖，在家；平原相封子衡葬母，子衡故临太山数十日，时翩祖去河南矣，子衡四从子曼慈复为太山，士大夫用此行者数百人，皆齐衰绖带，时与太尉府自劾归家，故侍御史胡毋季皮独过相候，求欲作衰，谓：‘君不为子衡作吏，何制服？’曰：‘众人若此，不可独否。’又谓：‘足下径行自可，今反相历，令子失礼，仆豫愆。古有吊服，可依其制。’因为裁缟冠帻袍单衣，定，大为同作所非。然颍川有识陈元方、韩元长、綦毋广明咸嘉是焉。谨按：《礼》：‘为旧君齐衰三月。’谓策名委质，为臣吏者也。子衡临郡日浅，无他功惠，又非其身；翩祖位则亚卿，雅有令称，义当纲纪人伦，为之节文。而首倡导，犯礼违制，使东岳一郡朦朦焉，岂不愍哉！由郕人失兄，子皋为之衰，虽失于子衡，归于曼慈者矣。”③

应劭还对其他恶俗进行了批判。“五月盖屋，令人头秃。谨案：《易》《月

① （东汉）应劭撰，王利器校注：《风俗通义校注》，第401—402页。
② （东汉）应劭撰，王利器校注：《风俗通义校注》，第155—157页。
③ （东汉）应劭撰，王利器校注：《风俗通义校注》，第149—151页。

令》，五月纯阳，《姤卦》用事，齐麦始死。夫政趣民收获，如寇盗之至，与时竞也。除黍稷，三豆当下，农功最务，间不容息，何得晏然除覆盖室寓乎？今天下诸郭皆讳秃，岂复家家五月盖屋邪？俗化扰扰，动成讹谬，尼父犹云‘从众’，难复缕陈之也。”① “俗云：五月到官，至免不迁。今年有茂才除萧令，五月到官，破日入舍，视事五月，四府所表，迁武陵令。余为营陵令，正触太岁，主余东北上，余不从，在事五月，迁太山守。”② “俗说：正月长子解浣衣被，令人死亡。谨案：《论语》：‘死生有命，富贵在天。’补更小事，何乃成灾？源其所以，正月之时，天甫凄栗，里语：‘大暑在七，大寒在一。’一谓正月也。人家不能羸袍异裳，脱著身之衣，便为风寒所中，以生疹疾，疹疾不瘳，死亡必矣。或说：正月，臣存其君，子朝其父，九族州闾，礼贤当周，长子务于告庆，故未以解浣也。谚曰：‘正月标，二月初，自嘻妃女煞丈夫。’不著洁衣，尔后大有俗节戏笑。”③ “徒不上墓。俗说：新遭刑罪原解者，不可以上墓祠祀，令人死亡。谨案：《孝经》：‘身体发肤，受之父母，曾子病困，启手足以归全也。’今遭刑者，髡首剔发，身被加笞，新出狴犴，臭秽不洁。凡祭祀者，孝子致斋贵馨香，如亲存也，时见子被刑，心有恻怆，缘生事死，恐神明不歆承，当不上墓耳。”④

九、徐干的风俗思想

“《中论》中没有激烈地指责世风世俗，而是将这种批评隐藏在对其他问题的讨论之中。”⑤ 徐干在风俗批判上不如王符、应劭激烈、彻底，他批判了社会上的虚辩之风，“俗士之所谓辩者，非辩也。非辩而谓之辩者，盖闻辩之名而不知辩之实，故目之，妄也。俗之所谓辩者，利口者也。彼利口者，苟美其声气，繁其辞令，如激风之至，如暴雨之集，不论是非之性，不

① （东汉）应劭撰，王利器校注：《风俗通义校注》，第 564—565 页。

② （东汉）应劭撰，王利器校注：《风俗通义校注》，第 564 页。

③ （东汉）应劭撰，王利器校注：《风俗通义校注》，第 565—566 页。

④ （东汉）应劭撰，王利器校注：《风俗通义校注》，第 566 页。

⑤ 宋亚莉：《〈昌言〉〈中论〉中的汉末风俗批评与审美思想》，《聊城大学学报》（社会科学版）2020 年第 3 期。

识曲直之理，期于不穷，务于必胜，以故浅识而好奇者见其如此也，固以为辩。不知木讷而达道者，虽口屈而心不服也。夫辩者，求服人心也，非屈人口也。故辩之为言别也，为其善分别事类而明处之也，非谓言辞切给而以陵盖人也。故《传》称《春秋》微而显、婉而辩者。然则辩之言必约以至，不烦而谕，疾徐应节，不犯礼教，足以相称；乐尽人之辞，善致人之志，使论者各尽得其愿，而与之得解；其称也无其名，其理也不独显，若此则可谓辩。故言有拙而辩者焉，有巧而不辩者焉。君子之辩也，欲以明大道之中也，是岂取一坐之胜哉。”①

徐干批判了社会上的名利交游之风。“问者曰：吾子著书，称君子之有交，求贤交也。今称交非古也，然则古之君子无贤交欤？曰：异哉！子之不通于大伦也。若夫不出户庭，坐于空室之中，虽魑魅魍魉将不吾觌，而况乎贤人乎？今子不察吾所谓交游之实，而难其名。名有同而实异者矣，名有异而实同者矣。故君子于是伦也，务于其实而无讥其名。吾称古之不交游者，不谓向屋漏而居也；今之好交游者，非谓长沐雨乎中路者也。古之君子，因王事之闲，则奉贽以见其同僚及国中之贤者。其于宴乐也，言仁义而不及名利。君子未命者，亦因农事之隙，奉贽以见其乡党同志。及夫古之贤者亦然，则何为其不获贤交哉。非有释王事、废交业、游远邦、旷年岁者也。故古之交也近，今之交也远；古之交也寡，今之交也众；古之交也为求贤，今之交也为名利而已矣。”②

徐干认为政治的黑暗是导致风俗衰败的最重要原因，将矛头直指统治阶层。“苟粗秽暴虐，馨香不登，谗邪在侧，佞媚充朝，杀戮不辜，刑罚滥害，宫室崇侈，妻妾无度，撞钟舞女，淫乐日纵，赋税繁多，财力匮竭，百姓冻饿，死殍盈野，矜己自得，谏者被诛，内外震骇，远近怨悲，则贤者之视我容貌也如魍魉，台殿也如狴犴，采服也如衰绖，弦歌也如号哭，酒醴也如滫涤，肴馔也如粪土。”③

徐干在论述中反复强调“中”的观念：“故《易》曰：‘艮其辅，言有

① 孙启治：《中论解诂》，第 134 页。

② 孙启治：《中论解诂》，第 220—221 页。

③ 孙启治：《中论解诂》，第 349 页。

序。’不失事中之谓也。”[①] 即适宜、有度，万物不失其所。“王弼注：‘能用中正，故言有序也。’”[②] 含有朴素辩证法的色彩，“中”亦成为其移风易俗思想的重要原则。

徐干认为礼乐教化是移风易俗的重要手段，施行礼乐的目的在于养成德行。“孔子称安上治民莫善于礼，移风易俗莫善于乐。存乎六艺者，著其末节也，谓夫陈笾豆、置尊俎、执羽籥、击钟磬、升降趋翔、屈伸俯仰之数也，非礼乐之本也。礼乐之本也者，其德音乎？《诗》云：‘我有嘉宾，德音孔昭。视民不佻，君子是则是效。我有旨酒，嘉宾式宴以敖。’此礼乐之所贵也。故恭恪廉让，艺之情也；中和平直，艺之实也；齐敏不匮，艺之华也；威仪孔时，艺之饰也。通乎群艺之情实者，可与论道；识乎群艺之华饰者，可与讲事。事者，有司之职也；道者，君子之业也。先王之贱艺者，盖贱有司也；君子兼之，则贵也。故孔子曰：‘志于道，据于德，依于仁，游于艺。’艺者，心之使也，仁之声也，义之象也。故礼以考敬，乐以敦爱，射以平志，御以和心，书以缀事，数以理烦。敬考则民不慢，爱敦则群生悦，志平则怨尤亡，心和则离德睦，事缀则法戒明，烦理则物不悖。六者虽殊，其致一也。其道则君子专之，其事则有司共之，此艺之大体也。”[③] 徐干认识到在黑暗的东汉末年难以纯行礼乐化俗，必须要以法令纠改民性，以“中”的原则来将礼乐与法令结合起来，赏罚得当以移风易俗。“天生烝民，其性一也。刻肌亏体，所同恶也；被文垂藻，所同好也。此二者常存，而民不治其身，有由然也。当赏者不赏，当罚者不罚。夫当赏者不赏，则为善者失其本望，而疑其所行。当罚者不罚，则为恶者轻其国法，而怙其所守。苟如是也，虽日用斧钺于市，而民不去恶矣；日锡爵禄于朝，而民不兴善矣。是以圣人不敢以亲戚之恩而废刑罚，不敢以怨仇之忿而废庆赏，夫何故哉？将以有救也。故《司马法》曰：‘赏罚不逾时，欲使民速见善恶之报也。’逾时且犹不可，而况废之者乎？”[④] 在这一点上，徐干德法兼治的移风易俗思想较王

① 孙启治：《中论解诂》，第 93 页。

② 孙启治：《中论解诂》，第 95 页。

③ 孙启治：《中论解诂》，第 126—127 页。

④ 孙启治：《中论解诂》，第 357 页。

符、荀悦、仲长统等人略显保守。

十、仲长统的风俗思想

“虽然《昌言》《中论》中都有对风俗、世风的批评，有士人的审美思想，但《昌言》的批评更为激烈，《中论》的审美思想更为突出。”[①] 仲长统对东汉末年的迷信之风、奢侈僭越之风、政治腐败之风进行了大胆的批判，“社会习俗败坏及道德沦丧与吏治败坏互为因果，恶性循环，而且有可能引起社会的震荡，仲长统对于这一点深信不疑”[②]。仲长统抨击了君主所引领的奢靡淫乱之风，“有天下者，莫不君之以王，而治之以道。道有大中，所以为贵也，又何慕于空言高论、难行之术哉？今为宫室者，崇台数十层，长阶十百仞，延袤临浮云，上树九丈旗，珠玉翡翠以为饰。连帷为城，构帐为宫。起台榭则高数十百尺，璧带加珠玉之物，木土被绨锦之饰。不见夫之女子成市于宫中，未曾御之妇人生幽于山陵。继体之君诚欲行道，虽父之所兴，可有所坏者也；虽父之美人，可有所嫁者也。至若门庭足以容朝贺之会同，公堂足以陈千人之坐席，台榭足以览都民之有无，防闼足以殊五等之尊卑，宇殿高显敞而不加以雕采之巧、错涂之饰，是自其中也。苑囿池沼，百里而还，使刍荛雉兔者得时往焉，随农隙而讲事，因田狩以教战，上虔郊庙，下虞宾客，是又自其中也。嫡庶之数，使从周制；妾之无子与希幸者，以时出之；均齐恩施，以广子姓；使令之人，取足相供，时其上下，通其隔旷；是又自然其中也。”[③] “仲长统是最早对君主专制制度进行全面而直接批判的思想家，下启鲍敬言、黄宗羲。”[④] 贵族官僚们也过着奢华的生活，“妇人有朝哭良人，暮适他士，涉历百庭，颜色不愧。今公侯之宫，卿士之家，侍妾数十，昼则以醇酒淋其骨髓，夜则以房室输其血气。”[⑤] 地方豪强地主更

---

① 宋亚莉：《〈昌言〉〈中论〉中的汉末风俗批评与审美思想》，《聊城大学学报》（社会科学版）2020 年第 3 期。

② 陈新岗：《两汉诸子治国思想研究》，山东文艺出版社 2009 年版，第 391 页。

③ 孙启治译注：《昌言》，第 246—247 页。

④ 周舜南：《东汉后期的社会批评思潮》，《船山学刊》1999 年第 2 期。

⑤ （清）严可均辑：《全后汉文》，第 900 页。

是坐拥巨额财富，生活侈靡，“豪人之室，连栋数百，膏田满野，奴婢千群，徒附万计。船车贾贩，周于四方；废居积贮，满于都城。琦赂宝货，巨室不能容；马牛羊豕，山谷不能受。妖童美妾，填乎绮室；倡讴妓乐，列乎深堂。宾客待见而不敢去，车骑交错而不敢进。三牲之肉，臭而不可食；清醇之酎，败而不可饮。睇盼则人从其目之所视，喜怒则人随其心之所虑。此皆公侯之广乐，君长之厚实也。”①

统治阶级要维持奢侈淫乱的生活，势必要加紧盘剥百姓，横征暴敛，加剧阶级矛盾，内忧必然有外患，国家必然土崩瓦解。“彼后嗣之愚主，见天下莫敢与之违，自谓若天地之不可亡也，乃奔其私嗜，骋其邪欲，君臣宣淫，上下同恶。目极角抵之观，耳穷郑、卫之声。入则耽于妇人而不反，出则驰于田猎而不还。荒废庶政，弃亡人物，澶漫弥流，无所底极。信任亲爱者，尽佞谄容说之人也；宠贵隆丰者，尽后妃姬妾之家也。使饿狼守庖厨，饥虎牧牢豚，遂至熬天下之脂膏，斫生人之骨髓。怨毒无聊，祸乱并起，中国扰攘，四夷侵叛，土崩瓦解，一朝而去。昔之为我哺乳之子孙者，今尽是我饮血之寇仇也。至于运徙势去，犹不觉悟者，岂非富贵生不仁，沉溺致愚疾邪？存亡以之迭代，治乱从此周复，天道常然之大数也。”②

仲长统批判了谶纬迷信之风，“且夫掘地九仞以取水，凿山百步以攻金，入林伐木不卜日，适野刈草不择时，及其构而居之，制而用之，则疑其吉凶，不亦迷乎？简郊社，慢祖祢，逆时令，背大顺，而反求福祐于不祥之物，取信诚于愚惑之人，不亦误乎？彼图家画舍、转局指天者，不能自使室家滑利，子孙贵富，而望其能致之于我，不亦惑乎？”③

仲长统还批判了其他陋风陋俗，如论族姓阀阅之风、崇权贵势力之风、虚妄之风，“天下士有三俗：选士而论族姓阀阅，一俗；交游趋富贵之门，二俗；畏服不接于贵尊，三俗。天下之士有三可贱：慕名而不知实，一可贱；不敢正是非于富贵，二可贱；向盛背衰，三可贱。”④“天下学士有三奸焉：实

① 孙启治译注：《昌言》，第148页。
② 孙启治译注：《昌言》，第145页。
③ 孙启治译注：《昌言》，第237—238页。
④ （清）严可均辑：《全后汉文》，第900页。

不知，详不言，一也；窃他人之记，以成己说，二也；受无名者，移知者，三也。”①

在批判腐败世风的基础上，仲长统提倡重视“人事”，切忌迷信于天道，两汉历史上的王侯将相皆是以“人事”建立功德，“昔高祖诛秦、项而陟天子之位，光武讨篡臣而复已亡之汉，皆受命之圣主也。萧、曹、丙、魏、平、勃、霍光之等，夷诸吕，尊大宗，废昌邑而立孝宣，经纬国家，镇安社稷，一代之名臣也。二主数子之所以震威四海、布德生民、建功立业、流名百世者，唯人事之尽耳，无天道之学焉。然则王天下、作大臣者，不待于知天道矣。所贵乎用天之道者，则指星辰以授民事，顺四时而兴功业，其大略也，吉凶之祥又何取焉？故知天道而无人略者，是巫医卜祝之伍、下愚不齿之民也。信天道而背人事者，是昏乱迷惑之主，覆国亡家之臣也。”②

仲长统认为统治者必须紧握纠风正俗的主导权，由上而下地改易风俗，“今有严禁于下，而上不去，非教化之法也。诸厌胜之物、非礼之祭，皆所宜急除者也”③。仲长统主张通过礼教与法令来移风易俗，“情无所止，礼为之俭；欲无所齐，法为之防。越礼宜贬，逾法宜刑，先王之所以纪纲人物也。若不制此二者，人情之纵横驰骋，谁能度其所极者哉？表正则影直，范端则器良。行之于上，禁之于下，非元首之教也。君臣士民并顺私心，又大乱之道也。”④

在“奸宄之成群”，风俗败坏的东汉末年，仲长统还是强调要推行法主德辅的移风易俗思想，以德化俗虽为“常道”，但并不能改善此时的风俗状况，“古之圣帝明王所以能亲百姓，训五品，和万邦，蕃黎民，召天地之嘉应，降鬼神之吉灵者，实德是为，而非刑之攸致也。至于革命之期运，非征伐用兵则不能定其业；奸宄之成群，非严刑峻法则不能破其党。时势不同，所用之数亦宜异也。教化以礼义为宗，礼义以典籍为本，常道行于百世，权宜用于一时，所不可得而易者也。高辛已往，则闻其人，不见其书。唐、

① （清）严可均辑：《全后汉文》，第900页。

② 孙启治译注：《昌言》，第275页。

③ 孙启治译注：《昌言》，第238页。

④ 孙启治译注：《昌言》，第238页。

虞、夏、殷，则见其书，不详其事。周氏已来，载籍具矣，所不可得而易者也。故制不足，则引之无所至；礼无等，则用之不可依；法无常，则网罗当道路；教不明，则士民无所信。引之无所至，则难以致治；用之不可依，则无所取正；罗网当道路；教不明，则士民无所信。引之无所至，则难以致治，用之不可依，则无所取正，罗网当道路，则不可得而避，士民无所信，则其志不知所定，非治理之道也。”①

第四节　两汉“诸子”风俗思想辨析

两汉“诸子”在传承与创新先秦齐鲁“诸子”风俗思想的过程中，对于风俗与政治之间关系的认识不断深化，政治决定风俗，风俗作为政治的“风向标”，亦反作用于政治，移风易俗使二者趋于协调。两汉“诸子”不是一味教条地遵循传统儒家的教化易俗思想，而是以维护王朝的长治久安为本旨，以因时制宜的原则，针对形势的变化而有所侧重。统一之后，国家残破，一般推行教化易俗，以礼乐道德为内容，力图重建统治秩序；国家进入衰落期，阶级矛盾、民族矛盾持续激化，则具体的风俗事象逐渐被关注，教化难以独任易俗，法治手段开始受到重视，先法后德以移风易俗成为必然。

总的来看，两汉“诸子”的风俗思想具有如下特点。

第一，相对于先秦“诸子”，两汉“诸子”对于风俗的认知逐步具体化、清晰化。陆贾、贾谊就已经开始关注批判当世的奢侈之风、重利之风、迷信之风。司马迁将全国划分为四大风俗区：山西、山东、江南、北方，强调风俗的地域性特征，并创新性地将风俗的形成与自然环境、经济发展联系起来。班固首先对“风俗”作出了科学的定义，阐述了“风”的自然属性，“俗”的社会属性，并且在此基础上将全国划分为13个风俗区域，又将每个风俗区划分成了多个亚风俗区。王充将批判的矛头指向社会上的诸多风俗事象，信灾异之风、迷信祥瑞之风、“日禁”之风、卜筮之风、政治腐败之风、虚言之风、虚美之俗、好古非今之风等。应劭的《风俗通义》是中国历史上

---

① 孙启治译注：《昌言》，第208页。

第一部风俗专著，把关注的目光深入到下层社会的风俗事象。王符、仲长统、荀悦、徐干均对具体的风俗事象进行了激烈的批判。

第二，两汉“诸子”对于风俗与政治关系的认知逐步深入。与先秦“诸子”相比，汉代“诸子”对风俗与政治的关系进行了深入探讨。贾谊认为风俗的败坏是秦灭亡的重要原因，并深刻分析了当时社会上的这些鄙风陋俗对于统治秩序的威胁。贤良文学则明确指出这些鄙风陋俗的始作俑者是统治阶层，正是由于他们的好利、奢侈、僭越，使得整个社会弥漫着各种腐朽的风俗。王充进而将鬼神迷信导致的厚葬之风提高到了国家存亡的高度。崔寔提出“风俗者，国之脉诊也”①，指出风俗是国家政治的重要表现，进而剖析了政治与风俗之间的作用与反作用。应劭首次提出了“为政之要，辩风正俗，最其上也”②，使政治与风俗的结合到达了一个新的高度。

第三，在深入探讨风俗与政治关系的基础上，两汉“诸子”纷纷提出了自己的移风易俗思想。针对西汉初年严峻的政治经济形势，在黄老无为思想的指导下，陆贾提出了“无为而治”的移风易俗思想。贾谊针对文帝时期的风俗问题，提出了教化易俗的思想，礼乐成为教化的重要手段。董仲舒继承了贾谊的教化易俗思想，并从人性论与宇宙观上进行论证。司马迁除了主张礼乐易俗之外，强调因时易俗。贤良文学将移风易俗思想纳入到了本末的范畴，以教化易俗为本，法令易俗为末，必须要重本抑末。刘向继承了司马迁的因时易俗思想，尤其注重乐的教化功能。礼乐教化易俗成为东汉前期移风易俗思想的主流，东汉中后期，阶级矛盾尖锐，先法后德以易俗成为汉末风俗批判思想的主流。

第四，两汉“诸子”认为礼乐易俗是教化易俗的重心。《汉书·董仲舒传》：“故圣王已没，而子孙长久安宁数百岁，此皆礼乐教化之功也。……教化之情不得，雅颂之乐不成，故王者功成作乐，乐其德也。乐者，所以变民风，化民俗也；其变民也易，其化人也著。”③《史记·乐书》：“乐也者，情之不可变者也；礼也者，理之不可易者也。乐统同，礼别异，礼乐之说贯乎人

① （清）严可均辑：《全后汉文》，第 462 页。

② （东汉）应劭撰，王利器校注：《风俗通义校注》，第 8 页。

③ （东汉）班固：《汉书》卷五六，第 2499 页。

情矣。穷本知变，乐之情也；著诚去伪，礼之经也。”① 《盐铁论·论诽》：“文学曰：‘礼所以防淫，乐所以移风，礼兴乐正则刑罚中。故堤防成而民无水菑，礼义立而民无乱患。故礼义坏，堤防决，所以治者，未之有也。’”② 《中论·艺纪》：“孔子称安上治民莫善于礼，移风易俗莫善于乐。存乎六艺者，著其末节也，谓夫陈笾豆、置尊俎、执羽籥、击钟磬、升降趋翔、屈伸俯仰之数也，非礼乐之本也。礼乐之本也者，其德音乎？”③

第五，两汉“诸子”的风俗思想并不是空洞的，多强调移风易俗的物质基础，增强其实施的可行性。贤良曰：“三代之盛无乱萌，教也；夏、商之季世无顺民，俗也。是以王者设庠序，明教化，以防道其民，及政教之洽，性仁而喻善。故礼义立，则耕者让于野；礼义坏，则君子争于朝。人争则乱，乱则天下不均，故或贫或富。富则仁生，赡则争止。昏暮叩人门户，求水火，贪夫不吝，何则？所饶也。夫为政而使菽粟如水火，民安有不仁者乎！”④ “河间献王曰：‘《管子》称：仓廪实，知礼节；衣食足，知荣辱。夫谷者，国家所以昌炽，士女所以姣好，礼义所以行，而人心所以安也。《尚书》五福，以富为始，子贡问为政，孔子曰：富之。既富，乃教之也，此治国之本也。’”⑤ 《汉书·食货志》：“《洪范》八政，一曰食，二曰货。食谓农殖嘉谷可食之物，货谓布帛可衣，及金刀龟贝，所以分财布利通有无者也。二者，生民之本，兴自神农之世。‘斫木为耜，煣木为耒，耒耨之利以教天下’，而食足；‘日中为市，致天下之民，聚天下之货，交易而退，各得其所’，而货通。食足货通，然后国实民富，而教化成。”⑥

第六，顺应专制皇权崛起的趋势，不论何种风俗思想，在两汉“诸子”的眼中，君主是其风俗思想的核心。君主必须要厉行教化，遵行礼乐，以上化下，移风易俗。《春秋繁露·身之养重于义》：“先王显德以示民，民乐而

---

① （西汉）司马迁：《史记》卷二四，第1202页。
② 王利器：《盐铁论校注》，第299页。
③ 孙启治：《中论解诂》，第126页。
④ 王利器：《盐铁论校注》，第422页。
⑤ （西汉）刘向撰，向宗鲁校证：《说苑校证》，第73页。
⑥ （东汉）班固：《汉书》卷二四上，第1117页。

歌之以为诗，说而化之以为俗。故不令而自行，不禁而自止，从上之意，不待使之，若自然矣。”[①] 文学曰：“夫导民以德，则民归厚；示民以利，则民俗薄。俗薄则背义而趋利，趋利则百姓交于道而接于市。老子曰：‘贫国若有余，非多财也，嗜欲众而民躁也。’是以王者崇本退末，以礼义防民欲，实菽粟货财。市、商不通无用之物，工不作无用之器。故商所以通郁滞，工所以备器械，非治国之本务也。”[②]《汉书·地理志》：“初太公治齐，修道术，尊贤智，赏有功，故至今其土多好经术，矜功名，舒缓阔达而足智。”[③] 君主亦是以法治俗的主导者，“凡为人上，法术明而赏罚必者，虽无言语而势自治。治势一成，君自不能乱也，况臣下乎？……是以明王审法度而布教令，不行私以欺法，不黩教以辱命，故臣下敬其言而奉其禁，竭其心而称其职。此由法术明而威权任也”[④]。

两汉“诸子”的风俗思想在中国古代思想史上占有重要地位，其风俗思想逐渐内化为中华传统文化的重要内容。《晋书·文苑传》：“夫文以化成，惟圣之高义，行而不远，前史之格言，是以温洛祯图，绿字符其丕业；苑山灵篆，金简成其帝载。既而书契之道聿兴，钟石之文逾广，移风俗于王化，崇孝敬于人伦，经纬乾坤，弥纶中外，故知文之时义大哉远矣！”[⑤]《隋书·李谔传》：“臣闻古先哲王之化民也，必变其视听，防其嗜欲，塞其邪放之心，示以淳和之路。五教六行为训民之本，《诗》《书》《礼》《易》为道义之门。故能家复孝慈，人知礼让，正俗调风，莫大于此。”[⑥]《新唐书·王质传》：“质清白畏慎，为政必先究风俗，所至有惠爱。虽与德裕厚善，而中立自将，不为党。奏署幕府者，若河东裴夷直、天水赵晳、陇西李行方、梁国刘蕡，皆一时选云。”[⑦] 宋代司马光重视教化易俗：“教化，国家之急务也，而俗吏慢之；风俗，天下之大事也，而庸君忽之。夫惟明智君子，深

---

① 苏舆：《春秋繁露义证》，第 265 页。

② 王利器：《盐铁论校注》，第 3 页。

③ （东汉）班固：《汉书》卷二八下，第 1661 页。

④ （东汉）王符撰，（清）汪继培笺，彭铎校正：《潜夫论笺校正》，第 363 页。

⑤ （唐）房玄龄等：《晋书》卷九二，第 2369 页。

⑥ （唐）魏征等：《隋书》卷六六，中华书局 1973 年版，第 1544 页。

⑦ （北宋）欧阳修，宋祁：《新唐书》卷一六四，中华书局 1975 年版，第 5053 页。

识长虑，然后知其为益之大而收功之远也。”① “洪武十五年八月乙酉，礼部议：‘凡十恶、奸盗诈伪、干名犯义，有伤风俗及犯赃至徒者，书其名于申明亭，以示惩戒。有私毁亭舍、涂抹姓名者，监察御史、按察司官以时按视，罪如律。’制可。十八年四月辛丑，命刑部录内外诸司官之犯法罪状明著者，书之申明亭。此前代乡议之遗意也，后之人视为文具。风纪之官但以刑名为事，而于弼教新民之意若不相关，无惑乎江河之日下已！”② 顾炎武极为重视风俗，“五十年来，风俗遂至于此。今将静百姓之心而改其行，必在制民之产，使之甘其食，美其服，而后教化可行风俗可善乎？”③ “自唐迄今，同斯一辙，有天下者，诚思风俗为人才之本，而以教化为先，庶乎德行修而贤才出矣。”④ “法制禁令，王者之所不废，而非所以为治也。其本在正人心，厚风俗而已。故曰：‘居敬而行简，以临其民。’”⑤ 雍正帝在遗诏中讲道：“国家刑罚禁令之设，所以诘奸除暴，惩贪黜邪，以端风俗，以肃官方者也。”⑥

两汉“诸子”的风俗思想有许多闪光之处，亦有糟粕之处，尤其是“诸子”将移风易俗的推行完全寄托于专制君主，而以君主为核心的统治阶层恰恰是这些鄙陋风俗的始作俑者。两汉“诸子”多侧重于教化易俗，而对于法治易俗则较为忽视。“诸子”虽然进行了较为彻底的风俗批判，但是批判有余，建设不足，未能进行有效的制度建设。“诸子”多注重君主的作用，忽略了民众的风俗主体地位。

中国共产党自成立以来，就将移风易俗作为工作的重点。无论是在新民主主义革命时期、社会主义革命和建设时期、改革开放和社会主义现代化建设新时期，还是中国特色社会主义新时代，我们党取得的辉煌成就都与移风易俗密切相关。我国实行全面深化改革战略以来，已经全面建成小康社

① （北宋）司马光：《资治通鉴》卷六八，第 2173 页。
② （清）顾炎武著，（清）黄汝成集释：《日知录集释》，第 478 页。
③ （清）顾炎武著，（清）黄汝成集释：《日知录集释》，第 446 页。
④ （清）顾炎武著，（清）黄汝成集释：《日知录集释》，第 603 页。
⑤ （清）顾炎武著，（清）黄汝成集释：《日知录集释》，第 294 页。
⑥ 赵尔巽等：《清史稿》卷一四二，中华书局 1976 年版，第 4186 页。

会，综合国力显著增强，经济发展取得了辉煌的成就。但由于经济发展的不平衡，在一些地区，一些不良社会风俗依然存在。全面建设社会主义现代化国家，实现中华民族的伟大复兴，就必须要进一步移风易俗，树立社会主义新风尚。两汉“诸子”的风俗思想为树立社会主义新风尚提供了重要的历史借鉴。

第三章 两汉“诸子”的民族关系思想

第一节 先秦齐鲁“诸子”的民族关系思想

中国多民族共存的格局自商代以来就已经形成了。在商代就有了华夏、东夷、南蛮、西戎、北狄五大族群，彼此间既有交流融合又有战争冲突，初步形成了多元一体的民族结构。先秦齐鲁“诸子”，尤其是儒家“诸子”注意到了当时的民族问题，并形成了自己独特的民族关系思想。

春秋之后，周王朝衰落，礼崩乐坏，周天子虽仍是天下共主，但失去了作为共主的政治军事实力，难以凝聚华夏诸国。而地处偏远的夷、蛮、戎、狄等少数民族以其强大的军事实力，进攻华夏诸国，欲图“问鼎中原”。华夏诸国面临着巨大的军事压力，“华夏族面临着历史上从未有过的非华夏族入侵问题，春秋的历史其实就是在狄戎灭亡西周的形势下拉开序幕的，且一发不可收拾”[①]。史籍中出现了“北狄伐郑”“北狄伐齐”“山戎病燕”“狄伐邢”“狄伐卫”“狄灭温”等记载。华夏诸国产生了深深的民族危机感，“南夷与北夷交，中国不绝若线”[②]。在这一背景下，儒家的民族关系思想开始产生。

孔子凭借先进的华夏文化，提出“尊夏攘夷”，强调“裔不谋夏，夷不乱华”[③]。孔子极为赞赏那些抗击夷狄保卫华夏的人物，“桓公九合诸侯，不

---

① 张刚:《先秦儒家民族思想研究——“夷夏之辨”》,《玉溪师范学院学报》2010 年第 10 期。

② 李学勤主编:《春秋公羊传注疏》，第 213 页。

③ （晋）杜预:《春秋左传集解》，第 1675 页。

以兵车，管仲之力也。如其仁，如其仁。"① "微管仲，吾其被发左衽矣。"② 孔子强调礼乐文化是区分华夏与夷狄的根本标准，"夷狄之有君，不如诸夏之亡也。"③ 刑昺疏曰："此章言中国礼义之盛而夷狄无也。……言夷狄虽有君长，而无礼义，中国虽偶无君，若周召共和之年，而礼义不废，故曰'夷狄之有君，不如诸夏之亡也。'"④ 鲁定公十年，孔子在夹谷会盟时怒斥齐国使者："吾两君为好会，夷狄之乐何为于此！"⑤

孟子认为礼乐文化是区分华夏与蛮夷的重要标志，"夫貉，五谷不生，惟黍生之。无城郭宫室宗庙祭祀之礼，无诸侯币帛饔飧，无百官有司，故二十取一而足也。今居中国，去人伦，无君子，如之何其可也？"⑥ 但是孟子认为夷夏并非完全对立，提出了"用夏变夷"的思想，夷狄之人通过学习礼乐文化便可成为华夏之人，"吾闻用夏变夷者，未闻变于夷者也。"赵岐注曰："当以诸夏之礼义化变夷蛮之人耳，未闻变化于夷蛮之人，则其道也。"⑦ 以文化同化的方式来消除夷狄对华夏的威胁。

荀子继承了孟子的"用夏变夷"思想，"全道德，致隆高，綦文理，一天下，振毫末，使天下莫不顺比从服，天王之事也。"⑧ 荀子甚至还主张在"变夷"时，要考虑到戎狄旧俗，避免文化上的冲突，"鲁人以榶，卫人用柯，齐人用一革，土地刑制不同者，械用备饰不可不异也。故诸夏之国同服同仪，蛮、夷、戎、狄之国同服不同制。"⑨

先秦齐鲁儒家的"夷夏之辨"思想，以礼乐道德来区分夷夏，以发展的眼光来看待夷夏关系，并试图以礼乐道德来"用夏变夷"。先秦齐鲁儒家"诸子"的民族关系思想为两汉"诸子"的民族关系思想奠定了重要的基础。

① 程树德：《论语集释》，第 982 页。
② 程树德：《论语集释》，第 989 页。
③ 程树德：《论语集释》，第 147 页。
④ 程树德：《论语集释》，第 148 页。
⑤ （西汉）司马迁：《史记》卷四七，第 1915 页。
⑥ （清）焦循：《孟子正义》，第 856—858 页。
⑦ （清）焦循：《孟子正义》，第 393 页。
⑧ （清）王先谦：《荀子集解》，第 171 页。
⑨ （清）王先谦：《荀子集解》，第 329 页。

第二节　西汉“诸子”的民族关系思想

“民族关系是现代多民族国家共同面临的一个问题。民族关系融洽与否，事关国家稳定，故成为历代统治者所追求的治国目标之一。”① 两汉时期是中华民族发展的一个关键阶段，汉民族与其他各族既交流融合又刀兵相向，但是各民族间的和平相处与相互融合是主流，多元一体的民族格局进一步发展。两汉政治与复杂的民族关系息息相关，汉代“诸子”将民族关系作为论述的重点内容，纷纷提出了自己的民族关系思想，涉及汉匈、汉越、汉鲜卑、汉西域、汉乌桓、汉朝鲜等民族关系。笔者试图通过本章的论述，总结两汉“诸子”的民族关系思想，揭示其对两汉民族关系走向的影响，并且辨析其民族关系思想的精华与糟粕，以期对新时代社会主义新型民族关系的建设提供借鉴。

一、娄敬、陆贾的民族关系思想

“高帝罢平城归，韩王信亡入胡。当是时，冒顿单于兵强，控弦四十万骑，数苦北边。”② 平城之战后，匈奴国力到达极盛，高祖刘邦惨败，西汉的经济已濒临崩溃，娄敬深刻分析了汉匈国力的对比，较为务实地提出了“和亲”政策，试图以宗法关系来同化匈奴，解除西汉边患，“上患之，问敬。敬曰：‘天下初定，士卒罢于兵革，未可以武服也。冒顿杀父代立，妻群母，以力为威，未可以仁义说也。独可以计久远子孙为臣耳，然陛下恐不能为。’上曰：‘诚可，何为不能！顾为奈何？’敬曰：‘陛下诚能以嫡长公主妻单于，厚奉遗之，彼知汉女送厚，蛮夷必慕，以为阏氏，生子必为太子，代单于。何者？贪汉重币。陛下以岁时汉所余彼所鲜数问遗，使辩士风谕以礼节。冒顿在，固为子婿；死，外孙为单于。岂曾闻孙敢与大父亢礼哉？可毋战以渐臣也。若陛下不能遣长公主，而令宗室及后宫诈称公主，彼亦知不肯贵近，

① 陈新岗：《两汉诸子治国思想研究》，山东文艺出版社 2009 年版，第 160 页。

② （东汉）班固：《汉书》卷四三，第 2122 页。

无益也。’高帝曰：‘善。’欲遣长公主。吕后泣曰：‘妾唯以一太子、一女，奈何弃之匈奴！’上竟不能遣长公主，而取家人子为公主，妻单于。使敬往结和亲约。”① 其政策为高祖刘邦采纳，“和亲”成为西汉初期汉处理与匈奴关系的主要方式。

王庆宪从匈奴的视角分析了与汉“和亲”的目的：“公元前 177 年、前 166 年以及前 158 年等几次匈奴南下入塞，全都是为了获取经济物资这个主要目的：或‘输遗匈奴甚厚’，或双方互派使臣‘报谢，复言和亲事’，或者‘杀略人民畜产甚多’而还。无论‘输遗匈奴甚厚’还是双方结‘和亲’，包括‘杀略人民畜产’，皆与‘岁奉匈奴絮缯酒米食物各有数’曲异而工同，都能在某种程度上满足各次匈奴入塞者对于物品赀财的要求。”② 从汉朝的视角来看，娄敬推行“和亲”政策的根本目的是以传统儒家“道德礼乐”视域下的“甥舅”“子婿”关系，附之以大量粮食物资的赠予来缓解匈奴的军事入侵，为汉王朝的休养生息赢得时间。先秦儒家“诸子”提出了以礼乐道德“用夏变夷”的思想，但并未进入实践层面，“和亲”政策的提出，是娄敬在中国古代历史上首次将“用夏变夷”思想运用到处理民族关系之中，是一个重要的开创，开中国古代“羁縻政策”的先河。

“陆贾出使南越和他同时代的刘（娄）敬定策匈奴，是汉初处理南北两大民族（南越与匈奴）关系的政治实践，二人也是汉初民族政治学理论的探索者和开拓者。”“（陆贾）开创了‘南越模式’的西汉国家对非汉民族政治治理的实践与理论。”③ 如果说娄敬是在北方首开“羁縻政策”的先河，陆贾则首开以“羁縻政策”来解决南越问题。面对南越王割据一方，高祖刘邦难以出兵平定，只得派陆贾出使南越，封赵佗为南越王，对其进行安抚。面对高傲无礼的赵佗，陆贾恩威并施，首先对其晓以大义利害，再以宽仁安抚之，赵佗始正襟危坐，对自己的无礼表示歉意，正式与汉缔结盟约，向汉

① （东汉）班固：《汉书》卷四三，第 2122 页。

② 王庆宪：《匈奴地区的中原人口及汉匈关系》，《中央民族大学学报》（哲学社会科学版）2006 年第 6 期。

③ 唐国军：《南越模式：陆贾与汉代国家民族治理的理论奠基》，《中央民族大学学报》（哲学社会科学版）2012 年第 6 期。

称臣：

> 时中国初定，尉佗平南越，因王之。高祖使贾赐佗印为南越王。贾至，尉佗椎结箕踞见贾。贾因说佗曰：“足下中国人，亲戚昆弟坟墓在真定。今足下反天性，弃冠带，欲以区区之越与天子抗衡为敌国，祸且及身矣。夫秦失其正，诸侯豪桀并起，唯汉王先入关，据咸阳。项籍背约，自立为西楚霸王，诸侯皆属，可谓至强矣。然汉王起巴蜀，鞭笞天下，劫诸侯，遂诛项羽。五年之间，海内平定，此非人力，天之所建也。天子闻君王王南越，而不助天下诛暴逆，将相欲移兵而诛王，天子怜百姓新劳苦，且休之，遣臣授君王印，剖符通使。君王宜郊迎，北面称臣，乃欲以新造未集之越屈强于此。汉诚闻之，掘烧君王先人冢墓，夷种宗族，使一偏将将十万众临越，即越杀王降汉，如反覆手耳。”
>
> 于是佗乃蹶然起坐，谢贾曰：“居蛮夷中久，殊失礼义。”因问贾曰：“我孰与萧何、曹参、韩信贤？”贾曰：“王似贤也。”复问曰：“我孰与皇帝贤？”贾曰：“皇帝起丰沛，讨暴秦，诛强楚，为天下兴利除害，继五帝三王之业，统天下，理中国。中国之人以亿计，地方万里，居天下之膏腴，人众车舆，万物殷富，政由一家，自天地剖判未始有也。今王众不过数万，皆蛮夷，崎岖山海间，譬如汉一郡，王何乃比于汉！”佗大笑曰：“吾不起中国，故王此。使我居中国，何遽不若汉？”乃大说贾，留与饮数月。曰：“越中无足与语，至生来，令我日闻所不闻。”赐贾橐中装直千金，它送亦千金。贾卒拜佗为南越王，令称臣奉汉约。归报，高帝大说，拜贾为太中大夫。①

吕后专权时期，汉停止对南越的铁器交易，汉越关系破裂，南越王乘机出兵长沙国边郡，并与闽越、西瓯、骆越结盟，势力大振，自称皇帝，“高后时，有司请禁粤关市铁器。佗曰：‘高皇帝立我，通使物，今高后听谗

① （东汉）班固：《汉书》卷四三，第2111—2112页。

臣，别异蛮夷，鬲绝器物，此必长沙王计，欲倚中国，击灭南越而并王之，自为功也。’于是佗乃自尊号为南武帝，发兵攻长沙边，败数县焉。高后遣将军隆虑侯灶击之。会暑湿，士卒大疫，兵不能隃领。岁余，高后崩，即罢兵。佗因此以兵威财物赂遗闽粤、西瓯骆，役属焉。东西万余里。乃乘黄屋左纛，称制，与中国侔。”①

文帝即位之后，欲图解决南越问题，再次派遣陆贾出使南越，陆贾再次以仁义晓之，南越王赵佗受到感化，再次称臣，虽然在国内依然奉行帝号，但汉越之间恢复了和平，“及孝文帝元年，初镇抚天下，使告诸侯四夷从代来即位意，喻盛德焉。乃为佗亲冢在真定，置守邑，岁时奉祀。召其从昆弟，尊官厚赐宠之。诏丞相陈平等举可使南越者，平言好畤陆贾，先帝时习使南越。乃召贾以为太中大夫，往使。因让佗自立为帝，曾无一介之使报者。陆贾至南越，王甚恐，为书谢，称曰：‘蛮夷大长老夫臣佗，前日高后隔异南越，窃疑长沙王谗臣，又遥闻高后尽诛佗宗族，掘烧先人冢，以故自弃，犯长沙边境。且南方卑湿，蛮夷中间，其东闽越千人众号称王，其西瓯骆裸国亦称王。老臣妄窃帝号，聊以自娱，岂敢以闻天王哉！’乃顿首谢，愿长为藩臣，奉贡职。于是乃下令国中曰：‘吾闻两雄不俱立，两贤不并世。皇帝，贤天子也。自今以后，去帝制黄屋左纛。’陆贾还报，孝文帝大悦。遂至孝景时，称臣，使人朝请。然南越其居国窃如故号名，其使天子，称王朝命如诸侯。至建元四年卒。”②陆贾对南越的“羁縻政策”获得了成功，南越向汉称臣，承认了汉中央的权威，汉中央承认了南越政权的独立性，并向南越进行经济上的输送。陆贾的“羁縻政策”成为后世各王朝对西南各部少数民族实行“羁縻政策”的先驱。

二、贾谊的民族关系思想

贾谊继承了先秦儒家“诸子”的“夷夏之辨”思想，一改娄敬的羁縻和亲思想，提出了诸多反制匈奴的策略，反映了“用夏变夷”“尊王攘夷”

① （东汉）班固：《汉书》卷九五，第3848页。

② （西汉）司马迁：《史记》卷一一三，第2970页。

的思想。

贾谊分析了当时“和亲”政策下严峻的汉匈关系形势，以足比喻匈奴，以头比喻汉朝，将汉匈之间的关系比喻为足居于上，头反居下，“天下之势方倒悬，窃愿陛下省之也。凡天子者，天下之首也。何也？上也。蛮夷者，天下之足也，何也？下也。蛮夷征令，是主上之操也；天子共贡，是臣下之礼也。足反居上，首顾居下，是倒悬之势也。天下倒悬，莫之能解，犹为国有人乎？”①

不仅仅是倒悬，匈奴致使汉王朝得了躄、痱病，即中风，使汉王朝的西北边郡长期处于战时状态，难以安定：“非特倒悬而已也，又虑躄，且病痱。夫躄者一面病，痱者一方痛。……西郡、北郡，虽有长爵不轻得复，五尺以上不轻得息，苦甚矣！中地左戍，延行数千里，粮食馈饷至难也。斥候者望烽燧而不敢卧，将吏戍者或介胄而睡，而匈奴欺侮侵掠，未知息时。于焉信威广德难。臣故曰：‘一方病矣。’医能治之。而上弗肯使也。天下倒悬甚苦矣，窃为陛下惜之。”②

贾谊强调必须要改变这种“倒悬”的局面，正汉匈君臣之位，使匈奴称臣纳贡：“古之正义，东西南北，苟舟车之所达，人迹之所至，莫不率服，而后云天子；德厚焉，泽湛焉，而后称帝；又加美焉，而后称皇。今称号甚美，而实不出长城，彼非特不服也，又不大敬。边长不宁，中长不静，譬如伏虎，见便必动，将何时已？昔高帝起布衣而服九州，今陛下杖九州而不行于匈奴，窃为陛下不足。且事势有甚逆者焉，其义尤要。天子者，天下之首也，何也？上也。蛮夷者，天下之足也，何也？下也。蛮夷征令，是主上之操也；天子共贡，是臣下之礼也。足反居上，首顾居下，是倒植之势也。天下之势倒植矣，莫之能理，犹为国有人乎？德可远施，威可远加，舟车所至，可使如志。而特扪然数百里，而威令不信，可为流涕者此也。”③

贾谊为了能够引起文帝的注意，颇为自信地认为文帝如果能采纳自己的计策，必能使得汉王朝富强，匈奴衰亡，确定汉匈君臣上下之序，甚至于

① （西汉）贾谊撰，阎振益、钟夏校注：《新书校注》，第127页。

② （西汉）贾谊撰，阎振益、钟夏校注：《新书校注》，第127—128页。

③ （西汉）贾谊撰，阎振益、钟夏校注：《新书校注》，第131—132页。

俘获匈奴单于及其谋士中行说：“进谏者类以为是困不可解也，无具甚矣。陛下肯幸听臣之计，请陛下举中国之祸而从之匈奴，中国乘其威而富强，匈奴伏其辜而残亡，系单于之颈而制其命，伏中行说而笞其背，举匈奴之众唯上之令。杀之乎，生之乎，次也。陛下威惮大信，德义广远，据天下而必固，称高号所诚宜，俯视中国，仰望四夷，莫不如志矣。然后退斋三日，以报高庙，令天下无愚智男女，皆曰：‘皇帝果大圣也。’胡忍以陛下之明，承天下之资，而久为戎人欺傲若此，可谓国无人矣。”①

继而强调对匈奴要以德示之，提出了“战德”策略，“建图者曰：‘匈奴不敬，辞言不顺，负其众庶，时为寇盗，挠边境，扰中国，数行不义，为我狡猾，为此奈何？’对曰：‘臣闻伯国战智，王者战义，帝者战德。故汤祝网而汉阴降，舜舞干羽而三苗服。今汉帝中国也，宜以厚德怀服四夷，举明义，博示远方，则舟车之所至，人迹之所及，莫不为畜，又且孰敢忺然不承帝意？’”② 其“战德”策略指的是以“三表”“五饵”、关市贸易为核心，以收归铜材、铸币权为经济基础，以建立属国为政体基础，确立汉匈尊卑名分的策略体系。很明显，贾谊的“战德”策略吸收了法家“术”的思想，《韩非子·内储说上》：“夫赏罚之为道，利器也。君固握之，不可以示人。若如臣者，犹兽鹿之也，唯荐草而就。”③

具体的策略为“三表”“五饵”，与匈奴单于争夺民众。“‘建三表，设五饵’的目的在于广施仁德教化与匈奴单于争夺民心、民众，此之谓‘帝者战德’”④。“三表”，即以立信义、爱人之状、好人之技，使匈奴人感受到汉皇帝的仁恩，获得了匈奴贵族与百姓的支持：“臣为陛下建三表，设五饵，以此与单于争其民，则下匈奴犹振槁也。夫无道之人，何宜敢捍此其久？陛下肯幸用臣之计，臣且以事势谕天子之信，使匈奴大众之信陛下也。为通言耳，必行而弗易，梦中许人，觉且不背，其信陛下已诺，若日出之灼灼。故闻君一言，虽有微远，其志不疑；仇仇之人，其心不殆，若此则信谕矣。所

① （西汉）贾谊撰，阎振益、钟夏校注：《新书校注》，第 128 页。
② （西汉）贾谊撰，阎振益、钟夏校注：《新书校注》，第 135 页。
③ （清）王先慎：《韩非子集解》，中华书局 1998 年版，第 229 页。
④ 徐莹：《贾谊夷夏观探析》，《史林》2018 年第 3 期。

孤莫不行矣，一表。臣又且以事势谕陛下之爱，令匈奴之自视也，苟胡面而戎状者，其自以为见爱于天子也，犹若子之遻慈母也。若此，则爱谕矣，一表。臣又且谕陛下之好，令胡人之自视也，苟其技之所长与其所工，一可以当天子之意。若此则好谕矣，一表。爱人之状，好人之技，仁道也；信为大操，帝义也。爱好有实，已诺可期，十死一生，彼必将至。此谓三表。”① 唐雄山认为：“贾谊的‘三表’‘五饵’至少在理论上并不‘疏阔’，而是经过精心构思的完整的体系。这个体系包括理论依据、总的原则与方向、具体措施、预期效果和财政保障。”②

“五饵”，即对匈奴的厚赏策略，对于归降的匈奴贵族，赏赐他们盛服车乘、珍馐美味、妇人音乐、豪华府邸、亲抚胡子，吸引匈奴人的耳、目、口、腹，吸引匈奴贵族民众争相归附汉朝。

> 凡赏于国，此不可以均。赏均则国窾，而赏薄不足以动人。故善赏者，踔之，驳轹之，从而时厚之。令视之足见也，诵之足语也，乃可倾一国之心。陛下幸听臣之计，则国有余财。匈奴之来者，家长已上固必衣绣，家少者必衣文锦，将为银车五乘，大雕画之，驾四马，载绿盖，从数骑，御骖乘，且虽单于之出入也，不轻都此矣。令匈奴降者，时时得此而赐之耳。一国闻之者、见之者，希心而相告，人人冀幸，以为吾至亦可以得此，将以坏其目，一饵。匈奴之使至者，若大人降者也，大众之所聚也，上必有所召，赐食焉。饭物故四五盛，羹胾膹炙，肉具醯醢，方数尺于前，令一人坐此，胡人欲观者，固百数在旁。得赐者之喜也，且笑且饭，味皆所嗜而所未尝得也。令来者时时得此而飨之耳。一国闻之者、见之者，垂涎而相告，人悇惮其所自，以吾至亦将得此，将以此坏其口，一饵。降者之杰也，若使者至也，上必使人有所召客焉。令得召其知识，胡人之欲观者勿禁。令妇人傅白墨黑，绣衣而侍其堂者二十三十人，或薄或揜，为其胡戏以相

---

① （西汉）贾谊撰，阎振益、钟夏校注：《新书校注》，第135页。

② 唐雄山：《贾谊礼治思想研究》，中山大学出版社2005年版，第223页。

饭。上使乐府幸假之倡乐，吹箫鼓鞀，倒挈面者更进，舞者蹈者时作，少间击鼓舞其偶人，莫时乃为戎乐，携手胥强上客之后，妇人先后扶侍之者固十余人，令使者、降者时或得此而乐之耳。一国闻之者、见之者，希盱相告，人人忣忣唯恐其后来至也，将以此坏其耳。一饵。凡降者，陛下之所召幸，若所以约致也。陛下必有时有所官，必令此有高堂邃宇，善厨处，大囷京，厩有编马，库有阵车，奴婢、诸婴儿、畜生具。令此时大具召胡客，飨胡使，上幸令官助之具，假之乐。令此其居处乐虞，囷京之畜，畜皆过其故王，虑出其单于或，时时赐此而为家耳。匈奴一国倾心而冀，人人忣忣惟恐其后来至也，将以此坏其腹，一饵。于来降者，上必时时而有所召幸，抚循而后得入官。夫胡大人难亲也，若上于故婴儿召贵人子好可爱者，上必召幸大数十人，为此绣衣好闲，且出则从，居则更侍。上即飨胡人也，大角抵也，客胡使也，力士、武士固近侍傍，胡婴儿得近侍侧，胡贵人更进得佐酒前，上乃幸自御此薄，使付酒钱，时人偶之。为间则出绣衣，具带服宾余，时以赐之。上即幸抚胡婴儿，捣遒之，戏弄之，乃授炙幸自啖之，出好衣，闲且自为赣之。上起，胡婴儿或前或后，胡贵人既得奉酒，出则服衣佩绶，贵人而立于前，令数人得此而居耳。一国闻者、见者，希盱而欲，人人忣忣惟恐其后来至也。将以此坏其心，一饵。故牵其耳、牵其目、牵其口、牵其腹，四者已牵，又引其心，安得不来，下胡抑抎也。此谓五饵。①

“三表”“五饵”的策略一旦实行，必然使得匈奴内部相互猜忌，大量的匈奴贵族与百姓必然归降汉朝，“若夫大变之应，大约以权决塞，因宜而行，不可豫形。尊翁主，重相室，多其长吏，众门大夫皆谋士也，必足之财。且用吾人，且用其尊，观其限，窥其谋……夫或人且安得久捍若此！故三表已谕，五饵既明，则匈奴之中乖而相疑矣，使单于寝不聊寐，饭失其口，裨剑挟弓，而蹲穹庐之隅，左视右视，以为尽仇也。彼其群臣，虽欲毋走，若

① （西汉）贾谊撰，阎振益、钟夏校注：《新书校注》，第135—137页。

虎在后；众欲无来，恐或轩之，此谓势然。其贵人之见单于，犹迕虎狼也；其南面而归汉也，犹弱子之慕慈母也；其众人之见将吏，犹噩迕仇仇也；南乡而欲走汉，犹水流下也。将使单于无臣之使，无民之守，夫恶得不系颈稽颡，请归陛下之义哉！此谓战德。”[①] 后人多称赞贾谊的政治思想、辞赋文章，但多批判其对匈奴的“三表五饵”之策，如班固认为“施五饵三表以系单于，其术固以疏矣。”[②] “三表五饵”之策是“用夏变夷”思想的实践应用，就是用汉王朝先进的礼乐文明与物质文明来同化匈奴贵族百姓，使其心向汉王朝。

贾谊强调利用“关市”贸易来吸引招徕匈奴民众，即在汉匈边界设立关市，进行贸易，互通有无。“夫关市者，固匈奴所犯滑而深求也，愿上遣使厚与之和，以不得已许之大市。使者反，因于要险之所，多为凿开，众而延之，关吏卒使足以自守。大每一关，屠沽者、卖饭食者、羹臛膹炙者，每物各一二百人，则胡人著于长城下矣。是王将强北之，必攻其王矣。以匈奴之饥，饭羹啖膹炙……此则亡竭可立待也。赐大而愈饥，财尽而愈困，汉者所希心而慕也。匈奴贵人，以其千人至者，显其二三；以其万人至者，显其十余人。夫显荣者，招民之机也。故远期五岁，近期三年之内，匈奴亡矣。此谓德胜。”[③] 贾谊认为设置关市与“三表五饵”之策有异曲同工之妙。

至于实施“三表”“五饵”、关市贸易需要大量的财富，这些财富从何而来，贾谊建议剥夺汉王朝“二族”的财富：“或曰：‘建三表，明五饵，盛资翁主，擒敌国而后止，费至多也，恶得财用而足之？’对曰：‘请无敢费御府铢金尺帛，然而臣有余资。’问曰：‘何以？’对曰：‘国有二族，方乱天下，甚于匈奴之为边患也。使上下踳逆，天下窾贫，盗贼、罪人蓄积无已，此二族为祟也。上去二族，弗使乱国，天下治富矣。臣赐二族，使祟匈奴，过足言者。’”[④] 至于“二族”,《诸子汇函》引罗景纶的解释：“二族，惱渠大罪也，

① （西汉）贾谊撰，阎振益、钟夏校注：《新书校注》，第137—138页。
② （东汉）班固：《汉书》卷四八，2265页。
③ （西汉）贾谊撰，阎振益、钟夏校注：《新书校注》，第138页。
④ （西汉）贾谊撰，阎振益、钟夏校注：《新书校注》，第138—139页。

最为害。”① 慉渠，即“骄帅、骄酋，谓匈奴”②，钟夏对于“二族”又给出了另外一种解释，“或指吴王濞及邓通。”③ 罗景纶的解释颇为牵强，二族为汉之二族，与匈奴无涉。钟夏的解释倒是有一定的合理性，但“二族”为两个集团，或群体，不仅指即山铸钱的吴王刘濞与邓通，可以进一步引申为财力雄厚的诸侯王集团与豪强集团。

但是以上措施多是权宜之计，贾谊认为将铜材收归国有，将铸币权收归国有，可以使国家获得稳定的财源。“今博祸可除，七福可致。何谓七福？上收铜勿令布下，则民不铸钱，黥罪不积，一。铜不布下，则伪钱不繁，民不相疑，二。铜不布下，不得采铜，不得铸钱，则民反耕田矣，三。铜不布下，毕归于上，上挟铜积以御轻重，钱轻则以术敛之，钱重则以术散之，则钱必治矣，四。挟铜之积以铸兵器，以假贵臣，小大多少，各有制度，以别贵贱，以差上下，则等级明矣，五。挟铜之积，以临万货，以调盈虚，以收畸羡，则官必富，而末民困矣，六。挟铜之积，制吾弃财，以与匈奴逐争其民，则敌必怀矣。此谓之七福。”④

贾谊强调要在边境设立属国，由汉派官吏进行治理，并负责继续招纳匈奴，以归降的匈奴、东胡来对抗匈奴的入侵，减省汉匈边境屯聚的几十万汉军，节省了大量的军费开支。“窃料匈奴控弦大率六万骑，五口而出介卒一人，五六三十，此即户口三十万耳，未及汉千石大县也。而敢岁言侵盗，屡欲亢礼，妨害帝义，甚非道也。陛下何不使能者一试理此，将为陛下以耀蝉之术振之。为此立一官，置一吏，以主匈奴。诚能此者，虽以千石居之可也。陛下肯听其事，计设令中国日治，匈奴日危。大国大富，匈奴适亡。吒犬马行，理势然也。将必以匈奴之众，为汉臣民，制之令千家而为一国，列处之塞外，自陇西延至辽东，各有分地以卫边，使备月氏、灌窳之变，皆属之置郡。然后罢戎休边，民天下之兵。帝之威德，内行外信，四荒悦服，则愚臣之志快矣。不然，帝威不遂，心与嘿嘿。窃闻匈奴当今遂羸，此其示武

① （西汉）贾谊撰，阎振益、钟夏校注：《新书校注》，第 151 页。
② （西汉）贾谊撰，阎振益、钟夏校注：《新书校注》，第 152 页。
③ （西汉）贾谊撰，阎振益、钟夏校注：《新书校注》，第 151 页。
④ （西汉）贾谊撰，阎振益、钟夏校注：《新书校注》，第 111 页。

昧利之时也，而建隆义渠、东胡诸国，又颇来降。以臣之愚，匈奴且动，疑将一材而出奇，厚贽以责汉，不大兴不已。旁午走急数十万之众，积于北方，天下安得食而馈之？临事而重困，则难为工矣，陛下何不早图？”[①]“在这里，贾谊提出了设置官吏，建立属国，作为处理匈奴问题的具体对策，这样他的思想就有了付诸于实施的可操作性，同时也体现了贾谊因俗而治的民族管理思想。”[②]

贾谊主动请缨，担任属国官员，行“三表”“五饵”之策，必使匈奴归附，并认为这是汉王朝需要首先考虑的事情。“窃料匈奴之众不过汉一千石大县。以天下之大而困于一县之正，甚窃为执事羞之。陛下有意，胡不使臣一试理此？夫胡人于古小诸侯之所铚权而服也，奚宜敢悍若此？以臣为属国之官，以主匈奴。因幸行臣之计，半岁之内，休屠饭失其口矣；少假之间，休屠系颈以草，膝行顿颡，请归陛下之义。唯上财幸。而后复罢履属国之官，臣赐归伏田庐，不复污末廷，则忠臣之志快矣。今不猎猛敌而猎田彘，不搏反寇而搏蓄兔，所猎得毋小，所搏得毋不急乎？”[③]

对于贾谊以“战德”瓦解匈奴的策略，历来学者多认为文帝并未采纳，多指其为书生之见，未得到后世学者的重视。“贾谊过于理想化的主张虽然没有被文帝采纳，却在鼓舞汉王朝君臣斗志，开阔人们的视野方面起到了应有的作用。”[④]其实不然，文帝不仅采纳了他的建议，并对匈奴产生了重要的影响，原本汉朝宦官的中行说曾经力劝匈奴单于千万别被汉朝的衣食器物所迷惑，保持其民族特色：“初，单于好汉缯絮食物，中行说曰：‘匈奴人众不能当汉之一郡，然所以强之者，以衣食异，无仰于汉。今单于变俗好汉物，汉物不过什二，则匈奴尽归于汉矣。其得汉絮缯，以驰草棘中，衣袴皆裂弊，以视不如旃裘坚善也；得汉食物皆去之，以视不如重酪之便美也。’”[⑤]

---

① （西汉）贾谊撰，阎振益、钟夏校注：《新书校注》，第134—135页。

② 梁安和：《试析贾谊的民族思想》，《秦汉研究》2008年辑。

③ （西汉）贾谊撰，阎振益、钟夏校注：《新书校注》，第153页。

④ 梁安和：《试析贾谊的民族思想》，《秦汉研究》2008年辑。

⑤ （东汉）班固：《汉书》卷九四上，第3759页。

三、晁错的民族关系思想

晁错作为汉初法家的重要代表人物，多从“术”的角度来处理汉匈关系，在战术上提出了“以蛮夷攻蛮夷”的策略，在战略上主张移民实边，巩固边防。他总结了汉初以来的汉匈关系，汉王朝在汉匈战争中一直处于被动局面，匈奴骑兵来去飘忽，善于穿插，数次攻入陇西郡，攻城抢掠，军心民心受挫，陇西民众几乎丧失了抵御匈奴的信心，直接影响到了边郡民众对于汉王朝的信心。“臣闻汉兴以来，胡虏数入边地，小入则小利，大入则大利；高后时再入陇西，攻城屠邑，驱略畜产；其后复入陇西，杀吏卒，大寇盗。窃闻战胜之威，民气百倍；败兵之卒，没世不复。自高后以来，陇西三困于匈奴矣，民气破伤，亡有胜意。”①

晁错分析总结了战争取胜的关键因素有三：地形、士兵训练、兵器；并强调针对不同的地形要采用不同的兵种和兵器，士兵的训练是影响战争胜败的重要因素。“臣又闻用兵，临战合刃之急者三：一曰得地形，二曰卒服习，三曰器用利。兵法曰：丈五之沟，渐车之水，山林积石，经川丘阜，草木所在，此步兵之地也，车骑二不当一。土山丘陵，曼衍相属，平原广野，此车骑之地，步兵十不当一。平陵相远，川谷居间，仰高临下，此弓弩之地也，短兵百不当一。两陈相近，平地浅草，可前可后，此长戟之地也，剑楯三不当一。萑苇竹萧，草木蒙茏，支叶茂接，此矛铤之地也，长戟二不当一。曲道相伏，险厄相薄，此剑楯之地也，弓弩三不当一。士不选练，卒不服习，起居不精，动静不集，趋利弗及，避难不毕，前击后解，与金鼓之指相失，此不习勒卒之过也，百不当十。兵不完利，与空手同；甲不坚密，与袒裼同；弩不可以及远，与短兵同；射不能中，与亡矢同；中不能入，与亡镞同。此将不省兵之祸也，五不当一。故兵法曰：器械不利，以其卒予敌也；卒不可用，以其将予敌也；将不知兵，以其主予敌也；君不择将，以其国予敌也。四者，兵之至要也。”②

晁错进而从地形、士兵训练、兵器三个方面分析了汉匈之间在军事上

① （东汉）班固：《汉书》卷四九，第 2278 页。

② （东汉）班固：《汉书》卷四九，第 2279—2280 页。

的优劣之处，匈奴有三长，即匈奴地形山阪溪谷众多，地形险要，匈奴人善于骑射，匈奴马善于历险，匈奴人又能忍饥耐渴，作战素养较强。汉有五长，在平原上，汉军有轻车突骑，冲破匈奴骑兵，汉军又有劲弩长戟、坚甲利兵，兵器众多，兵种多样，相互配合，汉军又善于近战。“臣又闻小大异形，强弱异势，险易异备。夫卑身以事强，小国之形也；合小以攻大，敌国之形也；以蛮夷攻蛮夷，中国之形也。今匈奴地形技艺与中国异。上下山阪，出入溪涧，中国之马弗与也；险道倾仄，且驰且射，中国之骑弗与也；风雨罢劳，饥渴不困，中国之人弗与也：此匈奴之长技也。若夫平原易地，轻车突骑，则匈奴之众易挠乱也；劲弩长戟，射疏及远，则匈奴之弓弗能格也；坚甲利刃，长短相杂，游弩往来，什伍俱前，则匈奴之兵弗能当也；材官驺发，矢道同的，则匈奴之革笥木荐弗能支也；下马地斗，剑戟相接，去就相薄，则匈奴之足弗能给也：此中国之长技也。以此观之，匈奴之长技三，中国之长技五。陛下又兴数十万之众，以诛万之匈奴，众寡之计，以一击十之术也。”①

晁错在此基础上，力主扬汉军之长又汲取匈奴骑兵的优势，战术上提出了“以蛮夷攻蛮夷”的策略，现在边境上有数千名义渠人前来归降，其风俗、战斗力与匈奴相同，拥有匈奴之长技，同时可以授予汉之精良兵器与马匹，命其在险地与匈奴作战，汉军之车兵步兵在平地上攻击匈奴，相互辅助，必然能够击败匈奴。“虽然，兵，凶器；战，危事也。以大为小，以强为弱，在俯仰之间耳。夫以人之死争胜，跌而不振，则悔之亡及也。帝王之道，出于万全。今降胡义渠蛮夷之属来归义者，其众数千，饮食长技与匈奴同，可赐之坚甲絮衣，劲弓利矢，益以边郡之良骑。令明将能知其习俗和辑其心者，以陛下之明约将之。即有险阻，以此当之；平地通道，则以轻车材官制之。两军相当表里，各用其长技，衡加之以众，此万全之术也。”②

当然晁错的对匈策略并不仅仅局限于“以蛮夷攻蛮夷”，为了能够更好地抗击匈奴，在战略层面上主张移民实边，巩固边防。“（秦）用以抵御北方

---

① （东汉）班固：《汉书》卷四九，第2281页。

② （东汉）班固：《汉书》卷四九，第2282—2283页。

的匈奴和南方诸越所用的基本兵力是‘戍卒’，即从编户民征发兵役时组织起来的临时部队。所谓‘戍卒’，即全民义务兵役制中每人一生要服两年兵役（一岁在边塞，一岁在郡县）。但秦代统治者‘贪戾而欲广大也’，戍卒数量越用越多，时间也越拖越长，征发范围除男子又兼及妇女，使民力不堪。”① 晁错汲取秦防御匈奴的历史教训，认为长期在边境地区驻守军队并非长久之计，耽误了农业生产，加重了兵役徭役，军粮运输困难，造成了庞大的军费开支。晁错力主移民实边，将大量的官奴隶、刑徒迁至边境，设立入奴婢赎罪以及入奴婢买爵的制度，将这些奴婢迁至边境地区，又以赐爵等手段，吸引内地百姓到达边境地区，设立城邑村落以居住他们，由政府先给予衣食，赐予土地、居室、田地、耕牛、农具，长此以往，这些边民便成为抗击匈奴的重要屏障。

> 臣闻秦时北攻胡貉，筑塞河上，南攻杨粤，置戍卒焉。其起兵而攻胡、粤者，非以卫边地而救民死也，贪戾而欲广大也，故功未立而天下乱。且夫起兵而不知其势，战则为人擒，屯则卒积死。夫胡貉之地，积阴之处也，木皮三寸，冰厚六尺，食肉而饮酪，其人密理，鸟兽毳毛，其性能寒。杨粤之地少阴多阳，其人疏理，鸟兽希毛，其性能暑。秦之戍卒不能其水土，戍者死于边，输者偾于道。秦民见行，如往弃市，因以谪发之，名曰“谪戍”。先发吏有谪及赘婿、贾人，后以尝有市籍者，又后以大父母、父母尝有市籍者，后入闾，取其左。发之不顺，行者深怨，有背叛之心。凡民守战至死而不降北者，以计为之也。故战胜守固则有拜爵之赏，攻城屠邑则得其财卤以富家室，故能使其众蒙矢石，赴汤火，视死如生。今秦之发卒也，有万死之害，而亡铢两之报，死事之后不得一算之复，天下明知祸烈及己也。陈胜行戍，至于大泽，为天下先倡，天下从之如流水者，秦以威劫而行之之敝也。
>
> 胡人衣食之业不著于地，其势易以扰乱边竟。何以明之？胡人食

① 杨一民：《略论晁错的军事思想》，《军事历史研究》1987 年第 3 期。

肉饮酪，衣皮毛，非有城郭田宅之归居，如飞鸟走兽于广野，美草甘水则止，草尽水竭则移。以是观之，往来转徙，时至时去，此胡人之生业，而中国之所以离南亩也。今使胡人数处转牧行猎于塞下，或当燕代，或当上郡、北地、陇西，以候备塞之卒，卒少则入。陛下不救，则边民绝望而有降敌之心；救之，少发则不足，多发，远县才至，则胡又已去。聚而不罢，为费甚大；罢之，则胡复入。如此连年，则中国贫苦而民不安矣。

陛下幸忧边境，遣将吏发卒以治塞，甚大惠也。然令远方之卒守塞，一岁而更，不知胡人之能，不如选常居者，家室田作，且以备之。以便为之高城深堑，具蔺石，布渠答，复为一城其内，城间百五十步。要害之处，通川之道，调立城邑，毋下千家，为中周虎落。先为室屋，具田器，乃募罪人及免徒复作令居之；不足，募以丁奴婢赎罪及输奴婢欲以拜爵者；不足，乃募民之欲往者。皆赐高爵，复其家。予冬夏衣，廪食，能自给而止。郡县之民得买其爵，以自增至卿。其亡夫若妻者，县官买予之。人情非有匹敌，不能久安其处。塞下之民，禄利不厚，不可使久居危难之地。胡人入驱而能止其所驱者，以其半予之，县官为赎其民。如是，则邑里相救助，赴胡不避死。非以德上也，欲全亲戚而利其财也。此与东方之戍卒不习地势而心畏胡者，功相万也。以陛下之时，徙民实边，使远方无屯戍之事，塞下之民父子相保，亡系虏之患，利施后世，名称圣明，其与秦之行怨民，相去远矣。①

晁错的移民实边政策，具有浓厚的招募色彩，对移民对象进行了明确的界定，对移民方法进行了缜密的设计，对移民的生活进行了妥善安置，试图建立一套完备的移民实边体系。“晁错的徙民实边的主张，是第一次用经济手段鼓励内地居民向边塞地区移动，说明他对物质生产条件及其社会条件等等对于安定人民生活的重要性以及生产活动非短期可以收效的情况已有一定的理解，因此，他的移民政策具有一定的科学根据，绝非是主观臆造的

① （东汉）班固：《汉书》卷四九，第2283—2286页。

产物。”①

武帝采纳了晁错“以蛮夷攻蛮夷”的策略，随着战争的推进，不少匈奴部落归降汉朝，汉军吸纳了大量的匈奴人进入军队，增强了汉军的战斗力，取得了辉煌的战绩。这一策略为后世诸多思想家、政治家所继承，成为中原王朝对抗北方游牧民族的重要策略。移民实边，调和了边疆地区与中原地区的人地比例，既缓解了土地兼并所造成的人地矛盾，又增加了边防力量，减省了大量军费，为取得汉匈奴战争的胜利奠定了民众基础。晁错的移民实边主张开中国古代历史上移民实边思想的先河，影响深远。

四、董仲舒的民族关系思想

“‘蛮’、‘夷’、‘戎’、‘狄’四字在《春秋繁露》中共出现67次，在《春秋公羊传》中共出现161次。‘夷狄’一词在《春秋繁露》中出现16次，在《春秋公羊传》中出现23次。”②汪高鑫提出董仲舒的夷夏观为“夷夏有别”“夷夏互变”“王者爱四夷。”③

“从总体上看，传统道德理念的基本特征就是等级性以及与之相伴生的奴役性。”④《春秋》中有不少关于“华尊夷卑”的记载，如《春秋·隐公七年》“戎伐凡伯于楚丘以归。”⑤楚国抓获了天子大夫凡伯，为什么用“伐”而不用“执”，《公羊传》：“不与夷狄之执中国也。”⑥《春秋·庄公十年》：“秋，九月，荆败蔡师于莘，以蔡侯献舞归。”⑦楚国抓获了蔡侯，为什么用“败”而不用“获”，《公羊传》：“不与夷狄之获中国也。”⑧董仲舒在《春秋繁露·精华》中总结了《春秋》中彰显“华尊夷卑”的战争用词，“《春秋》

① 邹国慰、沈翀：《晁错“实边”思想论述》，《哈尔滨师专学报》1997年第1期。

② 延玥：《关于董仲舒夷夏观的几点思考》，《重庆科技学院学报》（社会科学版）2009年第11期。

③ 汪高鑫：《中国史学思想通史·秦汉卷》，黄山书社2002年版，第206—210页。

④ 刘忠世：《析传统道德理念的等级性》，《齐鲁学刊》2001年第6期。

⑤ 李学勤主编：《春秋公羊传注疏》，第57页。

⑥ 李学勤主编：《春秋公羊传注疏》，第57页。

⑦ 李学勤主编：《春秋公羊传注疏》，第143页。

⑧ 李学勤主编：《春秋公羊传注疏》，第145页。

慎辞，谨于名伦等物者也。是故小夷言伐而不得言战，大夷言战而不得言获，中国言获而不得言执，各有辞也。有小夷避大夷而不得言战，大夷避中国而不得言获，中国避天子而不得言执，名伦弗予，嫌于相臣之辞也。是故大小不逾等，贵贱如其伦，义之正也。”①弱小的夷狄取得了针对中原国家的军事胜利，要用“伐”字表示中原诸侯被俘获；强大夷狄取得了针对中原国家的军事胜利，要用“战”字表示中原诸侯被俘获；中原诸侯国内部发生战争，要用“获”字表示其中的一方诸侯被俘。

董仲舒褒扬了齐桓公、晋文公“尊王攘夷”的行动，“桓公救中国，攘夷狄，卒服楚，至为王者事。晋文再致天子，皆止不诛，善其牧诸侯，奉献天子而服周室，《春秋》予之为伯，诛意不诛辞之谓也。”②

董仲舒强调夷夏不同礼，在钟离会盟时，吴鲁两国虽为同姓，因吴国早已沦落为夷狄，故不能与中原诸国并列“称君”，吴国虽与中原诸国联合取得了鸡父之战的胜利，却不能与中原诸国共同举行战胜之礼，“至德以受命，豪英高明之人辐辏归之。高者列为公侯，下至卿大夫，济济乎哉，皆以德序。是故吴鲁同姓也，钟离之会不得序而称君，殊鲁而会之，为其夷狄之行也。鸡父之战，吴不得与中国为礼。至于伯莒黄池之行，变而反道，乃爵而不殊。召陵之会，鲁君在是而不得为主，避齐桓也。鲁桓即位十三年，齐、宋、卫、燕举师而东，纪、郑与鲁戮力而报之。后其日，以鲁不得遍，避纪侯与郑厉公也。《春秋》常辞，夷狄不得与中国为礼。至邲之战，夷狄反道，中国不得与夷狄为礼，避楚庄也。邢卫，鲁之同姓也，狄人灭之，《春秋》为讳，避齐桓也。当其如此也，惟德是亲，其皆先其亲。”③

《春秋公羊传》承袭了先秦儒家的夷夏互变思想，以礼义道德而不是种族血缘来区分夷夏，既能以夏变夷又能以夷变夏。如果夷狄遵礼修德，即可成为华夏的一员；如果华夏国家毁弃礼义道德，则沦落为夷狄。董仲舒继承与发展了这一夷夏互变思想。徐复观认为：“（董仲舒）发挥《春秋》由种族的华夷之辨，进而为文化的华夷之辨；且进而以人民生存之基本要求，泯除

① 苏舆：《春秋繁露义证》，第85页。

② 苏舆：《春秋繁露义证》，第118页。

③ 苏舆：《春秋繁露义证》，第271—272页。

华夷之辨。……这是站在人民生存的立场，不仅超越了华夷之辨，也超越了君臣之防。”①

董仲舒将身处中原腹地的郑国称为夷狄，这是因为郑国乘卫侯去世之时出兵讨伐，此为不义之举；再者，郑国与诸侯会盟于蜀地，而后便背弃盟约偷袭许国，此为不信之举，不信不义，与夷狄无异。“《春秋》曰：‘郑伐许。’奚恶于郑而夷狄之也？曰：卫侯速卒，郑师侵之，是伐丧也。郑与诸侯盟于蜀，以盟而归，诸侯于是伐许，是叛盟也。伐丧无义，叛盟无信，无信无义，故大恶之。”② 董仲舒在《春秋繁露·观德》中赞扬了潞国国君主动归化华夏之举：“潞子离狄而归党，党以得亡，《春秋》谓之子，以领其意。”③ 董仲舒将邲之战中楚晋的表现进行了对比，赞扬了“夷狄”楚庄王在战争中的仁义之举，其君子之行无异于华夏之国，批评了“华夏”之晋国背信袭击楚军之举，与夷狄无异：“《春秋》之常辞也，不予夷狄而予中国为礼，至邲之战，偏然反之，何也？曰：《春秋》无通辞，从变而移。今晋变而为夷狄，楚变而为君子，故移其辞以从其事。夫庄王之舍郑，有可贵之美，晋人不知其善，而欲击之。所救已解，如挑与之战，此无善善之心，而轻救民之意也，是以贱之。而不使得与贤者为礼。”④

冯友兰认为区分夷狄与华夏的标准“在于有没有文化，特别是有没有道德。”⑤ 罗志田描绘出夷夏之辨的发展轨迹，“夷夏之辨由种族地域而文化，由文化而政治……其主流是文化至上”⑥。在董仲舒看来，夷夏之间并非存在一条不可逾越的鸿沟，夷夏间的相互转化成为一种常态，华夏国家若背弃礼乐，道德沦丧，则变为夷狄；夷狄国家若学习礼乐，修养道德，则变为华夏，其夷夏互变思想成为其民族关系思想的闪光之处。

西汉是一个大一统的王朝，帝国境内或边疆地区存在着大量的少数民

① 徐复观：《两汉思想史》（第二卷），九州出版社 2014 年版，第 333—335 页。

② 苏舆：《春秋繁露义证》，第 63—64 页。

③ 苏舆：《春秋繁露义证》，第 274 页。

④ 苏舆：《春秋繁露义证》，第 46—47 页。

⑤ 冯友兰：《中国哲学史新编》（第三册）修订版，长春出版社 2017 年版，第 33 页。

⑥ 罗志田：《夷夏之辨的开放与封闭》，《中国文化》1996 年第 2 期。

族，面对这样一个前所未有的大一统格局，董仲舒提出了夷夏一体的思想，成为汉王朝制定民族政策与开疆拓土的理论基础。他强调亲近以来远，先亲其国，后亲诸华夏国家，后亲夷狄。“《春秋》立义，天子祭天地，诸侯祭社稷，诸山川不在封内不祭。有天子在，诸侯不得专地，不得专封，不得专执天子之大夫，不得舞天子之乐，不得致天子之赋，不得适天子之贵。君亲无将，将而诛。大夫不得世，大夫不得废置君命。立适，以长不以贤，立子以贵不以长。立夫人以适不以妾。天子不臣母后之党。亲近以来远，未有不先近而致远者也。故内其国而外诸夏，内诸夏而外夷狄，言自近者始也。”①他论述了王者、霸者、安者、危者、亡者的施政范围，强调最高等级的王者要爱及独身、旁侧之人、王畿之民、诸侯之国、四夷之民，将四夷之民纳入德政的范畴：“是以知明先，以仁厚远。远而愈贤、近而愈不肖者，爱也，故王者爱及四夷，霸者爱及诸侯，安者爱及封内，危者爱及旁侧，亡者爱及独身。独身者，虽立天子诸侯之位，一夫之人耳，无臣民之用矣。如此者，莫之亡而自亡也。《春秋》不言伐梁者，而言梁亡，盖爱独及其身者也。故曰仁者爱人，不在爱我，此其法也。”②夷与夏最终融合于大一统的太平盛世之中，其思想打破了夷夏之防，颇具闪光之处。

伴随着“罢黜百家，独尊儒术”，董仲舒的民族关系思想成为汉王朝的主流民族关系思想，成为汉王朝处理民族关系的重要原则，其影响贯穿于中国古代社会。王夫之认为：“辨夷夏人禽之维者礼也。楚以僭王夷，吴以被发文身夷。君子以夏治楚，而退夷之，以禽治吴，而进夷之，而大维清。所恶于夷者，无君臣父子之伦也。以大伦故而别夷夏，不以夷故而废大伦。”③

在民族关系实践中，董仲舒则较为保守，主张停止对匈战争，建议重新恢复“和亲”政策。但此“和亲”与汉初不平等的“和亲”大为不同，包括缔结盟约，诱以重利，纳单于质子，这样既能使匈奴归附，又能减省大量的军费。“仲舒亲见四世之事，犹复欲守旧文，颇增其约。以为‘义动君子，

① 苏舆：《春秋繁露义证》，第112—116页。

② 苏舆：《春秋繁露义证》，第252—253页。

③ （清）王夫之：《船山全书（第五册）》，岳麓书社2010年版，第333—334页。

利动贪人，如匈奴者，非可以仁义说也，独可说以厚利，结之于天耳。故与之厚利以没其意，与盟于天以坚其约，质其爱子以累其心，匈奴虽欲展转，奈失重利何，奈欺上天何，奈杀爱子何。夫赋敛行赂不足以当三军之费，城郭之固无以异于贞士之约，而使边城守境之民父兄缓带，稚子咽哺，胡马不窥于长城，而羽檄不行于中国，不亦便于天下乎！’”[①] 班固却反对董仲舒的对匈策略，认为其极不实际，没有军事力量支撑的和平外交政策是空洞的，不切实际的。“察仲舒之论，考诸行事，乃知其未合于当时，而有阙于后世也。当孝武时，虽征伐克获，而士马物故亦略相当；虽开河南之野，建朔方之郡，亦弃造阳之北九百余里。匈奴人民每来降汉，单于亦辄拘留汉使以相报复，其桀骜尚如斯，安肯以爱子而为质乎？此不合当时之言也。若不置质，空约和亲，是袭孝文既往之悔，而长匈奴无已之诈也。夫边城不选守境武略之臣，修障隧备塞之具，厉长戟劲弩之械，恃吾所以待边寇。而务赋敛于民，远行货赂，割剥百姓，以奉寇仇。信甘言，守空约，而几胡马之不窥，不已过乎！”[②]

五、主父偃的民族关系思想

主父偃出于对汉王朝的长治久安考虑，从儒家传统的夷夏之辨、民本的角度，建议武帝要慎于征伐匈奴，一旦发动战争，必然征发大量的军队，征集与转运大量的粮食，加重百姓的赋役负担，致使国库空虚，况且匈奴之地极为贫瘠，得其地不足以补偿军费，且长年征战，势必激化国内的阶级矛盾，危及汉王朝的统治，绝不能重蹈秦伐匈奴的覆辙。

> 臣闻明主不恶切谏以博观，忠臣不避重诛以直谏，是故事无遗策而功流万世。今臣不敢隐忠避死，以效愚计，愿陛下幸赦而少察之。
>
> 《司马法》曰：“国虽大，好战必亡；天下虽平，忘战必危。”天下既平，天子大恺，春蒐秋狝，诸侯春振旅，秋治兵，所以不忘战也。

---

① （东汉）班固：《汉书》卷九四下，第3831页。

② （东汉）班固：《汉书》卷九四下，第3831—3832页。

且怒者逆德也，兵者凶器也，争者末节也。古之人君一怒必伏尸流血，故圣王重行之。夫务战胜，穷武事，未有不悔者也。

昔秦皇帝任战胜之威，蚕食天下，并吞战国，海内为一，功齐三代。务胜不休，欲攻匈奴，李斯谏曰：“不可。夫匈奴无城郭之居，委积之守，迁徙鸟举，难得而制。轻兵深入，粮食必绝；运粮以行，重不及事。得其地，不足以为利；得其民，不可调而守也。胜必弃之，非民父母。靡敝中国，甘心匈奴，非完计也。”秦皇帝不听，遂使蒙恬将兵而攻胡，却地千里，以河为境。地固泽卤，不生五谷，然后发天下丁男以守北河。暴兵露师十有余年，死者不可胜数，终不能逾河而北。是岂人众之不足，兵革之不备哉？其势不可也。又使天下飞刍挽粟，起于黄、腄、琅邪负海之郡，转输北河，率三十钟而致一石。男子疾耕不足于粮饷，女子纺绩不足于帷幕。百姓靡敝，孤寡老弱不能相养，道死者相望，盖天下始叛也。

及至高皇帝定天下，略地于边，闻匈奴聚代谷之外而欲击之。御史成谏曰：“不可。夫匈奴，兽聚而鸟散，从之如搏影，今以陛下盛德攻匈奴，臣窃危之。”高帝不听，遂至代谷，果有平城之围。高帝悔之，乃使刘敬往结和亲，然后天下亡干戈之事。

故兵法曰：“兴师十万，日费千金。”秦常积众数十万人，虽有覆军杀将，系虏单于，适足以结怨深仇，不足以偿天下之费。夫匈奴行盗侵驱，所以为业，天性固然。上自虞夏殷周，固不程督，禽兽畜之，不比为人。夫不上观虞夏殷周之统，而下循近世之失，此臣之所以大恐，百姓所疾苦也。且夫兵久则变生，事苦则虑易。使边境之民靡敝愁苦，将吏相疑而外市，故尉佗、章邯得成其私，而秦政不行，权分二子，此得失之效也。故《周书》曰：“安危在出令，存亡在所用。”愿陛下孰计之而加察焉。①

“主父偃的边疆思想，总体而言是反对武帝征伐‘四夷’，但是在边疆

① （东汉）班固：《汉书》卷六四上，第2799—2801页。

国土的意义和价值认识上，则颇有见地。”[①] 元朔二年（前 127 年），卫青率兵收复河套平原之后，汉匈之间的战场形势发生了巨大变化，本于纵横家的主父偃敏锐地察觉到了局势的变化，提出在河套平原建立朔方郡，移民屯兵，加强边防，“偃盛言朔方地肥饶，外阻河，蒙恬筑城以逐匈奴，内省转输戍漕，广中国，灭胡之本也。”[②] 主父偃的建议遭到了以公孙弘等大臣的反对，公孙弘曰：“秦时尝发三十万众筑北河，终不可就，已而弃之。”[③] 后在主父偃的策划下，朱买臣与公孙弘辩论，朔方郡最终得以建立，成为北击匈奴的重要基地，对于巩固汉王朝的边防具有重要的意义。

六、司马迁的民族关系思想

司马迁在继承其师董仲舒民族关系思想的基础上，提出了自己的民族关系思想。首先，主张“夷夏同源”，构筑民族血缘共同体。王明柯认为，“通过描述‘黄帝’，司马迁表露了他心目中的华夏意象：一个血缘、政治、疆域与文化的综合体”[④]。司马迁构筑了以黄帝为始祖的华夏血缘传承体系，将各少数民族纳入到了这一血脉体系之中，进而从血缘上重构中原王朝与各少数民族的关系。《史记》中有六篇少数民族传记，《匈奴列传》《东越列传》《南越列传》《朝鲜列传》《西南夷列传》《大宛列传》。在司马迁看来，这些少数民族均为华夏子孙，“始楚威王时，使将军庄蹻将兵循江上，略巴、黔中以西。庄蹻者，楚庄王苗裔也。蹻至滇池，方三百里，旁平地，肥饶数千里，以兵威定属楚。欲归报，会秦击夺楚巴、黔中郡，道塞不通，因还，以其众王滇，变服，从其俗，以长之。秦时常頞，略通五尺道，诸此国颇置吏焉。十余岁，秦灭。及汉兴，皆弃此国而关蜀故徼。巴蜀民或窃出商贾，取其筰马、僰僮、髦牛，以此巴蜀殷富。”[⑤] “南越王尉佗者，真定

---

① 黎小龙、徐难于：《两汉边疆思想观的论争与统一多民族国家边疆思想的形成》，《中国边疆史地研究》2006 年第 4 期。

② （东汉）班固：《汉书》卷六四上，第 2803 页。

③ （东汉）班固：《汉书》卷六四上，第 2803 页。

④ 王明珂：《华夏边缘——历史记忆与族群认同》，上海人民出版社 2020 年版，第 44 页。

⑤ （西汉）司马迁：《史记》卷一一六，第 2993 页。

人也，姓赵氏。”[①]“匈奴，其先祖夏后氏之苗裔也，曰淳维。”[②]“朝鲜王满者，故燕人也。”[③]“闽越王无诸及越东海王摇者，其先皆越王勾践之后也，姓驺氏。”[④]“越王勾践，其先禹之苗裔，而夏后帝少康之庶子也。”[⑤]“自汉代以来，建立在血缘亲情基础上的中华民族共同体不仅成为中原地区的汉民族向外拓展的内在动力，也成为周边少数民族不断向中原地区内聚的血脉维系。”[⑥]

他反对汉武帝对匈奴的穷兵黩武政策，“太史公曰：孔氏著《春秋》，隐桓之间则章，至定哀之际则微，为其切当世之文而罔褒，忌讳之辞也。世俗之言匈奴者，患其徼一时之权，而务谄纳其说，以便偏指，不参彼己；将率席中国广大，气奋，人主因以决策，是以建功不深。尧虽贤，兴事业不成，得禹而九州宁。且欲兴圣统，唯在择任将相哉！唯在择任将相哉！”[⑦]他看到了对少数民族政权穷兵黩武的严重后果，赋役繁重，军费开支浩大，民生凋敝，府库空虚，阶级矛盾尖锐，选举制度被破坏，法治兴起，“自是之后，严助、朱买臣等招来东瓯，事两越，江淮之间萧然烦费矣。唐蒙、司马相如开路西南夷，凿山通道千余里，以广巴蜀，巴蜀之民罢焉。彭吴贾灭朝鲜，置沧海之郡，则燕齐之间靡然发动。及王恢设谋马邑，匈奴绝和亲，侵扰北边，兵连而不解，天下苦其劳，而干戈日滋。行者赍，居者送，中外骚扰而相奉，百姓抏弊以巧法，财赂衰耗而不赡。入物者补官，出货者除罪，选举陵迟，廉耻相冒，武力进用，法严令具。兴利之臣自此始也。其后，汉将岁以数万骑出击胡，及车骑将军卫青取匈奴河南地，筑朔方。当是时，汉通西南夷道，作者数万人，千里负担馈粮，率十余钟致一石，散币于邛僰以集之。数岁道不通，蛮夷因以数攻，吏发兵诛之。悉巴蜀租赋不足以更之，乃募豪民田南夷，入粟县官，而内受钱于都内。东至沧海之郡，人徒之费拟

① （西汉）司马迁：《史记》卷一一三，第 2967 页。

② （西汉）司马迁：《史记》卷一一〇，第 2879 页。

③ （西汉）司马迁：《史记》卷一一五，第 2985 页。

④ （西汉）司马迁：《史记》卷一一四，第 2979 页。

⑤ （西汉）司马迁：《史记》卷四一，第 1739 页。

⑥ 吕新峰：《血统、族统、道统：司马迁中华民族共同体意识的一统建构》，《深圳大学学报》（人文社会科学版）2021 年第 5 期。

⑦ （西汉）司马迁：《史记》卷一一〇，第 2919 页。

于南夷。又兴十万余人筑卫朔方，转漕甚辽远，自山东咸被其劳，费数十百巨万，府库益虚。乃募民能入奴婢得以终身复，为郎增秩，及入羊为郎，始于此。”①

“司马迁支持的对外战争是指反侵扰、讨叛逆性质的战争，按照引文里的说法，放弃和亲、主动进攻的是匈奴，闽越擅自出兵讨伐东瓯，都是对汉帝国的侵扰和叛逆，对他们动用武力是当然的事情，而且这也是将士们立功受封的大好时机。这观点实际上是春秋时期尊王攘夷观念的延续。”② 他主张维护大一统，提倡正义的战争，如果少数民族政权破坏汉王朝的大一统时，主张立即出兵反击，“匈奴绝和亲，攻当路塞；闽越擅伐，东瓯请降。二夷交侵，当盛汉之隆，以此知功臣受封侔于祖考矣。何者？自《诗》《书》称三代‘戎狄是膺，荆荼是征。’齐桓越燕伐山戎，武灵王以区区赵服单于，秦缪用百里霸西戎，吴楚之君以诸侯役百越。况乃以中国一统，明天子在上，兼文武，席卷四海，内辑亿万之众，岂以晏然不为边境征伐哉！自是后，遂出师北讨强胡，南诛劲越，将卒以次封矣。”③

“董仲舒的政治观是以《春秋》为据，倡扬大一统的主张，同时又把四海之内的民族划分出了严格的等级。”④ 司马迁的民族关系思想与董仲舒相比更为开明，在大一统的国家之内，中原王朝虽为正统，但各少数民族不再被视为异族。司马迁的民族关系思想为中华民族共同体的构筑奠定了重要的思想基础，成为中国古代民族关系思想史上一座重要的里程碑。

七、贤良文学的民族关系思想

“百余年来，在如何应对匈奴对汉地的侵扰掠夺问题上，汉朝统治阶级内部历来有两种不同的倾向，即以征伐为主的‘武折’和以和亲为主的‘德

① （西汉）司马迁：《史记》卷三〇，第1420—1422页。

② 沈意：《简论司马迁的民族观及其实质》，《内蒙古大学学报》（哲学社会科学版）2019年第6期。

③ （西汉）司马迁：《史记》卷二〇，第1027页。

④ 王永：《司马迁之民族观及其根源与价值》，《宁夏大学学报》（人文社会科学版）2001年第2期。

怀’。”[①] 盐铁会议正是“德怀”与“武折”两种对匈策略的正面交锋，贤良文学力主德化匈奴。贤良文学认为战争为国之“凶器”，穷兵黩武者必然会导致国灭身亡，“兵者，凶器也。甲坚兵利，为天下殃。以母制子，故能久长。圣人法之，厌而不阳。《诗》云：‘载戢干戈，载橐弓矢，我求懿德，肆于时夏。’衰世不然。逆天道以快暴心，僵尸血流，以争壤土。牢人之君，灭人之祀，杀人之子，若绝草木，刑者肩靡于道。以己之所恶而施于人。是以国家破灭，身受其殃，秦王是也。”[②]

贤良文学从历史的角度将周、秦的民族政策进行对比，周积德以化外，秦对外穷兵而亡，“周累世积德，天下莫不愿以为君，故不劳而王，恩施由近而远，而蛮，貊自至。秦任战胜以并天下，小海内而贪胡、越之地，使蒙恬击胡，取河南以为新秦，而忘其故秦，筑长城以守胡，而亡其所守。往者，兵革亟动，师旅数起，长城之北，旋车遗镞相望。及李广利等轻计一计还马足，莫不寒心；虽得浑耶，不能更所亡。此非社稷之至计也。”[③] 对少数民族的穷兵黩武政策是导致秦亡的重要原因，“秦南擒劲越，北却强胡，竭中国以役四夷，人罢极而主不恤，国内溃而上不知；是以一夫倡而天下和，兵破陈涉，地夺诸侯，何嗣之所利?《诗》云：‘雍雍鸣鸡，旭日始旦。’登得前利，不念后咎。故吴王知伐齐之便，不知干遂之患。秦知进取之利，而不知鸿门之难。是知一而不知十也。周谨小而得大，秦欲大而亡小。语曰：‘前车覆，后车戒。’‘殷鉴不远，在夏后之世’矣。”[④]

贤良文学回顾了汉初推行“和亲”政策，当时边境安宁，百姓安心生产，国家富足，百姓安乐，而自从汉匈开战后，劳师远征，设置朔方郡，兵徭繁重，万里运粮，国家残破，“往者，匈奴结和亲，诸夷纳贡，即君臣外内相信，无胡、越之患。当此之时，上求寡而易赡，民安乐而无事，耕田而食，桑麻而衣，家有数年之蓄，县官余货财，闾里耆老，咸及其泽。自是之

① 任宝磊：《从“轮台诏”到“盐铁会议”——以〈盐铁论〉观西汉中后期对匈奴政策的重大转变》，《新疆大学学报》（哲学·人文社会科学版）2009 年第 3 期。

② 王利器：《盐铁论校注》，第 557 页。

③ 王利器：《盐铁论校注》，第 489 页。

④ 王利器：《盐铁论校注》，第 481 页。

后，退文任武，苦师劳众，以略无用之地，立郡沙石之间，民不能自守，发屯乘城，挽辇而赡之。愚窃见其亡，不睹其成。”①

对匈奴的穷兵黩武政策不仅没有降服匈奴，反而使得汉王朝民生凋敝，矛盾丛生。“古之用师，非贪壤土之利，救民之患也。民思之，若旱之望雨，箪食壶浆，以逆王师。故忧人之患者，民一心而归之，汤、武是也。不爱民之死，力尽而溃叛者，秦王是也。孟子曰：‘君不乡道，不由仁义，而为之强战，虽克必亡。’此中国所以扰乱，非蒙恬死而诸侯叛秦。昔周室之盛也，越裳氏来献，百蛮致贡。其后周衰，诸侯力征，蛮、貊分散，各有聚党，莫能相一，是以燕、赵能得意焉。其后，匈奴稍强，蚕食诸侯，故破走月氏，因兵威，徙小国，引弓之民，并为一家，一意同力，故难制也。前君为先帝画匈奴之策：‘兵据西域，夺之便势之地，以候其变。以汉之强，攻于匈奴之众，若以强弩溃痈疽；越之禽吴，岂足道哉！’上以为然。用君之义，听君之计，虽越王之任种、蠡不过。以搜粟都尉为御史大夫，持政十有余年，未见种、蠡之功，而见靡弊之效，匈奴不为加俯，而百姓黎民以敝矣。是君之策不能弱匈奴，而反衰中国也。善为计者，固若此乎？”②

自从马邑之谋后，汉匈连年作战，严重影响了边境地区的农业生产与边民的生活。“往者，通关梁，交有无，自单于以下，皆亲汉内附，往来长城之下。其后，王恢误谋马邑，匈奴绝和亲，攻当路塞，祸纷拏而不解，兵连而不息，边民不解甲弛弩，行数十年，介胄而耕耘，锄耰而候望，燧燔烽举，丁壮弧弦而出斗，老者超越而入葆。言之足以流涕寒心，则仁者不忍也。《诗》云：‘投我以桃，报之以李。’未闻善往而有恶来者。故君子敬而无失，与人恭而有礼，四海之内，皆为兄弟也。故内省不疚，夫何忧何惧！”③

统治者为了进行对匈战争，征发大量百姓入伍，或者运送军粮，耽误了农业生产，军吏对其不加体恤，多加盘剥，加剧了阶级矛盾。“匈奴之地广大，而戎马之足轻利，其势易骚动也。利则虎曳，病则鸟折，辟锋锐而取

---

① 王利器：《盐铁论校注》，第 479—480 页。

② 王利器：《盐铁论校注》，第 494—495 页。

③ 王利器：《盐铁论校注》，第 513 页。

罢极；少发则不足以更适，多发则民不堪其役。役烦则力罢，用多则财乏。二者不息，则民遗怨。此秦之所以失民心、陨社稷也。古者，天子封畿千里，徭役五百里，胜声相闻，疾病相恤。无过时之师，无逾时之役。内节于民心，而事适其力。是以行者劝务，而止者安业。今山东之戎马甲士戍边郡者，绝殊辽远，身在胡、越，心怀老母。老母垂泣，室妇悲恨，推其饥渴，念其寒苦。《诗》云：‘昔我往矣，杨柳依依。今我来思，雨雪霏霏。行道迟迟，载渴载饥。我心伤悲，莫之我哀。’故圣人怜其如此，闵其久去父母妻子，暴露中野，居寒苦之地，故春使使者劳赐，举失职者，所以哀远民而慰抚老母也。德惠甚厚，而吏未称奉职承诏以存恤，或侵侮士卒，兴之为市，并力兼作，使之不以理。故士卒失职，而老母妻子感恨也。宋伯姬愁思而宋国火，鲁妾不得意而鲁寝灾。今天下不得其意者，非独西宫之女，宋之老母也。《春秋》动众则书，重民也。宋人围长葛，讥久役也。君子之用心必若是。”①

统治者为了应对对外战争，极力盘剥百姓，算缗告缗，官吏的征发到达了极限，“异时，县官修轻赋，公用饶，人富给。其后，保胡、越，通四夷，费用不足。于是兴利害，算车船，以訾助边，赎罪告缗，与人以患矣。甲士死于军旅，中士罢于转漕，仍之以科适，吏征发极矣。夫劳而息之，极而反本，古之道也，虽舜、禹兴，不能易也。”②

贤良文学认为尤其在武帝后期为了断匈奴右臂，征伐大宛，万里运粮，导致国内阶级矛盾极为尖锐，农民起义频发，甚至出现了亡秦的征兆，“有司言外国之事，议者皆徼一时之权，不虑其后。张骞言大宛之天马汗血，安息之真玉大鸟，县官既闻如甘心焉，乃大兴师伐宛，历数期而后克之。夫万里而攻人之国，兵未战而物故过半，虽破宛得宝马，非计也。当此之时，将卒方赤面而事四夷，师旅相望，郡国并发，黎人困苦，奸伪萌生，盗贼并起，守尉不能禁，城邑不能止。然后遣上大夫衣绣衣以兴击之。当此时，百姓元元，莫必其命，故山东豪杰，颇有异心。赖先帝圣灵斐然。其咎皆在于

① 王利器：《盐铁论校注》，第446—447页。

② 王利器：《盐铁论校注》，第471—472页。

欲毕匈奴而远几也。为主计若此，可谓忠乎？”[①]

贤良文学从匈奴的角度进行分析，指出应当停止对匈战争。匈奴虽然经济文化落后，无黄金、丝织品、漆器、罗纨、宫室，但其全民尽兵，弓马娴熟，军事力量强大，难以将其彻底征服。“匈奴车器无银黄丝漆之饰，素成而务坚，丝无文采裙袆曲襟之制，都成而务完。男无刻镂奇巧之事，宫室城郭之功。女无绮绣淫巧之贡，纤绮罗纨之作。事省而致用，易成而难弊。虽无修戟强弩，戎马良弓；家有其备，人有其用，一旦有急，贯弓上马而已。资粮不见案首，而支数十日之食，因山谷为城郭，因水草为仓廪。法约而易辨，求寡而易供。是以刑省而不犯，指麾而令从。嫚于礼而笃于信，略于文而敏于事。故虽无礼义之书，刻骨卷木，百官有以相记，而君臣上下有以相使。群臣为县官计者，皆言其易，而实难，是以秦欲驱之而反更亡也。故兵者凶器，不可轻用也。其以强为弱，以存为亡，一朝尔也。”[②] 加之匈奴骑兵战术奇特，忽聚忽散，来去飘忽，机动性极强，难以与其正面作战。“古者，君子立仁修义，以绥其民，故迩者习善，远者顺之。是以孔子仕于鲁，前仕三月及齐平，后仕三月及郑平，务以德安近而绥远。当此之时，鲁无敌国之难，邻境之患。强臣变节而忠顺，故季桓隳其都城。大国畏义而合好，齐人来归郓、欢、龟阴之田。故为政而以德，非独辟害折冲也，所欲不求而自得。今百姓所以嚣嚣，中外不宁者，咎在匈奴。内无室宇之守，外无田畴之积，随美草甘水而驱牧，匈奴不变业，而中国以骚动矣。风合而云解，就之则亡，击之则散，未可一世而举也。”[③]

贤良文学将匈奴比作“麋鹿”，身处草原不毛之地，完全没有必要与其计较礼义之事，更没有必要与其作战。“匈奴处沙漠之中，生不食之地，天所贱而弃之，无坛宇之居，男女之别，以广野为闾里，以穹庐为家室，衣皮蒙毛，食肉饮血，会市行，牧竖居，如中国之麋鹿耳。好事之臣，求其义，责之礼，使中国干戈至今未息，万里设备，此《兔罝》之所刺，故小人非公

① 王利器：《盐铁论校注》，第 501 页。

② 王利器：《盐铁论校注》，第 543 页。

③ 王利器：《盐铁论校注》，第 445—446 页。

侯腹心干城也。”①

停止战争政策，如何应对匈奴？贤良文学认为针对匈奴要施行德化，只要汉统治者推行德政，则匈奴自化。“王者中立而听乎天下，德施方外，绝国殊俗，臻于阙廷，凤凰在列树，麒麟在郊薮，群生庶物，莫不被泽。非足行而仁办之也，推其仁恩而皇之，诚也。范蠡出于越，由余长于胡，皆为霸王贤佐。故政有不从之教，而世无不可化之民。《诗》云：‘酌彼行潦，挹彼注兹。’故公刘处戎、狄，戎、狄化之。太王去豳，豳民随之。周公修德，而越裳氏来。其从善如影响。为政务以德亲近，何忧于彼之不改？”②贤良文学的这一策略颇有一厢情愿之感。

贤良文学建议对匈奴要采取“和亲”策略，以巨额财富来招降他们，“地广而不德者国危，兵强而凌敌者身亡。虎兕相据，而蝼蚁得志。两敌相抗，而匹夫乘闲。是以圣王见利虑害，见远存近。方今为县官计者，莫若偃兵休士，厚币结和亲，修文德而已。若不恤人之急，不计其难，币所恃以穷无用之地，亡十获一，非文学之所知也。”③

贤良文学强调统治者崇尚文德，至边境要塞，示之以德，怀柔匈奴。“昔齐桓公内附百姓，外绥诸侯，存亡接绝，而天下从风。其后，德亏行衰，葵丘之会，振而矜之，叛者九国。《春秋》刺其不崇德而崇力也。故任德，则强楚告服，远国不召而自至；任力，则近者不亲，小国不附。此其效也。诚上观三王之所以昌，下论秦之所以亡，中述齐桓所以兴，去武行文，废力尚德，罢关梁，除障塞，以仁义导之，则北垂无寇虏之忧，中国无干戈之事矣。”④

武帝去世后，桑弘羊主张继续出击匈奴，贤良文学针锋相对，据理力争，反对战争，提出德化匈奴的主张，并揭示了对匈战争造成的负面影响，极力贬低出击匈奴的战略价值，过分夸大匈奴的军事力量，力主和亲，提倡以利诱之。其民族关系思想总体上趋向于保守，未能认识到对匈奴的战争政

① 王利器：《盐铁论校注》，第444—445页。

② 王利器：《盐铁论校注》，第514页。

③ 王利器：《盐铁论校注》，第472页。

④ 王利器：《盐铁论校注》，第507页。

策对于保障汉北部边防以及边疆地区农业生产的重要意义，但他们认识到了汉匈战争对于汉王朝经济的严重破坏，以及给百姓带来的沉重负担，对于修正武帝时期的国策具有重要意义。“盐铁之论贤良文学的边疆思想，是‘无用’论者对周秦以来阴阳五行思想的发挥，是边疆经略和边疆思想论争的现实需要。边郡民族之地的‘阴阳不和’、‘幽冥之地’的地域偏见，均服从于放弃或改变汉武帝边疆经略的现实政治。”①

“可惜的是贤良文学的主张并没有被统治者接受，以后汉与匈奴和亲绝非是汉朝统治者观念的变化，而是双方实力相当、互相妥协的结果。”②其实盐铁会议对于西汉民族政策的制定产生了重要的影响，霍光既吸收了桑弘羊的战争政策，又采纳了贤良文学的“和亲”主张。“至始元、元凤之间，匈奴和亲，百姓充实。”③本始二年（前72年），霍光趁匈奴逐步衰落之机，发六路大军出击匈奴，“本始二年，汉大发关东轻锐士，选郡国吏三百石伉健习骑射者，皆从军。遣御史大夫田广明为祁连将军，四万余骑，出西河；度辽将军范明友三万余骑，出张掖；前将军韩增三万余骑，出云中；后将军赵充国为蒲类将军，三万余骑，出酒泉；云中太守田顺为虎牙将军，三万余骑，出五原：凡五将军，兵十余万骑，出塞各二千余里。及校尉常惠使护发兵乌孙西域，昆弥自将翕侯以下五万余骑从西方入，与五将军兵凡二十余万众。”④并取得了较为辉煌的战绩，斩杀大量匈奴骑兵，俘获了数十万头牲畜，“度辽将军出塞千二百余里，至蒲离候水，斩首捕虏七百余级，卤获马牛羊万余。前将军出塞千二百余里，至乌员，斩首捕虏，至候山百余级，卤马牛羊二千余。蒲类将军兵当与乌孙合击匈奴蒲类泽，乌孙先期至而去，汉兵不与相及。蒲类将军出塞千八百余里，西去候山，斩首捕虏，得单于使者蒲阴王以下三百余级，卤马牛羊七千余。闻虏已引去，皆不至期还。天子薄

① 黎小龙、徐难于：《两汉边疆思想观的论争与统一多民族国家边疆思想的形成》，《中国边疆史地研究》2006年第4期。

② 王虹、龚萍：《〈盐铁论〉与汉代民族关系史研究》，《云南民族学院学报》（哲学社会科学版）1998年第3期。

③ （东汉）班固：《汉书》卷七，第233页。

④ （东汉）班固：《汉书》卷九四上，第3785页。

其过，宽而不罪。祁连将军出塞千六百里，至鸡秩山，斩首捕虏十九级，获牛马羊百余。逢汉使匈奴还者冉弘等，言鸡秩山西有虏众，祁连即戒弘，使言无虏，欲还兵。御史属公孙益寿谏，以为不可，祁连不听，遂引兵还。虎牙将军出塞八百余里，至丹余吾水上，即止兵不进，斩首捕虏千九百余级，卤马牛羊七万余，引兵还。上以虎牙将军不至期，诈增卤获，而祁连知虏在前，逗遛不进，皆下吏自杀。擢公孙益寿为侍御史。校尉常惠与乌孙兵至右谷蠡庭，获单于父行及嫂、居次、名王、犁汙都尉、千长、将以下三万九千余级，虏马牛羊驴骡橐驼七十余万。汉封惠为长罗侯。然匈奴民众死伤而去者，及畜产远移死亡不可胜数。于是匈奴遂衰耗，怨乌孙。”① 这种德武并济的方针成为西汉王朝中后期处理民族关系问题的重要原则，更成为后世处理民族关系问题时的重要指导原则。

八、萧望之的民族关系思想

宣帝名臣萧望之提出了羁縻怀柔匈奴的思想。汉宣帝五凤年间，匈奴发生内乱，朝中大臣多主张乘机进兵，萧望之以《春秋》“不伐丧”之义加以反对：“三年，代丙吉为御史大夫。五凤中匈奴大乱，议者多曰匈奴为害日久，可因其坏乱举兵灭之。诏遣中朝大司马车骑将军韩增、诸吏富平侯张延寿、光禄勋杨恽、太仆戴长乐问望之计策，望之对曰：‘《春秋》晋士丐帅师侵齐，闻齐侯卒，引师而还，君子大其不伐丧，以为恩足以服孝子，义足以动诸侯。前单于慕化乡善称弟，遣使请求和亲，海内欣然，夷狄莫不闻。未终奉约，不幸为贼臣所杀，今而伐之，是乘乱而幸灾也，彼必奔走远遁。不以义动兵，恐劳而无功。宜遣使者吊问，辅其微弱，救其灾患，四夷闻之，咸贵中国之仁义。如遂蒙恩得复其位，必称臣服从，此德之盛也。’”② 萧望之认为趁匈奴新丧而出兵讨伐是一种不义之举，汉王朝应该立即派使者慰问，然后出兵帮助亲汉的呼韩邪单于，既能宣扬汉王朝的恩德，亦能臣服匈奴。宣帝采纳了他的建议，“后竟遣兵护辅呼韩邪单于定其国。”③

---

① （东汉）班固：《汉书》卷九四上，第3785—3786页。

② （东汉）班固：《汉书》卷七八，第3279—3280页。

③ （东汉）班固：《汉书》卷七八，第3280页。

后呼韩邪单于准备来朝，汉廷内部对于以何种礼仪欢迎产生了极大的分歧：“初，匈奴呼韩邪单于来朝，诏公卿议其仪，丞相霸、御史大夫定国议曰：‘圣王之制，施德行礼，先京师而后诸夏，先诸夏而后夷狄。《诗》云：率礼不越，遂视既发；相土烈烈，海外有截。陛下圣德充塞天地，光被四表，匈奴单于乡风慕化，奉珍朝贺，自古未之有也。其礼仪宜如诸侯王，位次在下。’望之以为‘单于非正朔所加，故称敌国，宜待以不臣之礼，位在诸侯王上。外夷稽首称藩，中国让而不臣，此则羁縻之义，谦亨之福也。《书》曰戎狄荒服，言其来服，荒忽亡常。如使匈奴后嗣卒有鸟窜鼠伏，阙于朝享，不为畔臣。信让行乎蛮貉，福祚流于亡穷，万世之长策也。’天子采之，下诏曰：‘盖闻五帝三王教化所不施，不及以政。今匈奴单于称北藩，朝正朔，朕之不逮，德不能弘覆。其以客礼待之，令单于位在诸侯王上，赞谒称臣而不名。’”① 一方是公卿大臣，他们根据传统儒家中“先诸夏而后夷狄”的原则，主张以诸侯王之礼待之，但在朝堂上的位次在诸侯王之后。萧望之坚持己见，以羁縻之义提出了“待以不臣之礼”，位在诸侯王之上的建议。这种理念无疑对后世的羁縻政策有着重要的影响。

九、刘向的民族关系思想

元成时期，外戚专权，政治昏暗，阶级矛盾尖锐，西汉国力衰落，无力对匈奴发动大规模的战争。刘向力主推行羁縻政策，恢复和亲，思富养民。他在《新序》中回顾了武帝时“马邑之谋”之前的一次廷议，一派是主战派大行王恢，一派是和亲派御史大夫韩安国，武帝最终采纳了王恢的主张，拉开了汉匈40多年战争的序幕，导致了汉王朝民生凋敝，国库空虚，农民起义频发，武帝晚年不得不再次回归韩安国的主张，颁布了“轮台诏”，思富养民：

> 孝武皇帝时，大行王恢，数言击匈奴之便，可以除边境之害，欲绝和亲之约。御史大夫韩安国，以为兵不可动。孝武皇帝召群臣而问

① （东汉）班固：《汉书》卷七八，第3282—3283页。

曰：“朕饰子女以配单于，币帛文锦，赂之甚厚，今单于逆命加慢，侵盗无已，边郡数惊，朕甚闵之。今欲举兵以攻匈奴，如何?”大行臣恢，再拜稽首曰：“陛下不言，臣固谒之。臣闻全代之时，北未尝不有强胡之敌，内连中国之兵也，然尚得养老长幼，树种以时，仓廪常实，守御之备具，匈奴不敢轻慢也。今以陛下之威，海内为一家，天下同任，遣子弟乘边守塞，转粟挽输，以为之备，而匈奴侵盗不休者，无他，不痛之患也。臣以为击之便。”御史大夫臣安国稽首再拜曰：“不然。臣闻高皇帝尝围于平城，匈奴至而投鞍，高于城者数所，平城之危，七日不食，天下歌之。及解围反位，无忿怨之色，虽得天下，而不报平城之怨者，非以力不能也。夫圣人以天下为度也，不以己之私怒，伤天下之公义，故遣刘敬结为和亲，至今为五世利。孝文皇帝尝一屯天下之精兵于常溪广武，无尺寸之功，天下黔首约要之民，无不忧者。孝文皇帝悟兵之不可宿也，乃为和亲之约，至今为后世利。臣以为两主之迹，足以为效，臣故曰勿击便。”

大行曰：“不然。夫明于形者，分则不过于事；察于动者，用则不失于利；审于静者，恬则免于患。高帝被坚执锐，以除天下之害，蒙矢石，沾风雨，行几十年，伏尸满泽，积首若山，死者什七，存者什三，行者垂泣而倪于兵。夫以末力厌事之民，而蒙匈奴饱逸，其势不便，故结和亲之约者，所以休天下之民。高皇帝明于形而以分事，通于动静之时，盖五帝不相同乐，三王不相袭礼者，非故相反也，各因时之宜也。教与时变，备与敌化，守一而不易，不足以子民。今匈奴纵意日久矣，侵盗无已，系虏人民，戍卒死伤，中国道路，槥车相望，此仁人之所哀也。臣故曰击之便。”御史大夫曰：“不然，臣闻之，利不什，不易业，功不百，不变常。是故古之人君，谋事必就圣，发政必择语，重作事也。自三代之盛，远方夷狄，不与正朔服色，非威不能制，非强不能服也，以为远方绝域不牧之民，不足以烦中国也。且匈奴者，轻疾悍亟之兵也，畜牧为业，弧弓射猎，逐兽随草，居处无常，难得而制也。至不及图，去不可追，来若猋风，解若收电，今使边郡久废耕织之业，以支匈奴常事，其势不权。臣故曰勿击为便。”

大行曰：“不然。夫神蛟济于渊，而凤鸟乘于风，圣人因于时。昔者秦缪公都雍郊，地方三百里，知时之变，攻取西戎，辟地千里，并国十二，陇西、北地是也。其后蒙恬为秦侵胡，以河为境，累石为城，积木为塞，匈奴不敢饮马于河，置烽燧，然后敢牧马。夫匈奴，可以力服也，不可以仁畜也，今以中国之大，万倍之资，遣百分之一，以攻匈奴，譬如以千石之弩，射且溃之疽，必不留行矣，则北发、月氏，可得而臣也。臣故曰击之便。”御史大夫曰：“不然。臣闻善战者，以饱待饥，安行定舍，以待其劳，整治施德，以待其乱，故接兵覆众，伐国堕城，常坐而役敌国，此圣人之兵也。夫冲风之衰也，不能起毛羽，强弩之末，力不能入鲁缟，盛之有衰也，犹朝之必暮也。今卷甲而轻举，深入而长驱，难以为功。夫横行则中绝，从行则迫胁，徐则后利，疾则粮乏，不至千里，人马绝食，劳以遇敌，正遗人获也。意者有他诡妙，可以擒之，则臣不知，不然，未见深入之利也。臣故曰勿击之便。”

大行曰：“不然。夫草木之中霜雾，不可以风过，清水明镜，不可以形遁也，通方之人，不可以文乱。今臣言击之者，故非发而深入也，将顺单于之欲，诱而致之边，吾伏轻卒锐士以待之，阴遮险阻以备之，吾势以成，或当其左，或当其右，或当其前，或当其后，单于可擒，百必全取。臣以为击之便。”于是遂从大行之言。孝武皇帝自将师伏兵于马邑，诱致单于。单于既入塞，觉之，奔走而去。其后交兵接刃，结怨连祸，相攻击十年，兵凋民劳，百姓空虚，道殣相望，槥车相属，寇盗满山，天下摇动。孝武皇帝后悔之，御史大夫桑弘羊请佃轮台。诏却曰：“当今之务，务在禁苛暴，止擅赋，今乃远西佃，非所以慰民也。朕不忍闻。”封丞相号曰富民侯，遂不复言兵事。国家以宁，继嗣以定，从韩安国之本谋也。①

十、扬雄的民族关系思想

建平四年（前3年），单于上书请求朝见哀帝，此时的哀帝患病，有的

① （西汉）刘向著，石光瑛校释：《新序校释》，中华书局2001年版，第1381—1402页。

大臣认为此前单于来朝，多有大事发生，加上迎接单于需要花费大量的金帛赏赐，群臣均认为应拒绝单于朝见。黄门侍郎扬雄据理力争，上书劝谏，他在分析匈奴民族特性的基础上，回顾了自平城之围以来汉匈关系的发展历程，匈奴为汉之强敌，经过武、昭、宣三代之打击，耗尽了大量的人力、物力、财力，终于使得匈奴臣服，“益求和亲”，汉匈之间得以和平相处，如果拒绝单于的朝见，极易引起边境冲突，为匈奴入侵提供口实，在此基础上应当继续推行羁縻政策，奉行“和亲”。

> 建平四年，单于上书愿朝五年。时哀帝被疾，或言匈奴从上游来厌人，自黄龙、竟宁时，单于朝中国辄有大故。上由是难之，以问公卿，亦以为虚费府帑，可且勿许。单于使辞去，未发，黄门郎扬雄上书谏曰：
>
> 臣闻《六经》之治，贵于未乱；兵家之胜，贵于未战。二者皆微，然而大事之本，不可不察也。今单于上书求朝，国家不许而辞之，臣愚以为汉与匈奴从此隙矣。本北地之狄，五帝所不能臣，三王所不能制，其不可使隙甚明。臣不敢远称，请引秦以来明之：
>
> 以秦始皇之强，蒙恬之威，带甲四十余万，然不敢窥西河，乃筑长城以界之。会汉初兴，以高祖之威灵，三十万众困于平城，士或七日不食。时奇谲之士石画之臣甚众，卒其所以脱者，世莫得而言也。又高皇后尝忿匈奴，群臣庭议，樊哙请以十万众横行匈奴中，季布曰：“哙可斩也，妄阿顺指！”于是大臣权书遗之，然后匈奴之结解，中国之忧平。及孝文时，匈奴侵暴北边，候骑至雍甘泉，京师大骇，发三将军屯细柳、棘门、霸上以备之，数月乃罢。孝武即位，设马邑之权，欲诱匈奴，使韩安国将三十万众徼于便地，匈奴觉之而去，徒费财劳师，一虏不可得见，况单于之面乎！其后深惟社稷之计，规恢万载之策，乃大兴师数十万，使卫青、霍去病操兵，前后十余年。于是浮西河，绝大幕，破寘颜，袭王庭，穷极其地，追奔逐北，封狼居胥山，禅于姑衍，以临翰海，虏名王贵人以百数。自是之后，匈奴震怖，益求和亲，然而未肯称臣也。

且夫前世岂乐倾无量之费，役无罪之人，快心于狼望之北哉？以为不壹劳者不久佚，不暂费者不永宁，是以忍百万之师以摧饿虎之喙，运府库之财填卢山之壑而不悔也。至本始之初，匈奴有桀心，欲掠乌孙，侵公主，乃发五将之师十五万骑猎其南，而长罗侯以乌孙五万骑震其西，皆至质而还。时鲜有所获，徒奋扬威武，明汉兵若雷风耳。虽空行空反，尚诛两将军。故北狄不服，中国未得高枕安寝也。逮至元康、神爵之间，大化神明，鸿恩溥洽，而匈奴内乱，五单于争立，日逐、呼韩邪携国归化，扶伏称臣，然尚羁縻之，计不专制。自此之后，欲朝者不拒，不欲者不强。何者？外国天性忿鸷，形容魁健，负力怙气，难化以善，易肄以恶，其强难诎，其和难得。故未服之时，劳师远攻，倾国殚货，伏尸流血，破坚拔敌，如彼之难也；既服之后，慰荐抚循，交接赂遗，威仪俯仰，如此之备也。往时尝屠大宛之城，蹈乌桓之垒，探姑缯之壁，籍荡姐之场，艾朝鲜之旃，拔两越之旗，近不过旬月之役，远不离二时之劳，固已犁其庭，扫其闾，郡县而置之，云彻席卷，后无余灾。唯北狄为不然，真中国之坚敌也，三垂比之悬矣，前世重之兹甚，未易可轻也。

今单于归义，怀款诚之心，欲离其庭，陈见于前，此乃上世之遗策，神灵之所想望，国家虽费，不得已者也。奈何距以来厌之辞，疏以无日之期，消往昔之恩，开将来之隙！夫款而隙之，使有恨心，负前言，缘往辞，归怨于汉，因以自绝，终无北面之心，威之不可，谕之不能，焉得不为大忧乎！夫明者视于无形，聪者听于无声，诚先于未然，即蒙恬、樊哙不复施，棘门、细柳不复备，马邑之策安所设，卫、霍之功何得用，五将之威安所震？不然，壹有隙之后，虽智者劳心于内，辩者毂击于外，犹不若未然之时也。且往者图西域，制车师，置城郭都护三十六国，费岁以大万计者，岂为康居、乌孙能逾白龙堆而寇西边哉？乃以制匈奴也。夫百年劳之，一日失之，费十而爱一，臣窃为国不安也。唯陛下少留意于未乱未战，以遏边萌之祸。①

① （东汉）班固：《汉书》卷九四下，第3812—3816页。

哀帝采纳了扬雄的建议，同意单于朝见，“书奏，天子寤焉，召还匈奴使者，更报单于书而许之。赐雄帛五十匹，黄金十斤。单于未发，会病，复遣使愿朝明年。故事，单于朝，从名王以下及从者二百余人。单于又上书言：‘蒙天子神灵，人民盛壮，愿从五百人入朝，以明天子盛德。’上皆许之。”① “从汉匈民族关系史发展的角度来看，正是因为有扬雄这一类人的民族策略，使进入黄河流域的匈奴在下一个历史时期渐渐融入汉民族，给汉民族增加了新鲜的民族活力和新的民族基因。”②

第三节　东汉“诸子”的民族关系思想

一、桓谭的民族关系思想

东汉初年，国力孱弱，桓谭力主推行羁縻和亲政策。他总结了西汉两百余年的汉匈关系史，认为凡是推行“和亲”政策的时代，汉匈和平相处，盛世出现，若出兵征伐，耗尽国力，依然不能使其彻底归服，桓谭建议推行“和亲”政策，以德怀之：“北蛮之先，兴中国并，历年兹多，不可记也。仁者不能以德来，强者不能以力并也。其性忿鸷，兽聚而鸟散，其强难屈，而和难得，是以圣王羁縻而不专制也。昔周室衰微，夷狄交侵，中国不绝如线，于是宣王中兴，仅得复其侵地。……汉兴，高祖见围于平城。吕后时为不轨之言。文帝时匈奴大入，烽火候骑，至雍甘泉。景、武之间，兵出数困，卒不能擒制。即与之结和亲，然后边甬得安，中国以宁。其后匈奴内乱，分为五单于，甘延寿得承其弊，以深德呼韩邪单于，故肯委质称臣，来入朝见汉家。汉家得以宣德广之隆，而威示四海，莫不率服，历世无寇。”③

桓谭批判了王莽对匈奴的战争政策，此时匈奴的入侵完全是由王莽的民族政策失误造成的，不仅未能分裂匈奴，反而是激化了国内的阶级矛盾，颠覆了王莽的统治：“安危尚未可知，而猥复侵刻匈奴，往攻夺其玺绶，而

---

① （东汉）班固：《汉书》卷九四下，第 3817 页。

② 王文光、杨琼珍：《试论汉代的边疆民族观与治边策略——以〈汉书〉为中心》，《思想战线》2016 年第 6 期。

③ （东汉）桓谭：《新论》，第 20—21 页。

贬损其大臣号位，变易旧常，分单于为十五，是以恨恚大怒，事相攻拒。王翁不自非悔；及遂持屈强无理，多拜将率，调发兵马，运徙粮食财物，以弹索天下。天下愁恨怨苦，因大扰乱，竟不能挫伤一胡虏，徒自穷极竭尽而已。《书》曰：‘天孽可避，自作孽不可活。’其斯之谓矣。夫高帝之见围，十日不食，及得免脱，遂无愠色，诚知其往攻非务，而怨之无益也。今匈奴负于王翁，王翁就往侵削扰之，故使事至于斯，岂所谓‘肉自生虫，而人自生祸’者邪！其为不急，乃剧如此，自作之甚者也。”①

二、班彪的民族关系思想

光武帝时期，匈奴再次分裂为南北两部，南单于归附，“东汉初期，光武帝刘秀处理汉与匈奴的基本思想和政策，就是‘扶南抑北’”②。北匈奴为了缓解南匈奴对其的军事压力，亦向汉遣使贡献，并请求恢复和亲，双方进行关市贸易，司徒掾班彪建议答应北单于的强求，羁縻待之，使南北匈奴相互牵制，汉得渔翁之利：

二十八年，北匈奴复遣使诣阙，贡马及裘，更乞和亲，并请音乐，又求率西域诸国胡客与俱献见。帝下三府议酬答之宜。司徒掾班彪奏曰：

臣闻孝宣皇帝敕边守尉曰：“匈奴大国，多变诈。交接得其情，则却敌折冲；应对入其数，则反为轻欺。”今北匈奴见南单于来附，惧谋其国，故数乞和亲，又远驱牛马与汉合市，重遣名王，多所贡献，斯皆外示富强，以相欺诞也。臣见其献益重，知其国益虚，归亲愈数，为惧愈多。然今既未获助南，则亦不宜绝北，羁縻之义，礼无不答。谓可颇加赏赐，略与所献相当，明加晓告以前世呼韩邪、郅支行事。报答之辞，令必有适。今立稿草并上，曰：“单于不忘汉恩，追念先祖旧约，欲修和亲，以辅身安国，计议甚高，为单于嘉之。往者，匈奴

① （东汉）桓谭：《新论》，第 21 页。

② 崔明德：《班彪祖孙三代的民族关系思想》，《烟台大学学报》（哲学社会科学版）2007 年第 1 期。

数有乖乱，呼韩邪、郅支自相仇隙，并蒙孝宣皇帝垂恩救护，故各遣侍子称藩保塞。其后郅支忿戾，自绝皇泽，而呼韩附亲，忠孝弥著。及汉灭郅支，遂保国传嗣，子孙相继。今南单于携众南向，款塞归命。自以呼韩嫡长，次第当立，而侵夺失职，猜疑相背，数请兵将，归埽北庭，策谋纷纭，无所不至。惟念斯言不可独听，又以北单于比年贡献，欲修和亲，故拒而未许，将以成单于忠孝之义。汉秉威信，总率万国，日月所照，皆为臣妾。殊俗百蛮，义无亲疏，服顺者褒赏，叛逆者诛罚，善恶之效，呼韩、郅支是也。今单于欲修和亲，款诚已达，何嫌而欲率西域诸国俱来献见？西域国属匈奴，与属汉何异？单于数连兵乱，国内虚耗，贡物裁以通礼，何必献马裘？今赍杂缯五百匹，弓鞬韣丸一，矢四发，遣遗单于。又赐献马左骨都侯、右谷蠡王杂缯各四百匹，斩马剑各一。单于前言先帝时所赐呼韩邪竽、瑟、空侯皆败，愿复裁赐。念单于国尚未安，方厉武节，以战攻为务，竽瑟之用不如良弓利剑，故未以赍。朕不爱小物于单于，便宜所欲，遣驿以闻。”①

光武帝采纳了班彪的羁縻之策，“帝悉纳从之。二十九年，赐南单于羊数万头。三十一年，北匈奴复遣使如前，乃玺书报答，赐以彩缯，不遣使者。”②

汉武帝时曾在西北设置护羌校尉，“秩比二千石，持节，以护西羌。”③王莽建立新朝之后废除了护羌校尉。后时局动荡，王莽无暇顾及西北，羌族各部落进入凉州诸郡。建武九年（33 年），时任司徒掾的班彪上书光武帝，提出重新设置护羌校尉，羁縻管理羌族各部。“今凉州部皆有降羌，羌胡被发左衽，而与汉人杂处，习俗既异，言语不通，数为小吏黠人所见侵夺，穷恚无聊，故致反叛。夫蛮夷寇乱，皆为此也。旧制益州部置蛮夷骑都尉，幽州部置领乌桓校尉，凉州部置护羌校尉，皆持节领护，理其怨结，岁时循行，问所疾苦。又数遣使驿通动静，使塞外羌夷为吏耳目，州郡因此可得儆

① （南朝宋）范晔：《后汉书》卷八九，第 2946—2947 页。

② （南朝宋）范晔：《后汉书》卷八九，第 2948 页。

③ （南朝宋）范晔：《后汉书》卷一下，第 55 页。

备。今宜复如旧，以明威防。”[①] 光武帝采纳了他的建议，任命牛邯为护羌校尉。班彪还建议在东北地区设置护乌桓校尉。新莽时期，乌桓与匈奴联合袭扰边境诸郡，“居止近塞，朝发穹庐，暮至城郭，五郡民庶，家受其辜，至于郡县损坏，百姓流亡。”[②] 建武二十一年，伏波将军马援击败乌桓诸部。匈奴北迁之后，乌桓占据漠南之地。建武二十五年，“辽西乌桓大人郝旦等九百二十二人率众向化，诣阙朝贡，献奴婢牛马及弓虎豹貂皮。”[③] 大量的乌桓部落为了获得汉朝的珍宝赏赐，选择归附，东汉政府允许其迁徙至边境地区，协助汉军攻击匈奴、鲜卑。司徒掾班彪认为乌桓诸部一贯桀骜难治，长期屯驻于各边郡，边郡长吏难以控制，必须要设置护乌桓校尉，羁縻领护乌桓诸部落，并主持双方的互市，“乌桓天性轻黠，好为寇贼，若久放纵而无总领者，必复侵掠居人，但委主降掾史，恐非所能制。臣愚以为宜复置乌桓校尉，诚有益于附集，省国家之边虑。”[④] 光武帝采纳了班彪的建议，“于是始复置校尉于上谷宁城，开营府，并领鲜卑，赏赐质子，岁时互市焉。”[⑤]

三、王充的民族关系思想

《论衡》多被认为是一部哲学著作，但其中也体现了王充的民族关系思想。以往学者多注重研究王充的哲学思想，对其民族观确是鲜有涉及，“王充深受儒家传统经学的影响，也崇尚‘夷夏有辨’思想，并以此为基础发展出‘内华夏外夷狄’的夷夏有别观和‘以夏变夷’的观念”[⑥]。王充受传统儒家夷夏观的影响，强调夷夏有别，“天之去人，高数万里，使耳附天，听数万里之语，弗能闻也。人坐楼台之上，察地之蝼蚁，尚不见其体，安能闻其声？何则？蝼蚁之体细，不若人形大，声音孔气，不能达也。今天之崇高，非直楼台，人体比于天，非若蝼蚁于人也。谓天非若蝼蚁于人也。谓天闻人

① （南朝宋）范晔：《后汉书》卷八七，第2878页。

② （南朝宋）范晔：《后汉书》卷九〇，第2982页。

③ （南朝宋）范晔：《后汉书》卷九〇，第2982页。

④ （南朝宋）范晔：《后汉书》卷九〇，第2982页。

⑤ （南朝宋）范晔：《后汉书》卷九〇，第2982页。

⑥ 董文武、崔英杰、赵涛：《从〈论衡〉看东汉思想家王充的民族观》，《廊坊师范学院学报》（社会科学版）2011年第3期。

言，随善恶为吉凶，误矣。四夷入诸夏，因译而通。同形均气，语不相晓，虽五帝三王，不能去译独晓四夷，况天与人异体，音与人殊乎？人不晓天所为，天安能知人所行？使天体乎？耳高，不能闻人言；使天气乎？气若云烟，安能听人辞？”① 王充亦强调仁义道德是区别夷与夏的重要标准，“诸夏之人所以贵于夷狄者，以其通仁义之文，知古今之学也。”②

王充亦强调夷夏互变，夷狄之人学习仁义，则转为华夏，“凡含血气者，教之所以异化也。三苗之民，或贤或不肖，尧、舜齐之，恩教加也。楚、越之人，处庄、岳之间，经历岁月，变为舒缓，风俗移也。故曰：‘齐舒缓，秦慢易，楚促急，燕戆投。’以庄、岳言之，四国之民，更相出入，久居单处，性必变易。夫性恶者，心比木石，木石犹为人用，况非木石！在君子之迹，庶几可见。”③ 华夏之人若弃学礼义，则与夷狄无异，“如徒作其胸中之知以取衣食，经历年月，白首没齿，终无晓知，夷狄之次也。观夫蜘蛛之经丝以网飞虫也，人之用作，安能过之？任胸中之知，舞权利之诈，以取富寿之乐，无古今之学，蜘蛛之类也。含血之虫，无饿死之患，皆能以知求索饮食也。”④ 明确指出教化是促进夷夏互变的关键因素，南越王赵佗因放弃礼义而成为夷狄，后又受到陆贾的恩德教化而归于汉化，“人间之水污浊，在野外者清洁。俱为一水，源从天涯，或浊或清，所在之势使之然也。南越王赵他，本汉贤人也，化南夷之俗，背叛王制，椎髻箕坐，好之若性。陆贾说以汉德，惧以圣威，蹶然起坐，心觉改悔，奉制称蕃，其于椎髻箕坐也，恶之若性。前则若彼，后则若此。由此言之，亦在于教，不独在性也。”⑤

王充生活于东汉的盛世时期，政治安定，国力强盛，百姓安居乐业，边境安宁，边境的少数民族多贡献纳质，民族融合成为主流。王充在《论衡》中赞扬了大一统下的民族融合，汉王朝已经超越了殷周，德化于要荒蛮之地，“殷、周之地，极五千里，荒服、要服，勤能牧之。汉氏廓土，牧万

① 黄晖：《论衡校释》，第 206 页。
② 黄晖：《论衡校释》，第 600 页。
③ 黄晖：《论衡校释》，第 78—79 页。
④ 黄晖：《论衡校释》，第 600—601 页。
⑤ 黄晖：《论衡校释》，第 82—83 页。

里之外，要、荒之地，褒衣博带。夫德不优者，不能怀远；才不大者，不能博见。故多闻博识，无顽鄙之訾；深知道术，无浅暗之毁也。”[①]汉王朝呈现出了超越殷周的强大民族凝聚力，并着重指出汉王朝以德化来凝聚各族，而非武力征伐：“武王伐纣，庸、蜀之夷，佐战牧野。成王之时，越常献雉，倭人贡畅。幽、厉衰微，戎、狄攻周，平王东走，以避其难。至汉，四夷朝贡。孝平元始元年，越常重译，献白雉一，黑雉二。夫以成王之贤，辅以周公，越常献一，平帝得三。后至四年，金城塞外，羌良桥桥种良愿等，献其鱼盐之地，愿内属汉，遂得西王母石室，因为西海郡。周时戎、狄攻王，至汉内属，献其宝地。西王母国在绝极之外，而汉属之。德孰大？壤孰广？方今哀牢、鄯善、诺降附归德。匈奴时扰，遣将攘讨，获虏生口千万数。夏禹倮入吴国。太伯采药，断发文身。唐、虞国界，吴为荒服，越在九夷，罽衣关头，今皆夏服，褒衣履舄。巴、蜀、越嶲、郁林、日南、辽东、乐浪，周时被发椎髻，今戴皮弁；周时重译，今吟《诗》《书》。”[②]在王充看来，在汉王朝强盛国力的基础上，不战而屈人之兵的德化策略，较之武力征伐，更能有效地统一各族。

四、班固的民族关系思想

班固继承了其父班彪的羁縻思想，总结了汉匈关系发展的历程，不同的时期有不同的策略，或和亲，或战争，均未能彻底降服匈奴，力主对北匈奴实施羁縻政策，派遣使节赏赐施惠，“时北单于遣使贡献，求欲和亲，诏问群僚。议者或以为‘匈奴变诈之国，无内向之心，徒以畏汉威灵，逼惮南虏，故希望报命，以安其离叛。今若遣使，恐失南虏亲附之欢，而成北狄猜诈之计，不可。’固议曰：‘窃自惟思，汉兴已来，旷世历年，兵缠夷狄，尤事匈奴。绥御之方，其途不一，或修文以和之，或用武以征之，或卑下以就之，或臣服而致之。虽屈申无常，所因时异，然未有拒绝弃放，不与交接者也。故自建武之世，复脩旧典，数出重使，前后相继，至于其末，始乃暂

① 黄晖：《论衡校释》，第596页。
② 黄晖：《论衡校释》，第831—833页。

绝。永平八年，复议通之。而廷争连日，异同纷回，多执其难，少言其易。先帝圣德远览，瞻前顾后，遂复出使，事同前世。以此而推，未有一世阙而不修者也。今乌桓就阙，稽首译官，康居、月氏，自远而至，匈奴离析，名王来降，三方归服，不以兵威，此诚国家通于神明自然之征也。臣愚以为宜依故事，复遣使者，上可继五凤、甘露致远人之会，下不失建武、永平羁縻之义。虏使再来，然后一往，既明中国主在忠信，且知圣朝礼义有常，岂可逆诈示猜，孤其善意乎？绝之未知其利，通之不闻其害。设后北虏稍强，能为风尘，方复求为交通，将何所及？不若因今施惠，为策近长。’”① 其实班固推崇的羁縻政策是以积极防御为基础，以礼仪交往、物质赏赐为手段的一种策略。“班固还把‘羁縻不绝’视为圣王控制和驾御蛮夷的普遍方式。”②

班固虽然力主对匈奴推行羁縻政策，但是并不反对在关键时刻与匈奴进行决战。他支持大将军窦宪进军至漠北一举解决北匈奴问题，在《封燕然山铭》中充分肯定了这一场战争：“惟永元元年秋七月，有汉元舅曰车骑将军窦宪，寅亮圣明，登翼王室，纳于大麓，惟清缉熙。乃与执金吾耿秉，述职巡御，理兵于朔方。鹰扬之校，螭虎之士，爰该六师，暨南单于、东乌桓、西戎氐羌侯王君长之群，骁骑三万。元戎轻武，长毂四分，云辎蔽路，万有三千余乘。勒以八阵，莅以威神，玄甲耀日，朱旗绛天。遂陵高阙，下鸡鹿，经碛卤，绝大漠，斩温禺以衅鼓，血尸逐以染锷。然后四校横徂，星流彗扫，萧条万里，野无遗寇。于是域灭区单，反旆而旋，考传验图，穷览其山川。遂逾涿邪，跨安侯，乘燕然，蹑冒顿之区落，焚老上之龙庭。上以摅高、文之宿愤，光祖宗之玄灵；下以安固后嗣，恢拓境宇，振大汉之天声。兹所谓一劳而久逸，暂费而永宁者也。乃遂封山刊石，昭铭上德。其辞曰：铄王师兮征荒裔，剿凶虐兮截海外，夐其邈兮亘地界，封神丘兮建隆嵑，熙帝载兮振万世。”③ “数十年的相对安定与国力恢复，又逢北匈奴虚弱，

① （南朝宋）范晔：《后汉书》卷四〇下，第 1374 页。

② 崔明德：《班彪祖孙三代的民族关系思想》，《烟台大学学报》（哲学社会科学版）2007 年第 1 期。

③ （南朝宋）范晔：《后汉书》卷二三，第 815—817 页。

使汉室具备了调整对匈战略的主客观条件，一击即成，这基本上没有脱离班固的战略弹性观。”①

五、宋意的民族关系思想

宋意提出了使南匈奴、北匈奴、鲜卑三者相互制约的思想。章和二年(88年)，鲜卑大败北匈奴，北单于西逃，南单于乘机提出回到北王庭，朝中大臣大都同意，尚书宋意认为若答应南匈奴北迁，则其必会收集北匈奴余众，统一匈奴，势必为汉之大患，鲜卑亦不满于南匈奴的北迁，侵夺汉朝，不如拒绝南匈奴的请求，并接受北匈奴的归顺，使得南匈奴、北匈奴、鲜卑三者相互制约。“章和二年，鲜卑击破北匈奴，而南单于乘此请兵北伐，因欲还归旧庭。时窦太后临朝，议欲从之。意上疏曰：‘夫戎狄之隔远中国，幽处北极，界以沙漠，简贱礼义，无有上下，强者为雄，弱即屈服。自汉兴以来，征伐数矣，其所克获，曾不补害。光武皇帝躬服金革之难，深昭天地之明，故因其来降，羁縻畜养，边人得生，劳役休息，于兹四十余年矣。今鲜卑奉顺，斩获万数，中国坐享大功，而百姓不知其劳，汉兴功烈，于斯为盛。所以然者，夷虏相攻，无损汉兵者也。臣察鲜卑侵伐匈奴，正是利其抄掠，及归功圣朝，实由贪得重赏。今若听南虏还都北庭，则不得不禁制鲜卑。鲜卑外失暴掠之愿，内无功劳之赏，豺狼贪婪，必为边患。今北虏西遁，请求和亲，宜因其归附，以为外捍，巍巍之业，无以过此。若引兵费赋，以顺南虏，则坐失上略，去安即危矣。诚不可许。’会南单于竟不北徙。”②

东汉中后期，汉羌关系成为东汉面对的主要民族关系，汉羌关系逐步恶化，东汉统治者及地方政府经常征发他们的兵役，而且还加重对他们的税赋剥削，羌族民众发动了三次大规模的起义，虽然遭到镇压，但羌民屡仆屡起，使得东汉王朝受到沉重打击。

---

① 杨元超：《班固的对外战略观探析》，《新经济》2021年第1期。

② （南朝宋）范晔：《后汉书》卷四一，第1415—1416页。

六、曹凤、虞诩的民族关系思想

和帝永元年间，大破西羌迷唐部，“时西海及大、小榆谷左右无复羌寇。”① 隃麋相曹凤上书和帝，在刚刚收复的西海、大、小榆谷设立郡县，设置屯田，占据西海鱼盐之利，从经济上彻底削弱烧当羌部，“西戎为害，前世所患，臣不能纪古，且以近事言之。自建武以来，其犯法者，常从烧当种起。所以然者，以其居大、小榆谷，土地肥美，又近塞内，诸种易以为非，难以攻伐。南得钟存以广其众，北阻大河因以为固，又有西海鱼盐之利，缘山滨水，以广田蓄，故能强大，常雄诸种，恃其权勇，招诱羌胡。今者衰困，党援坏沮，亲属离叛，余胜兵者不过数百，亡逃栖窜，远依发羌。臣愚以为宜及此时，建复西海郡县，规固二榆，广设屯田，隔塞羌胡交关之路，遏绝狂狡窥欲之源。又殖谷富边，省委输之役，国家可以无西方之忧。”② 和帝任命曹凤为金城西部都尉，采纳其屯田建议，沿河设立 34 部屯田，成效显著，烧当羌部彻底衰落，“于是拜凤为金城西部都尉，将徙士屯龙耆。后金城长史上官鸿上开置归义、建威屯田二十七部，侯霸复上置东西邯屯田五部，增留、逢二部，帝皆从之。列屯夹河，合三十四部。其功垂立。至永初中，诸羌叛，乃罢。迷唐失众，病死。有一子来降，户不满数十。”③

尚书仆射虞诩上疏顺帝请求在安定、北地、上郡、陇西徙民屯田，减省内郡军粮转漕，并为长安之屏障。“臣闻子孙以奉祖为孝，君上以安民为明，此高宗、周宣所以上配汤、武也。《禹贡》雍州之域，厥田惟上。且沃野千里，谷稼殷积，又有龟兹盐池以为民利。水草丰美，土宜产牧，牛马衔尾，群羊塞道。北阻山河，乘厄据险。因渠以溉，水舂河漕。用功省少，而军粮饶足。故孝武皇帝及光武筑朔方，开西河，置上郡，皆为此也。而遭元元无妄之灾，众羌内溃，郡县兵荒二十余年。夫弃沃壤之饶，损自然之财，不可谓利；离河山之阻，守无险之处，难以为固。今三郡未复，园陵单外，而公卿选懦，容头过身，张解设难，但计所费，不图其安。宜开圣德，考行

① （南朝宋）范晔：《后汉书》卷八七，第 2885 页。

② （南朝宋）范晔：《后汉书》卷八七，第 2885 页。

③ （南朝宋）范晔：《后汉书》卷八七，第 2885 页。

所长。”① 顺帝采纳其建议，派谒者郭璜安抚流民，修缮曾经被羌兵占领过的城邑，疏理沟渠，广设屯田，使得边境诸郡的存粮得以食用数年，“书奏，帝乃复三郡。使谒者郭璜督促徙者，各归旧县，缮城郭，置候驿。既而激河浚渠为屯田，省内郡费岁一亿计。遂令安定、北地、上郡及陇西、金城常储谷粟，令周数年。”②

七、庞参的民族关系思想

永初元年（107 年），凉州先零羌起兵，车骑将军邓骘率兵平叛，谒者庞参上书安帝，鉴于平定羌乱极大地增加了东汉政府的财政负担，路途遥远，粮食转运困难，兵徭繁重，提出了放弃已被羌兵攻破的凉州，迁徙民众于三辅之地，并在关中地区屯田，设置新防线阻挡羌兵，“永初元年，凉州先零种羌反叛，遣车骑将军邓骘讨之。参于徒中使其子俊上书曰：‘方今西州流民扰动，而征发不绝，水潦不休，地力不复。重之以大军，疲之以远戍，农功消于转运，资财竭于征发。田畴不得垦辟，禾稼不得收入，搏手困穷，无望来秋。百姓力屈，不复堪命。臣愚以为万里运粮，远就羌戎，不若总兵养众，以待其疲。车骑将军骘宜且振旅，留征西校尉任尚使督凉州士民，转居三辅。休徭役以助其时，止烦赋以益其财，令男得耕种，女得织纴，然后畜精锐，乘懈沮，出其不意，攻其不备，则边人之仇报，奔北之耻雪矣。’……四年，羌寇转盛，兵费日广，且连年不登，谷石万余。参奏记于邓骘曰：‘比年羌寇特困陇右，供徭赋役为损日滋，官负人责数十亿万。今复募发百姓，调取谷帛，衒卖什物，以应吏求。外伤羌虏，内困征赋。遂乃千里转粮，远给武都西郡。途路倾阻，难劳百端，疾行则钞暴为害，迟进则谷食稍损，运粮散于旷野，牛马死于山泽。县官不足，辄贷于民。民已穷矣，将从谁求？名救金城，而实困三辅。三辅既困，还复为金城之祸矣。参前数言宜弃西域，乃为西州士大夫所笑。今苟贪不毛之地，营恤不使之民，暴军伊吾之野，以虑三族之外，果破凉州，祸乱至今。夫拓境不宁，无益于

① （南朝宋）范晔：《后汉书》卷八七，第 2893 页

② （南朝宋）范晔：《后汉书》卷八七，第 2893 页。

强；多田不耕，何救饥敝！故善为国者，务怀其内，不求外利；务富其民，不贪广土。三辅山原旷远，民庶稀疏，故县丘城，可居者多。今宜徙边郡不能自存者，入居诸陵，田戍故县。孤城绝郡，以权徙之；转运远费，聚而近之；徭役烦数，休而息之。此善之善者也。’骘及公卿以国用不足，欲从参议，众多不同，乃止。”①

“庞参等人考虑更多的是中原眼前的利益，企图弃边徙民，牺牲边民的利益换取中原的安定。”② 邓骘以及三公九卿们想要听从庞参的建议放弃凉州，但此举影响太大，引起了朝中大臣以及大量士大夫的一致反对，只能放弃。庞参只看到了平定羌乱给国家财政以及内地百姓所带来的危害与负担，并未看到凉州等地区对东汉王朝国防以及统一的重要意义。

八、王符的民族关系思想

针对庞参的建议，王符针锋相对地指出面对羌骑兵的进攻，不能一味退却，一旦放弃凉州，三辅沦为边境，若再放弃三辅，则弘农郡成为边境，放弃弘农，则洛阳成为边境，以此类推，则推至东海郡为边境，东汉王朝最后还剩下哪里作为边境呢？“前羌始反，公卿师尹咸欲捐弃凉州，却保三辅，朝廷不听。后羌遂侵，而论者多恨不从惑议。余窃笑之，所谓媾亦悔，不媾亦有悔者尔，未始识变之理。地无边，无边亡国。是故失凉州，则三辅为边；三辅内入，则弘农为边；弘农内入，则洛阳为边。推此以相况，虽尽东海犹有边也。今不厉武以诛虏，选材以全境，而云边不可守，欲先自割，示便寇敌，不亦惑乎！昔乐毅以㤥㤥之小燕，破灭强齐，威震天下，真可谓良将矣。然即墨大夫以孤城独守，六年不下，竟完其民。田单帅穷卒五千，击走骑劫，复齐七十余城，可谓善用兵矣。围聊、莒连年，终不能拔。此皆以至强攻至弱，以上智图下愚，而犹不能克者何也？曰：攻常不足，而守恒有余也。前日诸郡，皆据列城而拥大众。羌虏之智，非乃乐毅、田单也；郡县之阨，未若聊、莒、即墨也。然皆不肯专心坚守，而反强驱劫其民，捐弃

---

① （南朝宋）范晔：《后汉书》卷五一，第 1687—1688 页。

② 赵梅春：《王符的治边思想》，《中国边疆史地研究》2002 年第 2 期。

仓库，背城邑走。由此观之，非苦城乏粮也，但苦将不食尔。”①

王符深刻剖析了羌兵屡胜、汉军屡败的原因。羌兵的步步紧逼与东汉王朝的政策失误有很大的关系，而东汉政府的政策失误则与边郡地方官吏密切相关，边郡官吏面对羌兵的进攻，怯懦不进，未能因民之情，及时率领兵民平叛，或者虚报战功，或者谎称敌情，致使汉中央无法作出正确的判断，战乱愈演愈烈，“前羌始叛，草创新起，器械未备，虏或持铜镜以象兵，或负板案以类楯，惶惧扰攘，未能相持。一城易制尔，郡县皆大炽。及百姓暴被殃祸，亡失财货，人哀奋怒，各欲报仇，而将帅皆怯劣软弱，不敢讨击，但坐调文书，以欺朝廷。实杀民百则言一，杀虏一则言百；或虏实多而谓之少，或实少而谓之多。倾侧巧文，要取便身利己，而非独忧国之大计，哀民之死亡也。”②

更为恶劣的是边郡官吏竟然趁羌乱，利用府库财物，发放高利贷，又乘机盘剥百姓，上至地方豪强下至普通百姓大多被盘剥殆尽，地方政府对于百姓的苛酷甚于羌兵，“又放散钱谷，殚尽府库，乃复从民假贷，强夺财货。千万之家，削身无余，万民匮竭，因随以死亡者，皆吏所饿杀也。其为酷痛，甚于逢虏。寇钞贼虏，忽然而过，未必死伤。至吏所搜索剽夺，游踵涂地，或覆宗灭族，绝无种类；或孤妇女，为人奴婢，远见贩卖，至令不能自活者，不可胜数也。此之感天致灾，尤逆阴阳。”③

王符认为边郡太守令长极力主张内迁，在执行迁民政策时又乘机抢夺百姓财物，破坏其田宅，两汉几百年对于边郡的经营毁于一旦，百姓被迁徙至于幽、冀、兖、豫，荆、扬、蜀、汉之地，流离失散，饥饿至死，“且夫士重迁，恋慕坟墓，贤不肖之所同也。民之于徙，甚于伏法。伏法不过家一人死尔。诸亡失财货，夺土远移，不习风俗，不便水土，类多灭门，少能还者。代马望北，狐死首丘，边民谨顿，尤恶内留。虽知祸大，犹愿守其绪业，死其本处，诚不欲去之极。太守令长，畏恶军事，皆以素非此土之人，痛不著身，祸不及我家，故争郡县以内迁。至遣吏兵，发民禾稼，发彻屋

① （东汉）王符撰，（清）汪继培笺，彭铎校正：《潜夫论笺校正》，第258—259页。

② （东汉）王符撰，（清）汪继培笺，彭铎校正：《潜夫论笺校正》，第279页。

③ （东汉）王符撰，（清）汪继培笺，彭铎校正：《潜夫论笺校正》，第280页。

室，夷其营壁，破其生业，强劫驱掠，与其内人，捐弃羸弱，使死其处。当此之时，万民怨痛，泣血叫号，诚愁鬼神而感天心。然小民谨劣，不能自达阙廷，依官吏家，迫将威严，不敢有挚。民既夺土失业，又遭蝗旱饥匮，逐道东走，流离分散，幽、冀、兖、豫，荆、扬、蜀、汉，饥饿死亡，复失太半。边地遂以丘荒，至今无人。原祸所起，皆吏过尔。”①

羌兵之所以横扫并、凉、蜀、汉，与地方州郡牧守有很大的关系，他们不懂军事，不行赏罚，不注重军队的训练，突遇羌兵，必然失败，“前羌始反时，将帅以定令之群，藉富厚之蓄，据列城而气利势，权十万之众，将勇杰之士，以诛草创新叛散乱之弱虏，击自至之小寇，不能擒灭，辄为所败，令遂云烝起，合从连横，扫涤并、凉，内犯司隶，东寇赵、魏，西钞蜀、汉，五州残破，六郡削迹。此非天之灾，长吏过尔。孙子曰：‘将者，民之司命，而国家安危之主也。’是故诸有寇之郡，太守令长不可以不晓兵。今观诸将，既无断敌合变之奇，复无明赏必罚之信，然其士民又甚贫困，器械不简习，将恩不素结，卒然有急，则吏以暴发虐其士，士以所拙遇敌巧。此为将吏驱怨以御仇，士卒缚手以待寇也。”②

“面对武装反叛的羌人，以示德而不耀兵的手段使其归顺，为东汉王朝守卫边疆是不现实的。因而王符主张以武力镇压羌人的反叛，安定边疆地区，继而在边地建立稳定的统治。”③王符强调趁羌兵还未能形成更大的威胁，边郡百姓对汉王朝尚有信心，早定平羌大计，立即派遣大将，率领精兵，平定羌乱，一旦迁延日久，数十万大军驻防于边郡，军粮供应日渐困难，赋役征发繁重，必使边郡百姓民不聊生，加之各路羌兵联合，大势一成，必然难以平定，“凡民之所以奉事上者，怀义恩也。痛则无耻，祸则不仁。忿戾怨怼，生于无耻。今羌叛久矣！伤害多矣！百姓急矣！忧祸深矣！上下相从，未见休时。不一命大将以扫丑虏，而州稍稍兴役，连连不已。若排帘障风，探沙拥河，无所能御，徒自尽尔。今数州屯兵十余万人，皆廪食县官，岁数百万斛，又有月直。但此人耗，不可胜供，而反惮暂出之费，甚

---

① （东汉）王符撰，（清）汪继培笺，彭铎校正：《潜夫论笺校正》，第 281—282 页。

② （东汉）王符撰，（清）汪继培笺，彭铎校正：《潜夫论笺校正》，第 250—253 页。

③ 赵梅春：《王符的治边思想》，《中国边疆史地研究》2002 年第 2 期。

非计也。且夫危者易倾，疑者易化。今虏新擅边地，未敢自安，易震荡也。百姓新离旧壤，思慕未衰，易奖厉也。诚宜因此遣大将诛讨，迫胁离逖破坏之。如宽假日月，蓄积富贵，各怀安固之后，则难动矣。《周书》曰：‘凡彼圣人必趋时。’是故战守之策，不可不早定也。”①

王符针对羌兵的入侵，提出了积极的移民实边政策。他认为边郡人少地多，而内郡人多地少，东汉王朝的这种人地格局如同人患上了“偏枯躄痱”病，“夫土地者，民之本也，诚不可久荒以开敌心。且扁鹊之治病也，审闭结而通郁滞，虚者补之，实者泻之，故病愈而名显。伊尹之佐汤也，设轻重而通有无，损积余以补不足，故殷治而君尊。贾谊痛于偏枯躄痱之疾。今边郡千里，地各有两县，户财置数百，而太守周回万里，空无人民，美田弃而莫垦发；中州内郡，规地拓境，不能半边，而口户百万，田亩一全，人众地荒，无所容足，此亦偏枯躄痱之类也。”②

王符强调民众与土地必须要对称，边郡地区人少地多，加之为了应对战争，赋役繁重，导致百姓对官府怨声载道，容易为羌兵所利用。“《周书》曰：‘土多人少，莫出其材，是谓虚土，可袭伐也。土少人众，民非其民，可匮竭也。’是故土地人民必相称也。今边郡多害而役剧，动入祸门。不为兴利除害，有以劝之，则长无与复之，而内有寇戎之心。西羌北虏，必生窥欲，诚大忧也。”③

王符进一步强调了移民实边的重要意义，移民实边可以巩固边防，外有军队驻防，内有百姓的支持，内外相维，必然能击败羌兵，“百工制器，咸填其边，散之兼倍，岂有私哉？乃所以固其内尔。先圣制法，亦务实边，盖以安中国也。譬犹家人遇寇贼者，必使老小羸软居其中央，丁强武猛卫其外。内人奉其养，外人御其难，蛩蛩距虚，更相恃仰，乃俱安存。”④

至于如何推行移民实边政策，王符认为朝廷必须在边郡推行优惠政策，兴利除害，吸引百姓。首先要加大边郡的察举名额，政府一方面应不拘旧

① （东汉）王符撰，（清）汪继培笺，彭铎校正：《潜夫论笺校正》，第 267—268 页。
② （东汉）王符撰，（清）汪继培笺，彭铎校正：《潜夫论笺校正》，第 284—285 页。
③ （东汉）王符撰，（清）汪继培笺，彭铎校正：《潜夫论笺校正》，第 286 页。
④ （东汉）王符撰，（清）汪继培笺，彭铎校正：《潜夫论笺校正》，第 288 页。

法，增加边郡每年举荐孝廉的名额，不管人口多少，一郡每年举孝一人、廉吏一人，增设百石之明经一人。内郡的百姓只要在边郡生活五年以上，就有选举资格，以利禄之路来安抚边郡的豪强百姓，同时吸引内郡的豪强百姓定居边郡：“诏书法令：二十万口，边郡十万，岁举孝廉一人；员除世举廉吏一人。羌反以来，户口减少，又数易太守，至十岁不得举。当职勤劳而不录，贤俊蓄积而不悉，衣冠无所觊望，农夫无所贪利，是以逐稼中灾，莫肯就外。古之利其民，诱之以利，弗胁以刑。《易》曰：‘先王以省方观民设教。’是故建武初，得边郡，户虽数百，令岁举孝廉，以召来人。今诚宜权时令边郡举孝一人，廉吏世举一人，益置明经百石一人，内郡人将妻子来占著，五岁以上，与居民同均，皆得选举。”①

另一方面招募豪民在边郡组织耕作，捐纳谷物而授予爵位，偏远的郡运送千斛粟米，近郡运送二千斛粟米拜爵五大夫，不想拜爵的人，政府便以双倍的价格收购其粮食，以此充实边郡的粮食储备，减轻内地运送军粮的徭役，增强边郡抗击羌兵的经济基础：“又募运民耕边入谷，远郡千斛，近郡二千斛，拜爵五大夫。可不欲爵者，使食倍贾于内郡。如此，君子小人各有所利，则虽欲令无往，弗能止也。此均苦乐，平徭役，充边境，安中国之要术也。”②

王符认为东汉王朝不乏锋利的兵器，优秀的将帅，却是屡战屡败，“今兵巧之械，盈乎府库，孙、吴之言，聒乎将耳，然诸将用之，进战则兵败，退守则城亡。是何也哉？曰：彼此之情，不闻乎主上，胜负之数，不明乎将心，士卒进无利而自退无畏，此所以然也。”③ 重要原因在于赏罚不行，将士们前进不能得到重利，后退又不能被处以重罚，所以与羌兵作战时，往往一触即溃，毫无斗志，“军起以来，暴师五年，典兵之吏，将以千数，大小之战，岁十百合，而希有功。历察其败，无他故焉，皆将不明于变势，而士不劝于死敌也。其士之不能死也，乃其将不能效也，言赏则不与，言罚则不行，士进有独死之祸，退蒙众生之福。此其所以临阵亡战，而竟思奔北者

① （东汉）王符撰，（清）汪继培笺，彭铎校正：《潜夫论笺校正》，第 288 页。
② （东汉）王符撰，（清）汪继培笺，彭铎校正：《潜夫论笺校正》，第 288 页。
③ （东汉）王符撰，（清）汪继培笺，彭铎校正：《潜夫论笺校正》，第 245 页。

也。”[①]“今吏从军败没死公事者，以十万数，上不闻吊唁嗟叹之荣名，下又无禄赏之厚实，节士无所劝慕，庸夫无所贪利。此其所以人怀沮解，不肯复死者也。”[②]

王符强调将士为君主尽死力，或在于趋利，或在于避害，必须要用赏罚制度来激发士兵的趋利避害之心，激励士气，为求名利，为避惩罚，只有拼死杀敌，“夫服重上阪，出驰千里，马之祸也。然节马乐之者，以王良足为尽力也。先登陷阵，赴死严敌，民之祸也。然节士乐之者，以明君可为效死也。凡人所以肯赴死亡而不辞者，非为趋利，则因以避害也。无贤鄙愚智皆然，顾其所利害有异尔。不利显名，则利厚赏也；不避耻辱，则避祸乱也。非此四者，虽圣王不能以要其臣，慈父不能以必其子。明主深知之，故崇利显害以与下市，使亲疏贵贱贤鄙愚智，皆必顺我令乃得其欲，是以一旦军鼓雷震，旌旗并发，士皆奋激，竞于死敌者，岂其情厌久生，而乐害死哉？乃义士且以徼其名，贪夫且以求其赏尔。”[③]

王符认为必须要选择通达权变，通晓军事的人担任将军，千万不要因亲因宠而任将：“夫世有非常之人，然后定非常之事，必道非常之失，然后见。是故选诸有兵之长吏，宜踔跞豪厚，越取幽奇，材明权变，任将帅者。不可苟惟基序，或阿亲戚，使典兵官。此所谓以其国与敌者也。”[④]

在处理汉羌关系问题时，王符斥责庞参弃边郡保中原的建议，从战略与战术上提出了一系列颇具可操作性的措施，反映了在野儒生强烈的国家责任感与长远的战略眼光。王符虽身为“潜夫”，但其民族关系思想对当时的一些将帅还是产生了重要的影响，比如长期统兵西北管理诸羌的皇甫规，“后度辽将军皇甫规解官归安定，乡人有以货得雁门太守者，亦去职还家，书刺谒规。规卧不迎，既入而问：‘卿前在郡食雁美乎？’有顷，又白王符在门。规素闻符名，乃惊遽而起，衣不及带，屣履出迎，援符手而还，与同坐，极欢。时人为之语曰：‘徒见二千石，不如一缝掖。’言书生道义之为贵

① （东汉）王符撰，（清）汪继培笺，彭铎校正：《潜夫论笺校正》，第249页。
② （东汉）王符撰，（清）汪继培笺，彭铎校正：《潜夫论笺校正》，第248页。
③ （东汉）王符撰，（清）汪继培笺，彭铎校正：《潜夫论笺校正》，第246页。
④ （东汉）王符撰，（清）汪继培笺，彭铎校正：《潜夫论笺校正》，第255页。

也。符竟不仕，终于家。”①

九、何休的民族关系思想

“何休的民族思想，是与孔子以及《公羊》学先师‘夷夏之辩’基本观点一脉相承的。何休正确地把握了孔子与《公羊传》民族理论的核心精神，并予以创造性的阐释发挥，从而使儒家比较合理的民族思想发展到了一个新的阶段，为中华民族的融合提供了必要的理论依据。”②何休针对东汉中后期的社会政治现实，提出了自己的民族关系思想，在中国古代民族关系思想史上占有重要的地位。其民族关系思想继承了先秦儒家“诸子”以及《公羊传》的“夷夏之辨”的观点，他强调华夏与夷狄之间的界限，这种界限依然是礼义文明发展的不同程度。文公十年，“夏，秦伐晋”，“谓之秦者，起令狐之战，敌均不败，晋先眜以师奔秦，可以足矣，而犹不知止，故夷狄之。”③隐公七年，“不与夷狄之执中国也。”何休认为：“因地不接京师，故以中国正之。中国者，礼义之国也。执者，治文也。君子不使无礼义制治有礼义，故绝不言执，正之言伐也。执天子大夫而以中国正之者，执中国尚不可，况执天子之大夫乎？所以降夷狄，尊天子，为顺辞。”④他多次抨击华夏诸国与夷狄之国的结盟，“葬蔡文公”，何休解释道：“不月者，齐桓、晋文没后，先背中国与楚，故略之。”⑤哀公十三年，“公会晋侯及吴子于黄池。”何休认为：“时吴强而无道，败齐临菑，乘胜大会中国，齐、晋前驱，鲁、魏骖乘，滕、薛侠毂而趋，以诸夏之众，冠带之国，反背天子而事夷狄，耻甚不可忍言，故深为讳辞，使若吴大以礼义会天下诸侯，以尊事天子，故进称子。”⑥

何休所处的时代，西羌各部不断反抗东汉王朝的统治，乌桓、鲜卑不

① （南朝宋）范晔：《后汉书》卷四九，第1643页。

② 黄朴民：《文致太平——何休与公羊学发微》，岳麓书社2013年版，第141—142页。

③ 李学勤主编：《春秋公羊传注疏》，第296页。

④ 李学勤主编：《春秋公羊传注疏》，第57页。

⑤ 李学勤主编：《春秋公羊传注疏》，第364页。

⑥ 李学勤主编：《春秋公羊传注疏》，第614页。

断袭扰东北边郡，皇权弱化，各地军阀割据之势已开始出现。在这一严峻的民族关系、军事政治局势下，他强调华夏诸国的团结，痛斥华夏国家与夷狄结盟的行为。僖公二十三年，“春，齐侯伐宋，围缗。”《公羊传》：“邑不言围，此其言围何？疾重故也。”何休认为：“疾，痛也。重故，喻若重故创矣。襄公欲行霸，守正履信，属为楚所败，诸夏之君宜杂然助之，反因其困而伐之，痛与重故创无异，故言围以恶其不仁也。”[①] 襄公十二年，“春，王三月，莒人伐我东鄙，围台。”《公羊传》曰：“邑不言围，此其言围何？伐而言围者，取邑之辞也。伐而不言围者，非取邑之辞也。”何休认为：“外取邑有嘉恶当书。不直言取邑者，深耻中国之无信也。前九年伐得郑，同盟于戏。楚伐郑不救，卒为郑所背，中国以弱，蛮荆以强，兵革亟作。萧鱼之会，服郑最难，不务长和亲，复相贪犯，故讳而言围以起之。月者，加责之。”[②]

何休充分肯定了“夷夏互变”，而促进“互变”的关键因素则是礼乐道德，“不同性质的国家，不同文明程度的民族，依靠对于仁义道德的遵守和礼乐制度的认同寻找到了共通之处。”[③] 如果华夏诸国放弃礼乐道德，则沦为夷狄之邦。昭公十二年，“晋伐鲜虞”。何休认为：“谓之晋者，中国以无义，故为夷狄所强。令楚行诈灭陈、蔡，诸侯惧然去而与晋会于屈银，不因以大绥诸侯，先之以博爱，而先伐同姓，从亲亲起，欲以立威行霸，故狄之。”[④] 哀公六年，“春，城邾娄葭。”何休认为：“城者，取之也。不言取者，鲁数围取邾娄邑，邾娄未曾加非于鲁，而侮夺之不知足，有夷狄之行，故讳之，明恶甚。”[⑤] 如果夷狄主动学习礼乐道德，便能融入华夏，“《春秋》王鲁，因其始来聘，明夷狄能慕王化，修聘礼，受正朔者，当进之，故使称人也。称人当系国，而系荆者，许夷狄者不一而足。”[⑥]“狄称人者，善能救齐，虽拒

① 李学勤主编：《春秋公羊传注疏》，第 247 页。

② 李学勤主编：《春秋公羊传注疏》，第 434 页。

③ 李光迪：《“天下归一”——公羊学视角下的何休“进夷狄”思想》，《通化师范学院学报》（人文社会科学）2016 年第 2 期。

④ 李学勤主编：《春秋公羊传注疏》，第 495 页。

⑤ 李学勤主编：《春秋公羊传注疏》，第 601 页。

⑥ 李学勤主编：《春秋公羊传注疏》，第 165 页。

义兵，犹有忧中国之心，故进之。不于救时进之者，辟襄公，不使义兵壅塞。”① 当然华夏诸国也要以兼容并包的姿态欢迎他们。

夷狄华夏化的最高境界为“夷狄进至于爵”，要达到这一境界需要一个漫长的过程，何休认为要经历“衰乱世”“升平世”“太平世”方能“夷狄进至于爵”，“内其国者，假鲁以为京师也。诸夏，外土诸侯也。谓之夏者，大总下土言之辞也。不殊楚者，楚始见所传闻世，尚外诸夏，未得殊也。至于所闻世可得殊，又卓然有君子之行。吴似夷狄差醇，而适见于可殊之时，故独殊吴。”②“至所见之世，著治太平，夷狄进至于爵，天下远近小大若一，用心尤深而详。故崇仁义，讥二名。”③ 统治者要由内而外地逐步地推进这一进程，“当先正京师，乃正诸夏。诸夏正，乃正夷狄，以渐治之。”④ 何休的民族观“是一种具有明显平等意识，视天下为一家的民族观。”⑤ 何休在民族关系思想领域超越传统儒家的地方在于，从“大一统”的视角来看待夷夏关系，夷夏关系更具可变性、可塑性，在“大一统”的道德教化之下，夷夏关系趋于平等，其界限日趋消除，为儒家的“夷夏之辨”思想注入了新的活力，为日后维护大一统的政治格局提供了思想基础。近代的龚自珍极力赞赏何休的民族关系思想，“问：太平大一统，何谓也？答：宋、明山林偏僻士，多言夷、夏之防，比附《春秋》，不知《春秋》者也。《春秋》至所见世，吴、楚进矣。伐我不言鄙，我无外矣。《诗》曰：‘无此疆尔界，陈常于时夏。’圣无外，天亦无外者也。”⑥ 但东汉末期，国力衰微，鲜卑、乌桓崛起，袭扰东汉边郡，东汉王朝亦无力控制西域诸国，国内军阀割据，阶级矛盾异常尖锐，农民起义频发，在内忧外患之下，“诸夏”尚且分裂，何况“夷狄”，何休的民族关系思想难以有用武之地，终被东汉统治者束之高阁。

---

① 李学勤主编：《春秋公羊传注疏》，第 238 页。

② 李学勤主编：《春秋公羊传注疏》，第 400 页。

③ 李学勤主编：《春秋公羊传注疏》，第 26 页。

④ 李学勤主编：《春秋公羊传注疏》，第 401 页。

⑤ 黄朴民：《何休评传》，南京大学出版社 2011 年版，第 157 页。

⑥（清）龚自珍：《龚自珍全集》，上海人民出版社 1975 年版，第 48 页。

十、刘陶的民族关系思想

灵帝时期，羌兵采取新的战略，他们利用骑兵优势绕过关中之地，攻击河东，隔绝两京，谏议大夫刘陶针对羌兵进犯，提出“急绝诸郡赋调”，停止征收西部边郡百姓的赋税徭役，安抚边郡的民心，为车骑将军张温平定羌乱提供群众基础。“是时天下日危，寇贼方炽，陶忧致崩乱，复上疏曰：‘臣闻事之急者不能安言，心之痛者不能缓声。窃见天下前遇张角之乱，后遭边章之寇，每闻羽书告急之声，心灼内热，四体惊竦。今西羌逆类，私署将帅，皆多段颎时吏，晓习战陈，识知山川，变诈万端。臣常惧其轻出河东、冯翊，钞西军之后，东之函谷，据厄高望。今果已攻河东，恐遂转更豕突上京。如是则南道断绝，车骑之军孤立，关东破胆，四方动摇，威之不来，叫之不应，虽有田单、陈平之策，计无所用。臣前驿马上便宜，急绝诸郡赋调，冀尚可安。事付主者，留连至今，莫肯求问。今三郡之民皆以奔亡，南出武关，北徙壶谷，冰解风散，唯恐在后。今其存者尚十三四，军吏士民悲愁相守，民有百走退死之心，而无一前斗生之计。西寇浸前，去营咫尺，胡骑分布，已至诸陵。将军张温，天性精勇，而主者旦夕迫促，军无后殿，假令失利，其败不救。臣自知言数见厌，而言不自裁者，以为国安则臣蒙其庆，国危则臣亦先亡也。谨复陈当今要急八事，气须臾之间，深垂纳省。’其八事，大较言天下大乱，皆由宦官。”① 刘陶因为反对宦官，被宦官陷害，死于狱中，其平羌策略未被灵帝采纳。“宦官事急，共谗陶曰：‘前张角事发，诏书示以威恩，自此以来，各各改悔。今者四方安静，而陶疾害圣政，专言妖孽。州郡不上，陶何缘知？疑陶与贼通情。’于是收陶，下黄门北寺狱，掠按日急。陶自知必死，对使者曰：‘朝廷前封臣云何？今反受邪谮。恨不与伊、吕同畴，而以三仁为辈。’遂闭气而死，天下莫不痛之。”②

十一、蔡邕的民族关系思想

北匈奴衰落之后，鲜卑崛起，其首领檀石槐统一蒙古高原，劫掠幽、

① （南朝宋）范晔：《后汉书》卷五七，第1849—1850页。
② （南朝宋）范晔：《后汉书》卷五七，第1850页。

并、凉三州，护乌桓校尉夏育力主率大军出击鲜卑。“灵帝立，幽、并、凉三州缘边诸郡无岁不被鲜卑寇抄，杀略不可胜数。熹平三年冬，鲜卑入北地，太守夏育率休著屠各追击破之。迁育为护乌桓校尉。五年，鲜卑寇幽州。六年夏，鲜卑寇三边。秋，夏育上言：‘鲜卑寇边，自春以来，三十余发，请征幽州诸郡兵出塞击之，一冬二春，必能擒灭。’朝廷未许。先是护羌校尉田晏坐事论刑被原，欲立功自效，乃请中常侍王甫求得为将，甫因此议遣兵与育并力讨贼。帝乃拜晏为破鲜卑中郎将。大臣多有不同，乃召百官议朝堂。”①

议郎蔡邕从东汉王朝的现实国力出发反对出击鲜卑，他认为雄才大略的汉武帝凭借雄厚的国力尚且不能彻底降服匈奴，现今国力衰微，农民起义频发，内顾尚且不暇，面临的又是全盛的鲜卑，提议不如暂时隐忍，“守边保塞”，被动防御。

> 《书》戒猾夏，《易》伐鬼方，周有猃狁、蛮荆之师，汉有阗颜、瀚海之事。征讨殊类，所由尚矣。然而时有同异，势有可否，故谋有得失，事有成败，不可齐也。
>
> 武帝情存远略，志辟四方，南诛百越，北讨强胡，西伐大宛，东并朝鲜。因文、景之蓄，藉天下之饶，数十年间，官民俱匮。乃兴盐铁酒榷之利，设告缗重税之令，民不堪命，起为盗贼，关东纷扰，道路不通。绣衣直指之使，奋铁钺而并出。既而觉悟，乃息兵罢役，封丞相为富人侯。故主父偃曰：“夫务战胜，穷武事，未有不悔者也。”夫以世宗神武，将相良猛，财赋充实，所拓广远，犹有悔焉。况今人财并乏，事劣昔时乎！
>
> 自匈奴遁逃，鲜卑强盛，据其故地，称兵十万，才力劲健，意智益生。加以关塞不严，禁网多漏，精金良铁，皆为贼有；汉人逋逃，为之谋主，兵利马疾，过于匈奴。昔段颎良将，习兵善战，有事西羌，犹十余年。今育、晏才策，未必过颎，鲜卑种众，不弱于曩时。而虚

① （南朝宋）范晔：《后汉书》卷九〇，第2990页。

计二载，自许有成，若祸结兵连，岂得中休？当复征发众人，转运无已，是为耗竭诸夏，并力蛮夷。夫边垂之患，手足之蚧搔；中国之困，胸背之瘭疽。方今郡县盗贼尚不能禁，况此丑虏而可伏乎！

昔高祖忍平城之耻，吕后弃慢书之诟，方之于今，何者为甚？

天设山河，秦筑长城，汉起塞垣，所以别内外，异殊俗也。苟无蹙国内侮之患则可矣，岂与虫蚁狡寇计争往来哉！虽或破之，岂可殄尽，而方令本朝为之旰食乎？

夫专胜者未必克，挟疑者未必败，众所谓危，圣人不任，朝议有嫌，明主不行也。昔淮南王安谏伐越曰：“天子之兵，有征无战。言其莫敢校也。如使越人蒙死以逆执事厮舆之卒，有一不备而归者，虽得越王之首，而犹为大汉羞之。”而欲以齐民易丑虏，皇威辱外夷，就如其言，犹已危矣，况乎得失不可量邪！昔珠崖郡反，孝元皇帝纳贾捐之言，而下诏曰：“珠崖背叛，今议者或曰可讨，或曰弃之。朕日夜惟思，羞威不行，则欲诛之；通于时变，复忧万民。夫万民之饥与远蛮之不讨，何者为大？宗庙之祭，凶年犹有不备，况避不嫌之辱哉！今关东大困，无以相赡，又当动兵，非但劳民而已。其罢珠崖郡。”此元帝所以发德音也。夫恤民救急，虽成郡列县，尚犹弃之，况障塞之外，未尝为民居者乎！守边之术，李牧善其略，保塞之论，严尤申其要，遗业犹在，文章具存，循二子之策，守先帝之规，臣曰可矣。①

蔡邕重视内忧而轻视外患，并未认识到内与外是相辅相成的，若轻视外患，鲜卑入侵，势必激化国内的阶级矛盾。

十二、应劭的民族关系思想

中平二年（185年），边章、韩遂联合羌兵入侵关中，车骑将军皇甫嵩提议征发三千乌桓骑兵出击，大将军掾韩卓提议不如招募战力更为强悍的鲜卑骑兵，应劭反对，认为乌桓、鲜卑为游牧部族，无仁义礼信，贪求汉财

① （南朝宋）范晔：《后汉书》卷九〇，第2990—2993页。

物，方才归服，若征发其攻击羌兵，军纪涣散，多为不法，难以控制，若以军法治之，则必然刺激其反叛，若放纵其行为，则助长其气焰，使汉民受其兵祸，故提议“以朝家外而不内”的羁縻政策，接受其朝贡，阻止其内迁，就近征发忠于朝廷的陇西羌胡为宜。“中平二年，汉阳贼边章、韩遂与羌胡为寇，东侵三辅，时遣车骑将军皇甫嵩西讨之。嵩请发乌桓三千人。北军中候邹靖上言：‘乌桓众弱，宜开募鲜卑。’事下四府，大将军掾韩卓议，以为‘乌桓兵寡，而与鲜卑世为仇敌，若乌桓被发，则鲜卑必袭其家。乌桓闻之，当复弃军还救。非唯无益于实，乃更沮三军之情。邹靖居近边塞，究其态诈。若令靖募鲜卑轻骑五千，必有破敌之效。’劭驳之曰：‘鲜卑隔在漠北，犬羊为群，无君长之帅，庐落之居，而天性贪暴，不拘信义，故数犯障塞，且无宁岁。唯至互市，乃来靡服。苟欲中国珍货，非为畏威怀德。计获事足，旋踵为害。是以朝家外而不内，盖为此也。往者匈奴反叛，度辽将军马续、乌桓校尉王元发鲜卑五千余骑，又武威太守赵冲亦率鲜卑征讨叛羌。斩获丑虏，既不足言，而鲜卑越溢，多为不法。裁以军令，则忿戾作乱；制御小缓，则陆掠残害。劫居人，钞商旅，啖人牛羊，略人兵马。得赏既多，不肯去，复欲以物买铁。边将不听，便取缣帛聚欲烧之。边将恐怖，畏其反叛，辞谢抚顺，无敢拒违。今狡寇未殄，而羌为巨害，如或致悔，其可追乎！臣愚以为可募陇西羌胡守善不叛者，简其精勇，多其牢赏。太守李参沉静有谋，必能奖厉得其死力。当思渐消之略，不可仓卒望也。’韩卓复与劭相难反覆。于是诏百官大会朝堂，皆从劭议。”①

第四节　两汉“诸子”民族关系思想辨析

两汉“诸子”在传承与创新先秦齐鲁“诸子”民族关系思想的过程中，不是一味遵循传统儒家的“夷夏之辨”思想，而是以维护王朝的长治久安与大一统为根本目的，采取了因时制宜的原则，针对民族关系、社会环境、政治军事形势的变化而有所侧重。统一之初，国力孱弱，对于匈奴只能采取

---

① （南朝宋）范晔：《后汉书》卷四八，第1609—1610页。

“和亲”策略，首开羁縻政策的先河，为汉王朝的休养生息争取时间。文景时期，随着西汉国力的恢复与增强，“诸子”的民族关系思想由被动变为主动，贾谊提出了“战德”策略，晁错提出了“以蛮夷攻蛮夷”“移民实边”积极防御的策略。至武帝即位，国力雄厚，与匈奴展开了长达40余年的战争。武帝之后，羁縻政策逐步成熟，董仲舒、司马迁、贤良文学、萧望之、刘向、扬雄强调在强大军事实力的基础上，恢复“和亲”政策，以礼义道德来融合夷狄于大一统王朝之中。至东汉前中期，“诸子”多主张羁縻政策，不过东汉的羁縻政策不再强调汉匈“和亲”，而是强调在积极防御基础上的礼仪交往、财物赏赐。东汉中后期，东汉王朝国力衰颓，在面对强大的鲜卑、乌桓时，“诸子”只能是采取被动防御的政策。

总的来看，两汉“诸子”的民族关系思想具有如下特点。首先，无论是羁縻政策、德化策略，还是征伐策略，必须要建立在强大的经济基础之上。“三表”“五饵”、关市贸易需要大量的财富，“或曰：‘建三表，明五饵，盛资翁主，擒敌国而后止，费至多也，恶得财用而足之?’对曰：‘请无敢费御府铢金尺帛，然而臣有余资。’问曰：‘何以?’对曰：‘国有二族，方乱天下，甚于匈奴之为边患也。使上下踳逆，天下窾贫，盗贼、罪人蓄积无已，此二族为祟也。上去二族，弗使乱国，天下治富矣。臣赐二族，使祟匈奴，过足言者。’”①贤良文学建议对匈奴要采取“和亲”策略，以巨额财富来招降他们，“地广而不德者国危，兵强而凌敌者身亡。虎兕相据，而蝼蚁得志。两敌相抗，而匹夫乘间。是以圣王见利虑害，见远存近。方今为县官计者，莫若偃兵休士，厚币结和亲，修文德而已。若不恤人之急，不计其难，币所恃以穷无用之地，亡十获一，非文学之所知也。”②和帝永元年间，隃麋相曹凤上书和帝，在刚刚收复的西海、大、小榆谷设立郡县，设置屯田。尚书仆射虞诩上疏顺帝请求在安定、北地、上郡、陇西之地徙民屯田，减省内郡军粮转漕。

其次，必须要以强大的军事力量来维护大一统的民族格局。司马迁主

① （西汉）贾谊撰，阎振益、钟夏校注：《新书校注》，第138—139页。

② 王利器：《盐铁论校注》，第472页。

张正义的战争，如果少数民族政权影响到了汉王朝的大一统时，应立即出兵反击，“匈奴绝和亲，攻当路塞；闽越擅伐，东瓯请降。二夷交侵，当盛汉之隆，以此知功臣受封侔于祖考矣。何者？自《诗》《书》称三代‘戎狄是膺，荆荼是征’，齐桓越燕伐山戎，武灵王以区区赵服单于，秦缪用百里霸西戎，吴楚之君以诸侯役百越。况乃以中国一统，明天子在上，兼文武，席卷四海，内辑亿万之众，岂以晏然不为边境征伐哉！自是后，遂出师北讨强胡，南诛劲越，将卒以次封矣。”[1] 班固虽然力主对匈奴推行羁縻政策，但是并不反对在关键时刻与匈奴进行决战，“一劳而久逸，暂费而永宁”，完成统一。王符强调趁羌兵还未能形成更大的威胁，中央立即派遣大将，率领精兵，平定羌乱，维护汉王朝的统一，“今虏新擅边地，未敢自安，易震荡也。百姓新离旧壤，思慕未衰，易奖厉也。诚宜因此遣大将诛讨，迫胁离逖破坏之。如宽假日月，蓄积富贵，各怀安固之后，则难动矣。《周书》曰：‘凡彼圣人必趋时。’是故战守之策，不可不早定也。”[2]

再次，注重地方行政体制的创新。贾谊强调要在边境设立属国，由汉派官吏进行治理，并负责继续招纳匈奴，以归降的匈奴、东胡来对抗匈奴的入侵，节省了大量的军费开支，“将必以匈奴之众，为汉臣民，制之令千家而为一国，列处之塞外，自陇西延至辽东，各有分地以卫边，使备月氏、灌窳之变，皆属之置郡。然后罢戎休边，民天下之兵。”[3] 班彪建议设立护羌校尉、护乌桓校尉，代表中央来对西羌、乌桓、鲜卑诸族进行有效的管理。

两汉“诸子”的民族关系思想尤其是羁縻思想在中国古代民族关系思想史上占有重要地位，成为后世羁縻思想的先河。建元十九年（383 年），前秦君主苻坚在长安建章宫为率兵出征西域的吕光送行时嘱托道：“西戎荒俗，非礼义之邦。羁縻之道，服而赦之，示以中国之威，导以王化之法，勿极武穷兵，过深残掠。”[4] 唐太宗的羁縻政策为：“自太宗平突厥，破延陀，而回纥兴焉。太宗幸灵武以降之，置州府以安之，以名爵玉帛以恩之。其

---

① （西汉）司马迁：《史记》卷二〇，第 1027 页。

② （东汉）王符撰，（清）汪继培笺，彭铎校正：《潜夫论笺校正》，第 268 页。

③ （西汉）贾谊撰，阎振益、钟夏校注：《新书校注》，第 134 页。

④ （唐）房玄龄等：《晋书》卷一一四，第 2914 页。

义何哉？盖以狄不可尽，而以威惠羁縻之。”[①] 宋人对羁縻政策进行了总结：“忿鸷沓贪以攻战为业者夷狄之谓也故古先哲王怀之以恩信惊之以威武长辔远驭羁縻不绝而已。”[②] 元世祖忽必烈对于西藏地区“因其俗而柔其人”，推行“郡县土番之地，设官分职，而领之于帝师”[③] 的羁縻政策。清朝“因俗而治”，在少数民族地区推行伯克制、札萨克制、土司制。

中国共产党自成立以来的每一个发展阶段，一直重视构建良好的民族关系，并积累了丰富的实践经验。和谐稳定的民族关系是维护社会秩序稳定、促进国家长治久安的重要基础。我们必须致力于构建平等、团结、互助、和谐的社会主义新型民族关系，促进各民族和谐稳定发展，增强各族人民群众对伟大祖国的认同、对中华民族的认同、对中华文化的认同、对中国特色社会主义道路的认同，实现各民族的共同繁荣与社会主义现代化建设的顺利进行。两汉“诸子”的民族关系思想与实践为我国社会主义新型民族关系的建设提供了重要的历史借鉴。

① （后晋）刘昫等：《旧唐书》一九五，中华书局 1975 年版，第 5216 页。

② （北宋）王钦若：《册府元龟》卷九七三，中华书局 1960 年版，11427 页。

③ （明）宋濂等：《元史》卷二〇二，中华书局 1976 年版，第 4520 页。

第四章　两汉“诸子”的中央与地方关系思想

第一节　先秦齐鲁“诸子”的中央与地方关系思想

西周依据宗法制确立了分封制，天子分封诸侯，诸侯分封卿大夫，卿大夫分封士，周天子为天下共主，周天子与诸侯之间负有一定的权利与义务，《诗经·小雅·北山》云：“溥天之下，莫非王土；率土之滨，莫非王臣。”[①] 周王朝实际上是一个较为松散的军事政治联盟，其中央与地方关系，难以与封建时代相比肩，周天子难以形成对诸侯的绝对权威。春秋时期礼崩乐坏，周天子衰落，诸侯强大，以周天子为核心的政治秩序崩溃，各国诸侯不遵礼制，不断挑战周天子的权威。孔子批判了季氏“八佾舞于庭”的僭越行为，“是可忍也，孰不可忍也？”[②] 进而感叹：“天下有道，则礼乐征伐自天子出；天下无道，则礼乐征伐自诸侯出。”[③] 面对这一上下失序的情况，孔子力倡恢复周礼以加强周天子的权威，“周监于二代，郁郁乎文哉！吾从周。”[④] 孔子在政治上积极践行自己的主张，担任鲁国大司寇之后，力图恢复加强鲁定公的权力，力主依照周礼“堕三都”以削弱三桓及其家臣的势力。

孟子所处的战国时期，周天子的权威难以恢复，孟子与新兴地主阶级势力合作，认为统一是必然的趋势。“孟子见梁襄王。出语人曰：‘望之不似

① 高亨：《诗经今注》，上海古籍出版社 1980 年版，第 315 页。

② 程树德：《论语集释》，第 136 页。

③ 程树德：《论语集释》，第 1141 页。

④ 程树德：《论语集释》，第 182 页。

人君，就之而不见所畏焉，卒然问曰：天下恶乎定？吾对曰：定于一。’”① 当然在他看来，周天子难以担当统一重任，王道政治的施行者才是未来统一的领导者：“以力假仁者霸，霸必有大国。以德行仁者王，王不待大，汤以七十里，文王以百里。以力服人者，非心服也，力不赡也。以德服人者，中心悦而诚服也。如七十子之服孔子也。”② 推行王道政治的具体措施是推行仁政，任贤使能，积极发展工商业与农业，取消关税、商业税、田税，不用军事征伐，自然能够统一天下。“尊贤使能，俊杰在位，则天下之士，皆悦而愿立于其朝矣。市廛而不征，法而不廛，则天下之商，皆悦而愿藏于其市矣。关讥而不征，则天下之旅，皆悦而愿出于其路矣。耕者助而不税，则天下之农，皆悦而愿耕于其野矣。廛无夫里之布，则天下之民，皆悦而愿为之氓矣。信能行此五者，则邻国之民，仰之若父母矣。率其子弟，攻其父母，自有生民以来，未有能济者也。如此，则无敌于天下。无敌于天下者，天吏也。然而不王者，未之有也。”③

荀子亦认识到了统一是天下的大势，“天下为一，诸侯为臣，通达之属莫不从服。”④ “明君臣，上能尊主爱下民。主诚听之，天下为一海内宾。”⑤ “用大儒则百里之地久而后三年，天下为一，诸侯为臣，用万乘之国则举错而定，一朝而伯。”⑥ 如何统一天下？荀子认为必须要确立君权，建立中央集权体制，“君者，国之隆也；父者，家之隆也。隆一而治，二而乱，自古及今，未有二隆争重而能长久者。”⑦ 君主必须要有不容挑战的权威，“权出一者强，权出二者弱。”⑧ “推礼义之统，分是非之分，总天下之要，治海内之众，若使一人。”⑨ 君主还要“以德兼人”，拥有至高的德行，“彼贵我名

① （清）焦循：《孟子正义》，第 69—71 页。
② （清）焦循：《孟子正义》，第 221—222 页。
③ （清）焦循：《孟子正义》，第 226—232 页。
④ （清）王先谦：《荀子集解》，第 204 页。
⑤ （清）王先谦：《荀子集解》，第 458 页。
⑥ （清）王先谦：《荀子集解》，第 141 页。
⑦ （清）王先谦：《荀子集解》，第 263 页。
⑧ （清）王先谦：《荀子集解》，第 271 页。
⑨ （清）王先谦：《荀子集解》，第 49 页。

声，美我德行，欲为我民，故辟门除涂以迎吾入，因其民，袭其处，而百姓皆安，立法施令莫不顺比。是故得地而权弥重，兼人而兵俞强，是以德兼人者也。”[①] 韩非、李斯继承了荀子的“大一统”思想，成为秦始皇统一六国建立专制主义中央集权的指导思想。

墨子主张通过“尚同”“尚贤”来确立中央集权政治。墨子坚决反对人们各持一义，相互诋毁的状态，“是以一人则一义，二人则二义，十人则十义。其人兹众，其所谓义者亦兹众。是以人是其义，以非人之义，故交相非也。”[②] 上自君主下至小吏，皆为选举出来的德才兼备的贤人，以贤人治国，贤人层层“尚同”，与上级政长同是非，最终皆同于天子之意志，“是故选天下之贤可者，立以为天子。天子立，以其力为未足，又选择天下之贤可者，置立之以为三公。天子三公既以立，以天下为博大，远国异土之民、是非利害之辩，不可一二而明知，故画分万国，立诸侯国君。诸侯国君既已立，以其力为未足，又选择其国之贤可者，置立之以为正长。正长既已具，天子发政于天下之百姓。……是故里长者，里之仁人也。里长发政里之百姓……乡长唯能壹同乡之义，是以乡治也。乡长者，乡之仁人也。乡长发政乡之百姓……国君唯能壹同国之义，是以国治也。国君者，国之仁人也。国君发政国之百姓……天子唯能壹同天下之义，是以天下治也。”[③]

管仲认为要治理好国家必须要集权于天子，“使天下两天子，天下不可理也。一国而两君，一国不可理也。一家而两父，一家不可理也。夫令不高不行，不搏不听。尧、舜之人，非生而理也。桀、纣之人，非生而乱也。故理乱在上也。”[④] 管仲强调以法令来加强君权，君主能够依法而治国，则天下大治。“圣君任法而不任智，任数而不任说，任公而不任私，任大道而不任小物，然后身佚而天下治。失君则不然，舍法而任智，故民舍事而好誉；舍数而任说，故民舍实而好言；舍公而好私，故民离法而妄行；舍大道而任小

① （清）王先谦：《荀子集解》，第 289 页。
② 吴毓江：《墨子校注》，第 109 页。
③ 吴毓江：《墨子校注》，第 109—110 页。
④ 黎翔凤：《管子校注》，第 472 页。

物，故上劳烦，百姓迷惑，而国家不治。”[①] 由上而下，层层颁布法令，层层遵循，必然天下大治。“天子出令于天下，诸侯受令于天子，大夫受令于君，子受令于父母，下听其上，弟听其兄，此至顺矣。衡石一称，斗斛一量，丈尺一准制，戈兵一度，书同名，车同轨，此至正也。”[②] 要实现“大一统”，管仲肯定了教化的作用，并试图将道德教化纳入法治的轨道之中，“所谓仁义礼乐者，皆出于法，此先圣之所以一民者也。”[③]

当然在春秋战国时期，还并未出现像后世那样的中央与地方关系格局，但此时统一已是大势所趋。先秦齐鲁各家“诸子”纷纷提出了自己的“大一统”思想，其中蕴含着关于中央与地方关系的观点，虽然是不成熟的、零星的，但成为两汉“诸子”中央与地方关系思想的理论源头。

第二节　西汉“诸子”的中央与地方关系思想

进入了秦汉时期，前所未有的大一统帝国形成，一种新的中央与地方关系格局出现。在两汉时期，中央与地方关系涉及中央与诸侯王、中央与地方豪强两个层面。“汉承秦制，在实行郡县制的同时，又大封同姓，在地方上首推郡国并行的双轨制，从而开创了中国古代地方行政的新体制。”[④] 西汉初期，关东封国在因地制宜地恢复发展经济，稳定政治局势上起到了重要的作用，但是伴随着诸侯王势力的恶性膨胀，他们开始觊觎中央皇权，在文帝时期，诸侯王势力开始坐大，文帝对于觊觎皇权的吴王刘濞、淮南王刘长采取姑息态度，景帝时以法削藩，最终酿成了“吴楚七国之乱”，平定叛乱之后，中央集权加强，诸侯国势力衰落。武帝时，推行“推恩令”，又推行“左官律”“附益法”“阿党法”，诸侯国势力彻底衰落。西汉中期之后，诸侯国的问题不再是两汉的重要政治问题，但是中央与诸侯国的矛盾依然存在，尤其是在皇帝无嗣、皇位空悬时，诸侯王势力便会试图入主中央，其依然是

---

① 黎翔凤：《管子校注》，第 900 页。

② 黎翔凤：《管子校注》，第 559 页。

③ 黎翔凤：《管子校注》，第 902 页。

④ 陈新岗：《两汉诸子治国思想研究》，山东文艺出版社 2009 年版，第 87—88 页。

一级重要的政治力量。如何处理好中央与诸侯国之间的关系，成为两汉“诸子”思考的重要问题。

豪强，又称“豪族”“豪右”“名家”等，其源头可追溯至战国各国的贵族豪富，秦统一前后遭受重创。西汉建立后，在休养生息的国策下，他们经营货殖，兼并土地，拥有雄厚的财力，又拥有强大的宗族，逐步成为一股强大的民间力量。武帝时，皇权加强，建立十三州部刺史，推行迁豪政策，任用酷吏镇压，豪强势力被严重削弱。西汉中后期，皇权逐步衰落，豪强势力再次崛起，他们读经入仕，进入汉王朝的庙堂，豪强作为一个统治阶层正式形成。至新莽时期，豪强乘农民起义之风潮，缔建了东汉王朝，“外戚、功臣、经学世家等上层豪强进入中央政权，由民间社会力量转化成了国家公权力量”①。中下层豪强控制了各级地方政权，由于对政治权力与经济利益的争夺，上层豪强控制下的中央政府与地方豪强之间的矛盾逐步升级。中央与地方豪强之间的关系亦成为两汉“诸子”思考的重要内容。

一、娄敬的中央与地方关系思想

周振鹤指出：“从宏观的方面而言，这个位置必须是最有利的，其他地点都不如它。从微观的方面而言，这个地点的地理环境又适宜建设都城。”②西汉王朝刚刚建立后，对于定都问题，群臣产生了分歧，群臣多为关东诸国人，为了靠近家乡，多支持刘邦定都于居天下之中的洛阳。齐人娄敬站在加强中央集权，抑制诸侯的高度上，主张定都长安。他认为汉王朝建立后所面临的局势与西周初期不同，经过秦末农民起义与楚汉战争，关东百姓饱受战争之苦，洛阳残破，且关东异姓王林立，必然会威胁汉中央，若定都于形胜之地关中长安，东进可抑制关东诸侯，西退可保全关中，取得了对于诸侯国的绝对优势。“陛下取天下与周异。周之先自后稷，尧封之邰，积德累善十余世。公刘避桀居豳。大王以狄伐故，去豳，杖马棰去居岐，国人争归之。及文王为西伯，断虞芮讼，始受命，吕望、伯夷自海滨来归之。武王伐

① 秦铁柱：《帝国中坚——汉代列侯研究》，齐鲁书社2018年版，第266页。

② 周振鹤：《东西徘徊与南北往复——中国历史上五大都城定位的政治地理因素》，《华东师范大学学报》（哲学社会科学版）2009年第1期。

纣，不期而会孟津上八百诸侯，遂灭殷。成王即位，周公之属傅相焉，乃营成周都洛，以为此天下中，诸侯四方纳贡职，道里钧矣，有德则易以王，无德则易以亡。凡居此者，欲令务以德致人，不欲阻险，令后世骄奢以虐民也。及周之衰，分而为二，天下莫朝周，周不能制。非德薄，形势弱也。今陛下起丰沛，收卒三千人，以之径往，卷蜀汉，定三秦，与项籍战荥阳，大战七十，小战四十，使天下之民肝脑涂地，父子暴骸中野，不可胜数，哭泣之声不绝，伤夷者未起，而欲比隆成康之时，臣窃以为不侔矣。且夫秦地被山带河，四塞以为固，卒然有急，百万之众可具。因秦之故，资甚美膏腴之地，此所谓天府。陛下入关而都之，山东虽乱，秦故地可全而有也。夫与人斗，不搤其亢，拊其背，未能全胜。今陛下入关而都，按秦之故，此亦搤天下之亢而拊其背也。”①

在西汉王朝建立之初，在高祖君臣庆幸于消灭项羽统一天下时，娄敬便以深远的战略眼光预见到了诸侯王势力对于汉中央的潜在威胁，力主迁都长安，使汉中央在未来的战争中抢得先机。“娄敬关于迁都的进言，不仅为自己打开了仕途的大门，而且为维护初创王朝的稳定作出了重要贡献。汉代以后，长安又成为前赵、前秦、后秦、西魏、北周、隋、唐等王朝的都城，是我国历史上建都王朝最多、建都时间最长的都城，前后达一千多年。”②

更为难能可贵的是，娄敬从外患联系到了汉王朝的内忧，认识到了原六国贵族豪杰对于汉王朝潜在的威胁，建议将他们迁徙到关中地区，就近加以监视，同时充实关中以抗击匈奴、镇压诸侯王。“敬从匈奴来，因言‘匈奴河南白羊、楼烦王，去长安近者七百里，轻骑一日一夕可以至。秦中新破，少民，地肥饶，可益实。夫诸侯初起时，非齐诸田，楚昭、屈、景莫与。今陛下虽都关中，实少人。北近胡寇，东有六国强族，一日有变，陛下亦未得安枕而卧也。臣愿陛下徙齐诸田，楚昭、屈、景，燕、赵、韩、魏后，及豪杰名家，且实关中。无事，可以备胡；诸侯有变，亦足率以东伐。此强本弱末之术也。’”③ 高祖刘邦立即采纳，将关东地区的十几万贵族豪杰

① （东汉）班固：《汉书》卷四三，第2119—2120页。

② 李华、张玉婷：《娄敬与汉初齐鲁文化西渐》，《海岱学刊》2017年第1期。

③ （东汉）班固：《汉书》卷四三，第2123页。

迁徙至关中。娄敬继承并发展了秦的迁豪政策，优待那些被迁徙的贵族豪杰，赏赐大量的良田美宅。“十一月，徙齐楚大族昭氏、屈氏、景氏、怀氏、田氏五姓关中，与利田宅。”① 娄敬的迁豪政策无论对当时还是对后世，均产生了深远的影响。

二、贾谊的中央与地方关系思想

“在不废除封国的前提下，如何削弱诸侯王的实力，使之不构成对中央的威胁，是摆在统治者面前的一个严峻课题。”② 贾谊可以说是两汉第一位系统思考中央与诸侯国关系的“诸子”。贾谊是赞成分封体制的，他认为推行分封制度是秦二世挽回败局的重要手段。“今秦二世立，天下莫不引领而观其政，夫寒者利裋褐而饥者甘糟糠，天下嚣嚣，新主之资也。此言劳民之易为仁也。向使二世有庸主之行而任忠贤，臣主一心而忧海内之患，缟素而正先帝之过；裂地分民以封功臣之后，建国立君以礼天下；虚囹圄而免刑戮，去收帑污秽之罪，使各反其乡里；发仓廪，散财币，以赈孤独穷困之士；轻赋少事，以佐百姓之急；约法省刑，以持其后，使天下之人皆得自新，更节循行，各慎其身；塞万民之望，而以盛德与天下，天下息矣。即四海之内，皆欢然各自安乐其处，惟恐有变。”③ 但他总结了汉初几十年中央与诸侯王国关系的发展历程，站在加强中央集权的高度，强调削弱诸侯王国。

贾谊认为虽然经历了淮南王、济北王之乱，天下稍稍安定，因为诸王多幼弱，中央派去的相国、太傅掌握王国权力，中央与王国相安无事，但随着诸王的成长，势必会想方设法夺回权力，抗衡中央。“今或亲弟谋为东帝，亲兄之子西向而击，今吴又见告矣。天子春秋鼎盛，行义未过，德泽有加焉，犹尚若此，况莫大诸侯权势十此者乎！然而天下少安者，何也？大国之王幼在怀衽，汉所置傅相方握其事。数年之后，诸侯王大抵皆冠，血气方刚，汉之所置傅归休而不肯住，汉所置相称病而赐罢，彼自丞尉以上遍置其

① （东汉）班固：《汉书》卷一下，第66页。

② 赵玉洁：《我看西汉削藩三部曲》，《河北大学学报》（哲学社会科学版）1999年第1期。

③ （西汉）贾谊撰，阎振益、钟夏校注：《新书校注》，第14—15页。

私人，如此有异淮南、济北之为耶！此时而乃欲为治安，虽尧、舜不能。臣故曰：时且过矣，上弗早图，疑且岁闻所不欲焉。黄帝曰：‘日中必彗，操刀必割。’今令此道顺，而全安甚易；弗肯早为，已乃堕骨肉之属而抗刭之，岂有异秦之季世乎！且谓天何？权不甚奇而数制人，岂可得也！夫以天子之位，用天下之力，乘今之时，因天之助，常惮以危为安，以乱为治；假设陛下居齐桓之处，将不合诸侯匡天下乎？”①

贾谊提出了在分封制之下，不管是疏远的异姓王，还是亲近的兄弟王，早晚都会对皇权产生威胁，这是由制度本身造成的。

> 陛下有所不为矣，臣将不敢不毕陈事制。假设令天下如曩也，淮阴侯尚王楚，黥布王淮南，彭越王梁，韩信王韩，张敖王赵，贯高为相，卢绾王燕，陈豨在代，令六七公诸皆无恙，案其国而居，当是时，陛下即天子之位，试能自安乎哉？臣有以知陛下之不能也。天下淆乱，高皇帝与诸公并肩而起，非有侧室之势以豫席之也。诸公率幸者乃得为中涓，其次仅得为舍人。高皇帝南面称帝，诸公皆为臣，材之不逮至远也。高皇帝五年即天子之位，割膏腴之地以王有功之臣，多者百余城，少者乃三四十县，德至渥也。然其后十年之间，反者九起，几危天下者五六。陛下之与诸公也，非亲角材而臣之也，又非身亲封王之也，自高皇帝不能以是一岁为安，陛下独安能以是自安也？
>
> 然尚有可诿者，曰疏。臣请试言其亲者，假令齐悼惠王王齐，元王王楚，中子王赵，幽王王淮阳，共王王梁，灵王王燕，厉王王淮南，六七贵人皆无恙，各案其国而居，当是时，陛下即天子之位，能为治乎？臣又窃知陛下之不能也。诸侯王虽名为人臣，实皆布衣昆弟之心，虑无不帝制而天子自为者。擅爵人，赦死罪，甚者或戴黄屋，汉法非立，汉令非行也。虽离道如淮南王者，令之安肯听，召之焉可致？幸而至，法安可得加？动一亲戚，天下环视而起，天下安可得制也？陛下之臣虽有悍如冯敬者，适启其口，匕首已陷于胸矣。陛下虽贤，谁

① （西汉）贾谊撰，阎振益、钟夏校注：《新书校注》，第25—26页。

与领诸侯，此所谓亲也者。故疏必危，亲必乱。①

贾谊能够超越血缘亲疏关系，从制度本身发现汉中央与诸侯王之间矛盾的必然性，足见其政治洞察力之强。

贾谊形象地将诸侯王比作人的小腿与手指，将汉王朝比作身体，现在的身体正患肿病，小腿肿得像腰一样粗，手指头肿得像大腿一样粗，如果放任这种情况而不加以治疗，势必会危及生命，并强调随着亲缘关系的疏远，诸侯王亦不再有所顾及，势必反抗中央。“天下之势方病大尰，一胫之大几如腰，一指之大几如股，臣闻‘尾大不掉，末大必折’，恶病也。平居不可屈信，一二指搐，身固无聊也。失今弗治，必为痼疾，后虽有扁鹊，弗能为已。悲夫！枝拱苟大，弛必至心，此所以窃为陛下患也。病非徒尰也，又苦跖戾。元王之子，帝之从弟也；今之王者，从弟之子也。惠王之子，亲兄之子也；今之王者，兄子之子也。亲者或无分地以安天下，疏者或专大权以偪天子。臣故曰‘非徒病尰也，又苦跖戾也。’可痛哭者，此病是也。”②

贾谊提醒文帝应趁各诸侯王年幼及时采取措施削弱其势力，否则一旦其羽翼已成，必会酿成六国之祸。“诸侯势足以专制，力足以行逆，虽令冠处女，勿谓无敢；势不足以专制，力不足以行逆，虽生夏育，有仇仇之怨，犹之无伤也。然天下当今恬然者，遇诸侯之俱少也。后不至数岁，诸侯皆冠，陛下且见之矣。岂不苦哉！力当能为而不为，畜乱宿祸，高拱而不忧，其纷也且也，甚可谓不知且不仁。夫秦自逆，日夜深惟，苦心竭力，危在存亡，以除六国之忧。今陛下力制天下，颐指而如意，而故称六国之祸，难以言知矣。苟身常无患，但为祸未在所制也。乱媒日长，孰视而不定。万年之后，传之老母弱子，使曹、勃不能制，可谓仁乎？”③

现在中央采取的限制诸侯王的措施，如设置关禁，限制人口及马匹出关等，只不过是表面文章，并非削弱诸侯王的长远之策，反而显示了皇室内部的猜忌与分裂。“所为建武关、函谷、临晋关者，大抵为备山东诸侯也。

① （西汉）贾谊撰，阎振益、钟夏校注：《新书校注》，第119—120页。

② （西汉）贾谊撰，阎振益、钟夏校注：《新书校注》，第43页。

③ （西汉）贾谊撰，阎振益、钟夏校注：《新书校注》，第64页。

天子之制在陛下，今大诸侯多其力，因建关而备之，若秦时之备六国也。岂若定地势使无可备之患，因行兼爱无私之道，罢关一通，示天下无以区区独有关中者。所谓禁游宦诸侯及无得出马关者，岂不曰诸侯得众则权益重，其国众车骑则力益多，故明为之法，无资诸侯。于臣之计，疏山东，孽诸侯，不令似一家者，其精于此矣。”①

贾谊强调对于诸侯王要弱其力，减其权，当然还要保持他们作为一国之主的尊贵地位，以及锦衣玉食的生活。“夫树国必审相疑之势，下数被其殃，上数爽其忧。凶饥数动，彼必将有怪者生焉。祸之所杂，岂可预知。故甚非所以安主上，非所以活大臣者也，甚非所以全爱子者也。既已令之为藩臣矣，为人臣下矣，而厚其力，重其权，使有骄心而难服从也，何异于善砥镆铘而予射子？自祸必矣。爱之固使饱梁肉之味，玩金石之声，臣民之众，土地之博，足以奉养宿卫其身。然而权力不足以侥幸，势不足以行逆，故无骄心无邪行。奉法畏令，听从必顺，长生安乐，而无上下相疑之祸，活大臣，全爱子，孰精于此？”②

贾谊进一步分析强大的诸侯王势必先反叛，如楚王韩信、韩王信、梁王彭越、淮南王英布，相对弱小的诸侯王后反，如燕王卢绾，最为弱小的诸侯王则能传承国祚，如长沙王，基于这一认识，贾谊提出“众建诸侯而少其力”的建议，分割其领土，削弱其实力，消除其反叛中央的可能性。“窃迹前事，大抵强者先反。淮阴王楚最强，则最先反；韩王信倚胡，则又反；贯高因赵资，则又反；陈豨兵精强，则又反；彭越用梁，则又反；黥布用淮南，则又反；卢绾国北最弱，则最后反。长沙乃才二万五千户耳，力不足以行逆，则少功而最完，势疏而最忠。全骨肉时长沙无故者，非独性异人也，其形势然矣。曩令樊、郦、绛、灌据数十城而王，今虽以残亡可也；令韩信、黥布、彭越之伦为彻侯而居，虽至今存可也。然则天下大计可知已。欲诸王皆忠附，则莫若令如长沙；欲勿令菹醢，则莫若令如樊、郦、绛、灌；欲天下之治安，天子之无忧，莫如众建诸侯而少其力。力少则易使以义，国小则

---

① （西汉）贾谊撰，阎振益、钟夏校注：《新书校注》，第 113 页。

② （西汉）贾谊撰，阎振益、钟夏校注：《新书校注》，第 36—37 页。

无邪心。”①

如何“众建诸侯而少其力”？贾谊提出了具体的分配方案，制定分地制度，将齐国、赵国、楚国、燕国、吴国、淮南国等划分为若干国，分封诸王子孙为王。如果诸侯王还未有子嗣，可先建立国家，生有子嗣之后，则封其为王。诸侯因过错被削之地，中央并不侵吞，而是用以迁徙王国之内的侯国以及分封其子孙所用。“割地定制，齐为若干国，赵、楚为若干国，制既各有理矣。于是齐悼惠王之子孙王之，分地尽而止，赵幽王、楚元王之子孙，亦各以次受其祖之分地，燕、吴、淮南佗国皆然。其分地众而子孙少者，建以为国，空而置之，须其子孙生者，举使君之。诸侯之地其削颇入汉者，为徙其侯国及封其子孙于彼也，所以数偿之。故一寸之地，一人之众，天子无所利焉，诚以定治而已，故天下咸知陛下之廉。”②“众建诸侯而少其力”是在不破坏关东诸侯原有格局的前提下，以诸侯王之地分封其子孙为王，增加王国的数量，以此来削弱王国的实力，减少诸侯国对汉中央的威胁。

贾谊认为地制确定之后有五大好处，可以安抚宗室子孙，显示君主之仁义，使诸侯王及其子孙无背叛之心，君臣和谐，一劳永逸，无为而治。“经制一定，宗室子孙虑莫不王。制定之后，下无倍叛之心，上无诛伐之志，上下欢亲，诸侯顺附，故天下咸知陛下之仁。地制一定，则帝道还明而臣心还正，法立而不犯，令行而不逆，贯高、利几之谋不生，栈奇、启章之计不萌，细民乡善，大臣致顺，上使然也，故天下咸知陛下之义。地制一定，卧赤子天下之上而安，植遗腹，朝委裘，而天下不乱，社稷长安，宗庙久尊，传之后世，不知其所穷。故当时大治，后世诵圣。一动而五美附，陛下谁惮而久不为此五美？”③

贾谊还强调以亲制疏，以诸侯王来制约诸侯王，将淮南之地封给文帝子淮阳王刘武，以制约吴楚，以淮阳国之东郡与北部诸城割给文帝子梁王刘揖，以制约齐、赵，使其成为捍卫中央的屏障，

① （西汉）贾谊撰，阎振益、钟夏校注：《新书校注》，第39—40页。

② （西汉）贾谊撰，阎振益、钟夏校注：《新书校注》，第67页。

③ （西汉）贾谊撰，阎振益、钟夏校注：《新书校注》，第67—68页。

陛下即不为千载之治安，知今之势，岂过一传哉？诸侯犹且人恣而不制也，至其相与，持之以纵横之约相亲耳。汉法令不可得行矣，犹且槁立而服强也。今淮阳之比大诸侯，仅过黑子之比于面耳。岂足以为楚御哉？而陛下所恃以为藩捍者，以代、淮阳耳。代北边与强匈奴为邻，仅自见矣。唯皇太子之所恃者，亦以之二国耳。今淮阳之所有，适足以饵大国耳。方今制在陛下，制国命子，适足以饵大国，岂可谓工哉？

人主之行异布衣。布衣者，饰小行，竞小廉，以自托于乡党邑里。人主者，天下安、社稷固不耳。故皇帝者，炎帝之兄也。炎帝无道，黄帝伐之涿鹿之野，血流漂杵，诛炎帝而兼其地，天下乃治。高皇帝瓜分天下，以王功臣，反者如猬毛而起。高皇帝以为不可，剽去不义诸侯，空其国。择良日，立诸子洛阳上东门之外，诸子毕王，而天下乃安。故大人者，不怵小廉，不牵小行，故立大便以成大功。

今淮南地远者或数千里，越诸侯而悬属于汉，其苦之甚矣，其欲有卒也类良有，所至逋走而归诸侯，殆不少矣，此终非可久以为奉地也。陛下岂如早便其势，且令他人守郡，岂如令子？臣之愚计，愿陛下举淮南之地以益淮阳，梁即有后，割淮阳北边二三列城与东郡以益梁，即无后患。代可徙而都睢阳，梁起新郑以北，著之河，淮阳包陈以南，揵之江。则大诸侯之有异心者，破胆而不敢谋。今所恃者，代、淮阳二国耳，皇太子亦恃之。如臣计，梁足以捍齐、赵，淮阳足以禁吴、楚，则陛下高枕而卧，终无山东之忧矣。臣窃以为此二世之利也。若使淮南久悬属汉，特以恣奸人耳。惟陛下幸少留意，省臣昧死以闻。①

贾谊认识到了汉初封国制度中的漏洞，“宫室百官同制京师”，诸侯王国的中央官制与汉中央官制相同，王国后宫与汉后宫名号相同，诸侯王乘舆名号与皇帝乘舆名号相同，双方尊卑等级未立，使得诸侯王在王国内取得了与

① （西汉）贾谊撰，阎振益、钟夏校注：《新书校注》，第56—58页。

皇帝一样的权威与地位，更加助长了其对皇权的觊觎之心，遂主张在官制、名号、舆服等方面设立严格的等级制度，区分皇帝与诸侯王，确立君臣等级名分，削弱其权威。

诸侯王所在之宫卫，织履蹲夷，以皇帝所在宫法论之；郎中、谒者受谒取告，以官皇帝之法予之；事诸侯王或不廉洁平端，以事皇帝之法罪之。曰一用汉法，事诸侯王乃事皇帝也。谁是则诸侯之王乃将至尊也。然则，天子之与诸侯，臣之与下，宜撰然齐等若是乎？

天子之相，号为丞相，黄金之印；诸侯之相，号为丞相，黄金之印，而尊无异等，秩加二千石之上。天子列卿秩二千石，诸侯列卿秩二千石，则臣已同矣。人主登臣而尊，今臣既同，则法恶得不齐？天子卫御，号为大仆，银印，秩二千石；诸侯之御，号曰大仆，银印，秩二千石，则御已齐矣。御既已齐，则车饰恶得不齐？天子亲，号云太后；诸侯亲，号云太后。天子妃，号曰后；诸侯妃，号曰后。然则，诸侯何损而天子何加焉？妻既已同，则夫何以异？天子宫门曰司马，阑入者为城旦；诸侯宫门曰司马，阑入者为城旦。殿门俱为殿门，阑入之罪亦俱弃市。宫墙门卫同名，其严一等，罪已钧矣。天子之言曰令，令甲令乙是也；诸侯之言曰令，□仪之言是也。天子卑号皆称陛下，诸侯卑号皆称陛下。天子车曰乘舆，诸侯车曰称舆，乘舆等也。衣被次齐贡死经纬也，苟工巧而志欲之，唯冒上轶主次也。然则，所谓主者安居，臣者安在？

人之情不异，面目状貌同类，贵贱之别非人天根着于形容也。所持以别贵贱明尊卑者，等级、势力、衣服、号令也。乱且不息，滑曼无纪。天性则同，人事无别。然则，所谓臣臣主主者，非有相临之具、尊卑之经也，持面形而肤之耳。近习乎昼，近貌然后能识，则疏远无所放，众庶无以期，则下恶能不疑其上？君臣同伦，异等同服，则上恶能不眩于其下？孔子曰：“长民者，衣服不二，从容有常，以齐其民，则民德一。”云：“彼都人士，狐裘黄裳”，“行归于周，万民之望。”孔子曰：“为上可望而知也，为下可类而志也，则君不疑于其臣，而臣不惑于其君。”而此之不行，沐渎无界，可谓长大息者此也。[①]

贾谊极力反对分封淮南王诸子为王，淮南厉王刘长，横行不法，蔑视皇权，称制于淮南，陷于谋反，国除身死，而淮南王诸子皆已成年，时刻不忘为父报仇，若封其为王，必然是假贼利兵、为虎添翼。

> 窃恐陛下接王淮南子，曾不与如臣者孰计之也。淮南王来入赴。□□□□千乘之君，陛下为顿颡谢罪皇太后之前，淮南王曾不谯让，敷留之罪无加身者。舍人横制等室之门，陛下追而赦之，吏曾不捕。王人于天子国横行不辜而无谴，乃赐美人，多载黄金而归。侯邑之在其国者毕徙之他所。陛下于淮南王不可谓薄矣。然而淮南王，天子之法咫蹂促而弗用也，皇帝之令咫批倾而不行，天下孰不知？天子选功臣有识者，以为之相吏，王仅不踏蹴而逐耳，无不称病而走者，天下孰弗知？日接持怨言以诽谤陛下之为，皇太后之馈赐逆抑而不受，天子使者奉诏而弗得见，僵卧以发诏书，天下孰不知？聚罪人奇狡少年，通栈奇之徒，启章之等而谋为东帝，天下孰弗知？淮南王罪已明，陛下赦其死罪，解之严道以为之神，其人自病死，陛下何负？天下大指孰能以王之死为不当？陛下无负也！
>
> 如是，咫淮南王罪人之身也，淮南子罪人之子也。奉尊罪人之子，适足以负谤于天下耳，无解细于前事也，且人不以肉为心则已，若以肉为心，人之心可知也。今淮南子少，壮闻父辱状，是立咫焉泣洽衿，卧咫泣交项，肠至腰肘如缪维耳，岂能须臾忘哉？是而不如是，非人也。陛下制天下之命，而淮南王至如此极，其子舍陛下而更安所归其怨尔。特曰势未便，事未发，舍乱而不敢言。若诚其心，岂能忘陛下哉？白公胜所为父报仇者，报大父与诸伯父、叔父也。令尹子西、司马子綦皆亲群父也，无不尽伤。昔者白公之为乱也，非欲取国代王也，为发愤快志尔，故欲皆首以冲仇人之匈，固为要俱糜而已耳，固非冀

① （西汉）贾谊撰，阎振益、钟夏校注：《新书校注》，第46—48页。

生也。

今淮南土虽小，黥布用之耳，汉存特幸耳。夫擅仇人足以危汉之资，于策安便？虽割而为四，四子一心未异也。豫让为智伯报赵襄子，五起而不取者，无他，资力少也。子胥之报楚也，有吴之众也。白公成乱也，有白公之众也。阖闾富故，然使专诸刺吴王僚；燕太子丹富故，然使荆轲杀秦王政。今陛下将尊不亿之人，予之众，积之财，此非有白公、子胥之报于广都之中者，即疑有专诸、荆轲起两柱之间，其策安便哉？此所谓假贼兵、为虎翼者也。愿陛下留意计之。①

王夫之说：“当谊之时，侯王强，天下初定，吴、楚皆深鸷骄悍而不听天子之裁制，未能遽行也。”② 汉文帝部分地采纳了贾谊的建议，前元十四年（前166年），齐文王刘则死，刘则无嗣，两年之后，齐国被一分为六，原被封为列侯的齐悼惠王的六个儿子均被封为王，“文帝怜悼惠王嫡嗣之绝，于是乃分齐为六国，尽立前所封悼惠王子列侯见在者六人为王。齐孝王将闾以杨虚侯立，济北王志以安都侯立，菑川王贤以武成侯立，胶东王雄渠以白石侯立，胶西王卬以平昌侯立，济南王辟光以扐侯立。孝文十六年，六王同日俱立。”③ 淮南王刘长死后，文帝又分封了他的三个儿子为王，“上怜淮南王废法不轨，自使失国早夭，乃徙淮南王喜复王故城阳，而立厉王三子王淮南故地，三分之：阜陵侯安为淮南王，安阳侯勃为衡山王，阳周侯赐为庐江王。”④ 文帝此举取得了成功，终西汉二百余年，齐国、淮南国并未发生叛乱。在当时的形势下，贾谊的“众建诸侯而少其力”政策颇具柔性，是处理汉中央与诸侯王关系的最佳方案。

三、晁错的中央与地方关系思想

“作为政治家的晁错，他最有影响的举措就是‘削藩’，并因此推动

① （西汉）贾谊撰，阎振益、钟夏校注：《新书校注》，第156—157页。

② （清）王夫之：《读通鉴论》，中华书局1975年版，第57页。

③ （东汉）班固：《汉书》卷三八，第1997页。

④ （东汉）班固：《汉书》卷四四，第2144页。

了中国古代分封体制的寿终正寝。”[①] 晁错采取了“先破后立”的激进方式削藩，其担任太子家令时，上书文帝，惩罚吴王，文帝并未采纳，景帝即位后，晁错得到重用，力主削弱吴国，以其长远的政治眼光分析了吴王刘濞叛乱的必然性，不论削与不削，其反叛是必然的，不如趁其还未准备充足，及时削藩，即使其反叛，造成的祸患还会小一些：“数从容言吴过可削。数上书说之，文帝宽，不忍罚，以此吴王日益横。及景帝即位，错为御史大夫，说上曰：‘昔高帝初定天下，昆弟少，诸子弱，大封同姓，故孽子悼惠王王齐七十二城，庶弟元王王楚四十城，兄子王吴五十余城。封三庶孽，分天下半。今吴王前有太子之隙，诈称病不朝，于古法当诛。文帝不忍，因赐几杖，德至厚也。不改过自新，乃益骄恣，公即山铸钱，煮海为盐，诱天下亡人谋作乱逆。今削之亦反，不削亦反。削之，其反亟，祸小；不削之，其反迟，祸大。’”[②] 在景帝的支持下，晁错首先制定了削藩法令，“错所更令三十章，诸侯欢哗。”[③] 并削去楚王、赵王、胶西王的部分郡县，“三年冬，楚王来朝，错因言楚王戊往年为薄太后服，私奸服舍，请诛之。诏赦，削东海郡。及前二年，赵王有罪，削其常山郡。胶西王卬以卖爵事有奸，削其六县。”[④] 晁错为使汉中央获得对于诸侯国的绝对优势，直接削割诸侯国的郡县归属汉中央，吴、楚首当其冲，直接激化了诸侯国与汉中央之间的矛盾，引发了“吴楚七国之乱”。但不可否认晁错的削藩最终扭转中央与诸侯国之间的关系，“在西汉削藩三部曲中，直接削诸侯之地，起了关键性的作用。既想解决问题又不想付出代价是不可能的。直接削诸侯之地的确成了吴楚七国之乱的导火线，为平定七国之乱，西汉政府付出了一定的代价，但如果再拖延削藩时机，西汉王朝会付出更大的代价。”[⑤]

“工商业者和游侠这两个群体的存在，特别是他们的得势，对汉朝统治

---

① 龚留柱：《论晁错及汉初“新法家”》，《中国史研究》2016 年第 1 期。

② （东汉）班固：《汉书》卷三五，第 1906 页。

③ （东汉）班固：《汉书》卷四九，第 2300 页。

④ （东汉）班固：《汉书》卷三五，第 1906 页。

⑤ 赵玉洁：《我看西汉削藩三部曲》，《河北大学学报》（哲学社会科学版）1999 年第 1 期。

家族和儒生的利益构成巨大的威胁。”① 晁错对于地方势力的崛起也是颇为警惕，由于黄老无为政策的推行，地方豪强势力崛起，他们通过经营工商业、高利贷而致富，进而兼并土地，破坏小农经济，动摇了西汉王朝的经济基础。“今农夫五口之家，其服役者不下二人，其能耕者不过百亩，百亩之收不过百石。春耕夏耘，秋获冬藏，伐薪樵，治官府，给徭役；春不得避风尘，夏不得避暑热，秋不得避阴雨，冬不得避寒冻，四时之间亡日休息；又私自送往迎来，吊死问疾，养孤长幼在其中。勤苦如此，尚复被水旱之灾，急政暴赋，赋敛不时，朝令而暮改。当具有者半贾而卖，亡者取倍称之息，于是有卖田宅鬻子孙以偿债者矣。而商贾大者积贮倍息，小者坐列贩卖，操其奇赢，日游都市，乘上之急，所卖必倍。故其男不耕耘，女不蚕织，衣必文采，食必粱肉；亡农夫之苦，有仟伯之得。因其富厚，交通王侯，力过吏势，以利相倾；千里游敖，冠盖相望，乘坚策肥，履丝曳缟。此商人所以兼并农人，农人所以流亡者也。”②

“对于这棘手的新情况，晁错提出以疏代堵的独创解决方案，利用商人对社会地位的追求并将其转化为对粮食的有效需求，从而实现农民与政府收入均提高、商人提升社会地位的三赢局面。”③ 不过笔者认为入粟拜爵、免罪的方案是晁错抑制地方豪强势力的崛起，保护小农经济采取的重要措施，以此提高粮食的价格，保障小农的利益，稳固小农经济，防止地方豪强对于土地的兼并：“今法律贱商人，商人已富贵矣；尊农夫，农夫已贫贱矣。故俗之所贵，主之所贱也；吏之所卑，法之所尊也。上下相反，好恶乖迕，而欲国富法立，不可得也。方今之务，莫若使民务农而已矣。欲民务农，在于贵粟；贵粟之道，在于使民以粟为赏罚。今募天下入粟县官，得以拜爵，得以除罪。如此，富人有爵，农民有钱，粟有所渫。夫能入粟以受爵，皆有余者也；取于有余，以供上用，则贫民之赋可损，所谓损有余补不

① 刘绪贻：《中国的儒学统治：既得利益抵制社会变革的典型事例》，中国人民大学出版社2006年版，第26页。

② （东汉）班固：《汉书》卷二四上，第1132页。

③ 岳翔宇：《气候变化、农业低产与重农理论——以晁错“贵粟论”为中心》，《历史研究》2015年第3期。

足，令出而民利者也。顺于民心，所补者三：一曰主用足，二曰民赋少，三曰劝农功。今令民有车骑马一匹者，复卒三人。车骑者，天下武备也，故为复卒。神农之教曰：‘有石城十仞，汤池百步，带甲百万，而亡粟，弗能守也。’以是观之，粟者，王者大用，政之本务。令民入粟受爵至五大夫以上，乃复一人耳，此其与骑马之功相去远矣。爵者，上之所擅，出于口而亡穷；粟者，民之所种，生于地而不乏。夫得高爵与免罪，人之所甚欲也。使天下人入粟于边，以受爵免罪，不过三岁，塞下之粟必多矣。”① 晁错的主张是以统治者的长远利益为本旨，并非真正的“民本”，“离开大一统中央集权的政治秩序基点认为晁错的‘重农贵粟’政策是为农民着想同样是误会。”② 但事与愿违，晁错的建议不仅未能抑制地方豪强，反而刺激了他们兼并土地的热情，地方豪强因拥有大量的土地与粮食，成为入粟拜爵的实际受益者。

四、枚乘的中央与地方关系思想

鲁迅《汉文学史纲要》：“汉高祖虽不喜儒，文景二帝，亦好刑名黄老，而当时诸侯王中，则颇有倾心养士，致意于文术者。楚，吴，梁，淮南，河间五王，其尤著者也。”③ “吴楚七国之乱”爆发前后，诸侯国内的士人对于中央与诸侯国之间的关系也表达了自己的观点。吴王刘濞积极准备叛乱，其郎中枚乘上书刘濞，站在吴国的立场上，力劝吴王不要反叛中央，激化矛盾，维持中央与吴国的现状，否则必遭祸殃：

> 臣闻得全者全昌，失全者全亡。舜无立锥之地，以有天下；禹无十户之聚，以王诸侯。汤、武之土不过百里，上不绝三光之明，下不伤百姓之心者，有王术也。故父子之道，天性也；忠臣不避重诛以直谏，则事无遗策，功流万世。臣乘愿披腹心而效愚忠，唯大王少加意念恻怛之心于臣乘言。

---

① （东汉）班固：《汉书》卷二四上，第 1133—1134 页。

② 穆军全：《贾谊和晁错政治秩序观比较及启示》，《理论月刊》2015 年第 10 期。

③ 鲁迅：《汉文学史纲要》，译林出版社 2018 年版，第 69 页。

夫以一缕之任系千钧之重，上县无极之高，下垂不测之渊，虽甚愚之人犹知哀其将绝也。马方骇鼓而惊之，系方绝又重镇之；系绝于天不可复结，队入深渊难以复出。其出不出，间不容发。能听忠臣之言，百举必脱。必若所欲为，危于累卵，难于上天；变所欲为，易于反掌，安于太山。今欲极天命之寿，敝无穷之乐，究万乘之势，不出反掌之易，以居泰山之安，而欲乘累卵之危，走上天之难，此愚臣之所以为大王惑也。

人性有畏其影而恶其迹者，却背而走，迹愈多，影愈疾，不知就阴而止，影灭迹绝。欲人勿闻，莫若勿言；欲人勿知，莫若勿为。欲汤之沧，一人炊之，百人扬之，无益也，不如绝薪止火而已。不绝之于彼，而救之于此，譬犹抱薪而救火也。养由基，楚之善射者也，去杨叶百步，百发百中。杨叶之大，加百中焉，可谓善射矣。然其所止，乃百步之内耳，比于臣乘，未知操弓持矢也。

福生有基，祸生有胎；纳其基，绝其胎，祸何自来？泰山之霤穿石，单极之绠断干。水非石之钻，索非木之锯，渐靡使之然也。夫铢铢而称之，至石必差；寸寸而度之，至丈必过。石称丈量，径而寡失。夫十围之木，始生如蘖，足可搔而绝，手可擢而拔，据其未生，先其未形也。磨砻底厉，不见其损，有时而尽；种树畜养，不见其益，有时而大；积德累行，不知其善，有时而用；弃义背理，不知其恶，有时而亡。臣愿大王孰计而身行之，此百世不易之道也。①

吴王拒谏，枚乘只能前往梁国。吴王刘濞起兵之后，枚乘又再次致书吴王，将汉中央与吴国的实力进行对比，吴的土地面积不过汉中央的十分之一，吴的人口不过汉中央的百分之一，虽然吴国因准备充足，对汉发动突袭，暂时取得了一些胜利，但从整个战局上来看，吴国已经陷入了汉军的合围之中，力劝吴王趁景帝斩杀晁错安抚诸侯之机，称臣罢兵，恢复双方的和平局面。

① （东汉）班固：《汉书》卷五一，第2359—2361页。

昔者，秦西举胡戎之难，北备榆中之关，南距羌筰之塞，东当六国之从。六国乘信陵之籍，明苏秦之约，厉荆轲之威，并力一心以备秦。然秦卒擒六国，灭其社稷，而并天下，是何也？则地利不同，而民轻重不等也。今汉据全秦之地，兼六国之众，修戎狄之义，而南朝羌筰，此其与秦，地相什而民相百，大王之所明知也。今夫谗谀之臣为大王计者，不论骨肉之义，民之轻重，国之大小，以为吴祸，此臣所以为大王患也。

夫举吴兵以訾于汉，譬犹蝇蚋之附群牛，腐肉之齿利剑，锋接必无事矣。天子闻吴率失职诸侯，愿责先帝之遗约，今汉亲诛其三公，以谢前过，是大王之威加于天下，而功越于汤武也。夫吴有诸侯之位，而实富于天子；有隐匿之名，而居过于中国。夫汉并二十四郡，十七诸侯，方输错出，运行数千里不绝于道，其珍怪不如东山之府。转粟西乡，陆行不绝，水行满河，不如海陵之仓。修治上林，杂以离宫，积聚玩好，圈守禽兽，不如长洲之苑。游曲台，临上路，不如朝夕之池。深壁高垒，副以关城，不如江淮之险。此臣之所以为大王乐也。

今大王还兵疾归，尚得十半。不然，汉知吴之有吞天下之心也，赫然加怒，遣羽林黄头循江而下，袭大王之都；鲁东海绝吴之饷道；梁王饬车骑，习战射，积粟固守，以备荥阳，待吴之饥。大王虽欲反都，亦不得已。夫三淮南之计不负其约，齐王杀身以灭其迹，四国不得出兵其郡，赵囚邯郸，此不可掩，亦已明矣。大王已去千里之国，而制于十里之内矣。张、韩将北地，弓高宿左右，兵不得下壁，军不得大息，臣窃哀之。愿大王孰察焉。①

文中的分析细致精微，比喻生动形象，颇具感染力与说服力，体现出了枚乘深远的政治眼光与洞察力。

① （东汉）班固：《汉书》卷五一，第2362—2364页。

五、董仲舒的中央与地方关系思想

“董仲舒建立的汉代新儒学，核心内容是‘大一统论’。”① “西汉大儒董仲舒从理论上肯定了‘大一统’的合理性，为‘大一统’思想赋予新的内容，为西汉政治与人君提出新的理想。”② 董仲舒强调“大一统”，“《春秋》大一统者，天地之常经，古今之通义也。今师异道，人异论，百家殊方，指意不同，是以上亡以持一统；法制数变，下不知所守。臣愚以为诸不在六艺之科孔子之术者，皆绝其道，勿使并进。邪辟之说灭息，然后统纪可一而法度可明，民知所从矣。”③ “大一统”的意蕴丰富，既指思想文化上的“大一统”，又指疆域上的“大一统”，但是政治上的“大一统”是其“大一统”思想的主旨。

确立“大一统”必须要解决刘氏统治合法性的问题。贾谊的“众建诸侯而少其力”策略，晁错的“以法削藩”策略，均属于操作之“术”，“并未对加强专制主义中央集权提供一种理论上的论证，汉初的历代皇帝从而缺乏一种理论自信”④。所以必须要从“道”这个层面来解决这个问题，董仲舒从“天人感应”出发，总结了先秦历史的兴衰发展规律，提出了“三统三正”的历史发展观。

> 《春秋》曰：“王正月”，《传》曰：“王者孰谓？谓文王也。曷为先言王而后言正月？王正月也。”何以谓之王正月？曰：王者必受命而后王。王者必改正朔，易服色，制礼乐，一统于天下，所以明易姓，非继人，通以已受之于天也。王者受命而王，制此月以应变，故作科以奉天地，故谓之王正月也。王者改制作科奈何？曰：当十二色，历各法而正色，逆数三而复。绌三之前曰五帝，帝迭首一色，顺数五而相复，礼乐各以其法象其宜。顺数四而相复。咸作国号，迁宫邑，易官名，制礼作乐。故汤受命而王，应天变夏作殷号，时正白统。亲夏故

① 周桂钿：《董仲舒政治哲学的核心——大一统论》，《中国哲学史》2007年第4期。

② 王传林：《董仲舒〈春秋〉“大一统”与“通三统”考论》，《衡水学院学报》2021年第5期。

③ （东汉）班固：《汉书》卷五六，第2523页。

④ 秦铁柱：《汉代齐鲁封国诸子传》，人民出版社2022年版，第71页。

> 虞，绌唐谓之帝尧，以神农为赤帝。作宫邑于下洛之阳，名相官曰尹。作《濩乐》，制质礼以奉天。文王受命而王，应天变殷作周号，时正赤统。亲殷故夏，绌虞谓之帝舜，以轩辕为黄帝，推神农以为九皇。作宫邑于丰。名相官曰宰。作《武乐》，制文礼以奉天。武王受命，作宫邑于鄗，制爵五等，作《象乐》，继文以奉天。周公辅成王受命，作宫邑于洛阳，成文武之制，作《汋乐》以奉天。殷汤之后称邑，示天之变反命。故天子命无常。唯命是德庆。故《春秋》应天作新王之事，时正黑统。王鲁，尚黑，绌夏，亲周，故宋。乐宜亲《招武》，故以虞录亲，乐制宜商，合伯子男为一等。然则其略说奈何？曰：三正以黑统初。正日月朔于营室，斗建寅。天统气始通化物，物见萌达，其色黑。故朝正服黑，首服藻黑，正路舆质黑，马黑，大节绶帻尚黑，旗黑，大宝玉黑，郊牲黑，牺牲角卵。冠于阼，昏礼逆于庭，丧礼殡于东阶之上。祭牲黑牡，荐尚肝。乐器黑质。法不刑有怀任新产，是月不杀。听朔废刑发德，具存二王之后也。亲赤统，故日分平明，平明朝正。正白统奈何？曰：正白统者，历正日月朔于虚，斗建丑。天统气始蜕化物，物始芽，其色白，故朝正服白，首服藻白，正路舆质白，马白，大节绶帻尚白，旗白，大宝玉白，郊牲白，牺牲角茧。冠于堂，昏礼逆于堂，丧事殡于楹柱之间。祭牲白牡，荐尚肺。乐器白质。法不刑有身怀任，是月不杀。听朔废刑发德，具存二王之后也。亲黑统，故日分鸣晨，鸣晨朝正。正赤统奈何？曰：正赤统者，历正日月朔于牵牛，斗建子。天统气始施化物，物始动，其色赤，故朝正服赤，首服藻赤，正路舆质赤，马赤，大节绶，帻尚赤，旗赤，大宝玉赤，郊牲骍，牺牲角栗。冠于房，昏礼逆于户，丧礼殡于西阶之上。祭牲骍牡，荐尚心。乐器赤质。法不刑有身，重怀藏以养微，是月不杀。听朔废刑发德，具存二王之后也。亲白统，故日分夜半，夜半朝正。①

“是一种天人感应说在历史领域的运用，是既带有进化又兼有循环的特

① 苏舆：《春秋繁露义证》，第184—195页。

色的，其目的是为汉王朝统治的合理性提供论证。”[①] 正黑统、正白统、正赤统循环往复，应对各王朝的更替变化，夏是正黑统，商是正白统，周是正赤统，秦自然是正黑统，汉是正白统，在三种社会形态的循环往复中，王道政治是其永恒的动力。按照传统的“五德终始说”，汉德是存在争议的，而“三统三正”思想便解决了汉王朝的法统问题，至尊皇权得以确立。“三统三正”论为“大一统”思想提供历史观的依据。

在“大一统”框架之下，董仲舒在中央与地方关系上强调“强干弱枝”，他在分析诸侯名号时，强调天子分封诸侯以作为天子之耳目，辅翼天子，“受命之君，天意之所予也。故号为天子者，宜视天如父，事天以孝道也。号为诸侯者，宜谨视所候奉之天子也。号为大夫者，宜厚其忠信，敦其礼义，使善大于匹夫之义，足以化也。士者，事也；民者，瞑也。士不及化，可使守事从上而已。”[②]

董仲舒将君臣关系、父子关系、夫妇关系列为“三纲”，并附之以阴阳，君为阳，臣为阴，以阳尊阴卑论证君尊臣卑。“凡物必有合。合，必有上，必有下，必有左，必有右，必有前，必有后，必有表，必有里。有美必有恶，有顺必有逆，有喜必有怒，有寒必有暑，有昼必有夜，此皆其合也。阴者阳之合，妻者夫之合，子者父之合，臣者君之合。物莫无合，而合各相阴阳。阳兼于阴，阴兼于阳，夫兼于妻，妻兼于夫，父兼于子，子兼于父，君兼于臣，臣兼于君。君臣、父子、夫妇之义，皆取诸阴阳之道。君为阳，臣为阴；父为阳，子为阴；夫为阳，妻为阴。阴道无所独行。其始也不得专起，其终也不得分功，有所兼之义。是故臣兼功于君，子兼功于父，妻兼功于夫，阴兼功于阳，地兼功于天。举而上者，抑而下也；有屏而左也，有引而右也；有亲而任也，有疏而远也；有欲日益也，有欲日损也。益其用而损其妨。有时损少而益多，有时损多而益少。少而不至绝，多而不至溢。阴阳二物，终岁各壹出。壹其出，远近同度而不同意。阳之出也，常县于前而任事；阴之出也，常县于后而守空处。此见天之亲阳而疏阴，任德而不任刑

---

① 方立天：《中国古代哲学》，中国人民大学出版社 2006 年版，第 504 页。

② 苏舆：《春秋繁露义证》，第 286 页。

也。是故仁义制度之数，尽取之天。天为君而覆露之，地为臣而持载之；阳为夫而生之，阴为妇而助之；春为父而生之，夏为子而养之；秋为死而棺之，冬为痛而丧之。王道之三纲，可求于天。”① 在董仲舒看来，君尊臣卑成为天道，这一法则与天同在，为万世不变之道，“道之大原出于天，天不变，道亦不变。”②

君权神授，天子受命于天，诸侯受命于天子，天子若不能奉天命，则不再具备作为天子的资格，公侯若不能奉天子之命，则不再具备作为公侯的资格，“天子受命于天，诸侯受命于天子，子受命于父，臣妾受命于君，妻受命于夫。诸所受命者，其尊皆天也，虽谓受命于天亦可。天子不能奉天之命，则废而称公，王者之后是也。公侯不能奉天子之命，则名绝而不得就位，卫侯朔是也。子不奉父命，则有伯讨之罪，卫世子蒯聩是也。臣不奉君命，虽善以叛，言晋赵鞅入于晋阳以叛是也。妾不奉君之命，则媵女先至者是也。妻不奉夫之命，则绝，夫不言及是也。曰：不奉顺于天者，其罪如此。”③

董仲舒在讲到《春秋》之道时，强调以元正天，天正王之政，王正诸侯之政。“《春秋》至意有二端，不本二端之所从起，亦未可与论灾异也，小大微著之分也。夫览求微细于无端之处，诚知小之将为大也，微之将为著也。吉凶未形，圣人所独立也，虽欲从之，末由也已，此之谓也。故王者受命，改正朔，不顺数而往，必迎来而受之者，授受之义也。故圣人能系心于微而致之著也。是故《春秋》之道，以元之深正天之端，以天之端正王之政，以王之政正诸侯之即位，以诸侯之即位正境内之治，五者俱正而化大行。故书日蚀、星陨、有蜮、山崩、地震、夏大雨水、冬大雨雹、陨霜不杀草、自正月不雨至于秋七月、有鸜鹆来巢，《春秋》异之，以此见悖乱之征。是小者不得大，微者不得著，虽甚末，亦一端。孔子以此效之，吾所以贵微重始是也。因恶夫推灾异之象于前，然后图安危祸乱于后者，非《春秋》之所甚贵也。然而《春秋》举之以为一端者，亦欲其省天谴而畏天威，内动于

① 苏舆：《春秋繁露义证》，第 350—351 页。

② （东汉）班固：《汉书》卷五六，第 2518—2519 页。

③ 苏舆：《春秋繁露义证》，第 412—413 页。

心志，外见于事情，修身审己，明善心以反道者也，岂非贵微重始、慎终推效者哉!”①

董仲舒极力强调君主的权威，确立君臣等级名分，诸侯不得专地，不得专封，不得执拿天子的大夫，不能享受天子的乐舞，不得征收属于天子的赋税，不得享受天子的尊贵。“《春秋》立义：天子祭天地，诸侯祭社稷，诸山川不在封内不祭。有天子在，诸侯不得专地，不得专封，不得专执天子之大夫，不得舞天子之乐，不得致天子之赋，不得适天子之贵。君亲无将，将而诛。大夫不得世，大夫不得废置君命。立嫡，以长不以贤，立子以贵不以长。立夫人以嫡不以妾。天子不臣母后之党。亲近以来远，未有不先近而致远者也。故内其国而外诸夏，内诸夏而外夷狄，言自近者始也。”②

在“天人感应”之下，诸侯力政、大夫专国、士专邑，势必造成灾异频发，为之感应。“周衰，天子微弱，诸侯力政，大夫专国，士专邑，不能行度制法文之礼。诸侯背叛，莫修贡聘，奉献天子。臣弑其君，子弑其父，孽杀其宗，不能统理，更相伐铿以广地。以强相胁，不能制属。强奄弱，众暴寡，富使贫，并兼无已。臣下上僭，不能禁止。日为之食，星陨如雨，雨螽，沙鹿崩。夏大雨水，冬大雨雪，陨石于宋五,六鹢退飞。陨霜不杀草，李梅实。正月不雨，至于秋七月。地震，梁山崩，壅河，三日不流。昼晦。彗星见于东方，孛于大辰。鹳鹆来巢，《春秋》异之。以此见悖乱之征。孔子明得失，差贵贱，反王道之本。讥天王以致太平。刺恶讥微，不遗小大，善无细而不举，恶无细而不去，进善诛恶，绝诸本而已矣。”③

在中央与地方关系上，董仲舒主张“强干弱枝”，为汉王朝“大一统”政治格局的形成作出了重要的贡献。自此以后，统一成为中华优秀传统文化的核心价值理念，成为历史发展的主流，而分裂割据则成为逆流。“大一统”成为中华民族的思维定式与政治价值取向，成为中华民族生生不息的深层动因。

---

① 苏舆:《春秋繁露义证》，第155—156页。

② 苏舆:《春秋繁露义证》，第112—116页。

③ 苏舆:《春秋繁露义证》，第107—109页。

六、司马迁的中央与地方关系思想

司马迁继承了其师董仲舒的“大一统”思想，与其他“诸子”争相以批判秦政立论不同，他充分肯定了秦经历数百年艰难完成大一统的壮举。“秦起襄公，章于文、缪、献、孝之后，稍以蚕食六国，百有余载，至始皇乃能并冠带之伦。以德若彼，用力如此，盖一统若斯之难也。秦既称帝，患兵革不休，以有诸侯也，于是无尺土之封，堕坏名城，销锋镝，锄豪杰，维万世之安。然王迹之兴，起于闾巷，合纵讨伐，轶于三代。乡秦之禁，适足以资贤者为驱除难耳。故愤发其所为天下雄，安在无土不王。此乃传之所谓大圣乎？岂非天哉，岂非天哉！非大圣孰能当此受命而帝者乎？”①

司马迁在《史记·秦始皇本纪》中详细记载了秦始皇巡游刻石的内容，赞扬了秦王朝的大一统事业，赞扬了秦始皇巩固“大一统”所采取的各项措施：

> 维二十八年，皇帝作始。端平法度，万物之纪。以明人事，合同父子。圣智仁义，显白道理。东抚东土，以省卒士。事已大毕，乃临于海。皇帝之功，勤劳本事。上农除末，黔首是富。普天之下，抟心揖志。器械一量，同书文字。日月所照，舟舆所载。皆终其命，莫不得意。应时动事，是维皇帝。匡饬异俗，陵水经地。忧恤黔首，朝夕不懈。除疑定法，咸知所辟。方伯分职，诸治经易。举错必当，莫不如画。皇帝之明，临察四方。尊卑贵贱，不逾次行。奸邪不容，皆务贞良。细大尽力，莫敢怠荒。远迩辟隐，专务肃庄。端直敦忠，事业有常。皇帝之德，存定四极。诛乱除害，兴利致福。节事以时，诸产繁殖。黔首安宁，不用兵革。六亲相保，终无寇贼。欢欣奉教，尽知法式。六合之内，皇帝之土。西涉流沙，南尽北户。东有东海，北过大夏。人迹所至，无不臣者。功盖五帝，泽及牛马。莫不受德，各安其宇。
>
> 维秦王兼有天下，立名为皇帝，乃抚东土，至于琅邪。列侯武城

① （西汉）司马迁：《史记》卷一六，第759—760页。

侯王离、列侯通武侯王贲、伦侯建成侯赵亥、伦侯昌武侯成、伦侯武信侯冯毋择、丞相隗林、丞相王绾、卿李斯、卿王戊、五大夫赵婴、五大夫杨樛从，与议于海上。曰：“古之帝者，地不过千里，诸侯各守其封域，或朝或否，相侵暴乱，残伐不止，犹刻金石，以自为纪。古之五帝三王，知教不同，法度不明，假威鬼神，以欺远方，实不称名，故不久长。其身未殁，诸侯背叛，法令不行。今皇帝并一海内，以为郡县，天下和平。昭明宗庙，体道行德，尊号大成。群臣相与诵皇帝功德，刻于金石，以为表经。”①

司马迁在承认封国体制的前提下，认识到了诸侯国势力的膨胀对于中央集权的威胁，充分肯定了汉武帝颁行“推恩令”瓦解诸侯国势力以“强干弱枝”的措施：

汉兴，序二等。高祖末年，非刘氏而王者，若无功上所不置而侯者，天下共诛之。高祖子弟同姓为王者九国，唯独长沙异姓，而功臣侯者百有余人。自雁门、太原以东至辽阳，为燕、代国；常山以南，大行左转，度河、济，阿、甄以东薄海，为齐、赵国；自陈以西，南至九疑，东带江、淮、谷、泗，薄会稽，为梁、楚、淮南、长沙国：皆外接于胡、越。而内地北距山以东尽诸侯地，大者或五六郡，连城数十，置百官宫观，僭于天子。汉独有三河、东郡，颍川、南阳，自江陵以西至蜀，北自云中至陇西，与内史凡十五郡，而公主列侯颇食邑其中。何者？天下初定，骨肉同姓少，故广强庶孽，以镇抚四海，用承卫天子也。

汉定百年之间，亲属益疏，诸侯或骄奢，忕邪臣计谋为淫乱，大者叛逆，小者不轨于法，以危其命，殒身亡国。天子观于上古，然后加惠，使诸侯得推恩分子弟国邑，故齐分为七，赵分为六，梁分为五，淮南分三，及天子支庶子为王，王子支庶为侯，百有余焉。吴楚时，

① （西汉）司马迁：《史记》卷六，第245—247页。

> 前后诸侯或以适削地，是以燕、代无北边郡，吴、淮南、长沙无南边郡，齐、赵、梁、楚支郡名山陂海咸纳于汉。诸侯稍微，大国不过十余城，小侯不过数十里，上足以奉贡职，下足以供养祭祀，以藩辅京师。而汉郡八九十，形错诸侯间，犬牙相临，秉其厄塞地利、强本干，弱枝叶之势，尊卑明而万事各得其所矣。①

抨击了那些反叛中央的诸侯王，吴王刘濞、淮南王刘长、衡山王刘赐均因觊觎皇权，破坏大一统的格局而身死国亡。"《诗》之所谓'戎狄是膺，荆舒是惩'，信哉是也。淮南、衡山亲为骨肉，疆土千里，列为诸侯，不务遵蕃臣职以承辅天子，而专挟邪僻之计，谋为叛逆，仍父子再亡国，各不终其身，为天下笑。此非独王过也，亦其俗薄，臣下渐靡使然也。夫荆楚僄勇轻悍，好作乱，乃自古记之矣。"②"吴王之王，由父省也。能薄赋敛，使其众，以擅山海利。逆乱之萌，自其子兴。争技发难，卒亡其本；亲越谋宗，竟以夷陨。"③司马迁充分肯定了参与削藩与镇压诸侯王叛乱的大臣，他借邓公之口表达了对晁错的同情："夫晁错患诸侯强大不可制，故请削地以尊京师，万世之利也。计画始行，卒受大戮，内杜忠臣之口，外为诸侯报仇，臣窃为陛下不取也。"④赞扬了周勃、周亚夫父子勇于打击分裂势力，维护王朝统一的功绩，认为其能够与伊尹、周公、司马穰苴比肩："绛侯周勃始为布衣时，鄙朴人也，才能不过庸。及从高祖定天下，在将相位，诸吕欲作乱，勃匡国家难，复之乎正。虽伊尹、周公，何以加哉！亚夫之用兵，持威重，执坚刃，穰苴曷有加焉！"⑤

七、主父偃的中央与地方关系思想

"吴楚七国之乱"被平定后，成为两汉王朝中央与王国关系的转折点，

---

①（西汉）司马迁：《史记》卷一七，第801—803页。

②（西汉）司马迁：《史记》卷一一八，第3098页。

③（西汉）司马迁：《史记》卷一〇六，第2836页。

④（西汉）司马迁：《史记》卷一〇一，第2747—2748页。

⑤（西汉）司马迁：《史记》卷五七，第2080页。

诸侯王国的大量领土被削，诸侯王的财政权、人事任免权、领兵权被剥夺，皇权得到强化。到了武帝时期，诸侯王国虽然衰落，但是实力尚存，一旦其联合，还是具有反抗中央的实力，主父偃上书武帝，提出“推恩令”，“古者诸侯地不过百里，强弱之形易制。今诸侯或连城数十，地方千里，缓则骄奢易为淫乱，急则阻其强而合纵以逆京师。今以法割削，则逆节萌起，前日朝错是也。今诸侯子弟或十数，而嫡嗣代立，余虽骨肉，无尺地之封，则仁孝之道不宣。愿陛下令诸侯得推恩分子弟，以地侯之。彼人人喜得所愿，上以德施，实分其国，必稍自销弱矣。”① 武帝采纳了他的建议，“于是制诏御史：‘诸侯王或欲推私恩分子弟邑者，令各条上，朕且临定其号名。’自是支庶毕侯矣。”② “春正月，诏曰：‘梁王、城阳王亲慈同生，愿以邑分弟，其许之。诸侯王请与子弟邑者，朕将亲览，使有列位焉。’于是藩国始分，而子弟毕侯矣。”③ 当然“王子毕侯”确是夸张之说，岳庆平认为：“据《汉书·王子侯表》，武帝元朔二年主父偃献策推恩后，诸侯王子封侯者甚多，仅元朔二年至元朔四年的三年中，即封王子侯一百零四人，这约等于高、惠、吕、文、景五朝所封王子侯总数的四倍。但这只能说元朔二年后王子侯数量猛增，不能说‘王子毕侯’。”④ 主父偃吸收了贾谊和晁错的削藩思想，以“仁孝之道”为口号，分割王国土地封诸侯王的庶子为列侯，新封侯国归汉郡管辖，分化瓦解了诸侯王国，从根本上瓦解了诸侯王反叛中央的实力基础，自此，王国势力彻底衰落，难以左右汉代政局。司马迁高度评价了主父偃的“推恩令”，“晁错刻削诸侯，遂使七国俱起，合纵而西乡，以诸侯太盛，而错为之不以渐也。及主父偃言之，而诸侯以弱，卒以安。安危之机，岂不以谋哉?”⑤

针对地方豪强的问题，主父偃提出了“迁豪”政策，将大量的地方豪强迁至刚刚营建的茂陵，既能充实长安，又能铲除其地方根基，消除他们对地方政权的威胁。“又说上曰：‘茂陵初立，天下豪杰兼并之家，乱众民，皆

---

① （东汉）班固：《汉书》卷六四上，第 2802 页。

② （东汉）班固：《汉书》卷一五上，第 427 页。

③ （东汉）班固：《汉书》卷六，第 170 页。

④ 岳庆平：《主父偃献策推恩后“王子毕侯”质疑》，《齐鲁学刊》1985 年第 5 期。

⑤ （西汉）司马迁：《史记》卷一一，第 449 页。

可徙茂陵，内实京师，外销奸猾，此所谓不诛而害除。’上又从之。”① 元朔二年（前 127 年），“夏，募民徙朔方十万口。又徙郡国豪杰及訾三百万以上于茂陵。”② “各地的豪强富家，其威势都具有地域性；让他们离弃乡土而迁至天子脚下，其实力必大受削弱，其气焰也必重遭挫抑。在京师治安机构严密监控下，他们的实力和影响很难膨胀到对政权造成威胁的程度。”③

八、徐乐的中央与地方关系思想

徐乐指出天下之忧患在于“土崩”与“瓦解”，诸侯国之叛乱为“瓦解”，如吴楚七国之乱，并未对汉王朝构成重要的威胁，而“土崩”，如陈胜吴广领导的农民起义，则会动摇王朝的统治。他以深邃的政治眼光建议汉武帝务必要体恤民情，推行仁政，缓和阶级矛盾，防止“土崩”之势的出现。只要获得了百姓的支持，诸侯王势力自然不会危及国家的安全。

> 臣闻天下之患，在于土崩，不在瓦解，古今一也。
>
> 何谓土崩？秦之末世是也。陈涉无千乘之尊，尺土之地，身非王公大人名族之后，无乡曲之誉，非有孔、曾、墨子之贤，陶朱、猗顿之富也。然起穷巷，奋棘矜，偏袒大呼，天下从风，此其故何也？由民困而主不恤，下怨而上不知，俗已乱而政不修，此三者陈涉之所以为资也。此之谓土崩。故曰天下之患在乎土崩。
>
> 何谓瓦解？吴、楚、齐、赵之兵是也。七国谋为大逆，号皆称万乘之君，带甲数十万，威足以严其境内，财足以劝其士民，然不能西攘尺寸之地，而身为擒于中原者，此其故何也？非权轻于匹夫而兵弱于陈涉也，当是之时先帝之德未衰，而安土乐俗之民众，故诸侯无境外之助。此之谓瓦解。故曰天下之患不在瓦解。
>
> 由此观之，天下诚有土崩之势，虽布衣穷处之士或首难而危海内，陈涉是也，况三晋之君或存乎？天下虽未治也，诚能无土崩之势，虽

① （东汉）班固：《汉书》卷六四上，第 2802 页。

② （东汉）班固：《汉书》卷六，第 170 页。

③ 祝中熹：《西汉名臣主父偃》，《鲁东大学学报》（哲学社会科学版）2015 年第 1 期。

有强国劲兵，不得还踵而身为擒，吴楚是也，况群臣百姓，能为乱乎？此二体者，安危之明要，贤主之所留意而深察也。①

九、刘向的中央与地方关系思想

西汉中后期，外戚专权，皇权逐步衰落，刘向作为宗室，深恨王氏之擅权，在中央与地方的关系方面主张加强中央集权。刘向强调君主必须要牢牢掌握权势，才能做到君尊臣卑。“尊君卑臣者，以势使之也。夫势失则权倾，故天子失道则诸侯尊矣，诸侯失政则大夫起矣，大夫失官则庶人兴矣。由是观之，上不失而下得者，未尝有也。”②制作礼乐和发令征伐的权力必须要出自天子：“天下有道，则礼乐征伐自天子出。夫功成制礼，治定作乐。礼乐者，行化之大者也。孔子曰：‘移风易俗，莫善于乐；安上治民，莫善于礼。’是故圣王修礼文，设庠序，陈钟鼓。天子辟雍，诸侯泮宫，所以行德化。《诗》云：‘镐京辟雍，自西自东。自南自北，无思不服。’此之谓也。”③

刘向追溯周代天子的巡狩内容，在开垦土地、尊老敬贤、敬顺神祇宗庙方面考察诸侯的政绩，赏赐有功的诸侯，增加他们的土地，惩罚有过的诸侯，削减他们的土地，强调君主集权，拥有对于诸侯的绝对权威。“天子曰巡狩，诸侯曰述职。巡狩者，巡其所守也。述职者，述其所职也。春省耕，助不给也；秋省敛，助不足也。天子五年一巡狩。岁二月，东巡狩，至于东岳，柴，而望祀山川，见诸侯，问百年者，命太师陈诗以观民风，命市纳贾以观民之所好恶。志淫好僻者，命典礼。考时月，定日，同律礼乐制度衣服，正之。山川神祇有不举者为不敬，不敬者君黜以爵。宗庙有不顺者为不孝，不孝者君削其地。有功泽于民者，然后加地。入其境，土地辟除，敬老尊贤，则有庆，益其地。入其境，土地荒秽，遗老失贤，掊克在位，则有让，削其地。一不朝者黜其爵，再不朝者黜其地，三不朝者以六师移之。岁五月，南巡狩，至于南岳，如东巡狩之礼。岁八月，西巡狩，至于西岳，如

① （东汉）班固：《汉书》卷六四上，第2804—2805页。
② （西汉）刘向撰，向宗鲁校证：《说苑校证》，第31页。
③ （西汉）刘向撰，向宗鲁校证：《说苑校证》，第476页。

南巡狩之礼。岁十一月，北巡狩，至于北岳，如西巡狩之礼。归格于祖祢，用特。”①

刘向非常赞赏狐偃为晋文公所谋划的“尊王攘夷”之策，率军击败王子带，护送周襄王回到洛邑，维护了周天子的地位。“晋文公之时，周襄王有弟太叔之难，出亡居于郑，不得入，使告难于鲁、于晋、于秦。其明年，秦伯师于河上，将纳王。狐偃言于晋侯曰：‘求诸侯莫如勤王，且大义也，诸侯信之。继文之业，而信宣于诸侯，今为可矣。’使卜偃卜之，曰：‘吉，遇黄帝战于阪泉之兆。’公曰：‘吾不堪也。’对曰：‘周礼未改，今之王，古之帝也。’公曰：‘筮之。’筮之，遇大有之睽，曰：‘吉，遇公用享于天子之卦，战克而王亨，吉孰大焉。且是卦也，天为泽以当日，天子降心以迎公，不亦可乎，大有去睽而复，亦其所也。’晋侯辞秦师而下。三月，甲辰，次于阳樊，右师围温，左师逆王。夏，四月，丁巳，王入于王城，取大叔于温，而杀之于隰城。戊午，晋侯朝王，王享醴，命之侑，予之阳樊、温、原、欑矛之田，晋于是始开南阳之地。其后三年，文公遂再会诸侯，以朝天子，天子锡之弓矢秬鬯，以为方伯，晋文公之命是也。卒成霸道，狐偃之谋也。夫秦、鲁皆疑，晋有狐偃之善谋，以成霸功，故谋得于帷幄，则功施于天下，狐偃之谓也。”②

刘向积极评价了主父偃对于削弱诸侯王加强专制主义中央集权的贡献。“孝武皇帝时，中大夫主父偃为策曰：‘古者诸侯地不过百里，强弱之形易制也。今诸侯或连城数十，地方千里，缓则骄，易为淫乱，急则阻其强而合纵，以逆京师，今以法割之，即逆节萌起，前日晁错是也。今诸侯子弟或十数，而嫡嗣代立，余虽骨肉，无尺地之封，则仁孝之道不宣。顾陛下令诸侯得推恩分子弟，以地侯之，彼人人喜得所愿，上以德施，实分其国，而稍自衰弱矣。’于是上从其计，因关马及弩不得出，绝游说之路，重附益诸侯之法，急诖误其君之罪。诸侯王遂以弱，而合从之事绝矣，主父偃之谋也。”③

---

① （西汉）刘向撰，向宗鲁校证：《说苑校证》，第488页。

② （西汉）刘向著，石光瑛校释：《新序校释》，第1081—1097页。

③ （西汉）刘向著，石光瑛校释：《新序校释》，第1402—1405页。

第三节　东汉“诸子”的中央与地方关系思想

一、桓谭的中央与地方关系思想

桓谭总结了周、秦、西汉、新四朝兴亡的历史经验，周代行分封，设置辅翼，长盛不衰，秦废分封行郡县，孤弱而亡。西汉推行郡国并行制，不断抑制诸侯王势力，使其最终与富户无异，王莽篡位，诸王无所作为，王莽建立新朝后，亦不推行分封制，无藩辅，十五年而亡。他强调加强中央集权的同时，又主张推行分封制，并且适当放宽对于诸侯王的限制，肩负起辅翼汉中央的重要职责。“王者初兴，皆先建根本，广立藩屏，以自树党，而强固国基焉。是以周武王克殷，未下舆而封黄帝、尧、舜、夏、殷之后，及同姓亲属、功臣、德行，以为羽翼，佐助鸿业，永垂流于后嗣。乃者强秦罢去诸侯，而独自恃，任一身，子弟无所封，孤弱无与，是以为帝十四岁而亡。汉高祖始定天下，背亡秦之短计，导殷、周之长道，裒显功德，多封子弟，后虽多以骄佚败亡，然汉之基本，得以定成，而异姓强臣，不能复倾。至景、武之世，见诸王数作乱，因抑夺其权势，而王但得虚尊，坐食租税，故汉朝遂弱，孤单特立，是以王翁不兴兵领士，而径取天下。又怀贪功独专之利，不肯封建子孙及同姓戚属，为藩辅之固，故兵起莫之救助也。传曰：‘与死人同病者，不可为医；兴亡国同政者，不可为谋。’王翁行甚类暴秦，故亦十五岁而亡失。猎射禽兽者，始欲中之，恐其创不大也；既已得之，又恶其伤肉多也。鄙人有得脡酱而美之，及饭，恶与人共食，即小唾其中，共者怒，因涕其酱，遂弃而俱不得食焉。彼亡秦、王翁，欲取天下时，乃乐与人分之；及已得而重爱不肯与，是惜肉唾脡之类也。”①

在桓谭等人的影响下，光武帝分封了东海恭王刘强、沛献王刘辅、济南安王刘康、阜陵质王刘延、中山简王刘焉、楚王刘英、东平宪王刘苍、广陵思王刘荆、琅邪孝王刘京九王，以为中央藩辅，并放宽了对于诸侯王的限

① （东汉）桓谭：《新论》，第19—20页。

制，“时禁网尚疏，诸王皆在京师，竞修名誉，争礼四方宾客。”① 一直到寿光侯刘鲤秘结沛王刘辅宾客刺杀故式侯刘恭之后，光武帝才加强了对于诸侯王的控制，“诸王宾客多坐刑罚，各循法度。”②

二、王充的中央与地方关系思想

在王充的《论衡》中关于中央与地方关系的论述较少，但依然能从一些零散的论述中体察出王充的中央与地方关系思想。王充赞扬了齐桓公的“尊王”举动，“夫乱骨肉，犯亲戚，无上下之序者，禽兽之性，则乱不知伦理。案桓公九合诸侯，一正天下，道之以德，将之以威，以故诸侯服从，莫敢不率，非内乱怀鸟兽之性者所能为也。夫率诸侯朝事王室，耻上无势而下无礼也。”③

王充强调在乡射礼中必须要遵循严格的等级名分，天子射熊，诸侯射麋鹿，卿大夫射击虎豹，士射鹿猪，不得上下相乱，突出君主在乡射中的至尊地位，“天子射熊，诸侯射麋，卿大夫射虎豹，士射鹿豕，示服猛也。名布为侯，示射无道诸侯也。夫画布为熊麋之象，名布为侯，礼贵意象，示义取名也。土龙亦夫熊麋布侯之类。”④

王充强调天子、诸侯、卿大夫、士、庶人在祭祀领域内的君臣等级名分，天子祭祀天地，诸侯祭祀山川，卿大夫祭祀五祀，士庶祭祀其祖先，突出天子在祭祀中的至尊地位。“《礼》：王者祭天地，诸侯祭山川，卿、大夫祭五祀，士、庶人祭其先。宗庙、社稷之祀，自天子达于庶人。《尚书》曰：‘肆类于上帝，禋于六宗，望于山川，遍于群臣。’《礼》曰：‘有虞氏禘黄帝而郊喾，祖颛顼而宗尧；夏后氏亦禘黄帝而郊鲧，祖颛顼而宗禹；殷人禘喾而郊冥，祖契而宗汤；周人禘喾而郊稷，祖文王而宗武王。燔柴于大坛，祭天也；瘗埋于大折，祭地也，用骍犊。埋少牢于大昭，祭时也；相近于坎坛，祭寒暑也；王宫，祭日也；夜明，祭月也；幽宗，祭星也；雩宗，祭水旱

① （南朝宋）范晔：《后汉书》卷四二，第 1427 页。

② （南朝宋）范晔：《后汉书》卷四二，第 1427 页。

③ 黄晖：《论衡校释》，第 191 页。

④ 黄晖：《论衡校释》，第 704—705 页。

也；四坎坛，祭四方也。山林、川谷、丘陵，能出云，为风雨，见怪物，皆曰神。有天下者祭百神。诸侯在其地则祭，亡其地则不祭。’此皆法度之祀，礼之常制也。”①

三、王符的中央与地方关系思想

东汉末年，皇权衰微，外戚宦官交替专权，地方势力膨胀，王符站在皇权的立场上，力主以法令加强中央集权。列侯及其家族作为东汉王朝重要的统治集团，逐步豪强化，演变成了一股强大的地方势力，他们侵扰地方百姓，奢侈僭越，扰乱风俗，建议统治者任命列侯为地方长吏，以汉法加以约束，赏善罚恶，加强对其的控制。

> 先王之制，继体立诸侯，以象贤也。子孙虽有食旧德之义，然封疆立国，不为诸侯，张官置吏，不为大夫，必有功于民，乃得保位，故有考绩黜刺九锡三削之义。《诗》云：“彼君子兮，不素餐兮。”由此观之，未有得以无功而禄者也。当今列侯，率皆袭先人之爵，因祖考之位，其身无功于汉，无德于民，专国南面，卧食重禄，下殚百姓，富有国家，此素餐之甚者也。孝武皇帝患其如此，乃令酎金以黜之，而益多怨。
>
> 今列侯或有德宜子民，而道不得施；或有凶顽丑，不宜有国，而恶不上闻。且人情莫不以己为贤而效其能者，周公之戒，不使大臣怨乎不以。《诗》云：“驾彼四牡，四牡项领。”今列侯年卅以来，宜皆试补长吏墨绶以上，关内侯补黄绶，以信其志，以旌其能。其有韩侯、邵虎之德，上有功于天子，下有益于百姓，则稍迁位益土，以彰有德。其怀奸藏恶尤无状者，削土夺国，以明好恶。
>
> 且夫列侯皆剖符受策，国大臣也，虽身在外，而心在王室。宜助聪明与智贤愚，以佐天子。何得坐作奢僭，骄育负债，欺枉小民，淫恣酒色，职为乱阶，以伤风化而已乎？诏书横选，犹乃特进，而不令

① 黄晖：《论衡校释》，第1056—1057页。

列侯举，此于主德大洽，列侯大达，非执术督责总览独断御下方也。今虽未使典始治民，然有横选，当循王制，皆使贡士，不宜阙也。

是诚封三公以旌积德，试列侯以除素餐，上合建侯之义，下合黜刺之法。贤材任职，则上下蒙福，素餐委国，位无凶人。诚如此，则诸侯必内思制行而助国矣。今则不然，有功不赏，无德不削，甚非劝善惩恶，诱进忠贤，移风易俗之法术也。①

王符揭示了不少诸侯王、列侯、地方豪强及其宗族为了维持奢靡的生活甚至借债千万，凭借政治势力，拒不还债，败坏社会风俗。“非唯细民为然，自封君王侯贵戚豪富，尤多有之。假举骄奢，以作淫侈，高负千万，不肯偿债。小民守门号哭啼呼，曾无怵惕惭怍哀矜之意。苟崇聚酒徒无行之人，传空引满，啁啾骂詈，昼夜鄂鄂，慢游是好。或殴击债主，入于死亡，群盗攻剽，劫人无异。虽会赦赎，不当复得在选辟之科，而州司公府反争取之。且观诸敢妄骄奢而作大债者，必非救饥寒而解困急，振贫穷而行礼义者也，咸以崇骄奢而奉淫湎尔。”②

王符还揭示了地方豪强与州、郡、县、乡（亭）政府相勾结干扰司法的情况，弱民与豪强诉讼，乡亭官吏接受豪强的贿赂，冤枉弱民；诉之于县，乡亭官吏为了免责，遂与豪强联合，弱民败诉；诉之于郡，县之长吏为免责，与豪强联合，弱民败诉；诉之于州，郡之长吏为免责，与豪强联合，弱民又败诉。“《传》曰：‘恶直丑正，实繁有徒。’夫直者贞正而不挠志，无恩于吏。怨家务主者结以货财，故乡亭与之为排直家，后反覆时吏坐之，故共枉之于庭。以羸民与豪吏讼，其势不如也。是故县与部并，后有反覆，长吏坐之，故举县排之于郡。以一人与一县讼，其势不如也。故郡与县并，后有反覆，太守坐之，故举郡排之于州。以一人与一郡讼，其势不如也。故州与郡并，而不肯治，故乃远诣公府尔。公府不能察，而苟欲以钱刀课之，则贫弱少货者终无以旷旬满祈。豪富饶钱者取客使往，可盈千日，非徒百也。

① （东汉）王符撰，（清）汪继培笺，彭铎校正：《潜夫论笺校正》，第200—205页。

② （东汉）王符撰，（清）汪继培笺，彭铎校正：《潜夫论笺校正》，第228页。

治讼若此，为务助豪猾而镇贫弱也，何冤之能治？”①

王符强调统治者以法令严惩违法的列侯贵戚，“《春秋》之义，责知诛率。孝文皇帝至寡动，欲任德，然河阳侯陈信坐负六月免国。孝武仁明，周阳侯田彭祖坐当轵侯宅而不与免国，黎阳侯邵延坐不出持马，身斩国除。二帝岂乐以钱财之故而伤大臣哉？乃欲绝诈欺之端，必国家之法，防祸乱之原，以利民也。故一人伏正罪而万家蒙乎福者，圣主行之不疑。永平时，诸侯负债，辄有削黜之罚。此其后皆不敢负民，而世自节俭，辞讼自消矣。”②

王符认为地方上的州郡牧守可比于古之诸侯，辖制千里，权力极大，责任重大，为皇帝治理国家的关键，而现在的州郡牧守主政一方，不遵皇命，违背律令，任情赏罚，不恤民力，受贿求利，必须以法令治之，加强中央集权。

昔先王抚世，选练明德，以统理民，建正封不过百，取法于震，以为贤人聪明不是过也；又欲德能优而所治纤，则职修理而民被泽矣。今之守相，制地千里，威权势力，盛于列侯，材明德义，未必过古，而所治逾百里，此以所治多荒乱也。是故守相不可不审也。

昔宣皇帝兴于民间，深知之，故常叹曰：“万民所以安田里无忧患者，政平讼治也。与我共此者，其惟良二千石。”于是明选守相，其初除者，必躬见之，观其志趣，以昭其能，明察其治，重其刑赏。奸宄减少、户口增息者，赏赐金帛，爵至封侯。其耗乱无状者，皆衔刀沥血于市。赏重而信，罚痛而必，群臣畏劝，竞思其职。故能致治安而世升平，降凤凰而来麒麟，天人悦喜，符瑞并臻，功德茂盛，立为中宗。由此观之，牧守大臣者，诚盛衰之本原也，不可不选练也；法令赏罚者，诚治乱之枢机也，不可不严行也。

昔仲尼有言：“政宽则民慢，慢则纠之以猛；猛则民残，残则施之以宽。宽以济猛，猛以济宽，政是以和。今者刺史、守相，率多怠慢，

① （东汉）王符撰，（清）汪继培笺，彭铎校正：《潜夫论笺校正》，第217页。

② （东汉）王符撰，（清）汪继培笺，彭铎校正：《潜夫论笺校正》，第229页。

> 违背法律，废忽诏令，专情务利，不恤公事。细民冤结，无所控告，下土边远，能诣阙者，万无数人，其得省治，不能百一。郡县负其如此也，故至敢延期，民日往上书。此皆太宽之所致也。
>
> 《噬嗑》之卦，下动上明，其《象》曰：“先王以明罚敕法。”夫积怠之俗，赏不隆则善不劝，罚不重则恶不惩。故凡欲变风改俗者，其行赏罚者也，必使足惊心破胆，民乃易视。
>
> 圣主诚肯明察群臣，竭精称职有功效者，无爱金帛封侯之费；其怀奸藏恶别无状者，图铁锧钺之决。然则良臣如王成、黄霸、龚遂、邵信臣之徒，可比郡而得也；神明瑞应，可期年而致也。①

王符还主张依据西汉京房的考功法设立法令，以“言”“功”考核地方长吏，加强中央集权。“夫圣人为天口，贤人为圣译。是故圣人之言，天之心也。贤者之所说，圣人之意也。先师京君，科察考功，以遗贤俊，太平之基，必自此始，无为之化，必自此来也。是故世主不循考功而思太平，此犹欲舍规矩而为方圆，无舟楫而欲济大水，虽或云纵，然不知循其虑度之易且速也。群僚师尹，咸有典司，各居其职，以责其效；百郡千县，各因其前，以谋其后；辞言应对，各缘其文，以□其实，则奉职不解，而陈言者不得诬矣。《书》云：‘赋纳以言，明试以功，车服以庸，谁能不让？谁能不敬应？’此尧、舜所以养黎民而致时雍也。”②

四、崔寔的中央与地方关系思想

崔寔强调豪强经营货殖积累了巨额的财富，他们在服饰、车舆、住宅、器具、棺椁、坟墓上多僭越于天子，无尊卑之分，败坏风俗。崔寔强调统治者需完善并践行关于舆服的法令，重塑等级礼制，突显皇帝的至尊地位。

> 夫人之情，莫不乐富贵荣华，美服丽饰，铿锵眩耀，芬芳嘉味者

① （东汉）王符撰，（清）汪继培笺，彭铎校正：《潜夫论笺校正》，第206—210页。
② （东汉）王符撰，（清）汪继培笺，彭铎校正：《潜夫论笺校正》，第72—73页。

也。昼则思之，夜则梦焉，唯斯之务，无须臾不存于心，犹急水之归下，下川之赴壑。不厚为之制度，则皆侯服王食，僭至尊，逾天制矣。是故先王之御世也，必明法度以闭民欲，崇堤防以御水害。法度替而民散乱，堤防堕而水泛溢。

顷者，法度颇不稽古，而旧号“网漏吞舟”。故庸夫设藻棁之饰，匹竖享方丈之馔，下僭其上，尊卑无别，如使鸡鹜蛇颈龟身，五色纷丽，亦可贵于凤乎？礼坏而莫救，法堕而不恒，斯盖有识之士所为于邑而增叹者也。律令虽有舆服制度，然断之不自其源，禁之又不密，而欲绝之为实？璘玑玩饰匿于怀袖，文绣弊于帘帏也。今使列肆卖侈功，商贾鬻僭服，百工作淫器，民见可欲，不能不买。贾人之列，户蹈僭侈矣。故王政一倾，普天率土莫不奢僭者。非家至人告，乃时势驱之使然。此则天下之患一也。

且世奢服僭，则无用之器贵，本务之业贱矣。农桑勤而利薄，工商逸而入厚，故农夫辍耒而雕镂，工女投杼而刺绣。躬耕者少，末作者众，生土虽皆垦乂，故地功不致，苟无力穑，焉得有年？财郁蓄而不尽出，百姓穷匮而为奸寇，是以仓廪空而囹圄实。一谷不登，则饥馁流死，上下俱匮，无以相济。国以民为根，民以谷为命。命尽则根拔，根拔则本颠，此最国家之毒忧，可为热心者也。斯则天下之患二也。

法度既堕，舆服无限，婢妾皆戴瑱揥之饰而披织文之衣。乃送终之家亦大无法度，至用辒梓黄肠，多藏宝货，飨牛作倡，高坟大寝。是可忍也，孰不可忍？而俗人多之，咸曰“健子”！天下跂慕，耻不相逮。念亲将终，无以奉遣，乃约其供养，豫修亡殁之备，老亲之饥寒，以事淫汰之华称，竭家尽业，甘心而不恨。穷厄既迫，起为盗贼，拘执陷罪，为世大戮。痛乎，此俗之刑陷愚民也。且橘、柚之贡，尧、舜所不常御；山龙华虫，帝王不以为亵服。今之臣妾，皆余黄甘而厌文绣者，盖以万数矣。其余称此，不可胜记。古者墓而不坟，文、武之兆与平地齐，今豪民之坟已千坊矣。欲民不匮，诚亦难矣。是以天戚戚，人汲汲，外溺奢风，内忧穷竭。故在位者则犯王法以聚敛，愚民则冒罪戮以为健。俗之败坏乃至于斯，此天下之患三也。[①]

对于地方上的州郡牧守，崔寔认为要延长其任期，保证其政策实施的连续性，使其才能得到充分的发挥，制定并实行严格的考绩制度，赏善罚恶。“昔唐、虞之制，三载考绩，三考黜陟，所以表善而简恶，尽臣力也。汉法亦三年壹察治状，举孝廉、尤异。宣帝时，王成为胶东相，黄霸为颍川太守，皆且十年，但就增秩、赐金、封关内侯，以次入为公卿，然后政化大行，勋垂竹帛，皆先帝旧法，所宜因循。及中兴后，上官象为并州刺史，祭肜为辽东太守，视事各十八年，皆增秩中二千石。建初中，南阳阴意以诏除郎，为饶阳令，视事二十三年，迁寿阳令又十八年。近日所见，或一期之中郡主易数二千石，云扰波转，溃溃纷纷，吏民疑惑，不知所谓，及公卿尚书亦复如此。且台阁之职尤宜简习，帝时尚书但厚加赏赐，希得外补，是以机事周密，莫有漏泄。昔舜命九官，自受终于文祖，以至陟方，五十年不闻复有改易也。圣人行之于古，以致时雍；文宣拟式，亦至隆平。若不克从，是羞效唐、虞而耻遵先帝也。”[②]

崔寔强调地方豪强家产过亿，疯狂兼并土地，其所侵吞的土地甚至超过了列侯。他们豢养剑客，武断于地方，擅生杀之权，其田庄中又充斥着大量的依附农民、奴婢，严重地破坏了小农经济，造成了大量的流民，他们流离失所，嫁妻卖子，人地矛盾严重，阶级矛盾极为尖锐。崔寔面对地方豪强对于土地和人口的疯狂兼并，亦是无可奈何，只能建议统治者将关东地区大量的流民与无地农民迁往地多人少的关中三辅、凉州、幽州，缓解业已激化的阶级矛盾。

昔者，圣王立井田之制，分口耕耦，地各相副适，使人饥饱不偏，劳逸齐均，富者不足僭差，贫者无所企慕。

始暴秦隳坏法度，制人之财既无纲纪，而乃尊奖并兼之人。乌氏

① 孙启治译注：《政论》，第44—52页。

② 孙启治译注：《政论》，第86—89页。

以牧竖致财，宠比诸侯；寡妇清以攻丹殖业，礼以国宾。于是巧猾之萌遂肆其意，上家累巨亿之赀，斥地侔封君之土，行苞苴以乱执政，养剑客以威黔首，专杀不辜，号无市死之子，生死之奉多拟人主。故下户崎岖，无所跱足，乃父子低首，奴事富人，躬率妻孥为之服役。故富者席余而日炽，贫者蹑短而岁踧，历代为虏，犹不赡于衣食，生有终身之勤，死有暴骨之忧。岁小不登，流离沟壑，嫁妻卖子，其所以伤心腐藏、失生人之乐者，盖不可胜陈。

故古有移人通财，以赡蒸黎。今青、徐、兖、冀人稠土狭，不足相供，而三辅左右及凉、幽州内附近郡，皆土旷人稀，厥田宜稼，悉不肯垦发。小人之情，安土重迁，宁就饥馁，无适乐土之虑。故人之为言瞑也，谓瞑瞑无所知，犹群羊聚畜，须主者牧养处置，置之茂草则肥泽繁息，置之硗卤则零丁耗减。是以景帝六年诏郡、国，令人得去硗狭，就宽肥。至武帝，遂徙关东贫人于陇西、北地、西河、上郡、会稽，凡七十二万五千口，后加徙猾吏于关内。今宜复遵故事，徙贫人不能自业者于宽地，此亦开草辟土振人之术也。①

但此时业已衰落的东汉王朝已经不再具有西汉武帝时期那种迁徙百姓的能力了，迁民政策已不具有可行性。

五、何休的中央与地方关系思想

东汉中后期，皇权衰微，外戚宦官交替专权，地方势力不断坐大，豪强垄断政权，汉法不行于地方，地方军阀割据之势已出现，加之三次羌民大起义，东汉统治已然动摇，“大一统”受到严峻的挑战。“何休对于汉代《春秋》公羊学的贡献并不仅仅在于义理的阐发与体系的建构，他更加注重公羊学说在现实政治生活中的运用，着眼于打通历史与现实，学术与政治。”② 何休试图挽狂澜于既倒，大力弘扬“大一统”思想，抨击地方割据势力，以挽

① 孙启治译注：《政论》，第 113—117 页。

② 曹婉丰：《何休的“大一统”政治观管窥》，《洛阳师范学院学报》2013 年第 6 期。

救衰落的皇权。

何休将“大一统”理念进一步发挥，“何休的大一统思想所设想的理想政体，是自上至下以正为本、政令畅通、精神流贯、志气通达的一体状态。”① 何休虽从“天人感应”来审视“大一统”，“大一统”依然是天的意志，但是开始摈弃神学色彩，融入了当时流行的元气论，认为天是由“元”“气”所形成，是王权的重要来源，“变一为元，元者，气也，无形以起，有形以分，造起天地，天地之始也，故上无所系，而使春系之也。不言公，言君之始年者，王者诸侯皆称君，所以通其义于王者，惟王者然后改元立号。《春秋》托新王受命于鲁，故因以录即位，明王者当继天奉元，养成万物。”②

天子是“大一统”的直接负责者，他“受命改制”，拥有至高无上的权力，统御天下的万事万物，无论是公侯庶人还是山川草木昆虫，“文王，周始受命之王，天之所命，故上系天端。方陈受命制正月，故假以为王法。不言谥者，法其生，不法其死，与后王共之，人道之始也。”③“统者，始也，总系之辞。夫王者，始受命改制，布政施教于天下，自公侯至于庶人，自山川至于草木昆虫，莫不一一系于正月，故云政教之始。”④

“大一统”的格局涉及“元气”“天”“王”“天子政事”“诸侯治国”，元气决定天的意志，天决定王的政教，王的政教决定诸侯的即位，诸侯的即位决定境内的政事。“即位者，一国之始政，莫大于正始。故《春秋》以元之气，正天之端；以天之端，正王之政；以王之政，正诸侯之即位；以诸侯之即位，正境内之治。诸侯不上奉王之政，则不得即位，故先言正月，而后言即位。政不由王出，则不得为政，故先言王，而后言正月也。王者不承天以制号令，则无法，故先言春，而后言王。……五者同日并见，相须成体，乃天人之大本，万物之所系，不可不察也。”⑤“王”处于这一格局的中心位置，“以上系于王，知王者受命，布政施教所制月也。王者受命，必徙居处，改

---

① 陈静、朱雷：《一统与正统——公羊学大一统思想探本》，《中国哲学史》2020 年第 6 期。

② 李学勤主编：《春秋公羊传注疏》，第 6 页。

③ 李学勤主编：《春秋公羊传注疏》，第 8 页。

④ 李学勤主编：《春秋公羊传注疏》，第 10 页。

⑤ 李学勤主编：《春秋公羊传注疏》，第 10 页。

正朔，易服色，殊徽号，变牺牲，异器械，明受之于天，不受之于人”[1]。

在此基础上，何休提出了“尊天子”的主张。“古者诸侯将朝天子，必先会间隙之地。考德行，一刑法，讲礼义，正文章，习事天子之仪，尊京师，重法度，恐过误。言公者，不受于庙。”[2]抨击礼崩乐坏，诸侯独大，甚至是大夫独大的现象，体现出了对于现实政治的深切忧虑：“此象桓公德衰，强楚以邪胜正，僖公蔽于季氏，季氏蔽于陪臣，陪臣见信得权，僭立大夫庙，天意若曰蔽公室者，是人也，当去之。”[3]“时庶孽并篡，天王失位徙居，微弱甚，故急著正其号，明天下当救其难而事之。”[4]“贬言尹氏者，著世卿之权。尹氏贬，王子朝不贬者，年未满十岁，未知欲富贵，不当坐，明罪在尹氏。”[5]“不言诸侯之大夫者，明所刺者非但会上大夫，并遍刺天下之大夫。……诸侯劳倦，莫肯复出，而大夫常行，三委于臣而君遂失权，大夫故得信任，故孔子曰‘唯器与名，不可以假人。’”[6]何休甚至将诸侯、大夫割据擅权解释为灾异出现的原因：“周十一月，夏九月，日在房心。房心，天子明堂布政之庭，于此旦见，与日争明者，诸侯代王治，典法灭绝之象，是后周室遂微，诸侯相兼，为秦所灭，燔书道绝。”[7]

何休充分肯定了孔子的“堕三都”行动：“郈，叔孙氏所食邑。费，季氏所食邑。二大夫宰吏数叛，患之，以问孔子，孔子曰：‘陪臣执国命，采长数叛者，坐邑有城池之固，家有甲兵之藏故也。’季氏悦其言而堕之。故君子时然后言，人不厌其言。书者，善定公任大圣，复古制，弱臣势也。”[8]杨向奎论及何休“大一统”思想的意义，“大一统义倡自《公羊》，汉末何休发扬光大之，千百年来此义深入人心，变成我国民族间之凝聚力，都是炎黄子孙，华夏文明，始终应当一统。魏晋以后，政权分崩，实不一统，但任何

---

① 李学勤主编：《春秋公羊传注疏》，第 8 页。
② 李学勤主编：《春秋公羊传注疏》，第 584 页
③ 李学勤主编：《春秋公羊传注疏》，第 232 页。
④ 李学勤主编：《春秋公羊传注疏》，第 519 页。
⑤ 李学勤主编：《春秋公羊传注疏》，第 519 页。
⑥ 李学勤主编：《春秋公羊传注疏》，第 442 页。
⑦ 李学勤主编：《春秋公羊传注疏》，第 617 页。
⑧ 李学勤主编：《春秋公羊传注疏》，第 578 页。

一族之当道者，都以一统为己任而以炎黄之后自负。”①

六、蔡邕的中央与地方关系思想

蔡邕在《独断》中从等级名物制度方面来区别天子与诸侯，突显天子的至尊地位：“皇帝。至尊之称。皇者。煌也。盛德煌煌。无所不照。帝者。谛也。能行天道。事天审谛。故称皇帝。”②“三公者。天子之相。相。助也。助理天下。其地封百里。侯者。候也。候逆顺也。其地方百里。伯者。白也。明白于德。其地方七十里。子者。滋也。奉天王之恩德。其地方五十里。男者。任也。立功业以化民。其地方五十里。”③“天子之妃曰后。后之言后也。诸侯之妃曰夫人。夫人之言扶也。大夫曰孺人。孺之言属也。士曰妇人。妇之言服也。”④“天子社稷。土坛。方广五丈。诸侯半之。天子社稷皆太牢。诸侯社稷皆少牢。”⑤“天子冠通天冠。诸侯王冠远游冠。公侯冠进贤冠。”⑥“天子十二旒。三公九。诸侯卿七。其缨与组。各如其绶之色。”⑦

七、荀悦的中央与地方关系思想

荀悦主张派中央的公卿大夫担任刺史太守县令，代表中央控制地方，以加强中央集权。“公卿不为郡。二千石不为县。未是也。小能其职。以极登于大。故下位竞。大桡其任。以坠于下。故上位慎。其鼎覆。刑焉。何惮于降。若夫千里之任。不能充于郡。而县邑之功废。惜矣哉。不以过职黜则勿降。所以优贤也。以过职黜则降。所以惩愆也。”⑧

荀悦也反对地方豪强的土地兼并，以极为超前的眼光指出土地的自由买卖是豪强兼并土地的症结所在，至于如何限制土地兼并，他比仲长统更为

① 杨向奎：《大一统与儒家思想》序言，北京出版社2011年版，第1页。
② （东汉）蔡邕：《独断》，上海古籍出版社1990年版，第2页。
③ （东汉）蔡邕：《独断》，第11页。
④ （东汉）蔡邕：《独断》，第6页。
⑤ （东汉）蔡邕：《独断》，第7页。
⑥ （东汉）蔡邕：《独断》，第18页。
⑦ （东汉）蔡邕：《独断》，第18页。
⑧ （东汉）荀悦：《申鉴》，第12页。

明智，否定了恢复西周的井田制，强调一种“耕而勿有”的制度。“诸侯不专封。富人名田逾限。富过公侯。是自封也。大夫不专地。人卖买由己。是专地也。或曰。复井田与。曰。否。专地非古也。井田非今也。然则如之何。曰。耕而勿有。以俟制度可也。”①

荀悦认为目前州牧的权力过大，强调要“强干弱枝”，必须夺其重权。“或问曰。州牧。刺史。监察御史。三制孰优。曰。时制而已。曰。天下不既定其牧乎。曰。古诸侯建国家。世位权柄存焉。于是置诸侯之贤者以牧。总其纪纲而已。不统其政。不御其民。今郡县无常。权轻不固。而州牧秉其权重。势异于古。非所以强干弱枝也。而无益治民之实。监察御史斯可也。若权时之宜。则异论也。”②

八、徐干的中央与地方关系思想

豪强地主除了兼并土地之外，还兼并了大量的无地农民与流民，成为其田庄的依附农民，与政府争夺劳动力，瓦解了汉王朝的经济基础。徐干力主对地方豪强加以制约，他指出当时没有官职的地方豪强兼并了大量的奴婢，这不符合士、农、工、商四民分立之制，混淆了尊卑名分。

> 昔之圣王制为礼法，贵有常尊，贱有等差，君子小人各司分职，故下无潜上之愆，而人役财力能相供足也。往昔海内富民及工商之家，资财巨万，役使奴婢多者以百数，少者以十数，斯岂先王制礼之意哉。夫国有四民，不相干黩。士者劳心，工农商者劳力；劳心之谓君子，劳力之谓小人；君子者治人，小人者治于人；治于人者食人，治人者食于人，百王之达义也。今夫无德而居富之民，宜治于人，且食人者也。役使奴婢，不劳筋力，目喻颐指，从容垂拱，虽怀忠信之士，读圣哲之书，端委、执笏列在朝位者，何以加之？且今之君子尚多贫匮，家无奴婢，既其有者不足供事，妻子勤劳，躬自爨烹，其故何也？皆由

① （东汉）荀悦：《申鉴》，第15页。
② （东汉）荀悦：《申鉴》，第13页。

> 罔利之人与之竞逐，又有纡青拖紫并兼之门，使之然也。夫物有所盈则有所缩，圣人知其如此，故裒多益寡，称物平施，动为之防，不使过度，是以治可致也。为国而令廉让君子不足如此，而使贪人有余如彼，非所以辨尊卑、等贵贱、贱财利、尚道德也。①

徐干主张按照等级名分、尊卑之制，禁止没有官职的豪强地主拥有奴婢，而官僚、贵族依然拥有奴婢，来缓解阶级矛盾，保护小农经济。“今太守、令长得称君者，以庆赏刑威咸自己出也。民畜奴婢或至数百，庆赏刑威亦自己出，则与郡县长史又何以异？夫奴婢虽贱，俱含五常，本帝王良民，而使编户小人为己役，哀穷失所，犹无告诉，岂不枉哉？今自斗食、佐吏以上，至诸侯王，皆治民人者也，宜畜奴婢。农工商及给趋走使令者，皆劳力躬作，治于人者也，宜不得畜。”②

当然徐干自己也很明白，即使是西汉末年掌握大权的左将军师丹尚且不能解决奴婢的问题，自己有条件地限制奴婢的主张更是不可能被统治者采纳。“昔孝哀皇帝即位，师丹辅政，建议令畜田宅奴婢者有限，时丁、傅用事，董贤贵宠，皆不乐之，事遂废覆。夫师丹之徒皆前朝知名大臣，患疾并兼之家，建纳忠信，为国设禁，然为邪臣所抑，卒不施行。岂况布衣之士，而欲唱议立制，不亦远乎！”③

九、仲长统的中央与地方关系思想

仲长统揭示了豪强地主拥有巨额财富，兼并了大量的土地，拥有了成千上万的奴婢和依附农民，豢养着大量的宾客，经营着盈利丰厚的工商业，过着极为奢靡的生活，享受着王侯一般的待遇。“又政之为理者，取一切而已，非能斟酌贤愚之分，以开盛衰之数也。日不如古，弥以远甚，岂不然邪？汉兴以来，相与同为编户齐民，而以财力相君长者，世无数焉。而清洁之士，徒自苦于茨棘之间，无所益损于风俗也。豪人之室，连栋数百，膏田

① 孙启治：《中论解诂》，第383—384页。

② 孙启治：《中论解诂》，第388页。

③ 孙启治：《中论解诂》，第388—389页。

满野，奴婢千群，徒附万计。船车贾贩，周于四方；废居积贮，满于都城。琦赂宝货，巨室不能容；马牛羊豕，山谷不能受。妖童美妾，填乎绮室；倡讴伎乐，列乎深堂。宾客待见而不敢去，车骑交错而不敢进。三牲之肉，臭而不可食；清醇之酎，败而不可饮。睇盼则人从其目之所视，喜怒则人随其心之所虑。此皆公侯之广乐，君长之厚实也。”①

一些豪强地主虽然不是国家官吏，但他们依靠着巨额的财富与强大的宗族，干预地方政治，其势力足以和地方上的郡守县令相抗衡。“井田之变，豪人货殖，馆舍布于州郡，田亩连于方国。身无半通青纶之命，而窃三辰龙章之服；不为编户一伍之长，而有千室名邑之役。荣乐过于封君，势力侔于守、令。财赂自营，犯法不坐。刺客死士，为之投命。至使弱力少智之子被穿，帷败寄死不敛，冤枉穷困，不敢自理。”②

仲长统认为造成以上局面的原因在于田制不清，力主恢复井田制，堵塞地方豪强的兼并之路。“虽亦由网禁疏阔，盖分田无限使之然也。今欲张太平之纪纲，立至化之基趾，齐民财之丰寡，正风俗之奢俭，非井田实莫由也。此变有所败，而宜复者也。”③仲长统的高明之处在于能够从经济层面来寻找豪强进行土地兼并的根本原因，认识到了土地兼并的根源在于土地私有制的问题，并强调通过恢复西周的井田制来遏制土地兼并。

仲长统颇为反对分封制，认为诸侯王及其子弟鱼肉地方，奢靡腐败，虽然经过西汉王朝的打击，王侯子弟与富户无异，却演变成了一股重要的地方势力，主张统治者进一步打击：“作有利于时、制有便于物者，可为也。事有乖于数、法有玩于时者，可改也。故行于古有其迹，用于今无其功者，不可不变；变而不如前，易而多所败者，亦不可不复也。汉之初兴，分王子弟，委之以士民之命，假之以杀生之权。于是骄逸自恣，志意无厌，鱼肉百姓以盈其欲，报蒸骨血以快其情。上有篡叛不轨之奸，下有暴乱残贼之害。虽藉亲属之恩，盖源流形势使之然也。降爵削土，稍稍割夺，卒至于坐食俸禄而已。然其污秽之行、淫昏之罪，犹尚多焉。故浅其根本，轻其恩义，犹

① 孙启治译注：《昌言》，第 148 页。

② 孙启治译注：《昌言》，第 164—165 页。

③ 孙启治译注：《昌言》，第 165 页。

尚假一日之尊，收士民之用。况专之于国，擅之于嗣，岂可鞭笞叱咤，而使唯我所为者乎？时政凋敝，风俗移易，纯朴已去，智惠已来。出于礼制之防，放于嗜欲之域久矣，固不可授之以柄，假之以资者也。是故收其奕世之权，校其从横之势，善者早登，否者早去，故下土无壅滞之士，国朝无专贵之人。此变之善，可遂行者也。”①

第四节 两汉“诸子”中央与地方关系思想辨析

总的来看，两汉“诸子”的中央与地方关系思想具有如下特点。首先，两汉“诸子”中央与地方关系思想的实质是在“大一统”框架下讨论中央集权与地方分权的问题。中央集权是“大一统”政治格局的重要核心，无论是在皇权强盛，还是在皇权衰落时，强调中央集权，减少地方分权是“诸子”思想的一致倾向。当然“诸子”并不彻底否定封国制度、郡县制度、豪强势力，而是通过法制建设、礼制建设、经济改革将其纳入到中央集权的统领之下，限制地方势力的膨胀，使其由中央的分裂势力转变为向心力量，这是“诸子”关于中央与地方关系思想的主旨所在。

其次，两汉“诸子”多注重以法令制度制约地方势力，维护“大一统”的局面。晁错完善法制以推行“削藩”，“迁为御史大夫，请诸侯之罪过，削其支郡。奏上，上令公卿列侯宗室杂议，莫敢难，独窦婴争之，由此与错有隙。错所更令三十章，诸侯欢哗。”② 主父偃提出的“推恩令”属于一项重要的制度法令：“古者诸侯地不过百里，强弱之形易制。今诸侯或连城数十，地方千里，缓则骄奢易为淫乱，急则阻其强而合从以逆京师。今以法割削，则逆节萌起，前日朝错是也。今诸侯子弟或十数，而嫡嗣代立，余虽骨肉，无尺地之封，则仁孝之道不宣。愿陛下令诸侯得推恩分子弟，以地侯之。彼人人喜得所愿，上以德施，实分其国，必稍自销弱矣。”③ 王符还主张依据西汉京房的考功法设立法令，考核地方长吏，控制地方。“先师京君，科察考

① 孙启治译注：《昌言》，第160—161页。

② （东汉）班固：《汉书》卷四九，第2300页。

③ （东汉）班固：《汉书》卷六四上，第2802页。

功，以遗贤俊，太平之基，必自此始，无为之化，必自此来也。是故世主不循考功而思太平，此犹欲舍规矩而为方圆，无舟楫而欲济大水，虽或云纵，然不知循其虑度之易且速也。”① 崔寔主张要延长州郡牧守的任期，使其才能得到充分的发挥，推行严格的考绩制度，赏善罚恶，重塑中央的权威。“近日所见，或一期之中郡主易数二千石，云扰波转，溃溃纷纷，吏民疑惑，不知所谓，及公卿尚书亦复如此。且台阁之职尤宜简习。帝时尚书但厚加赏赐，希得外补，是以机事周密，莫有漏泄。昔舜命九官，自受终于文祖，以至陟方，五十年不闻复有改易也。圣人行之于古，以致时雍；文宣拟式，亦至隆平。若不克从，是羞效唐、虞而耻遵先帝也。”②

再次，两汉“诸子”多注重从礼制上对地方势力加以约束。贾谊主张在官职、名号、舆服等方面设立严格的礼制，确立君臣等级名分，削弱诸侯王的权威。“诸侯王所在之宫卫，织履蹲夷，以皇帝所在宫法论之；郎中、谒者受谒取告，以官皇帝之法予之；事诸侯王或不廉洁平端，以事皇帝之法罪之。曰一用汉法，事诸侯王乃事皇帝也。谁是则诸侯之王乃将至尊也。然则，天子之与诸侯，臣之与下，宜撰然齐等若是乎？”③ 王充强调在乡射礼及其他祭祀礼中必须要遵循严格的等级名分，突出皇帝的至尊地位。崔寔、蔡邕等“诸子”强调重塑礼制来挽救业已衰落的皇权。徐干试图借助礼制来限制豪强地主对于人口的兼并，来缓解阶级矛盾，保护小农经济。

最后，两汉“诸子”开始注重从经济层面上来探讨中央与地方关系。晁错试图通过入粟拜爵、免罪等手段来抑制地方豪强势力的崛起，提高粮食的价格，保障小农的利益，稳固小农经济，防止地方豪强对于土地的兼并。崔寔面对地方豪强对于土地和人口的疯狂兼并，建议统治者将关东地区大量的流民与无地农民迁往地多人少的关中三辅、凉州、幽州，缓解业已激化的阶级矛盾。仲长统认识到了土地兼并的根源在于土地的私有属性，并强调通过恢复西周的井田制来遏制土地兼并。荀悦指出土地的自由买卖是豪强兼并土地的症结所在，至于如何限制土地兼并，他否定了恢复西周的井田制，强

---

① （东汉）王符撰，（清）汪继培笺，彭铎校正：《潜夫论笺校正》，第 72—73 页。

② 孙启治译注：《政论》，第 88—89 页。

③ （西汉）贾谊撰，阎振益、钟夏校注：《新书校注》，第 46 页。

调一种“耕而勿有”的公有制度。

两汉“诸子”的中央与地方关系思想有许多闪光之处，亦有糟粕之处，尤其是“诸子”多主张集权于中央，以至于矫枉过正，忽视了诸侯国以及地方州郡县的正当权利，虽为“大一统”格局奠定了思想基础，但影响到了两汉中央与地方关系的良性互动。

两汉“诸子”的中央与地方关系思想对后世产生了重要的影响，柳宗元极力赞成秦的郡县制，否定了汉代的封国制度。“秦有天下，裂都会而为之郡邑。废侯卫而为之守宰。据天下之雄图。都六合之上游。摄制四海运于掌握之内。此其所以为得也。不数载而天下大坏。其有由矣。亟役万人。暴其威刑。竭其货贿。负锄梃谪戍之徒。圜视而合从。大呼而成群。时则有叛人。而无叛吏。人怨于下。而吏畏于上。天下相合。杀守劫令而并起。咎在人怨。非郡邑之制失也。汉有天下。矫秦之枉。徇周之制。剖海内而立宗子。封功臣。数年之间。奔命扶伤之不暇。困平城。病流矢。陵迟不救者三代。后乃谋臣献画。而离削自守矣。然而封建之始。郡邑居半。时则有叛国。而无叛郡。秦制之得。亦以明矣。继汉而帝者。虽百代可知也。唐兴。制州邑。立守宰。此其所以为宜也。”①

南宋叶适首先主张加强君权，《水心别集·治势上》：“古之人君，若尧、舜、禹、汤、文、武，汉之高祖、光武，唐之太宗，此其人皆能以一身为天下之势……故夫势者，天下之至神也……知其势而以一身为之，此治天下之大原也。”② 继而又提出了分权于地方的思想，《水心别集·应诏条奏六事》：“昔之立国者，知威柄之不能独专也，故必有所分；控制之不可尽用也，故必有所纵。……呜呼！靖康之祸，何为远夷作难而中国拱手欤？小民伏死而州郡迎降欤？边关莫御而汴都摧破欤？”③

明末清初的顾炎武主张将郡县制与封建制结合起来：“知封建之所以变而为郡县，则知郡县之敝而将复变。然则将复变而为封建乎？曰，不能。有圣人起，寓封建之意于郡县之中，而天下治矣。盖自汉以下之人，莫不谓秦

---

① （唐）柳宗元：《柳河东集》，上海人民出版社 1974 年版，第 45—46 页。

② （南宋）叶适：《叶适集》，中华书局 1961 年版，第 637—639 页。

③ （南宋）叶适：《叶适集》，第 842 页。

以孤立而亡。不知秦之亡，不封建亡，封建亦亡；而封建之废，固自周衰之日而不自于秦也。封建之废，非一日之故也，虽圣人起，亦将变而为郡县。方今郡县之敝已极，而无圣人出焉，尚一一仍其故事，此民生之所以日贫，中国之所以日弱而益趋于乱也。何则？封建之失，其专在下；郡县之失，其专在上。古之圣人，以公心待天下之人，胙之土而分之国；今之君人者，尽四海之内为我郡县犹不足也。人人而疑之，事事而制之，科条文簿日多于一日，而又设之监司，设之督抚，以为如此，守令不得以残害其民矣。不知有司之官，凛凛焉救过之不给，以得代为幸，而无肯为其民兴一日之利者，民乌得而不穷？国乌得而不弱？率此不变，虽千百年，而吾知其与乱同事，日甚一日者矣。然则尊令长之秩，而予之以生财治人之权；罢监司之任；设世官之奖；行辟属之法；所谓寓封建之意于郡县之中，而二千年以来之敝可以复振。后之君苟欲厚民生，强国势，则必用吾言矣。”①

中共十八届三中全会提出了“国家治理体系和治理能力现代化”的重大命题，中央和地方关系则是这一命题的重要内容，建构动态的、平衡的、协同的中央与地方关系亦成为这一命题的必然要求。在这一关系中，既要保证中央的权威与集中统一领导，又要发挥地方的积极性。两汉“诸子”的中央与地方关系思想为我国新时代中央与地方关系的构建提供了重要的历史借鉴。

① （清）顾炎武：《顾亭林文选》，四川人民出版社 1998 年版，第 1—2 页。

第五章　两汉“诸子”的经济思想

第一节　先秦齐鲁“诸子”的经济思想

齐鲁地区富有鱼盐矿产资源，土地肥沃，农业与工商业发达，立国之始便颇为富庶，至春秋战国，在经济上更是遥遥领先。发达的经济孕育出了较为成熟的经济思想。

管仲通过改革使齐国称霸于诸国，其经济改革成为其改革的核心内容。《管子》的大部分内容反映了其经济思想，这在先秦“诸子”著作中颇为难得。《管子》中的货币理论成为其经济思想的亮点。管仲充分认识到了货币的流通职能：“黄金刀布者，民之通货也。先王善制其通货，以御其司命，故民力可尽也。”① “黄金者，用之量也。辨于黄金之理则知侈俭”②。货币的价值尺度职能，以货币支付大夫的俸禄、日常开支，“士受资以币，大夫受邑以币，人马受食以币”③。货币的储蓄手段职能，“使万室之都必有万钟之藏，藏襁千万。使千室之都必有千钟之藏，藏襁百万。”④ 管仲还总结出了货币与物价之间的关系，国家抛出大量货币采购商品，物重币轻；国家出售囤积的商品，物轻币重。《管子·山国轨》：“国币之九在上，一在下。币重而万物轻，敛万物，应之以币。币在下，万物皆在上，万物重十倍。”⑤ 管仲进而引

① 黎翔凤：《管子校注》，第 1451 页。

② 黎翔凤：《管子校注》，第 88 页。

③ 黎翔凤：《管子校注》，第 1341 页。

④ 黎翔凤：《管子校注》，第 1269 页。

⑤ 黎翔凤：《管子校注》，第 1284 页。

申出了“御轻重”的货币思想与政策，国家通过“御轻重”既能牢牢掌握各种物资，又能平抑物价，稳定经济秩序，增加国库收入。“夫民有余则轻之，故人君敛之以轻。民不足则重之，故人君散之以重”①，“谷贱则以币予食，布帛贱则以币予衣。视物之轻重，而御之以准，故贵贱可调，而君得其利”②。当然《管子》的货币思想尚属于货币国定论的范畴。

墨家也思考了货币与商品之间的关系，设立“王刀”，即法定货币。货币的贬值、升值与粮价的上升、下降密切相关，“说买。刀籴相为贾。刀轻则籴不贵，刀重则籴不易。王刀无变，籴有变，岁变籴，则岁变刀，若鬻子。”③

“(陈相曰：)‘从许子之道，则市贾不贰，国中无伪，虽使五尺之童适市，莫之或欺。布帛长短同，则贾相若；麻缕丝絮轻重同，则贾相若；五谷多寡同，则贾相若；屦大小同，则贾相若。’(孟子）曰：‘夫物之不齐，物之情也。或相倍蓰，或相什百，或相千万，子比而同之，是乱天下也。巨屦小屦同贾，人岂为之哉？从许子之道，相率而为伪者也。恶能治国家?’”④陈相主张超越商品的性质差异，突出商品的共性，根据商品的“长短轻重”来制定价格。孟子则认为需要根据商品性质的不同来制定价格，这是商品交易的客观规律，在中国货币思想史上具有重要的地位。

在本末思想方面，先秦齐鲁“诸子”亦提出了许多经典理论。所谓“本”，泛指农业，即“本务”“本作”“本事”；所谓末，泛指工商业，即“末生”“末作”“末事”。周族本身就是农业民族，积累了丰富的农业生产经验，完善了井田制，扩大了农业生产规模，但西周实行“工商食官”的制度，工商业还未私营，故尚未有本末之论。至春秋战国时期，私营工商业崛起，产生了子贡、范蠡、弦高、白圭、吕不韦等大商人，他们凭借雄厚的财力结交王侯，干预政治，其影响力与日俱增。伴随着各国逐步确立封建制度，小农经济成为各国新兴政权的经济基础，农业成为国家之“本”，“诸子”开始关

① 黎翔凤：《管子校注》，第1269页。

② 黎翔凤：《管子校注》，第1274—1275页。

③ 吴毓江：《墨子校注》，第534页

④ （清）焦循：《孟子正义》，第398—399页。

注本末问题。

孔子重视农业生产，强调统治者要轻徭薄赋，保证农民的生产时间，确保其有足够的资源从事再生产，“节用而爱人，使民以时”①，“省力役，薄赋敛，则民富矣”②。春秋时期，私营工商业得到发展，孔子并不否定工商业，甚至称赞他的学生大商人子贡，“赐不受命，而货殖焉，亿则屡中。”③

战国时期，各国先后进行了变法改革，封建经济制度得以确立，小农经济得到了“诸子”的重视。孟子以“恒产论”来总结小农经济，成为“仁政”的核心内容，“是故明君制民之产，必使仰足以事父母，俯足以畜妻子，乐岁终身饱，凶年免于死亡，然后驱而之善，故民之从之也轻。今也制民之产，仰不足以事父母，俯不足以畜妻子，乐岁终身苦，凶年不免于死亡，此惟救死而恐不赡，奚暇治礼义哉！王欲行之，则盍反其本矣！五亩之宅，树之以桑，五十者可以衣帛矣。鸡豚狗彘之畜，无失其时，七十者可以食肉矣。百亩之田，勿夺其时，八口之家可以无饥矣。谨庠序之教，申之以孝悌之义，颁白者不负戴于道路矣。老者衣帛食肉，黎民不饥不寒，然而不王者，未之有也。”④孟子以井田制作为实现“恒产论”的制度保证。《孟子·滕文公章句上》：“子之君将行仁政，选择而使子，子必勉之！夫仁政必自经界始。经界不正，井地不钧，谷禄不平。是故暴君污吏，必慢其经界。经界既正，分田制禄，可坐而定也。夫滕壤地褊小，将为君子焉，将为野人焉；无君子莫治野人，无野人莫养君子。请野九一而助，国中什一使自赋，卿以下必有圭田，圭田五十亩，余夫二十五亩。死徙无出乡，乡田同井，出入相友，守望相助，疾病相扶持，则百姓亲睦。方里而井，井九百亩，其中为公田，八家皆私百亩，同养公田，公事毕，然后敢治私事，所以别野人也。此其大略也。若夫润泽之，则在君与子矣。”⑤当然孟子所描绘的井田制早已经不是西周的井田制了，而是披着井田制外衣的封建土地制度。孟子的“恒产

---

① 程树德：《论语集释》，第21页。

② （三国）王肃：《孔子家语》，上海新文化书社1934年版，第64页。

③ 程树德：《论语集释》，第779页。

④ （清）焦循：《孟子正义》，第94—95页。

⑤ （清）焦循：《孟子正义》，第348—362页。

论”、井田制对后世影响极大，每当土地兼并盛行时，士人们便以井田制作为抵制土地兼并的思想武器。孟子肯定了工商业的存在，强调“关市不征”以发展工商业，“昔者文王之治岐也，耕者九一，仕者世禄，关市讥而不征，泽梁无禁，罪人不孥。”[①] 但总的来看，孟子更为重视农业生产对于国计民生的重要意义。

荀子认为农业生产是国家民众之本，“故家五亩宅，百亩田，务其业而勿夺其时，所以富之也。”[②] 君主必须要注重征发徭役的频次，保证农业生产时间，“罕兴力役，无夺农时，如是，则国富矣。”[③] 荀子强调统治者必须要准确把握生产时间，“群道当则万物皆得其宜，六畜皆得其长，群生皆得其命。故养长时则六畜育，杀生时则草木殖”[④]。荀子还强调农业生产技术的革新，“今是土之生五谷也，人善治之则亩数盆”[⑤]。

荀子亦认识到了工商业的重要性，力主降低关税，减少商业成本，发展商品贸易。“北海则有走马吠犬焉，然而中国得而蓄使之；南海则有羽翮、齿革、曾青、丹干焉，然而中国得而财之；东海则有紫、紶、鱼、盐焉，然而中国得而衣食之；西海则有皮革、文旄焉，然而中国得而用之。故泽人足乎木，山人足乎鱼，农夫不斫削、不陶冶而足械用，工贾不耕田而足菽粟。故虎豹为猛矣，然君子剥而用之。故天之所覆，地之所载，莫不尽其美，致其用，上以饰贤良，下以养百姓而安乐之。”[⑥]

荀子承认了工商业在国家经济中的重要地位，但要限制工商业的过度发展。“人之生，不能无群，群而无分则争，争则乱，乱则穷矣。故无分者，人之大害也；有分者，天下之本利也；而人君者，所以管分之枢要也。故美之者，是美天下之本也；安之者，是安天下之本也；贵之者，是贵天下之本也。古者先王分割而等异之也，故使或美或恶，或厚或薄，或佚或乐，或劬

① （清）焦循：《孟子正义》，第 133 页。
② （清）王先谦：《荀子集解》，第 498 页。
③ （清）王先谦：《荀子集解》，第 179 页。
④ （清）王先谦：《荀子集解》，第 165 页。
⑤ （清）王先谦：《荀子集解》，第 184 页。
⑥ （清）王先谦：《荀子集解》，第 161—162 页。

或劳，非特以为淫泰夸丽之声，将以明仁之文，通仁之顺也。故为之雕琢、刻镂、黼黻、文章，使足以辨贵贱而已，不求其观；为之钟鼓、管磬、琴瑟、竽笙，使足以辨吉凶，合欢定和而已，不求其余；为之宫室台榭，使足以避燥湿，养德辨轻重而已，不求其外。”① 两汉“诸子”的本末思想基本上是在荀子本末观的框架下进行阐发的，“荀子的经济哲学思想体现了其社会生产的发展观、斗争观，代表着先秦时期的最高水平。”②

代表“农与工肆之人”利益的墨子极为重视农业生产，“凡五谷者，民之所仰也，君之所以为养也。故民无仰则君无养，民无食则不可事。”③ 墨子强调要发展农业生产必须要尽地力，尽力开垦土地。“安国之道，道任地始，地得其任则功成，地不得其任则劳而无功。”④ 墨子强调依照农时进行农业生产，“以时生财，固本而用财，则财足。”⑤ 墨子主张通过增加劳动强度与进行合理分工来提高农业生产效率，“农夫早出暮入，耕稼树艺，多聚叔粟”⑥，合理分工，“譬若筑墙然，能筑者筑，能实壤者实壤，能欣者欣，然后墙成也。”⑦ 墨子为了激励生产者的积极性，实行以“劳”“功”为标准的分配原则，“以劳殿赏，量功而分禄。”⑧

管仲主张农业与工商业共同发展，强调士、农、工、商四民分业而居。“桓公曰：‘定民之居，成民之事奈何?’管子对曰：‘士农工商，四民者，国之石民也，不可使杂处。杂处则其言哤，其事乱。是故圣王之处士必于闲燕，处农必就田野，处工必就官府，处商必就市井。’”⑨

管仲将农业视为国民经济之“本”，“是以先王知众民、强兵、广地、富国之必生于粟也，故禁末作，止奇巧，而利农事。……舍本事而事末作，

---

① （清）王先谦：《荀子集解》，第 179—180 页。
② 唐光斌、欧阳凌：《中国古代经济哲学思想之本末论》，《求索》2006 年第 12 期。
③ 吴毓江：《墨子校注》，第 36 页。
④ 吴毓江：《墨子校注》，第 915 页。
⑤ 吴毓江：《墨子校注》，第 36 页。
⑥ 吴毓江：《墨子校注》，382 页。
⑦ 吴毓江：《墨子校注》，第 656 页。
⑧ 吴毓江：《墨子校注》，第 67 页。
⑨ 黎翔凤：《管子校注》，第 400 页。

则田荒而国贫矣。”① “行其田野，视其耕芸，计其农事，而饥饱之国可以知也。其耕之不深，芸之不谨，地宜不任，草田多秽，耕者不必肥，荒者不必墝，以人猥计其野，草田多而辟田少者，虽不水旱，饥国之野也。若是而民寡，则不足以守其地，若是而民众，则国贫民饥；以此遇水旱，则众散而不收。”② 管仲力促盐铁业的发展，盐业实行部分官营，铁业则全部民营。齐国拥有极为丰富的盐业资源，管仲主张由百姓负责食盐的生产，国家统一收购与销售。《管子·轻重甲》：“今齐有渠展之盐，请君伐菹薪，煮沸火为盐，正而积之。……十月始正，至于正月，成盐三万六千钟。……请以令粜之梁、赵、宋、卫、濮阳。彼尽馈食之也，国无盐则肿，守圉之国，用盐独甚。……乃以令使粜之，得成金万一千余斤。”③ 管仲主张民众自行开采铁矿进行生产，向民众征收十分之三的租税，“今发徒隶而作之，则逃亡而不守。发民，则下疾怨上。边竟有兵，则怀宿怨而不战。未见山铁之利而内败矣。故善者不如与民量其重，计其赢，民得其十，君得其三。有杂之以轻重，守之以高下，若此，则民疾作而为上虏矣。”④

管仲以“御轻重”政策来促进私营工商业的发展，“五谷食米，民之司命也。黄金刀币，民之通施也。故善者执其通施，以御其司命，故民力可得而尽也。……凡将为国，不通于轻重，不可为笼以守民。不能调通民利，不可以语制为大治。是故万乘之国，有万金之贾。千乘之国，有千金之贾。……人君铸钱立币，民庶之通施也”⑤。管仲还注重发展“国际”贸易，以高价从别国购入齐国所需的重要战略物资，如以高于原产地十倍的价格从滕国、鲁国等农业比较发达的国家购入大量的粮食。“滕、鲁之粟釜百，则使吾国之粟釜千。滕、鲁之粟四流而归我，若下深谷者，非岁凶而民饥也。辟之以号令，引之以徐疾，施乎其归我若流水。”⑥ 又于春耕之时，以高价将

① 黎翔凤：《管子校注》，第924—925页。

② 黎翔凤：《管子校注》，第258页。

③ 黎翔凤：《管子校注》，第1422—1423页。

④ 黎翔凤：《管子校注》，第1448页。

⑤ 黎翔凤：《管子校注》，第1259—1266页。

⑥ 黎翔凤：《管子校注》，第1464页。

齐国盛产的盐卖到缺盐的梁、赵、宋、卫、濮阳等地。管仲还建议为到齐国经商的他国商贾提供食宿招待，并定为法令，“请以令，为诸侯之商贾立客舍，一乘者有食，三乘者有刍菽，五乘者有伍养，天下之商贾归齐若流水。”① 管仲并不反对社会上奢侈之风的盛行，超前地提出以过度消费的方式来刺激工商业的发展：“巨瘗培，所以使贫民也。美垄墓，所以文明也。巨棺椁，所以起木工也。多衣衾，所以起女工也。”②

先秦齐鲁“诸子”提出了内涵丰富的经济思想，在货币思想上，墨子与孟子已经初步认识到了货币与商品之间的关系，管子则对货币的认识更为深入，形成了“御轻重”的货币思想。在本末思想上，儒家“诸子”力主发展小农经济，但并不否定工商业，墨家“诸子”重视农业生产，管子一派则主张农业与工商业共同发展。这些思想为两汉“诸子”的货币思想与本末思想的提出奠定了理论基础。

第二节 两汉“诸子”的货币思想

一、西汉“诸子”的货币思想

先秦齐鲁“诸子”的货币思想是基于齐鲁之地发达的经济而产生的，多局限于理论的层面上。秦汉统一之后，在大一统的帝国之内，两汉“诸子”结合统治者的货币改革实践，形成了更为丰富系统的货币思想。汉王朝建立之后，汉高祖推行自由铸币政策，允许民间铸造荚钱，惠帝即位之后，又禁止私下铸造钱币，汉文帝又允许民间铸币，造成了极为严重的通货膨胀现象，不利于中央集权的加强。“汉兴，以为秦钱重难用，更令民铸荚钱。黄金一斤。而不轨逐利之民畜积余赢以稽市物，痛腾跃，米至石万钱，马至匹百金。天下已平，高祖乃令贾人不得衣丝乘车，重税租以困辱之。孝惠、高后时，为天下初定，复弛商贾之律，然市井子孙亦不得为官吏。孝文五年，为钱益多而轻，乃更铸四铢钱，其文为‘半两’。除盗铸钱令，使民放

① 黎翔凤：《管子校注》，第1468页。

② 黎翔凤：《管子校注》，第688页。

铸。”① 汉初“诸子”以深远的政治眼光，站在加强中央集权的高度上，提出了自己的货币思想。“西汉初期货币政策及货币思想的发生与发展，可以说是巩固中央集权问题在经济上的反映。”②

（一）贾谊的货币思想

贾谊反对私铸钱币，首先论述了私铸钱币的严重后果，百姓为了在铸造钱币中赢得大利，在铸造时掺杂铅铁，破坏法禁。“法使天下公得顾租铸钱，敢杂以铅铁为它巧者，其罪黥。然铸钱之情，非淆铅铁及以杂铜也，不可得赢；而淆之甚微，又易为，无异盐羹之易，而其利甚厚。张法虽公铸铜锡，而铸者情必奸伪也。名曰顾租公铸，法也，而实皆黥罪也。有法若此，上将何赖焉？”③ 助长了地方势力的经济力量。王侯势力、地方豪强凭借铸币之权获得重利，威胁皇权。“夫事有召祸而法有起奸，今令细民操造弊之势，各隐亲其家而公铸作，因欲禁其大利微奸，虽黥罪日报，其势不止，民理然也。夫白着以请之，则吏随而揜之，为民设阱，孰积于是？上弗早图之，民势且尽矣！曩禁铸钱，死罪积下；今公铸钱，黥罪积下。虽少异乎，未甚也。民方陷溺，上且弗救乎？”④ 允许民间私铸钱币，但并没有统一的“法钱”，即法定的货币，各地钱币的重量、形状大都不相同，导致物贵钱贱，破坏了经济秩序。“且世民用钱，县异而郡不同；或用轻钱，百加若干，轻小异行；或用重钱，平称不受。法钱不立，将使天下操权族，而吏急而一之乎，则吏烦苛而民弗任，且力不能而势不可施；纵而弗苛乎，则郡县异而肆不同，小大异用，钱文大乱。夫苟非其术，则何向而可哉？”⑤ 由于私铸钱币容易获得大利，大量的百姓放弃农业生产，采铜铸钱，破坏了小农经济。“夫农事不为，而采铜日烦，释其耒耨，冶镕炉炭。奸钱日繁，正钱日亡，善人怵而为奸邪，愿民陷而之刑戮。黥罪繁积，吏民且日斗矣。”⑥

---

① （东汉）班固：《汉书》卷二四下，第 1152—1153 页。

② 陈新岗：《两汉诸子治国思想研究》，山东文艺出版社 2009 年版，第 196 页。

③ （西汉）贾谊撰，阎振益、钟夏校注：《新书校注》，第 167 页。

④ （西汉）贾谊撰，阎振益、钟夏校注：《新书校注》，第 167 页。

⑤ （西汉）贾谊撰，阎振益、钟夏校注：《新书校注》，第 167 页。

⑥ （西汉）贾谊撰，阎振益、钟夏校注：《新书校注》，第 167 页。

私自铸造钱币危害国计民生，必须加以禁止，但是如果没有抓住私铸钱币的症结，反而会造成更大的祸乱。贾谊建议统治者不能只加强法令，“吏议必曰：‘禁之。’不得其术，其伤必大，何以圉之？令禁铸钱，钱必还重，四钱之粟，必还二钱耳。重则盗铸钱如云而起，则弃市之罪又不足以禁矣。奸不胜而法禁数溃，难言已，大事也。”①还要在铸钱的原材料——铜材上下功夫，力主将铜材收归国有。

贾谊分析了铜材分布于民间的三个坏处，即刺激民众私自铸钱，因搀杂而陷于罪罚；私铸钱币导致伪钱盛行，钱贱物贵，物价飞涨；为了开采铜矿，大量的百姓放弃农业生产，导致粮食产量锐减，“铜布于下，为天下灾，何以言之？铜布于下，则民铸钱者，大抵必杂以铅铁焉，黥罪日繁，此一祸也。铜布于下，伪钱无止，钱用不信，民愈相疑，此二祸也。铜布于下，采铜者弃其田畴，家铸者损其农事，谷不为则邻于饥，此三祸也。故不禁铸钱，则钱常乱，黥罪日积，是陷阱也。且农事不为，有疑为灾，故民铸钱不可不禁。上禁铸钱，必以死罪。铸钱者禁，则钱必还重；钱重则盗铸钱者起，则死罪又复积矣，铜使之然也。故铜布于下，其祸博矣。”②

贾谊又列举了将铜收归国有的七大好处，使百姓不再铸钱，免于刑罚；稳定了经济秩序，使民众弃末归本；政府控制铜材，铸造钱币，以平抑物价；铸造兵器，区别贵贱；制造一些财物，招诱匈奴百姓，瓦解匈奴。“今博祸可除，七福可致。何谓七福？上收铜勿令布下，则民不铸钱，黥罪不积，一。铜不布下，则伪钱不繁，民不相疑，二。铜不布下，不得采铜，不得铸钱，则民反耕田矣，三。铜不布下，毕归于上，上挟铜积以御轻重，钱轻则以术敛之，钱重则以术散之，则钱必治矣，四。挟铜之积以铸兵器，以假贵臣，小大多少，各有制度，以别贵贱，以差上下，则等级明矣，五。挟铜之积，以临万货，以调盈虚，以收畸羡，则官必富，而末民困矣，六。挟铜之积，制吾弃财，以与匈奴逐争其民，则敌必怀矣，此谓之七福。”③这是一种国家控制货币的经济干预思想，国家垄断铜材进而控制货币的发行与流通，

① （西汉）贾谊撰，阎振益、钟夏校注：《新书校注》，第168页。

② （西汉）贾谊撰，阎振益、钟夏校注：《新书校注》，第110—111页。

③ （西汉）贾谊撰，阎振益、钟夏校注：《新书校注》，第111页。

促进货币与商品的平衡，稳定小农经济，维护经济秩序，增加国库收入，打击地方势力与匈奴贵族。“这是利用铜的国家垄断和铜钱的中央专铸来实现物价和物资的宏观调控、财政目标和重农抑末的产业政策，以及诱致匈奴人口来实现国防安全。”①

将铜材收归国有，由政府铸造货币，势必就加重政府的职能负担，这不符合文帝时期黄老无为的治国思想，故文帝并未采纳其建议。但其货币思想是颇有创见的，“应该看到贾谊的轻重思想是对先秦思想家货币、市场供求关系与价格思想的兼收并蓄和根本改造，是针对解决封建经济如何运行的历史任务而提出的一种思想方案。”② 贾谊的货币思想试图从经济上加强中央集权，打击诸侯王、地方豪强、匈奴贵族，维护统一格局，保证汉初经济的平稳运行，具有很强的进步意义。文帝虽然并未采纳其建议，却成为汉武帝货币改革的先声。贾谊的货币思想体现了西汉货币思想由“无为”到“有为”的转变。

（二）晁错、贾山的货币思想

“货币本身是商品，是可以成为任何人的私产的外界物。这样，社会权力就成为私人的私有权力。因此，古代社会咒骂货币是自己的经济秩序和道德秩序的瓦解者。”③ 晁错提出了自己的“贱金玉贵五谷”的货币思想，“民者，在上所以牧之，趋利如水走下，四方亡择也。夫珠玉金银，饥不可食，寒不可衣，然而众贵之者，以上用之故也。其为物轻微易藏，在于把握，可以周海内而亡饥寒之患。此令臣轻背其主，而民易去其乡，盗贼有所劝，亡逃者得轻资也。粟米布帛生于地，长于时，聚于力，非可一日成也；数石之重，中人弗胜，不为奸邪所利，一日弗得而饥寒至。是故明君贵五谷而贱金玉。”④ 晁错否定了珠玉金银的价值，认为珠玉金银会侵蚀臣民的道德理念。“封建自然经济是生成忠君思想及其行为的最深厚的物质基础。”⑤ 在晁错看

① 何平：《西汉贾谊的“奸钱论”与格雷欣法则》，《中国钱币》2019 年第 3 期。

② 曹应旺：《贾谊的经济干预思想》，《经济问题探索》1988 年第 12 期。

③ ［德］马克思：《资本论》（第一卷），人民出版社 2018 年版，第 155—156 页。

④ （东汉）班固：《汉书》卷二四上，第 1131—1132 页。

⑤ 沈端民、杨自群：《略论晁错的货币经济思想》，《保险职业学院学报》2008 年第 4 期。

来，珠玉金银不利于巩固小农经济，以其为交换手段的商品经济正逐步瓦解小农经济。只有将农民固定在农业生产领域，不从事商品交易，才能巩固汉王朝的经济基础——小农经济。

在此基础上，晁错强烈建议以粟米替换珠玉金银来做货币，如此，必然促进百姓背末趋本，增加粮食产量，加强小农经济。“晁错的这段话，从根本上否定了货币的商品性质，是中国古代典型货币国定论的代表。”①晁错极力强调货币的符号性质，忽视其价值代表的性质，过分强调统治者对于货币的决定作用。金属货币是历史选择出来的特殊商品，并非统治者的一纸诏书可以改变。晁错的货币思想，意在加强中央集权，并兼顾小农的利益，稳定小农经济，但回到以物易物的时代，是一种历史的倒退。

贾山认为货币的价值是由统治者赋予的，他强调中央政府垄断货币铸造权，切忌将此假手于人。“其后文帝除铸钱令，山复上书谏，以为变先帝法，非是。又讼淮南王无大罪，宜急令反国。又言柴唐子为不善，足以戒。章下诘责，对以为‘钱者，亡用器也，而可以易富贵。富贵者，人主之操柄也，令民为之，是与人主共操柄，不可长也。’其言多激切，善指事意，然终不加罚，所以广谏争之路也。其后复禁铸钱云。”②

（三）司马迁的货币思想

司马迁的货币思想在中国古代货币思想史上占有重要的地位。“司马迁是一位有独创性的思想家，他具有一定的进步经济思想，能用朴素的唯物主义历史观点去观察、分析社会的经济活动及货币活动。”③司马迁总结《史记·平准书》的主旨为：“维币之行，以通农商；其极则玩巧，并兼兹殖，争于机利，去本趋末。作《平准书》以观事变，第八。”④司马迁继承了管子的货币思想，肯定了货币互通农工商三业的重要意义。司马迁追溯了货币制

---

① 陈新岗、张秀娈：《浅议汉代诸子的货币思想》，《山东大学学报》（哲学社会科学版）2003年第1期。

② （东汉）班固：《汉书》卷五一，第2337页。

③ 杨科：《对司马迁货币思想的一孔之见——〈平准书〉、〈货殖列传〉读后》，《金融理论与实践》1985年第1期。

④ （西汉）司马迁：《史记》卷一三〇，第3306页。

度产生发展的历史，货币材质经历了由先秦时期的珠玉、龟贝、金、银、锡等到秦汉时期的金、铜的发展演变，认识到了金铜作为货币是历史的选择，是农工商三业互通交易所需要的。“农工商交易之路通，而龟贝金钱刀布之币兴焉。所从来久远，自高辛氏之前尚矣，靡得而记云。……虞夏之币，金为三品，或黄，或白，或赤；或钱，或布，或刀，或龟贝。及至秦，中一国之币为二等，黄金以镒名，为上币；铜钱识曰半两，重如其文，为下币。而珠玉、龟贝、银锡之属为器饰宝藏，不为币。然各随时而轻重无常。于是外攘夷狄，内兴功业，海内之士力耕不足粮饷，女子纺绩不足衣服。古者尝竭天下之资财以奉其上，犹自以为不足也。无异故云，事势之流，相激使然，曷足怪焉。”① 虽然司马迁只是论说了货币演变的过程，还未进行理论总结，但在中国古代货币思想史上是有进步意义的。胡寄窗评论：“他虽然只认识到货币是商品生产与流通发展的结果，尚不曾理解货币本身也是一种特殊的商品，但在货币名目论较流行的古代，这一初步认识的提出，已是跨了很不容易的一大步。”②

西汉前期，统治者无为而治，反映在货币层面，允许诸侯国、地方郡县、富商大贾私铸货币。“从政治上说，汉初分封的诸王国，有很大的自主权，为了求得统治阶级内部的妥协，中央政府不得不允许诸王公贵族富商大贾分享铸造货币的利益。从经济上说被秦汉之交战争破坏的社会经济亟待恢复，如果实行单一的官铸货币，必须集中币材，征集劳力，必然扰民不已，这与‘约法省禁’休养生息恢复经济的既定国策有矛盾。综上所述可知西汉前期允许私铸货币绝非偶然。”③ 武帝大力加强中央集权，统一铸币权的时机已到。司马迁主张铸币权的统一，反对诸侯、民间铸造货币，这会给国家的统一安定带来极大的隐患。“至孝文时，荚钱益多，轻，乃更铸四铢钱，其文为‘半两’，令民纵得自铸钱。故吴，诸侯也，以即山铸钱，富埒天子，其后卒以叛逆。邓通，大夫也，以铸钱财过王者。故吴、邓氏钱布天

---

① （西汉）司马迁：《史记》卷三〇，第1442—1443页。

② 胡寄窗：《中国经济思想史（中）》，上海人民出版社1963年版，第66页。

③ 刘枫：《司马迁的货币思想》，《上海金融研究》1981年第2期。

下，而铸钱之禁生焉。”① 武帝时期，虽然明令禁止民间铸钱，但盗铸之风依然盛行，严重破坏了统治秩序。“赦吏民之坐盗铸金钱死者数十万人。其不发觉相杀者，不可胜计。赦自出者百余万人。然不能半自出，天下大抵无虑皆铸金钱矣。犯者众，吏不能尽诛取，于是遣博士褚大、徐偃等分曹循行郡国，举兼并之徒守相为利者。”②

司马迁强调发行的货币必须要名实相符，货币价值的大小并非由统治者决定。司马迁抨击了元狩年间推出的皮币白金改革，汉中央以其掌握的白鹿与银锡制造了大量的皮币与白金，皮币的原材料为白鹿皮，经过制作之后，币面价值为 40 万，白金为银锡合金，分为三等，第一等价值 3000，第二等价值 500，第三等价值 300，其币面价值远远超出其实际价值，民间盗铸犯法者不可胜数，“于是天子与公卿议，更钱造币以赡用，而摧浮淫并兼之徒。是时禁苑有白鹿而少府多银锡。自孝方更造四铢钱，至是岁四十余年，从建元以来，用少，县官往往即多铜山而铸钱，民亦间盗铸钱，不可胜数。钱益多而轻，物益少而贵。有司言曰：‘古者皮币，诸侯以聘享。金有三等，黄金为上，白金为中，赤金为下。今半两钱法重四铢，而奸或盗摩钱里取鋊，钱益轻薄而物贵，则远方用币烦费不省。’乃以白鹿皮方尺，缘以藻缋，为皮币，直四十万。王侯宗室朝觐聘享，必以皮币荐璧，然后得行。又造银锡为白金。以为天用莫如龙，地用莫如马，人用莫如龟，故白金三品：其一曰重八两，圆之，其文龙，名曰‘白选’，直三千；二曰重差小，方之，其文马，直五百；三曰复小，椭之，其文龟，直三百。令县官销半两钱，更铸三铢钱，文如其重。盗铸诸金钱罪皆死，而吏民之盗铸白金者不可胜数。”③

司马迁极力赞成汉武帝收归铸币权的措施，铸币统归于上林三官，提高铸钱成本与技术水平，杜绝了民间盗铸的现象，稳定了经济秩序，“于是悉禁郡国无铸钱，专令上林三官铸。钱既多，而令天下非三官钱不得行，诸郡国所前铸钱皆废销之，输其铜三官。而民之铸钱益少，计其费不能相当，

---

① （西汉）司马迁：《史记》卷三〇，第 1419 页。

② （西汉）司马迁：《史记》卷三〇，第 1433 页。

③ （西汉）司马迁：《史记》卷三〇，第 1425—1427 页。

唯真工大奸乃盗为之。”[①]

（四）贤良文学的货币思想

汉武帝最终完成了对于币制的统一，但是官铸与私铸之争依然存在。铸币权的归属是盐铁会议的重要议题。贤良文学认为货币制度本身就是错误的，它引导了重利之风的盛行，使道德日趋败坏，他们主张回到原始的以物易物状态。“古者，市朝而无刀币，各以其所有易所无，抱布贸丝而已。后世即有龟贝金钱，交施之也。币数变而民滋伪。夫救伪以质，防失以礼。汤、文继衰，革法易化，而殷、周道兴。汉初乘弊，而不改易，畜利变币，欲以反本，是犹以煎止燔，以火止沸也。上好礼则民暗饰，上好货则下死利也。”[②]

但贤良文学也知道彻底取消货币是不现实的，便列举官铸货币的种种弊端，官吏、商贾趁机谋取暴利，百姓深受其害，力主将铸币权下放于民间。“往古，币众财通而民乐。其后，稍去旧币，更行白金龟龙，民多巧新币。币数易而民益疑。于是废天下诸钱，而专命水衡三官作。吏匠侵利，或不中式，故有薄厚轻重。农人不习，物类比之，信故疑新，不知奸贞。商贾以美贸恶，以半易倍。买则失实，卖则失理，其疑或滋益甚。夫铸伪金钱以有法，而钱之善恶无增损于故。择钱则物稽滞，而用人尤被其苦。《春秋》曰：‘算不及蛮、夷则不行。’故王者外不鄣海泽以便民用，内不禁刀币以通民施。”[③] 贤良文学的货币思想颇为保守，忽视货币对于国计民生的重要意义，反而站在地方势力的立场上主张下放铸币权，确是一种历史的退步。

（五）贡禹的货币思想

马克思在论述货币的作用时指出：“古代社会咒骂货币是自己的经济秩序和道德秩序的瓦解者。”[④] 元帝时期的贡禹继承了晁错、贾山的货币国定论思想，认为货币是奸邪之源，为了重农抑商，提出以布帛谷物为货币。“又言古者不以金钱为币，专意于农，故一夫不耕，必有受其饥者。今汉家铸钱，及诸铁官皆置吏卒徒，攻山取铜铁，一岁功十万人已上，中农食七人，

---

① （西汉）司马迁：《史记》卷三〇，第 1434—1435 页。

② 王利器：《盐铁论校注》，第 57 页。

③ 王利器：《盐铁论校注》，第 57—58 页。

④ ［德］马克思：《资本论》（第一卷），人民出版社 2018 年版，第 156 页。

是七十万人常受其饥也。凿地数百丈，销阴气之精，地藏空虚，不能含气出云，斩伐林木亡有时禁，水旱之灾未必不由此也。自五铢钱起已来七十余年，民坐盗铸钱被刑者众，富人积钱满室，犹亡厌足。民心动摇，商贾求利，东西南北各用智巧，好衣美食，岁有十二之利，而不出租税。农夫父子暴露中野，不避寒暑，捽草杷土，手足胼胝，已奉谷租，又出稿税，乡部私求，不可胜供。故民弃本逐末，耕者不能半。贫民虽赐之田，犹贱卖以贾，穷则起为盗贼。何者？末利深而惑于钱也。是以奸邪不可禁，其原皆起于钱也。疾其末者绝其本，宜罢采珠玉金银铸钱之官，亡复以为币。市井勿得贩卖，除其租铢之律，租税禄赐皆以布帛及谷。使百姓壹归于农，复古道便。”①“议者以为交易待钱，布帛不可尺寸分裂。禹议亦寝。”②在商品经济较为发达的西汉中后期，否定金铜的货币地位，回到以物易物的时代，已经不可能了，贡禹的主张暴露了他思想的保守性和消极性。贡禹的主张虽然违背了货币规律，但他揭露了官僚贵族、豪强地主对财富的疯狂追求，揭露其对于汉王朝的危害，这些都是应予肯定的。

（六）王莽的货币思想与改革

“王莽行政，重礼制，恤民生，着眼于社会经济，其本原皆出于王贡，而其病则在拘古。此即王贡亦不免。其最著者莫如改币制一事。”③如果说晁错、贾山、贡禹的货币国定论思想尚处于理论探索的层面，王莽则将这种思想发挥到了极致，直接将其应用到货币改革之中。王莽自西汉居摄二年（7年）至代汉后的天凤元年（14年），“为了彰显新王朝与旧王朝的区别和实现儒家经典中所设计的理想社会”④，先后进行了四次币制改革。《汉书·食货志》详细记载了这四次币制改革。第一次币制改革发生在居摄二年（公元7年）五月，铸造“契刀”“错刀”、大钱，与五铢钱并行。《汉书·食货志》：“王莽居摄，变汉制，以周钱有子母相权，于是更造大钱，径寸二分，重十二铢，文曰‘大钱五十’。又造契刀、错刀。契刀，其环如大钱，身形如

① （东汉）班固：《汉书》卷七二，第3075—3076页。

② （东汉）班固：《汉书》卷二四下，第1176页。

③ 钱穆：《秦汉史》，生活·读书·新知三联书店2004年版，第313页。

④ 曹婉丰：《略论王莽的币制改革》，《学理论》2013年第36期。

刀，长二寸，文曰‘契刀五百’。错刀，以黄金错其文，曰‘一刀直五千’。与五铢钱凡四品，并行。”①

王莽在始建国元年（9年）正月进行了第二次货币改革，废除五铢钱、错刀、契刀，新铸小钱，与大钱通行。“莽即真，以为书‘劉’字有金刀，乃罢错刀、契刀及五铢钱。”②“（王莽曰：）‘今百姓咸言皇天革汉而立新，废刘而兴王。夫劉之为字卯、金、刀也，正月刚卯，金刀之利，皆不得行。博谋卿士，佥曰天人同应，昭然著明。其去刚卯莫以为佩，除刀钱勿以为利，承顺天心，快百姓意。’乃更作小钱，径六分，重一铢，文曰‘小钱直一’，与前‘大钱五十’者为二品，并行。欲防民盗铸，乃禁不得挟铜炭。”③

始建国二年，王莽又继而推出了“宝货制”改革，推出了28类货币：

> 小钱径六分，重一铢，文曰“小钱直一”。次七分，三铢，曰“幺钱一十”。次八分，五铢，曰“幼钱二十”。次九分，七铢，曰“中钱三十”。次一寸，九铢，曰“壮钱四十”。因前“大钱五十”，是为钱货六品，直各如其文。
>
> 黄金重一斤，直钱万。朱提银重八两为一流，直一千五百八十。它银一流直千。是为银货二品。
>
> 元龟岠冉长尺二寸，直二千一百六十，为大贝十朋。公龟九寸，直五百，为壮贝十朋。侯龟七寸以上，直三百，为幺贝十朋。子龟五寸以上，直百，为小贝十朋。是为龟宝四品。
>
> 大贝四寸八分以上，二枚为一朋，直二百一十六。壮贝三寸六分以上，二枚为一朋，直五十。幺贝二寸四分以上，二枚为一朋，直三十。小贝寸二分以上，二枚为一朋，直三十。小贝寸二分以上，二枚为一朋，直十。不盈寸二分，漏度不得为朋，率枚直钱三。是为贝货五品。
>
> 大布、次布、弟布、壮布、中布、差布、厚布、幼布、幺布、小

---

① （东汉）班固：《汉书》卷二四下，第1177页。

② （东汉）班固：《汉书》卷二四下，第1177页。

③ （东汉）班固：《汉书》卷九九中，第4109页。

布。小布长寸五分，重十五铢，文曰“小布一百”。自小布以上，各相长一分，相重一铢，文各为其布名，直各加一百。上至大布，长二寸四分，重一两，而直千钱矣。是为布货十品。

凡宝货五物，六名，二十八品。①

龟贝等宝货，到了汉代已无货币职能，空增繁琐，已无任何意义了，制作此类货币参加流通只能加剧货币制度的混乱。第三次币改之后，“百姓愦乱，其货不行。……莽知民愁，乃但行小钱直一，与大钱五十,二品并行，龟贝布属且寝”②。

天凤元年（14 年），王莽进行了第四次货币改革，废除“宝货”与大、小钱，发行“货泉”“货布”。“后五岁，天凤元年，复申下金银龟贝之货，颇增减其贾直。而罢大小钱，改作货布，长二寸五分，广一寸，首长八分有奇，广八分，其圜好径二分半，足枝长八分，间广二分，其文右曰‘货’，左曰‘布’，重二十五铢，直货泉二十五。货泉径一寸，重五铢，文右曰‘货’，左曰‘泉’，枚直一，与货布二品并行。又以大钱行久，罢之，恐民挟不止，乃令民且独行大钱，与新货泉俱枚直一，并行尽六年，毋得复挟大钱矣。”③

彭信威认为：“中国历代币制的失败，多有别的原因，而不是制度本身的缺点。只有王莽的宝货制的失败，完全是制度的失败。”④如在第一次货币改革中，一个重 12 铢的大钱币面价值为 50 铢，除去微不足道的铸造成本，国家就可以获得 4 倍多的利润。在最后一次货币改革中，一个重 25 铢的“货布”可以兑换 25 个重 5 铢的“货泉”，获得了 5 倍的利润。这种漏洞贯穿于这四次货币改革之中，这种以小易大的货币改革，是对社会各阶层财富的严重掠夺。“这种开放式的设计漏洞对参与铸造的任何人而言都是有利可图的。”⑤

① （东汉）班固：《汉书》卷二四下，第 1177—1179 页。

② （东汉）班固：《汉书》卷二四下，第 1179 页。

③ （东汉）班固：《汉书》卷二四下，第 1184 页。

④ 彭信威：《中国货币史》，上海人民出版社 1958 年版，第 73 页。

⑤ 李忠林、李建雄：《王莽新政的货币政策研究》，《聊城大学学报》（社会科学版）2016 年第 3 期。

这也就促成了民间盗铸之风的盛行。

胡寄窗在《中国经济思想史简编》中讲道：“因为他每次改革币制，均将流通中旧货币宣布废除，不懂得货币一旦流通即成为人民手中的财富，也充当工商业者的货币资本。如果予以废除必然给任何货币所有人带来损失，尤其以小生产者的货币资本所蒙受的损失为最大。”① 王莽的每次币制改革使得国家的货币面值总量迅速增加，但同期整个国家的生产总量并无增加，故商品价格不断增长，贵族、官僚、民众手中掌握的货币严重缩水，其货币财产被变相洗劫，百姓受害尤重。伴随着这四次币制改革的推行，大量的百姓破产逃亡。

面对频繁的币制改革，百姓最终只得以违法盗铸的方式来进行对抗，甚至连王侯公卿也私铸钱币，王莽只得以严刑峻法来进行打击。“莽患之，下诏：‘敢非井田挟五铢钱者为惑众，投诸四裔以御魑魅。’于是农商失业，食货俱废，民涕泣于市道。坐卖买田宅奴婢铸钱抵罪者，自公卿大夫至庶人，不可称数。”② 更是激化了统治阶级内部矛盾与阶级矛盾，最终新莽政权亡于豪强地主和绿林、赤眉等农民起义军，与其币制改革的失败有重要关系。王莽币制改革的失败标志着西汉货币国定论的彻底失败。在金属货币时代，流通中的货币必须要做到币面价值与实际价值相符，萨孟武在《中国社会政治史》中指出：“凡钱币有二品以上并行，又用同一金属铸造者，必须每品所含有的价值与其所表示之价格能够成为比例。”③ 汉武帝时期的五铢钱制度便做到了这一点，故流通至隋末。

二、东汉“诸子”的货币思想

（一）班固的货币思想

班固在《汉书·食货志》中阐述了自己的货币思想。班固在《汉书·叙传》中阐述了《食货志》的主旨：“厥初生民，食货惟先。割制庐井，

---

① 胡寄窗：《中国经济思想史简编》，中国社会科学出版社 1981 年版，第 250 页。

② （东汉）班固：《汉书》卷二四下，第 1179 页。

③ 萨孟武：《中国社会政治史·先秦秦汉卷》，生活·读书·新知三联书店 2021 年版，第 243 页。

定尔土田，什一供贡，下富上尊。商以足用，茂迁有无，货自龟贝，至此五铢。扬榷古今，监世盈虚。”① 班固强调“食”在“货”前，首重农业生产，亦不忽视货币流通与工商业的发展，农业为其本。他系统记述了货币材质的发展历程，经过不断的淘汰，只剩下黄金与铜最为合适了。“凡货，金钱布帛之用，夏殷以前其详靡记云。太公为周立九府圜法：黄金方寸，而重一斤；钱圜函方，轻重以铢；布帛广二尺二寸为幅，长四丈为匹。故货宝于金，利于刀，流于泉，布于布，束于帛。……其后百余年，周景王时患钱轻，将更铸大钱……卒铸大钱，文曰‘宝货’，肉好皆有周郭，以劝农澹不足，百姓蒙利焉。秦兼天下，币为二等：黄金以镒为名，上币；铜钱质如周钱，文曰‘半两’，重如其文。而珠玉龟贝银锡之属为器饰宝藏，不为币，然各随时而轻重无常。”②

班固认为铸币权的下放造成了极为严重的后果，民间盗铸成风，物价飞涨，经济秩序惨遭破坏，“从建元以来，用少，县官往往即多铜山而铸钱，民亦盗铸，不可胜数。钱益多而轻，物益少而贵。”③“自造白金五铢钱后五岁，而赦吏民之坐盗铸金钱死者数十万人。其不发觉相杀者，不可胜计。赦自出者百余万人。然不能半自出，天下大氐无虑皆铸金钱矣。犯法者众，吏不能尽诛，于是遣博士褚大、徐偃等分行郡国，举并兼之徒守相为利者。”④“货币铸造权的高度集中是稳定币制的关键，而币制稳定与否，关乎国家存亡。”⑤ 班固极力主张将铸币权收归国有，“于是悉禁郡国毋铸钱，专令上林三官铸。钱既多，而令天下非三官钱不得行，诸郡国前所铸钱皆废销之，输入其铜三官。而民之铸钱益少，计其费不能相当，唯真工大奸乃盗为之。”⑥

班固力主货币的稳定性，强调其币面价值与实际价值的一致。班固抨

① （东汉）班固：《汉书》卷一〇〇下，第 4242 页。
② （东汉）班固：《汉书》卷二四下，第 1149——1152 页。
③ （东汉）班固：《汉书》卷二四下，第 1163 页。
④ （东汉）班固：《汉书》卷二四下，第 1168 页。
⑤ 李剑林：《史学家的经济学思辨——班固经济思想解析》，《学术论坛》2005 年第 3 期。
⑥ （东汉）班固：《汉书》卷二四下，第 1169 页。

击了武帝时期铸造的皮币、白金，其币面价值远远超过了其实际价值，民间纷纷盗铸，破坏了经济秩序。

> 于是天子与公卿议，更钱币以澹用，而摧浮淫并兼之徒。是时，禁苑有白鹿而少府多银锡。自孝文更造四铢钱，至是岁四十余年，从建元以来，用少，县官往往即多铜山而铸钱，民亦盗铸，不可胜数。钱益多而轻，有司言曰：“古者皮币，诸侯以聘享。金有三等，黄金为上，白金为中，赤金为下。今半两钱法重四铢，而奸或盗摩钱质而取鋊，钱益轻薄而物贵，则远方用币烦费不省。”乃以白鹿皮方尺，缘以缋，为皮币，直四十万。王侯宗室朝觐聘享，必以皮币荐璧，然后得行。
>
> 又造银锡白金。以为天用莫如龙，地用莫如马，人用莫如龟，故白金三品：其一曰重八两，圜之，其文龙，名“白撰”，直三千；二曰以重差小，方之，其文马，直五百；三曰复小，椭之，其文龟，直三百。令县官销半两钱，更铸三铢钱，重如其文。盗铸诸金钱罪皆死，而吏民之犯者不可胜数。①

班固认为王莽的四次货币改革皆为以小换大，尽最大限度地盘剥百姓，社会经济已达崩溃的边缘。“百姓愦乱，其货不行，民私以五铢钱市买。莽患之，下诏：‘敢非井田挟五铢钱者为惑众，投诸四裔以御魑魅。’于是农商失业，食货俱废，民涕泣于市道。坐卖买田宅奴婢铸钱抵罪者，自公卿大夫至庶人，不可称数。莽知民愁，乃但行小钱直一，与大钱五十，二品并行，龟贝布属且寝。”②

（二）张林的货币思想

东汉章帝时期，自然灾害频发，谷价飞涨，“尚书张林言：‘今非但谷贵也，百物皆贵，此钱贱故尔。宜令天下悉以布帛为租，市买皆用之，封钱

① （东汉）班固：《汉书》卷二四下，第1163—1164页、

② （东汉）班固：《汉书》卷二四下，第1179页。

勿出，如此则钱少物皆贱矣。又，盐者食之急也，县官可自卖盐，武帝时施行之，名曰均输。’于是事下尚书通议，尚书朱晖议曰：‘王制，天子不言有无，诸侯不言多少，食禄者不与百姓争利。均输之法，与贾贩无异。以布帛为租，则吏多奸。官自卖盐，与下争利，非明王所宜行。’”[①] 张林提出“封钱”的建议，减少货币的数量来降低商品的价格，并以布帛承担部分的货币职能。他虽然认识到了货币数量多少与物价高低之间的关系，但仅凭增减货币数量难以解决当时的经济危机，将布帛用作货币则是历史的倒退。汉章帝采纳了张林的建议，但很快便废除了，“帝本以林言为是，得晖议，因发怒，遂用林言，少时复止。”[②]

（三）刘陶的货币思想

汉桓帝中期，宦官专权，政治腐败，又连续数年发生了自然灾害，物价飞涨，汉桓帝试图通过铸造“大钱”来解决财政危机。刘陶上书反对，认为目前的当务之急在于发展农业生产，满足百姓的衣食需求，若擅造“大钱”，虽然暂缓窘迫的财政状况，但终不能化解危机，反而破坏了现有的经济秩序，为贵族官僚大肆盘剥百姓提供了机会，加重百姓的灾难。

圣王承天制物，与人行止，建功则众悦其事，兴戎而师乐其旅。是故灵台有子来之人，武旅有凫藻之士，皆举合时宜，动顺人道也。臣伏读铸钱之诏，平轻重之议，访覃幽微，不遗穷贱，是以藿食之人，谬延逮及。

盖以为当今之忧，不在于货，在乎民饥。夫生养之道，先食后货。是以先王观象育物，敬授民时，使男不逋亩，女不下机。故君臣之道行，王路之教通。由是言之，食者乃有国之所宝，生民之至贵也。窃见比年已来，良苗尽于蝗螟之口，杼柚空于公私之求，所急朝夕之餐，所患靡盬之事，岂谓钱货之厚薄，铢两之轻重哉？就使当今沙砾化为南金，瓦石变为和玉，使百姓渴无所饮，饥无所食，虽皇羲之纯

① （唐）房玄龄等：《晋书》卷二六，第 793 页。

② （唐）房玄龄等：《晋书》卷二六，第 793 页。

德，唐虞之文明，犹不能以保萧墙之内也。盖民可百年无货，不可一朝有饥，故食为至急也。议者不达农殖之本，多言铸冶之便，或欲因缘行诈，以贾国利。国利将尽，取者争竞，造铸之端于是乎生。盖万人铸之，一人夺之，犹不能给；况今一人铸之，则万人夺之乎？虽以阴阳为炭，万物为铜，役不食之民，使不饥之士，犹不能足无厌之求也。夫欲民殷财阜，要在止役禁夺，则百姓不劳而足。陛下圣德，愍海内之忧戚，伤天下之艰难，欲铸钱齐货以救其敝，此犹养鱼沸鼎之中，栖鸟烈火之上。水木本鱼鸟之所生也，用之不时，必至焦烂。愿陛下宽锲薄之禁，后冶铸之议，听民庶之谣吟，问路叟之所忧，瞰三光之文耀，视山河之分流。天下之心，国家大事，粲然皆见，无有遗惑者矣。

臣尝诵《诗》，至于鸿雁于野之劳，哀勤百堵之事，每喟尔长怀，中篇而叹。近听征夫饥劳之声，甚于斯歌。是以追悟匹妇吟鲁之忧，始于此乎？见白驹之意，屏营傍偟，不能监寐。伏念当今地广而不得耕，民众而无所食。群小竞进，秉国之位，鹰扬天下，乌钞求饱，吞肌及骨，并噬无厌。诚恐卒有役夫穷匠，起于板筑之间，投斤攘臂，登高远呼，使愁怨之民，向应云合，八方分崩，中夏鱼溃。虽方尺之钱，何能有救！其危犹举函牛之鼎，絓纤枯之末，诗人所以眷然顾之，潸焉出涕者也。

臣东野狂暗，不达大义，缘广及之时，对过所问，知必以身脂鼎镬，为天下笑。①

（四）荀悦的货币思想

董卓专权之后，军阀割据，百姓流离失所，董卓为了缓解财政危机，铸造“小钱”，废除五铢钱，虽然面值相同，但是币身轻薄，质量低劣，反而引起了通货膨胀，百姓弃而不用。“悉椎破铜人、钟虡，及坏五铢钱。更铸为小钱，大五分，无文章，肉好无轮郭，不磨鑢。于是货轻而物贵，谷一

① （南朝宋）范晔：《后汉书》卷五七，第1845—1848页。

斛至数十万。自是后钱货不行。”[1] 荀悦反对铸造“小钱”，承认货币的流通职能，建议恢复五铢钱，这一观点无疑是正确的。但他错误地强调货币数量对于物价的决定作用，在恢复五铢钱的基础上，反对贮存货币，力主减少货币数量，提高币值，降低物价，利于民生。“或问货。曰。五铢之制宜矣。曰。今废如之何。曰。海内既平。行之而已。曰。钱散矣。京畿虚矣。其势必积于远方。若果行之。则彼以无用之钱。市吾有用之物。是匮近而丰远也。曰。事势有不得。官之所急者谷也。牛马之禁。不得出百里之外。若其他物。彼以其钱取之。于左用之于右。贸迁有无。周而通之。海内一家。何患焉。曰。钱寡矣。曰。钱寡民易矣。若钱既通。而不周于用。然后官铸而补之。或曰。收民之藏钱者。输之官牧。远输之京师。然后行之。曰。事枉而难实者。欺慢必众。奸伪必作。争讼必繁。刑杀必深。吁嗟。纷扰之声。章乎天下矣。非所以抚遗民。成缉熙也。曰。然则收而积之与。曰。通市其可也。或曰。改铸四铢。曰。难矣。或曰。遂废之。曰。钱实便于事用。民乐行之。禁之难。今开难令以绝便事。禁民所乐。不茂矣。曰。起而行之。钱不可如之何。曰。尚之废之。弗得已。何忧焉。”[2] 在荀悦等“诸子”的努力下，曹操最终恢复了五铢钱制。

第三节　两汉“诸子”的本末思想

一、西汉“诸子”的本末思想

先秦齐鲁“诸子”的本末思想是在春秋战国时期礼崩乐坏的情况下形成的，此时封建制度尚未完全确立，依然存有大量奴隶制经济的残余，故其本末思想尚不完备且处于理论探索的层面上。秦汉统一之后，封建制度完全确立，两汉“诸子”从汉王朝的长远利益出发，形成了契合于“大一统”格局的更为系统丰富的本末思想。

---

① （晋）陈寿：《三国志·魏志·董卓传》，第 177 页。

② （东汉）荀悦：《申鉴》，第 15—16 页。

（一）陆贾的本末思想

陆贾在《新语》中提出了重本轻末的思想：“后世淫邪，增之以郑、卫之音，民弃本趋末，技巧横出，用意各殊，则加雕文刻镂，傅致胶漆丹青、玄黄琦玮之色，以穷耳目之好，极工匠之巧。”[①] 他抨击了民间的背本趋末之风，人们为了获得工商之利，纷纷放弃农业生产，去采集与生产大量的奢侈品，动摇了小农经济。“夫怀璧玉，要环佩，服名宝，藏珍怪，玉斗酌酒，金罍刻镂，所以夸小人之目者也；高台百仞，金城文画，所以疲百姓之力者也。故圣人卑宫室而高道德，恶衣服而勤仁义，不损其行，以好其容，不亏其德，以饰其身，国不兴不事之功，家不藏不用之器，所以稀力役而省贡献也。璧玉珠玑，不御于上，则玩好之物弃于下；雕琢刻画之类，不纳于君，则淫伎曲巧绝于下。夫释农桑之事，入山海，采珠玑，捕豹翠，消筋力，散布泉，以极耳目之好，快淫侈之心，岂不谬哉？”[②]

但他认识到了工商业“通”的功能，并不否定关乎国计民生的“有用”之器的生产与流通。正是有了工商业，僻处深山之中的名木“楩楠豫章”才能够被运送到长安，成为皇帝公卿大臣手中的器具，就算是长安附近枯萎的杨树，经过手工业者的制作与商人的贩运，最终成为精美的礼器与生活用品。“质美者以通为贵，才良者以显为能。何以言之？夫楩楠豫章，天下之名木也，生于深山之中，产于溪谷之傍，立则为大山众木之宗，仆则为万世之用，浮于山水之流，出于冥冥之野，因江、河之道，而达于京师之下，因斧斤之功，得舒其文色，精悍直理，密致博通，虫蝎不能穿，水湿不能伤，在高柔软，入地坚强，无膏泽而光润生，不刻画而文章成，上为帝王之御物，下则赐公卿，庶贱而得以备器械；闭绝以关梁……仆于嵬崔之山，顿于窅冥之溪，树蒙茏蔓延而无间，石崔嵬崭岩而不开，广者无舟车之通，狭者无步担之蹊，商贾所不至，工匠所不窥，知者所不见，见者所不知，功弃而德亡，腐朽而枯伤，转于百仞之壑，惕然而独僵，当斯之时，不如道傍之枯杨。……然生于大都之广地，近于大匠之名工，材器制断，规矩度量，坚者

① 王利器：《新语校注》，第 21 页。

② 王利器：《新语校注》，第 148—149 页。

补朽，短者续长，大者治樽，小者治觞，饰以丹漆，斁以明光，上备大牢，春秋礼庠，褒以文采，立礼矜庄，冠带正容，对酒行觞，卿士列位，布陈宫堂，望之者目眩，近之者鼻芳。故事闭之则绝，次之则通，抑之则沈，兴之则扬，处地楩梓，贱于枯杨，德美非不相绝也，才力非不相悬也，彼则槁枯而远弃，此则为宗庙之瑚琏者，通与不通也。”①

（二）贾谊的本末思想

“汉兴，以为秦钱重难用，更令民铸荚钱。黄金一斤。而不轨逐利之民畜积余赢以稽市物，痛腾跃，米至石万钱，马至匹百金。”② 汉朝初兴，大量的工商业主乘机囤积居奇，操纵物价，积累了大量的财富，致使社会上形成背本趋末之风，侵蚀着刚刚建立的汉王朝的机体。刘邦忙于解决异姓诸侯王的问题，无暇顾及打击大工商业主。文帝即位后，以黄老治国，对大工商业主多加优容。“所以进一步巩固封建地主阶级政权，只单纯从政治上解决问题还很不够，还必须在经济领础内采取有力措施。”③ 贾谊以敏锐的政治眼光提出了重本抑末思想，深刻揭示了农业对于国计民生的重要意义，是汉王朝的命脉所在，是一切政治、军事、外交活动的基础。“禹有十年之蓄，故免九年之水；汤有十年之积，故胜七岁之旱。夫蓄积者，天下之大命也。苟粟多而财有余，何向而不济？以攻则取，以守则固，以战则胜，怀柔附远，何招而不至？管子曰：‘仓廪实，知礼节；衣食足，知荣辱。’民非足也，而可治之者，自古及今，未之尝闻。古人曰：‘一夫不耕，或为之饥；一妇不织，或为之寒。’生之有时而用之无度，则物力必屈。古之为天下者至悉也，故其蓄积足恃。……世之有饥荒，天下之常也，禹汤被之矣。即不幸有方二三千里之旱，国何以相恤？卒然边境有急，数十百万之众聚，国何以馈之矣？兵旱相乘，天下大屈，勇力者聚徒而横击，罢夫羸老易子孙而咬其骨。故法未必通也，远方之疑者并举而争起矣。为人上者乃试而图之，岂将有及乎？可以为富安天下，而直以为此廪廪也，窃为陛下惜之。”④

① 王利器：《新语校注》，第 101—102 页。

② （东汉）班固：《汉书》卷二四下，第 1152—1153 页。

③ 郭鸥一：《贾谊和〈论积贮疏〉》，《山西财经学院学报》1980 年第 3 期。

④ （西汉）贾谊撰，阎振益、钟夏校注：《新书校注》，第 163—164 页。

“他继承了我国古代经济思想家重视积贮的传统，将积贮的重要性提到关系国家安危的高度。”① 儒家主张藏富于民，法家主张藏富于国，贾谊兼容儒法，强调无论是国家还是民众均要有足够的粮食储备。他指出了国家与民众家庭的粮食储备线问题，国家必须要有十年的粮食储备，方能国泰民安，最低也不能低于三年的粮食储备，民众要有三年的粮食储备，最低不能低于一年的粮食储备。“国无九年之蓄，谓之不足；无六年之蓄，谓之急；无三年之蓄，国非其国也。民三年耕，必余一年之食；九年而余三年之食；三十岁相通，而有十年之积。虽有凶旱水溢，民无饥馑。然后天子备味而食，日举以乐。诸侯食珍不失，钟鼓之县可使乐也。乐也者，上下同之。故礼，国有饥人，人主不飧；国有冻人，人主不裘；报囚之日，人主不举乐。岁凶谷不登，台扉不涂，榭彻干侯，马不食谷，驰道不除，食减膳，飨祭有阙。故礼者，自行之义，养民之道也。受计之礼，主所亲拜者二：闻生民之数则拜之，闻登谷则拜之。《诗》曰：‘君子乐胥，受天之祜。’胥者，相也。祜，大福也。夫忧民之忧者，民必忧其忧；乐民之乐者，民亦乐其乐。与士民若此者，受天之福矣。”②

文帝时期，黄老无为思想盛行，政府最大限度地减少对经济活动的干预，工商业几乎不受限制地发展起来了，大量的百姓脱离农业生产，从事于“雕镂纤巧”等奢侈品的生产，严重破坏了小农经济，致使农业产量下降，百姓必然困于饥寒。“夫雕文刻镂周用之物繁多，纤微苦窳之器日变而起，民弃完坚而务雕镂纤巧以相竞高。作之宜一日，今十日不轻能成。用一岁，今半岁而弊。作之费日挟功，用之易弊。不耕而多食农人之食，是天下之所以困贫而不足也。故以末予民，民大贫；以本予民，民大富。黼黻文绣纂组害女工。且夫百人作之，不能衣一人，方且万里不轻能具天下之力，势安得不寒？世之俗侈相耀，人慕其所不如，悚迫于俗，愿其所未至，以相竞高，而上非有制度也。……夫奇巧末技、商贩游食之民，形佚乐而心县愆，志苟得而行淫侈，则用不足而蓄积少矣；即遇凶旱，必先困穷迫身，则苦饥甚

① 徐志祥：《贾谊经济思想初探》，《齐鲁学刊》1992 年第 3 期。

② （西汉）贾谊撰，阎振益、钟夏校注：《新书校注》，第 215—216 页。

焉。”① 在这里，贾谊已经认识到了消费与生产必须要维持一定的平衡关系。

贾谊揭示了工商业的发展助长了奢侈僭越之风的盛行，“民卖产子，得为之绣衣、编经履、偏诸缘，入之闲中，是古者天子后之服也，后之所以庙而不以燕也，而众庶得以衣孽妾。白縠之表，薄纨之里，缉以偏诸，美者黼绣，是古者天子之服也，今贵富人大贾者丧资，若兄弟召客者得以被墙。古者以天下奉一帝一后而节适，今贵人大贾屋壁得为帝服，贾妇优倡下贱产子得为后饰，然而天下不屈者，殆未有也。且主帝之身，自衣皂绨，而靡贾侈贵，墙得被绣；帝以衣其贱，后以缘其领，孽妾以缘其履，此臣之所谓踳也。”② “贾谊反对奢侈和当时社会密切相关。文帝时社会经济虽有恢复，但人民生活依然普遍贫困。”③

奢侈僭越之风的盛行严重破坏了等级礼制，“今唯刑余鬻妾下贱，衣服得过诸侯、拟天子，是使天下公得冒主而夫人务侈也。冒主务侈，则天下寒而衣服不足矣。故以文绣衣民而民愈寒；以褫民，民必暖而有余布帛之饶矣。”④ “世淫侈矣，饰知巧以相诈利者为知士，敢犯法禁昧大奸者为识理。故邪人务而日形，奸诈繁而不可止，罪人积下众多而无时已。君臣相冒，上下无辨，此生于无制度也。”⑤

背本趋末导致国家粮食储备薄弱，最终会危及汉王朝的统治。“今背本而以末，食者甚众，是天下之大残；从生之害者甚盛，是天下之大贼也；汰流、淫佚、侈靡之俗日以长，是天下之大祟也。残贼公行，莫之或止；大命泛败，莫之振救；何计者也，事情安所取？生之者甚少而靡之者甚众，天下之势，何以不危？汉之为汉几四十岁矣，公私之积犹可哀痛也。故失时不雨，民且狼顾矣；岁恶不入，请卖爵鬻子，既或闻耳矣，安有为天下阽危若此而上不惊者！”⑥

---

① （西汉）贾谊撰，阎振益、钟夏校注：《新书校注》，第 103 页。

② （西汉）贾谊撰，阎振益、钟夏校注：《新书校注》，第 107 页。

③ 彭卫：《试论贾谊思想的历史渊源》，《西北大学学报》（哲学社会科学版）1981 年第 3 期。

④ （西汉）贾谊撰，阎振益、钟夏校注：《新书校注》，第 103 页。

⑤ （西汉）贾谊撰，阎振益、钟夏校注：《新书校注》，第 103—104 页。

⑥ （西汉）贾谊撰，阎振益、钟夏校注：《新书校注》，第 163 页。

贾谊疾呼驱民归于农，“今驱民而归之农，皆著于本，则天下各食于力。末技、游食之民转而缘南亩，则民安性劝业而无县愆之心，无苟得之志，行恭俭蓄积而人乐其所矣，故曰‘苦民而民益乐’也。”①

当然在贾谊看来，使民众背末趋本不是空洞的，他提出了具体的措施，设立严密的等级礼制，车舆、衣服、器械各有节度，限制工商业的市场需求，辅之以严格的法治。“今去淫侈之俗，行节俭之术，使车舆有度，衣服器械各有制数。制数已定，故君臣绝尤，而上下分明矣。擅遏则让，上僭者诛，故淫侈不得生，知巧诈谋无为起，奸邪盗贼自为止，则民离罪远矣。知巧诈谋不起，所谓愚。故曰‘使民愚而民愈不罗县网。”②

但贾谊并未彻底否认工商业，贾谊提出的“五饵”策略的重要内容就是以汉朝发达的工商业招诱瓦解匈奴，以锦绣、银车、乐器、美酒等产品，以及边境的互市贸易来吸引匈奴。“凡赏于国者……匈奴之来者，家长已上固必衣绣，家少者必衣文锦，将为银车五乘，大雕画之，驾四马，载绿盖，从数骑，御骖乘……上使乐府幸假之倡乐，吹箫鼓鞀，倒挈面者更进，舞者蹈者时作……胡贵人既得奉酒，出则服衣佩绶，贵人而立于前，令数人得此而居耳。……此谓五饵。”③“大每一关，屠沽者、卖饭食者、美臛炙膹者，每物各一二百人，则胡人著于长城下矣。是王将强北之，必攻其王矣。”④

（三）董仲舒的本末思想

“从封建国家的整体利益和长远利益出发，他主张对社会经济活动进行‘利导之’、‘教诲之’乃至‘整齐之’，以把握社会财富在国家、各阶级阶层之间的适度分布。”⑤为了稳固汉王朝的统治，缓解由于土地兼并等原因带来的贫富分化，董仲舒提出了“调均”的经济改良方针。“孔子曰：‘不患贫而患不均。’故有所积重，则有所空虚矣。大富则骄，大贫则忧。忧则为盗，骄则为暴，此众人之情也。圣者则于众人之情，见乱之所从生。故其制人道

① （西汉）贾谊撰，阎振益、钟夏校注：《新书校注》，第103页。
② （西汉）贾谊撰，阎振益、钟夏校注：《新书校注》，第104页。
③ （西汉）贾谊撰，阎振益、钟夏校注：《新书校注》，第135—137页。
④ （西汉）贾谊撰，阎振益、钟夏校注：《新书校注》，第138页。
⑤ 冷鹏飞：《董仲舒经济思想研究》，《求索》1991年第2期。

而差上下也，使富者足以示贵而不至于骄，贫者足以养生而不至于忧。以此为度而调均之，是以财不匮而上下相安，故易治也。今世弃其度制，而各从其欲。欲无所穷，而俗得自恣，其势无极。大人病不足于上，而小民羸瘠于下，则富者愈贪利而不肯为义，贫者日犯禁而不可得止，是世之所以难治也。”① 其本末观便是其“调均”思想的体现。

董仲舒针对社会上出现的土地兼并问题，又以深远的政治眼光提出了“限民名田”的主张，解放奴婢，增加农业生产的劳动力，减省赋税徭役，确保农业生产时间。“又言：‘古者税民不过什一，其求易共；使民不过三日，其力易足。民财内足以养老尽孝，外足以事上共税，下足以畜妻子极爱，故民说从上。至秦则不然，用商鞅之法，改帝王之制，除井田，民得卖买，富者田连仟伯，贫者亡立锥之地。又专川泽之利，管山林之饶，荒淫越制，逾侈以相高；邑有人君之尊，里有公侯之富，小民安得不困？又加月为更卒，已复为正，一岁屯戍，一岁力役，三十倍于古；田租口赋，盐铁之利，二十倍于古。或耕豪民之田，见税什五。故贫民常衣牛马之衣，而食犬彘之食。重以贪暴之吏，刑戮妄加，民愁亡聊，亡逃山林，转为盗贼，赭衣半道，断狱岁以千万数。汉兴，循而未改。古井田法虽难卒行，宜少近古，限民名田，以澹不足，塞并兼之路。盐铁皆归于民。去奴婢，除专杀之威。薄赋敛，省徭役，以宽民力。然后可善治也。’”②

董仲舒还提出了“限民名田”的具体措施，即井田制。“以井田准数之。方里而一井，一井而九百亩而立口。方里八家，一家百亩，以食五口。上农夫耕百亩，食九口，次八人，次七人，次六人，次五人。多寡相补，率百亩而三口，方里而二十四口。”③ 董仲舒企图通过恢复井田制来限制土地兼并的主张显然是不切实际的空想，却有着深远的影响。

董仲舒在《春秋繁露》中不断强调统治者要顺应时节，保证农时，保证百姓的蓄积，稳固小农经济。“五帝三王之治天下，不敢有君民之心。什一而税。教以爱，使以忠，敬长老，亲亲而尊尊，不夺民时，使民不过岁

① 苏舆：《春秋繁露义证》，第227—229页。

② （东汉）班固：《汉书》卷二四上，第1137页。

③ 苏舆：《春秋繁露义证》，第239—240页。

三日。民家给人足，无怨望忿怒之患，强弱之难，无谗贼妒疾之人。”① 并以“五德终始说”加以论证，汉王朝为火德，木生火，木对应农，故汉王朝必重农，“东方者木，农之本。司农尚仁，进经术之士，道之以帝王之路，将顺其美，匡救其恶。执规而生，至温润下，知地形肥硗美恶，立事生则，因地之宜，召公是也。亲入南亩之中，观民垦草发淄，耕种五谷，积蓄有余，家给人足，仓库充实。司马实谷。司马，本朝也。本朝者火也，故曰木生火。”②

董仲舒力主新农作物的推广，借《春秋》重麦之义上书在关中地区推广产量较大且耐旱的麦。“董仲舒说上曰：‘《春秋》它谷不书，至于麦禾不成则书之，以此见圣人于五谷最重麦与禾也。今关中俗不好种麦，是岁失《春秋》之所重，而损生民之具也。愿陛下幸诏大司农，使关中民益种宿麦，令毋后时。’”③ 汉武帝采纳了董仲舒的建议，在关中地区加以推广，效果显著，一定程度上缓解了关中地区的人粮矛盾。

董仲舒并不否定工商业，他反对的是官营工商业，认为这会成为权贵官僚谋取私利的重要途径，力主取消盐铁官营，“盐铁皆归于民”，严禁与民争利，将盐铁经营权放归民间。

> 夫天亦有所分予，予之齿者去其角，傅其翼者两其足，是所受大者不得取小也。古之所予禄者，不食于力，不动于末，是亦受大者不得取小，与天同意者也。夫已受大，又取小，天不能足，而况人乎！此民之所以嚣嚣苦不足也。身宠而载高位，家温而食厚禄，因乘富贵之资力，以与民争利于下，民安能如之哉！是故众其奴婢，多其牛羊，广其田宅，博其产业，畜其积委，务此而亡已，以迫蹴民，民日削月朘，浸以大穷。富者奢侈羡溢，贫者穷急愁苦；穷急愁苦而上不救，则民不乐生；民不乐生，尚不避死，安能避罪！此刑罚之所以蕃而奸邪不可胜者也。故受禄之家，食禄而已，不与民争业，然后利可均布，而

① 苏舆：《春秋繁露义证》，第101—102页。

② 苏舆：《春秋繁露义证》，第362—363页。

③ （东汉）班固：《汉书》卷二四上，第1137页。

民可家足。此上天之理，而亦太古之道，天子之所宜法以为制，大夫之所当循以为行也。故公仪子相鲁，之其家见织帛，怒而出其妻，食于舍而茹葵，愠而拔其葵，曰：“吾已食禄，又夺园夫红女利乎!”古之贤人君子在列位者皆如是，是故下高其行而从其教，民化其廉而不贪鄙。及至周室之衰，其卿大夫缓于义而急于利，亡推让之风而有争田之讼。故诗人疾而刺之，曰：“节彼南山，惟石岩岩，赫赫师尹，民具尔瞻。”尔好义，则民乡仁而俗善；尔好利，则民好邪而俗败。由是观之，天子大夫者，下民之所视效，远方之所四面而内望也。近者视而放之，远者望而效之，岂可以居贤人之位而为庶人行哉！……其患祸必至也。若居君子之位，当君子之行，则舍公仪休之相鲁，亡可为者矣。[①]

（四）司马迁的本末思想

司马迁在《史记》的《平准书》《货殖列传》中突破了儒家“重农抑商”的传统，阐述了自己的重本而不轻末的经济思想。“《货殖列传》是冶宏观的富国之学与微观的治生之学于一炉的学术体系。”[②]针对汉武帝不断在经济领域加强中央集权，司马迁提出了“善因论”，农工商三业具有自己独特的发展规律，统治者需要顺应这种规律，“各劝其业，乐其事，若水之趋下，日夜无休时，不召而自来，不求而民出之。岂非道之所符，而自然之验邪?”[③]“故善者因之，其次利道之，其次教诲之，其次整齐之，最下者与之争。”[④]裴倜认为“司马迁的‘善因论’具有浓厚的放任主义色彩，是一种带有封建色彩的自由经济理论。”[⑤]“善因论”并不是完全放任三业的发展，而是辅之以有限的国家调控。

---

① （东汉）班固：《汉书》卷五六，第2520—2521页。

② 汤其领、武俊燕：《司马迁经济思想探析》，《苏州大学学报》（哲学社会科学版）1999年第1期。

③ （西汉）司马迁：《史记》卷一二九，第3254页。

④ （西汉）司马迁：《史记》卷一二九，第3253页。

⑤ 裴倜：《略论司马迁的经济管理思想》，《四川大学学报》（哲学社会科学版）1990年第2期。

从宏观的国民经济体系构成上来看，他指出社会经济的发展离不开农工商三业：“夫山西饶材、竹、谷、纑、旄、玉石；山东多鱼、盐、漆、丝、声色；江南出楠、梓、姜、桂、金、锡、连、丹沙、犀、玳瑁、珠玑、齿革；龙门、碣石北多马、牛、羊、旃裘、筋角；铜、铁则千里往往山出棋置：此其大较也。皆中国人民所喜好，谣俗被服饮食奉生送死之具也。故待农而食之，虞而出之，工而成之，商而通之。此宁有政教发征期会哉？人各任其能，竭其力，以得所欲。故物贱之征贵，贵之征贱，各劝其业，乐其事，若水之趋下，日夜无休时，不召而自来，不求而民出之。岂非道之所符，而自然之验邪？”① 三业协调配合，共同发展，这是“道”的重要体现。

农工商三业协调配合相互流动方能带动社会经济的发展，只有大力发展农业与工商业，才能国富民强。

《周书》曰：“农不出则乏其食，工不出则乏其事，商不出则三宝绝，虞不出则财匮少。”财匮少而山泽不辟矣。此四者，民所衣食之原也。原大则饶，原小则鲜。上则富国，下则富家。贫富之道，莫之夺予，而巧者有余，拙者不足。故太公望封于营丘，地潟卤，人民寡，于是太公劝其女功，极技巧，通鱼盐，则人物归之，繦至而辐凑。故齐冠带衣履天下，海岱之间敛袂而往朝焉。其后齐中衰，管子修之，设轻重九府，则桓公以霸，九合诸侯，一匡天下。而管氏亦有三归，位在陪臣，富于列国之君。是以齐富强至于威、宣也。

故曰：“仓廪实而知礼节，衣食足而知荣辱。”礼生于有而废于无。故君子富，好行其德；小人富，以适其力。渊深而鱼生之，山深而兽往之，人富而仁义附焉。富者得势益彰，失势则客无所之，以而不乐，夷狄益甚。谚曰：“千金之子，不死于市。”此非空言也。故曰：“天下熙熙，皆为利来；天下攘攘，皆为利往。”夫千乘之王，万家之侯，百室之君，尚犹患贫，而况匹夫编户之民乎！②

① （西汉）司马迁：《史记》卷一二九，第3253—3254页。

② （西汉）司马迁：《史记》卷一二九，第3255—3256页。

司马迁还关注到了农工商三业产业结构以及利益分配的问题，“夫粜，二十病农，九十病末。末病则财不出，农病则草不辟矣。上不过八十，下不减三十，则农末俱利，平粜齐物，关市不乏，治国之道也。”①

从微观的国民求利活动上来看，司马迁将求富行为分为三类，“本富”即从事与农业相关的生产活动，“末富”指工商业经营活动，“奸富”指从事劫掠商旅、铸币掘冢、舞文弄法等违法活动，强调“本富”为先，“末富”为次，极力抨击“奸富”。

> 谚曰：“百里不贩樵，千里不贩籴。”居之一岁，种之以谷；十岁，树之以木；百岁，来之以德。德者，人物之谓也。今有无秩禄之奉，爵邑之入，而乐与之比者，命曰“素封”。封者食租税，岁率户二百。千户之君则二十万，朝觐聘享出其中。庶民农工商贾，率亦岁万息二千，百万之家则二十万，而更徭租赋出其中。衣食之欲，恣所好美矣。故曰陆地牧马二百蹄，牛蹄角千，千足羊，泽中千足彘，水居千石鱼陂，山居千章之材。安邑千树枣；燕、秦千树栗；蜀、汉、江陵千树橘；淮北、常山已南，河济之间千树萩；陈、夏千亩漆；齐、鲁千亩桑麻；渭川千亩竹；及名国万家之城，带郭千亩亩钟之田，若千亩卮茜，千畦姜韭：此其人皆与千户侯等。然是富给之资也，不窥市井，不行异邑，坐而待收，身有处士之义而取给焉。若至家贫亲老，妻子软弱，岁时无以祭祀进醵，饮食被服不足以自通，如此不惭耻，则无所比矣。是以无财作力，少有斗智，既饶争时，此其大经也。今治生不待危身取给，则贤人勉焉。是故本富为上，末富次之，奸富最下。无岩处奇士之行，而长贫贱，好语仁义，亦足羞也。②

“本富”“末富”“奸富”均可富甲一方，成就“素封”之业，他们富至千金，虽无尺土之封，皆与王侯同乐。“夫纤啬筋力，治生之正道也，而富

① （西汉）司马迁：《史记》卷一二九，第3256页。

② （西汉）司马迁：《史记》卷一二九，第3271—3272页。

者必用奇胜。田农，掘业，而秦扬以盖一州。掘冢，奸事也，而田叔以起。博戏，恶业也，而桓发用之富。行贾，丈夫贱行也，而雍乐成以饶。贩脂，辱处也，而雍伯千金。卖浆，小业也，而张氏千万。洒削，薄技也，而郅氏鼎食。胃脯，简微耳，浊氏连骑。马医，浅方，张里击钟。此皆诚壹之所致。由是观之，富无经业，则货无常主，能者辐凑，不肖者瓦解。千金之家比一都之君，巨万者乃与王者同乐。岂所谓‘素’者邪？非也？”①

“司马迁所说的上、次、下是总结治生之术，这和统治者推行的重本抑末政策毫不相干。”② 司马迁主张“富无经业”，从事农工商业均可以致富，农工商虞四业都是正常的致富途径，对于编户齐民而言，从事工商业甚至是最佳的致富手段。“凡编户之民，富相什则卑下之，伯则畏惮之，千则役，万则仆，物之理也。夫用贫求富，农不如工，工不如商，刺绣文不如倚市门，此言末业，贫者之资也。通邑大都，酤一岁千酿，醯酱千瓨，酱千甔，屠牛羊彘千皮，贩谷粜千钟，薪稿千车，船长千丈，木千章，竹竿万个，其轺车百乘，牛车千两，木器髹者千枚，铜器千钧，素木铁器若卮茜千石，马蹄躈千，牛千足，羊彘千双，僮手指千，筋角丹沙千斤，其帛絮细布千钧，文采千匹，榻布皮革千石，漆千斗，糵曲盐豉千荅，鲐鮆千斤，鲰千石，鲍千钧，枣栗千石者三之，狐鼦裘千皮，羔羊裘千石，旃席千具，佗果菜千钟，子贷金钱千贯，节驵会，贪贾三之，廉贾五之，此亦比千乘之家，其大率也。佗杂业不中什二，则非吾财也。”③

司马迁还分析了范蠡、白圭的工商业经营策略，即出奇制胜，与时俯仰，蓄势待发，获得大利。“范蠡既雪会稽之耻，乃喟然而叹曰：‘计然之策七，越用其五而得意。既已施于国，吾欲用之家。’乃乘扁舟浮于江湖，变名易姓，适齐为鸱夷子皮，之陶为朱公。朱公以为陶天下之中，诸侯四通，货物所交易也。乃治产积居，与时逐而不责于人。故善治生者，能择人而任时。十九年之中三致千金，再分散与贫交疏昆弟。此所谓富好行其德者也。后年衰老而听子孙，子孙修业而息之，遂至巨万。故言富者皆称陶朱

---

① （西汉）司马迁：《史记》卷一二九，第3282—3283页。

② 张大可：《司马迁的经济思想述论》，《学术月刊》1983年第10期。

③ （西汉）司马迁：《史记》卷一二九，第3274页。

公。”“白圭，周人也。当魏文侯时，李克务尽地力，而白圭乐观时变，故人弃我取，人取我与。夫岁孰取谷，予之丝漆；茧出取帛絮，予之食。太阴在卯，穰；明岁衰恶。至午，旱；明岁美。至酉，穰；明岁衰恶。至子，大旱；明岁美，有水。至卯，积著率岁倍。欲长钱，取下谷；长石斗，取上种。能薄饮食，忍嗜欲，节衣服，与用事僮仆同苦乐，趋时若猛兽挚鸟之发。故曰：‘吾治生产，犹伊尹、吕尚之谋，孙吴用兵，商鞅行法是也。是故其智不足与权变，勇不足以决断，仁不能以取予，强不能有所守，虽欲学吾术，终不告之矣。’盖天下言治生祖白圭。白圭其有所试矣，能试有所长，非苟而已也。”①

在司马迁所处的时代，封建土地所有制全面确立，“重农抑商”思想成为官方经济思想。他勇于创新，突破“重本抑末”的框架，力主重本而不抑末，创新性地提出了农、工、商共同发展的主张，在中国古代经济思想史上具有重要的地位。

（五）贤良文学的本末思想

贤良文学强调重本抑末的经济思想。贤良文学认为国富民强的基础是农业，农业生产是治民之本，国家必须要有三年的粮食储备，方能应付水旱凶年。“古者，十一而税，泽梁以时入而无禁，黎民咸被南亩而不失其务。故三年耕而余一年之蓄，九年耕有三年之蓄。此禹、汤所以备水旱而安百姓也。草莱不辟，田畴不治，虽擅山海之财，通百末之利，犹不能赡也。是以古者尚力务本而种树繁，躬耕趣时而衣食足，虽累凶年而人不病也。故衣食者民之本，稼穑者民之务也。二者修，则国富而民安也。《诗》云：‘百室盈止，妇子宁止’也。”②

贤良文学认为力农为富民之本。“礼义者，国之基也，而权利者，政之残也。孔子曰：‘能以礼让为国乎？何有。’伊尹、太公以百里兴其君，管仲专于桓公，以千乘之齐，而不能至于王，其所务非也。故功名隳坏而道不济。当此之时，诸侯莫能以德，而争于公利，故以权相倾。今天下合为一

① （西汉）司马迁：《史记》卷一二九，第3258—3259页。

② 王利器：《盐铁论校注》，第27—28页。

家，利末恶欲行？淫巧恶欲施？大夫君以心计策国用，构诸侯，参以酒榷，咸阳、孔仅增以盐、铁，江充、杨可之等，各以锋锐，言利末之事析秋毫，可为无间矣。非特管仲设九府，徼山海也。然而国家衰耗，城郭空虚。故非特崇仁义无以化民，非力本农无以富邦也。”①

“文学在形式的原则上虽不反对专制主义的统一，但他们主张有本以‘统’之，礼义以‘一’之，即从思想上从事于专制的统一，而反对从国家财产的所有上统一。”② 贤良文学“重本”的同时，强调“抑末”，其主要抑制的“末”在于官营工商业，他们认为世人多背本趋末的根源在于官营工商业，此举是示民以利。“夫导民以德，则民归厚；示民以利，则民俗薄。俗薄则背义而趋利，趋利则百姓交于道而接于市。老子曰：‘贫国若有余，非多财也，嗜欲众而民躁也。’是以王者崇本退末，以礼义防民欲，实菽粟货财。”③ “窃闻治人之道，防淫佚之原，广道德之端，抑末利而开仁义，毋示以利，然后教化可兴，而风俗可移也。今郡国有盐、铁、酒榷，均输，与民争利。散敦厚之朴，成贪鄙之化。是以百姓就本者寡，趋末者众。夫文繁则质衰，末盛则质亏。末修则民淫，本修则民悫。民悫则财用足，民侈则饥寒生。愿罢盐、铁、酒榷、均输，所以进本退末，广利农业，便也。”④

贤良文学继而分析了官营工商业的弊端，他们指出了均输平准的问题，在推行均输之前，农民以当地特产贡于朝廷，而均输官不切实际地将其他产品定为贡品，农民只能先卖掉手中的产品获得一些货币，再去购买作为贡品的产品，商贾乘机牟利，或者官府以低价强行收购百姓的产品，百姓深受其苦，这违背了均输平准政策的初衷。“古者之赋税于民也，因其所工，不求所拙。农人纳其获，女工效其功。今释其所有，责其所无。百姓贱卖货物，以便上求。间者，郡国或令民作布絮，吏恣留难，与之为市。吏之所入，非独齐、阿之缣，蜀、汉之布也，亦民间之所为耳。行奸卖平，农民重苦，女工再税，未见输之均也。县官猥发，阖门擅市，则万物并收。万物并收，则

① 王利器：《盐铁论校注》，第178—179页。

② 侯外庐等：《中国思想通史》（第二卷），人民出版社1957年版，第177页。

③ 王利器：《盐铁论校注》，第3页。

④ 王利器：《盐铁论校注》，第1页。

物腾跃。腾跃，则商贾牟利。自市，则吏容奸。豪吏富商积货储物以待其急，轻贾奸吏收贱以取贵，未见准之平也。盖古之均输，所以齐劳逸而便贡输，非以为利而贾万物也。”①

贤良文学揭示了盐铁官营政策的诸多弊端，官营盐铁成本高，利润低，生产者多是刑徒与服徭役的农民，他们缺乏生产积极性，多消极怠工，在生产中缺乏有效的监管。主管官吏缺乏生产经营自主权，必须按照国家的规定进行生产与经营，不能参照市场需求，制作的铁器既大又钝，且价格偏高，降低了生产效率，又采取定点销售模式，百姓需长途购买，耽误农时。与之相对比，贤良文学还分析了私营盐铁的优越性，由于市场竞争以及利润刺激之下，盐铁商贾必然根据市场的需求进行生产，制定低廉的价格，“盐与五谷同价”，且产品的质量较高，产品销售方式灵活，在农忙时可主动送货上门，甚至可以赊欠，不误农时。“卒徒工匠！故民得占租鼓铸、煮盐之时，盐与五谷同贾，器和利而中用。今县官作铁器，多苦恶，用费不省，卒徒烦而力作不尽。家人相一，父子戮力，各务为善器，器不善者不集。农事急，挽运衍之阡陌之间。民相与市买，得以财货五谷新币易货；或时贳民，不弃作业。置田器，各得所欲。更徭省约，县官以徒复作，缮治道桥，诸发民便之。今总其原，壹其贾……善恶无所择。吏数不在，器难得。家人不能多储，多储则镇生。弃膏腴之日，远市田器，则后良时。盐、铁贾贵，百姓不便。贫民或木耕手耨，土耰淡食。铁官卖器不售或颇赋与民。卒徒作不中呈，时命助之。发征无限，更徭以均剧，故百姓疾苦之。古者，千室之邑，百乘之家，陶冶工商，四民之求，足以相更。故农民不离畦亩，而足乎田器，工人不斩伐而足乎材木，陶冶不耕田而足乎粟米，百姓各得其便，而上无事焉。是以王者务本不作末，去炫耀，除雕琢，湛民以礼，示民以朴，是以百姓务本而不营于末。”②“农，天下之大业也，铁器，民之大用也。器用便利，则用力少而得作多，农夫乐事劝功。用不具，则田畴荒，谷不殖，用力鲜，功自半。器便与不便，其功相什而倍也。县官鼓铸铁器，大抵多为大

① 王利器：《盐铁论校注》，第4—5页。

② 王利器：《盐铁论校注》，第430页。

器，务应员程，不给民用。民用钝弊，割草不痛，是以农夫作剧，得获者少，百姓苦之矣。”①

“贤良文学认为，国民经济正确的发展模式和政策应该是放任无为，自由经营。”② 贤良文学并不是主张放任无为的自由主义，强调各业的一种平衡，并不完全否定工商业，但工商业的发展需控制在一定的限度之内，大量的男女从事于奢侈品的生产与经营，工商业的畸形发展必然打破了这种平衡。“孟子云：‘不违农时，谷不可胜食。蚕麻以时，布帛不可胜衣也。斧斤以时，材木不可胜用。田渔以时，鱼肉不可胜食。’若则饰宫室，增台榭，梓匠斫巨为小，以圆为方，上成云气，下成山林，则材木不足用也。男子去本为末，雕文刻镂，以象禽兽，穷物究变，则谷不足食也。妇女饰微治细，以成文章，极伎尽巧，则丝布不足衣也。庖宰烹杀胎卵，煎炙齐和，穷极五味，则鱼肉不足食也。当今世，非患禽兽不损，材木不胜，患僭侈之无穷也；非患无旃罽橘柚，患无狭庐糠糟也。”③

工商业畸形发展的表现为“无用之物”的贩卖，“无用之器”的制造。“市、商不通无用之物，工不作无用之器。故商所以通郁滞，工所以备器械，非治国之本务也。”④ 贤良文学强调服器的质朴耐用，反对文杯、车器、机席、纨丝等奢侈品的生产。这些奢侈品空耗大量的人力物力，其价值十倍百倍于粮食，且助长了民间奢侈之风的盛行。“往者，常民衣服温暖而不靡，器质朴牢而致用，衣足以蔽体，器足以便事，马足以易步，车足以自载，酒足以合欢而不湛，乐足以理心而不淫，入无宴乐之闻，出无佚游之观，行即负嬴，止则锄耘，用约而财饶，本修而民富，送死哀而不华，养生适而不奢，大臣正而无欲，执政宽而不苛；故黎民宁其性，百吏保其官。建元之始，崇文修德，天下乂安。其后，邪臣各以伎艺，亏乱至治，外障山海，内兴诸利。杨可告缗，江充禁服，张大夫革令，杜周治狱，罚赎科适，微细并行，不可胜载。夏兰之属妄搏，王温舒之徒妄杀，残吏萌起，扰乱良民。当

① 王利器：《盐铁论校注》，第 429 页。

② 刘家贵：《重评西汉盐铁会议及贤良文学的经济思想》，《中国经济史研究》2008 年第 4 期。

③ 王利器：《盐铁论校注》，第 43—44 页。

④ 王利器：《盐铁论校注》，第 3 页。

此之时，百姓不保其首领，豪富莫必其族姓。圣主觉焉，乃刑戮充等，诛灭残贼，以杀死罪之怨，塞天下之责，然居民肆然复安。……大臣擅权而击断，豪猾多党而侵陵，富贵奢侈，贫贱篡杀，女工难成而易弊，车器难就而易败，车不累期，器不终岁，一车千石，一衣十钟。常民文杯画案……婢妾衣纨履丝，匹庶稗饭肉食，里有俗，党有场，康庄驰逐，穷巷蹋鞠，秉耒抱臿，躬耕身织者寡，聚要敛容，傅白黛青者众。无而为有，贫而强夸，文表无里，纨绔枲装，生不养，死厚送，葬死殚家，遣女满车，富者欲过，贫者欲及，富者空减，贫者称贷。是以民年急而岁促，贫即寡耻，乏即少廉，此所以刑非诛恶而奸犹不止也。故国有严急之征，即生散不足之疾矣。”①

而侈靡之风的盛行更加刺激了奢侈品的生产、开发与贩运，致使大量的劳动力远离农业，动摇了小农经济，国家粮食储备不足，危及了王朝的统治根基。“古者，采椽不斫，茅茨不翦，衣布褐，饭土硎，铸金为锄，埏埴为器，工不造奇巧，世不宝不可衣食之物，各安其居，乐其俗，甘其食，便其器。是以远方之物不交，而昆山之玉不至。今世俗坏而竞于淫靡，女极纤微，工极技巧，雕素朴而尚珍怪，钻山石而求金银，没深渊求珠玑，设机陷求犀象，张网罗求翡翠，求蛮、貉之物以眩中国，徙邛、筰之货，致之东海，交万里之财，旷日费功，无益于用。是以褐夫匹妇，劳罢力屈，而衣食不足也。”②

贤良文学并不是空洞地倡导重本抑末，他们提出了具体的措施，强调要增强小农经济，将政府掌控的大量苑囿、公田、池泽授予农民。“今不减除其本而欲赡其末，设机利，造田畜，与百姓争荐草，与商贾争市利，非所以明主德而相国家也。夫男耕女绩，天下之大业也。故古者分地而处之，制田亩而事之。是以业无不食之地，国无乏作之民。今县官之多张苑囿、公田、池泽，公家有鄣假之名，而利归权家。三辅迫近于山、河，地狭人众，四方并凑，粟米薪菜，不能相赡。公田转假，桑榆菜果不殖，地力不尽。愚以为非。先帝之开苑囿、池篽，可赋归之于民，县官租税而已。假税殊名，

① 王利器：《盐铁论校注》，第334—335页。

② 王利器：《盐铁论校注》，第42—43页。

其实一也。夫如是，匹夫之力，尽于南亩，匹妇之力，尽于麻枲。田野辟，麻枲治，则上下俱衍，何困乏之有矣？”①

贤良文学认为统治者要重视农时，不以行政手段去干扰百姓正常的生产活动，以确保农民的生产时间，保证正常的生产秩序。“古者，春省耕以补不足，秋省敛以助不给。民勤于财则贡赋省，民勤于力则功筑罕。为民爱力，不夺须臾。故召伯听断于甘棠之下，为妨农业之务也。今时雨澍泽，种悬而不得播，秋稼零落乎野而不得收。田畴赤地，而停落成市，发春而后，悬青幡而策土牛，殆非明主劝耕稼之意，而春令之所谓也。”②

贤良文学认为统治者首先要解决的现实问题是罢除盐铁官营，分授土地，督促耕桑，加强土地的利用率。“古者，政有德，则阴阳调，星辰理，风雨时。故行修于内，声闻于外，为善于下，福应于天。周公载纪而天下太平，国无夭伤，岁无荒年。当此之时，雨不破块，风不鸣条，旬而一雨，雨必以夜。无丘陵高下皆熟。《诗》曰：‘有渰萋萋，兴雨祁祁。’今不省其所以然，而曰‘阴阳之运也’，非所闻也。《孟子》曰：‘野有饿殍，不知收也；狗豕食人食，不知检也；为民父母，民饥而死，则曰，非我也，岁也，何异乎以刃杀之，则曰，非我也，兵也？’方今之务，在除饥寒之患，罢盐、铁，退权利，分土地，趣本业，养桑麻，尽地力也。寡功节用，则民自富。如是，则水旱不能忧，凶年不能累也。”③

“贤良文学的经济思想则突出地表现为地方主义，反对国家对经济的集中统一的管制，反对对相对活跃的私营工商业经济进行打击，要求利归民间。”④贤良文学强调统治者不要示民以利，解除国家对工商业的垄断，使得民众得以经营盐铁，藏富于民。“民人藏于家，诸侯藏于国，天子藏于海内。故民人以垣墙为藏闭，天子以四海为匣匮。天子适诸侯，升自阼阶，诸侯纳管键，执策而听命，示莫为主也。是以王者不畜聚，下藏于民，远浮利，务

---

① 王利器：《盐铁论校注》，第172页。

② 王利器：《盐铁论校注》，第423页。

③ 王利器：《盐铁论校注》，第428—429页。

④ 申艳婷、秦学颀：《论西汉中期贤良文学的经济思想》，《西南师范大学学报》（人文社会科学版）2003年第1期。

民之义；义礼立，则民化上。若是，虽汤、武生存于世，无所容其虑。工商之事，欧冶之任，何奸之能成？三桓专鲁，六卿分晋，不以盐铁。故权利深者，不在山海，在朝廷；一家害百家，在萧墙，而不在朐邴也。”①

二、东汉“诸子”的本末思想

（一）班固的本末思想

在班固所处的时代，儒家已经处于独尊地位，儒家正统观念已经深入人心，维护汉王朝的正统地位，维护统治秩序成为班固各种思想的主旨。这种正统的观念也反映在了他的本末思想中。班固与司马迁的重本而不轻末的思想不同，虽然主张，农、工、商三业平衡协调发展，但逐渐转入保守，极力强调农业的基础地位，反对背本趋末。“司马迁与班固的不同思想，反映了古代社会两种经济思想的对立；中国经济思想，由乐观、自由开放的性格，转入封闭、保守的方向；由肯定人类求利致富的本性，转入压抑人类本性的方向；由重视百业转入农本主义的方向；由文人学者热心讨论经济民生，转入避谈经济民生、耻谈百工技艺的方向。”② 班固在《汉书·食货志》中指出农业与工商业是社会发展、国富民强之必需，“《洪范》八政，一曰食，二曰货。食谓农殖嘉谷可食之物，货谓布帛可衣，及金刀龟贝，所以分财布利通有无者也。二者，生民之本，兴自神农之世。‘斫木为耜，煣木为耒，耒耨之利以教天下’，而食足；‘日中为市，致天下之民，聚天下之货，交易而退，各得其所’，而货通。食足货通，然后国实民富，而教化成。……是以圣王域民，筑城郭以居之，制庐井以均之，开市肆以通之，设庠序以教之；士农工商，四民有业。学以居位曰士，辟土殖谷曰农，作巧成器曰工，通财鬻货曰商。圣王量能授事，四民陈力受职，故朝亡废官，邑亡敖民，地亡旷土。”③

“班固所憧憬的则是‘先王制土处民富而教之’的理想王国。……我们

① 王利器：《盐铁论校注》，第 67—68 页。

② 肖波：《从〈史记·货殖列传〉到〈汉书·货殖传〉看司马迁与班固经济思想的对立》，《晋阳学刊》2006 年第 3 期。

③ （东汉）班固：《汉书》卷二四上，第 1117—1118 页。

也可以看出班固作为儒学正宗的迂腐。”① 班固的经济思想相较于后世儒家来说依然称得上开明，他强调士农工商四民各安其业，农、工、商三业平衡协调发展。

> 昔先王之制，自天子公侯卿大夫士对至于皂隶抱关击柝者，其爵禄奉养宫室车服棺椁祭祀死生之制各有差品，小不得僭大，贱不得逾贵。夫然，故上下序而民志定。于是辩其土地川泽丘陵衍沃原隰之宜，教民种树畜养；五谷六畜及至鱼鳖鸟兽雚蒲材干器械之资，所以养生送终之具，靡不皆育。育之以时，而用之有节。草木未落，斧斤不入于山林；豺獭未祭，罝网不布于野泽；鹰隼未击，矰弋不施于徯隧。既顺时而取物，然犹山不茬蘖，泽不伐夭，蝝鱼麛卵，咸有常禁。所以顺时宣气，蕃阜庶物，穑足功用，如此之备也。然后四民因其土宜，各任智力，夙兴夜寐，以治其业，相与通功易事，交利而俱赡，非有征发期会，而远近咸足。故《易》曰“后以财成辅相天地之宜，以左右民”，“备物致用，立成器以为天下利，莫大乎圣人”，此之谓也。《管子》云古之四民不得杂处。士相与言仁义于闲宴，工相与议技巧于官府，商相与语财利于市井，农相与谋稼穑于田野，朝夕从事，不见异物而迁焉。故其父兄之教不肃而成，子弟之学不劳而能，各安其居而乐其业，甘其食而美其服，虽见奇丽纷华，非其所习，辟犹戎翟之与于越，不相入矣。是以欲寡而事节，财足而不争。于是在民上者，道之以德，齐之以礼，故民有耻而且敬，贵义而贱利。此三代之所以直道而行，不严而治之大略也。②

但在班固看来，三业平衡发展并非平等发展，他极力反对工商业的畸形发展，反对背本趋末。“陵夷至乎桓、文之后，礼义大坏，上下相冒，国异政，家殊俗，嗜欲不制，僭差亡极。于是商通难得之货，工作亡用之器，

---

① 归青：《司马迁、班固经济观之歧异及其思考》，《上海大学学报》（社科版）1987年第2期。
② （东汉）班固：《汉书》卷九一，第3679—3680页。

士设反道之行，以追时好而取世资。伪民背实而要名，奸夫犯害而求利，篡弑取国者为王公，圉夺成家者为雄杰。礼义不足以拘君子，刑戮不足以威小人。富者木土被文锦，犬马余肉粟，而贫者裋褐不完，唅菽饮水。其为编户齐民，同列而以财力相君，虽为仆虏，犹亡愠色。故夫饰变诈为奸轨者，自足乎一世之间；守道循理者，不免于饥寒之患。其教自上兴，由法度之无限也。故列其行事，以传世变云。"①

班固极力强调小农经济的基础地位，农业是商业与手工业的基础，"食足"方能"货通"，班固结合《孟子》等典籍的相关记载，还原了西周的井田制度：

> 理民之道，地著为本。故必建步立亩，正其经界。六尺为步，步百为亩，亩百为夫，夫三为屋，屋三为井，井方一里，是为九夫。八家共之，各受私田百亩，公田十亩，是为八百八十亩，余二十亩以为庐舍。出入相友，守望相助，疾病相救，民是以和睦，而教化齐同，力役生产可得而平也。
>
> 民受田，上田夫百亩，中田夫二百亩，下田夫三百亩。岁耕种者为不易上田；休一岁者为一易中田；休二岁者为再易下田，三岁更耕之，自爰其处。农民户人已受田，其家众男为余夫，亦以口受田如比。士工商家受田，五口乃当农夫一人。此谓平土可以为法者也。若山林薮泽原陵淳卤之地，各以肥硗多少为差。有赋有税。税谓公田什一及工商衡虞之入也。赋共车马甲兵士徒之役，充实府库赐予之用。税给郊社宗庙百神之祀，天子奉养百官禄食庶事之费。民年二十受田，六十归田。七十以上，上所养也；十岁以下，上所长也；十一以上，上所强也。种谷必杂五种，以备灾害。田中不得有树，用妨五谷。力耕数耘，收获如寇盗之至。还庐树桑，菜茹有畦，瓜瓠果蓏殖于疆易。鸡豚狗彘毋失其时，女修蚕织，则五十可以衣帛，七十可以食肉。②

① （东汉）班固：《汉书》卷九一，第3682页。

② （东汉）班固：《汉书》卷二四上，第1119—1120页。

但班固并非要完全恢复西周的井田制，而是要确立与发展以井田制为外壳的小农经济，以限制贵族豪强的土地兼并，稳固小农经济。

班固强调农业为国强民富之本，无论是百姓还是国家必须要有足够的粮食储备，粮食储备的不同进而造就不同的盛世局面，即登、平、太平。“此先王制土处民富而教之之大略也。故孔子曰：‘道千乘之国，敬事而信，节用而爱人，使民以时。’故民皆劝说功乐业，先公而后私。其《诗》曰：‘有渰凄凄，兴云祁祁，雨我公田，遂及我私。’民三年耕，则余一年之畜。衣食足而知荣辱，廉让生而争讼息，故三载考绩。孔子曰‘苟有用我者，期月而已可也，三年有成’，成此功也。三考黜陟，余三年食，进业曰登；再登曰平，余六年食；三登曰泰平，二十七岁，遗九年食。然后至德流洽，礼乐成焉。故曰‘如有王者，必世而后仁’，由此道也。”①

班固极为支持农业生产技术的改革，他详细记载了武帝末年搜粟都尉赵过发明的代田法以及推广的过程：“武帝末年，悔征伐之事，乃封丞相为富民侯。下诏曰：‘方今之务，在于力农。’以赵过为搜粟都尉。过能为代田，一亩三甽。岁代处，故曰代田，古法也。后稷始甽田，以二耜为耦，广尺深尺曰甽，长终亩。一亩三甽，一夫三百甽，而播种于甽中。苗生叶以上，稍耨陇草，因隤其土以附苗根。故其《诗》曰：‘或芸或芓，黍稷儗儗。’芸，除草也。芓，附根也。言苗稍壮，每耨辄附根，比盛暑，陇尽而根深，能风与旱，故儗儗而盛也。其耕耘下种田器，皆有便巧。率十二夫为田一井一屋，故亩五顷，用耦犁，二牛三人，一岁之收常过缦田亩一斛以上，善者倍之。过使教田太常、三辅，大农置工巧奴与从事，为作田器。二千石遣令长、三老、力田及里父老善田者受田器，学耕种养苗状。民或苦少牛，亡以趋泽，故平都令光教过以人挽犁。过奏光以为丞，教民相与庸挽犁。率多人者田日三十亩，少者十三亩，以故田多垦辟。过试以离宫卒田其宫壖地，课得谷皆多其旁田亩一斛以上。令命家田三辅公田，又教边郡及居延城。是后边城、河东、弘农、三辅、太常民皆便代田，用力少而得谷多。”②

① （东汉）班固：《汉书》卷二四上，第1123页。

② （东汉）班固：《汉书》卷二四上，第1138—1139页。

班固赞扬了大司农中丞耿寿昌在边郡设立常平仓的便农利农之举，谷贱时高价买谷，谷贵时低价卖谷，“至昭帝时，流民稍还，田野益辟，颇有畜积。宣帝即位，用吏多选贤良，百姓安土，岁数丰穰，谷至石五钱，农人少利。时大司农中丞耿寿昌以善为算能商功利得幸于上，五凤中奏言：‘故事，岁漕关东谷四百万斛以给京师，用卒六万人。宜籴三辅、弘农、河东、上党、太原郡谷足供京师，可以省关东漕卒过半。’又白增海租三倍，天子皆从其计。御史大夫萧望之奏言：‘故御史属徐宫家在东莱，言往年加海租，鱼不出。长老皆言武帝时县官尝自渔，海鱼不出，后复予民，鱼乃出。夫阴阳之感，物类相应，万事尽然。今寿昌欲近籴漕关内之谷，筑仓治船，费直二万万余，有动众之功，恐生旱气，民被其灾。寿昌习于商功分铢之事，其深计远虑，诚未足任，宜且如故。’上不听。漕事果便，寿昌遂白令边郡皆筑仓，以谷贱时增其贾而籴，以利农，谷贵时减贾而粜，名曰常平仓。民便之。上乃下诏，赐寿昌爵关内侯。而蔡癸以好农使劝郡国，至大官。”①

班固针对西汉末期的土地兼并与农民的奴隶化问题，赞扬了师丹提出的“限田限奴”之议。“哀帝即位，师丹辅政，建言：‘古之圣王莫不设井田，然后治乃可平。孝文皇帝承亡周乱秦兵革之后，天下空虚，故务劝农桑，帅以节俭。民始充实，未有并兼之害，故不为民田及奴婢为限。今累世承平，豪富吏民訾数巨万，而贫弱俞困。盖君子为政，贵因循而重改作，然所以有改者，将以救急也。亦未可详，宜略为限。’天子下其议。丞相孔光、大司空何武奏请：‘诸侯王、列侯皆得名田国中。列侯在长安，公主名田县道，及关内侯、吏民名田皆毋过三十顷。诸侯王奴婢二百人，列侯、公主百人，关内侯、吏民三十人。期尽三年，犯者没入官。’时田宅奴婢贾为减贱，丁、傅用事，董贤隆贵，皆不便也。诏书且须后，遂寝不行。宫室苑囿府库之臧已侈，百姓訾富虽不及文景，然天下户口最盛矣。”②

（二）王符的本末思想

东汉中后期，土地兼并浪潮席卷全国，大量百姓成为流民，或从事于

---

① （东汉）班固：《汉书》卷二四上，第 1141 页。

② （东汉）班固：《汉书》卷二四上，第 1142—1143 页。

工商业，或成为豪强之家的奴婢，农业生产不断萎缩，严重动摇了东汉王朝的统治根基。王符接受了早已居于正统的“重本抑末”思想，提倡“崇本抑末”。但王符的“崇本抑末”思想对于“本”“末”进行了创新性的解释。传统的本末思想中，“本”是农业，“末”是工商业，“人为地将农桑与工商置于对立的两极，非此即彼，毫无通融之余地”①。而王符则大胆创新，认为农、工、商三业各有本末，农、工、商之本为“农桑”“致用”“通货”；农、工、商之末为“游业”“巧饰”“鬻奇”，需大力发展三业之“本”，打击抑制三业之“末”。

> 凡为治之大体，莫善于抑末而务本，莫不善于离本而饰末。夫为国者以富民为本，以正学为□。民富乃可教，学正乃得义，民贫则背善，学淫则诈伪，入学则不乱，得义则忠孝。故明君之法，务此二者，以为成太平之基，致休征之祥。
>
> 夫富民者，以农桑为本，以游业为末；百工者，以致用为本，以巧饰为末；商贾者，以通货为本，以鬻奇为末：三者守本离末则民富，离本守末则民贫，贫则厄而忘善，富则乐而可教。教训者，以道义为本，以巧辩为末；辞语者，以信顺为本，以诡丽为末；列士者以孝悌为本，以交游为末；孝悌者，以致养为本，以华观为末；人臣者，以忠正为本，以媚爱为末：五者守本离末则仁义兴，离本守末则道德崩。慎本略末犹可也，舍本务末则恶矣。
>
> 夫用天之道，分地之利，六畜生于时，百物聚于野，此富国之本也。游业末事，以收民利，此贫邦之原也。忠信谨慎，此德义之基也。虚无谲诡，此乱道之根也。故力田所以富国也。今民去农桑，赴游业，披采众利，聚之一门，虽于私家有富，然公计愈贫矣。百工者，所使备器也。器以便事为善，以胶固为上。今工好造雕琢之器巧伪饬之，以欺民取贿，虽于奸工有利，而国界愈病矣。商贾者，所以通物也，物以任用为要，以坚牢为资。今商竞鬻无用之货、淫侈之币，以惑民

① 钮恬：《王符本末论刍议》，《社会科学》1989 年第 2 期。

取产，虽于淫商有得，然国计愈失矣。此三者，外虽有勤力富家之私名，然内有损民贫国之公实。故为政者，明督工商，勿使淫伪，困辱游业，勿使擅利，宽假本农，而宠遂学士，则民富而国平矣。①

王符不以经济类型来划分本末，而是以是否有利于国计民生来进行划分，突破了先秦两汉重农抑商的思想传统，显示出了他辨析求实的精神与国家责任感。王符的“崇本抑末”思想在中国古代经济思想史上具有重要的地位，黄宗羲在《明夷待访录》中指出：“世儒不察，以工商为末，妄议抑之。夫工固圣王之所欲来，商又使其愿出于途者，盖皆本也。”②

“王符的经济思想的基础和中心，是他的‘务本’论。”③王符重点阐述了“三本”中的“农本”思想，突出农业的基础性地位。东汉中后期，豪强地主兼并了大量的土地，大量民众沦为流民，或成为贵族官僚、豪强地主的奴婢，土地与劳动力出现了严重的失衡，边郡地区人少地多，中原地区人多地少，严重影响到了边疆地区的农业生产与国防安全。王符注意到了这一问题，“今边郡千里，地各有两县，户才置数百，而太守周回万里，空无人民，美田弃而莫垦发；中州内郡，规地拓境，不能半边，而口户百万，田亩一全，人众地荒，无所容足，此亦偏枯躄痱之类也。”④进而提出了“土地人民必相称”的观点：“《周书》曰：‘土多人少，莫出其材，是谓虚土，可袭伐也。土少人众，民非其民，可匮竭也。’是故土地人民必相称也。”⑤

王符进而提出了利用增加察举名额以及拜爵等手段，向边疆移民：“诏书法令：二十万口，边郡十万，岁举孝廉一人；员除世举廉吏一人。羌反以来，户口减少，又数易太守，至十岁不得举。当职勤劳而不录，贤俊蓄积而不悉，衣冠无所觊望，农夫无所贪利，是以逐稼中灾，莫肯就外。古之利其民，诱之以利，弗胁以刑。《易》曰：‘先王以省方观民设教。’是故建武初，

① （东汉）王符撰，（清）汪继培笺，彭铎校正：《潜夫论笺校正》，第14—17页。
② （清）黄宗羲：《明夷待访录》，梁溪图书馆1925年版，第56页。
③ 赵靖：《论王符的经济思想》，《经济问题探索》1980年第6期。
④ （东汉）王符撰，（清）汪继培笺，彭铎校正：《潜夫论笺校正》，第285页。
⑤ （东汉）王符撰，（清）汪继培笺，彭铎校正：《潜夫论笺校正》，第286页。

得边郡，户虽数百，令岁举孝廉，以召来人。今诚宜权时令边郡举孝一人，廉吏世举一人，益置明经百石一人，内郡人将妻子来占著，五岁以上，与居民同均，皆得选举。又募运民耕边入谷，远郡千斛，近郡二千斛，拜爵五大夫。可不欲爵者，使食倍贾于内郡。如此，君子小人各有所利，则虽欲令无往，弗能止也。此均苦乐，平徭役，充边境，安中国之要术也。”①“王符将‘人地相称’的经济思想提高到政治的高度，并将其与边防联系起来，不失为远识卓见。”②但王符只强调了人口与土地之间的平衡，没有认识到当时人地失衡的根本原因，也没有提出切实可行的解决办法，而且此时的东汉王朝也不再具有大规模移民的能力。

王符认为民众是国家的基础，谷物是百姓的命脉，而获得谷物的前提是劳动时间，提出了“爱日”说，还提出了“日力”的概念，作为计算劳动的单位，强调“日力”对于农业生产的意义，继而强调统治者务必要敬授农时，减省徭役，减省各级政府的诉讼程序，保证农民的劳动时间。“国之所以为国者，以有民也。民之所以为民者，以有谷也。谷之所以丰殖者，以有民功也。功之所以能建者，以日力也。化国之日舒以长，故其民闲暇而力有余；乱国之日促以短，故其民困务而力不足。舒长者，非谓羲和安行，乃君明民静而力有余也。促短者，非谓分度损减，乃上暗下乱，力不足也。孔子称‘既庶则富之，既富乃教之。’是故礼义生于富足，盗窃起于贫穷；富足生于宽暇，贫穷起于无日。圣人深知力者民之本，国之基也，故务省徭役，使之爱日。是以尧敕羲和，钦若昊天，敬授民时。明帝时，公车以反支日不受章奏，帝闻而怪曰：‘民废农桑，远来诣阙，而复拘以禁忌，岂为政之意乎！’于是遂蠲其制。今冤民仰希申诉，而令长以神自畜，百姓废农桑而趋府廷者，相续道路，非朝铺不得通，非意气不得见。或连日累月，更相瞻视；或转请邻里，馈粮应对。岁功既亏，天下岂无受其饥者乎？”③

王符批判了当时各级政府严重的官僚主义，尤其是复杂的诉讼程序，大量农民纠缠于官司之中，白白浪费了大量的劳动时间，仅诉讼一项，就使

① （东汉）王符撰，（清）汪继培笺，彭铎校正：《潜夫论笺校正》，第288页。

② 吴点明：《浅析王符的经济思想》，《吉林师范大学学报》（人文社会科学版）2010年第1期。

③ （南朝宋）范晔：《后汉书》卷四九，第1639—1640页。

得两百万的百姓忍饥挨饿。“孔子曰：‘听讼吾犹人也。’从此言之，中才以上，足议曲直，乡亭部吏，亦有任决断者，而类多枉曲，盖有故焉。……且除上天感痛致灾，但以人功见事言之。自三府州郡，至于乡县典司之吏，辞讼之民，官事相连，更相检对者，日可有十万人。一人有事，二人经营，是为日三十万人废其业也。以中农率之，则是岁三百万人受其饥者也。然则盗贼何从而销，太平何由而作乎？《诗》云：‘莫肯念乱，谁无父母？’百姓不足，君谁与足？可无思哉！可无思哉！”①“爱日”说的提出是对古代民本思想的进一步发展，是对中国古代经济思想的重要贡献。

（三）崔寔的本末思想

崔寔抨击了秦以来豪强地主的土地兼并，他们与政府争夺土地与劳动力，严重破坏了小农经济，造成了农民的奴隶化问题，激化了阶级矛盾。“昔者，圣王立井田之制，分口耕耦，地各相副适，使人饥饱不偏，劳逸齐均，富者不足僭差，贫者无所企慕。始暴秦隳坏法度，制人之财既无纲纪，而乃尊奖并兼之人。乌氏以牧竖致财，宠比诸侯；寡妇清以攻丹殖业，礼以国宾。于是巧猾之萌遂肆其意，上家累巨亿之赀，斥地侔封君之土，行苞苴以乱执政，养剑客以威黔首，专杀不辜，号无市死之子，生死之奉多拟人主。故下户崎岖，无所跱足，乃父子低首，奴事富人，躬率妻孥为之服役。故富者席余而日炽，贫者蹑短而岁踧，历代为虏，犹不赡于衣食，生有终身之勤，死有暴骨之忧。岁小不登，流离沟壑，嫁妻卖子，其所以伤心腐藏、失生人之乐者，盖不可胜陈。”②

为了解决由土地兼并带来的人地矛盾，崔寔力主施行迁民政策，将内地大量百姓迁徙至地广人稀的边郡，既能充实边防，又能将土地与人口重新结合，恢复与发展小农经济。“今青、徐、兖、冀人稠土狭，不足相供，而三辅左右及凉、幽州内附近郡，皆土旷人稀，厥田宜稼，悉不肯垦发。小人之情，安土重迁，宁就饥馁，无适乐土之虑。故人之为言瞑也，谓瞑瞑无所知，犹群羊聚畜，须主者牧养处置，置之茂草则肥泽繁息，置之硗卤则零丁

① （南朝宋）范晔：《后汉书》卷四九，第1640—1641页。

② 孙启治译注：《政论》，第113—114页。

耗减。是以景帝六年诏郡、国，令人得去硗狭，就宽肥。至武帝，遂徙关东贫人于陇西、北地、西河、上郡、会稽，凡七十二万五千口，后加徙猾吏于关内。今宜复遵故事，徙贫人不能自业者于宽地，此亦开草辟土振人之术也。”①

（四）何休的本末思想

何休认为经济活动与社会政治密切相关，经济是政治的重要基础，影响着政治的发展方向。“颂声者，太平歌颂之声，帝王之高致也。《春秋》经传数万，指意无穷，状相须而举，相待而成，至此独言颂声作者，民以食为本也。夫饥寒并至，虽尧、舜躬化，不能使野无寇盗；贫富兼并，虽皋陶制法，不能使强不陵弱。”② 他强调一定要增加百姓的蓄积，使百姓富足，这样统治者才能够富足。“民食不足，百姓不可复兴，危亡将至，故重而书之。明当自省减，开仓库，赡振之。哀公问于有若曰：‘年饥，用不足，如之何？’有若对曰：‘盍彻乎。’曰：‘二，吾犹不足，如之何其彻也？’对曰：‘百姓足，君孰与不足？百姓不足，君孰与足。’”③

如何使百姓获得充足的蓄积，何休认为要恢复井田制。他首先对井田制进行了大概的描述：“是故圣人制井田之法而口分之：一夫一妇受田百亩，以养父母妻子，五口为一家，公田十亩，即所谓什一而税也。庐舍二亩半，凡为田一顷十二亩半，八家而九顷，共为一井，故曰井田。庐舍在内，贵人也。公田次之，重公也。私田在外，贱私也。”④ 这种土地分配方式具有浓厚的民本色彩。何休然后又进一步剖析了井田制的功能，它不是简单的土地分配方式，其与农业、手工业、商业关系密切：“井田之义：一曰无泄地气，二曰无费一家，三曰间风俗，四曰合巧拙，五曰通财货。因井田以为市，故俗语曰：市井。种谷不得种一谷，以备灾害。田中不得有树，以妨五谷。还庐舍种桑荻杂菜，畜五母鸡两母豕，瓜果种疆畔，女上蚕织，老者得衣帛焉，得食肉焉，死者得葬焉。多于五口名曰余夫。余夫以率受田二十五亩。

① 孙启治译注：《政论》，第 117 页。

② 李学勤主编：《春秋公羊传注疏》，第 360 页。

③ 李学勤主编：《春秋公羊传注疏》，第 346 页。

④ 李学勤主编：《春秋公羊传注疏》，第 360 页。

十井共出兵车一乘。”①

何休进而提出井田制是一整套社会组织系统的核心，这一系统涉及生产、生活、行政、教育等领域：“在田曰庐，在邑曰里。一里八十户，八家共一巷。中里为校室，选其耆老有高德者名曰父老，其有辨护伉健者为里正，皆受倍田，得乘马。父老比三老孝弟官属，里正比庶人在官之吏。民春夏出田，秋冬入保城郭。田作之时，春，父老及里正旦开门坐塾上，晏出后时者不得出，莫不持樵者不得入。五谷毕入，民皆居宅，里正趋缉绩，男女同巷，相从夜绩，至于夜中。故女功一月得四十五日作，从十月尽正月止。男女有所怨恨，相从而歌，饥者歌其食，劳者歌其事。男年六十，女年五十无子者，官衣食之，使之民间求诗，乡移于邑，邑移于国，国以闻于天子，故王者不出牖户尽知天下所苦，不下堂而知四方。十月事讫，父老教于校室，八岁者学小学，十五者学大学，其有秀者移于乡学，乡学之秀者移于庠，庠之秀者移于国学。学于小学，诸侯岁贡小学之秀者于天子，学于大学，其有秀者命曰造士，行同而能偶，别之以射，然后爵之。士以才能进取，君以考功授官。”② 在何休看来，井田制不仅是政治统治的基础，还是社会治理、教育、思想文化的基础。

在实施井田制的基础上，类似于唐尧、殷汤的盛世必然到来，儒家的理想必然实现，“三年耕余一年之畜，九年耕余三年之积，三十年耕有十年之储。虽遇唐尧之水，殷汤之旱，民无近忧，四海之内莫不乐其业”③。

何休对井田制进行了系统完整的论述与阐发，并将其与政治、教育、生产、生活相结合，成为两汉井田制学说的集大成者。何休恢复井田制的思想是针对东汉末年的土地兼并浪潮而提出的，这一理论颇具空想性。任继愈在《中国哲学发展史 · 秦汉卷》中指出：“而恰恰这种土地私有制正是中国封建社会的地主经济和小农经济赖以存在的基础。这是一种适合于封建社会生产力发展水平的生产关系，是作为奴隶社会的井田制或土地国有制的对立物而出现的。企图用否定土地私有制的办法来解决当时的经济危机问题，当

① 李学勤主编：《春秋公羊传注疏》，第 360 页。

② 李学勤主编：《春秋公羊传注疏》，第 360—361 页。

③ 李学勤主编：《春秋公羊传注疏》，第 361 页。

然是不切实际的幻想。”[1] 但它体现了何休深刻的现实关怀与国家责任感。

何休作为东汉末年今文经学的集大成者，提出了富有特色的经济思想，他试图以井田制来解决东汉王朝的宿疾——土地兼并，以挽救处于风雨飘摇的东汉王朝，“恢复‘井田’以行仁政作为经济思想领域的一个传统，在东汉后期随着土地兼并问题的日益严重而得到了有力的光大发扬。”[2]

（五）荀悦的本末思想

荀悦将农业生产的发展列于“五政”之首，“兴农桑以养其生。审好恶以正其俗。宣文教以章其化。立武备以秉其威。明赏罚以统其法。是谓五政。民不畏死。不可惧以罪。民不乐生。不可观以善。虽使契布五教。咎繇作士。政不行焉。故在上者。先丰民财。以定其志。帝耕籍田。后桑蚕宫。国无游民。野无荒业。财不虚用。力不妄加。以周民事。是谓养生。君子之所以动天地。应神明。正万物。”[3]

荀悦针对贵族官僚、地方豪强兼并土地的问题，主张加以限制，并认识到了土地兼并的根本原因，即土地私有制的存在，但是他并不赞成恢复井田制，认为它解决不了现实的问题，他期待将来能有一种“耕而勿有”的土地制度来抑制土地兼并，“诸侯不专封。富人名田逾限。富过公侯。是自封也。大夫不专地。人卖买由己。是专地也。或曰。复井田与。曰。否。专地非古也。井田非今也。然则如之何。曰。耕而勿有。以俟制度可也。”[4]

（六）徐干的本末思想

徐干抨击了官僚贵族、豪强地主对土地与人口的疯狂兼并，尤其是对农民的奴隶化问题进行了深入的剖析，试图以“调均”的方式规范奴婢的蓄养，保障贵族官僚蓄养奴婢的权力，剥夺地方豪强、富商大贾蓄养奴婢的资格，进而缓解农民的奴隶化问题，保障小农经济的劳动力。“昔之圣王制为礼法，贵有常尊，贱有等差，君子小人各司分职。故下无潜上之愆，而人役财力能相供足也。往昔海内富民及工商之家，资财巨万，役使奴婢多者以百

---

① 任继愈：《中国哲学发展史·秦汉卷》，人民出版社 1985 年版，第 717 页。

② 黄朴民：《何休经济思想简论》，《求是学刊》1998 年第 1 期。

③ （东汉）荀悦：《申鉴》，第 5 页。

④ （东汉）荀悦：《申鉴》，第 15 页。

数，少者以十数，斯岂先王制礼之意哉。……今自斗食、佐吏以上，至诸侯王，皆治民人者也，宜畜奴婢。农工商及给趋走使令者，皆劳力躬作，治于人者也，宜不得畜。”① 当然徐干认为深得汉哀帝信任的左将军师丹尚不能实现“限田限奴”之议，自己的主张始终不能实现。

（七）仲长统的本末思想

仲长统强调农业生产是治理国家的基础，是施行道德教化的保障。“夫人待君子然后化理，国待蓄积乃无忧患。君子非自农桑以求衣食者也，蓄积非横赋敛以取优饶者也。俸禄诚厚，则割剥贸易之罪乃可绝也；蓄积诚多，则兵寇水旱之灾不足苦也。故由其道而得之，民不以为奢；由其道而取之，民不以为劳。天灾流行，开仓库以禀贷，不亦仁乎？衣食有余，损靡丽以散施，不亦义乎？彼君子居位为士民之长，固宜重肉累帛，朱轮四马。今反谓薄屋者为高，藿食者为清，既失天地之性，又开虚伪之名，使小智居大位，庶绩不咸熙，未必不由此也。得拘絜而失才能，非立功之实也。以廉举而以贪去，非士君子之志也。夫选用必取善士，善士富者少而贫者多，禄不足以供养，安能不少营私门乎？从而罪之，是设机置阱以待天下之君子也。”②

仲长统认为当今兵役徭役征发频繁，导致大量的百姓脱离农业生产。针对豪强地主大肆兼并土地的情况，仲长统强调增加农业税收，由三十税一改为什一之税，并力主统治者加强对土地的管控，限制土地兼并，恢复加强小农经济。“盗贼凶荒，九州代作，饥馑暴至，军旅卒发，横税弱人，割夺吏禄，所恃者寡，所取者猥，万里悬乏，首尾不救，徭役并起，农桑失业，兆民呼嗟于昊天，贫穷转死于沟壑矣。今通肥饶之率，计稼穑之入，令亩收三斛，斛取一斗，未为甚多。一岁之间，则有数年之储，虽兴非法之役，恣奢侈之欲，广爱幸之赐，犹未能尽也。不循古法，规为轻税，及至一方有警，一面被灾，未逮三年，校计骞短，坐视战士之蔬食，立望饿殍之满道，如之何为君行此政也？二十税一，名之曰貊，况三十税一乎？夫薄吏禄以丰军用，缘于秦征诸侯，续以四夷。汉承其业，遂不改更，危国乱家，此之由

① 孙启治：《中论解诂》，第383—388页。

② 孙启治译注：《昌言》，第180—181页。

也。今田无常主，民无常居，吏食日禀，禄班未定。可为法制，画一定科，租税十一，更赋如旧。今者土广民稀，中地未垦。虽然，犹当限以大家，勿令过制。其地有草者，尽曰官田，力堪农事，乃听受之，若听其自取，后必为奸也。”①

第四节　两汉“诸子”经济思想辨析

两汉“诸子”传承与创新了先秦齐鲁“诸子”的经济思想，在货币思想方面，铸币权的下移，导致地方诸侯王与豪强势力膨胀，贾谊、司马迁、班固、刘陶、荀悦等诸子力主中央掌握铸币权，以货币“御轻重”，干预国家经济，稳定社会秩序，加强中央集权。也应看到由于此时商品经济处于较低的发展阶段，货币理论尚不成熟，不少“诸子”比如晁错、贾山、贡禹、王莽、张林等提倡货币国定论，强调国家对于货币的决定意义，将货币改革作为缓解财政危机的重要手段，有的甚至于主张废除货币，恢复到以物易物的阶段。在本末思想方面，为了加强中央集权，稳固小农经济，重农抑商成为两汉“诸子”经济思想的主流。在“重本”方面，“诸子”大力提倡农业是国家经济的根本，是工商业的基础，提出了“限民名田”抑制土地兼并，解放奴婢，增加农业生产的劳动力，减省赋税徭役，移民实边解决人地矛盾，恢复井田制等措施。在“抑末”方面，也并非教条地否定工商业，而是有限度地支持工商业的发展，使其在“致用”“通货”的范畴内进行发展，底线是不能够影响农业生产的发展。

总的来看，两汉“诸子”的经济思想具有如下特点。

第一，中央必须要统一铸币权。这是两汉“诸子”的共识，私自铸造钱币威胁国计民生，必须加以禁止。贾谊力主将铜材收归国有来解决铸币权统一的问题，铜布于下，“其祸博矣”，收归铜材，“七福可致”。司马迁主张铸币权的统一，反对诸侯、民间私自铸造货币，“至孝文时，荚钱益多，轻，乃更铸四铢钱，其文为‘半两’，令民纵得自铸钱。故吴，诸侯也，以即山

① 孙启治译注：《昌言》，第185—186页。

铸钱，富埒天子，其后卒以叛逆。邓通，大夫也，以铸钱财过王者。故吴、邓氏钱布天下，而铸钱之禁生焉。”① 班固极力主张将铸币权收归国有，“于是悉禁郡国毋铸钱，专令上林三官铸。钱既多，而令天下非三官钱不得行，诸郡国前所铸钱皆废销之，输入其铜三官。而民之铸钱益少，计其费不能相当，唯真工大奸乃盗为之。”②

第二，两汉“诸子”将货币过度政治化的结果便是货币国定论的盛行。晁错首倡货币国定论，主张“轻金玉而重五谷”，“夫珠玉金银，饥不可食，寒不可衣，然而众贵之者，以上用之故也。……粟米布帛生于地，长于时，聚于力，非可一日成也；数石之重，中人弗胜，不为奸邪所利，一日弗得而饥寒至。是故明君贵五谷而贱金玉。”③ 盐铁会议中的贤良文学、元帝时期的贡禹继承了晁错的货币国定论思想，认为货币是奸邪之源，为了重农抑商，提出取消金属货币，以布帛谷物为货币，甚至主张取消货币制度，回到以物易物的原始阶段。以上“诸子”的货币国定论尚且处于理论探索阶段，王莽则直接将这一货币思想应用到货币改革之中，进行了四次货币改革，以小换大，以轻换重，严重破坏了经济秩序，间接导致了新王朝的灭亡。

第三，两汉“诸子”极为重视农业的根本地位。贾谊深刻揭示了农业对于国计民生的重要意义，是汉王朝的命脉之所在，是一切政治、军事、外交活动的基础。“禹有十年之蓄，故免九年之水；汤有十年之积，故胜七岁之旱。夫蓄积者，天下之大命也。苟粟多而财有余，何向而不济？以攻则取，以守则固，以战则胜，怀柔附远，何招而不至？”④ 董仲舒针对当时的土地兼并问题，又以深远的政治眼光提出了“限民名田”的主张，主张恢复井田制，提出解放奴婢，增加农业生产的劳动力，减省赋税徭役。贤良文学认为国富民强的基础是农业，农业生产是治民之本，国家必须要有三年的粮食储备。班固强调农业为国强民富之本，无论是百姓还是国家必须要有足够的粮食储备。王符重点阐述了“三本”中的“农本”思想，突出农业的基础性

① （西汉）司马迁：《史记》卷三〇，第 1419 页。
② （东汉）班固：《汉书》卷二四下，第 1169 页。
③ （东汉）班固：《汉书》卷二四上，第 1131—1132 页。
④ （西汉）贾谊撰，阎振益，钟夏校注：《新书校注》，第 163 页。

地位，进而提出了“土地人民必相称”的观点，提出了“爱日”说，继而强调统治者务必要敬授农时，减省徭役，减省各级政府的诉讼程序，保证农民的劳动时间。

第四，两汉“诸子”的重农思想并不是空洞的，多强调制度的保证与农业生产技术的革新。董仲舒主张恢复井田制以“限民名田”，注重新农作物的推广，借《春秋》重麦之义上书力主在关中地区推广产量较大且耐旱的麦，一定程度上缓解了关中地区的人粮矛盾。贤良文学强调要增强小农经济，将政府掌控的大量的苑囿、公田、池泽授予农民。班固极为支持农业生产技术的改革，他详细记载了武帝末年搜粟都尉赵过推广的代田法及影响，赞扬宣帝时期大司农中丞耿寿昌在边郡设立常平仓的便农利农之举。王符批判了当时各级政府严重的官僚主义，尤其是复杂的诉讼程序，大量农民纠缠于官司之中，白白浪费了大量的劳动时间。针对贵族官僚、地方豪强兼并土地的问题，荀悦主张创立一种“耕而勿有”的土地制度来抑制土地兼并。徐干针对官僚贵族、豪强地主对土地与人口的疯狂兼并，提出设立制度进行“调均”，规范奴婢的蓄养，保证农业生产的劳动力。何休作为东汉末年今文经学的集大成者，试图以井田制来解决东汉王朝的宿疾——土地兼并。

第五，两汉“诸子”的重农抑商政策并非独重农业否定工商业，较为注重三业的均衡发展，注重经济结构的调整。陆贾重本的同时，他也认识到了工商业“通”的功能，并不否定关乎国计民生的“有用”之器的生产与流通。贾谊强调趋民归于农，但强调工商业的发展要符合严密的等级礼制与法制。董仲舒重视“农本”，并不否定工商业，他甚至力主取消盐铁官营，严禁与民争利的行为，将盐铁经营权放归民间。司马迁力主重本而不抑末，创新性地提出了农、工、商共同发展的主张。贤良文学“重本”的同时，强调“抑末”，其主要抑制的“末”在于官营工商业，他们认为世人多背本趋末的根源在于官营工商业，此举是示民以利。王符大胆创新了“重本抑末”，认为农、工、商三业各有本末，农、工、商之“本”为“农桑”“致用”“通货”；农、工、商之“末”为“游业”“巧饰”“鬻奇”，需大力发展三业之“本”，打击抑制三业之“末”。

两汉“诸子”的经济思想对后世产生了深远的影响，南朝宋孔觊在

《铸钱均货议》中驳斥了货币国定论，强调货币自身的价值，强调恢复西汉时期的五铢钱制度，“民所盗铸，严法不禁者，由上铸钱惜铜爱工也。惜铜爱工者，谓钱无用之器，以通交易，务欲令轻而数多，使省工而易成，不详虑其为患也。自汉铸五铢钱，至宋文帝，历五百余年，制度世有废兴，而不变五铢钱者，明其轻重可法，得货之宜。以为宜开置泉府，方牧贡金，大兴镕铸。钱重五铢，一依汉法。”① 唐杜佑指出了货币的商品价值标准的属性，“原夫立钱之意，诚深诚远。凡万物不可以无其数，既有数，乃须设一物而主之。”② 苏轼指出提高货币本身的价值与铸造成本，方能彻底制止盗铸钱币的行为，“私铸之弊，始于钱轻，使钱之直若金之直，虽赏之不为也。”③ 明代丘浚提出了商品与货币等价交换的原则，“必物与币两相当值，而无轻重悬绝之偏，然后可以久行而无弊”④。

唐太宗认为农本为民本之“本”，“凡事皆须务本。国以人为本，人以衣食为本，凡营衣食，以不失时为本。”⑤ 南宋叶适否定“轻末”，主张农工商并重，“夫四民交致其用而后治化兴。抑末厚本。非正论也。使其果出于厚本而抑末。虽偏。尚有义。若后世但夺之以自利。则何名为抑。”⑥ 元世祖忽必烈“首诏天下，国以民为本，民以衣食为本，衣食以农桑为本。于是颁《农桑辑要》之书于民，俾民崇本抑末。”⑦ 明代丘浚在《大学衍义补》中提出保护小农经济，反对榷禁，提倡私营工商业：“食货者，生民之本也。民之于食货，有此者无彼，盖以其所居，异其处，而所食所用者，不能以皆有。……人各持其所有于市之中而相交易焉，以其所有，易其所无，各求得其所欲，而后退。则人无不足之用。民用具足，是国用有余也。”⑧

两汉“诸子”的经济思想有许多闪光之处，亦有糟粕之处，尤其是

---

① （南朝梁）萧子显：《南齐书》卷三七，中华书局 1972 年版，第 652 页。

② （唐）杜佑：《通典》卷八，中华书局 1988 年版，第 167 页。

③ （北宋）苏轼：《苏轼集》，岳麓书社 2000 年版，第 124 页。

④ （明）丘浚：《大学衍义补》，京华出版社 1999 年版，第 251 页。

⑤ （唐）吴兢：《贞观政要》，第 237 页。

⑥ （南宋）叶适：《习学记言》，上海古籍出版社 1992 年版，第 168 页。

⑦ （明）宋濂等：《元史》卷九三，第 2354 页。

⑧ （明）丘浚：《大学衍义补》，第 237 页。

“诸子”多强调货币的政治功用，忽视货币本身的价值规律。其本末思想由于时代的局限性，偏重于农业生产，对于工商业的重视依然不够，未能促进三业均衡发展。

两汉时期是中华优秀传统文化发展的重要时期，两汉“诸子”的经济思想是新时代我国社会主义经济建设的重要历史文化资源，我们必须对其进行辨析，既吸取其正确的、合理的内容，又抛弃其封建的、糟粕的内容，为新时代社会主义经济建设提供历史的借鉴。

第六章　两汉“诸子”的选贤思想

第一节　先秦齐鲁“诸子”的选贤思想

春秋时期，天子衰微，诸侯强大，各国进行了激烈的争霸战争，至战国时期，争霸战争演变为了兼并战争。各国国君为了富国强兵，免于被邻国兼并，纷纷礼贤下士，延揽人才，春秋战国时期产生的“士”阶层，成为各国君主竞相争取的对象，在此背景之下，先秦齐鲁“诸子”纷纷提出了自己的人才思想。孔子主张尚贤举才，提倡“学而优则仕”，开士人读书做官之先河。孔子强调国家得贤则兴，失贤则乱，“其人存则其政举，其人亡则其政息。……故为政在人”①。孟子提出了举贤使能的思想，“尊贤使能，俊杰在位，则天下之士，皆悦而愿立于其朝矣”②。荀子认为君主对贤人不同的态度决定了国家的兴亡，“尊圣者王，贵贤者霸，敬贤者存，慢贤者亡，古今一也”③。在“小国寡民”的政治理想之下，道家的人才思想颇为消极，庄子反对尚贤，认为“至德之世，不尚贤，不使能”④，“举贤则民相轧，任知则民相盗”⑤。墨子在《尚贤》中强调唯才是举，“列德而尚贤，虽在农与工肆之人，有能则举之”⑥。

---

① 李学勤主编：《礼记正义》，第 1440 页。

② （清）焦循：《孟子正义》，第 226 页。

③ （清）王先谦：《荀子集解》，第 453 页。

④ （清）郭庆藩：《庄子集释》，第 445 页。

⑤ （清）郭庆藩：《庄子集释》，第 775 页。

⑥ 吴毓江：《墨子校注》，第 67 页。

管仲认为能否得贤是国家兴衰的关键因素，“凡人君所以尊安者，贤佐也。佐贤则君尊、国安、民治，无佐则君卑、国危、民乱。故曰：备长存乎在贤。凡人者，莫不欲利而恶害。是故与天下同利者，天下持之；擅天下之利者，天下谋之。天下所谋，虽立必隳。天下所持，虽高不危。故曰：安高在乎同利。”[①] 管仲认为招纳贤人最好的办法在于与之同利，“召远在修近，闭祸在除怨，修长在乎任贤，高安在乎同利。”[②] 并力主将选举贤才纳入到法治的轨道，“选贤论材而待之以法，举而得其人，坐而收其福，不可胜收也。官不胜任，奔走而奉，其败事不可胜救也。”[③] 先秦齐鲁“诸子”的人才思想成为两汉“诸子”选贤思想的理论源头。

第二节　西汉“诸子”的选贤思想

在两汉大一统的政治格局之下，贤才的选拔更具重要的意义，成为专制主义中央集权制度的重要内容，两汉“诸子”形成了内容丰富的选贤思想。西汉初年形成了中国古代历史上特有的“布衣将相之局”，这一局面则是秦军功政治的延续。“汉承秦制”，上至三公九卿下至郡县官吏均由军功集团所担任，二十等军功爵制成为任官的重要标准，官吏多出于军功。但善于冲锋陷阵的军功官吏并不一定能够胜任治理国家，诸多汉初功臣列侯的政治活动体现了这一点，“勃为人木强敦厚，高帝以为可属大事。勃不好文学，每召诸生说士，东乡坐而责之：‘趣为我语。’其椎少文如此。”[④] 陆贾洞悉汉初选官制度的缺点，提出了自己的选贤思想。

一、陆贾的选贤思想

陆贾强调贤人对于治理国家的重要意义，列举鲁定公之例，任用孔子威震齐国而鲁国兴，弃孔子任三桓而鲁国衰，“鲁定公之时，与齐侯会于夹

① 黎翔凤：《管子校注》，第 1205 页。

② 黎翔凤：《管子校注》，第 128 页。

③ 黎翔凤：《管子校注》，第 554 页。

④ （西汉）司马迁：《史记》卷五七，第 2071 页。

谷，孔子行相事。两君升坛，两相处下，两相欲揖，君臣之礼，济济备焉。齐人鼓噪而起，欲执鲁公。孔子历阶而上，不尽一等而立，谓齐侯曰：‘两君合好，以礼相率，以乐相化。臣闻嘉乐不野合，牺象之荐不下堂。夷、狄之民何求为？’命司马请止之。定公曰：‘诺。’齐侯逡巡而避席曰：‘寡人之过。’退而自责大夫。罢会。齐人使优旃舞于鲁公之幕下，傲戏，欲候鲁君之隙，以执定公。孔子叹曰：‘君辱臣当死。’使司马行法斩焉，首足异门而出。于是齐人惧然而恐，君臣易操，不安其故行，乃归鲁四邑之侵地，终无乘鲁之心，邻□振动，人怀向鲁之意，强国骄君，莫不恐惧，邪臣佞人，变行易虑，天下之政，□□而折中；而定公拘于三家，陷于众口，不能卒用孔子者，内无独见之明，外惑邪臣之党，以弱其国而亡其身，权归于三家，邑土单于强齐。夫用人若彼，失人若此；然定公不觉悟，信季孙之计，背贞臣之策，以获拘弱之名，而丧丘山之功，不亦惑乎！”①

陆贾强调君主必须要诛除奸臣，重用贤能正直之人，使其掌握权柄，方能直行大道。“故邪臣之蔽贤，犹浮云之鄣日月也，非得神灵之化，罢云霁翳，令归山海，然后乃得睹其光明，暴天下之濡湿，照四方之晦冥。今上无明王圣主，下无贞正诸侯，诛锄奸臣贼子之党，解释凝滞纰缪之结，然后忠良方直之人，则得容于世而施于政。故孔子遭君暗臣乱，众邪在位，政道隔于三家，仁义闭于公门，故作《公陵》之歌，伤无权力于世，大化绝而不通，道德施而不用，故曰：无如之何者，吾末如之何也已矣。夫言道因权而立，德因势而行，不在其位者，则无以齐其政，不操其柄者，则无以制其刚。诗云：‘有斧有柯。’言何以治之也。”②

贤人如何治国？陆贾认为贤人以仁义道德为手段，顺应天地阴阳以治理国家，颇具黄老色彩。“是以君子握道而治，据德而行，席仁而坐，杖义而强，虚无寂寞，通动无量。故制事因短，而动益长，以圆制规，以矩立方。圣人王世，贤者建功，汤举伊尹，周任吕望，行合天地，德配阴阳，承天诛恶，克暴除殃，将气养物，明□设光，耳听八极，目睹四方，忠进谗

① 王利器：《新语校注》，第78—79页。

② 王利器：《新语校注》，第84页。

退，直立邪亡，道行奸止，不得两张，□□本理，杜渐消萌。”① 陆贾进一步将贤人政治具体化为“中和”之政，行道德以化民，“是以君子尚宽舒以褢其身，行身中和以致疏远；民畏其威而从其化，怀其德而归其境，美其治而不敢违其政。民不罚而畏，不赏而劝，渐渍于道德，而被服于中和之所致也。”②

在朝堂之上却是贤人少而平庸之人多，陆贾分析了造成这一局面的原因，贤人深处穷泽陋巷之中，无人荐举于庙堂之上，反而是平庸的公卿子弟，才能平平，却因朝中大臣的荐举而得到重用。“夫穷泽之民，据犁接耜之士，或怀不羁之能，有禹、皋陶之美，纲纪存乎身，万世之术藏于心；然身不容于世，无绍介通之者也。公卿之子弟，贵戚之党友，虽无过人之能，然身在尊重之处，辅之者强而饰之众也，靡不达也。”③

要改变这种局面，陆贾强调朝中的大臣必须要随时举荐散落于民间的贤能之士，否则奸邪之臣必然满于朝野，动摇了国家统治的根基。“凡人莫不知善之为善，恶之为恶；莫不知学问之有益于己，怠戏之无益于事也。然而为之者情欲放溢，而人不能胜其志也。人君莫不知求贤以自助，近贤以自辅；然贤圣或隐于田里，而不预国家之事者，乃观听之臣不明于下，则闭塞之讥归于君；闭塞之讥归于君，则忠贤之士弃于野；忠贤之士弃于野，则佞臣之党存于朝；佞臣之党存于朝，则下不忠于君；下不忠于君，则上不明于下；上不明于下，是故天下所以倾覆也。”④

更为关键的是，贤明的君主要善于辨别贤才与谗夫，重用贤人，严惩谗夫。“君子远荧荧之色，放铮铮之声，绝恬美之味，疏嗌呕之情。天道以大制小，以重颠轻。以小治大，乱度干贞。谗夫似贤，美言似信，听之者惑，观之者冥。故苏秦尊于诸侯，商鞅显于西秦。世无贤智之君，孰能别其形。故尧放欢兜，仲尼诛少正卯；甘言之所嘉，靡不为之倾，惟尧知其实，仲尼见其情。故干圣王者诛，遏贤君者刑，遭凡王者贵，触乱世者荣。郑儋

① 王利器：《新语校注》，第 28 页。

② 王利器：《新语校注》，第 64 页。

③ 王利器：《新语校注》，第 108 页。

④ 王利器：《新语校注》，第 114 页。

亡齐而归鲁，齐有九合之名，而鲁有乾时之耻。夫据千乘之国，而信谗佞之计，未有不亡者也。故《诗》云：‘谗人罔极，交乱四国。’众邪合心，以倾一君，国危民失，不亦宜乎！”①

二、贾谊的选贤思想

在汉初宽松的政治文化环境之下，儒家思想开始崛起，儒家士人试图加入到政权中，这在贾谊的选贤思想中得到了体现。贾谊认为统治者治理国家有两大要务，一是得民心，二是得贤才，若无贤人辅佐，难以天下大治，“故成王处襁褓之中朝诸侯，周公用事也；武灵王五十而弑于沙丘，任李兑也。齐桓公得管仲九合诸侯，一匡天下，称为义主；失管仲，任竖刁而身死不葬，为天下笑。一人之身荣辱具施焉者，在所任也。故魏有公子无忌而削地复，赵任蔺相如而秦兵不敢出，安陵任周瞻而国独立，楚有申包胥而昭王反复，齐有陈单而襄王得其国。由此观之，无贤佐俊士，能成功立名、安危继绝者，未之有也。是以国不务大而务得民心，佐不务多而务得贤者；得民心而民往之，得贤者而贤者归之。”②

贾谊认为君主所用之人的贤恶关乎国家治乱，他将君主所用之人分为六等，师、友、大臣、左右、侍御、厮役，分别对应着帝、王、伯、强、存亡、灭亡六种政治形势，“知足以为源泉，行足以为表仪；问焉则应，求焉则得；入人之家足以重人之家，入人之国足以重人之国者，谓之师。知足以为砻砺，行足以为辅助，仁足以访议；明于进贤，敢于退不肖；内相匡正，外相扬美者，谓之友。知足以谋国事，行足以为民率，仁足以合上下之欢；国有法则退而守之，君有难则进而死之；职之所守，君不得以阿私托者，大臣也。修身正行不怍于乡曲，道语谈说不怍于朝廷；智能不困于事业，服一介之使，能合两君之欢；执戟居前，能举君之失过，不难以死持之者，左右也。不贪于财，不淫于色；事君不敢有二心，居君旁不敢泄君之谋；君有失过，虽不能正谏以其死持之，憔悴有忧色，不劝听从者，侍御也。柔色伛

① 王利器：《新语校注》，第55页。

② （西汉）贾谊撰，阎振益、钟夏校注：《新书校注》，第392页。

偻，唯谀之行，唯言之听，以睚眦之间事君者，厮役也。故与师为国者帝；与友为国者王，与大臣为国者伯，与左右为国者强，与侍御为国者若存若亡，与厮役为国者亡可立待也。”①

贾谊认为不举荐贤人，不铲除奸邪，必会形成“国无君”“国无吏”“国无人”的三种危局，如此下去，国家将面临覆亡的危险。“诸侯即位享国，社稷血食，而政有命，国无君也；官有政长而民有所属，而政有命，国无吏也；官驾百乘而食食千人，政有命，国无人也。何也？君之为言也，道也。故君也者，道之所出也。贤人不举而不肖人不去，此君无道也，故政谓此国无君也。吏之为言，理也。故吏也者，理之所出也。上为非而不敢谏，下为善而不知劝，此吏无理也，故政谓此国无吏也。官驾百乘而食食千人，近侧者不足以问谏，而由朝假不足以考度，故政谓此国无人也。呜呼，悲哉！君者，群也，无人谁据？无据必蹶，政谓此国素亡也。”②

如何选拔贤才？贾谊认为首先要君主贤明，方能以道求贤，而后待贤以敬，任以治民，则民化国治，这也是桀乱汤治，纣亡武兴的原因。“无世而无圣，或不得知也；无国而无士，或弗能得也。故世未尝无圣也，而圣不得圣王则弗起也；国未尝无士也，不得君子则弗助也。上圣明则士暗饰矣，故圣王在上位，则士百里而有一人，则犹无有也。故王者衰，则士没矣。故暴乱位上，则千里而有一人，则犹比肩也。故国者有不幸而无明君；君明也，则国无不幸而无贤士矣。故自古而至于今，泽有无水，国无无士。故士易得而难求也，易致而难留也。故求士而不以道，周遍境内不能得一人焉。故求士而以道，则国中多有之。此之谓士易得而难求也。故待士而以敬，则士必居矣；待士而不以道，则士必去矣。此之谓士易致而难留也。王者有易政而无易国，有易吏而无易民。故因是国也而为安，因是民也而为治。故汤以桀之乱民为治，武王以纣之北卒为强。故民之治乱在于吏，国之安危在于政。故是以明君之于政也慎之，于吏也选之，然后国兴也。”③

贾谊强调朝中的权贵大臣即使是为了自己的利益也一定要向皇帝举荐

---

① （西汉）贾谊撰，阎振益、钟夏校注：《新书校注》，第292—293页。

② （西汉）贾谊撰，阎振益、钟夏校注：《新书校注》，第351页。

③ （西汉）贾谊撰，阎振益、钟夏校注：《新书校注》，第348页。

贤才。“汤曰：‘学圣王之道者，譬其如日；静思而独居，譬其若火。夫人舍学圣王之道而静居独思，譬其若去日之明于庭，而就火之光于室也，然可以小见，而不可以大知。’是故明君而君子，贵尚学道而贱下独思也。故诸君子得贤而举之，得贤而与之，譬其若登山乎；得不肖而举之，得不肖而与之，譬其若下渊乎。故登山而望，其何不临而何不见？凌迟而入渊，其孰不陷溺？是以明君慎其举，而君子慎其与，然后福可必归，灾可必去矣。”①

贾谊认为统治者选拔重用贤人必然会引起连锁反应，经过相互荐举，其他贤人必然达于朝堂之上。“文王请除炮烙之刑而殷民徙，汤去张网者之三面而二垂至；越王不颓旧冢而吴人服，以其所为顺于人也。故同声则处异而相应，意合则未见而相亲，贤者立于本朝，而天下之士相率而趋之。何以知其然也？管仲者，桓公之仇也。鲍叔以为贤于已而进之桓公，七十言说乃听，遂使桓公除仇仇之心，而委之国政焉。桓公垂拱无事而朝诸侯，鲍叔之力也。管仲之所以走桓公而无自危之心者，同声于鲍叔也。”②

选举贤人是第一步，任用贤人以兴国则是第二步。贾谊认为首先要任用贤人做太子身边的保、傅，教之以礼乐忠信仁义孝，并亲身率导，以正其志，助其成长为英明的君主。“或称《春秋》，而为之耸善而抑恶，以革劝其心。教之《礼》，使知上下之则宜。或称《诗》，而为之广道显德，以驯明其志。教之《乐》，以疏其秽，而填其浮气。教之语，使明于上世而知先王之务明德于民也。教之故志，使知废兴者，而戒惧焉。教之任术，使能纪万官之职任，而知治化之仪。教之训典，使知族类疏戚，而隐比驯焉。此所谓学太子以圣人之德者也。或明惠施以道之忠，明长复以道之信，明度量以道之义，明等级以道之礼，明恭俭以道之孝，明敬戒以道之事，明慈爱以道之仁，明僩雅以道之文，明除害以道之武，明精直以道之伐，明正德以道之赏，明齐肃以道之敬，此所谓教太子也。左右前后，莫非贤人以辅相之，总威仪以先后之，摄体貌以左右之，制义行以宣翼之，章恭敬以监行之，勤劳以劝之，孝顺以内之，敦笃以固之，忠信以发之，德言以扬之，此所谓顺者

① （西汉）贾谊撰，阎振益、钟夏校注：《新书校注》，第 361—362 页。

② （西汉）贾谊撰，阎振益、钟夏校注：《新书校注》，第 392—393 页。

也。此傅人之道也，非贤者不能行。”[①]

其次，任用贤能担任治民官吏，以德教治民，以化民心。“举贤则民化善，使能则官职治；英俊在位则主尊，羽翼胜任则民显；操德而固则威立，教顺而必则令行；周听则不蔽，稽验则不惶，明好恶则民心化，密事端则人主神。术者，接物之队。凡权重者必谨于事，令行者必谨于言，则过败鲜矣。此术之接物之道也。其为原无屈，其应变无极，故圣人尊之。夫道之详，不可胜术也。”[②]贤能的官吏在治民中要厉行廉耻礼义，忘利而守义，“故化成俗定，则为人臣者，主丑亡身，国丑亡家，公丑忘私，利不苟就，害不苟去，唯义所在，主上之化也。故父兄之臣诚死宗庙，法度之臣诚死社稷，辅翼之臣诚死君上，守卫捍敌之臣诚死城廓封境。故曰‘圣人有金城’者，此物此志也。彼且为我死，故吾得与之俱生；彼且为我亡，故吾得与之俱存；夫将为我危，故吾得与之皆安。顾行而忘利，守节而服义，故可以托不御之权，可以托五尺之孤。此厉廉耻、行礼义之所致也，主上何丧焉？此之不为，而顾彼之行，故曰可为长太息者也。”[③]

贾谊还提出了依据民意来提拔官吏的主张，根据民众拥戴的不同程度来任命不同等级的官职。“夫民之为言也，瞑也；萌之为言也，盲也。故惟上之所扶而以之，民无不化也，故曰民萌。民萌哉，直言其意而为之名也。夫民者，贤不肖之材也，贤不肖皆具焉。故贤人得焉，不肖者伏焉；技能输焉，忠信饰焉。故民者积愚也。故夫民者虽愚也，明上选吏焉，必使民与焉。故士民誉之，则明上察之，见归而举之；故士民苦之，则明上察之，见非而去之。故王者取吏不忘，必使民唱，然后和之。故夫民者，吏之程也。察吏于民，然后随之。夫民至卑也，使之取吏焉，必取而爱焉。故十人爱之有归，则十人之吏也；百人爱之有归，则百人之吏也；千人爱之有归，则千人之吏也；万人爱之有归，则万人之吏也。故万人之吏，选卿相焉。”[④]强调民众参与到选官制度中，这一观点倒是带有一些朴素的民主因素。

---

① （西汉）贾谊撰，阎振益、钟夏校注：《新书校注》，第172—173页。

② （西汉）贾谊撰，阎振益、钟夏校注：《新书校注》，第302—303页。

③ （西汉）贾谊撰，阎振益、钟夏校注：《新书校注》，第82页。

④ （西汉）贾谊撰，阎振益、钟夏校注：《新书校注》，第349页。

三、董仲舒的选贤思想

文景时期，旧有的军功阶层逐步衰落，天下承平，战争较少，军功获得者难以满足封建官僚体系的需求，郎官制度成为选官的重要制度。郎官的来源在于任子制，“任子令者，《汉仪注》吏二千石以上视事满三年，得任同产若子一人为郎。不以德选，故除之。”[①] 訾选，“《汉注》赀五百万得为常侍郎。”[②] 而这些人出身于富贵之家，未必有治国才能。至武帝即位后，儒家急切取代黄老成为统治思想，儒生必然要进入政治领域，董仲舒的选贤思想反映了这一时代特点。董仲舒在《春秋繁露》中系统论述了自己的选贤思想。他总结了春秋时期鲁国及其他国家的历史兴衰经验，认为任用贤人则国家昌盛，所用非人则国家衰弱。“古之人有言曰：不知来，视诸往。今《春秋》之为学也，道往而明来者也。然而其辞体天之微，故难知也。弗能察，寂若无；能察之，无物不在。是故为《春秋》者，得一端而多连之，见一空而博贯之，则天下尽矣。鲁僖公以乱即位，而知亲任季子。季子无恙之时，内无臣下之乱，外无诸侯之患，行之二十年，国家安宁。季子卒之后，鲁不支邻国之患，直乞师楚耳。僖公之情非辄不肖而国衰益危者，何也？以无季子也。以鲁人之若是也，亦知他国之皆若是也。以他国之皆若是，亦知天下之皆若是也。此之谓连而贯之。故天下虽大，古今虽久，以是定矣。以所任贤，谓之主尊国安。所任非其人，谓之主卑国危。万世必然，无所疑也。其在《易》曰：‘鼎折足，覆公餗。’夫鼎折足者，任非其人也。覆公餗者，国家倾也。是故任非其人而国家不倾者，自古至今未尝闻也。”[③]

董仲舒列举了鲁庄公、吴王夫差、秦穆公、虞公不听贤人劝谏或灭亡或战败的历史教训。“鲁庄公好宫室，一年三起台。夫人内淫两弟，弟兄子父相杀。国绝莫继，为齐所存，夫人淫之过也。妃匹贵妾，可不慎邪？此皆内自强从心之败已，见自强之败，尚有正谏而不用，卒皆取亡。曹羁谏其君曰：‘戎众以无义，君无自适。’君不听，果死戎寇。伍子胥谏吴王，以为越不可不取。吴王不听，至死伍子胥。还九年，越果大灭吴国。秦穆公将袭

---

① （东汉）班固：《汉书》卷一一，第 337 页。

② （东汉）班固：《汉书》卷五〇，第 2307 页。

③ 苏舆：《春秋繁露义证》，第 96—97 页。

郑，百里、蹇叔谏曰：‘千里而袭人者，未有不亡者也。’穆公不听。师果大败殽中，匹马只轮无反者。晋假道虞，虞公许之。宫之奇谏曰：‘唇亡齿寒，虞虢之相救，非相赐也。君请勿许。’虞公不听，后虞果亡于晋。《春秋》明此，存亡道可观也”。①

董仲舒认为任用贤人的关键不仅在于君主的知贤，更要具有任贤的果决与勇气。鲁庄公未能早用季友，导致鲁国内乱不断，宋殇公不能早用孔父嘉，终被华督所杀，“故吾按《春秋》而观成败，乃切悁悁于前世之兴亡也。任贤臣者，国家之兴也。夫知不足以知贤，无可奈何矣。知之不能任，大者以死亡，小者以乱危，其若是何邪？以庄公不知季子贤邪？安知病将死，召而授以国政。以殇公为不知孔父贤邪？安知孔父死，已必死，趋而救之。二主知皆足以知贤，而不决，不能任。故鲁庄以危，宋殇以弑。使庄公早用季子，而宋殇素任孔父，尚将兴邻国，岂直免弑哉。此吾所悁悁而悲者也。”②

董仲舒创新性地将选贤与“气”说相结合，认为贤者有谦卑之气，欲招徕贤士，统治者必须要修养谦卑之气，气气相通，则贤者自来。“气之清者为精，人之清者为贤。治身者以积精为宝，治国者以积贤为道。身以心为本，国以君为主。精积于其本，则血气相承受；贤积于其主，则上下相制使。血气相承受，则形体无所苦；上下相制使，则百官各得其所。形体无所苦，然后身可得而安也；百官各得其所，然后国可得而守也。夫欲致精者，必虚静其形；欲致贤者，必卑谦其身。形静志虚者，精气之所趣也；谦尊自卑者，仁贤之所事也。故治身者务执虚静以致精，治国者务尽卑谦以致贤。能致精则合明而寿，能致贤则德泽洽而国太平。”③

董仲舒主动为选拔贤才提供了制度性的设计。首先，与其他汉初“诸子”建议寻找贤人不同，董仲舒提出设立太学，主动培养贤才，“陛下亲耕藉田以为农先，夙寤晨兴，忧劳万民，思惟往古，而务以求贤，此亦尧舜之用心也。然而未云获者，士素不厉也。夫不素养士而欲求贤，譬犹不琢玉而求文采也。故养士之大者，莫大乎太学；太学者，贤士之所关也，教化之本

① 苏舆：《春秋繁露义证》，第128—129页。

② 苏舆：《春秋繁露义证》，第97—98页。

③ 苏舆：《春秋繁露义证》，第182—183页。

原也。今以一郡一国之众对，亡应书者，是王道往往而绝也。臣愿陛下兴太学，置明师，以养天下之士，数考问以尽其材，则英俊宜可得矣。今之郡守、县令，民之师帅，所使承流而宣化也；故师帅不贤，则主德不宣，恩泽不流。今吏既亡教训于下，或不承用主上之法，暴虐百姓，与奸为市，贫穷孤弱，冤苦失职，甚不称陛下之意。是以阴阳错缪，氛气充塞，群生寡遂，黎民未济，皆长吏不明，使至于此也。”[①]

其次，主张打破传统的任子制、訾选制，进一步扩大选拔贤才的范围，将察举之策制度化，使列侯、郡守、二千石官吏每年各自上贡二人至皇帝身边加以观察任用。“夫长吏多出于郎中、中郎，吏二千石子弟选郎吏，又以富訾，未必贤也。且古所谓功者，以任官称职为差，非谓积日累久也。故小材虽累日，不离于小官；贤材虽未久，不害为辅佐。是以有司竭力尽知，务治其业而以赴功。今则不然。累日以取贵，积久以致官，是以廉耻贸乱，贤不肖浑淆，未得其真。臣愚以为使诸列侯、郡守、二千石各择其吏民之贤者，岁贡各二人以给宿卫，且以观大臣之能；所贡贤者有赏，所贡不肖者有罚。夫如是，诸侯、吏二千石皆尽心于求贤，天下之士可得而官使也。遍得天下之贤人，则三王之盛易为，而尧舜之名可及也。毋以日月为功，实试贤能为上，量材而授官，录德而定位，则廉耻殊路，贤不肖异处矣。陛下加惠，宽臣之罪，令勿牵制于文，使得切磋究之，臣敢不尽愚！”[②]董仲舒进而建议统治者要依据贤才能力的大小、类别而授予官职，使其能力得到最大发挥，“论贤才之义，别所长之能”[③]。

西汉前期，对官吏没有考绩制度，往往出现“贤愚并进”的局面。为了能够更好地辨别在任官吏的贤愚，提拔重用真正的贤人，董仲舒力倡考绩法，以“循名责实”“重质轻文”为原则，不计其声名之贤愚，以其功罪之实进行考察赏罚。“考绩之法。考其所积也。天道积聚众精以为光，圣人积聚众善以为功。故日月之明，非一精之光也；圣人致太平，非一善之功也。明所从生，不可为源，善所从出，不可为端，量势立权，因事制义。故圣人

---

① （东汉）班固：《汉书》卷五六，第 2512 页。

② （东汉）班固：《汉书》卷五六，第 2512—2513 页。

③ 苏舆：《春秋繁露义证》，第 145 页。

之为天下兴利也，其犹春气之生草也，各因其生小大而量其多少，其为天下除害也，若川渎之写于海也，各顺其势，倾侧而制于南北。故异孔而同归，殊施而钧德，其趣于兴利除害一也。是以兴利之要在于致之，不在于多少；除害之要在于去之，不在于南北。考绩黜陟，计事除废，有益者谓之公，无益者谓之烦。揽名责实，不得虚言，有功者赏，有罪者罚，功盛者赏显，罪多者罚重。不能致功，虽有贤名，不予之赏；官职不废，虽有愚名，不加之罚。赏罚用于实，不用于名，贤愚在于质，不在于文。故是非不能混，喜怒不能倾，奸轨不能弄，万物各得其冥，则百官劝职，争进其功。”①

更为难能可贵的是董仲舒提出了具体的考绩办法，对从中央到地方的各级官吏进行全面长期的考核。考核高级官吏要注重舒缓，考核低级官吏要注重频繁。根据官吏的功劳、罪过、爵位、官位等，决定高下等级，分为上中下三大等级，每大等级又分上中下三个小等级，一共是九个等级。第一级为最高等级，第九级为最低等级，以第五等级为分界线，五级以上赏赐升迁，五级以下惩戒降职。

> 考试之法，大者缓，小者急，贵者舒而贱者促。诸侯月试其国，州伯时试其部，四试而一考。天子岁试天下，三试而一考，前后三考而黜陟，命之曰计。
>
> 考试之法，合其爵禄，并其秩，积其日，陈其实，计功量罪，以多除少，以名定实，先内第之。其先比二三分以为上中下，以考进退，然后外集。通名曰进退，增减多少，有率为第。九分三三列之，亦有上中下，以一为最，五为中，九为殿。有余归之于中，中而上者有得，中而下者有负。得少者以一益之，至于四，负多者以四减之，至于一，皆逆行。三四十二而成于计，得满计者黜陟之。次次每计，各逐其第，以通来数。初次再计，次次四计，各不失故第，而亦满计黜陟之。
>
> 初次再计，谓上第二也。次次四计，谓上第三也。九年为一第，二得九，并去其六，为置三第，六六得等，为置二，并中者得三尽去

① 苏舆：《春秋繁露义证》，第177—179页。

之，并三三计得六，并得一计得六，此为四计也。黜者亦然。[①]

董仲舒的选贤思想，汲取了先秦汉初“诸子”的选贤思想，指陈西汉初年选举制度的弊端，并进行了一系列的制度设计，颇具制度理性与求实精神，极具现实意义，奠定了两汉选贤思想的基础。

四、贤良文学的选贤思想

武帝时期，虽然确立了儒家思想的统治地位，察举制度完全确立，但是选官制度多样化，武功爵选官，入粟拜爵，入羊拜爵，大量商人、富豪及其子弟进入政治领域，“吏道杂而多端，则官职耗废”[②]。富商之子桑弘羊深得武帝信任，官至御史大夫，富商卜式亦官至御史大夫，挤压了儒生们的政治生存空间。在盐铁会议中，贤良文学试图“拨乱反正”，重新为儒生们赢得政治空间。贤良文学总结先秦时期的历史经验，认为能否得到贤人关乎国家的存亡，齐威王、宣王之时，礼贤下士，国富民强，成为诸侯霸主，齐湣王慢待贤士，国力大衰，齐王建信任奸臣后胜，终被秦灭。“无鞭策，虽造父不能调驷马。无势位，虽舜、禹不能治万民。孔子曰：‘凤鸟不至，河不出图，吾已矣夫！’故轺车良马，无以驰之；圣德仁义，无所施之。齐威、宣之时，显贤进士，国家富强，威行敌国。及湣王，奋二世之余烈，南举楚、淮，北并巨宋，苞十二国，西摧三晋，却强秦，五国宾从，邹、鲁之君，泗上诸侯皆入臣。矜功不休，百姓不堪。诸儒谏不从，各分散，慎到、捷子亡去，田骈如薛，而孙卿适楚。内无良臣，故诸侯合谋而伐之。王建听流说，信反间，用后胜之计，不与诸侯从亲，以亡国。为秦所擒，不亦宜乎？”[③]管仲离鲁去齐，鲁衰齐霸，伍子胥离楚去吴，楚几灭国，晋文公忌惮楚国的子玉得臣而不能安坐，文公因虞国的宫之奇而夜不能寐。“管仲去鲁入齐，齐霸鲁削，非持其众而归齐也。伍子胥挟弓干阖闾，破楚入郢，非负其兵而适吴也。故贤者所在国重，所去国轻。楚有子玉得臣，文公侧席；虞有宫之

① 苏舆：《春秋繁露义证》，第179—182页。

② （东汉）班固：《汉书》卷二四下，第1159页。

③ 王利器：《盐铁论校注》，第149—150页。

奇，晋献不寐。夫贤臣所在，辟除开塞者亦远矣。故《春秋》曰：‘山有虎豹，葵藿为之不采；国有贤士，边境为之不害’也。”①

贤良文学认为武帝之后的公卿大臣多谋私利，培植私人势力，难以荐举像萧何、曹参、夏侯婴、灌婴一样的贤人。“高皇帝之时，萧、曹为公，滕、灌之属为卿，济济然斯则贤矣。文、景之际，建元之始，大臣尚有争引守正之义。自此之后，多承意从欲，少敢直言面议而正刺，因公而徇私。故武安丞相讼园田，争曲直人主之前。夫九层之台一倾，公输子不能正；本朝一邪，伊、望不能复。故公孙丞相、倪大夫侧身行道，分禄以养贤，卑己以下士，功业显立，日力不足，无行人子产之继。而葛绎、彭侯之等，隳坏其绪，纰乱其纪，毁其客馆议堂，以为马厩妇舍，无养士之礼，而尚骄矜之色，廉耻陵迟而争于利矣。故良田广宅，民无所之；不耻为利者满朝市，列田畜者弥郡国，横暴掣顿，大第巨舍之旁，道路且不通，此固难医而不可为工。”②

贤良文学认为当时的选官制度违背了古代“乡举里选”的选举传统，抨击了当时选举制度的多样化，多以军功、资产、恩泽而授予官职，并非能选拔到真正的贤人，尤其是当时的郡守、诸侯国相这些封疆大吏，多非贤人。“古之进士也，乡择而里选，论其才能，然后官之，胜职任然后爵而禄之。故士修之乡曲，升诸朝廷，行之幽隐，明足显著。疏远无失士，小大无遗功。是以贤者进用，不肖者简黜。今吏道杂而不选，富者以财贾官，勇者以死射功。戏车鼎跃，咸出补吏，累功积日，或至卿相。垂青绳，擐银龟，擅杀生之柄，专万民之命。弱者，犹使狼将羊也，其乱必矣。强者，则是予狂夫利剑也，必妄杀生也。是以往者，郡国黎民相乘而不能理，或至锯颈杀不辜而不能正。执纲纪非其道，盖博乱愈甚。古者，封贤禄能，不过百里；百里之中而为都，疆垂不过五十，犹以为一人之身，明不能照，聪不得达，故立卿、大夫、士以佐之，而政治乃备。今守、相或无古诸侯之贤，而莅千里之政，主一郡之众，施圣主之德，擅生杀之法，至重也。非仁人不能任，

① 王利器：《盐铁论校注》，第438页。

② 王利器：《盐铁论校注》，第401页。

非其人不能行。一人之身，治乱在已，千里与之转化，不可不熟择也。故人主有私人以财，不私人以官，悬赏以待功，序爵以俟贤，举善若不足，黜恶若仇仇，固为其非功而残百姓也。夫辅主德，开臣途，在于选贤而器使之，择练守、相然后任之。”①

贤良文学认为真正的贤人君子奉行道义，恭敬理顺，流传于万世。“君子进必以道，退不失义，高而勿矜，劳而不伐，位尊而行恭，功大而理顺；故俗不疾其能，而世不妒其业。”② 贤人君子是以天下为己任，轻个人之私利，“故君子之仕，行其义，非乐其势也。受禄以润贤，非私其利。见贤不隐，食禄不专，此公叔之所以为文，魏成子所以为贤也。故文王德成而后封子孙，天下不以为党，周公功成而后受封，天下不以为贪。今则不然。亲戚相推，朋党相举，父尊于位，子溢于内，夫贵于朝，妻谒行于外。无周公之德而有其富，无管仲之功而有其侈，故编户跛夫而望疾步也。”③

桑弘羊以商鞅、蒙恬为贤人，贤良文学却不以为然，认为其只知利而不知义，只知进不知退。“商鞅之开塞，非不行也；蒙恬却胡千里，非无功也；威震天下，非不强也；诸侯随风西面，非不从也；然而皆秦之所以亡也。商鞅以权数危秦国，蒙恬以得千里亡秦社稷：此二子者，知利而不知害，知进而不知退，故果身死而众败。此所谓恋朐之智，而愚人之计也，夫何大道之有？故曰：‘小人先合而后忤，初虽乘马，卒必泣血。’此之谓也。”④

贤人能否得到重用的前提还是在于君主是否英明。“扁鹊不能治不受针药之疾，贤圣不能正不食谏诤之君。故桀有关龙逄而夏亡，纣有三仁而商灭，故不患无由余、子臧之论，患无穆、威之听耳。是以孔子东西无所遇，屈原放逐于楚国也。故曰：‘直道而事人，焉往而不三黜？枉道而事人，何必去父母之邦。’此所以言而不见从，行而不得合者也。”⑤ 只有遇到圣明的君主才能够发挥贤人治国安邦的作用。伊尹、姜太公遇到商汤、周文王方能

① 王利器：《盐铁论校注》，第410—411页。

② 王利器：《盐铁论校注》，第96页。

③ 王利器：《盐铁论校注》，第122页。

④ 王利器：《盐铁论校注》，第95页。

⑤ 王利器：《盐铁论校注》，第255页。

施展其才能，屈原空有大才，未遇明主，被楚王流放。“日月之光，而盲者不能见，雷电之声，而聋人不能闻。夫为不知音者言，若语于喑聋，何特蝉之不知重雪耶？夫以伊尹之智，太公之贤，而不能开辞于桀、纣，非说者非，听者过也。是以荆和抱璞而泣血，曰：‘安得良工而剖之！’屈原行吟泽畔，曰：‘安得皋陶而察之！’夫人君莫不欲求贤以自辅，任能以治国，然牵于流说，惑于道谀，是以贤圣蔽掩，而谗佞用事，以此亡国破家，而贤士饥于岩穴也。”①

君主得到贤人之后，必须要听从贤人之言，否则依然不能摆脱身死国亡的结局。虞君没有采纳百里奚之谋而被晋灭国，纣王未能采纳微子、箕子、胶鬲、棘子之言最终身死国亡。“虞不用百里奚之谋而灭，秦穆用之以至霸焉。夫不用贤则亡，而不削何可得乎？孟子适梁，惠王问利，答以仁义。趣舍不合，是以不用而去，怀宝而无语。故有粟不食，无益于饥；睹贤不用，无益于削。纣之时，内有微、箕二子，外有胶鬲、棘子，故其不能存。夫言而不用，谏而不听，虽贤，恶得有益于治也？”②

贤良文学亦强调掌权的公卿大臣不需事必躬亲，应当垂拱无为，以谦卑下士的态度举荐重用贤人，贤人们必然归之如流水，抨击了当时的公卿大臣嫉贤妒能，高己骄士的态度。“是以曹丞相日饮醇酒，倪大夫闭口不言。故治大者不可以烦，烦则乱；治小者不可以怠，怠则废。……言官得其人，人任其事，故官治而不乱，事起而不废，士守其职，大夫理其位，公卿总要执凡而已。故任能者责成而不劳，任己者事废而无功。桓公之于管仲，耳而目之。故君子劳于求贤，逸于用之，岂云殆哉？昔周公之相也，谦卑而不邻，以劳天下之士，是以俊乂满朝，贤智充门。孔子无爵位，以布衣从才士七十有余人，皆诸侯卿相之人也，况处三公之尊以养天下之士哉？今以公卿之上位，爵禄之美，而不能致士，则未有进贤之道。尧之举舜也，宾而妻之。桓公举管仲也，宾而师之。以天子而妻匹夫，可谓亲贤矣。以诸侯而师匹夫，可谓敬宾矣。是以贤者从之若流，归之不疑。今当世在位者，既无燕

---

① 王利器：《盐铁论校注》，第255页。

② 王利器：《盐铁论校注》，第254页。

昭之下士，《鹿鸣》之乐贤，而行臧文、子椒之意，蔽贤妒能，自高其智，訾人之才，足己而不问，卑士而不友，以位尚贤，以禄骄士，而求士之用，亦难矣！”①

第三节 东汉“诸子”的选贤思想

一、桓谭的选贤思想

桓谭生活于两汉之交，历仕于西汉、新、更始、东汉四个政权，他深知此时选官制度的黑暗，提出了自己富有特色的选贤思想。桓谭将贤人细化为五类，自下而上，乡里之士、县廷之士、州郡之士、公辅之士、天下之士。“贤有五品：谨敕于家事，顺悌于伦党，乡里之士也；作健晓惠，文史无害，县廷之士也；信诚笃行，廉平公，理下务上者，州郡之士也；通经术，名行高，能达于从政，宽和有固守者，公辅之士也；才高卓绝，疏殊于众，多筹大略，能图世建功者，天下之士也。”②

桓谭总结了秦、西汉、新、更始衰亡的历史教训，其灭亡的原因多种多样，但有一个共同的原因，未能提拔重用贤才，并指出预先防备政权衰亡的重要措施在于选拔重用贤才。“昔秦王见周室之失统，丧权于诸侯，自以当保有九州，见万民碌碌，犹群羊聚猪，皆可以竿而驱之，故遂自恃，不任人、封立诸侯。及陈胜、楚、汉，咸由布衣，非封君有土，而并共灭秦，遂以败也。高帝既定天下，念项王从函谷入，而已由武关到，推却关，修强守御，内充实三军，外多发屯戍，设穷治党与之法，重悬告反之赏。及王翁之夺取，乃不犯关梁厄塞，而坐得其处。王翁自见以专国秉政得之，即抑重臣，收下权，使事无大小深浅，皆断决于己身。及其失之，人不从大臣生焉。更始帝见王翁以失百姓心亡天下，既西到京师，恃民悦喜，则自安乐，不听纳谏臣谋士，赤眉围其外，而近臣反城，遂以破败。由是观之，夫患害奇邪不一，何可胜为设防量备哉？防备之善者，则唯量贤智大材，然后先见

① 王利器：《盐铁论校注》，第130—131页。

② （东汉）桓谭：《新论》，第7页。

豫图，遏将救之耳。明镜，龟策也。章程，斛斗也。铨衡，丈尺也。维针艾方药者，已病之具也，非良医不能以愈人。”①

但是桓谭所在的时代，贤才难以得到重用，他深刻分析了其原因，即“大难三”，贤才少，庸才多，其特立独行的言论与高洁的品行难以获得权贵及其他官员的支持；贤人想建立卓越的事业，世俗之人不能接受；贤人的建议被采纳后，谗臣必然加以诽谤，最终不得施行。“止善二”，贤才特立独行，为众所不容，一旦有错，必被诬陷；贤才必然被众人所嫉妒，虽得明君一时重用，难以久任。“言求取辅佐之术，既得之，又有大难三，而止善二。为世之事，中庸多，大材少，少不胜众，一口不能与一国讼，持孤特之论，干雷同之计，以疏贱之处，逆贵近之心，则万不合，此一难也。夫建踔殊，为非常，乃世俗所不能见也，又使明智图事，而与众平之，亦必不足，此二难也。既听纳，有所施行，而事未及成，谗人随而恶之，即中道狐疑，或使言者还受其尤，此三难也。智者尽心竭言，以为国造事，众间之，则反见疑，壹不当合，遂被谮想，虽有十善，隔以一恶去，此一止善也。材能之士，世所嫉妒，遭遇明君，乃壹兴起，既幸得之，又复随众，弗兴知者，虽有若仲尼，犹且出走，此二止善也。是故非君臣致密坚固，割心相信，动无间疑，若伊、吕之见用，傅说通梦，管、鲍之信任，则难以遂功竟意矣。又说之言，亦甚多端，其欲观使者，则以古之贤辅历主，欲间疏别离，则以专权危国者论之。盖父子至亲，而人主有高宗、孝己之设，及景、武时栗、卫太子之事；忠臣高节，时有龙逢、比干、伍员、晁错之变；比类众多，不可尽记，则事曷可为邪？庸易知邪？虽然，察前世已然之效，可以观览，亦可以为戒。”②

至于如何选贤用贤？桓谭强调君主的核心地位。君主要知“大体”，即大格局，方能真正辨贤用贤。“若材能有大小，智略有深浅，听明有暗照，质行有薄厚，亦则异度焉。非有大材深智，则不能见其大体。大体者，皆是当之事也。夫言是而计当，遭变而用权，常守正，见事不惑，内有度量，不

① （东汉）桓谭：《新论》，第 4—5 页。

② （东汉）桓谭：《新论》，第 7—8 页。

可倾移而诳以谲异，为知大体矣。如无大材，则虽威权如王翁，察慧如公孙龙，敏给如东方朔，言灾异如京君明，及博见多闻，书至万篇，为儒教授数百千人，只益不知大体焉。维王翁之过绝世人有三焉：其智足以饰非夺是，辨能穷诘说士，威则震惧群下，又数阴中不快己者。故群臣莫能抗答其论，莫敢干犯匡谏，卒以致亡败，其不知大体之祸也。”①

桓谭认为君主对于贤才的选择在精而不在多，选择“大贤能”，必使其处于权力中枢，这样才能成为挽救国家衰亡的良药。“材能德行者，治国之器也，非明君不能以立功。医无针药，可作为求买，以行术伎，不须必自有也。君无材德，可选任明辅，不待必躬能也。由是察焉，则材能德行，国之针药也，其得立功效，乃在君辅。传曰：‘得十良马，不如得一伯乐；得十利剑，不如得一欧冶’。多得善物，不如少得能知物。知物者之致善珍，珍益广，非特止于十也。朝九州之俊。昔尧试舜于大麓者，乃领录天下之事，如今之尚书官矣。宜得大贤智，乃可使处议持平焉。昔周公光崇周道，泽被四表。治狱如水。夫圣人乃千载一出，贤人君子所想思而不可得见者也。切直忠正，则汲黯之敢谏争也。前世俊士，立功垂名，图画于殿阁宫省，此乃国之大宝，亦无价矣。虽积和璧，累夏璜，囊隋侯，箧夜光，未足喻也。伊、吕、良、平，何世无之？但人君不知，群臣勿用也。捕猛兽者，不使美人举手；钓巨鱼者，不使稚子轻预。非不亲也，力不堪也。奈何万乘之主而不择人哉？”②

桓谭强调君主不仅要重用贤才，更要绝对信任他们，坚决采纳施行其建议，在当世发挥重大的作用。“维诸高妙大材之人，重时遇咎，皆欲上与贤侔，而垂荣历载，安肯毁明废义，而为不轨恶行乎？若夫鲁连解齐、赵之金封，虞卿捐万户与国相，乃乐以成名肆志，岂复干求便辟趋利耶？览诸邪背叛之臣，皆小辨贪饕之人也，大材者莫有焉。由是观之，世间高士材能绝异者，其行亲任亦明矣，不主乃意疑之也！如不能听纳，施行其策，虽广知得，亦终无益也。贾谊不左迁失志，则文彩不发。淮南不贵盛富饶，则不能

① （东汉）桓谭：《新论》，第11页。

② （东汉）桓谭：《新论》，第5—6页。

广聘骏士，使著文作书。太史公不典掌书记，则不能条悉古今。扬雄不贫，则不能作《玄》《言》。殷之三仁，皆暗于前而章于后，何益于事？何补于君？谓扬子云曰：‘如后世复有圣人，徒知其材能之胜己，多不能知其圣与非圣人也。’子云曰：‘诚然。’”①

二、王充的选贤思想

王充出身于会稽“细族”，博览百家之书，而不做章句之学，负有大才，但因其无政治背景，加之性格耿直，一生仕途坎坷，仅官至郡功曹、州从事。其亲身经历使得王充的选贤思想更具批判性与现实理性。王充首先分析了贤人为何不受重用的原因：未得任用之前，要经过“三累”的考验，即在“择友”“进用”“交游”三个方面的干扰；得到任用之后要面临“三害”的威胁，即贤人深受奸臣庸吏的毁谤陷害，“凡人操行，不能慎择友，友同心恩笃，异心疏薄，疏薄怨恨，毁伤其行，一累也。人才高下，不能钧同，同时并进，高者得荣，下者惭恚，毁伤其行，二累也。人之交游，不能常欢，欢则相亲，忿则疏远，疏远怨恨，毁伤其行，三累也。位少人众，仕者争进，进者争位，见将相毁，增加傅致，将昧不明，然纳其言，一害也。将吏异好，清浊殊操，清吏增郁郁之白，举涓涓之言，浊吏怀恚怨恨，徐求其过，因纤微之谤，被以罪罚，二害也。将或幸佐吏之身，纳信其言；佐吏非清节，必拔人越次。迕失其意，毁之过度；清正之仕，抗行伸志，遂为所憎，毁伤于将，三害也。夫未进也，身被三累；已用也，身蒙三害，虽孔丘、墨翟不能自免，颜回、曾参不能全身也。”②

王充还认为贤人之所以未被进用，是因为缺乏公卿将相及各级长吏的举荐，缺少进入庙堂的平台。“且贤儒之不进，将相长吏不开通也。农夫载谷奔都，贾人赍货赴远，皆欲得其愿也。如门郭闭而不通，津梁绝而不过，虽有勉力趋时之势，奚由早至以得盈利哉？长吏妒贤，不能容善，不被钳赭之刑，幸矣，焉敢望官位升举，道理之早成也？”③

---

① （东汉）桓谭：《新论》，第8—9页。

② 黄晖：《论衡校释》，第11页。

③ 黄晖：《论衡校释》，第625页。

贤人如何才能受到重用？王充认为贤人能否得到重用在于充满偶然性的“时遇”：“操行有常贤，仕宦无常遇。贤不贤，才也；遇不遇，时也。才高行洁，不可保以必尊贵；能薄操浊，不可保以必卑贱。或高才洁行，不遇，退在下流；薄能浊操，遇，在众上。世各自有以取士，士亦各自得以进。进在遇，退在不遇。处尊居显，未必贤，遇也；位卑在下，未必愚，不遇也。故遇，或抱污行，尊于桀之朝；不遇，或持洁节，卑于尧之廷。所以遇不遇非一也：或时贤而辅恶；或以大才从于小才；或俱大才，道有清浊；或无道德，而以技合；或无技能，而以色幸。”①

“时遇”的关键在于贤人能否遇到“贤君”，若遇到“贤君”则君臣相合，天下大治，若遇到昏庸的君主则君臣相乖，难有作为。“伍员、帛喜，俱事夫差，帛喜尊重，伍员诛死。此异操而同主也。或操同而主异，亦有遇不遇，伊尹、箕子是也。伊尹、箕子，才俱也，伊尹为相，箕子为奴；伊尹遇成汤，箕子遇商纣也。夫以贤事贤君，君欲为治，臣以贤才辅之，趋舍偶合，其遇固宜；以贤事恶君，君不欲为治，臣以忠行佐之，操志乖忤，不遇固宜。”②

“贤君”的重要表现不仅仅在于有所作为，更重要的是统治者必须要有足够的才智来驾驭贤才，重用贤才，采纳其言，使其才智得到最大程度的发挥。“六国之时，贤才之臣，入楚楚重，出齐齐轻，为赵赵完，叛魏魏伤。韩用申不害，行其《三符》，兵不侵境，盖十五年。不能用之，又不察其书，兵挫军破，国并于秦。殷、周之世，乱迹相属，亡祸比肩，岂其心不欲为治乎？力弱智劣，不能纳至言也。是故塊重，一人之迹不能蹈也；礚大，一人之掌不能推也。贤臣有劲强之优，愚主有不堪之劣，以此相求，禽鱼相与游也。干将之刃，人不推顿，苽瓠不能伤；筿簵之箭，机不动发，鲁缟不能穿。非无干将、筿簵之才也，无推顿发动之主，苽瓠、鲁缟不穿伤，焉望斩旗穿革之功乎？故引弓之力不能引强弩。弩力五石，引以三石，筋绝骨折，不能举也。故力不任强引，则有变恶折脊之祸；知不能用贤，则有伤德毁名

① 黄晖：《论衡校释》，第1页。

② 黄晖：《论衡校释》，第1—2页。

之败。论事者不曰才大道重，上不能用，而曰不肖不能自达。自达者带绝不抗，自衒者贾贱不仇。”①

统治者以何标准来选拔贤才呢？王充抨击了朝廷以得到众人赞誉者为贤人，以众人毁弃者为恶徒。奸邪之人为求私利，必然顺应众人之心，获得众人的依附与赞誉，真正的贤人清白正直，有失众心，众人势必加以毁谤。“以朝庭选举皆归善为贤乎？则夫著见而人所知者举多，幽隐人所不识者荐少，虞舜是也。尧求，则咨于鲧、共工，则岳已不得。由此言之，选举多少，未可以知实。或德高而举之少，或才下而荐之多。明君求善察恶于多少之间，时得善恶之实矣。且广交多徒，求索众心者，人爱而称之；清直不容乡党，志洁不交非徒，失众心者，人憎而毁之。故名多生于知谢，毁多失于众意。齐威王以毁封即墨大夫，以誉烹阿大夫。即墨有功而无誉，阿无效而有名也。子贡问曰：‘乡人皆好之，何如？’孔子曰：‘未可也。’‘乡人皆恶之，何如？’曰：‘未可也。不若乡人之善者好之，其不善者恶之。’夫如是，称誉多而小大皆言善者，非贤也。善人称之，恶人毁之，毁誉者半，乃可有贤。以善人所称，恶人所毁，可以知贤乎？夫如是，孔子之言可以知贤，不知誉此人者，贤也？毁此人者，恶也？或时称者恶而毁者善也？人眩惑无别也。”②

王充否定了当世关于贤人的标准。“以居位治人，得民心歌咏之为贤乎？”③“以居职有成功见效为贤乎？”④“以孝于父、弟于兄为贤乎？”⑤“以全身免害，不被刑戮，若南容惧《白圭》者为贤乎？”⑥“以委国去位，弃富贵就贫贱为贤乎？”⑦“以避世离俗，清身洁行为贤乎？”⑧“以经明带徒聚众为贤乎？”⑨

---

① 黄晖：《论衡校释》，第586—588页。

② 黄晖：《论衡校释》，第1103—1105页。

③ 黄晖：《论衡校释》，第1105页。

④ 黄晖：《论衡校释》，第1106页。

⑤ 黄晖：《论衡校释》，第1109页。

⑥ 黄晖：《论衡校释》，第1111页。

⑦ 黄晖：《论衡校释》，第1111页。

⑧ 黄晖：《论衡校释》，第1113页。

⑨ 黄晖：《论衡校释》，第1114页。

“以通览古今，秘隐传记无所不记为贤乎?”① “以权诈卓谲，能将兵御众为贤乎?”② “以辩于口，言甘辞巧为贤乎?”③ “以敏于笔，文墨两集为贤乎?”④ “以敏于赋颂，为弘丽之文为贤乎?”⑤ “以清节自守，不降志辱身为贤乎?”⑥ “无一非者，可以为贤乎?”⑦ 强调“缘心定贤”，其是否具有“善心”成为确定贤才与否的首要标准。如何确定是否有“善心”，需要观其是否有“善言”，“世人之检，苟见才高能茂，有成功见效，则谓之贤。……夫贤者，才能未必高也而心明，智力未必多而举是。何以观心？必以言。有善心，则有善言。以言而察行，有善言则有善行矣。言行无非，治家亲戚有伦，治国则尊卑有序。无善心者，白黑不分，善恶同伦，政治错乱，法度失平。故心善，无不善也；心不善，无能善。心善则能辩然否。然否之义定，心善之效明，虽贫贱困穷，功不成而效不立，犹为贤矣。”⑧

王充的贤才思想渗透于其对于儒生与文吏的对比之中。他首先列举出了世人对于儒生与文吏的误解，世俗多崇文吏，贬儒生，认为文吏擅长于处理繁重的政务，解决具体的社会问题，而儒生却不能，只能空谈道德。“论者多谓儒生不及彼文吏，见文吏利便，而儒生陆落，则诋訾儒生以为浅短，称誉文吏谓之深长。是不知儒生，亦不知文吏也。儒生、文吏皆有材智，非文吏材高而儒生智下也；文吏更事，儒生不习也。谓文吏更事，儒生不习，可也；谓文吏深长，儒生浅短，知妄矣。世俗共短儒生，儒生之徒，亦自相少。何则？并好仕学宦，用吏为绳表也。儒生有阙，俗共短之；文吏有过，俗不敢訾。归非于儒生，付是于文吏也。夫儒生材非下于文吏，又非所习之业非所当为也，然世俗共短之者，见将不好用也。将之不好用之者，事多己不能理，须文吏以领之也。夫论善谋材，施用累能，期于有益。文吏理烦，

① 黄晖：《论衡校释》，第 1115 页。

② 黄晖：《论衡校释》，第 1115 页。

③ 黄晖：《论衡校释》，第 1115 页。

④ 黄晖：《论衡校释》，第 1116 页。

⑤ 黄晖：《论衡校释》，第 1117 页。

⑥ 黄晖：《论衡校释》，第 1117 页。

⑦ 黄晖：《论衡校释》，第 1118 页。

⑧ 黄晖：《论衡校释》，第 1119—1120 页。

身役于职，职判功立，将尊其能。儒生栗栗，不能当剧；将有烦疑，不能效力。力无益于时，则官不及其身也。将以官课材，材以官为验，是故世俗常高文吏，贱下儒生。儒生之下，文吏之高，本由不能之将。世俗之论，缘将好恶。”① 当然王充还是肯定了“文吏”在治理国家中的工作能力。

王充抨击了掌握选举大权的将相公卿重视文吏轻视儒生的态度。“材不自能则须助，须助则待劲。官之立佐，为力不足也；吏之取能，为材不及也。日之照幽，不须灯烛；贲、育当敌，不待辅佐。使将相知力，若日之照幽，贲、育之难敌，则文吏之能无所用也。病作而医用，祸起而巫使。如自能案方和药，入室求祟，则医不售而巫不进矣。桥梁之设也，足不能越沟也；车马之用也，走不能追远也。足能越沟，走能追远，则桥梁不设，车马不用矣。天地事物，人所重敬，皆力劣知极，须仰以给足者也。今世之将相，不责己之不能，而贱儒生之不习；不原文吏之所得得用，而尊其材，谓之善吏。非文吏，忧不除；非文吏，患不救。是以选举取常故，案吏取无害。儒生无阀阅，所能不能任剧，故陋于选举，佚于朝廷。”②

王充抨击了当时在各级政府中贤能的儒士位于俗吏之下的情况，这严重违背了天地万物生存的法则。“且夫含血气物之生也，行则背在上，而腹在下；其病若死，则背在下，而腹在上。何则？背肉厚而重，腹肉薄而轻也。贤儒、俗吏，并在当世，有似于此。将明道行，则俗吏载贤儒，贤儒乘俗吏。将暗道废，则俗吏乘贤儒，贤儒处下位，犹物遇害，腹在上而背在下也。且背法天而腹法地，生行得其正，故腹背得其位；病死失其宜，故腹反而在背上。非唯腹也，凡物仆僵者，足又在上。贤儒不遇，仆废于世，踝足之吏，皆在其上。”③

继而深入剖析了儒生与文吏的优缺点，儒生不能处理繁重的政务，但是颇具忠节，能匡救政治；文吏则虽能解决具体的社会问题，擅长治理，但趋从权贵，不能谏诤。“今世之将，材高知深，通达众凡，举纲持领，事无不定；其置文吏也，备数满员，足以辅己志。志在修德，务在立化，则夫文

① 黄晖：《论衡校释》，第 533—534 页。

② 黄晖：《论衡校释》，第 535—536 页。

③ 黄晖：《论衡校释》，第 620—621 页。

吏瓦石，儒生珠玉也。夫文吏能破坚理烦，不能守身，身则亦不能辅将。儒生不习于职，长于匡救；将相倾侧，谏难不惧。案世间能建蹇蹇之节，成三谏之议，令将检身自敕，不敢邪曲者，率多儒生。阿意苟取容幸，将欲放失，低嘿不言者，率多文吏。文吏以事胜，以忠负；儒生以节优，以职劣。二者长短，各有所宜；世之将相，各有所取。取儒生者，必轨德立化者也；取文吏者，必优事理乱者也。”①

文吏昧于大义，只图私利，不能谏诤；儒生身怀大义，公直谏言。“《礼》曰：‘情欲巧。’其能力言者，文丑不好，有骨无肉，脂腴不足，犯干将相指，遂取间郤。为地战者，不能立功名；贪爵禄者，不能谏于上。文吏贪爵禄，一日居位，辄欲图利，以当资用，侵渔徇身，不为将官显义，虽见太山之恶，安肯扬举毛发之言？事理如此，何用自解于尸位素餐乎？儒生学大义，以道事将，不可则止，有大臣之志，以经勉为公正之操，敢言者也，位又疏远。远而近谏，《礼》谓之谄，此则郡县之府庭所以常廓无人者也。”②

王充认为忠良的儒生要优于善于理事的文吏，解决问题的能力可以后天培养，而忠良的品行却是颇为难得。“一县佐史之材，任郡掾史；一郡修行之能，堪州从事。然而郡不召佐史，州不取修行者，巧习无害，文少德高也。五曹自有条品，簿书自有故事，勤力玩弄，成为巧吏，安足多矣？贤明之将，程吏取材，不求习论高，存志不顾文也。称良吏曰忠，忠之所以为效，非簿书也。夫事可学而知，礼可习而善，忠节公行不可立也。文吏、儒生皆有所志，然而儒生务忠良，文吏趋理事。苟有忠良之业，疏拙于事，无损于高。”③

儒生高屋建瓴，掌先王之道，拥经传之学，极易掌握文吏之技能，加以任用，其才能必然能够远超文吏。“夫儒生之所以过文吏者，学问日多，简练其性，雕琢其材也。故夫学者所以反情治性，尽材成德也。材尽德成，其比于文吏，亦雕琢者，程量多矣。贫人与富人，俱赍钱百，并为赙礼死哀之家。知之者，知贫人劣能共百，以为富人饶羡有奇余也；不知之者，见

① 黄晖：《论衡校释》，第534—535页。

② 黄晖：《论衡校释》，第548页。

③ 黄晖：《论衡校释》，第540—541页。

钱俱百，以为财货贫富皆若一也。文吏儒生，有似于此。皆为掾吏，并典一曹，将知之者，知文吏、儒生笔同，而儒生胸中之藏，尚多奇余；不知之者，以为皆吏，深浅多少同一量，失实甚矣。地性生草，山性生木。如地种葵韭，山树枣栗，名曰美园茂林，不复与一恒地庸山比矣。文吏、儒生，有似于此。俱有材能，并用笔墨，而儒生奇有先王之道，先王之道，非徒葵韭枣栗之谓也。恒女之手，纺绩织经，如或奇能，织锦刺绣，名曰卓殊，不复与恒女科矣。夫儒生与文吏程材，而儒生侈有经传之学，犹女工织锦刺绣之奇也。”①

王充最为赏识的贤人则是通览古今、洞悉时事的“文儒”。“问曰：‘说一经之儒，可谓有力者？’曰：非有力者也。陈留庞少都每荐诸生之吏，常曰：‘王甲某子，才能百人。’太守非其能，不答。少都更曰：‘言之尚少。王甲某子，才能百万人。’太守怒曰：‘亲吏妄言！’少都曰：‘文吏不通一经一文，不调师一言；诸生能说百万章句，非才知百万人乎？’太守无以应。夫少都之言，实也，然犹未也。何则？诸生能传百万言，不能览古今，守信师法，虽辞说多，终不为博。殷、周以前，颇载六经，儒生所能说也。秦、汉之事，儒生不见，力劣不能览也。周监二代，汉监周、秦，周、秦以来，儒生不知，汉欲观览，儒生无力。使儒生博观览，则为文儒。文儒者，力多于儒生。如少都之言，文儒才能千万人矣。”②

王充认为“文儒”为最高级别的儒生，他们游离于师法家法之外，不担任重要的职官，在当世没有赫赫声名，其著作文章影响深远，能够为统治者进行长远谋划，并能够进行制度建构。“夫世儒说圣情，□□□□□，共起并验，俱追圣人。事殊而务同，言异而义钧。何以谓之文儒之说无补于世？世儒业易为，故世人学之多，非事可析第，故官廷设其位。文儒之业，卓绝不循，人寡其书，业虽不讲，门虽无人，书文奇伟，世人亦传。彼虚说，此实篇，折累二者，孰者为贤？案古俊乂著作辞说，自用其业，自明于世。世儒当时虽尊，不遭文儒之书，其迹不传。周公制礼乐，名垂而不灭；

① 黄晖：《论衡校释》，第546—547页。

② 黄晖：《论衡校释》，第580—581页。

孔子作《春秋》，闻传而不绝。周公、孔子，难以论言。汉世文章之徒，陆贾、司马迁、刘子政、杨子云，其材能若奇，其称不由人。世传《诗》家鲁申公、《书》家千乘欧阳、公孙，不遭太史公，世人不闻。夫以业自显，孰与须人乃显？夫能纪百人，孰与仅能显其名？”① 而“文儒”正是王充自己的缩影，在一定程度上反映了他终生怀才不遇的悲凉心态。

如何才能成为贤才？王充提出了自己的思想。王充认为真正的贤人首先是禀气而生，“人禀元气于天，各受寿夭之命……人体已定，不可减增。用气为性，性成命定。体气与形骸相抱，生死与期节相须。形不可变化，命不可减加”②。人生而因禀气多少不同而贤不肖各异，“至德纯渥之人，禀天气多，故能则天，自然无为。禀气薄少，不遵道德，不似天地，故曰不肖。不肖者，不似也。不似天地，不类圣贤，故有为也。天地为炉，造化为工，禀气不一，安能皆贤？”③

但王充认为要想成为贤才除了生而禀气之外，后天必须要勤加努力，他以孔子门下七十二位贤人为例，进入孔门之前，大多平庸无奇，进入孔门学习礼乐道德之后，皆为贤能。“孔门弟子七十之徒，皆任卿相之用，被服圣教，文才雕琢，知能十倍，教训之功而渐渍之力也。未入孔子之门时，闾巷常庸无奇。其尤甚不率者，唯子路也。世称子路无恒之庸人，未入孔门时，戴鸡佩豚，勇猛无礼；闻诵读之声，摇鸡奋豚，扬唇吻之音，聒贤圣之耳，恶至甚矣。孔子引而教之，渐渍磨砺，闿导牖进，猛气消损，骄节屈折，卒能政事，序在四科。斯盖变性使恶为善之明效也。”④ 至于学习的内容，王充强调不要拘泥于经学，而是结合自己的读书经历，学习诸子百家之言，“夫一经之说，犹日明也；助以传书，犹窗牖也。百家之言，令人晓明，非徒窗牖之开，日光之照也。是故日光照室内，道术明胸中”⑤。

但最终王充联系自己的坎坷仕途，将贤人的选拔与重用归结为天命，

① 黄晖：《论衡校释》，第1151—1152页。

② 黄晖：《论衡校释》，第59页。

③ 黄晖：《论衡校释》，第781页。

④ 黄晖：《论衡校释》，第72—73页。

⑤ 黄晖：《论衡校释》，第593页。

陷入了命定论的范畴。“凡人遇偶及遭累害，皆由命也。有死生寿夭之命，亦有贵贱贫富之命。自王公逮庶人，圣贤及下愚，凡有首目之类，含血之属，莫不有命。命当贫贱，虽富贵之，犹涉祸患，失其富贵矣；命当富贵，虽贫贱之，犹逢福善，离其贫贱矣。故命贵从贱地自达，命贱从富位自危。故夫富贵若有神助，贫贱若有鬼祸。命贵之人，俱学独达，并仕独迁；命富之人，俱求独得，并为独成。贫贱反此，难达，难迁，难得，难成；获过受罪，疾病亡遗，失其富贵，贫贱矣。是故才高行厚，未必保其必富贵；智寡德薄，未可信其必贫贱。或时才高行厚，命恶，废而不进；知寡德薄，命善，兴而超逾。故夫临事知愚，操行清浊，性与才也；仕宦贵贱，治产贫富，命与时也。命则不可勉，时则不可力，知者归之于天，故坦荡恬忽，虽其贫贱。”①

贤人得到君主的重用，成就不世之功，完全是因为天命。张良、韩信等人因天命而受任于高祖；赵无恤成为太子，韩生成为太傅，赵武成为晋国正卿皆因天命。“因此论圣贤迭起，犹此类也。圣主龙兴于仓卒，良辅超拔于际会。世谓韩信、张良辅助汉王，故秦灭汉兴，高祖得王。夫高祖命当自王，信、良之辈时当自兴，两相遭遇，若故相求。是故高祖起于丰、沛，丰、沛子弟相多富贵，非天以子弟助高祖也，命相小大，适相应也。赵简子废太子伯鲁，立庶子无恤，无恤遭贤，命亦当君赵也。世谓伯鲁不肖，不如无恤。伯鲁命当贱，知虑多泯乱也。韩生仕至太傅，世谓赖倪宽，实谓不然，太傅当贵，遭与倪宽遇也。赵武藏于裤中，终日不啼，非或掩其口，阏其声也，命时当生，睡卧遭出也。故军功之侯，必斩兵死之头；富家之商，必夺贫室之财。削土免侯，罢退令相，罪法明白，禄秩适极。故厉气所中，必加命短之人；凶岁所著，必饥虚耗之家矣。”② 这成为其选贤思想的糟粕。

综上所述，王充的选贤思想是相当丰富的，他注重任人唯贤，提倡德才兼备，虽然最后陷入了命定论的范畴，但是注重后天的学习与培养，注重治国实效，在今天仍有其现实意义。

---

① 黄晖：《论衡校释》，第 20 页。

② 黄晖：《论衡校释》，第 107 页。

三、王符的选贤思想

王符涉猎诸子百家，负有大才，但因性格耿直，又是庶出，为乡里所轻视，未能获得外戚权贵的赏识，没能步入仕途，实现自己的政治抱负，最终只能以“潜夫”的身份著书立说。在其《潜夫论》中，王符以“潜夫”的视角来批判当时的选举制度，并提出了以君主为核心的颇具制度理性的选贤思想。王符论述了贤人的定义，真正的贤人是德法兼备，既具有敦正廉洁的品德，又具有治国理政的能力。“夫修身慎行，敦方正直，清廉洁白，恬淡无为，化之本也。忧君哀民，独睹乱原，好善嫉恶，赏罚严明，治之材也。明君兼善而两纳之，恶行之器也，为金玉宝政之材刚铁用。无此二宝，苟务作异以求名，诈静以惑众，则败俗伤风。今世慕虚者，此谓坚白。坚白之行，明君所憎，而王制所不取。”①

王符揭示了贤才对于国家的重要性，认为选举制度是国家兴衰存亡的根本。“夫天者国之基也，君者民之统也，臣者治之材也。工欲善其事，必先利其器。是故将致太平者，必先调阴阳；调阴阳者，必先顺天心；顺天心者，必先安其人；安其人者，必先审择其人。是故国家存亡之本，治乱之机，在于明选而已矣。圣人知之，故以为黜陟之首。《书》曰：‘尔安百姓，何择非人？’此先王致太平而发颂声也。”②

王符强调国家的兴亡在于贤人，贤人不得任用是国家末世的反映，对于君主来说，需要在乱世之前，任用贤人，方能拯救危机，长治久安。“夫与死人同病者，不可生也；与亡国同行者，不可存也。岂虚言哉！何以知人之且病也？以其不嗜食也。何以知国之将乱也？以其不嗜贤也。是故病家之厨，非无嘉馔也，乃其人弗之能食，故遂于死也。乱国之官，非无贤人也，其君弗之能任，故遂于亡也。夫生饭粳粱，旨酒甘醪，所以养生也，而病人恶之，以为不若菽麦糠糟欲清者，此其将死之候也。尊贤任能，信忠纳谏，所以为安也，而暗君恶之，以为不若奸佞阘茸谗谀之言者，此其将亡之征也。老子曰：‘夫唯病病，是以不病。’《易》称‘其亡其亡，系于苞桑。’是

---

① （东汉）王符撰，（清）汪继培笺，彭铎校正：《潜夫论笺校正》，第157页。

② （东汉）王符撰，（清）汪继培笺，彭铎校正：《潜夫论笺校正》，第90页。

故养寿之士，先病服药；养世之君，先乱任贤，是以身常安而国永永也。”[①]

王符认为天下之所以未能得到治理，在于没有选举到真正的贤才。“世之所以不治者，由贤难也。所谓贤难者，非直体聪明服德义之谓也。此则求贤之难得尔，非贤者之所难也。故所谓贤难者，乃将言乎循善则见妒，行贤则见嫉，而必遇患难者也。”[②]王符继而批判了当世腐败的选举制度，抨击了“以族举德，以位命贤”的“阀阅取仕”之风，认为真正的贤能之士未必出自于名家大族、世宦之家。“夫令誉从我兴，而二命自天降之。《诗》云：‘天实为之，谓之何哉！’故君子未必富贵，小人未必贫贱，或潜龙未用，或亢龙在天，从古以然。今观俗士之论也，以族举德，以位命贤，兹可谓得论之一体矣，而未获至论之淑真也。尧，圣父也，而丹凶傲；舜，圣子也，而叟顽恶；叔向，贤兄也，而鲋贪暴；季友，贤弟也，而庆父淫乱。论若必以族，是丹宜禅而舜宜诛，鲋宜赏而友宜夷也。论之不可必以族也若是。昔祁奚有言：‘鲧殛而禹兴，管、蔡为戮，周公祐王。’故《书》称‘父子兄弟不相及’也。幽、厉之贵，天子也，而又富有四海。颜、原之贱，匹庶也，而又冻馁屡空。论若必以位，则是两王是为世士，而二处为愚鄙也。论之不可必以位也，又若是焉。”[③]

王符抨击了当时选举之中的“请托之风”，当时掌握选举的官员被权贵所请托，正直的士人不能被任用。“今当途之人，既不能昭练贤鄙，然又却于贵人之风指，胁以权势之属托，请谒阗门，礼贽辐辏，迫于目前之急，则且先之。此正士之所独蔽，而群邪之所党进也。”[④]

王符讽刺了当时选举之中的“虚誉之风”，公卿大臣不辨真伪纯以名誉进行选拔，误将艾猳当作麟鹿，误将奸佞当作贤才。“谚曰：‘一犬吠形，百犬吠声。’世之疾此固久矣哉！吾伤世之不察真伪之情也，故设虚义以喻其心曰：今观宰司之取士也，有似于司原之佃也。昔有司原氏者，燎猎中野。鹿斯东奔，司原纵噪之。西方之众有逐豨者，闻司原之噪也，竞举音而和

① （东汉）王符撰，（清）汪继培笺，彭铎校正：《潜夫论笺校正》，第 76 页。
② （东汉）王符撰，（清）汪继培笺，彭铎校正：《潜夫论笺校正》，第 39 页。
③ （东汉）王符撰，（清）汪继培笺，彭铎校正：《潜夫论笺校正》，第 34—35 页。
④ （东汉）王符撰，（清）汪继培笺，彭铎校正：《潜夫论笺校正》，第 93—94 页。

之。司原闻音之众，则反辍已之逐而往伏焉，遇夫俗恶之猪。司原喜，而自以获白瑞珍禽也，尽刍豢单困仓以养之。豕俯仰嚘咿，为作容声，司原愈益珍之。居无何，烈风兴而泽雨作，灌巨豕而恶涂渝，逐骇惧，真声出，乃知是家之艾猳尔。此随声逐响之过也，众遇之未赴信焉。”[①]

在王符看来，在以上情况下选举出来的各级官员，多怠惰拖延，名实不符，位非其人。“今则不然，令长守相不思立功，贪残专恣，不奉法令，侵冤小民。州司不治，令远诣阙上书讼诉。尚书不以责三公，三公不以让州郡，州郡不以讨县邑，是以凶恶狡猾易相冤也。侍中、博士谏议之官，或处位历年，终无进贤嫉恶拾遗补阙之语，而贬黜之忧。群僚举士者，或以顽鲁应茂才，以桀逆应至孝，以贪饕应廉吏，以狡猾应方正，以谀谄应直言，以轻薄应敦厚，以空虚应有道，以嚚暗应明经，以残酷应宽博，以怯弱应武猛，以愚顽应治剧，名实不相副，求贡不相称。富者乘其材力，贵者阻其势要，以钱多为贤，以刚强为上。凡在位所以多非其人，而官听所以数乱荒也。”[②]

王符更是讽刺了那些既无功又无德的外戚，他们尸位素餐，于国无补，“自春秋之后，战国之制，将相权臣，必以亲家。皇后兄弟，主婿外孙，年虽童妙，未脱桎梏，由藉此官职，功不加民，泽不被下而取侯，多受茅土，又不得治民效能以报百姓，虚食重禄，素餐尸位，而但事淫侈，坐作骄奢，破败而不及传世者也。”[③]他们定不能久享富贵。“子产有言：‘未能操刀而使之割，其伤实多。’是故世主之于贵戚也，爱其嬖媚之美，不量其材而授之官，不使立功自托于民，而苟务高其爵位，崇其赏赐，令结怨于下民，县罪于恶，积过既成，岂有不颠陨者哉？此所谓‘子之爱人，伤之而已’哉！”[④]

当今掌权的外戚志骄意满，凌轹于贤才，致使他们隐居于世外。“周公之为宰辅也，以谦下士，故能得真贤。祁奚之为大夫也，举仇荐子，故能得正人。今世得位之徒，依女妹之宠以骄士，藉亢龙之势以陵贤，而欲使志义

① （东汉）王符撰，（清）汪继培笺，彭铎校正：《潜夫论笺校正》，第49—50页。
② （东汉）王符撰，（清）汪继培笺，彭铎校正：《潜夫论笺校正》，第68页。
③ （东汉）王符撰，（清）汪继培笺，彭铎校正：《潜夫论笺校正》，第83—84页。
④ （东汉）王符撰，（清）汪继培笺，彭铎校正：《潜夫论笺校正》，第85页。

之士，匍匐曲躬以事己，毁颜谄谀以求亲，然后乃保持之，则贞士采薇冻馁，伏死岩穴之中而已尔，岂有肯践其阙而交其人者哉?”[①] 在这里，王符主要针对的是梁氏外戚集团。

王符大声疾呼君主在内独信权贵之言，制定了诋訾之法来陷害贤人，而在外却大呼招贤，这种局面必须要改变。“末世则不然，徒信贵人骄妒之议，独用苟媚蛊惑之言，行丰礼者蒙愆咎，论德义者见尤恶，于是谀臣又从以诋訾之法，被以议上之刑，此贤士之始困也。夫诋訾之法者，伐贤之斧也，而骄妒者，噬贤之狗也。人君内秉伐贤之斧，权噬贤之狗，而外招贤，欲其至也，不亦悲乎!”[②]

王符进一步剖析了贤才未得重用的原因。嫉妒是贤才不能得以重用的重要原因，“虞舜之所以放殛，子胥之所以被诛，上圣大贤犹不能自免于嫉妒，则又况乎中世之人哉?此秀士所以虽有贤材美质，然犹不得直道而行，遂成其志者也。”[③] 贤人的忠正之言、孝子之行必然会触犯一些人的利益，引起别人的嫉妒，他们必然形成朋党攻击贤人。“且凡士之所以为贤者，且以其言与行也。忠正之言，非徒誉人而已也，必有触焉；孝子之行，非徒吮痈而已也，必有驳焉。然则循行论议之士，得不遇于嫉妒之名，免于刑戮之咎者，盖其幸者也。比干之所以剖心，箕子之所以为奴，伯宗之以死，郄宛之以亡。”[④]

贤人们一旦得到重用，必然会奉行公法，施行公法必然会破坏奸臣之私利，所以奸臣必然要隔绝君主与贤人。“夫国君之所以致治者公也，公法行则轨乱绝。佞臣之所以便身者私也，私术用则公法夺。列士之所以建节者义也，正节立则丑类代。此奸臣乱吏无法之徒，所为日夜杜塞贤君义士之间，咸使不相得者也。”[⑤]

王符列举了帝乙、文王、白起、董仲舒、孙膑、韩非、京房、晁错、

① （东汉）王符撰，（清）汪继培笺，彭铎校正：《潜夫论笺校正》，第95页。
② （东汉）王符撰，（清）汪继培笺，彭铎校正：《潜夫论笺校正》，第106页。
③ （东汉）王符撰，（清）汪继培笺，彭铎校正：《潜夫论笺校正》，第40页。
④ （东汉）王符撰，（清）汪继培笺，彭铎校正：《潜夫论笺校正》，第42页。
⑤ （东汉）王符撰，（清）汪继培笺，彭铎校正：《潜夫论笺校正》，第97页。

叔向、屈原、贾谊、钟离、何敞、王章、王谭等贤人被嫉妒的例子：“夫国不乏于妒男也，犹家不乏于妒女也。近古以来，自外及内，其争功名妒过己者岂希也？予以惟两贤为宜不相害乎？然也，范睢绌白起，公孙弘抑董仲舒，此同朝共君宠禄争故耶？惟殊邦异途利害不干者为可以免乎？然也，孙膑修能于楚，庞涓自魏变色，诱以刖之；韩非明治于韩，李斯自秦作思，致而杀之。嗟士之相妒岂若此甚乎！此未达于君故受祸邪？惟见知为可以将信乎？然也，京房数与元帝论难，使制考功而选守；晁错雅为景帝所知；使条汉法而不乱。夫二子之于君也，可谓见知深而宠爱殊矣，然京房冤死而上曾不知，晁错既斩而帝乃悔。此材明未足卫身故及难邪？惟大圣为能无累乎？然也，帝乙以义故囚，文王以仁故拘。夫体至行仁义，据南面师尹卿士，且犹不能无难，然则夫子削迹，叔向缧绁，屈原放沈，贾谊贬黜，钟离废替，何敞束缚，王章抵罪，平阿斥逐，盖其轻士者也。”①

王符强调统治者要汲取三代以来朋党妒贤灭国的教训，杜绝此类现象的发生。“夫众小朋党而固位，谗妒群吠啮贤，为祸败也岂希？三代之以覆，列国之以灭，后人犹不能革，此万官所以屡失守，而天命数靡常者也。《诗》云：‘国既卒斩，何用不监！’呜呼！时君俗主不此察也。”②

国家的兴亡在于贤才，但是目前汉王朝却是国无贤才，王符认为并不是缺乏贤才，而是大量的贤才未能被发现。“国以贤兴，以谄衰，君以忠安，以忌危。此古今之常论，而世所共知也。然衰国危君继踵不绝者，岂世无忠信正直之士哉？诚苦忠信正直之道不得行尔。夫十步之间，必有茂草，十室之邑，必有俊士。贤材之生，日月相属，未尝乏绝。是故乱殷有三仁，小卫多君子。以汉之广博，士民之众多，朝廷之清明，上下之修治，而官无直吏，位无良臣。此非今世之无贤也，乃贤者废锢而不得达于圣主之朝尔。”③

如何选拔贤才？在王符看来，是否能得到贤才，关键在于君主，战国时期的燕昭王尚能招揽人才，变革图强，何况大汉天子。“且燕小，其位卑，然昭王尚能招集他国之英俊，兴诛暴乱，成致治强。今汉土之广博，天子

① （东汉）王符撰，（清）汪继培笺，彭铎校正：《潜夫论笺校正》，第 44 页。

② （东汉）王符撰，（清）汪继培笺，彭铎校正：《潜夫论笺校正》，第 52 页。

③ （东汉）王符撰，（清）汪继培笺，彭铎校正：《潜夫论笺校正》，第 151 页。

尊明，而曾无一良臣，此诚不愍兆黎之愁苦，不急贤人之佐治尔。孔子曰：‘未之思也，夫何远之有？’忠良之吏诚易得也，顾圣王欲之不尔。”[①]君主成为其选贤思想的核心。

王符强调君主要明察并且展现出对贤才的诚意，礼贤下士，亲接卑贱，则贤能必来。“鸣鹤在阴，其子和之。相彼鸟矣，犹求友声。故人君不开精诚以示贤忠，贤忠亦无以得达。《易》曰：‘王明并受其福。’是以忠臣必待明君乃能显其节，良吏必得察主乃能成其功。君不明，则大臣隐下而遏忠，又群司舍法而阿贵。”[②]

尧舜兼听群臣万民而天下大治，秦二世偏信赵高而身死国亡，王符强调统治者要做到兼听，杜绝偏信，以此来选拔人才。“国之所以治者君明也，其所以乱者君暗也。君之所以明者兼听也，其所以暗者偏信也。是故人君通必兼听，则圣日广矣；庸说偏信，则愚日甚矣。《诗》云：‘先民有言，询于刍荛。’夫尧、舜之治，辟四门，明四目，通四聪，是以天下辐凑而圣无不照；故共、鲧之徒弗能塞也，靖言庸回弗能惑也。秦之二世，务隐藏己，而断百僚，隔捐疏贱而信赵高，是以听塞于贵重之臣，明蔽于骄妒之人，故天下溃叛，弗得闻也。皆高所杀，莫敢言之。周章至戏乃始骇，阎乐进劝乃后悔，不亦晚矣！故人君兼听纳下，则贵臣不得诬，而远人不得欺也；慢贱信贵，则朝廷谠言无以至，而洁士奉身伏罪于野矣。”[③]

王符认为统治者不能对贤能之士过于苛求，需审其大美而忽其小过。“昔自周公不求备于一人，况乎其德义既举，乃可以它故而弗之采乎？由余生于五狄，越蒙产于八蛮，而功施齐、秦，德立诸夏，令名美誉，载于图书，至今不灭。张仪，中国之人也；卫鞅，康叔之孙也，而皆谗佞反覆，交乱四海。由斯观之，人之善恶，不必世族；性之贤鄙，不必世俗。中堂生负苞，山野生兰芷。夫和氏之璧，出于璞石；隋氏之珠，产于蜃蛤。《诗》云：‘采葑采菲，无以下体。’故苟有大美可尚于世，则虽细行小瑕曷足以为

① （东汉）王符撰，（清）汪继培笺，彭铎校正：《潜夫论笺校正》，第 159 页。
② （东汉）王符撰，（清）汪继培笺，彭铎校正：《潜夫论笺校正》，第 362 页。
③ （东汉）王符撰，（清）汪继培笺，彭铎校正：《潜夫论笺校正》，第 54—55 页。

累乎?”①

统治者要以实事求是的原则来选举人才，取其长处，量才授官，“是故选贤贡士，必考核其清素，据实而言，其有小疵，勿强衣饰，以壮虚声。一能之士，各贡所长，出处默语，勿强相兼，则萧、曹、周、韩之论，何足得矣？吴、邓、梁、窦之徒，而致十。各以所宜，量材授任，则庶官无旷，兴功可成，太平可致，麒麟可臻。”②

王符进一步强调要抛弃亲疏、家世，不拘一格地选拔人才。“否泰消息，阴阳不并，观其所聚，而兴衰之端可见也。稷、契、皋陶聚而致雍熙，皇父、蹶、踽聚而致灾异。夫善恶之象，千里合符，百世累迹，性相近而习相远。是故贤愚在心，不在贵贱；信欺在性，不在亲疏。二世所以共亡天下者，丞相、御史也。高祖所以共取天下者，缯肆、狗屠也；骊山之徒，巨野之盗，皆为名将。由此观之，苟得其人，不患贫贱；苟得其材，不嫌名迹。”③

君主选拔贤人必须要排除奸臣的干扰，参考民众的呼声，独自决断。“夫贤者之为人臣，不损君以奉佞，不阿众以取容，不堕公以听私，不挠法以吐刚，其明能照奸，而义不比党。是以范武归晋而国奸逃，华元反朝而鱼氏亡。故正义之士与邪枉之人不两立。而人君之取士也，不能参听民氓，断之聪明，反徒信乱臣之说，独用污吏之言，此所谓与仇选使，令囚择吏者也。”④

尧参考群言而重用舜，周公明心独断而重用太公。“夫在位者之好蔽贤而务进党也，自古而然。昔唐尧之大圣也，聪明宣昭；虞舜之大圣也，德音发闻。尧为天子，求索贤人，访于群后，群后不肯荐舜而反称共、鲧之徒，赖尧之圣，后乃举舜而放四子。夫以古圣之质也，尧聪之明也，舜德之彰也，君明不可欺，德彰不可蔽也。质鲜为佞，而位者尚直若彼。今夫列士之行，其不及尧、舜乎达矣，而俗之荒唐，世法滋彰。然则求贤之君，哀民之

① （东汉）王符撰，（清）汪继培笺，彭铎校正：《潜夫论笺校正》，第36页。

② （东汉）王符撰，（清）汪继培笺，彭铎校正：《潜夫论笺校正》，第158页。

③ （东汉）王符撰，（清）汪继培笺，彭铎校正：《潜夫论笺校正》，第91页。

④ （东汉）王符撰，（清）汪继培笺，彭铎校正：《潜夫论笺校正》，第98页。

士，其相合也，亦必不几矣。文王游畋，遇姜尚于渭滨，察言观志，而见其心，不咨左右，不诹群臣，遂载反归，委之以政，用能造周。故尧参乡党以得舜，文王参己以得吕尚，岂若殷辛、秦政，既得贤人，反决滞于仇，诛杀正直，而进任奸臣之党哉？”①

王符援引赵高隔绝秦二世与臣民的历史教训，强调君主一定要警惕奸邪权臣对贤能之士、民众的隔绝，确保双方之间交流的畅通，如此，则贤能必然被发现并得到重用。“昔张禄一见而穰侯免，袁丝进说而周勃黜。是以当途之人，恒嫉正直之士，得一介言于君以矫其邪也，故上饰伪辞以障主心，下设威权以固士民。赵高乱政，恐恶闻上，乃豫要二世曰：‘屡见群臣众议政事则黩，黩且示短，不若藏己独断，神且尊严。天子称朕，固但闻名。’二世于是乃深自幽隐，独进赵高。赵高入称好言以说主，出倚诏令以自尊。天下鱼烂，相帅叛秦。赵高恐惧，归恶于君，乃使阎乐责而杀，愿一见高不能而死。夫田常囚简公，踔齿悬泯王，二世亦既闻之矣。然犹复袭其败迹者何也？过在于不纳卿士之箴规，不受民氓之谣言，自以己贤于简、湣，而赵高贤于二臣也。故国已乱而上不知，祸既作而下不救。此非众共弃君，乃君以众命系赵高，病自绝于民也。”②

王符认为辨别贤才最方便的途径还是在于考绩，“凡南面之大务，莫急于知贤；知贤之近途，莫急于考功。功诚考则治乱暴而明，善恶信则直贤不得见障蔽，而佞巧不得窜其奸矣。”③

王符提出了考绩的总原则，即“循名责实”，针对不同的官职，提出了考绩的具体原则：“圣王之建百官也，皆以承天治地，牧养万民者也。是故有号者必称于典，名理者必效于实，则官无废职，位无非人。夫守相令长，效在治民；州牧刺史，在宪聪明；九卿分职，以佐三公；三公总统，典和阴阳：皆当考治以效实为王休者也。侍中、大夫、博士、议郎，以言语为职，谏诤为官，及选茂才、孝廉、贤良方正、惇朴、有道、明经、宽博、武猛、

① （东汉）王符撰，（清）汪继培笺，彭铎校正：《潜夫论笺校正》，第104页。

② （东汉）王符撰，（清）汪继培笺，彭铎校正：《潜夫论笺校正》，第58—59页。

③ （东汉）王符撰，（清）汪继培笺，彭铎校正：《潜夫论笺校正》，第62页。

治剧，此皆名自命而号自定，群臣所当尽情竭虑称君诏也。”[①] 其考绩法是以西汉京房的考功法为蓝本的。

王符顺应东汉中后期法家思想崛起的趋势，力主选举法令化，认为选举的根本在于法令，法执行的关键在于君主，君臣依法选举，贤才必得，阴阳必和，国家必安。“凡人君之治，莫大于和阴阳。阴阳者，以天为本。天心顺则阴阳和，天心逆则阴阳乖。天以民为心，民安乐则天心顺，民愁苦则天心逆。民以君为统，君政善则民和治，君政恶则民冤乱。君以恤民为本，臣忠良则君政善，臣奸枉则君政恶。以选为本，选举实则忠贤进，选虚伪则邪党贡。选以法令为本，法令正则选举实，法令诈则选虚伪。法以君为主，君信法则法顺行，君欺法则法委弃。君臣法令之功，必效于民。故君臣法令善则民安乐，民安乐则天心慰，天心慰则阴阳和，阴阳和则五谷丰，五谷丰而民眉寿，民眉寿则兴于义，兴于义而无奸行，无奸行则世平，而国家宁、社稷安，而君尊荣矣。是故天心阴阳、君臣、民氓、善恶相辅至而代相徵也。”[②] 王符试图将选贤纳入制度化的范畴，这是对两汉选贤思想的重要创新。

王符猛烈批判了当时腐败的选举之风，深入剖析了选贤制度中存在的问题，提出了颇具制度理性的建议，成为两汉选贤思想的集大成者，体现了“在野派的地主阶级思想家对封建社会的弊端和解决的办法却有比较清醒的认识”[③]。

四、荀悦的选贤思想

荀悦指出“任贤”是先王六政之一，“惟先哲王之政。一曰承天。二曰正身。三曰任贤。四曰恤民。五曰明制。六曰立业。”[④] 指出了当时选拔任用贤才的十个弊端：“惟恤十难。以任贤能。一曰不知。二曰不进。三曰不任。四曰不终。五曰以小怨弃大德。六曰以小过黜大功。七曰以小失掩大美。八

---

① （东汉）王符撰，（清）汪继培笺，彭铎校正：《潜夫论笺校正》，第 65 页。

② （东汉）王符撰，（清）汪继培笺，彭铎校正：《潜夫论笺校正》，第 88—89 页。

③ 周桂钿：《国以贤兴——王符尊重人才思想述评》，《社会科学》1988 年第 1 期。

④ （东汉）荀悦：《申鉴》，第 4 页。

曰以奸讦伤忠正。九曰以邪说乱正度。十曰以谗嫉废贤能。是谓十难。十难不除。则贤臣不用。用臣不贤。则国非其国也。”①

汉朝惯例，公卿不可以担任郡守，荀悦力主打破这一惯例，在下任职的官吏如果颇有政绩可以向上提拔，如果上层官吏犯错便被贬至下层，真正的贤才便在这种上下流动中发挥其治国才能。“公卿不为郡。二千石不为县。未是也。小能其职。以极登于大。故下位竞。大桡其任。以坠于下。故上位慎。其鼎覆。刑焉。何惮于降。若夫千里之任。不能充于郡。而县邑之功废。惜矣哉。不以过职黜则勿降。所以优贤也。以过职黜则降。所以惩愆也。”②

荀悦还提出了不同方面的考绩，“事”而考其功，“言”而考其用，“动”而考其行，“静”而考其守，以求获得真正的贤人，丰富了考绩的内容。“谁毁谁誉。誉其有试者。万事之概量也。以兹举者试其事。处斯职者考其绩。赏罚夫实。以恶反之。人焉饰哉。语曰。盗跖不能盗田尺寸。寸不可盗。况尺乎。夫事验。必若上田之张于野也。则为私者寡矣。若乱之坠于澳也。则可信者解矣。故有事考功。有言考用。动则考行。静则考守。”③

五、徐干的选贤思想

徐干强调贤人对于国家的意义，君主尊贤任贤则国兴，亲佞失贤则国亡。“夫人之所常称曰：‘明君舍己而从人，故其国治以安；暗君违人而专己，故其国乱以危。’乃一隅之偏说也，非大道之至论也。凡安危之势，治乱之分，在乎知所从，不在乎必从人也。人君莫不有从人，然或危而不安者，失所从也；莫不有违人，然或治而不乱者，得所违也。若夫明君之所亲任也皆贞良聪智，其言也皆德义忠信，故从之则安，不从则危。暗君之所亲任也皆佞邪愚惑，其言也皆奸回谄谀，从之安得治？不从之安得乱乎？昔齐桓公从管仲而安，二世从赵高而危；帝舜违四凶而治，殷纣违三仁而乱。故不知所从而好从人，不知所违而好违人，其败一也。孔子曰：‘知不可由，斯知所

---

① （东汉）荀悦：《申鉴》，第 6—7 页。

② （东汉）荀悦：《申鉴》，第 12 页。

③ （东汉）荀悦：《申鉴》，第 12 页。

由矣。’”①

与其他“诸子”不同，徐干从主体上论述了贤人的养成，徐干提出士人们要跟从名师学习儒家经典，学习与践行其中的“六德”“六行”“六艺”，成就自己高尚的品德与才能。“昔之君子成德立行，身没而名不朽，其故何哉？学也。学也者，所以疏神达思，怡情理性，圣人之上务也。民之初载，其蒙未知。譬如宝在于玄室，有所求而不见。白日照焉，则群物斯辩矣。学者，心之白日也。故先王立教官，掌教国子，教以六德，曰智仁圣义忠和；教以六行，曰孝友睦姻任恤；教以六艺，曰礼乐射御书数；三教备而人道毕矣。学犹饰也，器不饰则无以为美观，人不学则无以有懿德。有懿德，故可以经人伦；为美观，故可以供神明。故《书》曰：‘若作梓材，既勤朴斫，惟其涂丹雘。’”②

徐干还强调士人要持续不断地求学，由低至高，最终学成而握道，终成贤人。“夫听黄钟之声然后知击缶之细，视衮龙之文然后知被褐之陋，涉庠序之教然后知不学之困。故学者如登山焉，动而益高；如寤寐焉，久而愈足。顾所由来，则杳然其远，以其难而懈之，误且非矣。《诗》云‘高山仰止，景行行止’，好学之谓也。倚立而思远，不如速行之必至也；矫首而徇飞，不如修翼之必获也；孤居而愿智，不如务学之必达也。故君子心不苟愿，必以求学；身不苟动，必以从师；言不苟出，必以博闻。是以情性合人，而德音相继也。孔子曰：‘弗学何以行？弗思何以得？小子勉之！’斯可谓师人矣。马虽有逸足，而不闲舆则不为良骏；人虽有美质，而不习道则不为君子。故学者，求习道也。若有似乎画采，玄黄之色既著，而纯皓之体斯亡，敝而不渝，孰知其素欤？”③

徐干继而分析了贤人的特点，东汉末年经学已流于章句空虚，贤人博学大义，举道而行，以解决社会问题为目的，而不是做寻章摘句的死学问。“夫独思则滞而不通，独为则困而不就。人心必有明焉，必有悟焉，如火得风而炎炽，如水赴下而流速。故太昊观天地而画八卦，燧人察时令而钻火，

---

① 孙启治：《中论解诂》，第323页。

② 孙启治：《中论解诂》，第1页。

③ 孙启治：《中论解诂》，第5—9页。

帝轩闻凤鸣而调律，仓颉视鸟迹而作书，斯大圣之学乎神明而发乎物类也。贤者不能学于远，乃学于近，故以圣人为师。昔颜渊之学圣人也，闻一以知十，子贡闻一以知二，斯皆触类而长之，笃思而闻之者也。非唯贤者学于圣人，圣人亦相因而学也。孔子因于文武，文武因于成汤，成汤因于夏后，夏后因于尧舜。故六籍者，群圣相因之书也。其人虽亡，其道犹存。今之学者勤心以取之，亦足以到昭明而成博达矣。凡学者，大义为先，物名为后，大义举而物名从之。然鄙儒之博学也，务于物名，详于器械，矜于诂训，摘其章句，而不能统其大义之所极，以获先王之心。此无异乎女史诵诗、内竖传令也。故使学者劳思虑而不知道，费日月而无成功，故君子必择师焉。”①

大贤正道直行，不交结权贵，不虚求名誉，却有安邦定国的才能与志向，“且大贤在陋巷也，固非流俗之所识也，何则？大贤为行也，裒然不自满，儡然若无能，不与时争是非，不与俗辩曲直，不矜名，不辞谤，不求誉，其味至淡，其观至拙。夫如是，则何以异乎人哉？其异乎人者，谓心统乎群理而不缪，智周乎万物而不过，变故暴至而不惑，真伪丛萃而不迷。故其得志，则邦家治以和，社稷安以固，兆民受其庆，群生赖其泽，八极之内同为一，斯诚非流俗之所豫知也。不然，安得赫赫之誉哉？其赫赫之誉者，皆形乎流俗之观，而曲同乎流俗之听也？君子固不然矣。昔管夷吾尝三战而皆北，人皆谓之无勇；与之分财取多，人皆谓之不廉；不死子纠之难，人皆谓之背义。若时无鲍叔之举，霸君之听，休功不立于世，盛名不垂于后，则长为贱丈夫矣。鲁人见仲尼之好让而不争也，亦谓之无能，为之谣曰：‘素鞞羔裘，求之无尤。黑裘素鞞，求之无戾。’”②

徐干抨击了东汉末年的选举制度已经被虚华交游之风所侵蚀，大量的奸佞之人投入到公卿大臣、州郡牧守的门下，谄媚求得仕进，加之贵戚请托，贿赂盛行，正直之士却被排斥在选举之外：

世之衰矣，上无明天子，下无贤诸侯，君不识是非，臣不辨黑白。

---

① 孙启治：《中论解诂》，第14—15页。

② 孙启治：《中论解诂》，第312—313页。

取士不由于乡党，考行不本于阀阅。多助者为贤才，寡助者为不肖，序爵听无证之论，班禄采方国之谣。民见其如此者，知富贵可以从众为也，知名誉可以虚哗获也。乃离其父兄，去其邑里，不修道艺，不治德行，讲偶时之说，结比周之党，汲汲皇皇，无日以处，更相叹扬，迭为表里，梼杌生华，憔悴布衣，以欺人主惑宰相、窃选举盗荣宠者，不可胜数也。既获者贤己而遂往，羡慕者并驱而追之，悠悠皆是，孰能不然者乎？桓灵之世，其甚者也。自公卿大夫、州牧郡守，王事不恤，宾客为务，冠盖填门，儒服塞道，饥不暇餐，倦不获已，殷殷沄沄，俾夜作昼；下及小司、列城墨绶，莫不相商以得人，自矜以下士；星言夙驾，送往迎来，亭传常满，吏卒传问，炬火夜行，阍寺不闭；把臂捩腕，扣天矢誓，推托恩好；不较轻重，文书委于官曹，系囚积于囹圄，而不遑省也。详察其为也，非欲忧国恤民，谋道讲德也，徒营己治私，求势逐利而已。有策名于朝而称门生于富贵之家者，比屋有之。为之师而无以教，弟子亦不受业。然其于事也，至乎怀丈夫之容，而袭婢妾之态，或奉货而行赂以自固结，求志属托，规图仕进，然掷目指掌，高谈大语。若此之类，言之犹可羞，而行之者不知耻。嗟乎！王教之败，乃至于斯乎！

且夫交游者出也，或身殁于他邦，或长幼而不归，父母怀茕独之思，室人抱《东山》之哀，亲戚隔绝，闺门分离，无罪无辜，而亡命是效。古者行役过时不反，犹作诗刺怨。故《四月》之篇称“先祖匪人，胡宁忍予？”又况无君命而自为之者乎？以此论之，则交游乎外、久而不归者，非仁人之情也。①

在腐败的选举制度下，贤人们却得不到世俗之人的赞誉与权贵的举荐，空有治国安邦之大才，难得重用。“然则君子不为时俗之所称？曰：孝悌忠信之称也，则有之矣；治国致平之称，则未之有也。其称也，无以加乎习训诂之儒也。夫治国致平之术，不两得其人，则不能相通也。其人又寡矣，寡

① 孙启治：《中论解诂》，第231—240页。

不称众，将谁使辨之？故君子不遇其时，则不如流俗之士声名章彻也。非徒如此，又为流俗之士所裁制焉。高下之分，贵贱之贾，一由彼口，是以没齿穷年不免于匹夫。昔荀卿生乎战国之际，而有睿哲之才，祖述尧舜，宪章文武，宗师仲尼，明拨乱之道。然而列国之君以为迂阔不达时变，终莫之肯用也。至于游说之士，讲其邪僻，率其徒党，而名震乎诸侯，所如之国靡不尽礼郊迎，拥彗先驱，受赏爵为上客者，不可胜数也。故名实之不相当也，其所从来尚矣，何世无之？天下有道，然后斯物废矣。”①

如何才能够得到真正的贤人？徐干指出在选举大臣时君主必须要亲自省察，不能够以众人的赞誉来作为任用大臣的标准，如此，必能选得大贤。“故大臣者，治万邦之重器也，不可以众誉著也，人主所宜亲察也。众誉者，可以闻斯人而已。故尧之闻舜也以众誉，及其任之者，则以心之所自见。又有不因众誉而获大贤，其文王乎。畋于渭水边，道遇姜太公，皤然皓首，方秉竿而钓……斯岂假之于众人哉。非惟圣然也，霸者亦有之。昔齐桓公夙出，宁戚方为旅人，宿乎大车之下，击牛角而歌，歌声悲激，其辞有疾于世，桓公知其非常人也，召而与之言，乃立功之士也，于是举而用之，使知国政。凡明君之用人也，未有不悟乎己心而徒因众誉也。用人而因众誉焉，斯不欲为治也，将以为名也。然则见之不自知，而以众誉为验也。此所谓效众誉也，非所谓效得贤能也。苟以众誉为贤能，则伯鲧无羽山之难，而唐虞无九载之费矣。圣人知众誉之或是或非，故其用人也，则亦或因或独，不以一验为也。况乎举非四岳也。世非有唐虞也。大道寝矣，邪说行矣，臣已诈矣，民已惑矣，非有独见之明，专任众人之誉，不以己察，不以事考，亦何由获大贤哉。”②

徐干认为虽有贤人，君主必须要加以重用，否则就失去了求贤的意义。“昔桀奔南巢，纣踣于京，厉流于彘，幽灭于戏，当是时也，三后之典尚在，而良谋之臣犹存也。下及春秋之世，楚有伍举、左史倚相、右尹子革、白公子张，而灵王丧师；卫有太叔仪、公子鱄、蘧伯玉、史鰌，而献公出奔；晋

① 孙启治：《中论解诂》，第318—319页。

② 孙启治：《中论解诂》，第307—308页。

有赵宣子、范武子、太史董狐，而灵公被杀；鲁有子家羁、叔孙婼，而昭公野死；齐有晏平仲、南史氏，而庄公不免；虞、虢有宫之奇、舟之侨，而二公绝祀。由是观之，苟不用贤，虽有无益也。”①

徐干进一步强调君主必须要甄别与采纳贤人正确的建议，“明君不察辞之巧拙也，二策并陈，而从其致己之福者。故高祖、光武能收群策之所长，弃群策之所短，以得四海之内，而立皇帝之号也。吴王夫差、楚怀王、顷襄王弃伍员、屈平之良谋，收宰嚭、上官之谀言，以失江汉之地，而丧宗庙之主。此二帝三王者，亦有从人，亦有违人，然而成败殊驰、兴废异门者，见策与不见策耳。不知从人甚易，而见策甚难。夷考其验，斯为甚矣。”②

徐干强调君主切不可有招贤之名，而无用贤之实。战国六国君主、王莽均礼贤下士，厚礼重禄，但并不重用，虽得贤人身至，未得贤人之心，故身死国亡。“且六国之君虽不用贤，及其致人也，犹修礼尽意，不敢侮慢也。至于王莽，既不能用，及其致之也，尚不能言。莽之为人也，内实奸邪，外慕古义，亦聘求名儒，征命术士。政烦教虐，无以致之，于是胁之以峻刑，威之以重戮，贤者恐惧，莫敢不至，徒张设虚名以夸海内，莽亦卒以灭亡。且莽之爵人，其实囚之也。囚人者，非必著之桎梏而置之囹圄之谓也，拘系之、愁忧之之谓也。使在朝之人，欲进则不得陈其谋，欲退则不得安其身，是则以纶组为绳索，以印佩为钳铁也，小人虽乐之，君子则以为辱矣。故明王之得贤也，得其心也，非谓得其躯也。苟得其躯而不论其心也，斯与笼鸟槛兽无以异也，则贤者之于我也亦犹怨仇也，岂为我用哉？日虽班万钟之禄，将何益欤？故苟得其心，万里犹近；苟失其心，同衾为远。今不修所以得贤者之心，而务循所以执贤者之身，至于社稷颠覆，宗庙废绝，岂不哀哉。”③

徐干倡议将选举法令化，以法令确保贤才的选举与任用。“凡亡国之君，其朝未尝无致治之臣也，其府未尝无先王之书也，然而不免乎亡者，何也？其贤不用，其法不行也。苟书法而不行其事，爵贤而不用其道，则法无异乎

① 孙启治：《中论解诂》，第335页。

② 孙启治：《中论解诂》，第327—328页。

③ 孙启治：《中论解诂》，第345—346页。

路说，而贤无异乎木主也。”①

第四节　两汉“诸子”选贤思想辨析

总的来看，两汉“诸子”的选贤思想具有如下特点。

首先，分析了贤人未能受到重用的原因。陆贾认为贤人处于穷街陋巷之中，无人荐举于庙堂之上。贤良文学认为公卿大臣多谋私利，培植私人势力，难以荐举真正的贤人。桓谭认为贤才特立独行的言论与品行难以获得权贵及其他官员的支持，贤人的建议被采纳后，谗臣必然加以诽谤，最终不得施行；贤才即使被重用，必然被众人所嫉妒，难以久任。王充认为奸邪之人为求私利，必然顺众人之心，获得众人的依附与赞誉，真正的贤人清白正直，有失众心，众人势必加以毁谤。王符认为贤人的忠正之言势必会触犯一些人的利益，引起别人的嫉妒，他们必然形成朋党攻击贤人。

其次，君主是两汉“诸子”选贤思想的核心。贾谊认为首先君主要贤明，待贤以敬，任以治民，则民化国治。董仲舒认为任用贤人的关键不仅在于君主的知贤，更要拥有任贤的果决与勇气，并创新性地将选贤与“气”说结合起来，认为贤者有谦卑之气，欲招徕贤士，统治者必须要修养自己的谦卑之气，气气相通，则贤者自来。桓谭强调君主的核心地位，君主要知“大体”，即大格局，方能真正辨贤用贤。王充认为贤人若遇到“贤君”则君臣相合，天下大治；若遇到“昏君”则君臣相乖，难有作为。在王符看来，是否能得到贤才，关键在于君主。

再次，两汉“诸子”注重选贤的制度化与法令化。董仲舒为选拔贤才进行了制度性的设计，提出设立太学，主动培养贤才，主张打破传统的任子制、訾选制，进一步扩大选拔贤才的范围，将察举制度化，使列侯、郡守、二千石官每年各上贡二人至皇帝身边加以观察任用。董仲舒力倡考绩法，以“循名责实”“重质轻文”作为原则，不计其声名之贤愚，以其功罪之实进行考察赏罚。董仲舒又提出了具体的考绩办法，全面长期地考察从中央到地方

---

① 孙启治：《中论解诂》，第 335 页。

的各级官吏。王符依据西汉京房的考功法提出了考绩的总原则，即“循名责实”，并针对不同的官职，提出了考绩的具体原则。王符顺应东汉中后期法家思想崛起的趋势，力主选举法令化，认为选举的根本在于法令，法令执行的关键在于君主，君臣依法选举，贤才必得，阴阳必和，国家必然安定。徐干倡议将选举法令化，以法令确保贤才的选举与任用。

最后，两汉“诸子”多主张贤才要具有“德才兼备”的素养。王充通过对比儒生与文吏，强调贤人首先要掌先王之道，拥经传之学，而后掌握文吏治繁理剧的技能。“夫儒生之所以过文吏者，学问日多，简练其性，雕琢其材也。故夫学者所以反情治性，尽材成德也。材尽德成，其比于文吏，亦雕琢者，程量多矣。……皆为掾吏，并典一曹，将知之者，知文吏、儒生笔同，而儒生胸中之藏，尚多奇余；不知之者，以为皆吏，深浅多少同一量，失实甚矣。”① 王符认为真正的贤人是德法兼备，既具有敦正廉洁的品德，又具有治理政事的能力。“夫修身慎行，敦方正直，清廉洁白，恬淡无为，化之本也。忧君哀民，独睹乱原，好善嫉恶，赏罚严明，治之材也。明君兼善而两纳之，恶行之器也，为金玉宝政之材刚铁用。”②

两汉“诸子”的选贤思想对后世产生了深远的影响，唐太宗就认识到了贤人对于国家兴衰的意义。“太宗谓侍臣曰：‘朕闻太平后必有大乱，大乱后必有太平。大乱之后，即是太平之运也。能安天下者，惟在用得贤才。公等既不知贤，朕又不可遍识。日复一日，无得人之理。今欲令人自举，于事何如？’”③ 唐太宗强调贤人要德才兼备，“贞观二年，太宗谓侍臣曰：‘为政之要，惟在得人，用非其才，必难致治。今所任用，必须以德行、学识为本。’”④ 王安石认为在选贤时不仅要关注其德行，更要以事试其能，“欲审知其德，问以行；欲审知其才，问以言。得其言行，则试之以事。所谓察之者，试之以事是也。虽尧之用舜亦不过如此而已，又况其下乎？”⑤ 明太祖

① 黄晖：《论衡校释》，第 546 页。

② （东汉）王符撰，（清）汪继培笺，彭铎校正：《潜夫论笺校正》，第 157 页。

③ （唐）吴兢：《贞观政要》，第 93 页。

④ （唐）吴兢：《贞观政要》，第 219 页。

⑤ （北宋）王安石：《王安石集》，三晋出版社 2008 年版，第 132 页。

朱元璋认为识别贤人要兼听公论，“众人恶之一人悦之未必正也众人悦之一人恶之未必邪也盖出于众人为公论出于一人为私意”[①]。康熙帝在用人上强调“德”，“朕观人必先心术，次才学。心术不善，纵有才学何用?”[②]雍正帝则更注重“才”，“为政以得人为要，不得其人，虽良法美意，徒美观听，于民无济也。”[③]两汉“诸子”的选贤思想有许多闪光之处，亦有糟粕之处，尤其是“诸子”将选拔与重用贤人以振兴国家的希望寄托于君主的自我修养，缺乏制度建构。通过对两汉“诸子”的选贤思想进行辨析，为我国新时代社会主义人才建设提供了历史的借鉴。

---

① 线装书局：《明实录·明太祖实录卷一三五》，第574页。

② 章梫：《康熙政要》卷九，中共中央党校出版社1994年版，第154页。

③ 赵尔巽等：《清史稿》卷九，第339页。

结　语

如果说秦汉之后的中国古代社会是流，那么秦汉时期则是中国古代社会的源。齐鲁文化在中华传统文化发展史上具有至关重要的历史地位，其孕育出的儒家文化，成为中华传统文化的核心内容。汉王朝建立后，高祖刘邦推行郡国并行制，富庶的齐鲁之地成为汉初封国的重心所在，出现了与春秋战国时期极为相似的多元政治格局。汉初齐鲁诸王制定了相应的经济发展政策与文化政策，在恢复发展经济的基础上，他们礼贤下士，延揽人才，封国"诸子"群体产生，在他们的努力下，儒家的恢复发展尤为迅速，成为齐鲁文化的代表性文化。至汉武帝时，"罢黜百家，独尊儒术"，儒家文化开始走向主流化，但是主流化是一个漫长的过程，它并不会随着诏令政策的推行而立即实现。

齐鲁文化主流化的重要标志是儒家群体的主流化与其标准理论的主流化。汉武帝"罢黜百家，独尊儒术"之后，设立太学五经博士，创设博士弟子制度，完善察举制度，重用儒生，将儒学与选官制度紧密结合起来，"自此以来，公卿大夫士吏彬彬多文学之士矣。"① 尤其是太学的规模不断扩大，昭帝时，博士弟子有 100 人，宣帝时 200 人，元帝时增加至千人，成帝时有 3000 人，王莽执政时期多至万人。"昭帝时举贤良文学，增博士弟子员满百人，宣帝末增倍之。元帝好儒，能通一经者皆复。数年，以用度不足，更为设员千人，郡国置《五经》百石卒史。成帝末，或言孔子布衣养徒三千人，今天子太学弟子少，于是增弟子员三千人。岁余，复如故。平帝时王莽

① （东汉）班固：《汉书》卷八八，第 3596 页。

秉政，增元士之子得受业如弟子，勿以为员，岁课甲科四十人为郎中，乙科二十人为太子舍人，丙科四十人补文学掌故云。”① 东汉时期，太学规模进一步扩大，一度扩张至 3 万多人：“本初元年，梁太后诏曰：‘大将军下至六百石，悉遣子就学，每岁辄于乡射月一飨会之，以此为常。’自是游学增盛，至三万余生。”② 儒家群体自汉初以来逐步扩大，“诸子”群体由齐鲁之地逐步扩展至全国各地。

齐鲁文化在两汉时期的发展经历了汉初、西汉中后期、东汉三个阶段。“诸子”不断地对传统儒家思想进行继承、修正、创新，最终实现了齐鲁文化理论上的主流化，理论主流化的重要表现则是其理论体系的成熟以及对于后世的广泛影响。笔者选取了 40 多位对于齐鲁文化主流化有重要意义的两汉“诸子”，选取了德法思想、风俗思想、民族关系思想、中央与地方关系思想、经济思想、选贤思想六个方面对“诸子”思想由点到面地进行研究，并结合“诸子”的社会政治实践，探析其对于先秦齐鲁“诸子”思想的继承与创新，对于齐鲁文化主流化的贡献。

在德法关系领域，两汉“诸子”在继承先秦儒家德主刑辅，法家以法治国，道家兼弃德法思想的基础上，根据社会政治局势的变化，实现了对治国思想的传承与创新。“诸子”的治国思想是现实社会政治的产物，反过来却又指导了现实社会政治。西汉初期，社会经济濒临崩溃，黄老无为成为统治思想，汉初“诸子”吸收秦以法治二世而亡的教训，大多重德而轻法，陆贾在《新语》中提出了重德斥法的治国思想，贾谊在《新书》中力倡重德轻法思想，影响了当时的统治者。西汉盛期，为了满足汉武帝加强专制皇权的要求，解决黄老无为思想无法解决的各种问题，董仲舒在总结先秦汉初治国思想及治国实践的基础上提出德主刑辅论，奠定了“以霸王道杂之”的“汉家制度”的基础，自此，德主刑辅遂成为官方治国思想。西汉中期以降，外戚专权，政治昏暗，土地兼并以及农民奴隶化问题严重，传统的德主刑辅难以解决这些问题，刘向、扬雄等“诸子”在传统德主刑辅的框架内，提出了

① （东汉）班固：《汉书》卷八八，第 3596 页。

② （南朝宋）范晔：《后汉书》卷七九上，第 2547 页。

德法结合，先德后法的思想，法治开始抬头。东汉王朝建立后，各种矛盾层出不穷，豪强问题、民族矛盾、土地兼并，谶纬迷信之风盛行，经学逐步神学化，德主刑辅作为官方的治国思想在《白虎通义》中再次得到重申，但难以从根本上解决以上问题。

自东汉初期开始，桓谭、王充等“诸子”继承与发展了刘向、扬雄的治国思想，站在反神学迷信的立场上，以求真务实的理性精神提出了德法兼施的治国思想，法治思想取得了与德治思想近乎平等的地位，试图将东汉初年的政治从谶纬神学之中拉回到人文理性的轨道。东汉中后期，外戚宦官交替专权，政治昏暗，土地兼并浪潮愈演愈烈，东汉王朝已经到了土崩瓦解的状态，王符、荀悦、崔寔、仲长统等“诸子”以儒家积极的入世精神与强烈的时代责任感，适应法道复兴的趋势，引入法家思想，彻底突破了德主刑辅的传统框架，适时提出了法主德辅的治国思想，掀起了汉末批判思潮，试图挽狂澜于既倒。

在风俗思想领域，两汉“诸子”在继承先秦儒家教化易俗，道家无为易俗，法家法令易俗思想的基础上，根据社会政治局势的变化，实现了对风俗思想的传承与创新。“诸子”的风俗思想是现实社会政治的产物，反过来又指导了现实社会政治。汉王朝建立后，“汉承秦制”，汉王朝不仅承袭了秦的制度文化，亦承袭了其衰落之风俗，加之社会经济濒临崩溃。陆贾批判了社会上的奢侈之风、重利之风、迷信之风，提出了无为而治的风俗观。贾谊指出了西汉初年的社会风俗中存在的问题，反对陆贾的“无为”易俗思想，强调统治者必须要主动易俗，首开教化易俗思想。

汉武帝即位之初，黄老无为政治的缺陷日益显现，社会风俗愈加败坏，汉武帝急需一种新的风俗思想来拯救风俗。董仲舒继承并创新了贾谊的风俗思想，提出了系统的教化易俗思想，并将其建立在“性三品”说与“天人感应”的基础之上，使其风俗思想更具哲学性、思辨性与权威性，自此之后，教化易俗思想成为两汉官方的移风易俗思想。当然在武帝时代，儒学并未完全占据主流地位，教化易俗也并未立即成为移风易俗思想的主流，颇具黄老色彩的风俗思想依然有一定的市场，司马迁的风俗思想正反映了这一时代特点。司马迁提出了顺应民俗、因时易俗的移风易俗思想，在《史记·货殖列传》中将全国划分为四大风俗区，并创新性地将风俗的形成与自然环境、经济发展联系起来，对后世风俗思想产生了深远的影响。

在盐铁会议中贤良文学继承与创新了董仲舒的风俗思想，提出了教化民俗的思想，并将移风易俗纳入到了本末范畴中，教化易俗为本，法令易俗为末，并将其与生产领域内的重本抑末相联系，这是对两汉风俗理论的重要创新。生活于元成年代的刘向，面对西汉王朝的危机，在《说苑》中论述了自己的教化民俗的思想，阐明了礼乐为教化之根本，尤其注重乐的移风易俗功能。

东汉建立之初，西汉末年及新莽时期的鄙风陋俗依然存在，豪强势力坐大，谶纬神学盛行，社会风俗衰败。桓谭继承了刘向的风俗思想，根据风俗的变化而施行教化，其创新之处在于打破了教化易俗的传统，将法治引入到移风易俗领域，强调德法迭用以易俗。班固在《汉书·地理志》中对风俗的概念作出了明确的阐释，强调统治者在教化易俗中的主导作用。在《史记·货殖列传》的基础上将全国划分为了13个风俗区，将每个风俗区划分成了大大小小的亚风俗区，并详细阐述了经济发展、物质基础对于移风易俗的重要作用。《白虎通义》一书标志着儒家思想的“国教化”与“法典化”，礼乐教化成为官方的移风易俗思想。王充激烈地批判了当世的重利之风、迷信之风、厚葬之风等诸多鄙风陋俗，主张教化易俗，其风俗思想成为东汉中后期风俗批判之滥觞。

东汉中后期，豪强地主势力不断发展，外戚宦官交替专权，土地兼并严重，阶级矛盾、民族矛盾尖锐，风俗衰敝。王符将批判的矛头直指骄奢浮华之风、政治腐败之风、舍本逐末之风、畸形交际之俗、虚妄迷信之风、厚葬之俗，提出了先法后德的移风易俗思想，直接开启了东汉中后期的社会风俗批判思潮。崔寔批判了东汉后期的各种鄙陋风俗，并深入剖析了其对社会政治的危害，继承了王符先法后德的移风易俗思想。荀悦批判了东汉末年奢侈、虚伪、僭越的社会风俗，提出了德法结合、先刑后德的移风易俗思想。仲长统对东汉末年的迷信之风、奢侈僭越之风、政治腐败之风进行了大胆的批判，提出了法主德辅的移风易俗思想。应劭首次提出了“为政之要，辩风正俗，最其上也”[①]，使得政治与风俗的结合到达了一个新的高度。应劭更为全面地强调下层民众的风俗事象，对这些风俗事象进行考辨，进而匡风正俗。徐干在风俗批判上不如王符、应劭激烈，亦认识到在黑暗的东汉末年难以纯行礼乐化俗，必须要以法令纠改民性，并以“中”的原则来将礼乐与法令结合起来，赏罚得当以移风易俗。

在民族关系领域，两汉时期是统一多民族国家的形成与定型阶段，是中华民族发展过程中的一个关键阶段，这一时期纷繁复杂的民族关系在中国古代民族关系史上具有重要的地位。“正确的民族政策和边疆政策，能促进国家的统一和稳定；错误的民族政策与边疆政策，则会破坏国家的稳定，甚至亡国。”[②] 两汉的民族关系涉及汉与匈奴、羌、越、鲜卑、乌桓、朝鲜、西域各族，汉匈、汉羌关系成为民族关系的重心，两汉各民族之间的战争对抗与和平交往不断促进两汉“诸子”民族关系思想的发展，两汉“诸子”的民族关系思想也不断地指导着两汉的民族关系实践。“白登之围”后，娄敬鉴于汉朝国力的衰落，提出了“和亲”政策，力图以宗法关系、财物赠予、关市贸易来缓解匈奴的武力掠夺，成为两汉羁縻政策的源头。陆贾以羁縻政策来解决南越问题，以仁义安抚南越王，分封王爵，双方进行互市。

贾谊一反“和亲”政策，明确提出“战德”策略，具体的策略为“三表”“五饵”，利用汉王朝雄厚的财力与匈奴单于争夺民众，利用关市贸易来吸引招徕匈奴民众，在边境设立属国，由汉派官吏进行治理，并负责继续招纳匈奴。晁错注重从“术”的层面来处理汉匈关系，在战术上提出了“以蛮夷攻蛮夷”的策略，在战略上强调移民实边，巩固边防。董仲舒在大一统理念的指导下，提出了“夷夏有别”“夷夏互动”“王者爱四夷”三种理论，强调以礼义道德来融合夷夏于大一统的太平盛世之中。在此思想的指导下，主张停止对匈战争，建议重新恢复建立在双方平等基础上的“和亲”政策。主父偃前期较为反对征伐匈奴，伴随着汉军收复河套平原，战争局势逆转，适时提出在河套平原建立朔方郡，移民屯兵，加强边防，对于巩固汉王朝的北

---

① （东汉）应劭撰，王利器校注：《风俗通义校注》，第 8 页。

② 陈新岗：《两汉诸子治国思想研究》，山东文艺出版社 2009 年版，第 190 页。

部边防具有重要的意义。司马迁的民族关系思想与董仲舒相比更为开明，以华夏诸王朝为正统，强调“夷夏同源”，将各民族纳入大一统的国家之中，各少数民族不再被视为外族。他反对汉武帝的穷兵黩武政策，主张维护大一统，提倡正义的战争。在盐铁会议中，贤良文学针锋相对，据理力争，反对战争，提出德化匈奴的主张，并揭示了汉匈战争对于汉王朝的负面影响。宣帝名臣萧望之提出了羁縻怀柔匈奴的思想。刘向力主停止战争，推行羁縻政策，恢复和亲，思富养民。扬雄在分析匈奴民族特性的基础上，回顾了自“白登之围”以来汉匈关系的发展历程，力主继续推行羁縻政策，奉行“和亲”。

桓谭总结汉匈战和的历史，凡是推行“和亲”政策的时代，汉匈和平相处，盛世出现，若出兵征伐，耗尽国力，依然不能将其制服，桓谭建议推行“和亲”政策，以德怀之。光武帝时期，匈奴再次分裂为南北两部，班彪建议羁縻南北匈奴，使其相互牵制，汉得渔翁之利。在少数民族行政管理体制上，班彪有所创新，建议在东北地区设置护乌桓校尉，在西北地区设置护羌校尉。在王充看来，在汉王朝强盛国力的基础上，强大的汉王朝以不战而屈人之兵的德化策略达到统一各民族的目的，较之武力征伐，更为有效。班固继承了其父班彪的羁縻思想，总结了汉匈关系的发展历程，不同时期有不同策略，或和亲，或战争，均未能彻底降服匈奴，力主对北匈奴实施羁縻政策，派遣使节赏赐施惠。宋意提出了使南匈奴、北匈奴、鲜卑三者相互制约的思想。

东汉中后期汉羌关系成为东汉面对的主要民族关系，曹凤上书和帝，建议在刚刚收复的西海、大、小榆谷设立郡县，设置屯田，占据西海鱼盐之利，削弱西羌诸部落的经济基础。庞参上书安帝，面对步步紧逼的羌兵，妥协退避，不顾边郡百姓的生命财产安全与汉王朝的统一，提出了放弃已被羌兵攻破的凉州，迁徙民众于三辅之地，并在关中地区屯田，设置新防线阻挡羌兵。虞诩上疏顺帝请求在安定、北地、上郡、陇西之地徙民屯田，减省内郡军粮转漕，并为长安之屏障。王符斥责庞参的退避方针，以维护汉王朝的大一统为根本目的，针对平定羌乱，从战略与战术上提出了一系列可操作性的措施，反映了在野儒生强烈的国家责任感与长远的战略眼光。灵帝时期，谏议大夫刘陶建议停止征收西部边郡百姓的赋税徭役，安抚边郡的民心，为车骑将军张温平定羌乱提供群众基础。这一时期，鲜卑部首领檀石槐统一蒙古高原，经常发兵袭扰汉边郡，议郎蔡邕从东汉王朝的现实国力出发反对出击强大的鲜卑，否则外患未灭，内忧再起，只能是“守边保塞”，被动防御。何休超越了传统儒家的“夷夏之别”，以发展的眼光来看待夷夏关系，最终在“大一统”的理想政治之下实现近乎平等的夷夏关系，为日后维护大一统的政治格局提供了思想基础，成为中国古代民族关系思想的亮点。

在中央与地方关系领域，两汉的中央与地方关系，以武帝时期为重要的分界线。武帝之前，中央与诸侯国之间的关系成为中央与地方关系的重心，伴随着“削藩三部曲”的推行，至武帝时，诸侯王问题得以解决，地方豪强势力崛起，中央与州郡牧守、地方豪强之间的关系成为中央与地方关系的重心。西汉建立之初，娄敬预见到了诸侯国势力的潜在危险，力主迁都长安，形成对于关东诸侯的地理优势，他还首开西汉“迁豪”之先例。两汉第一位系统思考中央与诸侯国关系的“诸子”是贾谊，他鉴于汉初诸侯王不断坐大的态势，主张在封国体制之下，推行“众建诸侯而少其力”的策略，增强文帝皇子为梁、淮阳王的力量来制约疏远的关东诸侯，设立完善的等级制度来区分君臣名分。晁错主张以法削藩，改变双方的实力对比，最终激化了中央与吴、楚等国的矛盾，爆发了“吴楚七国之乱”，也成为扭转中央与诸侯国关系的契机。对于地方豪强问题，提出入粟拜爵、免罪的方案来提高粮食的价格，保障小农的利益，抑制豪强兼并土地。枚乘作为吴王刘濞的郎中，站在吴国的立场上，力劝吴王不要反叛中央，维持中央与吴国的现状。主父偃提出“推恩令”，彻底瓦解诸侯国势力；又提出了“迁豪”政策，将大量的地方豪强迁至刚刚营建的茂陵。董仲舒在“三统三正”历史观的基础上强调“强干弱枝”，司马迁、刘向继承了董仲舒的“强干弱枝”思想。

东汉初年，桓谭在强调中央集权的同时，又主张推行分封制，并且适当放宽对于诸侯王的限制，肩负起辅翼汉中央的重要职责。王充从等级礼制的角度来突出君主的地位。针对东汉中后期的州郡牧守、列侯、豪强，王符力主以法令加以约束，加强中央集权。崔寔强调统治者需完善并践行关于舆服的法令，重塑等级礼制，突显皇帝的至尊地位。针对地方豪强对于土地和人口的疯狂兼并，崔寔亦是无可奈何，只能建议统治者将关东地区大量的流民与无地农民迁往地多人少的关中三辅、凉州、幽州。对于地方上的州郡牧守，崔寔认为要延长其任期，使其才能得到充分的发挥，制定并实行严格的考绩制度，赏善罚恶。仲长统从经济层面来寻找豪强势力进行土地兼并的根本原因，强调通过恢复西周的井田制来遏制土地兼并。荀悦认为目前州牧的权力过大，要强干弱枝，必须夺其重权，派中央的公卿大夫担任刺史太守县令，以加强中央集权。荀悦也反对地方豪强的土地兼并，以极为超前的眼光指出土地的自由买卖是豪强兼并土地的症结所在，他否定了恢复西周的井田制，强调一种“耕而勿有”的土地制度。何休作为汉代公羊学理论的集大成者，其政治思想的核心则是弘扬“大一统”思想，抨击地方割据势力，以挽救衰落的皇权。

在经济领域，汉王朝建立之后，在黄老无为思想的指导下，汉政府允许民间铸造钱币，造成了极为严重的通货膨胀现象，又助长了地方势力的膨胀，汉初“诸子”以深远的政治眼光，提出了自己的货币思想。贾谊反对私铸货币，主张国家控制货币以“御轻重”，成为后世货币改革的重要指导思想。晁错倡导货币国定论，提出了“贱金玉贵五谷”的货币思想，改用粟米作为货币，加强小农经济。贾山亦倡导货币国定论，强调中央政府垄断货币铸造权。司马迁主张铸币权的统一，货币要足值、稳定，肯定了货币在农工商交易中的流通作用。贤良文学忽视统一铸币权对于国计民生的重要意义，反而站在地方势力的立场上主张下放铸币权。元帝时期的贡禹继承了晁错、贾山的货币国定论思想，认为货币是奸邪之源，为了重农抑商，提出以布帛谷物为货币。王莽直接将货币国定论应用到货币改革中，最终以失败告终。班固反对铸币权的下放，力主铸币权的统一，强调货币对于农工商业发展的意义。张林提出“封钱”的建议，减少货币的数量提高其购买力，并以布帛承担部分的货币职能。刘陶上书反对铸造“大钱”，当务之急在于发展农业生产，满足百姓的衣食需求。荀悦反对铸造“小钱”，承认货币的流通职能，建议恢复五铢钱。

两汉“诸子”汲取并发挥了先秦“诸子”的本末思想。陆贾在《新语》中提出了重本轻末的思想。贾谊以敏锐的政治眼光提出了重本抑末的思想，深刻揭示了农业对于国计民生的重要意义。董仲舒针对社会上出现的土地兼并问题，又以深远的政治眼光提出了“限民名田”的主张，解放奴婢，增加农业生产的劳动力，减省赋税徭役，确保农业生产时间。董仲舒并不否定工商业，他甚至力主取消盐铁官营。司马迁突破了“重农抑商”的传统，阐述了自己的重本而不轻末的经济思想，创造性地提出了农、工、商共同发展的主张。贤良文学强调重本抑末的经济思想，认为国富民强的基础是农业，强调“抑末”，其抑制的“末”是官营工商业。

班固与司马迁的重本而不轻末思想不同，虽然主张农、工、商三业平衡协调发展，但逐渐转入保守，极力强调农业的基础地位，反对背本趋末。王符的“崇本抑末”思想对于“本”“末”进行了创新性的解释，认为农、工、商三业各有本末，农、工、商之本为“农桑”“致用”“通货”；农、工、商之末为“游业”“巧饰”“鬻奇”，需大力发展三业之本，打击抑制三业之末。仲长统强调农业生产是治理国家的基础，是施行道德教化的保障。崔寔针对农民奴隶化的问题，力主施行迁民政策，将内地大量的百姓迁徙至地广人稀的边郡，既能移民实边，又能恢复与发展小农经济。荀悦将农业生产的发展列于“五政”之首，并认识到了土地兼并的根本原因，即土地私有制的存在，他设想将来能有一种“耕而勿有”的土地制度来抑制土地兼并。徐干抨击了官僚贵族、豪强地主对土地与人口的疯狂兼并，尤其是对农民的奴隶化问题进行了深入的剖析，提出设立制度进行调均。何休作为东汉末年今文经学的集大成者，试图以井田制来解决东汉王朝的宿疾——土地兼并。

在选贤思想领域，西汉初年形成了中国古代历史上特有的“布衣将相之局”，二十等军功爵制成为任官的重要标准，官吏多出于军功，这种选举制度是不利于汉王朝长治久安的，陆贾提出举荐与重用民间贤人的思想。在汉初宽松的政治文化环境之下，儒家思想开始崛起，贾谊顺应这一趋势，论述了贤人对于国家兴亡的重要意义，力主重用富有仁义道德的儒家士人，开始强调君主在选贤之中的核心地位。董仲舒力主打破文景时期的郎官制度，并为选贤进行了一系列的制度设计，创立太学，促使察举制度化，提出了针对贤人的考绩制度。武帝时期，选官制度多样化，盐铁会议中，贤良文学试图“拨乱反正”，以确立儒家士人在选举制度中的主导地位。

东汉初期，桓谭剖析了贤才未得重用的原因，强调建立以君主为核心的选贤体系。王充抨击了选举制度中重文吏轻儒生的倾向，深入剖析了贤才未得重用的原因，并详细阐述了选拔贤才的标准，并从儒生与文吏的对比中阐明贤人所应具有的道德能力素养，但其陷入了宿命论的范畴。身处东汉中后期的王符批判了当时选举领域内的各种不良风气，剖析贤人不得重用的原因，提出了选拔贤才的具体措施，更重要的是创新性地提出了选举法令化，使得其选贤思想充满了制度理性。徐干抨击了东汉末年选举制度所存在的问题，创新性地从主体的角度来论述贤人的养成，提出了选拔重用贤人的一系列措施。荀悦也抨击了当时选举所存在的问题，强调通过考绩以及加强官员的流动性来选拔重用真正的贤才。

经过两汉“诸子”不断努力，在德法、风俗、民族关系、经济、中央与地方关系、选贤六个方面传承与创新了先秦齐鲁文化，成为汉代以及后世政治家与思想家解决现实政治、经济、民族关系、选举问题的重要理论指导，在一定程度上标志着齐鲁文化主流化的实现，并且逐渐内化为中华传统文化的重要内容。两汉“诸子”对于德法、风俗、民族关系、经济、中央与地方关系、选贤六个方面思想的传承与创新为新时代社会主义经济建设、政治建设、文化建设、社会建设、新风尚建设、人才建设、新型民族关系建设，以及为中华优秀传统文化的创造性转化与创新性发展提供了历史的借鉴。

参 考 文 献

一、古代典籍

（清）黄宗羲：《明夷待访录》，梁溪图书馆 1925 年版。

（三国）王肃：《孔子家语》，上海新文化书社 1934 年版。

（北宋）司马光：《资治通鉴》，中华书局 1956 年版。

（西汉）司马迁：《史记》，中华书局 1959 年版。

（晋）陈寿：《三国志》，中华书局 1959 年版。

（三国）诸葛亮：《诸葛亮集》，中华书局 1960 年版。

（北宋）王钦若：《册府元龟》，中华书局 1960 年版。

（清）郭庆藩：《庄子集释》，中华书局 1961 年版。

（南宋）叶适：《叶适集》，中华书局 1961 年版。

（东汉）班固：《汉书》，中华书局 1962 年版。

（南朝宋）范晔：《后汉书》，中华书局 1965 年版。

（南朝梁）萧子显：《南齐书》，中华书局 1972 年版。

（唐）魏征等：《隋书》，中华书局 1973 年版。

（唐）房玄龄等：《晋书》，中华书局 1974 年版。

（唐）柳宗元：《柳河东集》，上海人民出版社 1974 年版。

（北宋）欧阳修，宋祁：《新唐书》，中华书局 1975 年版。

（后晋）刘昫等：《旧唐书》，中华书局 1975 年版。

（清）王夫之：《读通鉴论》，中华书局 1975 年版。

（清）龚自珍：《龚自珍全集》，上海人民出版社 1975 年版。

（明）宋濂等：《元史》，中华书局 1976 年版。

赵尔巽等：《清史稿》，中华书局 1976 年版。

（晋）杜预：《春秋左传集解》，上海人民出版社 1977 年版。

（东汉）桓谭：《新论》，上海人民出版社 1977 年版。

（元）脱脱等：《宋史》，中华书局 1977 年版。

（唐）吴兢：《贞观政要》，上海古籍出版社 1978 年版。

（东汉）应劭撰，王利器校注：《风俗通义校注》，中华书局 1981 年版。

吴承仕：《经典释文序录疏证》，中华书局 1984 年版。

（东汉）王符著，（清）汪继培笺，彭铎校正：《潜夫论笺校正》，中华书局 1985 年版。

中华书局：《清实录》，中华书局 1985 年版。

（清）孙星衍：《尚书今古文注疏》，中华书局 1986 年版。

王利器：《新语校注》，中华书局 1986 年版。

蒋礼鸿：《商君书锥指》，中华书局 1986 年版。

（清）焦循：《孟子正义》，中华书局 1987 年版。

汪荣宝：《法言义疏》，中华书局 1987 年版。

（西汉）刘向撰，向宗鲁校正：《说苑校正》，中华书局 1987 年版。

（清）王先谦：《荀子集解》，中华书局 1988 年版。

（东汉）蔡邕：《独断》，上海人民出版社 1990 年版。

（晋）傅玄：《傅子》，上海古籍出版社 1990 年版。

程树德：《论语集释》，中华书局 1990 年版。

黄晖：《论衡校释》，中华书局 1990 年版。

（东汉）荀悦：《申鉴》，上海古籍出版社 1990 年版。

苏舆：《春秋繁露义证》，中华书局 1992 年版。

王利器：《盐铁论校注》，中华书局 1992 年版。

（南宋）叶适：《习学记言》，上海古籍出版社 1992 年版。

吴毓江：《墨子校注》，中华书局 1993 年版。

（清）陈立：《白虎通疏证》，中华书局 1994 年版。

章梫：《康熙政要》，中共中央党校出版社 1994 年版。

（清）顾炎武著，（清）黄汝成集释：《日知录集释》，岳麓书社 1994 年版。

屈守元、常思春：《韩愈全集校注》，四川大学出版社 1996 年版。

（清）王先慎：《韩非子集解》，中华书局 1998 年版。

（清）王夫之：《船山全书（第五册）》，岳麓书社 1998 年版。

（清）顾炎武：《顾亭林文选》，四川人民出版社 1998 年版。

（明）丘浚：《大学衍义补》，京华出版社 1999 年版。

李学勤主编：《礼记正义》，北京大学出版社 1999 年版。

李学勤主编：《春秋公羊传注疏》，北京大学出版社 1999 年版。

李学勤主编：《孝经注疏》，北京大学出版社 1999 年版。

李学勤主编：《周礼注疏》，北京大学出版社 1999 年版。

（清）严可均辑：《全汉文》，商务印书馆 1999 年版。

（清）严可均辑：《全后汉文》，商务印书馆 1999 年版。

（明）丘浚：《大学衍义补》，京华出版社 1999 年版。

（西汉）贾谊撰，阎振益、钟夏校注：《新书校注》，中华书局 2000 年版。

（北宋）苏轼撰：《苏轼集》，岳麓书社 2000 年版。

（西汉）刘向著，石光瑛校释：《新序校释》，中华书局 2001 年版。

（清）孙诒让：《墨子间诂》，中华书局 2001 年版。

（东汉）荀悦撰，（东晋）袁宏撰，张烈点校：《两汉纪》，中华书局 2002 年版。

黎翔凤：《管子校注》，中华书局 2004 年版。

线装书局：《钞本明实录》，线装书局 2005 年版。

（北宋）王安石：《王安石集》，三晋出版社 2008 年版。

（清）王夫之：《船山全书（第五册）》，岳麓书社 2010 年版。

孙启治译注：《政论》，中华书局 2014 年版。

孙启治：《中论解诂》，中华书局 2014 年版。

孙启治译注：《昌言》，中华书局第 2014 年版。

（南宋）黎靖德编，王星贤点校：《朱子语类》，中华书局 2020 年版。

二、近人今人著作

彭信威：《中国货币史》，联群出版社 1954 年版。

侯外庐等：《中国思想通史》．人民出版社 1957 年版。

胡寄窗：《中国经济思想史》，上海人民出版社 1963 年版。

鲁迅：《鲁迅全集》，人民文学出版社 1973 年版。

胡寄窗：《中国经济思想史简编》，中国社会科学出版社 1981 年版。

章太炎：《章太炎全集》，上海人民出版社 1984 年版。

金春峰：《汉代思想史》，社会科学出版社 1987 年版。

逄振镐：《东夷古国史论》，成都电讯工程学院出版社 1989 年版。

陈勤建：《中国民俗》，中国民间文艺出版社 1989 年版。

祝瑞开：《两汉思想史》，上海古籍出版社 1989 年版。

睡虎地秦墓竹简整理小组编：《睡虎地秦墓竹简》，文物出版社 1990 年版。

黄松：《齐鲁文化》，辽宁教育出版社 1991 年版。

刘振佳：《鲁国文化与孔子》，山东友谊出版社 1993 年版。

张紫晨：《中国民俗学史》，吉林文史出版社 1993 年版。

刘文英：《王符评传》，南京大学出版社 1993 年版。

黄克剑、林少敏：《徐复观集》，群言出版社 1993 年版。

王志民：《齐文化概论》，山东人民出版社 1993 年版。

王迅：《东夷文化与淮夷文化研究》，北京大学出版社 1994 年版。

[日] 安居香山、[日] 中村璋八：《纬书集成》，河北人民出版社 1994 年版。

[韩] 金钟美：《天、人和王充文学思想——以王充文学思想同天人关系思想的联系为中心》，社会科学文献出版社 1994 年版。

王少华：《吴越文化论——东夷文化之光》，南京出版社 1995 年版。

[德] 马克思、[德] 恩格斯：《马克思恩格斯选集》，人民出版社 1995 年版。

王志民：《齐文化论稿》，山东大学出版社 1995 年版。

栾丰实：《东夷考古》，山东大学出版社 1996 年版。

刘泽华：《中国政治思想史（秦汉魏晋南北朝卷）》，浙江人民出版社 1996 年版。

阎步克：《士大夫政治演生史稿》，北京大学出版社 1996 年版。

逄振镐：《先齐文化源流》，齐鲁书社 1997 年版。

郭墨兰：《齐鲁文化》，华艺出版社 1997 年版。

王敏德、庄春波：《齐文化与中国传统文化》，齐鲁书社 1997 年版。

王志民、邱文山：《齐文化与鲁文化》，齐鲁书社 1997 年版。

阎步克：《士大夫政治演生史稿》，北京大学出版社 1997 年版。

冯友兰:《中国哲学史新编》(中),人民出版社 1998 年版。

王恩田:《齐鲁文化志》,上海人民出版社 1998 年版。

刘振清:《齐鲁文化——东方思想的摇篮》,上海远东出版社 1998 年版。

萧公权:《中国政治思想史》,辽宁教育出版社 1998 年版。

冯友兰:《中国哲学史新编》,人民出版社 1998 年版。

夏曾佑:《中国古代史》,河北教育出版社 2000 年版。

周桂钿:《秦汉思想史》,河北人民出版社 2000 年版。

宣兆琦、李金海:《齐文化通论》,新华出版社 2000 年版。

隋永琦、巩升起:《海陆一体化维度上的东夷文化》,文物出版社 2001 年版。

陈苏镇:《汉代政治与〈春秋〉学》,中国广播电视出版社 2001 年版。

杨朝明:《鲁文化史》,齐鲁书社 2001 年版。

曾振宇:《中国气论哲学研究》,山东大学出版社 2001 年版。

冯友兰:《三松堂全集》(第四卷),河南人民出版社 2001 年版。

汪高鑫:《中国史学思想通史·秦汉卷》,黄山书社 2002 年版。

宣兆琦:《齐文化发展史》,兰州大学出版社 2002 年版。

孟祥才、胡新生:《齐鲁思想文化史·先秦秦汉卷——从地域文化到主流文化》,山东大学出版社 2002 年版。

余英时:《士与中国文化》,上海人民出版社 2003 年版。

胡适:《胡适全集》,安徽教育出版社 2003 年版。

王志民:《齐鲁文化概说》,山东文艺出版社 2004 年版。

安作璋、王志民:《齐鲁文化通史》,中华书局 2004 年版。

张富祥:《东夷古史传说》,山东文艺出版社 2004 年版。

张光明:《齐文化的考古发现与研究》,齐鲁书社 2004 年版。

李玉洁:《齐国史话》,山东文艺出版社 2004 年版。

高广仁、邵望平:《海岱文化与齐鲁文明》,凤凰出版社 2005 年版。

龚鹏程:《汉代思潮》,商务印书馆 2005 年版。

唐雄山:《贾谊礼治思想研究》,中山大学出版社 2005 年版。

郭墨兰、吕世忠:《齐文化研究》,齐鲁书社 2006 年版。

邱文山:《齐文化与中华文明》,齐鲁书社 2006 年版。

方立天：《中国古代哲学》，中国人民大学出版社 2006 年版。

刘绪贻：《中国的儒学统治—既得利益抵制社会变革的典型事例》，中国人民大学出版社 2006 年版。

向晋卫：《〈白虎通义〉思想的历史研究》，人民出版社 2007 年版。

逄振镐：《东夷文化研究》，齐鲁书社 2007 年版。

刘宗贤：《鲁文化研究》，齐鲁书社 2007 年版。

张富祥：《东夷文化通考》，上海古籍出版社 2008 年版。

王勇、王全成：《齐鲁文化》，事时出版社 2008 年版。

杨金秀：《齐鲁文化》，吉林文史出版社 2009 年版。

陈新岗：《两汉诸子治国思想研究》，山东文艺出版社 2009 年版。

［美］爱德华·希尔斯：《论传统》，傅铿、吕乐译，上海人民出版社 2009 年版。

逄振镐：《齐鲁文化研究》，齐鲁书社 2010 年版。

冯友兰：《中国哲学史》，商务印书馆 2011 年版。

黄朴民：《何休评传》，南京大学出版社 2011 年版。

方军：《王符治道思想研究》，安徽大学出版社 2011 年。

丁再献：《东夷文化与山东》，中国文史出版社 2012 年版。

钱穆：《秦汉史》，生活·读书·新知三联书店 2012 年版。

黄朴民：《文致太平——何休与公羊学发微》，岳麓书社 2013 年版。

夏曾佑：《中国古代史》，吉林人民出版社 2013 年版。

邱文山：《地域文化视阈下的齐文化与鲁文化》，北京燕山出版社 2013 年版。

徐复观：《两汉思想史》，九州出版社 2014 年版。

李增刚：《富民之道：齐鲁文化与中国经济发展》，山东人民出版社 2017 年版。

任者春：《天下为公：齐鲁文化与中国社会理想》，山东人民出版社 2017 年版。

刘怀荣、魏学宝、李伟：《以文化人：齐鲁文化与中国人文智慧》，山东人民出版社 2017 年版。

吴承笃：《天人合一：齐鲁文化与中国生态哲学》，山东人民出版社 2017 年版。

［德］马克思：《资本论》（第一卷），人民出版社 2018 年版。

鲁迅：《汉文学史纲要》，译林出版社 2018 年版。

许汝贞：《河东与东夷文化》，济南出版社 2018 年版。

秦铁柱：《帝国中坚——汉代列侯研究》，齐鲁书社2018年版。

党超：《两汉风俗观念与社会软控制研究》，社会科学文献出版社2018年版。

彭耀光：《为政以德：齐鲁文化与中国政治建设》，山东人民出版社2018年版。

燕生东：《海岱考古与早期文明》，商务印书馆2019年版。

任传斗、毕雪峰：《齐文化要义》，齐鲁书社2020年版。

王明珂：《华夏边缘——历史记忆与族群认同》，上海人民出版社2020年版。

萨孟武：《中国社会政治史（先秦秦汉卷）》，生活·读书·新知三联书店2021年版。

秦铁柱：《汉代齐鲁封国诸子传》，人民出版社2022年版。

三、期刊论文

赵靖：《论王符的经济思想》，《经济问题探索》1980年第6期。

彭卫：《试论贾谊思想的历史渊源》，《西北大学学报》（哲学社会科学版）1981年第3期。

郭鸥一：《贾谊和〈论积贮疏〉》，《山西财经学院学报》1980年第3期。

刘枫：《司马迁的货币思想》，《上海金融研究》1981年第2期。

张大可：《司马迁的经济思想述论》，《学术月刊》1983年第10期。

章权才：《何休〈公羊解诂〉研究》，《广东社会科学》1984年第1期。

杨科：《对司马迁货币思想的一孔之见——〈平准书〉、〈货殖列传〉读后》，《金融理论与实践》1985年第1期。

岳庆平：《主父偃献策推恩后“王子毕侯”质疑》，《齐鲁学刊》1985年第5期。

刘建清：《崔寔政治法律思想探微》，《法学评论》1986年第6期。

李启谦：《齐鲁文化之异同论纲》，《学术月刊》1987年第1期。

祝瑞开：《徐干的社会政治主张和朴素的唯物辩证法思想》，《西北大学学报》（哲学社会科学版）1987年第1期。

归青：《司马迁、班固经济观之歧异及其思考》，《上海大学学报》（社会科学版）1987年第2期。

李善峰：《齐鲁文化与现代化进程》，《东岳论丛》1987年第3期。

杨一民：《略论晁错的军事思想》，《军事历史研究》1987年第3期。

高恒、蔚智前：《董仲舒“德主刑辅”思想略论》，《东岳论丛》1987年第5期。

周桂钿：《国以贤兴——王符尊重人才思想述评》，《社会科学》1988 年第 1 期。

张富祥：《鲁文化与孔子》，《孔子研究》1988 年第 2 期。

张富祥：《齐鲁文化综论》，《文史哲》1988 年第 4 期。

罗祖基：《再论齐鲁文化研究中的几个问题》，《管子学刊》1988 年第 4 期。

王明：《周初齐鲁两条文化路线的发展和影响》，《哲学研究》1988 年第 7 期。

曹应旺：《贾谊的经济干预思想》，《经济问题探索》1988 年第 12 期。

钮恬：《王符本末论刍议》，《社会科学》1989 年第 2 期。

李启谦：《齐鲁文化特征比较》，《文史知识》1989 年第 3 期。

梁宗华：《从孟子看齐鲁文化的交融》，《管子学刊》1989 年第 3 期。

郭墨兰：《齐鲁文化比较论》，《齐鲁学刊》1990 年第 1 期。

裴倜：《略论司马迁的经济管理思想》，《四川大学学报》（哲学社会科学版）1990 年第 2 期。

林存光、宣兆琦：《试析先秦齐鲁政治文化的差异性》，《管子学刊》1991 年第 2 期。

冷鹏飞：《董仲舒经济思想研究》，《求索》1991 年第 2 期。

吴郁芳：《齐鲁文化与冬、夏季风》，《齐鲁学刊》1991 年第 2 期。

李存山：《秦后第一儒——陆贾》，《孔子研究》1992 年第 3 期。

徐志祥：《贾谊经济思想初探》，《齐鲁学刊》1992 年第 3 期。

逄振镐：《关于齐鲁文化的先进性与保守性问题》，《管子学刊》1992 年第 4 期。

华世銧：《论齐鲁文化在西汉的地位及影响》，《云南教育学院学报》1992 年第 5 期。

周琼：《试论桓谭、王充和范缜无神论思想的相承与发展》，《楚雄师专学报》（社会科学版）1993 年第 1 期。

杜洪义：《论仲长统的治国思想》，《辽宁师范大学学报》（社会科学版）1993 年第 1 期。

丁原明：《墨学与齐鲁文化》，《管子学刊》1993 年第 2 期。

刘蔚华：《齐鲁文化在现代化建设中的价值》，《发展论坛》1994 年第 1 期。

张宇恕：《从宴会赋诗看春秋齐鲁文化不同质》，《管子学刊》1994 年第 2 期。

逄振镐：《齐鲁文化体系比较》，《文史哲》1994 年第 2 期。

苗若素：《晏婴对齐鲁文化的杰出贡献》，《东岳论丛》1994 年第 4 期。

郭墨兰：《齐鲁文化发展论略》，《文史哲》1995 年第 3 期。

陈其泰：《论何休对儒学发展的贡献》，《东岳论丛》1995 年第 6 期。

罗志田：《夷夏之辨的开放与封闭》，《中国文化》1996 年第 2 期。

郭茵：《桓谭及其〈新论〉考辨》，《淮阴师专学报》（哲学社会科学版）1996 年第 3 期。

王继训：《也评叔孙通其人其学》，《齐鲁学刊》1996 年第 5 期。

邹国慰、沈翀：《晁错“实边”思想论述》，《哈尔滨师专学报》（社会科学版）1997 年第 1 期。

王克奇：《齐鲁文化与秦汉的博士制度》，《东岳论丛》1997 年第 1 期。

周立升、蔡德贵：《齐鲁文化考辨》，《山东大学学报》1997 年第 1 期。

陈乾康：《叔孙通与汉初儒学的复兴和改良》，《文史杂志》1997 年第 2 期。

黄朴民：《何休经济思想简论》，《求是学刊》1998 年第 1 期。

王子今：《秦汉时期齐鲁文化的风格与儒学的西渐》，《齐鲁学刊》1998 年第 1 期。

杨朝明：《鲁文化在中国上古区域文化中的地位》，《走向世界》1998 年第 1 期。

孙敬明：《齐鲁货币文化比较研究》，《中国钱币》1998 年第 2 期。

王虹、龚萍：《〈盐铁论〉与汉代民族关系史研究》，《云南民族学院学报》（哲学社会科学版）1998 年第 3 期。

宋艳萍：《从〈公羊传〉、〈谷梁传〉的主要区别浅探齐鲁文化的差异》，《管子学刊》1998 年第 4 期。

孟祥才：《曹参治齐与汉初统治思想与统治政策的选择》，《管子学刊》1998 年第 4 期。

赵玉洁：《我看西汉削藩三部曲》，《河北大学学报》（哲学社会科学版）1999 年第 1 期。

汤其领、武俊燕：《司马迁经济思想探析》，《苏州大学学报》（哲学社会科学版）1999 年第 1 期。

周舜南：《东汉后期的社会批判思潮》，《船山学刊》1999 年第 2 期。

孟天运：《远古到周初齐鲁两地文化发展比较》，《史学集刊》1999 年第 2 期。

韩养民：《中国风俗文化研究三千年》，《民俗研究》1999 年第 2 期。

王克奇：《齐鲁文化和儒道二家》，《中国哲学史》1999 年第 3 期。

余洁平：《经验与理性的双重变奏——桓谭述论》，《徐州师范学院学报》（哲学社会科学版）1999 年第 3 期。

李伯齐：《也谈齐鲁文化与齐鲁文化精神》，《管子学刊》第 1999 年第 4 期。

李红艳：《魏晋南北朝时期的齐鲁之学》，《理论学刊》1999 年第 4 期。

黄朴民：《论何休学说的历史影响》，《东岳论丛》1999 年第 4 期。

王子今：《贾谊政治思想的战略学意义》，《洛阳工学院学报》（社会科学版）1999 年第 4 期。

孟祥才：《儒道互补仲长统》，《烟台大学学报》（哲学社会科学版）2000 年第 1 期。

梁宗华：《汉代儒学的重新兴起与齐鲁文化的一体化进程》，《理论学习》2000 年第 1 期。

吴存浩：《简论郑玄在法律学上的成就》，《昌潍师专学报》2000 年第 1 期。

叶桂桐：《论齐文化的特质》，《山东社会科学》2000 年第 2 期。

郭墨兰、翁惠明：《齐鲁文化的整合与中华文化一统》，《山东社会科学》2000 年第 2 期。

夏增民：《荀悦政治思想简论》，《华中理工大学学报》（社会科学版）2000 年第 2 期。

张汉东：《〈风俗通义〉的民俗学价值》，《民俗研究》2000 年第 2 期。

魏建、贾振勇：《齐鲁文化特质及其演变复杂性的再认识》，《齐鲁学刊》2000 年第 3 期。

蔡德贵：《有选择地开发齐鲁传统文化的现代功能》，《文史哲》2000 年第 5 期。

何中华：《齐鲁文化的当代价值》，《理论学习》2000 年第 8 期。

郑蕴芳：《齐鲁文化的思辩及其现实意义》，《发展论坛》2000 年第 9 期。

孙家洲：《论秦汉时期齐鲁文化的历史地位》，《中国人民大学学报》2001 年第 4 期。

马亮宽：《略论齐鲁文化在秦汉时期的发展与传播》，《孔子研究》2001 年第 5 期

刘忠世：《析传统道德理念的等级性》，《齐鲁学刊》2001 年第 6 期。

杜洪义：《崔寔政治思想述论》，《辽宁师范大学学报》（社会科学版）2001 年第 6 期。

耿天勤：《论齐鲁文化的相互交融》，《齐鲁文化研究》2002 年辑。

白奚：《齐鲁文化与稷下学》，《齐鲁文化研究》2002 年辑。

孙开泰、陈阵、吕华侨：《齐鲁文化特点与中华传统文化的形成》，《齐鲁文化研究》2002 年辑。

王淑霞：《试论齐鲁文化中的教育思想》，《齐鲁文化研究》2002 年第 2 辑。

赵梅春：《王符的治边思想》，《中国边疆史地研究》2002 年第 2 期。

邱文山：《齐、鲁文化及其交融与整合》，《管子学刊》2002 年第 3 期。

刘群章：《齐鲁文化在基本思想导向上的一致性》，《东岳论丛》2002 年第 4 期。

杜洪义：《荀悦的人性学说与治国理论》，《辽宁师范大学学报》（社会科学版）2002

年第 5 期。

颜谱：《齐鲁文化的基本精神内涵》，《东岳论丛》2002 年第 6 期。

黄朴民：《齐鲁兵学的文化特征与时代精神》，《齐鲁文化研究》2002 年辑。

梁宗华：《汉代儒学复兴与齐鲁文化的融合》，《齐鲁文化研究》2002 年辑。

孟祥才：《从地域文化到主流文化——论齐鲁文化在先秦秦汉时期的发展》，《齐鲁文化研究》2002 年辑。

李伯齐：《关于魏晋南北朝时期齐鲁文化的思考》，《齐鲁文化研究》2002 年辑。

陈新岗、张秀娈：《浅议汉代诸子的货币思想》，《山东大学学报》（哲学社会科学版）2003 年第 1 期。

申艳婷、秦学颀：《论西汉中期贤良文学的经济思想》，《西南师范大学学报》2003 年第 1 期。

王克奇：《齐鲁宗教文化述论》，《东岳论丛》2003 年第 4 期。

杨善民、颜丙罡：《实用主义与理想主义——略论齐鲁文化的本质之别》，《山东社会科学》2003 年第 5 期。

于欣：《王符德论研究》，《聊城大学学报》（社会科学版）2003 年第 5 期。

张达：《论齐鲁文化的形成及其根本特征》，《理论学刊》2003 年第 6 期。

仝晰纲、林吉玲：《齐鲁文化与秦汉政治文化的整合》，《齐鲁文化研究》2003 年辑。

王克奇：《秦汉时期齐鲁文化的发展及其特征》，《齐鲁文化研究》2003 年辑。

丁鼎：《齐鲁文化与两汉礼制及礼学》，《烟台师范学院学报》（哲学社会科学版）2004 年第 2 期。

王克奇：《齐地的方士文化与汉代的谶纬之学》，《管子学刊》2004 年第 3 期。

朱海龙、黄明喜：《陆贾教化思想探析》，《华南师范大学学报》（社会科学版）2004 年第 3 期。

孟祥才：《齐鲁文化与秦朝政治》，《齐鲁文化研究》2004 年版。

［韩］金秉骏：《齐鲁文化文本之产生和复制——秦汉时代儒学的兴盛与齐鲁文化的产生》，《齐鲁文化研究》2004 年辑。

孙家洲：《论齐鲁文化在汉代学术复兴中的贡献》，《齐鲁文化研究》2004 年辑。

项永琴：《试论陆贾在学术、思想领域的创造性贡献》，《烟台师范学院学报》（哲学社会科学版）2004 年第 1 期。

黄钊：《贾谊的道德学说探析》，《湘潭大学学报》（哲学社会科学版）2004 年第 5 期。

党超：《论班固的风俗观》，《南都学坛》2004 年第 6 期。

宣兆琦：《论齐鲁文化与爱国主义教育》，《山东理工大学学报》（社会科学版）2005 年第 1 期。

牟钟鉴：《齐鲁文化之特色与贡献》，《文史哲》2005 年第 1 期。

张文珍：《齐鲁文化与中华民族精神》，《理论学刊》2005 年第 3 期。

李剑林：《史学家的经济学思辨——班固经济思想解析》，《学术论坛》2005 年第 3 期。

孟祥才：《先秦兵学与齐鲁文化》，《管子学刊》2005 年第 4 期。

孔润年：《齐鲁文化的伦理特征与汉民族伦理文化的价值取向》，《齐鲁文化研究》2005 年辑。

王钧林：《鲁文化的来源与特点》，《齐鲁文化研究》2005 年辑。

梁宗华：《齐鲁文化的主体精神及其现代价值》，《齐鲁文化研究》2005 年辑。

陈伯强：《道德型齐鲁文化与当代道德建设》，《齐鲁文化研究》2005 年辑。

邵先锋：《齐鲁文化与道德建设》，《齐鲁文化研究》2005 年辑。

肖波：《从〈史记·货殖列传〉到〈汉书·货殖传〉看司马迁与班固经济思想的对立》，《晋阳学刊》2006 年第 3 期。

黎小龙、徐难于：《两汉边疆思想观的论争与统一多民族国家边疆思想的形成》，《中国边疆史地研究》2006 年第 4 期。

蔡德贵：《论齐鲁文化的特点及其诚信传统》，《齐鲁学刊》2006 年第 5 期。

王庆宪：《匈奴地区的中原人口及汉匈关系》，《中央民族大学学报》（哲学社会科学版）2006 年第 6 期。

唐光斌、欧阳凌：《中国古代经济哲学思想之本末论》，《求索》2006 年第 12 期。

崔明德：《班彪祖孙三代的民族关系思想》，《烟台大学学报》（哲学社会科学版）2007 年第 1 期。

解丽霞：《“今古转型”中的扬雄经学观》，《中华文化论坛》2007 年第 3 期。

杜永梅：《在历史与现实之间——〈盐铁论〉史论初探》，《安徽史学》2007 年第 3 期。

周桂钿：《董仲舒政治哲学的核心——大一统论》，《中国哲学史》2007 年第 4 期。

徐芬：《法家取向如何进入汉末士人视野——以崔寔为个案》，《晋阳学刊》2008 年第 1 期。

王克奇：《齐鲁道德文化与民族核心价值观的构建》，《山东师范大学学报》（人文社会科学版）2008 年第 3 期。

高立梅：《〈说苑〉儒法结合的德刑观》，《湘潭师范学院学报》（社会科学版）2008 年第 4 期。

沈端民、杨自群：《略论晁错的货币经济思想》，《保险职业学院学报》2008 年第 4 期。

刘家贵：《重评西汉盐铁会议及贤良文学的经济思想》，《中国经济史研究》2008 年第 4 期。

张斌荣：《试论齐鲁文化的创新精神及其当代价值》，《鲁东大学学报》（哲学社会科学版）2008 年第 5 期。

崔波、张研：《试论贾谊的哲学思想》，《河南科技大学学报》（社会科学版）2008 年第 6 期。

廖小波、兰翠娥：《王符的社会批判性治国思想》，《重庆师范大学学报》（哲学社会科学版）2008 年第 6 期。

梁安和：《试析贾谊的民族思想》，《秦汉研究》2008 年辑。

廖伯源：《论汉廷与匈奴关系之财务问题》，《中国文化研究所学报》2008 年第 48 期。

李禹阶、刘力：《陆贾与汉代经学》，《四川师范大学学报》（社会科学版）2009 年第 1 期。

张福信：《孔子与齐鲁文化的交流》，《山东工商学院学报》2009 年第 1 期。

周振鹤：《东西徘徊与南北往复———中国历史上五大都城定位的政治地理因素》，《华东师范大学学报》（哲学社会科学版）2009 年第 1 期。

付春、汪荣：《浅析西汉中期盐铁会议中的“刑德”之争》，《福建论坛》（人文社会科学版）2009 年第 2 期。

杨小芬：《论齐文化教育兴国的理论与实践》，《管子学刊》2009 年第 2 期。

孙海燕：《齐鲁文化对山东经济发展的影响》，《长江大学学报》（社会科学版）2009 年第 2 期。

任宝磊：《从“轮台诏”到“盐铁会议”——以〈盐铁论〉观西汉中后期对匈奴政策的重大转变》，《新疆大学学报》（哲学人文社会科学版）2009 年第 3 期。

邢东升：《魏晋南北朝时期齐鲁中原地区的经学发育及其演变》，《孔子研究》2009 年第 5 期。

汪荣:《汉代司法中的经义决狱新论》,《求索》2009年第6期。

刘瑞敏:《奇节与逸气:论建安时期齐鲁文士的人格风范》,《学术交流》2009年第7期。

延玥:《关于董仲舒夷夏观的几点思考》,《重庆科技学院学报》(社会科学版)2009年第11期。

刘怀荣:《先秦儒家与民族核心价值观的确立——兼谈齐鲁文化对增强民族凝聚力的现代启示》,《东亚文学与文化研究》2010年辑。

吴点明:《浅析王符的经济思想》,《吉林师范大学学报》(人文社会科学版)2010年第1期。

秦进才:《崔寔法律思想述论》,《燕山大学学报》(哲学社会科学版)2010年第2期。

张爱民:《齐文化法治思想与依法治国基本方略研究》,《管子学刊》,2010年第3期。

陈玉华、王世涛:《也论齐鲁文化的道德传统》,《文化学刊》2010年第3期。

张刚:《先秦儒家民族思想研究——"夷夏之辨"》,《玉溪师范学院学报》2010年第10期。

方军:《天道与元气:王符政治哲学思想的形而上依据》,《江苏大学学报》(社会科学版)2011年第1期。

朱仰东、滕桂华:《秦汉时期:儒学新变与齐鲁文化关系试论》,《殷都学刊》2011年第2期。

陈晨捷:《西汉时期齐鲁地区社会风气的变迁》,《齐鲁学刊》2011年第3期

董文武,崔英杰,赵涛:《从〈论衡〉看东汉思想家王充的民族观》,《廊坊师范学院学报》(社会科学版)2011年第3期。

田冲、陈丽:《东夷"尊鸟"与荆楚"崇凤"比较研究》,《三峡论坛》2011年第4期。

赵瑜、郝建平:《浅析王符的赏罚思想》,《黑龙江史志》2011年第5期。

武树臣:《齐鲁法文化与中华法系的精神原点》,《法学论坛》2011年第6期。

唐国军:《公孙弘与汉代国家政权模式的转换——兼论其为学与从政的儒者角色变化》,《学术交流》2011年第11期。

袁济喜、宋亚莉:《从风俗批评到审美批评——应劭〈风俗通义〉新探》,《学术研究》2011年第12期。

崔永东:《王符的司法思想》,《江苏警官学院学报》2012年第1期。

党超：《论两汉风俗观念的政治文化特性》，《史学月刊》2012 年第 5 期。

王云鹏、崔永胜：《舜与〈韶〉乐及与东夷文化关系浅议》，《潍坊教育学院学报》2012 年第 5 期。

庄庭兰：《论荀子对王符政治思想的影响》，《齐鲁学刊》2012 年第 5 期。

王钧林：《齐鲁文化与中华民族核心价值观》，《齐鲁师范学院学报》2012 年第 6 期。

陈启云、张睿：《崔寔政治思想渊源新论》，《史学月刊》2012 年第 6 期。

刘英波：《东夷文化与齐、鲁文化及孔子之关系述略》，《齐鲁师范学院学报》2012 年第 6 期。

孟祥才：《论秦皇汉武的齐鲁文化情结》，《西安财经学院学报》2012 年第 6 期。

唐国军：《南越模式：陆贾与汉代国家民族治理的理论奠基》，《中央民族大学学报》（哲学社会科学版）2012 年第 6 期。

潘鲁生：《齐鲁文化与制度建设》，《山东社会科学》2012 年第 12 期。

庄庭兰：《荀悦思想综论——以〈申鉴〉为中心》，《东岳论丛》2012 年第 12 期。

王志民：《孟子与齐鲁文化》，《山东高等教育》2013 年第 1 期。

李龙海：《殷商时期东夷文化的变迁》，《华夏考古》2013 年第 2 期。

邱文山：《论齐文化的和谐价值观念》，《管子学刊》2013 年第 2 期。

杜琦：《浅论贾谊的哲学思想》，《长春工业大学学报》（社会科学版）2013 年第 2 期。

于国昌：《齐文化中的生态文明建设思想研究》，《产业与科技论坛》2013 年第 10 期。

刘洪波：《浅谈东夷族的鸟图腾崇拜》，《史前研究》2013 年辑。

刘伟：《〈战国策·齐策〉蕴涵的东夷文化》，《管子学刊》2013 年第 4 期。

李国江：《司马迁与班固的民俗观比较——从〈史记〉、〈汉书〉的史俗记载切入》，《江南大学学报》（人文社会科学版）2013 年第 5 期。

曹婉丰：《何休的“大一统”政治观管窥》，《洛阳师范学院学报》2013 年第 6 期。

徐广东：《论陆贾的新儒学思想及其价值》，《学术交流》2013 年第 10 期。

杨胜利：《桓谭〈新论〉的思想特征》，《长春教育学院学报》2013 年第 11 期。

曹婉丰：《略论王莽的币制改革》，《学理论》2013 年第 36 期。

刘峨：《桓谭及其思想的当代价值与研究路径》，《常州大学学报》（社会科学版）2014 年第 1 期。

周立升：《齐鲁文化探赜》，《管子学刊》2014 年第 3 期。

杨勇：《历史视野中盐铁会议贤良文学的“德化”观》，《郑州大学学报》（哲学社会科学版）2014 年第 3 期。

李大新、刘真真：《基于东夷文化的中国早期体育研究》，《北京体育大学学报》2014 年第 4 期。

宣兆琦、王雁：《试论齐文化中的生态文化》，《管子学刊》2014 年第 4 期。

王江舟：《古代齐鲁地域的音乐特点与差异》，《济南职业学院学报》2014 年第 2 期。

杨朝明：《邹鲁文化品格及其历史地位》，《中原文化研究》2014 年第 6 期。

郑任钊：《何休〈公羊解诂〉的君主论思想》，《湖南大学学报》（社会科学版）2014 年第 6 期。

张玉玲、贺建芹：《齐鲁文化视角下传统文化的传承与教育》，《山东科技大学学报》（社会科学版）2014 年第 6 期。

梁满仓：《徐幹及其〈中论〉》，《湖北文理学院学报》2014 年第 6 期。

孙书贤、赵奉蓉：《〈诗经〉所见齐鲁文化之差异》，《乐山师范学院学报》2014 年第 9 期。

李万军：《中国远古文明之东夷考略》，《牡丹江大学学报》2014 年第 11 期。

祝中熹：《西汉名臣主父偃》，《鲁东大学学报》（哲学社会科学版）2015 年第 1 期。

刘爱敏：《巴蜀文化和东夷文化“尚五”观念探析》，《海岱学刊》2014 年辑。

姜文明：《论徐干务本求实政治思想》，《青海师范大学学报》（哲学社会科学版）2015 年第 2 期。

岳翔宇：《气候变化、农业低产与重农理论——以晁错“贵粟论”为中心》，《历史研究》2015 年第 3 期。

刘淑青：《齐鲁孝文化建设述议——从〈二十四孝〉中的山东孝子孝行谈起》，《德州学院学报》2015 年第 3 期。

袁野：《论贾谊的法律思想及其当代启示》，《西南政法大学学报》2015 年第 3 期。

林荣芳：《浅析齐文化与鲁文化的碰撞与融合》，《内蒙古民族大学学报》（社会科学版）2015 年第 3 期。

季桂起：《历史大转折中的文化调适——论董仲舒对儒家文化的整合与发展》，《山东师范大学学报》（人文社会科学版）2015 年第 3 期。

刘家和、李景明、蒋重跃：《论何休〈公羊解诂〉的历史哲学》，《江海学刊》2015

年第3期。

党超：《“辩风正俗”：应劭对风俗与政治关系的新思考》，《民俗研究》2015年第3期。

秦颖、王洪军：《邾鲁文化的渊源与形成》，《齐鲁学刊》2015年第5期。

张勃：《风俗与善治：中国古代的移风易俗思想》，《广西民族大学学报》（哲学社会科学版）2015年第5期。

张建会：《荀悦法家思想探析》，《昭通学院学报》2015年第6期。

方红姣：《贾谊论礼与法的关系》，《人文杂志》2015年第8期。

穆军全：《贾谊和晁错政治秩序观比较及启示》，《理论月刊》2015年第10期。

梁宗华：《尚仁义与务权利之争——〈盐铁论〉的儒学价值观及其学术意义》，《东岳论丛》2015年第12期。

杨金萍、王振国、卢星：《从汉画像石“扁鹊针刺图”谈扁鹊与东夷巫医文化》，《中华医史杂志》2016年第1期。

闫海青：《齐鲁兵学文化的当代价值与启示》，《孙子研究》2016年第1期。

刘常：《齐鲁兵学文化要旨及其现世价值》，《孙子研究》2016年第1期。

李光迪：《“天下归一”——公羊学视角下的何休“进夷狄”思想》，《通化师范学院学报》2016年第2期。

于敬民：《发挥齐鲁兵学文化对山东政治经济发展的促进作用》，《孙子研究》2016年第1期。

左康华：《刘向对儒家乐教思想的继承和发展》，《现代哲学》2016年第1期。

龚留柱：《论晁错及汉初“新法家”》，《中国史研究》2016年第1期。

刘鹏，罗启龙：《浅析西汉盐铁会议上的贤良文学》，《淮北职业技术学院学报》2016年第2期。

林丛：《论汉代的以律注经与法律儒家化——以〈公羊传〉何休注为切入点》，《孔子研究》2016年第2期。

仝晰纲：《齐鲁文化的形成轨迹与发展走向》，《海岱学刊》2016年第2期。

庄仕文：《齐鲁文化的当代价值及其影响力提升探析》，《理论观察》2016年第3期。

李忠林、李建雄：《王莽新政的货币政策研究》，《聊城大学学报》（社会科学版）2016年第3期。

刘小文：《论齐鲁文化的历史融合性与多重思想性》，《临沂大学学报》2016年第3期。

陈士果：《试论齐文化权力制衡思想》，《管子学刊》2016年第3期。

赵万里：《齐文化与“一带一路”建设》，《山东理工大学学报》2016年第3期。

孙克诚：《齐鲁文化中的财富伦理思想述论》，《青岛科技大学学报》（社会科学版）2016年第4期。

金荣权：《论凌家滩文化与东夷文化的关系》，《信阳师范学院学报》（哲学社会科学版）2016年第5期。

张友谊：《论齐鲁文化的基本精神》，《理论学习》2016年第6期。

王文光、杨琼珍：《试论汉代的边疆民族观与治边策略——以〈汉书〉为中心》，《思想战线》2016年第6期。

许凤英：《东夷文化的图腾崇拜与中国早期体育研究》，《运动》2016年第12期。

龙倩：《王充对“天”的解构》，《阳明学刊》2016年刊。

李华、张玉婷：《娄敬与汉初齐鲁文化西渐》，《海岱学刊》2017年第1期。

李德嘉：《“德主刑辅”说之驳正：董仲舒德刑关系思想新诠释》，《衡水学院学报》2017年第2期。

肖群忠、霍艳云：《董仲舒“德莫大于和”思想探析》，《伦理学研究》2017年第4期。

朱汉民：《〈白虎通义〉：帝国政典和儒家经典的结合》，《北京大学学报》（哲学社会科学版）2017年第4期。

南兵军：《齐鲁兵学的文化地位和社会价值》，《孙子研究》2017年第5期。

王汐朋、赵庆灿：《道载于德——贾谊的德性政治哲学》，《辽宁工业大学学报》（社会科学版）2017年第5期。

吴龙灿：《〈盐铁论〉哲学思想发微》，《德州学院学报》2017年第5期。

张文珍：《齐鲁文化：社会主义核心价值观的丰厚滋养》，《理论学刊》2017年第6期。

黄若舜：《“德化”与“礼制”——郑玄〈诗〉学对于〈诗序〉“正变”论的因革》，《学术研究》2017年第6期。

宋冬梅：《杨雄对孟子思想的继承与发展——以〈法言〉为中心》，《衡水学院学报》2017年第6期。

王凤青：《齐鲁优秀传统文化传承发展要与社会主义核心价值观培育相结合》，《理论学习》2017年第7期。

雍际春：《东夷部族的太阳崇拜与嬴秦西迁》，《社会科学战线》2017年第10期。

宋洪兵：《王符〈潜夫论〉的思想特色》，《儒道研究》2017 年刊。

何丹：《黄帝之前华夏与东夷初民的龙凤崇拜》，《新疆大学学报》（哲学人文社会科学版）2018 年第 1 期。

宋玉顺：《〈群书治要〉反映的齐文化治国理念及其影响》，《管子学刊》2018 年第 2 期。

孙德菁、杜裕禄：《论齐文化的变革观及传承意义——以马克思主义唯物史观为视角》，《青岛科技大学学报》（社会科学版）2018 年第 2 期。

秦颖、王洪军：《论邹鲁文化的变迁与传播》，《济宁学院学报》2018 年第 3 期。

南兵军、于敬民：《齐鲁兵学的概念和体系特征》，《孙子研究》2018 年第 3 期。

曲宁宁、陈晨捷：《儒家政教与汉代风俗理论的演变》，《民俗研究》2018 年第 3 期。

徐莹：《贾谊夷夏观探析》，《史林》2018 年第 3 期。

秦铁柱：《汉代“长寿”侯国研究》，《山东师范大学学报》（人文社会科学版）2018 年第 5 期。

林叶连：《刘向的“守经”与“权变”思想》，《江苏师范大学学报》（哲学社会科学版）2018 年第 6 期。

王进、李建军：《贾谊〈治安策〉与儒家政治秩序的重建》，《云南大学学报》（社会科学版）2018 年第 17 期。

崔振：《论仲长统的“狂生”人格——兼谈仲长统的社会批判思想》，《上饶师范学院学报》2019 年第 1 期。

何平：《西汉贾谊的“奸钱论”与格雷欣法则》，《中国钱币》2019 年第 3 期。

袁宝龙：《西汉中前期学术思潮的嬗变及其与边疆经略的互动》，《社会科学论坛》2019 年第 4 期。

牛嗣修：《荀子移风易俗思想研究新论》，《孔子研究》2019 年第 4 期。

臧雷振、张一凡：《理解中国治理机制变迁：基于中央与地方关系的学理再诠释》，《社会科学》2019 年第 4 期。

把梦阳：《王霸政治的历史经验与现实参照》，《北京师范大学学报》（社会科学版）2019 年第 5 期。

杨来来：《王充论儒的理想性特征及其人格理想》，《淮北师范大学学报》（哲学社会科学版）2019 年第 5 期。

郑伟、杨彩丹：《郑玄经学的问题意识与思想宗旨——对郑玄经学的一种症候式解读》，《晋阳学刊》2019 年第 5 期。

王月：《论扬雄“尚智”的理性精神——以〈法言〉为中心》，《岭南师范学院学报》2019 年第 6 期。

沈意：《简论司马迁的民族观及其实质》，《内蒙古大学学报》（哲学社会科学版）2019 年第 6 期。

钮则圳：《论汉儒仲长统的救世主张及其思想转变》，《阴山学刊》2020 年第 1 期。

［日］工藤卓司、张莉：《〈贾谊新书〉对“秦”的受容——贾谊〈过秦〉与〈道术〉之思想关联》，《汉籍与汉学》2020 年第 1 期。

颜莉：《王充与先秦道家》，《商丘师范学院学报》2020 年第 1 期。

贾文彪：《商夷早期文化关系考辨》，《商丘师范学院学报》2020 年第 2 期。

潘祥辉：《“潜夫”之论：东汉王符的政治传播思想研究》，《湖南师范大学社会科学学报》2020 年第 3 期。

姜喜任：《论陆贾〈新语〉的治理思想》，《衡阳师范学院学报》2020 年第 4 期。

高恒天：《〈论衡〉中的君臣民政治伦理关系探析》，《船山学刊》2020 年第 4 期。

冷兰兰、冉英：《论〈白虎通〉天道观的秩序性规定》，《湖南工业大学学报》（社会科学版）2020 年第 5 期。

陈静、朱雷：《一统与正统——公羊学大一统思想探本》，《中国哲学史》2020 年第 6 期。

余永霞：《贾谊对孔子礼教思想的因循与发展》，《史学月刊》2020 年第 8 期。

谷继明：《郑玄易学中的天道与政教》，《哲学研究》2020 年第 11 期。

李香玉：《王符〈潜夫论〉之元气论探析》，《兰州教育学院学报》2020 年第 2 期。

宋亚莉：《〈昌言〉〈中论〉中的汉末风俗批评与审美思想》，《聊城大学学报》（社会科学版）2020 年第 3 期。

王新春、温磊：《郑玄的〈周易〉象视域诠释与王道重建》，《周易研究》2020 年第 5 期。

陈岳：《鲁国之“法”与鲁文化》，《孔子学刊》2020 年辑。

李若晖：《〈诗・商颂・那〉礼制与郑玄更礼》，《北京师范大学学报》（社会科学版）2021 年第 1 期。

杨元超：《班固的对外战略观探析》，《新经济》2021年第1期。

王雁、周静：《论齐文化的尚智精神》，《邯郸学院学报》2021年第2期。

方礼刚：《东夷文化视阈下朝鲜半岛疍民遗踪及文化价值初探》，《延边大学学报》（社会科学版）2021年第3期。

蒋原伦：《〈新序〉〈说苑〉及刘向的施政理念》，《文史知识》2021年第3期。

吴龙灿、苗泽辉：《扬雄对蜀学传统的继承与发展》，《天府新论》2021年第4期。

聂勇：《王符〈潜夫论〉德育思想探究》，《文化学刊》2021年第4期。

王健：《论〈白虎通〉对制度伦理的阐发及其历史定位》，《山东师范大学学报》（人文社会科学版）2021年第4期。

孙启友：《齐文化中的“义”及其在新时代社会道德建设中的价值》，《山东理工大学学报》（社会科学版）2021年第5期。

王春华、于联凯：《东夷仁俗与孔子仁学——也谈孔子仁学的认识论渊源与逻辑结构》，《临沂大学学报》2021年第5期。

孙家洲：《东汉政论家崔寔的“增俸养廉”论》，《文史天地》2021年第5期。

吕新峰：《血统、族统、道统：司马迁中华民族共同体意识的一统建构》，《深圳大学学报》（人文社会科学版）2021年第5期。

王传林：《董仲舒〈春秋〉“大一统”与“通三统”考论》，《衡水学院学报》2021年第5期。

贾文彪：《论海岱东夷文化的起源与形成》，《商丘师范学院学报》2021年第8期。

李浩：《汉章帝朝自然灾害与王充对“灾异谴告”学说的重构》，《学术交流》2021年第12期。

韩高年、陈凡：《马家窑彩陶鸟纹东来与东夷昊族神话西进——兼谈史前期华夏文化共同体观念的形成》，《西北民族研究》2022年第1期。

郭海涛：《模仿与超越：扬雄经学思想论析——以〈法言〉为中心》，《社科纵横》2022年第1期。

何丹：《麟凤形象演变与东夷之关系》，《民族文学研究》2022年第2期。

郭忠、刘渠景：《习近平法治思想中的德法关系理论》，《重庆社会科学》2022年第2期。

何佳娜、张烨：《东夷文化的鸟图腾崇拜初探》，《文物鉴定与鉴赏》2022年第5期。

四、学位论文

汪荣：《经学刑德观与汉代法律研究》，博士学位论文，西南政法大学，2008 年。

张斌妮：《刘向〈说苑〉研究》，硕士学位论文，陕西师范大学，2011 年。

靳淼：《〈盐铁论〉刑德思想研究》，硕士学位论文，重庆大学，2014 年。

韩美琳：《高质量发展背景下中国经济产业结构转型升级研究——基于马克思主义政治经济学视角》，博士学位论文，吉林大学，2021 年。

后　记

本书是我在国家社科基金项目“两汉封国‘诸子’与齐鲁文化的主流化研究”结项报告的基础上增补而完成的。该项目于2017年立项，2022年结项，以汉代的封国“诸子”为研究对象，探讨其与齐鲁文化主流化之间的关系。结项之后，我多次调整研究框架，将研究对象由汉代封国“诸子”扩展至汉代“诸子”，从德法、风俗、民族关系、中央与地方关系、经济、选贤六个方面探讨“诸子”对于先秦齐鲁文化的传承与创新。

我的硕士生恩师已故著名史学家安作璋先生自20世纪50年代以来即注重山东地方史、齐鲁文化史的研究，在这一领域取得了丰硕的成果，主编了《山东通史》《济南通史》《齐鲁文化通史》《郑玄集》等书。安先生力主将秦汉史与山东地方史、齐鲁文化史结合起来进行研究，作为秦汉史研究的重要突破点。他认为如果把秦汉史的研究和地方史的研究结合起来，作品既有秦汉大一统下的共性，又有各个地方的特性，本书即是在这一治史理念指导下进行的一次有益尝试。我的博士生恩师刘敏教授一直关注着我的成长，在本书稿的写作与修改过程中做了大量的指导工作，在拙作即将出版之际，感谢老师的辛勤付出。

在本书稿的撰写过程中，南京师范大学张进教授、东北师范大学王彦辉教授、苏州大学臧知非教授、河北师范大学贾丽英教授、齐鲁师范学院刘德增教授、山东师范大学朱亚非教授、赵树国教授给予了热心指导，在此深表谢意。

我也要感谢我的妻子赵卓然女士，她作为一位高校教师，平日里有自己繁重的教学与科研任务，但依然承担了大量的家务以及照顾儿子的重任，使我有足够的时间与精力从事研究工作。

本书是我从事汉代“诸子学”研究的尝试之作，由于各种主客观的原因，存在一些不足之处，期望学界师长同仁以及各位读者指正赐教。

秦铁柱

于山东师范大学古代史教研室

2024 年 4 月 15 日